suhrkamp taschenbuch
wissenschaft 893

Seit der Veröffentlichung des Essays »Das Apriori der Kommunikationsgemeinschaft und die Grundlagen der Ethik« (in: *Transformation der Philosophie*) hat Karl-Otto Apel an den Problemen einer Kommunikations- beziehungsweise Diskursethik weitergearbeitet. Seine Überlegungen zielen auf eine reflexive, transzendentalpragmatische Letztbegründung der Ethik ab.

Karl-Otto *Apel*, geb. 1922, Promotion 1950 in Bonn, Habilitation 1961 in Mainz, von 1962 bis 1969 ordentlicher Professor für Philosophie in Kiel, von 1969 bis 1972 in Saarbrücken, seit 1972 in Frankfurt am Main. Wichtige Buchveröffentlichungen: *Die Idee der Sprache in der Tradition des Humanismus von Dante bis Vico*, Bonn 1963; *Transformation der Philosophie*, 2 Bde., Frankfurt 1973; *Der Denkweg von Charles S. Pierce. Eine Einführung in den amerikanischen Pragmatismus*, Frankfurt 1975; *Die Erklären/Verstehen-Kontroverse in transzendentalpragmatischer Sicht*, Frankfurt 1979; Mitherausgeber und Mitverfasser: *Funkkolleg Praktische Philosophie/Ethik: Dialoge*, 2 Bde., Frankfurt 1984 (zusammen mit D. Böhler und G. Kadelbach); *Funkkolleg Praktische Philosophie/Ethik: Studientexte*, 2 Bde., Weinheim/Basel 1984; *Diskurs und Verantwortung. Das Problem des Übergangs zur postkonventionellen Moral*, Frankfurt 1988.

Karl-Otto Apel
Diskurs und Verantwortung

Das Problem des Übergangs zur postkonventionellen Moral

Suhrkamp

CIP-Titelaufnahme der Deutschen Bibliothek
Apel, Karl-Otto:
Diskurs und Verantwortung : das Problem des Übergangs
zur postkonventionellen Moral /
Karl-Otto Apel. –
1. Aufl. – Frankfurt am Main :
Suhrkamp 1990
(Suhrkamp-Taschenbuch Wissenschaft ; 893)
ISBN 3-518-28493-2
NE: GT

suhrkamp taschenbuch wissenschaft 893
Erste Auflage 1990

Satz und Druck: Wagner GmbH, Nördlingen
Printed in Germany
Umschlag nach Entwürfen von
Willy Fleckhaus und Rolf Staudt

1 2 3 4 5 6 – 95 94 93 92 91 90

Inhalt

für Judith

Vorwort

Seit der Veröffentlichung des Essays »Das Apriori der Kommunikationsgemeinschaft und die Grundlagen der Ethik«[1] hat der Verfasser in zwei Richtungen an den Problemen einer Kommunikations- bzw. Diskursethik gearbeitet: Einerseits ging es um das Problem der reflexiven, transzendentalpragmatischen Letztbegründung bzw. der Begründungsrationalität der Ethik.[2] Hier bestand die Aufgabe – kurz gesagt – darin, zwei tief eingewurzelte Vorurteile zu überwinden, die m. E. geeignet sind, jeden Versuch einer rationalen Begründung der Ethik zu blokkieren: einmal die an der formalen, apodeiktischen Logik orientierte Vorstellung, philosophische *Begründung* müsse in der *Herleitung des zu Begründenden aus etwas anderem* bestehen, zum anderen die – mit der formallogischen Begründungsidee intern verknüpfte – Vorstellung, die *ethische Rationalität* müsse sich auf etwas anderes und Fundamentaleres: sc. *Mittel-Zweck-Rationalität* des Handelns einzelner Akteure, zurückführen lassen.

Es versteht sich m. E., daß unter der erstgenannten Voraussetzung überhaupt keine zirkel- bzw. regreßfreie Begründung – z. B. keine rationale Antwort auf die Frage »Warum vernünftig sein?« – möglich sein kann. Unter der zweiten Voraussetzung andererseits kann es keine rationale Antwort auf die Frage »Warum moralisch sein?« geben; denn aus dem zweckrational

1 Siehe K.-O. Apel: *Transformation der Philosophie*, Frankfurt a. M.: Suhrkamp 1973, 358-436.

2 Vgl. hierzu auch W. Kuhlmann: *Reflexive Letztbegründung. Untersuchungen zur Transzendentalpragmatik*, Freiburg/München: Alber 1985, sowie D. Böhler: *Rekonstruktive Pragmatik. Von der Bewußtseinsphilosophie zur Kommunikationsreflexion*, Frankfurt a. M.: Suhrkamp 1985; ferner die Beiträge in W. Kuhlmann/D. Böhler (Hrsg.): *Kommunikation und Reflexion. Zur Diskussion der Transzendentalpragmatik*, Frankfurt a. M.: Suhrkamp 1982, sowie J. Habermas: *Moralbewußtsein und kommunikatives Handeln*, Frankfurt a. M.: Suhrkamp 1983, sowie die Beiträge von K.-O. Apel, D. Böhler und W. Kuhlmann im *Funkkolleg: Praktische Philosophie/Ethik, Dialoge* (hrsg. v. Apel, Böhler und Kadelbach, Frankfurt a. M.: Fischer 1984, 2 Bde.) und *Studientexte* (hrsg. v. Apel, Böhler und Rebel, Weinheim/Basel: Beltz 1984, 3 Bde.).

(instrumentell-strategisch) durchkalkulierten Selbstinteresse des einzelnen Akteurs kann sich allenfalls dann die Moralität – z. B. die Bereitschaft zur verantwortlichen Kooperation ohne parasitären Vorbehalt – herleiten lassen, wenn die Beantwortung der Frage »Warum moralisch sein?« in der Definition des Selbstinteresses (des Glücksinteresses im Sinne Platons und Aristoteles') schon vorausgesetzt wird, nicht aber unter der neuzeitlichen Voraussetzung einer rein instrumentellen Vernunft (von Luther und Hobbes bis zur strategischen Spieltheorie).

Hier kommt nach der Überzeugung des Verfassers alles darauf an, das Vorurteil der apodeiktischen Begründungsidee und das der Gleichsetzung der Handlungsrationalität mit der Mittel-Zweck-Rationalität einzelner Akteure in ihrer gemeinsamen Wurzel zu überwinden. Das kann nur durch die reflexive, transzendentalpragmatische Besinnung auf die – *konsensual-kommunikative* und insofern auch schon *ethisch-normative* – Rationalität geschehen, die wir im Moment der ernsthaften Frage »Warum vernünftig sein?« bzw. »Warum moralisch sein?« auf der Ebene des argumentativen Diskurses schon notwendigerweise voraussetzen. Dieser reflexive Rückgang auf das, was ohne performativen Selbstwiderspruch nicht bestritten werden kann, ist die *philosophische Letztbegründung*, die zugleich den Grund liefert für die Unmöglichkeit und Unnötigkeit einer Begründung der Vernünftigkeit bzw. der Moralität durch Herleitung aus etwas anderem.

Damit zugleich sollte die transzendentalpragmatische Letztbegründung auch die Grundlagen einer philosophischen Rationalitätstheorie – einer Theorie der abstraktiven Selbstdifferenzierung der Vernunft im Sinne einer Theorie der Rationalitätstypen – liefern. Diese kritische Selbstdifferenzierung der Vernunft sollte ihrerseits eine vernunftkritische Korrektur der Verabsolutierung abstraktiver Rationalitätstypen – so der logisch-mathematischen, der technisch-szientifischen, der strategischen und der system-funktionalen Rationalität – möglich machen: eine differenzielle Selbstkritik der Vernunft, die ihrerseits wiederum die *totale, sich selbst aufhebende Vernunftkritik* im Umkreis des sogenannten »Postmodernismus« gewissermaßen ersetzen kann.

Soviel zum Problem der Begründungsrationalität der Ethik. Die hierauf bezogenen Studien hofft der Verfasser demnächst in einem Sammelband unter dem Titel *Rationalität, Ethik und Utopie* vorlegen zu können.

In dem vorliegenden Sammelband sind dagegen solche Arbeiten zusammengefaßt, die sich primär auf das *zweite Problem* beziehen, das sich dem Verfasser als Konsequenz des Ansatzes von 1973 mit zunehmender Deutlichkeit und Dringlichkeit gestellt hat. Es ergab sich aus dem ursprünglichen Ansatz der Kommunikationsethik insofern, als dieser in einem *dialektischen Apriori* begründet war.[3] Das heißt: das *ideale Grundprinzip* im Sinne einer transzendentalpragmatischen Letztbegründung der Kommunikationsethik ergab sich aus der, im Argumentieren unbestreitbar notwendigen, *kontrafaktischen Antizipation* der Anwendungsbedingungen einer Kommunikationsethik im Sinne der Interaktionsnormen einer *idealen Kommunikationsgemeinschaft*. Zugleich mit dieser Voraussetzung des idealen Aprioris war aber im dialektischen Ansatz des Kommunikationsaprioris das *Faktizitäts-Apriori* im Sinne der geschichtlich gewordenen Lebensformen der *realen Kommunikationsgemeinschaft* vorausgesetzt; und insofern waren Anwendungsbedingungen der Kommunikationsethik vorausgesetzt, die einerseits qua »substantielle Sittlichkeit« (Hegel) unserer Lebenswelt schon das moralisch Vernünftige als wirklich repräsentieren, andererseits aber zu dem, was von der regulativen Idee der Kommunikationsethik – der prozeduralen Grundnorm der diskursiven Normenbegründung in einer idealen Kommunikationsgemeinschaft – gefordert wird, in einer prinzipiellen, faktisch nie völlig aufhebbaren Differenz stehen.

Aus dieser Differenz im Apriori der Kommunikationsethik ergab sich schon im ursprünglichen Ansatz die – freilich nicht durchreflektierte – Perspektive einer selbst noch moralisch aufgegebenen *Herstellung der Anwendungsbedingungen der Kommunikationsethik* – insofern der »Realisierung der idealen Kommunikationsgemeinschaft« – in der Lebenswelt der verschiedenen Lebensformen der realen Kommunikationsgemeinschaft. Noch fehlte aber die zugehörige Reflexion auf die in der

3 Siehe Apel, a. a. O. (Anm. 1), 429 ff.

Zwischenzeit – d.h. in der prinzipiell niemals völlig zu überwindenden Ära der *Differenz* zwischen realen und idealen Anwendungsbedingungen der Kommunikationsethik – gegebenen Bedingungen einer *verantwortlichen*, d.h. Folgen und Nebenfolgen einkalkulierenden – Anwendung der Kommunikationsethik. Dieses Problem nun hat sich dem Verfasser seither in seinen verschiedenen Aspekten und in seiner Dringlichkeit mehr und mehr als das Problem einer *geschichtsbezogenen Anwendung der Kommunikationsethik qua Verantwortungsethik* konkretisiert.

Es hat sich gezeigt – dies jedenfalls ist eine Hauptthese des Verfassers –, daß das Problem einer verantwortlichen Anwendung der Diskursethik *in der Zwischenzeit, in der die Anwendungsbedingungen noch nicht realisiert sind*, nicht gleichgesetzt werden kann mit dem altbekannten Problem der letztlich nicht mehr von Regeln, sondern durch »Urteilskraft« (bzw. »phronesis«) anzuleitenden Anwendung von allgemeinen Normen auf konkrete Situationen; es handelt sich vielmehr um das prinzipiell *geschichtsbezogene* Problem der moralisch zumutbaren Anwendung der universalistischen Kommunikationsethik überhaupt. Dieses Problem ergibt sich als geschichtsbezogenes Anwendungsproblem der Moral aus dem Umstand, daß ein *moralisch vernünftiger Neuanfang* im Sinne der durchaus einsehbaren Forderung etwa der Regelung *aller* Interessenkonflikte durch »praktische Diskurse« prinzipiell nicht möglich ist.

An dieser Stelle zeigt sich auch die volle Tragweite der von Max Weber am Beispiel der politischen Ethik eingeführten Unterscheidung zwischen *Gesinnungsethik* und *Verantwortungsethik*. Denn es sollte klar sein, daß die unbedingte Befolgung des Idealprinzips einer Kommunikationsethik »Handle so, als ob du Mitglied einer idealen Kommunikationsgemeinschaft wärest!« genauso wie die unbedingte Befolgung des »kategorischen Imperativs« Kants auf die Adoption einer gesinnungsethischen Maxime, welche »die Verantwortung Gott anheimstellt« hinauslaufen würde. Und an dieser Situation vermag auch die Einbeziehung der Folgenverantwortung in das prozedurale Diskursprinzip, das von einer idealen Kommunikationsgemeinschaft zu befolgen wäre, nichts zu ändern. Denn eben dies kann ja unverantwortlich sein: die Anwendungsbedingungen des Diskursprinzips als gegeben zu unterstellen – z. B. wenn es um Verhandlungen zwischen Selbstbehauptungssystemen geht.

Kurz: der Verfasser gelangte zu der Schlußfolgerung, daß das Problem der *geschichtsbezogenen Anwendung der Kommunikationsethik* im Unterschied zum bekannten Anwendungsproblem moralischer Normen als das eines *Begründungsteils B* der Ethik betrachtet werden muß. Eine wesentliche Vertiefung dieser Einsicht ergab sich dem Verfasser aus dem – in Vorlesungen durchgeführten – Versuch einer Anwendung der von Piaget bzw. Kohlberg begründeten ontogenetischen Entwicklungslogik des moralischen Bewußtseins[4] auf die quasiphylogenetische Dimension der menschlichen Kulturevolution. Der Unterschied zwischen dem bekannten Anwendungsproblem moralischer Normen und dem der *geschichtsbezogenen* Anwendung der Kommunikations- bzw. Diskursethik ließ sich jetzt insofern konkreter verstehen als er durch den – von uns geforderten – Übergang von der *konventionellen* zur *postkonventionellen* Moral bedingt ist. Unter den Bedingungen der *konventionellen* Moral – sei es der Loyalitätsmoral der archaischen Blutsverbandsordnungen (in etwa: Kohlbergs Stufe 3), sei es der »law and order«- bzw. »Status und Rollen«-Moral der staatlich organisierten Gesellschaften (Kohlbergs Stufe 4) – konnte die Anwendung der moralischen Normen in der Tat als Angelegenheit der situationsbezogenen Klugheit oder Urteilskraft erscheinen, die auch hinsichtlich der Ausnahmesituationen im Sinne der Üblichkeiten oder »Geflogenheiten« (Wittgenstein) zu reagieren weiß. (Hegel hat dies in bezug auf die »unbefangene, substantielle Sittlichkeit« der Athener vor der griechischen Aufklärung und ihre Verunsicherung durch Sokrates zu zeigen versucht.[5])

Dieses Verständnis der Anwendungsproblematik ist für die *konventionelle* Moral möglich und hinreichend, weil man unterstellen kann, daß die gesellschaftlichen Anwendungsbedingungen der Moral mit der konventionellen Moral zugleich entstanden sind und von der Lebensform her auch den Sinn der

4 Vgl. hierzu den vorletzten Essay in diesem Band.

5 Vgl. G. F. W. Hegel: *Vorlesungen über die Geschichte der Philosophie*, Theorie-Werkausgabe Suhrkamp, Frankfurt a. M. 1971, Bd. I, 486.

konventionellen moralischen Normen selbst immer schon mitbestimmen. Genau dies scheint mir Wittgenstein mit seiner Rückbeziehung der Sprachspiele auf Lebensformen und der Regeln auf Anwendungsgepflogenheiten erneut als Paradigma zu suggerieren[6]; und auch unsere pragmatistischen Neoaristoteliker scheinen mir das Verhältnis von normativ relevanten »Üblichkeiten« und »Phronesis« und insofern das Problem der moralischen Normen im Sinne der geschichtlichen Bedingungen *konventioneller* Moral vorzustellen.

Damit verfehlen sie aber – ebenso wie die Wittgensteinianer – in bedenklicher Weise das Problem der *geschichtsbezogenen* Anwendung – d.h. der Realisierung der Anwendungsbedingungen – einer *postkonventionellen* Moral; denn diese muß – zumal seit Kants Begründung des *Universalisierungsprinzips* der Moralität – den Anspruch erheben, von einem abstraktformalen Maßstab der Normenlegitimation her auch noch die gesellschaftlichen Anwendungsbedingungen der Moral kritisch zu beurteilen und unter Umständen ihre Veränderung zur Aufgabe zu machen. Konkret stellt sich dieses Problem heute erstmals im planetaren Maßstab als das einer universalistischen Makroethik der Menschheit. In ihr sind einerseits die normativen Bedingungen des gleichberechtigten Zusammenlebens verschiedener soziokultureller und individueller Lebensformen – also eines universalistisch eingeschränkten Pluralismus der Glücksverwirklichung – zu begründen. Darüber hinaus sind die ebenfalls universal gültigen prozeduralen Normen einer kommunikativen Organisation der kollektiven Verantwortung für die Folgen der kollektiven Aktivitäten – Wissenschaft und Technik – der modernen Industriegesellschaft zu begründen. In beiden Hinsichten genügt es jedoch nicht, die in *Teil A* der Ethik transzendentalpragmatisch begründete prozedurale Prinzip einer Kommunikations- bzw. Diskursethik unmittelbar auf konkrete Situationen anzuwenden – so als ob es heute schon möglich wäre, alle normativ relevanten Interessenkonflikte un-

6 Vgl. hierzu D. Böhler/T. Nordenstam/G. Skirbekk (Hrsg.): *Die pragmatische Wende – Sprachspielpragmatik oder Transzendentalpragmatik*, Frankfurt a. M.: Suhrkamp 1986, insbesondere die Beiträge von D. Böhler und V. Rossvær.

ter Menschen durch »praktische Diskurse« zu lösen, in denen die Legitimierbarkeit der zu begründenden Normen an der Konsensfähigkeit der erwartbaren Folgen und Nebenfolgen ihrer allgemeinen Befolgung für alle Betroffenen gemessen werden könnte.

Es ergibt sich vielmehr darüber hinaus das Problem, in Anknüpfung an die geschichtlichen Gegebenheiten und im Vorblick auf die vielfach irreversiblen Folgen menschlicher Aktivitäten für die Zukunft der Menschheit die gesellschaftlichen Bedingungen für die Praktizierung »praktischer Diskurse« auf allen Ebenen der ethisch relevanten Problemlösungen allererst herzustellen – d. h. genauer: an ihrer langfristigen Realisierung verantwortlich mitzuarbeiten. An dieser Stelle wird das letztbegründete ideale Prinzip der Diskursethik – an sich ein formal-deontologisches Prinzip postkantischen Typs, das als solches die konkreten Wertungen und Zielsetzungen der Menschen weitgehend freizugeben vermag – zu einem *teleologisch* relevanten *Wert*, für den sich alle engagieren *sollten*. Zugleich ergibt sich aber das Problem, für dieses langfristige Engagement, in dem *konsensual-kommunikative* und *strategische* Rationalität nicht mehr – wie im idealen Diskursprinzip der Kommunikationsethik gefordert – zu trennen sind, selbst noch ein formal-deontologisches Prinzip zu begründen.

Diese Aufgabe, die wohl die delikateste und schwierigste einer Verantwortungsethik sein dürfte, hat sich der Verfasser erstmals in der vierten der folgenden Abhandlungen gestellt; und in den folgenden Studien hat er sowohl das Problem wie auch die vorgeschlagene Lösung im Hinblick auf verschiedene Dimensionen der menschlichen Verantwortung bzw. Mitverantwortung zu verdeutlichen versucht. Im letzten der folgenden Essays wird die Verdeutlichung des geschichtsbezogenen Problems des uns heute aufgegebenen Übergangs zur postkonventionellen Moral aus einer quasi-ethnozentrischen und darüber hinaus autobiographischen Perspektive vorgenommen. Die Lizenz bzw. die Nötigung, diese Perspektive einzunehmen, ergab sich aus der Teilnahme an einem Kolloquium des *Forums für Philosophie Bad Homburg* über das Thema »Zerstörung des moralischen Bewußtseins – Chance oder Gefährdung? Praktische Philosophie in Deutschland nach dem Nationalsozialismus«.[7] Der Verfasser hofft, daß sein Versuch, die hier gestellte Frage retrospektiv und gegenwartsbezogen zu beantworten, der vorliegenden Sammlung von Essays jene konzeptionelle Einheit verleiht, die den vorgelegten Problemlösungsversuchen noch fehlt.

Die Fragestellung, die den vorgelegten Studien zugrunde liegt, hat sich im Rahmen des Forschungsprojekts »Transzendentalpragmatik«, das der Verfasser seit Beginn der achtziger Jahre zusammen mit Dr. Wolfgang Kuhlmann am Fachbereich Philosophie der Johann Wolfgang Goethe-Universität verfolgt hat, und später auch in der Diskussion – insbesondere in den gemeinsamen Montagsseminaren – mit Jürgen Habermas genauer profiliert. Das daraus erwachsene Forschungsprojekt »Geschichtsbezogene Anwendung der Diskursethik«, das durch die vorliegenden Studien erläutert wird, wurde seit dem Juli 1987 von der DFG durch Finanzierung zweier Mitarbeiter unterstützt, wofür ich an dieser Stelle meinen Dank aussprechen möchte. Den alten Diskussionspartnern sowie den neu gewonnenen Mitarbeitern, Herrn Dr. Matthias Kettner und Herrn Mag. Andreas Dorschel, danke ich hiermit für kritische Diskussionen; den letzteren insbesondere auch für ihre Hilfe bei den Korrekturarbeiten und für die Herstellung des Personen- und Sachregisters. Frau Cornelia Tutuhatunewa gilt mein besonderer Dank für die Herstellung des Druckmanuskripts.

Frankfurt am Main, im Juni 1988 K.-O. A.

7 Die Beiträge erscheinen unter dem Titel: Zerstörung des moralischen Selbstbewußtseins – Chance oder Gefährdung? Praktische Philosophie in Deutschland nach dem Nationalsozialismus, hrsg. vom Forum für Philosophie Bad Homburg, Frankfurt a. M. 1988.

Die Konflikte unserer Zeit und das Erfordernis einer ethisch-politischen Grundorientierung

I. Problemstellung

Meine Damen und Herren!
Ich muß zunächst ein paar Worte darüber sagen, wie das Thema meines Vortrags zustande kam. Ich wurde zu Hause, in Westdeutschland, von einer Landeszentrale für politische Bildung gebeten, über das Thema »Die Konflikte unserer Zeit und der Trend zur Systemüberwindung« zu sprechen. Gedacht war dabei wohl an eine Stellungnahme zu den Problemen der Parteipolitik in Westdeutschland, etwa zum Programm der »Jusos« (d.h. »Jungsozialisten«) hinsichtlich einer notwendigen Überwindung des sozioökonomischen Systems in der Bundesrepublik Deutschland.
Nun wollte ich jedoch meine politischen Meinungen, die ich als Bürger (durchaus) habe, nicht mit meiner Fachkompetenz als Philosoph verwechseln; ich kann z. B. nicht von meiner philosophischen Fachkompetenz her darüber urteilen, ob man jetzt in der Bundesrepublik Deutschland etwa die Banken sozialisieren oder die Investitionen in der Wirtschaft zentral lenken soll. Ich habe mir deshalb die Freiheit genommen, das Thema so zu verändern und gewissermaßen zu verfremden, daß ich aus philosophischer Distanz etwas dazu sagen kann. Was mir dabei vorschwebte, war folgendes:
Angesichts der gegenwärtigen Bedrohung der menschlichen Bio- oder Ökosphäre durch die Probleme der Überbevölkerung, der Verknappung der Energievorräte, der Umweltzerstörung usw., kurz: angesichts der *ökologischen Krise* und der Problematik des »Club of Rome«[1] läßt sich im Sinne der modernen *Systemtheorie* nach dem Zusammenhang der menschlichen Konflikte mit der Gefährdung der menschlichen Biosphäre fragen; und hier ergibt sich in der Tat die Frage: Ist etwa so etwas wie eine Systemveränderung im planetaren Maßstab erforder-

1 Vgl. D. L. Meadows u. a.: *Die Grenzen des Wachstums*, Stuttgart 1972, und M. Mesarovic und E. Pestel: *Menschheit am Wendepunkt*, Stuttgart 1974.

lich? Und in diesem Zusammenhang läßt sich die ethisch-politische Frage stellen: Was sollen wir tun?
Meine philosophische Fragestellung ist also angesichts der gegenwärtigen Krise des planetaren Systems der Menschheit die Frage nach der *Möglichkeit einer ethisch-politischen Grundorientierung*. Dabei ist es durchaus nicht selbstverständlich, daß eine solche normative Grundorientierung im philosophischen Sinn überhaupt möglich ist. Denn schon dies ist heute umstritten, ob es überhaupt möglich ist, angesichts der Konflikte unserer Zeit und der zugehörigen kontroversen Ideologien so etwas wie eine Ethik solidarischer Verantwortung rational zu begründen.
Die *Paradoxie der Lage* ist hier m. E. durch das folgende *Dilemma* gekennzeichnet: *Einerseits* ist die Notwendigkeit einer intersubjektiv verbindlichen Ethik solidarischer Verantwortung der Menschheit für die Auswirkungen menschlicher Aktivitäten und Konflikte noch nie so dringend gewesen wie in der Gegenwart, und zwar wegen der ungeheuren Vergrößerung des Risikos aller menschlichen Aktivitäten und Konflikte durch die technischen Potenzen der Wissenschaft. *Andererseits* ist die rationale Begründung einer intersubjektiv gültigen Ethik scheinbar noch nie so schwierig gewesen wie in der Gegenwart, und zwar deshalb, weil die moderne Wissenschaft (Science) den Begriff rationaler, intersubjektiv gültiger Begründung im Sinne der Wertneutralität präokkupiert hat und alle nicht wertneutralen Theoriebildungen von diesem Maßstab her als bloße Ideologien erscheinen. Auf diese Weise scheint gerade eine rationale Ethik der Konfliktbewältigung unmöglich zu sein, da ja die Ethik von vornherein bloß als mögliche Ideologie *einer* Konfliktspartei erscheint. Betrachten wir die beiden Seiten dieses Dilemmas etwas genauer.

II. Das Bedürfnis nach einer Ethik solidarischer Verantwortung in der ökologischen Krise der technisch-wissenschaftlichen Zivilisation

Zu *1*: Auf der einen Seite hat, wie gesagt, die technologische Potenz der Wissenschaft dazu geführt, daß die Reichweite und damit das Risiko der menschlichen Aktivitäten eine geradezu ungeheuerliche Erweiterung erfuhren. Konrad Lorenz hat die ethologische und ethische Problematik dieser Tatsache einmal durch den Vergleich des faustkeilbewaffneten Steinzeitmenschen mit dem Atombomberpiloten über Hiroschima illustriert: Schon der Faustkeilschwinger hatte die angeborenen Tötungshemmungen gegen Artgenossen, die bei seinen tierischen Vorfahren funktionierten, offenbar mit der Erfindung seiner Waffen zugleich prinzipiell unwirksam gemacht; gleichwohl funktionierten bei ihm zweifellos noch starke Hemmungsinstinkte, da er ja seinem Gegner Auge in Auge gegenübertreten mußte. Demuts- und Kapitulationsgesten des besiegten Feindes z. B. hat er zweifellos als wirksamen Aggressionshemmungs-Appell erlebt, und gerade die starke emotionale Erfahrung des Konflikts zwischen seiner Aggression und den angeborenen Hemmungsinstinkten muß für den Ursprung des religiös-moralischen Gewissens aus dem Sündenbewußtsein relevant gewesen sein. Ganz anders ist die Situation für den modernen Atombomberpiloten: Weder Aggression noch Aggressionshemmung spielen für sein Tun eine wesentliche Rolle, da er ja durch die Art und die Dimensionen der modernen Waffentechnik von der menschlichen Begegnung mit dem sogenannten Feind völlig abgeschirmt ist. Er drückt nur befehlsgemäß auf den Knopf; die Auswirkungen seiner Bombenauslösung aber sind so gewaltig, daß er sie sinnlich-emotional gar nicht mehr erleben kann. An diesem Beispiel wird schon *ein* charakteristischer Aspekt der heute geforderten Verantwortungs-Ethik deutlich: Sie kann, im Gegensatz zu der noch heute bei allen Völkern vorherrschenden Nachbarschafts- bzw. Freund-Feind-Moral, kaum noch unmittelbar an die instinktresidualen Emotionen anknüpfen, die das Leben in der Intimgruppe bestimmen. Schon deshalb ist die geforderte Ethik auf ein *rationales Fundament* angewiesen, allerdings auch auf die Mobilisierung einer *spezifisch moralischen Phantasie*, die u. a. imstande sein müßte, die Nächstenliebe im Sinne der Fernstenliebe zu verallgemeinern.

Genau in diese Richtung weisen nun auch die übrigen Auswirkungen der technischen Potenzierung menschlicher Aktivitäten: So wie die Atombombe zum erstenmal den Krieg mit einem Risiko für die gesamte Menschheit belastet hat, so gilt dies in beinahe noch höherem Maße für die Potenzierung der menschlichen Naturausbeutung durch die zivile Technik der modernen Industriegesellschaft insgesamt. Aus biologisch-ökologischer Sicht könnte man den Eindruck gewinnen, als ob jene Störung des natürlichen Gleichgewichts, die schon mit der Durchbrechung der tierischen Instinktschranken durch den »homo faber« verbunden war, erst heute voll effektiv würde, indem die ungehemmten Eingriffe menschlicher Technik in die Natur den Lebensraum alles Lebendigen auf dieser Erde zu zerstören drohen. Erst in den letzten Jahren ist diese Problematik allmählich in das Bewußtsein der Humanwissenschaften getreten. Lange Zeit hindurch hatte man sich an die Vorstellung gewöhnt, daß die wissenschaftlich technologische Kontrolle des Menschen über die Natur endgültig erreicht sei und man sie lediglich durch die Kontrolle des Menschen durch den Menschen im »social engineering« zu ergänzen habe; in unseren Tagen aber wird allmählich klar, daß das Verhältnis des Menschen zur Natur noch ganz andere Probleme einschließt als lediglich die technologische Ausnutzung unserer Kenntnis der *Kausal*gesetze (des Anorganischen) für die Realisierung subjektiver menschlicher Handlungs-*Zwecke*. Aus der Perspektive einer biologisch orientierten funktionalen Systemtheorie zeigte sich, daß wir es bisher weitgehend versäumt haben, *unsere subjektiven Zwecksetzungen selbst in Beziehung zu setzen zu den quasi-zweckmäßigen Funktionssystemen, die ohne unser Zutun in der Natur bestehen und das Leben der menschlichen Gattung mitbedingen*. (Der Triumph des mechanistischen Denkens in der Neuzeit und die Verketzerung alles objektiv-teleologischen Denkens dürfte an diesem Versäumnis nicht unschuldig sein). Dem Versäumnis, menschliche Zwecksetzungen zu den natürlichen Funktionssystemen in Beziehung zu setzen, entsprach das Versäumnis, auf die biologisch-ökologischen Funktionsbedingungen menschlicher Sozialsysteme auch unter ökonomischen und juristischen Gesichtspunkten zu reflektieren: So ist z. B. erst in den letzten Jahren deutlich geworden, daß die planetare Ökosphäre (z. B. Luft und Wasser) ein nur in begrenztem Ausmaße zur Verfügung stehendes *Kapital* darstellt, – ein *Gut*, das allen Menschen gehört, das aber von der Industrie weitgehend als nicht ausgewiesenes Produktionskapital verbraucht wird. Weder die kapitalistischen noch die sozialistischen Wirtschaftstheorien hatten bis dahin die Biosphäre als Produktionskapital in Betracht gezogen, wenn auch Marx im 1. Band des »Kapitals« bereits bemerkt, daß der Kapitalismus die zwei Quellen des Reichtums, die menschliche Arbeit und die Natur, zu zerstören drohe. Damit ist nun aber derjenige Bereich der ökologischen Problematik angesprochen, in dem die sozialen Konflikte berührt werden.

Man könnte zunächst meinen, die neue Problemsituation im Verhältnis des Menschen zur Natur, konkreter: das Bewußtsein der drohenden Erschöpfung bzw. Zerstörung der Ökosphäre durch Überbevölkerung, Umweltverschmutzung und Verbrauch der Energievorräte, müßte geeignet sein, die vitale Bedeutung der Konflikte zwischen den Menschen de facto zu verringern. Das gemeinsame ökologische Schicksal – so könnte man denken – müßte die Bewohner dieser Erde mit dem Solidaritätsgefühl derer erfüllen, die in einem Boot sitzen, und sie dazu veranlassen, dem gemeinsamen Interesse am Überleben alle divergierenden Interessen unterzuordnen. Der »Club of Rome« hat seine Aufklärungs- und Aufrüttlungspolitik ersichtlich mit der Hoffnung auf einen solchen Solidarisierungseffekt verbunden. Die bislang vorliegenden Analysen der Situation lassen jedoch eher das Gegenteil erwarten: Zunächst ist hier noch einmal zu bedenken, daß die mit der Bedrohung der Ökosphäre zusammenhängenden Tatsachen trotz aller modischen Diskussion dieses Themas selbst unter Wissenschaftlern nur selten in ihrer vollen Tragweite erkannt und als Tatsachen akzeptiert sind. So ist z. B. noch wenig bekannt bzw. anerkannt, daß selbst in dem Falle, daß es gelingt, neue Energien – wie z. B. die Sonnenenergie – nutzbar zu machen, die damit verbundene Wärmebelastung der Ökosphäre sehr schnell eine kritische Grenze erreichen würde. Auf der Ebene der Alltagspolitik hat

sich jedenfalls gezeigt, daß die von den Experten beschworene ökologische Gefahr vorerst noch nicht so konkret sichtbar gemacht werden konnte, daß sie den Konflikt der »pressure groups«, die den Spielraum der Politiker begrenzt, ernsthaft hätte beeinflussen können. (Charakteristisch ist etwa die völlig deplazierte und irreführende Zeitungsüberschrift »Die Propheten des Weltuntergangs sind optimistischer geworden«, mit der in der FAZ der zweite Bericht an den Club of Rome »Menschheit am Wendepunkt« von Mesarovic und Pestel angezeigt wurde.)
Man kann jedoch an dieser Stelle mit Recht einwenden, daß der Einfluß der ökologischen Krise auf die Entwicklung der sozialen Konflikte nicht auf der Bewußtseinsebene der Alltagspolitik sich bemerkbar machen muß. Er kann und wird wahrscheinlich in naher Zukunft einfach dadurch automatisch wirksam werden, daß die ökonomische Wachstumspolitik nicht mehr im alten Stil fortgesetzt werden kann und daß die durch Überbevölkerung bedingten Hungerkatastrophen in der Dritten Welt, die zur Zeit schon begonnen haben, sich in gesteigertem Maße wiederholen. Eine solche Entwicklung wird jedoch aller Wahrscheinlichkeit nach nicht zu einer Verringerung der unter Menschen bestehenden Konflikte führen, sondern eher zur Wiederbelebung klassischer Konflikte und zur Entstehung neuer Konflikte.
Ich möchte in diesem Zusammenhang nur zwei fundamentale Konflikt-Typen ins Auge fassen, die m. E. nicht aufeinander reduzierbar sind: *1.* den sozialen Klassenkonflikt, der gegenwärtig in den regional divergierenden Aspekten des Konfliktes zwischen Arm und Reich (so als Nord-Süd-Konflikt) und des Konfliktes zwischen »Herr und Knecht« (Hegel) auftritt, und *2.* den Prestige- und Machtkonflikt zwischen Gleichen, insbesondere zwischen Nationen (Hegels »Kampf um die Anerkennung bis zum Tod«, der dem Klassenkampf noch vorausliegt und ihn wohl auch in einer Gesellschaft ohne Mangel überleben würde). Es läßt sich nun wohl kaum bestreiten, daß in den letzten 100 Jahren die von Marx vorausgesagte revolutionäre Zuspitzung des Klassenkonflikts in den westlichen Industriestaaten hauptsächlich dadurch zugunsten institutionalisierter Klassenkompromisse vermieden wurde, daß immer erneut ein

permanentes Wirtschaftswachstum in Aussicht gestellt werden konnte. Der Konflikt der Tarifpartner konnte z. B. in den USA und in der Bundesrepublik nach der Devise des Futurologen Kahn entschärft werden, derzufolge man die Armen nicht schneller reich machen kann als dadurch, daß man die Reichen noch reicher macht.[2] Auch der Konflikt von Arm und Reich, der in den letzten Jahrzehnten zwischen den Industriestaaten des Nordens und den neuen Staaten der Dritten Welt entstand, konnte, unter der Voraussetzung ständigen Wirtschaftswachstums, bislang im Sinne der sogenannten »Entwicklungspolitik« kanalisiert werden. Wenn nun – wie zu erwarten – das Wirtschaftswachstum aus ökologischen Gründen nicht mehr fortgesetzt oder sogar zugunsten eines anzustrebenden System-Gleichgewichts eingestellt werden muß, dann entfällt damit das Motiv für die Kompromißbereitschaft der Armen oder auch nur Unterprivilegierten. Es muß dann vermutlich mit zwei alternativen Versionen einer erneuten Zuspitzung des Klassenkonfliktes gerechnet werden:

Die eine Version würde dann eintreten, wenn die reichen Nationen auf Kosten der Entwicklungsländer ihren Lebensstandard um jeden Preis weiter zu steigern oder doch zu halten versuchen: in diesem Falle wäre – wenn man von störenden Randbedingungen absieht – eine katastrophale Zuspitzung des Nord-Süd-Konfliktes zu erwarten, während der Klassenkonflikt innerhalb der Industriestaaten vielleicht vorläufig noch entschärft werden könnte. Die andere Version würde eintreten, wenn – wie nicht gerade wahrscheinlich – die reichen Industriestaaten tatsächlich einer Einschränkung des eigenen Wirtschaftswachstums und womöglich sogar des Lebensstandards ihrer Einwohner zugunsten der von den Entwicklungsländern geforderten Umverteilung des Reichtums stattgeben würden. In diesem Falle käme es sofort zu einer erneuten Zuspitzung des klassischen Klassenkonflikts innerhalb der Industriestaaten – es sei denn, die Ursachen eines solchen Konflikts könnten durch systemverändernde Reformen beseitigt werden und die zweifel-

2 Mit dieser Motivation sollen z. B. bei der letzten Präsidentenwahl in den USA gerade die kleinen Leute ihre Stimme nicht McGovern, der eine Umverteilung des Reichtums propagierte, sondern Nixon gegeben haben.

los unpopuläre Politik der Umverteilung im Weltmaßstab könnte als unvermeidliche Antwort auf die Frage des gemeinsamen Überlebens einsichtig und akzeptabel gemacht werden.
Der Umstand nun, daß der Konflikt zwischen Arm und Reich im Sinne des Nord-Süd-Konflikts weitgehend zusammenfällt mit einem »inter-nationalen« Konflikt im Sinne des außenpolitischen Macht- und Prestigekampfes macht unmittelbar deutlich, daß auch dieser Aspekt menschlicher Konflikte durch die ökologische Krise kaum gemildert, sondern eher verschärft werden dürfte. Das derzeitige Engagement einer potentiellen Weltmacht wie China im Nord-Süd-Konflikt zeigt besonders augenfällig, daß auch die im Sinne Rankes klassischen außenpolitischen (»internationalen«) Konflikte sich zuspitzen würden – es sei denn, die reichen Industrieländer könnten sich mit den Entwicklungsländern effektiv über einen Ausgleich des Entwicklungsniveaus, oder vielleicht besser noch: über gemeinsame Einschränkungen, vor allem auf dem Gebiet des Bevölkerungswachstums, einigen. Wie schwierig eine solche Einigung ist, hat zuletzt noch wieder die Weltbevölkerungs-Konferenz in Bukarest gezeigt. Aber auch abgesehen von der Problematik des Nord-Süd-Konflikts scheint die ökologische Krise kaum die internationale Verständigungsbereitschaft zu fördern. Eher hat es den Anschein, als ob jeder Staat 10 Minuten vor 12 noch sein Vorrecht auf die Ausbeutung der Ökosphäre durchsetzen möchte. Man denke z. B. an die zunehmende Einschränkung der »Freiheit der Meere« im Sinne des klassischen Völkerrechts zugunsten erweiterter nationaler Festlandssockel, oder an das Scheitern aller Bemühungen um die Rettung der Wale, oder an die Weigerung Brasiliens, das ökologisch extrem gefährliche Projekt einer Abbrennung des tropischen Regenwaldes im Amazonasgebiet aufzugeben.
Diese Hinweise auf die wahrscheinliche Zuspitzung der klassischen Konflikte im Zusammenhang mit der ökologischen Krise sollten jedoch im Kontext unseres Themas nur die praktische Notwendigkeit einer ethisch-politischen Grundorientierung gerade in unserem durch Wissenschaft und Technologie geprägten Zeitalter illustrieren. Doch wie steht es mit der Möglichkeit einer solchen Grundorientierung im Hinblick auf die philosophische Ethik?

III. Die scheinbare Unmöglichkeit einer rationalen Begründung einer intersubjektiv gültigen Ethik solidarischer Verantwortung

Daß die geforderte Grundorientierung nicht einfach auf der Grundlage der traditionellen religiös-ethischen Normensysteme der verschiedenen Kulturen gewonnen werden kann, erhellt schon aus dem Umstand, daß diese Systeme primär auf die Ehe-, Familien- und Nachbarschaftsbeziehungen innerhalb kleiner Gruppen bezogen waren und allenfalls durch gesinnungsethische Verallgemeinerungen dieser interpersonalen Normen eine kosmopolitische Dimension gewannen – so etwa in den Weltreligionen und im philosophischen Humanismus. Schon die Bereiche des »internationalen« Machtkampfes (der sogenannten »Staatsräson«) und des sozialen Klassenkampfes waren bis heute weitgehend aus der ethischen Reflexion ausgeklammert – nicht zu reden von dem eigentlichen Makrobereich der Menschheitsinteressen, die in der ökologischen Krise auf dem Spiel stehen. Die Ethik war zuletzt in Europa weitgehend eine solche der privaten Gesinnung, in der man mit Kant davon ausging, daß es allein auf den *guten Willen* (die »Maxime der Gesinnung«), nicht aber auf den *Erfolg* unserer Handlungen in der Welt (z. B. in der Welt der Politik!) ankomme. Gerade der Erfolg unserer Handlungen aber – oder anders gesagt: das Risiko der Wirkungen und Nebenwirkungen unserer technisch-industriellen Aktivitäten im planetaren Maßstab – müßte heute von uns verantwortet werden. Also nicht »Gesinnungsethik«, sondern »Verantwortungsethik« wäre gefordert, um mit Max Weber zu sprechen. Doch selbst diese Parole ist nicht eindeutig bzw. zureichend; denn die situationsbezogene Verantwortungsethik der einsamen politischen Entscheidung, an die M. Weber dachte, die Situationsethik, die später im Existentialismus – z. B. von Sartre – als Ethik der existenziellen Grenzsituation ausgearbeitet wurde, entspricht auch nicht der Forderung der Stunde – obwohl sie keineswegs überholt ist, da es ja die Grenzsituationen der einsamen Entscheidung durchaus gibt (Situationen, in denen jeder seine Götter wählen muß, wie M. Weber sagte, oder in denen jeder sich selbst und darin die Menschheit wählen muß, wie Sartre es ausdrückte). Was aber in der gegenwärtigen

Krise der technisch-wissenschaftlichen Zivilisation im planetaren Maßstab gefordert wäre, ist weit *mehr* als eine – womöglich auf irrationale Letztentscheidungen angewiesene – Ethik der existenziellen Grenzsituationen. Gefordert wäre offenbar so etwas wie eine Ethik der gemeinsamen solidarischen Verantwortung der Menschheit im Sinne einer kommunikativen Interessenvermittlung und Situationsberatung. Doch wie steht es mit der *Möglichkeit einer rationalen Begründung der intersubjektiven Gültigkeit* einer solchen Ethik?

Ich deutete im vorigen schon an, daß sich bei dem Versuch einer Beantwortung dieser Frage eine paradoxe Situation zu ergeben scheint: dieselbe Wissenschaft nämlich, die durch ihre technologischen Folgen eine Hauptursache für die praktische Notwendigkeit einer Ethik solidarischer Verantwortung darstellt: dieselbe Wissenschaft scheint durch den von ihr geprägten Rationalitätsbegriff im Sinne wertfreier Objektivität Ursache oder Grund der Unmöglichkeit rationaler Begründung intersubjektiv gültiger Ethik zu sein. So jedenfalls stellt sich die Lage dar, wenn man die Denkmittel der sogenannten »analytischen« Philosophie des Westens in Betracht zieht. Es müssen dann nämlich, grob gesagt, die folgenden axiomatischen Prämissen jeder Begründung ethischer Normen vorangestellt werden:

1. *Rationale Begründung* ist gleichbedeutend mit *formallogischer Deduktion* von Sätzen aus Sätzen in einem axiomatisierten syntaktisch-semantischen Satz-System.
2. *Intersubjektive Geltung* von Sätzen ist gleichbedeutend mit *objektiver Geltung im Sinne wertfreier Tatsachenfeststellung oder formallogischer Schlußfolgerung*.
3. Aus *Tatsachenfeststellungen* lassen sich mittels logischer Schlüsse keine *Werturteile* oder *normativen Aussagen* ableiten (D. Humes Diktum).

Man kann leicht zeigen, daß unter der Voraussetzung dieser Prämissen eine Begründung ethischer Normen logisch unmöglich ist.

Streng genommen genügt schon die erste Prämisse allein, um dies zu erweisen; denn, wie die Popperianer – z. B. H. Albert[3] –

3 Vgl. H. Albert: *Traktat über kritische Vernunft*, Tübingen 1968, 21969, S. 15. – Dazu K. O. Apel: »Das Problem der philosophischen Letztbegründung im Lichte einer transzendentalen Sprachpragmatik (Versuch

hervorgehoben haben, führt jeder Versuch einer formallogischen Letztbegründung von Sätzen aus Sätzen in ein *logisches Trilemma*: Entweder nämlich (*1.*) entsteht ein *unendlicher Regreß*, weil die Axiome selbst wieder in einem axiomatisierten Satzsystem abgeleitet werden müssen usw. ad infinitum; oder (*2.*) es entsteht ein *logischer Zirkel*, wenn man nämlich bei der Deduktion Sätze zugrundelegt, die vorher schon als begründungsbedürftige Sätze aufgetreten waren, oder (*3.*) der Begründungsprozeß muß durch eine *dogmatische Auszeichnung bestimmter Prämissen* abgebrochen werden. Ich werde jedoch *diesen* Beweis der Unmöglichkeit der Letztbegründung in unserem Problemzusammenhang beiseite lassen, da er nicht nur die Unmöglichkeit ethischer Normenbegründung, sondern die Unmöglichkeit jeder Art von (Letzt-)Begründung, auch z. B. der Begründung seiner selbst, zeigt, was aber – trivialerweise – nur darauf beruht, daß hier – im Sinne der ersten Prämisse der analytischen Philosophie (s. oben) – Begründung mit formallogischer Deduktion von Sätzen aus Sätzen gleichgesetzt wurde. Diese Prämisse verurteilt also jede Art von ethischer *und* theoretisch wissenschaftlicher Begründung von vornherein zum Scheitern.

Wichtiger und für das philosophische Bewußtsein im Westen charakteristischer ist m. E. die Kombination der zweiten und dritten Prämisse: Aus dieser Kombination folgt nämlich, daß die intersubjektive Geltung gerade normativer Sätze nicht begründet werden kann. Diese Sätze sind ja einerseits aus Tatsachenfeststellungen prinzipiell nicht ableitbar, wie die 3. Prämisse besagt; sie müßten aber andererseits, um *intersubjektiv gültig* zu sein, gerade auf formallogischer Ableitung aus objektiv gültigen Tatsachen beruhen, wie die 2. Prämisse fordert. Demnach kann es also eine rationale Begründung intersubjektiv gültiger ethischer Normen nicht geben, und in der analytischen Philosophie des Westens wird dies allgemein dahin ausgelegt, daß Normen oder Wertungen letztlich auf bloß subjektive Gefühle oder (Willkür-)Entscheidungen zurückgeführt werden müßten. (Man kann zwar in einer sogenannten »deontischen Logik« –

einer Metakritik des Kritischen Rationalismus)«, in: B. Kanitscheider (Hrsg.): *Sprache und Erkenntnis* (Festschrift für Gerhard Frey), Innsbruck 1976, S. 55–82.

die für die Jurisprudenz wichtig werden dürfte – Normen aus Normen oder Verpflichtungen aus Verpflichtungen deduzieren und dergestalt konsistente Normensysteme aufbauen, aber die dabei axiomatisch zugrundegelegten letzten Normen kann man gerade nicht begründen. Man kann sie – so scheint es – lediglich *metaethisch* als Gegebenheit des »moral discourse« bzw. der »language of morals« analysieren, und eine solche Analyse scheint dann eben zum Ergebnis zu haben, daß die moralischen Urteile als Ausdruck subjektiver Gefühle oder als imperativische Formulierung von [Willkür-]Entscheidungen zu verstehen sind.)

An dieser Stelle wird nun ein sehr interessanter Zusammenhang zwischen den (meta-)ethischen Konsequenzen der »analytischen« Philosophie und den ethischen Konsequenzen des Existentialismus, die wir bereits berührt haben, sichtbar: Diese beiden repräsentativen Richtungen der westlichen Philosophie kommen offenbar darin überein, daß die Ethik eine Angelegenheit subjektiver, privater und letztlich irrationaler Entscheidung ist. Es verhält sich also in diesem praktisch relevanten Punkt keineswegs so, daß Existentialismus und Analytische Philosophie (z. B. »Logischer Positivismus«) – wie man im Westen oft annimmt – unvereinbare Gegensätze darstellen. Vielmehr zeigt sich, daß sie in einem *komplementären*, d. h. einander ausschließenden, aber auch ergänzenden, Verhältnis zueinander stehen: Die analytische Philosophie hat es als Wissenschaftslogik mit dem öffentlich gültigen Bereich der Rationalität wertfreier Wissenschaft zu tun, der Existentialismus andererseits mit der privaten Sphäre subjektiver Gewissensentscheidungen. Und es ist nicht schwer, in diesem *Komplementaritätssystem der westlichen Ideologie* das konsequente Ergebnis einer jahrhundertelangen Auseinandersetzung zwischen den Ansprüchen christlicher Dogmatik einerseits, naturwissenschaftlich orientierter Rationalität andererseits zu erblicken. Im Grunde enthält schon die vom Liberalismus durchgesetzte Trennung von Staat und Kirche das ganze Komplementaritätssystem in der Nuß; denn diese Trennung hat die Säkularisierung und Privatisierung der religiös-moralischen Normen im Sinne der privaten Gewissensmoral erzwungen und eben dadurch den Weg freigemacht für eine öffentlich gültige Rationalität, die sich scheinbar auf kein anderes Fundament zu gründen vermochte als auf das Paradigma wertfreier Objektivität im Sinne der Naturwissenschaft.

Freilich hat der kämpferische Liberalismus, der diese Entwicklung vorantrieb – z. B. als Entmoralisierung des juristischen Bereichs –, dabei selbst noch so etwas wie eine intersubjektiv verbindliche Moral der persönlichen Gewissensfreiheit vorausgesetzt; und erst die jüngste Phase radikaler Begründungskritik in der westlichen Philosophie hat gezeigt, daß unter den Voraussetzungen des szientistischen Rationalitätsbegriffs (s. die angegebenen 3 Prämissen!) überhaupt keine rationale Rechtfertigung irgendwelcher Normen mit intersubjektivem Geltungsanspruch möglich ist – auch nicht die Rechtfertigung der intersubjektiven Geltung des Prinzips der persönlichen (Gewissens-) Freiheit und etwa der freien Übereinkunft zwischen Interessenvertretern, das die Grundlage liberaler Demokratie bildet.

Es ist nicht unwichtig, sich diese letzte Konsequenz des westlichen Komplementaritätssystems in all ihren praktisch relevanten Implikationen klar zu machen. Dazu gehört z. B. der nur ungern reflektierte Umstand, daß freie Übereinkünfte zwischen Interessenvertretern zwar eine ethisch *notwendige Bedingung* demokratischer Institutionen, insbesondere des positiven Rechts, bilden, daß sie aber keineswegs etwa ethische Verbindlichkeiten *begründen* können. Wenn eine Begründung intersubjektiver Gültigkeit ethischer Normen tatsächlich unmöglich ist, dann besteht keinerlei Verpflichtung dazu, freie Übereinkünfte einzugehen oder sie einzuhalten. Beides – und damit das gesamte Ethos liberaler Demokratie – reduziert sich dann auf zweckrationale Klugheitsveranstaltungen der Interessenten, wie sie prinzipiell auch in einer Gemeinschaft von Gangstern denkbar sind; und die Verbindlichkeit oder normative Geltung der Übereinkünfte und der auf sie gegründeten normativen Gesetze läßt sich dann, streng genommen, auf ihre faktische Effektivität angesichts einer weiterbestehenden Interessenkonstellation zurückführen. D. h. jeder ist genau dann und insofern »verpflichtet«, Übereinkünfte einzugehen bzw. sie einzuhalten, wenn bzw. sofern er sich davon Vorteile verspricht bzw. wenn oder sofern er für den Fall eines anderen Verhaltens Nachteile befürchten muß. Genauso hat man sich ja auch bis heute in dem von der traditionellen Ethik ausgeklammerten Bereich der »internationalen« Beziehungen verhalten (und der radikalste Staatsdenker des westlichen Liberalismus, Thomas Hobbes, hat nicht gezögert, auch die normative Verbindlichkeit innerstaatlicher Rechtsverhältnisse im weitesten Sinn auf die Effektivität zweckrationaler Strategien der einzelnen Interessenten zu reduzieren).

Wir haben jedoch im vorigen darauf hingewiesen, daß gerade in diesem Umstand einer fehlenden Ethik der menschlichen Solidarität auch im internationalen Bereich ein *Entwicklungsdefizit* der menschlichen Gattung angesichts der planetaren Reichweite menschlicher Aktivitäten zu erblicken ist. Darüber hinaus möchte ich behaupten, daß auch und gerade das Pathos liberaler Gewissensentscheidung (das, über Max Weber vermittelt, in der Konzeption der existenziellen Selbstwahl in der Grenzsituation seine letzte Steigerung erfährt) seinen substanziellen Inhalt verliert, wenn diese Entscheidung nicht in einer *intersubjektiv gültigen* Norm begründet werden kann, sondern alle normative Verbindlichkeit selbst erst begründen soll. Nicht einmal die Autonomie einer sogenannten freien Entscheidung läßt sich gewährleisten, wenn diese nur rein privat aus sich selbst »begründet« werden kann; denn das *rein Private* ist nicht nur das Irrationale, sondern auch das Heteronome im Sinne bloßer Kausal-Determination. Daß es sich so verhält, zeigt in extremer Form der Zerfall der persönlichen Identität beim Geisteskranken, der seine Selbstbestimmung nicht mehr durch die intersubjektiv verbindlichen Normen der Kommunikation zu vermitteln vermag (»Idiotie« heißt wörtlich »Privatheit«). In weniger extremer, aber soziologisch relevanter Form zeigt m. E. die von D. Riesman konstatierte Ablösung des innengeleiteten durch ein außengeleitetes – und daher in höherem Maße manipulierbares – Verhalten, daß die Identifizierung von privater Entscheidung mit existenziell freier Entscheidung, von der die Ideologie des westlichen Komplementaritätssystems ausgeht, auf einer Illusion beruht. Die Ideologie des westlichen Komplementaritätssystems bricht damit natürlich praktisch zusammen.

Mancher Soziologe oder Sozialpsychologe mag sich nun mit dieser Entlarvung zufrieden geben und sozusagen die liberalistisch-existentialistische Seite des westlichen Komplementaritätssystems zugunsten einer Verabsolutierung der objektivistisch-szientistischen Seite preisgeben. In massiver Direktheit tut dies z. B. der amerikanische Behaviorist B. Skinner in seinem Buch »Beyond Freedom and Dignity«: er ersetzt gewissermaßen die Forderung solidarischer Verantwortung einer Gemeinschaft autonomer Subjekte angesichts der drohenden Weltkatastrophe durch die szientistische Forderung einer verantwortlichen Konditionierung des Verhaltens der Massen durch die Wissenschaftler. Doch dieser massive »Szientismus«[4] zeigt sogleich seine eigene Paradoxie; denn Skinner vermag natürlich nicht die Frage zu beantworten, wer denn die Konditionierer – also die Wissenschaftler – (verantwortlich?) konditioniert (oder konditionieren soll)?

(In weniger massiver, aber letztlich doch analoger Form verwickeln sich manche soziologischen »Systemtheoretiker« in die Aporien eines Szientismus, der seine eigenen Bedingungen der Möglichkeit nicht mehr bedenkt. Nicht zufrieden mit der Einsicht, daß auch menschliche Handlungszwecke, ja sogar Erkenntnisse als verstehbare Sinngebilde den Bedingungen funktionaler Systembildung unterworfen sind, wenn sie lebensfähig sein sollen, – nicht zufrieden, wie gesagt, mit der legitimen Feststellung einer solchen *conditio sine qua non* auch geistigen Lebens, meinen sie, die soziale Systembildungs- bzw. Erhaltungsfunktion als *zureichende Bedingung* für eine Erklärung aller menschlichen Sinn-Intentionen, einschließlich des Wahrheitsanspruchs von Erkenntnis, auffassen zu müssen. Unter diesen Voraussetzungen verliert dann natürlich schon die Forderung einer ethischen Verantwortung von Handlungen und erst recht die Forderung ethischer Legitimation von sozialen Institutionen oder ganzen Systemen jeden Sinn: Sie muß mitsamt dem verantwortlichen Subjekt einer solchen Forderung als hybride Illusion des bürgerlichen Subjekts und seines Traums von Autonomie und Verantwortung abgetan bzw. für überholt erklärt werden.[5] Es ist aber auch in diesem Fall – prinzipiell

4 Es sollte eigentlich nicht erforderlich sein zu betonen, daß, wer den »Szientismus« kritisiert, kein Gegner der »Science« sein muß – ebensowenig wie jene Logiker, die den »Psychologismus« widerlegten, Gegner der Psychologie waren.

5 Vgl. hierzu J. Habermas/N. Luhmann: *Theorie der Gesellschaft oder*

nicht anders als bei Skinner – klar, daß das *Wissen* und der *Wahrheitsanspruch* des Wissenschaftlers mit der szientistischen Reduktion des Sinns menschlicher Handlungen unverträglich sind. Durch sein Wissen um die lebenspraktische Notwendigkeit der Systembildung und der Systemerhaltung nämlich und durch die Veröffentlichung dieses Wissens transzendiert der Systemtheoretiker selbst schon den Bereich des *bloß funktional Erklärbaren*: Er wirft unweigerlich für sich und sein Publikum die Frage nach der *verantwortlich* zu leistenden Systembildung und damit zugleich die Frage nach der *Interpretation* und *Legitimation* des Systems auf. Mit seinem Wahrheitsanspruch vollends, der ohne die prinzipielle Möglichkeit einer unbegrenzten Bestätigung durch autonome Erkenntnissubjekte sinnlos wird, führt er selbst seine soziologistische Reduktion dieses Subjekts auf eine bürgerliche Illusion ad absurdum.)

So einfach ist es also nicht, aus der gegenwärtigen ideologischen Misere des westlichen Komplementaritätssystems eine Tugend zu machen und einfach die korrumpierte Seite des Systems, die Seite der subjektiven Freiheit und Verantwortung, zugunsten der wertfreien wissenschaftlichen Objektivität der anderen Seite zu streichen. Wenn man dies versucht, zeigt sich der unaufgebbare Wahrheitsgehalt des westlichen Komplementaritätssystems; *objektive* Wissenschaft und *subjektive Freiheit und Verantwortlichkeit* der Subjekte der Wissenschaft setzen sich wechselseitig voraus. Eines steht und fällt mit dem anderen. Nicht darum kann es also gehen, die Freiheit und Verantwortlichkeit der Menschen als der Handlungssubjekte prinzipiell zu bestreiten (oder sie für überflüssig oder überholt zu erklären), sondern darum, sie nicht im Sinne *irrationaler Privatheit* zu verstehen und sie auch in der Praxis nicht in der Ohnmacht der manipulierbaren Privatheit verkommen zu lassen, sondern sie als *Potential solidarischer Verantwortung* zu mobilisieren. Als rein private Entscheidungswillkür ist ja die Freiheit nicht nur der ethischen Verantwortung unfähig: sie bleibt auch – in noch höherem Maße als zuvor schon die rein innerliche Freiheit der Kantschen »Gesinnungsethik« – politisch ohnmächtig. Faßt

Sozialtechnologie, Frankfurt a. M. 1971, und insbesondere J. Habermas: *Legitimationsprobleme im Spätkapitalismus*, Frankfurt a. M. 1973.

man diesen Aspekt der Krise des westlichen Komplementaritätssystems ins Auge, so hat man m. E. eine Chance, das (im Sinne einer internen Rekonstruktion der Geschichte) berechtigte und großartige Motiv der weltweiten Studentenbewegung der späten 60er Jahre zu *verstehen*: denjenigen Aspekt dieser Bewegung, der sich nicht durch geistreiche sozialpsychologische Theorien extern (kausal) *erklären* läßt.
An dieser Stelle ist es nun erforderlich, in aller Kürze auf den *Marxismus* als eine mögliche Antwort auf die skizzierte paradoxe Situation der praktischen Notwendigkeit und scheinbaren Unmöglichkeit einer Ethik solidarischer Verantwortung einzugehen. Zweifellos war ja der Neo-Marxismus der Studentenbewegung zumindest im Anfang in erster Linie von der Forderung inspiriert, die politisch ohnmächtige Scheinfreiheit der privaten Innerlichkeit durch eine reale Freiheit zu ersetzen – gemäß der Marxschen Vision, daß die menschliche Gattung ihre Vorgeschichte beenden und erstmals in solidarischer Kooperation und Verantwortung ihre Geschichte gestalten müsse. Daß diese Forderung, ganz abgesehen von der Problematik ihrer Realisierung, eine philosophisch relevante Antwort auch und gerade auf die gegenwärtige Krisensituation der wissenschaftlich-technischen Zivilisation darstellt, wird man kaum bestreiten können. Freilich wird man m. E. mit Rücksicht auf die Entwicklung der ökologischen Krise einerseits, der neomarxistischen Bewegung andererseits eine Differenzierung vornehmen müssen: Ging es im Anfang (in der internen Entsprechung der ökologischen Krise und der neomarxistischen Bewegung) vor allem um die Rettung und Entfaltung der »Lebensqualität« und im Zusammenhang damit um die Emanzipation von nicht mehr rational zu rechtfertigenden autoritären Zwängen, so geht es in der gegenwärtigen Phase schon eher um die sehr viel brisantere Frage, ob die Durchführung der Maßnahmen, die notwendig sein könnten, um nicht die Lebensqualität, sondern die menschliche Biosphäre überhaupt zu retten, unter parlamentarisch-demokratischen Bedingungen überhaupt möglich ist. Nahezu alle von den 25 westlichen Wissenschaftlern, die in »Pro und Contra« zu Meadows »Grenzen des Wachstums« Stellung genommen haben, werfen diese unvermeidliche Frage auf. Dem entspricht nun zum Teil eine Wendung der neomarxistischen

Bewegung von der antiautoritären Position zurück zum Leninismus der Parteidisziplin und der Vorstellung einer notwendigen Repräsentation der wahren Interessen der breiten Massen durch eine Funktionärselite. Ich möchte daher jetzt die Antwort des orthodoxen Marxismus-Leninismus auf die Frage nach einer Ethik solidarischer Verantwortung als *Alternative* zur Antwort des westlichen Komplementaritätssystems ins Auge fassen:
Im gegenwärtigen Kontext kann dies natürlich nur in der schematischen Form geschehen, daß ich die orthodox Leninistische Konzeption des Verhältnisses von objektiver Wissenschaft und ethisch relevanter Parteiergreifung zu den Prämissen des westlichen Komplementaritätssystems in Beziehung setze. Es ergibt sich auf diese Weise, daß der Marxismus als dialektische Philosophie außer der *1.* Prämisse vor allem die *3.* Prämisse in Frage stellt: Nicht nur ist für ihn philosophische Begründung nicht auf formallogische Deduktion zu reduzieren; auch den Humeschen (und Kantschen) Dualismus von Sein und Sollen, Tatsachen und Normen erkennt er nicht an: Er überspielt ihn gewissermaßen durch die Unterstellung einer geschichtsdialektischen Bewegung des Seins, in der an die Stelle der ethischen Sollensforderung die *bestimmte Negation* des Bestehenden im Sinne der objektiv einsehbar notwendigen Fortentwicklung des Seins tritt. (An die Stelle des Dualismus von Sein und Sollen tritt also die auf die Zukunft hin extrapolierte These Hegels, daß die Wahrheit das Ganze ist und unter dieser Perspektive das Vernünftige das eigentlich Wirkliche und das eigentlich Wirkliche zugleich das Vernünftige ist.) Man kann in dieser Konzeption eine geschichtsdialektische Erneuerung der vorneuzeitlichen aristotelisch-thomistischen Gleichsetzung des Seins und des Guten erblicken; freilich impliziert die geschichtsdialektische Transformation der metaphysisch-theologischen Lehre einen entscheidenden Unterschied; das Sein oder das Wirkliche wird nicht mehr deshalb für gut und vernünftig gehalten, weil es jetzt immer schon als von Gott geschaffenes Sein gut oder vernünftig ist, sondern nur insofern, als es bei einsichtiger Fortsetzung der natürlichen Entwicklung durch die menschliche Praxis so ist. Wer aber hat diese Einsicht? Das praktisch und somit ethisch relevante Problem liegt für den orthodoxen Marxismus-Leni-

nismus darin, daß die praktisch unleugbar bestehende Kluft zwischen Sein und Sollen, – die Kluft der Ungewißheit, die sich in der Frage »Was sollen wir tun?« artikuliert –, daß diese Kluft durch die Einsicht derer überbrückt werden muß, die über das dialektische Wissen vom notwendigen Gang der Geschichte verfügen.
Dies hat nun die folgende *theoretische Konsequenz*: Die Alternative des orthodoxen Marxismus-Leninismus zum westlichen Komplementaritätssystem liegt nicht etwa darin, daß jetzt die objektive wertfreie Wissenschaft durch eine rationale Begründung intersubjektiv gültiger Ethik ergänzt wurde; eine solche Ergänzung wird vielmehr scheinbar überflüssig, da eine dialektische Überwissenschaft postuliert wird, die je in der geschichtlichen Situation zwischen Sein und Sollen die einsichtige und notwendige Vermittlung herstellt. Die *praktische Konsequenz* dieses theoretischen Systemanspruchs aber liegt darin, daß die ethische Grundfrage des Sollens gar nicht eigentlich mehr gestellt und schon gar nicht in dem Sinne beantwortet wird, daß die Antwort immer erneut über die solidarische Verantwortung aller Bürger vermittelt würde. Vielmehr läuft es im Grunde auf das Konzept Platons und Papst Innozenz III. hinaus: die Elite der Wissenden nimmt den Massen die eigentliche Verantwortung ab und erzwingt eine Entpolitisierung und Privatisierung der moralischen Verantwortung der Einzelnen – eine Situation, die womöglich noch weiter von der Ethik solidarischer Verantwortung entfernt ist als die liberalistische Privatisierung der Moral im Westen.
(Man könnte im Sinne dieses schematischen Vergleichs der westlichen und der östlichen Ideologie die ideologische Weltsituation durch das *Modell eines doppelten Komplementaritätssystems* verdeutlichen: Im westlichen System besteht eine Komplementarität zwischen privater und öffentlicher Sphäre in dem Sinn, daß der wertneutrale Szientismus die öffentlich gültige Rationalität bestimmt und der subjektivistische Existentialismus die private Sphäre artikuliert; im östlichen System dagegen ist offiziell die Einheit von privater und öffentlicher Sphäre, von Theorie und Praxis, Wissenschaft und Ethik vorausgesetzt, so daß dieses *Integrationssystem* im ganzen zum westlichen System in einem Verhältnis der Komplementarität steht.)

IV. Konsequenzen

Welche Konsequenzen ergeben sich aus der skizzierten Situation für die Beantwortung der von uns gestellten Frage nach der Möglichkeit einer ethisch-politischen Grundorientierung? –

Ich erwähnte bereits, daß fast alle prominenten Wissenschaftler, die zu einer Stellungnahme zum 1. Bericht an den Club of Rome aufgefordert wurden, die Frage nach der Notwendigkeit einer Änderung unserer politischen Institutionen aufwarfen. Mein Versuch einer Analyse des ideologischen Dilemmas angesichts der Frage nach den möglichen Grundlagen einer Ethik solidarischer Verantwortung könnte denselben Eindruck erwecken: den Eindruck der Notwendigkeit eines *dritten Weges* im ideologischen und politisch-institutionellen Sinne dieses Slogans. Ich möchte dem nicht widersprechen; ich möchte aber auch nicht den Eindruck erwecken, als ob ich *politisches Rezept* anzubieten hätte für den m. E. geforderten Ausweg zwischen der Skylla der Freiheit ohne ethische Substanz und solidarische Verantwortung, die das System des westlichen Kapitalismus kennzeichnet, und der Charybdis einer erzwungenen Solidarität, die nicht mehr durch die freie Verantwortung der Bürger vermittelt werden kann, wie sie das System des totalitären Sozialismus kennzeichnet. Statt dessen möchte ich den philosophischen Ansatz einer Ethik skizzieren, die m. E. den Schein der Unmöglichkeit einer rationalen Begründung intersubjektiv gültiger Normen aufzuheben vermag und einen kritischen Maßstab für die gesuchte politische Neuorientierung liefern könnte.[6]

Um eine rationale Begründung der Ethik als möglich zu erweisen, ist es offenbar erforderlich, die im vorigen (s. oben S. 24) angeführten drei Prämissen des westlichen ideologischen Komplementaritätssystems zumindest teilweise in Frage zu stellen. Oft geschieht dies dadurch, daß man versucht, die 3. Prämisse, derzufolge Normen grundsätzlich nicht aus Tatsachen logisch ableitbar sind, als ungültig zu erweisen. (So hat man z. B. versucht, Normen aus sozialen Bedürfnisgegebenheiten abzuleiten, ohne dabei schon Normen vorauszusetzen; in jüngster Zeit

6 Vgl. hierzu K. O. Apel: »Das Apriori der Kommunikationsgemeinschaft und die Grundlagen der Ethik«, in: derselbe: *Transformation der Philosophie*, Bd. II, Frankfurt a. M. 1973.

hat J. R. Searle sogar mit den Mitteln der sprachanalytischen Philosophie versucht, die besonders von dieser philosophischen Richtung geleistete Kritik an der sogenannten »naturalistic fallacy« zu widerlegen, indem er in seiner Sprechakttheorie Normen aus den »institutionalen Tatsachen« des Vorliegens von Sprechakten – z. B. von Versprechen – logisch abzuleiten versuchte.[7]) Ich halte *diesen* Weg nicht für gangbar und werde statt dessen die beiden anderen Prämissen in Frage stellen: die Gleichsetzung von *philosophischer Begründung* mit *logischer Ableitung* von Sätzen aus Sätzen und die Gleichsetzung von *intersubjektiver Gültigkeit* mit der *objektiven Gültigkeit wertfreier Schlußfolgerungen oder Tatsachenfeststellungen*.

Ich glaube erstens zeigen zu können, daß *philosophische Letztbegründung* nicht mit formallogischer Deduktion gleichzusetzen ist, sondern eher mit der Reflexion auf die subjektiv-intersubjektiven Bedingungen der Möglichkeit intersubjektiv gültiger Argumentation und damit des sprachvermittelten Denkens überhaupt,[8] und ich glaube zweitens zeigen zu können, daß zu den subjektiv-intersubjektiven Bedingungen der Möglichkeit aller Argumentation die Grundnormen einer intersubjektiv gültigen Ethik gehören.

Für den der Philosophie Fernstehenden mag es zunächst wenig plausibel erscheinen, daß die Reflexion auf die Bedingungen der Möglichkeit der Argumentation etwas mit der Frage nach der Möglichkeit einer Ethik allgemein menschlicher Solidarität zu tun haben soll. Hilfreich dürfte jedoch die folgende Vorüberlegung sein: Ich habe im vorigen zu zeigen versucht, daß, unter der Voraussetzung der angeführten drei Prämissen bezüglich der Unmöglichkeit rationaler Letztbegründung von Normen, die ideologische Entwicklung des westlichen Komplementaritätssystems tatsächlich zu einer praktisch relevanten Paralysierung unserer praktischen Vernunft, und das heißt: unserer po-

7 Vgl. J. R. Searle: *Sprechakte*, Frankfurt a. M. 1971. – Dazu meine Kritik in »Sprechakttheorie und Begründung ethischer Normen«, in: K. Lorenz (Hrsg.): *Konstruktionen versus Positionen. Festschrift für Paul Lorenzen*, Berlin 1979, Bd. II, S. 37-107.

8 Vgl. hierzu im einzelnen meinen Aufsatz: »Das Problem der philosophischen Letztbegründung in der Sicht einer transzendentalen Sprachpragmatik«, a. a. O. (Anm. 3).

tentiellen solidarischen Verantwortung, geführt hat. Wer dies einleuchtend fand, der wird sich auch der folgenden Überlegung nicht verschließen: Wenn man zeigen kann, daß schon die logische Argumentation (und damit auch die Wissenschaft) als Bedingung ihrer Möglichkeit eine intersubjektiv gültige Ethik voraussetzt, dann ist man in der Lage, die szientistische Blokkierung der ethischen Rationalität in rational zwingender Form aufzuheben und ein für alle Argumentationswilligen unbestreitbares Prinzip der Ethik anzugeben. Versuchen wir, nach dieser Vorüberlegung, in aller Kürze die wesentlichen Gedankenschritte einer philosophischen Begründung der Ethik anzudeuten:

Zu den Bedingungen der Möglichkeit gültiger Argumentation (und damit auch objektiver Wissenschaft) gehört nicht nur die *operative* – logisch-linguistische – *Kompetenz*, die jeder einzelne von sich aus mitbringen muß, sondern darüber hinaus die Voraussetzung einer im Prinzip unbegrenzten *idealen Kommunikationsgemeinschaft*, in der eine Sinnverständigung und eine Konsensbildung über Wahrheitsansprüche im Prinzip möglich sein muß. Ohne diese – ausdrückliche oder unausdrückliche – Unterstellung würde offenbar jede ernst gemeinte Diskussion ihren Sinn verlieren. Mit der a priori notwendigen Unterstellung einer idealen Kommunikationsgemeinschaft, – die auch im Prinzip realisierbar, ja in einem gewissen Maße schon realisiert sein muß, wenn Argumentation möglich sein soll –, mit dieser Voraussetzung muß aber auch die intersubjektive Gültigkeit einer normativen Ethik der idealen Kommunikationsgemeinschaft immer schon unterstellt werden. Dies besagt unter anderem: niemand kann auch nur mit sich selbst sich aufrichtig im Denken verständigen, der nicht schon im Prinzip alle Normen einer aufrichtigen Kommunikation unter Bedingungen wechselseitiger Anerkennung der Kommunikationspartner anerkannt hat. – Damit ist nun aber auch schon die 2. Prämisse des westlichen Komplementaritätssystems als falsch erwiesen: der Begriff *intersubjektiver Gültigkeit* kann nicht im Sinne des Szientismus auf die *Objektivität* im Sinne der Geltung von Aussagen wertfreier Wissenschaft reduziert werden; denn die Objektivität wertfreier Wissenschaft setzt selbst noch die intersubjektive Geltung ethischer Normen voraus.

Man könnte nun vielleicht meinen, damit sei für die Ethik noch wenig gewonnen, da in der Kommunikationsgemeinschaft der Argumentierenden lediglich eine *Ethik der aufrichtigen Argumentation* unter Abstraktion von allen individuellen Bedürfnissen der Argumentierenden vorausgesetzt werde. Diese Meinung scheint mir jedoch auf einem abstraktiven Trugschluß zu beruhen; sie übersieht m. E., daß der Bereich möglicher Inhalte der Argumentation – das »Diskurs-Universum« – durch das Prinzip der Argumentation, das ja immer schon anerkannt ist, nicht eingeschränkt werden kann; dies ist im Prinzip ebensowenig möglich wie eine willkürliche Begrenzung der Gemeinschaft kompetenter Kommunikationspartner. Daraus folgt aber, daß im Prinzip alle Ansprüche der Kommunikationspartner untereinander anerkannt werden müssen, die sich durch Argumente als mit den Ansprüchen aller übrigen Mitglieder der Kommunikationsgemeinschaft kompatibel erweisen lassen. Als argumentativ vertretbare *Ansprüche* in diesem Sinn können aber alle individuellen *Interessen* oder *Bedürfnisse* zur Geltung gebracht werden, die mit denen aller anderen vereinbar sind. Es ergibt sich demnach als Implikation einer Ethik der idealen Kommunikationsgemeinschaft die Forderung einer inhaltlichen Vermittlung aller menschlichen Interessen als möglicher *Ansprüche* in einer herzustellenden Institution universaler, repressionsfreier Beratung. Diese Institution, die eigentlich im Apriori der Kommunikation schon impliziert ist, wäre zugleich als Meta-Institution aller kontingenten, geschichtlich entstandenen Sozialinstitutionen anzusehen, d. h. als Legitimationsinstanz für alle faktischen Institutionen.

Es ist m. E. bemerkenswert, daß die hier skizzierte Ethik des praktischen Diskurses weit über die formale Ethik des »kategorischen Imperativs« im Sinne Kants hinausgeht. Sie wendet sich nicht nur an das solitäre Subjekt mit der Forderung, die Maxime seiner Gesinnung a priori im Sinne einer möglichen Vermittlung aller Ansprüche im Sinne einer allgemeinen Gesetzgebung zu bestimmen, sondern sie fordert darüber hinaus, daß die Situation repressionsfreier Beratung – d. h. also politischer und nicht nur innerer Freiheit – hergestellt wird: die Situation, in der über alle inhaltlichen Ansprüche aller Mitglieder der Kommunikationsgemeinschaft ein Konsens herbeigeführt werden kann.

Spätestens an dieser Stelle muß nun aber in Erinnerung gebracht werden, daß alle bislang angeführten Forderungen eine Antwort auf die Frage nach dem *letzten idealen Prinzip oder Maßstab der Ethik* darstellen. Wer nicht an transzendentalphilosophisches Denken gewöhnt ist, der wird diese Maßstabfunktion leicht mißverstehen; er wird die angedeuteten Forderungen unvermittelt mit allen möglichen Einsichten des Common sense über menschliche Unzulänglichkeit und objektive Sachzwänge und dergleichen konfrontieren – so als ob die normative Geltung der ethischen Maßstäbe mit der empirischen Einschätzung ihrer Realisierbarkeit gleichzusetzen wäre.
Die Funktion der idealen ethischen Maßstäbe und ihrer Konfrontation mit der Realität liegt jedoch gerade darin, die realen Schwierigkeiten und Grenzen einer ethisch-politischen Praxis überhaupt erst in den Blick zu bringen und eine Grundlage langfristiger Realisierungsstrategien zu gewinnen. Dies läßt sich z. B. an zwei ethisch-politischen Postulaten zeigen, die sich gerade aus dem Widerspruch zwischen dem Ideal der Kommunikations-Ethik und der politisch-gesellschaftlichen Realität ableiten lassen:
1. Zunächst wäre hier die Grundtatsache ins Auge zu fassen, daß jeder, der argumentiert, einerseits mit Notwendigkeit eine ideale Sprechsituation und eine ideale Kommunikationsgemeinschaft voraussetzt, andererseits – vom Common sense her – ganz genau weiß, daß er selbst und seine Partner weder von der Kompetenz her noch von der Gesinnung her dem notwendigen Anspruch genügen. Aus der Einsicht in den fundamentalen Widerspruch zwischen der Beschaffenheit der realen Kommunikationsgemeinschaft und der notwendigerweise kontrafaktisch antizipierten idealen Kommunikationsgemeinschaft ergibt sich zunächst einmal das Postulat, daß der Widerspruch geschichtlich aufzuheben ist; m. a.W.: gerade aus dem Grundwiderspruch ergibt sich das Ziel einer langfristigen Strategie ethisch-politischer Emanzipation. (Ich definiere »Emanzipation« als Realisierung der idealen Kommunikationsgemeinschaft repressionsfreier Beratung in der realen Kommunikationsgemeinschaft.)
2. Aus der Einsicht, daß die ideale Kommunikationsgemeinschaft *in der* realen Kommunikationsgemeinschaft, also in der geschichtlich gewordenen Gesellschaft, verwirklicht werden

muß, ergibt sich aber sogleich auch das ethische Postulat, *daß die Existenzerhaltung der realen Kommunikationsgemeinschaft sichergestellt werden muß*. Damit ist nun eine notwendige und zugleich einschränkende Vorbedingung der emanzipatorischen Strategie der Realisierung der idealen Kommunikationsgemeinschaft bezeichnet. Daraus folgt, daß in den konkreten geschichtlichen Situationen stets eine *Vermittlung* zu bewerkstelligen ist zwischen der Forderung der Verwirklichung der idealen Kommunikationsgemeinschaft und der Forderung der Existenzerhaltung der realen Kommunikationsgemeinschaft. Wissenschaftstheoretisch läuft dies m. E. auf eine Vermittlung der Prinzipien kritisch-emanzipatorischer Sozialwissenschaft mit quasi-biologischen, systemtheoretischen Imperativen hinaus. Unter den Bedingungen der gegenwärtigen ökologischen Krise der wissenschaftlich-technischen Zivilisation z. B. muß die Realisierung einer sozial gerechten Gesellschaftsordnung, die den Bedingungen der idealen Kommunikationsgemeinschaft entspricht, im internationalen Maßstab vermittelt werden mit der systemtheoretischen Vorbedingung, daß die Rettung der menschlichen Ökosphäre zu bewerkstelligen ist. Denn zum ersten Mal in der menschlichen Geschichte ist die Existenzerhaltung ein Problem, das die menschliche Gattung insgesamt angeht und von ihr insgesamt gelöst werden muß.

Nun kann aber die politische Lösung dieser Aufgabe Nr. 1 unserer Zeit noch nicht Gegenstand einer idealen Beratung und Konsensbildung sein, da die dafür vorausgesetzte ideale Kommunikationsgemeinschaft ja allererst zu realisieren ist. Damit ist m. E. die charakteristische Pointe und das Kreuz einer *politischen Ethik* in der gegenwärtigen Situation der menschlichen Gattung gekennzeichnet: Die Forderung der solidarischen Verantwortung der Menschen muß erfüllt werden, obwohl die Bedingungen der Möglichkeit ihrer Erfüllung noch gar nicht hergestellt sind.

Für eine *ethisch-politische Grundorientierung* ergibt sich aus dieser Analyse immerhin eine Situationserhellung, die der realen Problematik des ethisch verantwortlichen Politikers erheblich näher kommt als Kants reine *Gesinnungsethik* (die vom möglichen Erfolg des guten Willens abstrahiert) und die andererseits mehr an normativer Orientierung zu bieten vermag als

Max Webers irrationalistische *Situations-* und *Verantwortungsethik*. Es zeigt sich nämlich, daß ein Politiker, dem wir aufrichtiges Verantwortungsbewußtsein und eine ethische Grundorientierung im Sinne unserer Prinzipien unterstellen wollen, sich etwa in der folgenden Lage befindet: Er muß einerseits bestrebt sein, mit politischen Mitteln im Sinne einer langfristigen Strategie (etwa im Sinne der Ausarbeitung des Langzeitprogramms einer politischen Partei) auf die unter den geschichtlichen Situationsbedingungen optimale Vermittlung der emanzipatorischen und der quasi-biologischen Imperative hinzuwirken. Praktisch dürfte das z. B. in unseren Breiten auf eine Strategie der kontrollierten System-Transformation (mit möglichst weitgehender Rücksichtnahme auf die entsprechenden Vermittlungsprobleme im planetaren Maßstab einer kontrollierten Transformation des Systems Menschheit) hinauslaufen. Für den von uns fingierten Politiker sind aber andererseits – wie für jeden von uns – schon jetzt die Normen jener Kommunikations- und Beratungsethik verbindlich, deren reale Bedingungen er zu realisieren bestrebt ist. Dadurch wird er bei der Wahl der politischen Mittel eingeschränkt. Praktisch bedeutet das m. E. unter den Voraussetzungen der westlichen Demokratie, daß eine Politik systemverändernder Reformen einerseits gefordert ist, daß sie aber andererseits unter dem regulativen Prinzip steht, nicht jene Spielregeln der Demokratie zu verletzen oder gar zu liquidieren, die als partielle institutionelle Realisierung der idealen Kommunikationsgemeinschaft gelten können.

Es sind nicht nur Zeitgründe, sondern die Grenzen der philosophischen Kompetenz, die mich zwingen, meinen Vortrag mit diesem vagen Hinweis zu beschließen. Dies besagt natürlich nicht, daß nicht mehr gesagt werden müßte und könnte, wenn es um die Vorbereitung konkreter Entscheidungen geht. Hier wird jedoch der Politiker und der politisch verantwortliche Bürger heute außer der ethisch-politischen Grundorientierung eine Fülle weiterer Informationen über die Randbedingungen politischen Handelns in Anspruch nehmen müssen. Und er wird letztlich Entscheidungen zu fällen haben, die nicht restlos durch sein Wissen begründet sind. Das besagt aber m. E. nicht, daß er im Sinne des westlichen Komplementaritätssystems auf eine Kombination moralfreier Erfolgstechnologie und rein subjektiv-irrationaler Gewissensentscheidungen angewiesen wäre. Die rationalen Maßstäbe der ethischen Grundorientierung, die ich anzudeuten versuchte, begleiten ihn als Maßstäbe bis in die konkreten Entscheidungen hinein. Gelingen oder Scheitern seiner Handlungen wird er letztlich an ihnen bemessen müssen.

Die Situation des Menschen als ethisches Problem

I. Die gegenwärtige Krisensituation der Menschheit und die Situation des Menschen überhaupt

Meine Damen und Herren!
Der Titel meines Vortrags enthält bereits eine These: Die Situation des Menschen ist ein ethisches Problem für den Menschen. Was ist hier mit »Situation des Menschen« gemeint? Man könnte an die gegenwärtige Situation der Menschheit denken, etwa an die Herausforderung der moralischen Vernunft, die in der Gefahr eines nuklearen Vernichtungskrieges oder in der vielleicht noch größeren Gefahr einer Zerstörung der menschlichen Öko- und Biosphäre enthalten ist. Tatsächlich sind damit bereits Umstände genannt, welche die Rede von *der* Situation *des* Menschen durchaus rechtfertigen; denn sowohl die Gefahr des nuklearen Krieges als auch die ökologische Krise betreffen ja die *Menschheit als Ganzes*: Hier wird zum erstenmal in der bisherigen Weltgeschichte eine Situation sichtbar, in der die Menschen angesichts der gemeinsamen Gefahr dazu aufgefordert sind, gemeinsam die moralische Verantwortung zu übernehmen. So jedenfalls könnte man – noch vor aller philosophischen Analyse und Rechtfertigung von Begriffen wie Moral und Verantwortung – das Neue der gegenwärtigen Situation der Menschheit kennzeichnen: Das neue Problem läge also in der Notwendigkeit einer *Makroethik*. In ihr ginge es – jenseits der moralischen Verantwortung des einzelnen gegenüber seinem Nächsten, auch sogar noch jenseits der Verantwortung des Politikers im üblichen Sinne der »Staatsräson« – darum, die Verantwortung der Menschheit für die Folgen (und Nebenfolgen) ihrer kollektiven Handlungen im planetaren Maßstab zu organisieren.
Insoweit hätten wir eine vorläufige Begründung für die These gewonnen, daß die Situation des Menschen *heute* ein ethisches Problem für den Menschen ist. Aber war nicht die Situation des Menschen immer schon ein ethisches Problem für den Menschen?

Die Bibel deutet an, daß diese Situation in der Tat durch den Sündenfall der ersten Menschen konstituiert ist: Seitdem wissen die Menschen um den Unterschied von Gut und Böse. Kant hat dieses mythisch vorgestellte Ereignis in seinem Aufsatz über den »mutmaßlichen Anfang der Menschengeschichte« bereits evolutionstheoretisch gedeutet: als »Übergang aus der Rohigkeit eines bloß thierischen Geschöpfes in die Menschheit, aus dem Gängelwagen des Instinkts zur Leitung der Vernunft, mit einem Worte, aus der Vormundschaft der Natur in den Stand der Freiheit«.[1]
Im Lichte Jakob von Uexkülls und der modernen Ethologie könnte man diese evolutionstheoretische Deutung etwa folgendermaßen ergänzen und vertiefen: Durch die Erfindung von Werkzeugen und Waffen hat der Mensch die organisch bedingte Entsprechung zwischen der »Merkwelt« seiner Sinneserfahrung und der »Wirkwelt« seiner möglichen Handlungseffekte aufgehoben. Seitdem übertrifft die mögliche Wirkung seiner Handlungen grundsätzlich die mögliche Verhaltenskontrolle durch spezifische sinnlich-emotionale Verhaltensauslöser. Insbesondere gilt dies für die Auslösung von instinktresidualen Tötungshemmungen. Schon der Faustkeil mag in dieser Hinsicht eine technische und moralische Revolution bedeutet haben; denn er ermöglichte wohl überhaupt erst Kains Brudermord und damit zugleich jenes Erschrecken des Täters vor den Folgen seiner Tat, das so etwas wie ein religiös-ethisches Sündenbewußtsein motiviert hat. Ein ähnliches Sündenbewußtsein ist im Totemismus auch für das Verhältnis des Jägers zum getöteten Jagdwild und später sogar für das Verhältnis des Ackerbauers zur ausgebeuteten Fruchtbarkeit der Erde nachweisbar. Denn auch die Erde mußte zwecks Erneuerung ihrer Fruchtbarkeit in entsprechenden Riten versöhnt werden.
Kurz: der *Übergriff* des »homo faber« über die vormaligen, organisch bedingten Instinktschranken, sein Eingriff in die natürliche Umwelt durch *Werkzeuge* und insbesondere sein *tödlicher Waffenzugriff* auf Tiere und Mitmenschen: dies alles scheint im mythischen Zeitalter bereits zu einer Geburt des

1 I. Kant: Werke. Akademie-Textausg., Bd. VIII, Berlin 1912/13 (photomechan. Abdruck 1968), S. 115.

moralischen Gewissens im Sinne der Notwendigkeit von Sühne, Vergeltung und Versöhnung geführt zu haben. Vor dem Hintergrund dieses mythischen Bewußtseins moralischer Normen erfolgte dann in der »Achsenzeit« (Karl Jaspers) der euroasiatischen Hochkulturen der Übergang zur »Ethik« im Sinne der Weltreligionen und der Philosophie.

Im darauffolgenden Zeitalter der Wissenschaft und Technik hat nun die Kluft zwischen der »Wirkwelt« des Menschen und seiner organisch bedingten, sinnlich-emotionalen »Merkwelt« nochmals eine neue Qualität erreicht. Angesichts der räumlichen und zeitlichen Reichweite insbesondere der kollektiven Handlungen der Menschen – der Kriegshandlungen sowohl wie der industriell-technischen Aktivitäten – ist es jetzt dem Menschen kaum noch möglich, unmittelbar von den Folgen seiner Handlungen sinnlich-emotional *betroffen* zu sein. An die Stelle eines gewissermaßen instinkt-residualen Sündenbewußtseins muß jetzt definitiv die *Verantwortung der Vernunft* treten. »Homo sapiens« muß nun erkennen, daß »homo faber« ihm weit voraus ist mit dem, was er schon angerichtet hat und noch anrichten kann, und daß ihm nun – vielleicht in letzter Stunde – die Aufgabe zufällt, die entstandene Kluft auszugleichen (zu kompensieren), und das heißt: mit Hilfe der »praktischen Vernunft« eine Antwort zu geben auf eine Lage, die er aufgrund der technischen Ratio im wesentlichen selbst geschaffen hat.

Mit dieser einseitig dramatisierenden Illustration läßt sich, wie mir scheint, eine erste Vorstellung davon gewinnen, daß die Titelthese meines Vortrags nicht nur die heutige Situation der Menschheit betrifft, sondern damit zugleich die stammesgeschichtlich bedingte Situation des Menschen überhaupt: die Situation des Freigelassenen der Natur, der äußerlich als »homo faber« und innerlich als potentieller »homo sapiens« aus dem Determinationsbereich der Naturgesetze herausgetreten und eben dadurch auf normative Prinzipien einer Ethik angewiesen ist – auf Prinzipien der Vernunft, die allenfalls durch ihn, d. h. durch seine habituelle Befolgung dieser normativen Prinzipien, ihre Analogie zu den unverbrüchlichen Naturgesetzen erweisen können.[2]

2 Unterschied *und* Analogie zwischen Naturgesetzen und normativen Ver-

Im folgenden kommt es mir wesentlich auf die soeben angedeutete *Repräsentanz der aktuellen Problematik der heutigen Krisensituation der Menschheit im Hinblick auf die ethische Situation des Menschen überhaupt* an; und die Skizze der Evolution des menschlichen Umwelt- und Mitweltverhältnisses von der Menschwerdung bis zur ökologischen und nuklearstrategischen Krise sollte gewissermaßen den Rahmen abstecken, in den sich alle weiteren Explikationen der Titelthese eintragen lassen.

II. Die methodischen Bedingungen der Möglichkeit einer Rekonstruktion der menschlichen Situation in ethischer Absicht

Nun ist es freilich an der Zeit, nach der rhetorisch evozierenden Einleitung, die vieles als selbstverständlich voraussetzte, den Stil zu wechseln und die Denkmittel und auch die pedantischen Skrupel heutiger Schulphilosophie zur Geltung zu bringen. Hier stellt sich zunächst einmal die folgende Frage: Inwiefern können wir denn überhaupt aus der Situation des Menschen – aus der aktuellen Situation oder aus der darin kulminierenden stammesgeschichtlich bedingten Situation – so etwas wie die *Notwendigkeit ethischer Verantwortung* herleiten? Dies scheint doch auf die *Herleitung eines Sollens aus einem Sein* und damit auf einen »naturalistischen Fehlschluß« hinauszulaufen.
Ich würde das durchaus zugeben, wenn es keine fundamentale ethische Norm gäbe, von der sich zeigen läßt, daß sie, unabhängig von jeder empirisch-kontingenten Situation, von jedem, der philosophiert, schon als gültig anerkannt sein muß. Wenn es aber eine solche Grundnorm der Ethik gibt, dann ist in ihrem

nunftprinzipien wurden von Kant – und danach insbesondere von Charles S. Peirce – herausgestellt. Die – naiv-szientistische – Voraussetzung universaler Naturgesetze des menschlichen Verhaltens beruht m. E. auf der Verwechslung verdinglichter Quasi-Gesetze (Verhaltensdispositionen) im Sinne der historisch jeweils sedimentierten Quasi-Natur des Menschen mit dem, was als Ergebnis eines Rationalisierungsprozesses allenfalls kontrafaktisch antizipiert werden kann. Vgl. K.-O. Apel: *Die ›Erklären:Verstehen‹-Kontroverse in transzendentalpragmatischer Sicht*, Frankfurt a. M. 1979, S. 233 ff. u. 289 ff.

Lichte eine historische Rekonstruktion der menschlichen Situation möglich und für die nähere Bestimmung unserer ethischen Verpflichtungen keineswegs irrelevant. Im Gegenteil: Nur eine solche Rekonstruktion, die hermeneutisch und kritisch sein müßte, kann dann – auf dem Wege der Konsensbildung der jeweils Betroffenen – zu konkreten, situationsbezogenen Normen führen. (Und es sei gleich an dieser Stelle bemerkt, daß die Vielfalt der historisch und soziokulturell unterscheidbaren Handlungsbedingungen gerade kein Argument für den ethischen Relativismus ist. Sie ist im Gegenteil ein Argument dafür, daß die Vielfalt situationsbezogener Einzelnormen prinzipiell sehr wohl mit der Voraussetzung einer ethischen Grundnorm zu vereinbaren ist – ganz abgesehen davon, daß viele Einzelnormen auch im Lichte der Grundnorm kritisierbar sein dürften.) Ich werde nun an dieser Stelle nur in aller Kürze die These explizieren, daß jeder, der philosophiert, und das heißt: jeder, der ernsthaft argumentiert, auch schon – zumindest implizit – eine ethische Grundnorm anerkannt haben muß.[3] Ist er bereit, auf den impliziten Sinn seiner Argumentationsakte zu reflektieren, so muß er einsehen, daß er zugleich mit der Möglichkeit von sprachlichem Sinn und Wahrheit auch schon voraussetzt, daß alle Sinn- und Wahrheitsansprüche von Menschen im Prinzip in einer unbegrenzten Kommunikationsgemeinschaft durch Argumente – und nur durch Argumente – einlösbar sein müssen.[4] Damit hat er aber auch bereits anerkannt, daß er als Argu-

3 Seit meinem Essay über das »Apriori der Kommunikationsgemeinschaft und die Grundlagen der Ethik« (in: *Transformation der Philosophie*, Frankfurt a.M. 1973, Bd. II, S. 358-436) habe ich den Versuch einer nichtdeduktiven Letztbegründung der normativen Ethik mehrfach in Angriff genommen. Vgl. hierzu zuletzt die Studienbegleitbriefe von Apel, D. Böhler und W. Kuhlmann zum Funkkolleg *Praktische Philosophie/Ethik*, Weinheim–Basel 1984, sowie insbesondere W. Kuhlmann: »Reflexive Letztbegründung. Zur These von der Unhintergehbarkeit der Argumentationssituation«. In: *Zeitschr. für Philos. Forschung*, 35, S. 3-26, und ders.: *Reflexive Letztbegründung*. Freiburg 1985.

4 Diese Voraussetzung – die m. E. von jeder nichtrelativistischen Wahrheitstheorie geteilt werden muß – ist schwächer als die Voraussetzung einer *Konsenstheorie der Wahrheit*, welche davon ausgeht, daß der Begriff »Wahrheit« im kriteriologisch relevanten Sinn nur durch den Begriff eines begründeten Konsensus in einer idealen Argumentationsgemein-

mentierender eine ideale Kommunikationsgemeinschaft aller Menschen als gleichberechtigter Partner voraussetzt, eine Kommunikationsgemeinschaft, in der alle Meinungsverschiedenheiten – auch solche, die praktische Normen betreffen – im Prinzip nur durch konsensfähige Argumente aufgelöst werden sollten. Die ethische Grundnorm, die jeder Argumentierende – und das heißt: jeder ernsthaft Denkende – notwendigerweise anerkannt hat, besteht also in der Verpflichtung auf die Metanorm der argumentativen Konsensbildung über situationsbezogene Normen.

(Man hat damit nicht etwa bloß eine Spezialethik des argumentativen Diskurses anerkannt, sondern dies: daß der argumentative Diskurs aller möglichen Betroffenen die ideale Begründungs- und Legitimationsinstanz für alle problematisierbaren Normen ist, das heißt: man hat die Asymmetrie im Verhältnis des argumentativen Diskurses zu allen sonstigen Kommunikations- und Lebensformen anerkannt: Nur im Rahmen und aufgrund der Spielregeln des Diskurses lassen sich gültige Urteile, Theorien, Normen usw. über die nichtdiskursiven Lebensformen begründen und nicht etwa umgekehrt.[5])

In welchem Verhältnis steht nun die soeben skizzierte Grundnorm der Ethik zur Situation des Menschen? Wie läßt sie sich auf die Rekonstruktion dieser Situation anwenden?

In einem gewissen Sinn gehört die *Tatsache* ,daß jeder Argu-

schaft expliziert werden kann. Unabhängig von der Ethikbegründung vertritt der Verfasser jedoch – mit C. S. Peirce und J. Habermas – auch die stärkere Theorie. Vgl. hierzu K.-O. Apel: »C. S. Peirce and Post-Tarskian Truth«, in: *The Monist*, 63 (1980), pp. 386-407, und (Fortsetzung): »C. S. Peirce's and J. Habermas' Consensus-Theory of Truth«, in: *Transactions of the Peirce-Society*, XVIII (1985), pp. 3-17. – Auch die zuletzt angedeutete Wahrheitsexplikation, die den Charakter eines transzendentalpragmatischen Postulates bzw. einer regulativen Idee hat, ist natürlich nicht identisch mit der Reduktion von Wahrheit auf das mögliche Ergebnis eines *faktischen* Konsensus, sie ist im Gegenteil kompatibel mit dem intendierten, aber nicht kriteriologisch relevant formulierbaren Explikat einer – Tarskischen oder metaphysischen – Korrespondenztheorie der Wahrheit.

5 Vgl. hierzu K.-O. Apel: »Warum transzendentale Sprachpragmatik?«, in H. M. Baumgartner (Hrsg.): *Prinzip Freiheit*, Freiburg/München 1979, S. 13-43.

mentierende notwendigerweise die angedeutete Grundnorm anerkannt hast, selbst zur Situation des Menschen. Im Anschluß an Heideggers Sprachgebrauch könnte man sagen: diese Tatsache gehört auch, und ganz wesentlich, mit zur »Faktizität« im Sinne der »Vorstruktur« des menschlichen »In-der-Welt-Seins«. Freilich würde ich gleich hinzufügen, daß es sich hier gerade nicht nur um ein kontingentes Moment der geschichtlich bedingten Faktizität des In-der-Welt-Seins handeln kann, sondern um ein Moment, das zu den Bedingungen der Möglichkeit unserer intersubjektiv gültigen Unterscheidung zwischen »logisch kontingent« und »logisch notwendig« gehört. Denn diese letztere Unterscheidung setzt schon voraus, daß es intersubjektiv teilbaren (sprachlichen) Sinn und intersubjektiv teilbare Wahrheit gibt.

Die letztere Notwendigkeit, die man die *transzendentale Notwendigkeit des Logos* nennen könnte, geht also der sinnvollen Rede von kontingenten Voraussetzungen unseres In-der-Welt-Seins methodisch voraus. Und genau in diesem Sinne geht auch die reflexive Vergewisserung der transzendentalen Logos-Voraussetzungen des In-der-Welt-Seins, einschließlich der Voraussetzungen einer Grundnorm der Ethik, jeder möglichen Feststellung von *seinsgeschichtlichen* Bedingungen unseres In-der-Welt-Seins methodisch voraus. Wer ernsthaft davon spricht, daß sogar der begriffliche Sinn von »Sinn« und »Wahrheit« in letzter Instanz einem »Geschehen« oder »Geschick«, ausgeliefert ist,[6] daß also der *Logos* unseres diskursiven Sinn- und Wahrheitsanspruchs im Prinzip der *Zeit* untergeordnet ist, der hebt damit den Sinn- und Wahrheitsanspruch seiner Rede auf; er zeigt, daß er die vorgebliche *Seinsvergessenheit* der traditionellen Philosophie gegen die *Logosvergessenheit* eingetauscht hat.

Soviel zur Wiederherstellung des methodischen Primats der Transzendentalphilosophie gegenüber dem Primat der Seinsgeschichte – und aller ähnlichen strukturalistischen, funktionalistischen und evolutionistischen Obsoleterklärungen der Transzendentalphilosophie. – Damit braucht man aber keineswegs zu bestreiten, daß die reflexiv vergewisserbaren transzendental-

6 Dies erscheint mir heute als der radikale Sinn des sublimen Historismus des späten Heidegger und auch der Position H.-G. Gadamers in »Wahrheit und Methode«.

normativen Bedingungen der Argumentation zur »Faktizität« (im Sinne der »Vorstruktur«) des menschlichen In-der-Welt-Seins gehören. Man meint dann etwa das, was Kant das »Faktum der Vernunft« genannt hat. Man kann indessen dieses einzigartige Faktum – wiederum mit Heidegger gegen Heidegger denkend – im Sinne eines »apriorischen Perfekts« als das *notwendige Anerkannthaben der normativen Bedingungen der Argumentation* dechiffrieren. Und dadurch zeigt man, daß es keineswegs auf einen *naturalistischen Fehlschluß* hinausläuft, wenn man aus *diesem* Faktum normative Konsequenzen zieht.[7] Man leitet diese Konsequenzen ja keineswegs aus einem *kontingenten anthropologischen Faktum* ab, sondern aus dem Umstand, daß es unbestreitbar wahr ist, daß man als sinnvoll Argumentierender *normative* Bedingungen der Möglichkeit der Argumentation *notwendigerweise* anerkannt hat. Dies – so scheint mir – ist das von Kant sogenannte »Faktum der Vernunft«, das ich hier im Sinne der normativen Einheit der theoretischen und praktischen Vernunft interpretiert habe.[8]

Nun ist freilich der Umstand, daß es Menschen gibt und daß sie als mündige Vernunftwesen unter anderem zur reflexiven Vergewisserung der normativen Bedingungen der Argumentation befähigt sind, *auch* ein *kontingentes* Faktum der Evolution und der menschlichen Geschichte. Und dieser Umstand ist von größter Wichtigkeit für die Beantwortung unserer Frage nach der möglichen Funktion der ethischen Grundnorm bei der her-

7 Vgl. hierzu K.-H. Ilting: »Der naturalistische Fehlschluß bei Kant«, in: M. Riedel (Hrsg.): *Rehabilitierung der praktischen Philosophie*, Freiburg 1972, S. 113-132.

8 Die normative Einheit der theoretischen und der praktischen Vernunft beruht m. E. auf der Untrennbarkeit der – von J. Habermas als Bedingungen der menschlichen Rede herausgestellten – vier Geltungsansprüche: Sinn (bzw. Verständlichkeit), Wahrhaftigkeit, Wahrheit und Richtigkeit (im ethischen Sinn). Die Nachweisbarkeit dieser Untrennbarkeit beruht auf der *performativ-propositionalen* Doppel- bzw. Komplementaritätsstruktur der Denkakte als kommunikativer Sprechakte. Vgl. J. Habermas: »Was heißt Universalpragmatik?«, in: K.-O.Apel (Hrsg.): *Sprachpragmatik und Philosophie*, Frankfurt a.M. 1976, S. 174-272 sowie K.-O. Apel: »Zwei paradigmatische Antworten auf die Frage nach der Logos-Auszeichnung der menschlichen Sprache«, in: H. Lützeler (Hrsg.): *Kulturwissenschaften*, Bonn 1980, S. 13-68.

meneutischen und kritischen Rekonstruktion der Genesis der menschlichen Situation – von der Menschwerdung bis zur Gegenwart. Denn es ergibt sich aus diesem Umstand, daß dem Argumentationsapriori als dem *methodischen Apriori* aller wissenschaftlichen Geschichtsrekonstruktion ein kontingentes Faktum der Geschichte *entsprechen* muß; und dies besagt, daß jede adäquate Geschichtsrekonstruktion zumindest die Möglichkeit der geschichtlichen Entwicklung ihrer eigenen Voraussetzungen berücksichtigen muß, z. B. der von Habermas so genannten vier Geltungsansprüche der menschlichen Rede: Verständlichkeit, Wahrhaftigkeit, Wahrheit und moralischer Richtigkeit.[9]
Ich möchte dies das *Selbsteinholungspostulat* der rekonstruktiven Wissenschaften nennen; und ich möchte im Hinblick auf die »Architektonik« der wissenschaftstheoretischen Begründungsverhältnisse, die hier zwischen Habermas und mir ein wenig strittig ist,[10] noch folgendes hinzufügen: Das Selbsteinholungspostulat gehört m. E. ebenso wie die vier notwendigen Geltungsansprüche der menschlichen Rede und die zugehörigen normativen Bedingungen der Möglichkeit ihrer argumentativen Einlösung *nicht* zu den möglichen *empirischen* Resultaten der rekonstruktiven Wissenschaften, sondern zu ihren Bedingungen der Möglichkeit. (Wenn man auch mit Bezug auf die philosophische Eruierung dieser Möglichkeitsbedingungen von »Rekonstruktion« spricht, so meint man nicht die empirisch-historische Rekonstruktion im Lichte von Theorien, die das Selbsteinholungsprinzip schon voraussetzt, sondern die transzendentalpragmatische Rekonstruktion im Sinne *strikter Reflexion* auf genau diejenigen Bedingungen, die man verstanden und anerkannt haben muß, wenn die Rede von Theorien und ihrer argumentativen Verteidigung oder Bestreitung überhaupt Sinn haben soll.[11])
Mit der Anerkennung des Selbsteinholungsprinzips werden natürlich alle anthropologischen, psychologischen oder soziohistorischen Wissenschaftskonzeptionen von vornherein als inad-

9 Vgl. Anm. 8.

10 Vgl. K.-O. Apel: »Sprechakttheorie und transzendentale Sprachpragmatik zur Frage ethischer Normen«, in: Apel (Hrsg.): Sprachpragmatik und Philosophie, a. a. O., sowie ders.: »Warum transzendentale Sprachpragmatik«, a. a. O. (s. Anm. 5).

11 Vgl. W. Kuhlmann a. a. O. (s. Anm. 3).

äquat ausgeschlossen, die in irgendeiner Form die Tatsache der normativen Geltungsansprüche der menschlichen Rede deterministisch auf etwas anderes *reduzieren* möchten.
(Man muß hier nicht gleich an die massiven Paradoxien denken, in die sich etwa eine verabsolutierte Konditionierungstheorie à la Skinner verwickelt. Interessanter in unserem Zusammenhang sind andere, subtilere Versionen des anthropologischen Reduktionismus: z. B. die *Überspitzung des ideologiekritischen Ansatzes* im Sinne einer sogenannten »materialistischen Hermeneutik«, die zwischen dem, was aus Gründen zu verstehen und zu diskutieren ist, und dem, was bloß noch extern zu erklären ist, nicht mehr zu unterscheiden vermag; oder ein *soziologischer Funktionalismus*, der auch die diskursiv einlösbaren Geltungsansprüche der menschlichen Kommunikation von vornherein bloß als Funktion in einem begrenzten Selbstbehauptungssystem verstehen möchte: oder ein *kulturanthropologischer Relativismus*, der einerseits den Geltungsanspruch vertritt, fremde Kulturen aus ihren eigenen Voraussetzungen heraus zu verstehen, und gleichzeitig erklärt, alles Sinnverstehen sei in seiner Gültigkeit relativ auf kontingente soziokulturelle Lebensformen und ihre inkommensurablen Paradigmen des Weltverständnisses, oder schließlich die derzeit wohl wichtigste philosophische Version des Relativismus: der *Theoretizismus* [d. h. die Auffassung, derzufolge es *Begründung nur im Rahmen von falliblen Theorien* geben kann, die selber nicht begründbar sind, gleichwohl aber kritisch gegeneinander ausgespielt werden sollen]. In diesem Fall besteht m. E. die Paradoxie in der Notwendigkeit, das verabsolutierte Fallibilismusprinzip und das verabsolutierte Pluralismusprinzip auf diese Prinzipien selbst anzuwenden.[12] Zugleich damit gehen alle unabhängigen norma-

12 Vgl. H. Albert: *Transzendentale Träumereien*, Hamburg 1975, S. 122 ff. Albert scheint gar nicht zu verstehen, daß die Notwendigkeit der Selbstanwendung des uneingeschränkten Fallibilismus-Prinzips im »Kritischen Rationalismus« in eine Paradoxie führt, die mit der totalen Selbstimmunisierung dieser Position gegen mögliche Kritik identisch ist. Zur Ausarbeitung der Paradoxie vgl. Kuhlmann, a. a. O. S. 8, Anm. 7. Vgl. auch K.-O. Apel: »Fallibilismus, Konsenstheorie der Wahrheit und Letztbegründung«, in: Forum für Philosophie Bad Homburg (Hrsg.): *Philosophie und Begründung*, Frankfurt a. M. 1987.

tiven Maßstäbe für das Verständnis von Begriffen wie »Theorie«, »Theorievergleich«, »Kritik«, »Überprüfung« usw. verloren, was sich etwa an den anarchistischen Konsequenzen von Paul Feyerabend im Detail zeigen läßt.

Man darf wohl sagen, daß alle Entdeckungen von psychischen, geschichtlich-gesellschaftlichen oder sprachlichen *Vermittlungsbedingungen* menschlicher Geltungsansprüche in den Sozialwissenschaften der Neuzeit im Sinne des *Reduktionismus* überspitzt und verabsolutiert worden sind. Das war sozusagen die empirische Bedingung ihres literarischen Effektes in der Wissenschaftsgeschichte; und in der Gegenwart gewinnt man leicht den Eindruck, daß das Aufzeigen von Paradoxien, ja von eindeutigen pragmatischen Selbstwidersprüchen die Vertreter von reduktionistischen bzw. relativistischen Positionen völlig kalt läßt; dagegen scheinen sie größten Wert darauf zu legen, daß durch ihre Methode der Reduktion bzw. Entlarvung alle früheren Positionen als obsolet erwiesen und somit historisch überholt sind; und sie reagieren daher nur dann mit Beunruhigung, wenn dieses Überholungs-»Argument« gegen sie selbst gekehrt wird. Man könnte hier geradezu von einem geheimen »Historizismus« reden – selbst bei denen, die den historizistischen Glauben an die geschichtliche Notwendigkeit des Fortschritts als historisch obsolet durchschaut haben wollen.[13])

Obgleich nun – wie angedeutet – das Selbsteinholungspostulat auf die Vertreter reduktionistischer Theorien wenig Eindruck zu machen pflegt, so möchte ich es dennoch im folgenden meinem Versuch einer global skizzenhaften Rekonstruktion der ethisch bedeutsamen Aspekte der menschlichen Situation zugrunde legen. Wie sieht nun die Ausgangssituation einer sol-

13 So kann ich mich z. B. dem Eindruck nicht entziehen, daß das psychologisch maßgebende Plausibilitätskriterium der von Albert behaupteten Ablösung des »Begründungsdenkens« durch das Prinzip der permanenten Kritik in einer krypto-historizistischen Überzeugung von der notwendigen Überholtheit des ersteren durch das letztere Prinzip liegt. *Diese* Überzeugung ist offenbar stärker als die mögliche Einsicht in die Paradoxie eines uneingeschränkten Fallibilismus. Vgl. jedoch für die Möglichkeit einer alternativen Rekonstruktion der Geschichte des Begründungsdenkens K.-O. Apel, Artikel »Begründung« in: H. Seiffert (Hrsg.): *Handlexikon der Wissenschaftstheorie*, München 1981.

chen Rekonstruktion aus für Forscher, die sich als Mitglieder einer sich selbst in der Geschichtsrekonstruktion einholenden Argumentationsgemeinschaft verstehen?

1. Einerseits müssen die Forscher, solange sie argumentieren, nicht nur die Möglichkeit einer idealen Kommunikationsgemeinschaft im Sinne der ethischen Grundnorm *voraussetzen*, sondern deren Existenz sogar *kontrafaktisch antizipieren*, indem sie argumentieren. (Von dieser Notwendigkeit kann man sich immer dann am besten überzeugen, wenn ein Argumentierender sich Mühe gibt, *sein Publikum davon zu überzeugen*, daß die kontrafaktische Antizipation der idealen Diskursbedingungen im schlechten Sinne utopisch sei.) In unserem Problemzusammenhang ist die Notwendigkeit der *kontrafaktischen Antizipation idealer Bedingungen* der Konsensbildung insbesondere aus folgendem Grund wichtig: Durch diese Antizipation wird ein normativ begründetes Telos für den zu rekonstruierenden Prozeß vorgegeben, und dieses Telos ist nicht etwa mit der Realität des gegenwärtigen Gesellschaftszustandes der Rekonstrukteure identisch, sondern mit dem anzustrebenden Zustand einer jeden möglichen Argumentationsgemeinschaft. Das Selbsteinholungspostulat besagt also nicht etwa, daß die kritische Rekonstruktion der menschlichen Situation auf das Einnehmen einer bestimmten Gegenwartsperspektive – etwa im Sinne der westlichen Industriegesellschaft – hinauslaufen muß. Die kontrafaktische Antizipation der *idealen* Kommunikationsgemeinschaft verweist vielmehr auf die Zukunft im Sinne einer regulativen Idee moralischen Fortschritts, die in jeder soziokulturell bedingten Situation von jedem, der argumentiert, als verbindlich anerkannt werden kann. Ja, sie ist recht eigentlich die – vom Relativismus verfehlte – Bedingung der Möglichkeit von Verständigung und Toleranz in einer nicht eurozentrisch orientierten Auffassung der Einheit und Verschiedenheit (Mannigfaltigkeit) der menschlichen Kulturen.

2. Hiermit ist aber freilich nur eine Seite: die teleologische, zukunftsbezogene Seite der Ausgangssituation der Rekonstruktion der geschichtlichen Situation angedeutet. Die andere Seite der Ausgangssituation, die gleichzeitig zu berücksichtigen ist, wird durch die Gegenwartssituation der realen Kommunikationsgemeinschaft, in der die Forscher leben, vorgegeben. Ihre

Auffassung ist notwendigerweise perspektivisch zentriert, und deshalb muß ja auch die Rekonstruktion der geschichtlichen Situation immer erneut versucht werden und kann nicht etwa in einer (aprioristischen) Geschichtsmetaphysik ein für allemal »aufgehoben« werden.

An dieser Stelle ist jedoch daran zu erinnern, daß immerhin die schon erwähnten Tatsachen der ökologischen und nuklearstrategischen Krise erstmals so etwas wie eine *empirisch bedingte Menschheitsperspektive* für die ethisch relevante Geschichtskonstruktion an die Hand geben. Im Lichte dieser Perspektive erscheint etwa die Menschwerdung primär als Durchbruch des »homo faber« durch die Instinktschranken und damit durch die Schranken der Gleichgewichtssysteme des tierischen Lebens; und als zentrales Problem der ethischen Situation des Menschen von der Menschwerdung bis heute erscheint die Frage nach dem Verhältnis des »homo sapiens« zum »homo faber«: die Frage also, ob der Mensch durch seine ethische Vernunft den für ihn konstitutiven Instinktmangel kompensieren und die Situationsherausforderung, die er selbst als »homo faber« verursacht hat, zu beantworten vermag.

Nun ist diese Explikation der heute aktuellen heuristischen Rekonstruktionsperspektive noch ein wenig einseitig durch die Kategorien der älteren philosophischen Anthropologie und Ethologie bedingt. Ich möchte im folgenden die Frage der Vernunftkompensation und in diesem Zusammenhang die Frage nach dem Verhältnis von »homo sapiens« und »homo faber« in allgemeinerer und abstrakterer Form stellen: etwa als Frage nach dem Verhältnis der (möglichen) Formen oder Typen menschlicher Handlungsrationalität[14] (von der Menschwerdung bis heute). In diesem Zusammenhang möchte ich zeigen, daß die Fortsetzung der Evolution durch den menschlichen »Rationalisierungsprozeß« hinsichtlich ihrer Errungenschaften und Defizite unter dem kritischen Gesichtspunkt rekonstruiert werden kann, den das Selbsteinholungspostulat an die Hand gibt: Kurz und vorläufig gesagt: Die kritische Diskursrationalität der konsensualen Kommunikation, welche die Rekonstruktion

14 Vgl. hierzu die Beiträge von J. Habermas und K.-O. Apel in Th. Geraets (Hrsg.): *Rationality To-Day*, Ottawa: University Press 1979.

möglich macht, muß auch gleichzeitig den normativen Maßstab liefern für die Einschätzung der rekonstruierbaren Tendenzen des menschlichen Rationalisierungsprozesses, genauer: für die Bewertung der verschiedenen Konstellationen im wechselseitigen Determinationsverhältnis der verschiedenen Typen der menschlichen Handlungsrationalität.

III. Das Problem der ethischen Rationalität

An dieser Stelle wäre nun zunächst etwas über den Gebrauch der Begriffe »Rationalität« bzw. »Rationalitätstypen« und »Rationalisierungsprozeß« zu sagen. Ich glaube zwar, daß es im Prinzip möglich ist, auf dem Wege transzendentalpragmatischer Reflexion eine Typologie der möglichen Formen menschlicher Handlungsrationalität systematisch zu begründen. Doch im folgenden werde ich eine solche Systematik eher beiläufig nahelegen und die Explikation der verschiedenen Typen eher exemplarisch aus der kritischen Auseinandersetzung mit der Tradition zu gewinnen versuchen. Dabei kann ich mit der folgenden Bemerkung beginnen:

Im allgemeinen denkt man ja in der Gegenwart bei dem Begriff »Rationalität« bzw. »Rationalisierung« nicht an verschiedene Rationalitätsformen, sondern eher an etwas Einheitliches und Eindeutiges, das dem *Irrationalen* – oder – in anderer Hinsicht – dem Arationalen entgegengesetzt werden kann. Ich selbst würde auch nichts gegen die Vorstellung eines *Kontinuums der Rationalität* haben; es wäre in der Selbstreflexion der Diskursrationalität gewissermaßen »aufzuheben«, wobei auch und gerade die Struktur der ethischen Rationalität der konsensualen Kommunikation sichtbar zu machen wäre. Doch gerade daran denkt man heutzutage wohl am wenigsten, wenn man von »Rationalität« spricht. Dieser Begriff wird eher im Sinne eines wertneutralen und jederzeit für beliebige Zwecke instrumentalisierbaren Vermögens des logischen Schließens bzw. des mathematischen Kalküls verstanden – so wie dies schon bei Thomas Hobbes als Basis der theoretischen und praktischen Vernunft unterstellt wurde.

Freilich hat der Begriff »Vernunft« im Deutschen seit Kant und

Hegel einen gewissen Gegensatz zu diesem Rationalitätsbegriff festgehalten. Doch ist nicht zu vergessen, daß Martin Luther mit seiner Rede von der »Hure Vernunft«, die immer bereit ist, sich in den Dienst des egoistischen Selbstinteresses zu stellen, eher mit Hobbes übereinstimmt – unter der Voraussetzung natürlich, daß der irrationale oder arationale Glaube an das »Reich Gottes« jenes durchkalkulierte Selbstinteresse der weltlichen Vernunft ergänzt, das nach Hobbes schon allein ausreicht für die Begründung von Ethik und Recht. Von Luther verläuft nun über Kierkegaard eine direkte Linie zum modernen Existentialismus. Auch nach der Säkularisierung der religiösen Glaubensposition wird hier der Dualismus von wertneutraler, instrumenteller Vernunft einerseits, irrationaler Gewissensentscheidung über letzte Werte oder Normen andererseits festgehalten. Kants oder Hegels Begriff der Vernunft wird dabei mehr oder weniger konsequent als obsolet preisgegeben. Das gilt m. E. auch und gerade für die Selbstüberwindung des Existentialismus durch Heideggers späte Konzeption der Seinsgeschichte und des Seinsgeschicks.

In diesem Zusammenhang ist es von großer Bedeutung, daß auch der Urheber der Rede vom »okzidentalen Rationalisierungsprozeß«, der Begründer des Programms einer Rekonstruktion dieses Prozesses, Max Weber, ein Vertreter des Dualismus bzw. der Komplementarität von *wertneutraler Rationalität* und *irrationaler Wahl letzter Wertungsaxiome* war. Max Weber wurde dadurch – ebenso wie die Existentialisten einerseits und die Positivisten bzw. Szientisten andererseits – zum Mitbegründer jenes *Komplementaritätssystems der westlichen Ideologie*, das heute vielfach dem dogmatisch-totalitaristischen *Integrationssystem des »Diamat«* entgegengesetzt wird:[15] Dem Komplementaritätssystem zufolge muß die Praxis im öffentlichen Lebensbereich – im Bereich von Politik, Recht und Wissenschaft – ausschließlich von der wertneutralen Rationalität der Wissenschaft und Technik reguliert werden, wobei die

15 Vgl. hierzu K.-O. Apel: »Das Apriori der Kommunikationsgemeinschaft..., a. a. O. (s. Anm. 3); ders.: »Die Konflikte unserer Zeit und das Erfordernis einer ethisch-politischen Grundorientierung«, in: K.-O. Apel et alii (Hrsg.): *Reader zum Funkkolleg »Praktische Philosophie / Ethik«*, Frankfurt a. M. 1980, S. 267-91 in diesem Bd.(S. 15-41).

Ziel- und Wertungsvorgaben auf Übereinkünfte im Sinne demokratischer Mehrheitsbeschlüsse zurückgehen sollen. Demgegenüber soll die Moral – ebenso wie Religion – ausschließlich Privatsache sein.

Diese Konzeption – die in der Gegenwart wohl von den meisten wissenschaftlich gebildeten Liberalen mehr oder weniger konsequent vertreten wird – sieht auf den ersten Blick sehr plausibel aus – insbesondere dann, wenn man sie mit dem Anspruch der östlichen Staatsideologie vergleicht, die das Handeln der Menschen im öffentlichen und privaten Lebensbereich ohne Zwischenschaltung von demokratischen Mehrheitsbeschlüssen allein aufgrund der *wissenschaftlichen Einsicht in den notwendigen Gang der Geschichte* moralisch anleiten möchte. Bei näherem Hinsehen bemerkt man jedoch, daß der Preis, den das westliche Komplementaritätssystem für seinen wertneutralen Rationalitätsbegriff zu zahlen hat, alarmierend hoch und die Grundlage des Systems letztlich paradox ist.

Der Preis besteht darin, daß eine Organisation der moralischen Verantwortung für die Folgen der kollektiven Handlungen der Menschen, wie ich sie eingangs als Aufgabe einer Gegenwartsethik herausgestellt habe, unter den Voraussetzungen des Komplementaritätssystems nicht möglich ist. Denn unter diesen Voraussetzungen soll ja nicht nur – wie bei Kant – ein *Unterschied zwischen Legalität und Moralität* – und das heißt: zwischen institutionalisierbarer Normenbegründung bzw. Durchsetzung einerseits und ethisch-philosophischem Diskurs andererseits bestehen. Es wird vielmehr dem ethisch-philosophischen Diskurs die Möglichkeit der intersubjektiv gültigen Ergebnisse prinzipiell bestritten; und sein Anspruch auf Legitimation bzw. Kritik der institutionalisierten Normenbegründungs-, Inkraftsetzungs- und Durchsetzungsverfahren im Sinne der »räsonnierenden Öffentlichkeit« (Kant) erscheint als obsolet, wenn nicht als Gefährdung der demokratischen Freiheit.[16] Es gibt ja dem Komplementaritätssystem zufolge kein rationales Legitimationsproblem jenseits der institutionalisierbaren Verfahren.

16 Ich beziehe mich hier u. a. auf Arbeiten von H. Lübbe und W. Becker zum Demokratieverständnis. Deren berechtigte und nicht berechtigte Schlußfolgerungen werden von W. Kuhlmann im Studientext 18 des Funkkollegs *Praktische Philosophie/Ethik*, S. 545-571, diskutiert.

Diese sind ihm zufolge bereits die Grundlage der Demokratie, und nicht etwa bloß Approximationsversuche, die selbst noch unter der regulativen Idee einer fortschreitenden Realisierung der konsensual-kommunikativen Diskursrationalität stünden. So ist es nicht verwunderlich, wenn, im Hinblick auf das Problem einer Verantwortungsethik, aus den Abgrenzungsvoraussetzungen des Komplementaritätssystems die folgenden Konsequenzen gezogen wurden: (Ich beziehe mich auf eine Besprechung des Buchs »Das Prinzip Verantwortung« von Hans Jonas in der Frankfurter Allgemeinen Zeitung.)
Der einzelne, so heißt es in dieser Besprechung, kann unmöglich »jenseits von Sanktion und Kontrolle« Verantwortung übernehmen für die unabsehbaren Folgen der politischen, technischen und wirtschaftlichen Aktivitäten der modernen Industriegesellschaft. Verantwortung ist im Sinne Arnold Gehlens auf den institutions- und rollenspezifischen Bereich einzugrenzen, »wo jemand die Folgen seines Handelns öffentlich abgerechnet bekommt und das weiß: der Politiker am Erfolg, der Fabrikant am Markt, der Beamte an der Kritik der Vorgesetzten, der Arbeiter an der Kontrolle der Leistung.«[17]
Man muß nicht der Meinung sein, daß stille Pflichterfüllung in den konventionellen Verantwortungsbereichen durch hektisches Protestieren oder pausenloses Diskutieren ersetzt werden sollte. Gleichwohl kann man bemerken, daß in der zitierten Empfehlung eine totale Blockierung der Möglichkeit moralischer Verantwortung für kollektive Handlungen (im Sinne des heute erforderlichen Krisenbewußtseins) festgeschrieben wird. Interessant in unserem Problemzusammenhang ist jedoch vor allem der (tiefere) Grund, warum hier eine Ethik der öffentlichen Verantwortung von vornherein als utopisch angesehen wird. Es wird hier eine rational begründbare Verantwortung nur für die isolierte Regelbefolgung des einzelnen im Rahmen schon festgelegter konventioneller Regelsysteme für möglich gehalten. Nicht für möglich gehalten wird die rationale Begründbarkeit und Regulierbarkeit einer Verantwortung im Sin-

17 A.Gehlen: *Moral und Hypermoral*, Frankfurt a. M. 1973, S. 151, zitiert und berufen durch G. Maschke in der Frankfurter Allgemeinen Zeitung vom 7.10.1980. Vgl. hierzu auch K.-O. Apel in Studientext 20 des Funkkollegs, a. a. O., S. 623 f.

ne der *Beteiligung* des einzelnen an öffentlichen (konsensual-kommunikativen) Prozessen der Organisation solidarischer Verantwortung für Institutionen und dadurch vermittelt auch für die Folgen kollektiver Handlungen. Daher das scheinbar so plausible Argument der Ohnmacht des Einzelnen, das möglicherweise sogar die Kehrseite frustrierter Protestaktionen darstellt.

Soviel zum *Preis* des ideologischen Komplementaritätssystems. Die *Paradoxie* seiner Voraussetzungen aber zeigt sich darin, daß seine Vertreter – in Ermangelung eines Begriffs der *konsensual-kommunikativen Rationalität* – den notwendigen Zusammenhang zwischen der privaten Gewissensmoral und einer nicht wertneutralen Rationalität der Begründung des kollektiven Handelns nicht zu erkennen vermögen. Das Defizit im Begriff der Rationalität zeigt sich hier vor allem an der *Auffassung der geregelten Übereinkünfte*, auf die in der Tat unter demokratischen Bedingungen die Ziel- und Wertungsvorgaben öffentlicher Praxis zurückgehen müssen. Unter den Voraussetzungen des skizzierten Komplementaritätssystems muß eine demokratisch geregelte Übereinkunft – etwa ein Mehrheitsbeschluß – als *strategischer Kompromiß* zwischen den nicht weiter begründbaren Willensentscheidungen der einzelnen bzw. ihrer Vertreter erscheinen. Dieser Kompromiß, der schon dem Beschluß der Verfahrensregeln zugrunde liegt, soll als Übereinkunft die einzige Grundlage von öffentlich gültigen Normen – also vor allem des positiven Rechts – sein. Somit scheint die einzige Grundlage der öffentlich gültigen Normen, die nicht in der bloßen Tatsache einer Übereinkunft besteht, in den rein subjektiven Willensentscheidungen der einzelnen zu liegen, die letztlich im privaten Bereich außerhalb aller intersubjektiv gültigen Normen zustande kommen.

Der Denkfehler, der dieser Auffassung von Übereinkünften zugrunde liegt, zeigt sich m. E. exemplarisch an dem Umstand, daß es normative Bedingungen der Möglichkeit von Übereinkünften gibt, die selber nicht durch Übereinkünfte begründet werden können – so z. B. die ethische und rechtliche Norm, Übereinkünfte einzuhalten. Diese Norm ist offenbar ineins mit der noch fundamentaleren Norm, im Falle von praktischen Konflikten Übereinkünfte anzustreben, in der *Grundnorm einer*

Ethik konsensualer Kommunikation begründet, die ich eingangs eingeführt habe. Und an dieser Stelle muß offenbar auch die rationale Vermittlung zwischen der Gewissensmoral der einzelnen und einer öffentlich gültigen Moral gesucht werden; denn ohne die subjektive Voraussetzung der Konsensfähigkeit in einer idealen Kommunikationsgemeinschaft kann ja auch die Gewissensentscheidung des einzelnen im Sinne der Kommunikationsethik für ihn selbst nicht moralisch verbindlich sein.[18]

Das wichtigste Resultat dieser kritischen Diskussion der Denkvoraussetzungen des »westlichen Komplementaritätssystems« liegt nun m. E. in der Unterscheidung zwischen der *konsensual-kommunikativen* und der *strategischen Handlungsrationalität.* Beide Rationalitätsformen sind solche der *Interaktion* und – wenn man das Wort so verwenden will – der *Kommunikation* zwischen Menschen als Handlungssubjekten. Aber nur die *konsensual-kommunikative* Rationalität setzt Regeln oder Normen voraus, die a priori jenseits des durchkalkulierten Selbstinteresses der einzelnen liegen; die *strategische* Rationalität dagegen begründet sich rein aus der *Reziprozität der Anwendung instrumentell-technischer Handlungsrationalität* im Verkehr zwischen Menschen. Und insofern kann sie (allein) keine hinreichende Grundlage der Ethik sein.

Wäre die Grundlage der freien Übereinkünfte, die allem Recht zugrunde liegen, allein in der Willkürfreiheit und dem strategisch durchkalkulierten Selbstinteresse der einzelnen zu suchen, dann wäre nicht einzusehen, warum jemand einen Vertrag ohne kriminellen Vorbehalt abschließen sollte. Wohlgemerkt: Es ist Hobbes schon zuzugeben, daß der Gesellschaftsvertrag, der den Rechtsstaat begründet, im Interesse der einzelnen liegt. Aber in ihrem durchkalkulierten Interesse läge es auch, unter der Voraussetzung, daß die anderen den Vertrag halten, sich selbst bei passender Gelegenheit davon zu dispensieren, um so den parasitären Surplus-Vorteil zu genießen.

Es ist nicht immer leicht, den Unterschied zwischen der *ethischen Rationalität konsensualer Kommunikation* und der *strategisch-instrumentellen Rationalität* im Auge zu behalten. So ist

18 Vgl. hierzu D. Böhlers Diskussion des »Gewissens«-Begriffs in Studientext 11, a. a. O., S. 344 ff.

z. B. die von mir im vorigen gebrauchte Rede von der ethischen Norm, im Konfliktfalle Übereinkünfte anzustreben, selbst noch zweideutig. Sie kann z. B. – wie geschehen – zu dem folgenden Modell ethischer Normenbegründung verführen:[19] Im Konfliktfalle – so heißt es – sollen sich die Kontrahenten möglichst rasch und effektiv – d. h. unter Ausklammerung ideologischer oder esoterischer Implikationen – auf denjenigen Oberzweck der unter ihnen strittigen Zwecke einigen, der ihrem gemeinsamen Interesse entspricht. Alsdann läßt sich – so wird gesagt – in bezug auf den gemeinsamen Oberzweck das Problem der Normenbegründung als ein Problem *technisch-instrumenteller* Rationalität behandeln.

Der Grund für diese scheinbare Vereinfachung eines ethischen Problems liegt nun offenbar darin, daß die Übereinkunft über den Oberzweck hier als ein Problem *strategischer* Kooperation aufgefaßt wird. Sie könnte im Sinne des Modells auch von einer Mafia, die am Rauschgifthandel interessiert ist, angestellt werden – oder von einem militärischen Zweckbündnis von Staaten, die – nach einem berühmten Wort des Augustinus – mit Räuberbanden verglichen werden können.[20] Dennoch wird man zugeben müssen, daß erfolgreiche politische oder wirtschaftliche Verhandlungen in der Regel dem angegebenen Modell mehr oder weniger genau folgen. Aber zu einem *ethisch* relevanten Modell der Übereinkunft kann es nur dann werden, wenn als normative Bedingung der anzustrebenden Übereinkunft das Kriterium der *Konsensfähigkeit für alle Betroffenen, und nicht nur für die am Konflikt Beteiligten*, eingeführt wird. Nur in diesem Falle, der von vornherein eine Einigung auf Kosten Dritter durch das Prinzip der *verallgemeinerten* Gegenseitigkeit ausschließt, kann man von einer Übereinkunft im Sinne der *konsensual-kommunikativen* als der *ethischen* Rationalität reden.

Hier stellt sich nun freilich die Frage, ob die Anwendung eines solchen Rationalitätsprinzips nicht im schlechten Sinne *utopisch* ist. Jeder von uns muß als Lebewesen auch moralisch für *Selbstbehauptungssysteme* einstehen: so für sich selbst, für seine Familie, für eine soziale Interessengruppe, schließlich – insbeson-

19 Vgl. H. Lübbe: *Philosophie nach der Aufklärung*, Düsseldorf 1980, S. 179f., 183, 198f., 200f.

20 Augustinus: *Der Gottesstaat*, München/Paderborn/Wien 1978, IV, 4.

dere als Politiker – für ein staatliches Selbstbehauptungssystem. In *dieser* Verantwortungsperspektive nun kann, ja darf der Mensch sehr oft gar nicht unterstellen, daß die anderen – die ebenfalls für Selbstbehauptungssysteme einstehen müssen – den kategorischen Imperativ oder das Prinzip der verallgemeinerten Gegenseitigkeit der Konsensbildung befolgen werden. Kurz: er kann in solchen Situationen nicht *nur konsensual-kommunikativ*, sondern muß zumindest *auch strategisch* handeln.

Dies scheint mir das von der philosophischen Ethik bislang kaum bewältigte Problem Machiavellis und noch Max Webers in seiner Entgegensetzung von »Gesinnungsethik« und (politischer) »Verantwortungsethik« zu sein.[21] Und dieses Problem wird m. E. eher verschleiert als erhellt, wenn man in der politischen Ethik der Gegenwart auf Aristoteles und seinen Begriff der »Praxis« bzw. der zugehörigen »Phronesis« zurückgeht und darin möglicherweise eine angemessene Ergänzung der politischen Ethik Kants erblickt. Denn in dem aristotelischen Begriff der »Praxis« war zwar der Unterschied der *ethisch-politischen Praxis* zur *Werke herstellenden Arbeit* qua »Poiesis« erfaßt, nicht aber der Unterschied zwischen *strategischem* und *konsensual-kommunikativem* Handeln. Dieser Unterschied war vielmehr in dem auf »Praxis« bezogenen Rationalitätsbegriff der »Phronesis« gewissermaßen vermittelt, ohne zuvor als Unterschied reflektiert zu sein. Der deutlichste Beleg dafür ist die selbstverständliche Orientierung der politischen Ethik des Aristoteles am *Selbstbehauptungssystem der Polis* – im Unterschied etwa zur *kosmopolitischen* Ethik bereits des Antisthenes und dann der Stoa.

Seitdem ist jedoch die Problematik der politischen Ethik durch die – oft verschwiegene – Spannung zwischen *konsensualem Universalismus* und *strategischem Bezug auf Selbstbehauptungssysteme* geprägt. Und dies gilt insbesondere für die gegenwärtige Situation der ökologischen und nuklearstrategischen Krise. Die ganze Zweideutigkeit aller öffentlichen Berufung auf die politische Verantwortung wird z. B. schlagartig beleuchtet durch die Empfehlung eines Nobelpreisträgers der Ökonomie,

21 Vgl. Max Weber: »Politik als Beruf«, in: *Gesammelte politische Schriften*, Tübingen 1958.

zwecks Wiederherstellung des Gleichgewichts der menschlichen Biosphäre angesichts der Überbevölkerung der Erde solle man die Bewohner der Dritten Welt, die sich nicht selber helfen können, eben verhungern lassen.[22] (Dies ist gewissermaßen die Antwort der rein strategischen Vernunft auf die arationalen Bemühungen des Papstes, die Katholiken der Dritten Welt von der Praktizierung der Geburtenkontrolle abzuhalten.)

IV. Das Problem einer moralischen Zielstrategie als Erfordernis einer menschlichen Fortsetzung der Evolution

Versuchen wir jedoch an dieser Stelle, von der Aktualität des angedeuteten Gegenwartsproblems Abstand zu gewinnen, indem wir es als repräsentativ für die Situation des Menschen überhaupt seit der Menschwerdung zu verstehen versuchen. Bei diesem anthropologischen Distanzierungsversuch ist es nützlich, an die Ergebnisse der neueren Kombination von *Evolutionstheorie* und *Ethologie* (z. B. in der sogenannten »Soziobiologie«) anzuknüpfen. Denn hier scheint es in der Tat (erstmals) gelungen zu sein, das Darwinsche Evolutionsgesetz für alles tierische Verhalten dadurch genauer zu bestimmen, daß man es – im Lichte der mathematischen Spieltheorie ökonomischen Verhaltens – als Norm »evolutionsstabiler Strategien«, als Norm nämlich von Strategien der optimalen Genvervielfältigung, auffaßt.[23] Natürlich handelt es sich hier nicht um die Unterstellung von strategischen Maximen subjektiver Handlungsrationalität der Tiere, sondern um eine heuristische Als-

22 Ich hoffe, die Empfehlung Friedrich August von Hayeks richtig wiedergegeben zu haben; andernfalls bin ich natürlich gerne bereit, mich zu korrigieren.

23 Vgl. John Maynard Smith: »The Evolution of Behavior«, in: *Scientific American* 239,3 (1978), pp. 136-145, sowie die Zusammenfassung von Resultaten der neuen Ethologie in W. Wickler/U. Seibt: *Das Prinzip Eigennutz*, Hamburg 1977, vgl. auch M. Stöckler: »Eine neue evolutionäre Ethik? Der Beitrag der Soziobiologie zur Moralphilosophie.« In: G. Frey (Hrsg.): *Der Mensch und die Wissenschaften vom Menschen*. Beiträge des XII. Deutschen Kongresses für Philosophie, Innsbruck: Solaris 1983 Bd. II, 621-629.

ob-Fiktion der Verhaltenserklärung. Ihre spekulative Rechtfertigung liegt einfach darin, daß die natürliche Selektion eben, statistisch gesehen, auf die Gene bezogen ist und solches Verhalten, das nicht der optimalen Genvervielfältigungsstrategie folgt, tendentiell ausmerzt. Dennoch hat das Verfahren, das Verhalten der Tiere gleichsam vom Menschen her im Sinne einer strategischen Rationalitätsnorm zu »verstehen«, nicht nur eine immense heuristische Fruchtbarkeit erwiesen, es ermöglicht m. E. auch eine Anknüpfung der anthropologischen Ethik an die Ethologie in dem Sinne, daß die Situationsbedingungen einer verantwortlichen Fortsetzung der Evolution durch den Menschen deutlicher werden.

Schon in der Sicht von Konrad Lorenz war es möglich, einzelne Phasen des tierischen Verhaltens als »moralanalog« zu interpretieren und sie im instinktresidualen Verhalten des Menschen – z. B. als Protektionsverhalten oder Kommentkampfverhalten – wiederzufinden. In der Sicht der neuen Ethologie wird nun das »moralanaloge«, z. B. altruistische, Verhalten der Tiere als begrenzt möglicher Phasenbestandteil eines strategischen Verhaltens erklärt, das im ganzen gewissermaßen vom »Eigennutz der Gene« sein Telos empfangen muß. Insofern liegt hier eine *Relativierung* der von Lorenz unterstellten Analogie der Verständlichkeit des tierischen und menschlichen Verhaltens vor. Gleichzeitig wird aber im Begriff des strategischen Verhaltens eine abstraktere Analogie der Verständlichkeit des tierischen und menschlichen Verhaltens zumindest heuristisch unterstellt; und im Sinne dieser Analogie läßt sich m. E. noch radikaler als durch die Anknüpfung an K. Lorenz die ethische Problematik der menschlichen Situation verdeutlichen.

Wenn man nämlich versuchsweise eine Analogie im Sinne der Rationalität strategischen Verhaltens beim Vergleich von Mensch und Tier unterstellt, dann wird sogleich klar, daß beim Menschen der Begriff des strategischen Verhaltens in einer entscheidenden Hinsicht präzisiert bzw. modifiziert werden muß: Für ihn, der wirklich als Individuum strategisch denken kann, sind die *Ziele* und die begrenzenden *Spielregeln* des strategischen Verhaltens nicht mehr durch die natürliche Selektion eindeutig im Sinne der optimalen Genvervielfältigung festgelegt. Er kann und muß die Ziele und Spielregeln selbst – und

zwar mehr und mehr bewußt – festlegen; und er kann dies sogar im Hinblick auf das Überleben in sehr verschiedener Weise tun:
Er kann z. B. in der Gegenwart tatsächlich – wie die ältere Ethologie das schon für die Tiere unterstellte – das *Überleben der Art* zum Ziel kollektiver Handlungsstrategien erheben.[24] Er kann aber auch am Ziel der Vervielfältigung eigener und verwandter Gene festhalten – etwa im Sinne einer rassistischen Politik; und er kann schließlich die beiden angeführten Ziele und darüber hinaus sogar das eigene Überleben als Individuum verneinen. Am bedenklichsten ist (hier) in der Gegenwart vielleicht eine Einstellung, welche um des eigenen Überlebens und Wohllebens willen das Überleben der Art in den kommenden Generationen aufs Spiel setzt – oder im Sinne des erwähnten Ökonomen zumindest das Überleben großer Teile der menschlichen Art.
Ich habe (nun) soeben im üblichen Philosophenjargon von dem gesprochen, was *der* Mensch im Hinblick auf Ziele und Spielregeln strategischen Verhaltens festlegen kann. Diese Redeweise verdeckt indessen ein wichtiges Problem: die Frage nämlich, durch welches Verhalten und aufgrund welcher Handlungsrationalität die Menschen es überhaupt fertigbringen, untereinander die Ziele und Spielregeln strategischen Handelns – insbesondere kollektiven Handelns – festzulegen. Kann dies wiederum allein aufgrund strategischen Handelns geschehen? Oder *muß* hier – auch aus rein anthropologischen und handlungstheoretischen Gründen – eine nichtstrategische Handlungs- und Rationalitätsform: die des konsensual-kommunikativen Handelns, das strategische Handeln ergänzen?
Man könnte meinen – und viele Theoretiker sind heute dieser Meinung[25] –, auch die Kommunikationen, in denen es zu Einigungen über Ziele und Spielregeln des strategischen Verhaltens – z. B. über politische Ziele und über Rechtsnormen – kommt, – auch diese Kommunikationen ließen sich selbst noch auf offene und verdeckte Formen strategischen Verhaltens zurückfüh-

24 Wickler/Seibt, a. a. O., S. 77 f.

25 Vgl. die kritische Diskussion des Beitrags der Entscheidungs- und strategischen Spieltheorie zur Ethik von O. Höffe: *Strategien der Humanität*, Erster Teil, Freiburg/München 1975.

ren, wie sie sich in der Spieltheorie des ökonomischen Verhaltens analysieren lassen. Sogar das Zustandekommen der Sprach-Konventionen soll auf diese Weise erklärbar sein.[26]

Diese Möglichkeit möchte ich indessen aus prinzipiellen Gründen bestreiten. Ich möchte zwar nicht bezweifeln, daß reale menschliche Interaktion und sogar die sprachliche Kommunikation *auch* immer strategische Züge hat und haben muß; und ich möchte hinzufügen, daß *kooperatives* Verhalten natürlich sehr wohl auf der Basis der Spieltheorie strategischen Verhaltens *genetisch erklärbar* ist. Doch mit alledem hat man noch nicht die Möglichkeit des *Teilens von intersubjektiv gültiger Bedeutung und Wahrheit in der Sprache* erklärt – genauer: die Möglichkeit insofern, als sie Gegenstand von *Geltungsansprüchen* und von *argumentativen Diskursen zur Einlösung dieser Geltungsansprüche* werden kann. Denn es ist nicht denkbar, daß wir uns in der Argumentationsgemeinschaft eines Diskurses – z. B. hier und jetzt – etwa aufgrund *strategischer* Interaktion über den Sinn des Begriffs der strategischen Rationalität oder über die Wahrheit oder Falschheit der These, daß alle Interaktion strategisch sei, einigen können. Hierzu muß vielmehr – wie früher behauptet – ein *ethisches Transsubjektivitätsprinzip konsensual-kommunikativen Verhaltens* von vornherein unterstellt werden – derart, daß z. B. sogenannte *Argumentationsstrategien* einer agonal durchgeführten Disputation ihrerseits von vornherein in den Dienst der Konsensbildung über Sinn und Wahrheit treten müssen[27] – und damit auch in den Dienst der Konsensbildung über ethische Normen – z. B. Spielregeln des strategischen Verhaltens – treten können.

Wenn dies aber richtig ist, dann gilt, daß alle menschliche Kommunikation – und damit auch das kommunikationsabhängige *Denken* des Menschen – immer schon an dem *nichtstrategischen Transsubjektivitätsprinzip* muß Anteil gehabt haben. Und daraus folgt, daß eine Rekonstruktion der menschlichen Fortset-

26 Vgl. meine kritische Diskussion der Bedeutungstheorie von Paul Grice in: H. Parret/J. Bouveresse: *Meaning and Understanding*, Berlin/New York 1981, pp. 91 ff.

27 Dies scheint mir die transzendentalpragmatisch reflektierte Pointe des Ansatzes von P. Lorenzen/K. Lorenz: *Dialogische Logik*, Darmstadt 1978, auszumachen.

zung der Evolution in der Geschichte, welche mit der instrumentell-strategischen Rationalität auskommen möchte, dem eingangs formulierten *Selbsteinholungsprinzip* der rekonstruktiven Wissenschaften widerspricht. Soviel zum vorläufigen Ergebnis einer evolutionstheoretisch-anthropologischen Distanzierung des aktuellen Gegenwartsproblems der Spannung zwischen ethischer und strategischer Vernunft in der politischen Ethik.

Im Hinblick auf dieses Problem selbst aber läßt sich aufgrund der skizzierten Überlegungen die folgende Möglichkeit einer Lösung andeuten. Im Hinblick auf die Evolution des tierischen Verhaltens scheint es sich so zu verhalten, daß Ziele und Spielregeln einer quasi-strategischen Interaktion von vornherein im Sinne der Genvervielfältigungsstrategie – des sogenannten »Eigennutzes« oder »Egoismus der Gene« – festgelegt sind.[28] Im Hinblick auf die menschliche Kulturevolution, die gegenwärtig unter der Herausforderung der ökologischen und nuklearstrategischen Krise steht, scheint dagegen die folgende Grundeinstellung einer politischen Ethik aufgegeben und prinzipiell möglich zu sein. Hier *sollte* das strategische Denken, das auf die Selbstbehauptung der verschiedenen politisch-sozialen Systeme – letztlich auch auf die der Individuen – bezogen ist, jeweils in der konkreten Situation mit einer langfristigen Zielstrategie der konsensualen Moral vermittelt werden. Diese Zielstrategie folgt aus der Grundnorm der konsensualen Moral (s. oben S. 46f.) *und* dem kontingenten Umstand der *conditio humana*, daß wir – als Repräsentanten politischer Selbstbehauptungssysteme – nicht in einer Welt leben, in der wir durchweg damit rechnen dürften, daß die Grundnorm der konsensualen Moral befolgt wird. Die gebotene Zielstrategie besagt daher, daß wir stets versuchen sollten, zur Realisierung solcher Verhältnisse beizutragen, die von der Grundnorm gefordert und im argumentativen Diskurs kontrafaktisch antizipiert werden müssen.

Ist dies ein im schlechten Sinn utopisches Postulat? – Dazu am Schluß nur eine Bemerkung: Die zahllosen Gespräche und Konferenzen, auf denen heutzutage Menschheitsprobleme –

28 Vgl. Wickler/Seibt, a.a.O., sowie R. Dawkins: *Das egoistische Gen*, Berlin/Heidelberg/New York 1978.

wie etwa Fragen des Bevölkerungswachstums, der Rohstoff- und Energievorräte und ihrer kooperativen Nutzung, der Umweltbelastung und auch der möglichen Rüstungsbegrenzung – behandelt werden – diese Gespräche sind gewiß keine idealen (argumentativen) Diskurse; aber sie stehen interessanterweise unter dem öffentlichen Zwang, zumindest vorzugeben, daß hier strategische Belange der jeweiligen Selbstbehauptungs-Räson mit dem Anliegen einer konsensualen Vermittlung der Interessen aller Betroffenen vermittelt werden. Das muß – so scheint mir – nicht nur Anlaß für ein ironisches Lächeln der harten Realpolitiker sein.

Kant, Hegel und das aktuelle Problem der normativen Grundlagen von Moral und Recht

I. Themenstellung

Die herausfordernde Parole, die für diesen Kongreß ausgegeben wurde, lautet: »Kant oder Hegel?«. Der Widerspruchsgeist kann hier natürlich sofort einwenden: »Muß es denn Kant oder Hegel sein? Brauchen wir heute nicht etwas Drittes?«.

In einem pedantischen Sinn muß ich diese dritte Möglichkeit für das, was mir selbst als »Transformation der Transzendentalphilosophie« vorschwebt, in Anspruch nehmen – gerade im Hinblick auf das besondere Thema dieses Kolloquiums: »Probleme der Begründung von Normen«. Dennoch glaube ich, daß die Alternative »Kant oder Hegel?« geeignet ist, eine kritisch-rekonstruktive Besinnung auszulösen, die für jeden Begründungsversuch in der Gegenwart unumgänglich ist. Dies gilt natürlich insbesondere für den Versuch einer Transformation der *Transzendentalphilosophie*, der »after all« Kant verpflichtet sein muß.

Ich möchte zunächst im Lichte einer historischen Vorbesinnung die Hauptaspekte der Unumgänglichkeit der Kant : Hegel-Auseinandersetzung andeuten. Gleichzeitig möchte ich damit die Hauptthesen formulieren, die im folgenden teilweise expliziert werden sollen:

1. These: Alle wesentlichen Aspekte der Kantkritik Hegels müssen in einer heute aktuellen Transformation der Transzendentalphilosophie *im Sinne einer solchen Transformation* berücksichtigt werden. (Das gilt insbesondere für Hegels Kritik am metaphysischen Dualismus der theoretischen und praktischen Philosophie Kants.)

2. These: Die Motive der immer erneuten Rückwendungen von Hegel zu Kant waren gleichwohl berechtigt. (Hier denke ich insbesondere an die Rückgriffe auf Kants Ethik, die als Reaktion auf die Reduktion des »Sollens« auf die dialektisch begriffene Notwendigkeit des Geschichtsprozesses bei Hegel und

Marx zu verstehen sind – vom Neukantianismus bis zu Popper und Leszek Kolakowski.)

3. These: Berechtigt sind aber schließlich auch die Erneuerungen Hegels im Zeichen der Geschichts-*Hermeneutik*. (Doch stellt eine hermeneutische Reduktion des Normativen auf die Autorität einer kontingenten Tradition eine Verkürzung des Begründungsproblems dar. Diese heute aktuelle Verkürzung zwingt selbst noch einmal zu einem Rückgriff auf Kant – etwa im Sinne einer *transzendentalen* Hermeneutik.)

Im folgenden möchte ich versuchen, diese Thesen wenigstens so weit zu explizieren, wie das im Hinblick auf die Frage der Normenbegründung erforderlich ist. Zunächst also einige Bemerkungen zur Kantkritik Hegels und ihrer möglichen Auswertung im Sinne einer transformierten Transzendentalphilosophie.

II. Hegels Kantkritik und das Problem einer sinnkritischen Transformation der Transzendentalphilosophie

Hegels Kritik an der prinzipiellen Trennung Kants zwischen dem menschlichen Begriff und dem Sein qua An-sich-Sein der »Dinge an sich«[1] erweist sich – so scheint mir – zunächst einmal im Lichte moderner *Sprach-* bzw. *Sinnkritik* als zutiefst berechtigt. Wir können sinnvollerweise keinen Begriff haben von einem An-sich-Sein, das *im Prinzip* der Erkenntnis und damit dem Begriff unzugänglich wäre – ebensowenig wie von Begriffen, die *im Prinzip* nicht auf einer Erkenntnis des Seins beruhen würden – wenn es auch Begriffe von Einhörnern und Flügelrössern gibt und wenn auch im Einzelfall unklar sein mag, ob der Begriff »Taler« sich auf mögliche oder wirkliche Taler bezieht. Der »abstrakte« Begriff der formalen Logik muß seiner prinzipiellen Möglichkeit nach nicht nur auf Erkenntnisgegenstände

1 Vgl. insbesondere *Phänomenologie des Geistes*, ed. J. Hoffmeister, Hamburg ^{6}1952, 63 ff.; ferner: *Wissenschaft der Logik*, ed. G. Lasson, Hamburg 1966, Bd. II, 496; ferner: *Vorlesungen über die Geschichte der Philosophie*, Bd. III, Ausg. Glockner Bd. XIX, S. 555 ff.; ferner: *Enzyklopädie*, 1830, § 10, ed. Nicolin u. Pöggeler, 43 ff.

überhaupt im Sinne Kants beziehbar, sondern im »existierenden Begriff« im Sinne Hegels gegründet sein, soll auch nur die abstrakte Thematisierung des Begriffs in der formalen Logik einen Sinn haben.

Aus alledem folgt freilich nicht im Sinne Hegels die Notwendigkeit oder auch nur die Möglichkeit einer *spekulativen Logik* des »existierenden Begriffs«, in der die Wahrheit des »An-und für-sich-Seins« nach Maßgabe seiner Angemessenheit an den existierenden Begriff a priori und definitiv entfaltet werden könnte. Eher folgt die Notwendigkeit einer *sinnkritischen Transformation der transzendentalen Erkenntniskritik* – etwa unter der folgenden Voraussetzung: Die Unterstellung der Möglichkeit von begrifflicher Wahrheit, ja sogar ihre kontrafaktische Antizipation, gehört zu den notwendigen Bedingungen der Möglichkeit von Erkenntnis; denn das An-sich-Sein (des Absoluten) kann von uns nicht sinnvoll als unabhängig nicht nur von faktischer, sondern auch von möglicher Erkenntnis gedacht werden. Gerade wenn unsere Begriffe – wie Kant sagt – nur auf *mögliche Erfahrung* bezogen sein können, müssen sie insofern prinzipiell auf die *Manifestation des Seins* selbst bezogen sein. Gleichwohl erneuert sich die erkenntniskritische Unterscheidung Kants als solche zwischen dem *unendlich Erkennbaren* und dem, was jemals *faktisch von uns erkannt* sein kann.[2] Insofern bleibt der menschliche Begriff, obgleich er nicht prinzipiell vor An-sich-Sein getrennt sein kann, hinsichtlich der Erkenntnisinhalte von der Unabschließbarkeit der empirischen Erfahrung abhängig. Ja, diese Abhängigkeit verhindert m. E. sogar die Möglichkeit eines abschließbaren Systems der »Transzendentalphilosophie« im Sinne Kants.[3] Die Pointe des tran-

2 Ich folge hier der sinnkritischen Kanttransformation von C. S. Peirce. Vgl. mein Buch: *Der Denkweg von Charles S. Peirce: Eine Einführung in den amerikanischen Pragmatismus*, Frankfurt 1975, bs. S. 41 ff. Ferner: »Von Kant zu Peirce: Die semiotische Transformation der transzendentalen Logik«, in: K.-O. Apel: *Transformation der Philosophie*, Frankfurt 1973 u. ö., Bd. II, 157-177.

3 Insoweit kann man m. E. dem – über J. Deweys empiristisch-naturalistische Transformation auf Hegel zurückgehenden – »Holismus«-Prinzip Quines recht geben. Die Formulierung dieses Prinzips zeigt freilich selbst, daß der »Holismus« die *transzendentale Differenz* zwischen em-

szendentalphilosophischen Ansatzes sollte nicht mehr darin liegen, daß im Hinblick auf die formalen Bedingungen einer bloßen Erscheinungswelt das vollständige System aller Grundsätze, aller synthetischen Urteile a priori, eruierbar sein muß. Sie sollte eher darin liegen, daß im Hinblick auf jede denkbare empirische Realitätserfahrung, sofern diese *intersubjektiv gültig* sein soll, sich *notwendige* Bedingungen ihrer Möglichkeit müssen angeben lassen.

(Die Möglichkeit von *synthetischen Urteilen a priori* ergibt sich demnach nicht aus der Unterscheidung zwischen unerkennbaren Dingen-an-sich und ihren (bloßen) Erscheinungen für uns, sondern daraus, daß sie aus methodischen Gründen imstande sein müssen, notwendige *normative* Bedingungen der Möglichkeit *intersubjektiv gültiger* Erkenntnis a priori anzugeben. Das gilt sowohl für die mit dem praktischen Weltengagement (Erkenntnisinteresse) zusammenhängenden Bedingungen der *Konstitution des Sinns* (z. B. der Fragestellung) von Erkenntnis als auch für die entsprechenden Bedingungen der Überprüfung der *Gültigkeit* von Erkenntnis.

Hieraus folgt unmittelbar, daß die transzendentale Differenz zwischen empirischer Erfahrung und Einsichten a priori selbst dann unaufhebbar sein muß, wenn – wie anzunehmen – der Apriorismus der letzteren im Hinblick auf die unabschließbare Erfahrung relativierbar ist. Ja, es ist sogar anzunehmen, daß solche Relativierung des Apriorischen zur progressiven Herausarbeitung der nicht relativierbaren Möglichkeitsbedingungen jeder denkbaren intersubjektiv gültigen Erkenntnis beiträgt.)

Insofern gehört gerade die Hegelsche *Voraussetzung der Möglichkeit von Wahrheit* (und darüber hinaus die kontrafaktische Antizipation des *essentiellen Wissens*[4] und des *Wissens des Wis-*

pirischer Erfahrung und philosophischen Prinzipien *nicht* aufzuheben vermag.

4 Schon Peirce hat in seiner raffinierten Nominalismus-Kritik die Notwendigkeit einer sinnkritischen Rehabilitierung des *Universalien-Realismus* dargetan: Es ist uns ganz unmöglich, ohne Verneinung des impliziten Geltungsanspruchs der aktualiter gebrauchten sprachlichen Begriffe die mögliche *Realität* dieser Begriffe zu bestreiten. Das besagt freilich nicht, daß wir – im Sinne einer platonischen Hypostasierung – die *Existenz*

sens) zu den unaufhebbaren Einsichten einer sinnkritisch *transformierten Transzendentalphilosphie*.

Soviel zum methodisch fundamentalsten Aspekt der Hegelschen Kantkritik. Die *sinnkritische* Auswertung der Hegelschen Kritik des Kantschen Systemansatzes führt hier m. E. nicht zu einer Erneuerung spekulativer Metaphysik, sondern eher zu einer Eliminierung der schlechten, dualistischen Metaphysik, die Kant bei seiner Begründung der (erkenntnis-)kritischen Transzendentalphilosophie noch voraussetzen mußte.[5]

Doch welche Konsequenzen hat die soeben angedeutete sinn-

dieser Begriffe unterstellen müßten; und es besagt auch nicht, daß wir die Möglichkeit *endgültiger Wesens-Definitionen*, die vom Fortschritt unserer Theoriebildung unbeeinflußbar wären, unterstellen dürften. Daß der recht verstandene Universalienrealismus mit dem Fallibilismus-Prinzip vereinbar ist, zeigt sich für Peirce vor allem in dem Umstand, daß die regelgeleiteten Verhaltens-Dispositionen (»habits«), welche wir aufgrund des Verstehens von Allgemeinbegriffen in Sätzen wie z. B. »Dies ist schwer« ausbilden, unbestreitbar real und zugleich (im Sinne eines Rationalisierungsprozesses) korrigierbar sind. – Es ist erstaunlich, bei der Lektüre der Hegelschen »Logik« immer wieder festzustellen, daß Hegel der sinnkritischen Denkweise von Peirce sehr nahekommt. So ist z. B. der »existierende Begriff« letzten Endes nichts anderes als die von Peirce unterstellte Realisierung des Begriffsallgemeinen in den »habits of action« (er besagt ja nicht etwa die – von Peirce zurückgewiesene – *Existenz* platonischer Ideen). Freilich fehlt bei Hegel die Berücksichtigung des Umstandes, daß der Fortschritt der empirischen Wissenschaft etwas *Wesentliches* zur Wesenserkenntnis beitragen könnte.

5 Zur dualistischen Hintergrundmetaphysik der »Kritik der reinen Vernunft« gehört m. E. alles das, was Kant nicht aus der Haltung der *Reflexion* auf die Erkenntnis (einschließlich der eigenen Erkenntniskritik und ihres Gültigkeitsanspruchs), sondern gleichsam *aus theoretisch objektivierender Einstellung von außen* über das Verhältnis der Dinge-an-sich zur Erkenntnis (z. B. die »Affektion der Sinne«) aussagt oder zumindest zwingend suggeriert. Demgegenüber käme es darauf an, den kritischen Grundgedanken so zu fassen, daß Erkenntnis – einschließlich der erkenntniskritischen Reflexion – es überhaupt nicht mit existierenden, unerkennbaren Dingen an sich zu tun haben kann, sondern nur mit dem, was im Zusammenhang eines praktischen Weltengagements als bedeutsam erkennbar sein kann. – Vgl. hierzu jetzt mein Buch: *Die ›Erklären: Verstehen‹-Kontroverse in transzendental-pragmatischer Sicht*, Frankfurt 1979, insbesondere S. 97 ff. und S. 319 ff.

kritische Auswertung der Kantkritik Hegels für die Ethik? Läßt sich hier ebenfalls – und genauer – zeigen, daß der Weg des Denkens durch Hegel hindurch auf eine transformierte Transzendentalphilosophie führt?

III. Hegels Kantkritik in ihren ethischen Konsequenzen: das Begreifen der sittlichen Wirklichkeit und die Aporie der zukunftsbezogenen Handlungsorientierung

In einem gewissen Sinn ist mit der *sinnkritischen* Zurückweisung des metaphysischen Dualismus von Begriff bzw. wahrer Erkenntnis und unerkennbarem An-sich-Sein auch bereits der Kantsche Dualismus von *theoretischer* und *praktischer* Vernunft bzw. von *Sein* und *Sollen* bzw. von *Äußerem* und *Innerem* in Frage gestellt: Wenn Sollensforderungen für den Menschen Sinn haben sollen, dann kann z. B. nicht unterstellt werden, daß sie im Prinzip nicht realisiert werden können, oder daß sie niemals realisiert werden, daß somit alles, was ist, moralisch wertneutral sein könnte. Genauer: Es muß möglich sein, den sprachlichen Sinn von »gut« und »böse« und insofern den Sinn der Befolgung einer Sollensforderung an Beispielen zu verdeutlichen; denn die Bedeutung von »gut« und »böse« muß erkennbar sein. Wenn dies aber möglich sein soll, dann kann auch nicht unterstellt werden, daß möglicherweise die Menschen niemals *moralisch* handeln, sondern etwa nur *äußerlich pflichtgemäß*; es kann dann nicht einmal unterstellt werden, daß es *prinzipiell* nicht möglich ist zu erkennen, ob jemand moralisch handelt, sondern allenfalls, daß dies im Einzelfall niemals mit letzter Sicherheit auszumachen ist.
Die beiden zuletzt angedeuteten, sinnkritisch unhaltbaren Unterstellungen lassen sich nun in unzweideutiger Weise als typische Voraussetzungen Kants identifizieren.
Im Sinne der ersten Voraussetzung heißt es z. B. in der späten Schrift »Zum ewigen Frieden«: »Das Problem der Staatserrichtung ist, so hart es auch klingt, selbst für ein Volk von Teufeln (wenn sie nur Verstand haben) auflösbar und lautet so: ›Eine Menge von vernünftigen Wesen, die insgesamt allgemeine Gesetze für ihre Erhaltung verlangen, deren jedes aber insgeheim

sich davon auszunehmen geneigt ist, so zu ordnen und ihre Verfassung einzurichten, daß, obgleich sie in ihren Privatgesinnungen einander entgegenstreben, diese einander doch so aufhalten, daß in ihrem öffentlichen Verhalten der Erfolg eben derselbe ist als ob sie keine solchen bösen Gesinnungen hätten.‹«[6]

Zwei gängige Interpretationen dieser Stelle sind m. E. geeignet, ihren Sinn zu verharmlosen, und müssen daher im gegenwärtigen Zusammenhang zurückgewiesen werden:

Die eine geht dahin, daß die Unterscheidung zwischen »Moralität« und »Legalität« ausreicht, um den Sinn der Stelle verständlich zu machen: Auf der Ebene des Rechts – so sagt man – kann und darf man nicht verlangen, daß die Menschen »aus Pflicht«, d. h. im Sinne Kants: nach der vom »kategorischen Imperativ« anbefohlenen Gesinnungsmaxime, handeln; man muß sich vielmehr damit zufriedengeben, daß sie äußerlich »pflichtgemäß« handeln. Dies soll nicht bestritten werden; doch daraus folgt keineswegs, daß man sich einen funktionierenden Rechtsstaat vorstellen kann, in dem die Menschen in der Regel »pflichtgemäß«, gleichzeitig aber – als »mögliche Teufel« – niemals »aus Pflicht« oder wenigstens aus moralischer Gesinnung, sondern stets nur aus egoistischen Motiven handeln – z. B. aus Furcht vor Strafe oder aus Besorgnis um ihren guten Ruf.

Wäre es möglich, in diesem Sinne die Möglichkeit der »Legalität« ganz ohne die Voraussetzung der »Moralität« zu denken, dann müßte es auch denkbar sein, daß in einem funktionierenden Rechtsstaat die legalen Pflichten im Sinne des positiven Rechts prinzipiell ohne jede moralische Legitimation akzeptiert und befolgt würden, da sie ja ohnehin nur aus egoistischen Motiven befolgt werden. Beide Unterstellungen sind m. E. nicht haltbar.

Es ist nun sehr interessant, daß für Kant anscheinend nur die zuletzt genannte Unterstellung unbefriedigend wäre. Für ihn bedarf ja der Rechtsstaat durchaus einer moralischen Legitimation. Sie liegt in der letztlich aus dem kategorischen Imperativ hergeleiteten regulativen Idee eines Gesellschaftsvertrags im Sinne der wechselseitigen Beschränkung der Willkür der ein-

6 Siehe Akademie-Textausgabe, Bd. VIII, 366.

zelnen.[7] Hier besteht, trotz der äußerlichen Ähnlichkeit der Konzeption des Gesellschaftsvertrags, ein wesentlicher Unterschied zwischen Kant und Hobbes. Denn bei dem letzteren liegt ja auch der *Rechtsgrund* der wechselseitigen Einschränkung der Willkür im Gesellschaftsvertrag allein im durchkalkulierten Selbstinteresse der menschlichen Wölfe des Naturzustandes.

Im Hinblick auf die Frage nach der *empirischen Erklärung* des Zustandekommens und der Funktion eines Rechtsstaats besteht jedoch offenbar kein wesentlicher Unterschied zwischen Kant und Hobbes: Denn bei der Beantwortung dieser Frage glaubt Kant, mit rein naturalistischen Voraussetzungen auskommen zu müssen – so als ob zwischen den Menschen als Adressaten seiner Ethik und den Menschen im Sinne einer empirischen Anthropologie überhaupt keine Identität bestünde. Ausdrücklich sagt Kant, daß die »Aufgabe der Staatserrichtung« allein unter der Voraussetzung des »Mechanismus der Natur« muß auflöslich sein.[8] Auch der in diesem Zusammenhang unterstellte Begriff von »vernünftigen Wesen, die insgesamt allgemeine Gesetze für ihre Erhaltung verlangen«, entspricht dem Hobbesschen Begriff der instrumentellen Vernunft und nicht etwa dem von Kant in der Ethik unterstellten Begriff der Vernunftwesen, die als autonome Gesetzgeber des Sittengesetzes das »Reich der Zwecke« bilden. Insgesamt gesehen, unterscheidet sich Kant also von Hobbes nur durch seinen schroffen *Dualismus* hinsichtlich der ethischen Rechtfertigung des Rechtsstaats einerseits, der empirischen Erklärung seines Zustandekommens und Funktionierens andererseits. Wie aber läßt sich dieser Dualismus selbst rechtfertigen? Als Antwort auf diese Frage dient gewöhnlich die zweite der verharmlosenden Kantinterpretationen. Man sagt etwa: Kant teilt eben mit Hobbes ein pessimistisches Menschenbild. Mit dieser Antwort wird möglicherweise noch die Behauptung verbunden, daß das pessimistische Menschenbild von Hobbes und Kant ja auch realistisch sei.

Nun mag es zutreffen, daß ein pessimistisches Menschenbild realistisch ist, und in diesem Sinn mögen Hobbes und Kant auch

7 Vgl. O. Höffe: *Ethik und Politik*, Frankfurt 1979, 195-226, sowie ders.: »Recht und Moral: ein kantischer Problemaufriß«, in: *Neue Hefte für Philosophie*, 17 (1979), 1-36.

8 I. Kant, a. a. O., 366.

Realisten gewesen sein. Aber ein solcher Pessimismus-Realismus hat *logisch* noch gar nichts zu tun mit der *systematischen* Unterstellung Kants, die hier zur Diskussion steht. Denn gerade dies ist weder realistisch noch pessimistisch: das Zustandekommen oder Funktionieren eines Rechtsstaats selbst unter der Voraussetzung für möglich zu halten, daß die Bürger etwa alle Verträge grundsätzlich mit kriminellem Vorbehalt abschließen. Realistisch-pessimistisch ist dagegen z. B. die Unterstellung, daß die moralischen Motivationen der Menschen für ein erträgliches Zusammenleben niemals ausreichen, wenn sie nicht durch den Rechtsstaat ermutigt und honoriert und die stets auch wirksamen parasitären Motive entmutigt werden.

Eine befriedigende Interpretation der zitierten Kantstelle – und vieler ähnlicher Stellen – muß m. E. die *dualistische Metaphysik* in Betracht ziehen, die Kants theoretische und praktische Philosophie ungeachtet der metaphysikkritischen Intention der »Kritik der reinen Vernunft« bestimmt. Darunter verstehe ich im gegenwärtigen Zusammenhang sowohl den Dualismus von »Erscheinungswelt« und unerkennbaren »Dingen an sich« wie insbesondere den für die Ethik grundlegenden Dualismus zwischen dem »empirischen« und dem »intelligiblen Ich«, der den Menschen nach Kant zum »Bürger zweier Welten« macht.

Wahrscheinlich war ja sogar der praktisch relevante Dualismus der tiefere Grund für den theoretischen Dualismus. Denn die Unterscheidung zwischen Dingen an sich und Erscheinungswelt war ja für Kant die notwendige Bedingung einer Lösung des Freiheitsproblems, d. h. der 3. Antinomie der »transzendentalen Dialektik«. Da er – wie die meisten seiner Zeitgenossen, die unter dem Eindruck der Newtonschen Physik standen – vom Kausaldeterminismus der wissenschaftlich erkennbaren Natur fest überzeugt war, so konnte er die vom Sollensanspruch des Sittengesetzes vorausgesetzte Willensfreiheit nur als denkbares Vermögen des »intelligiblen Ich« unterstellen, grundsätzlich aber nicht als erkennbare Motivation im Bereich der erfahrbaren Welt.

Als Konsequenz des Kantschen Systemansatzes ergibt sich somit die bereits erwähnte Unterstellung, daß im Bereich der Erfahrungswelt, also z. B. in der empirischen Anthropologie und Geschichtswissenschaft, dergleichen wie moralische Phänomene – sei es im positiven, sei es im negativen Sinn – überhaupt nicht *erkannt* werden können. Und hieraus ergibt sich dann auch die Folgerung, daß *möglicherweise* das Verhalten der Menschen niemals im Sinne des Sittengesetzes moralisch positiv motiviert ist. Diese beiden Unterstellungen sind jedoch, wie eingangs angedeutet, unvereinbar mit dem *Sinn* der Sollensforderung, sofern diese – z. B. in Kants Ethik – die Menschen als identische Bürger beider Welten zu Adressaten hat.

Insofern überrascht es nicht, daß Kant in seinen »kleinen Schriften«, in denen er das Verhältnis von Vernunft und Realgeschichte zu denken versucht, nicht immer konsequent im Sinne seines dualistischen Systemansatzes verfährt. Er mußte hier – wie wohl jeder Philosoph – oft klüger sein als sein System. Dennoch wird man sagen können, daß er immer dann konsequent verfährt, wenn er z. B. alle erfahrbaren geschichtlichen Handlungen als kausaldeterminierte Naturereignisse auffassen will.[9] (Es sollte m. E. klar sein, daß Kant damit all das aus der erfahrbaren und wissenschaftlich erkennbaren Welt ausschließt, was im 19. Jahrhundert als »geschichtlich-gesellschaftliche Wirklichkeit« zum Gegenstand *verstehender Geisteswissenschaften* (Dilthey) oder einer *verstehenden Soziologie* (M. Weber) wurde: So z. B. die Welt der *Handlungen*, die als solche ja nicht durch Beobachtung der zugehörigen *Bewegungen*, sondern nur über das *Verstehen der Intentionen* vermittelt identifizierbar und unterscheidbar sind.[10] Zur Konstitution solcher Gegenstände hätte es, mit Kant gesprochen, einer nicht nur »regulativen«, sondern »konstitutiven« Funktion der *Teleologie* als Kategorie bedurft.)

Man kann nun m. E. die aktuelle Tragweite der dualistischen Metaphysik Kants erst dann richtig einschätzen und kritisch beurteilen, wenn man versuchsweise – als Kontrastfolie – drei Positionen einer im Sinne der gegenwärtigen Wissenschaftstheorie transformierten Transzendentalphilosophie in Betracht zieht:

1. Die erste Alternativposition besteht in einer sinnkritischen

9 Vgl. z. B. »Idee zu einer allgemeinen Geschichte in weltbürgerlicher Absicht«, Akad.-Textausg., Bd. VIII, 15.

10 Vgl. hierzu G. E. M. Anscombe: *Intention*, Oxford 1957, und: G. H. von Wright: *Erklären und Verstehen*, Frankfurt 1974.

Transformation des metaphysischen Dualismus der Kantschen Freiheitstheorie im Sinne einer *Komplementaritäts*-Theorie: Der Gedanke der *Kausalnotwendigkeit* einer Ereignisfolge oder Zustandsveränderung kann überhaupt nur unter der Voraussetzung gedacht werden, daß der Mensch – z. B. ein experimentierender Physiker – aus freiem Entschluß in die Außenwelt eingreifen kann und ein Ereignis herbeiführen kann, das ohne den Handlungseingriff nicht eingetreten wäre. Ohne diese *transzendentalpragmatische* Voraussetzung des Begriffs der *Interventions*-Handlung löst sich gerade der Begriff der Kausal-*Notwendigkeit* völlig auf – wie z. B. für David Hume, der hier erstmals den Standpunkt der *rein theoretischen Beobachtung* einnahm. Ohne den Begriff der Kausal-*Notwendigkeit* jeder manipulierbaren Zustandsveränderung in der Erfahrungswelt läßt sich aber wiederum der Begriff der Interventionshandlung als Bedingung der Möglichkeit des Eintretens von Ereignissen gar nicht sinnvoll denken. Daraus folgt bereits, daß *Kausalnotwendigkeit* von Naturereignissen und *Handlungsfreiheit* als Begriffe überhaupt nicht im Gegensatz zueinander stehen, wie Kant mit allen Deterministen annahm, sondern sich wechselseitig voraussetzen.[11]

2. Damit entfällt nun zweitens, soweit das Freiheitsproblem in Frage steht, bereits der Anlaß zur Unterscheidung zwischen unerkennbaren Dingen an sich – z. B. »Kausalität aus Freiheit« – und bloßen Erscheinungen. (Ja, dieser metaphysische Dualismus erweist sich als unvereinbar mit dem Verständnis der Handlungsfreiheit und der Kausalnotwendigkeit. Denn im Sinne der Experimentalphysik ist es praktisch notwendig, unterstellen zu können, daß ein Ereignis E – ceteris paribus – nicht eingetreten wäre, wenn die Interventionshandlung H nicht erfolgt wäre, und daß es nicht eintreten würde, wenn H nicht erfolgen würde. Im Sinne des Kantschen Dualismus zweier Welten dagegen kann eine solche *Beziehung* zwischen dem als frei unterstellten Handlungsentschluß und einem Ereignis in der erfahrbaren Welt grundsätzlich *nicht* unterstellt werden, da

11 Vgl. hierzu G. H. von Wright: *Erklären und Verstehen*, a. a. O., Kap. II, sowie ders.: *Causality and Determinism*, New York/London 1974, sowie K.-O. Apel: *Die ›Erklären: Verstehen‹-Kontroverse in transzendentalphilosophischer Sicht*, a. a. O., S. 97 ff.

alle Kausalketten als in der objektivierbaren Erfahrungswelt unbegrenzt determiniert vorgestellt werden müssen.) Unter der weiteren sinnkritischen Voraussetzung, daß der Begriff des Realen allenfalls von der faktischen, nicht aber von der möglichen Erkenntnis des Realen unabhängig sein kann, tritt an die Stelle der Kantschen Unterscheidung zwischen *unerkennbaren Dingen an sich* und *Erscheinungen* die Unterscheidung zwischen dem (unendlich) *Erkennbaren* und dem, was jemals *erkannt* sein kann.

3. Schließlich ergibt sich aus der Transformation des metaphysischen Dualismus der Kantschen Freiheitstheorie auch die Auflösung des *wissenschaftstheoretischen Naturalismus* Kants: Im Sinne der Komplementaritätstheorie ist es weder erforderlich noch statthaft, die erfahrbare Welt ausschließlich im Sinne der Kategorien und Anschauungsformen der experimentellen Naturwissenschaft zu denken. Vielmehr müssen sich auch sittlich motivierte Handlungen, und als ihr Kontext alle Phänomene der von Dilthey so genannten »geschichtlich gesellschaftlichen Wirklichkeit«, als erfahrbar und erkennbar denken lassen. Zwar muß man sie im Kontext naturwissenschaftlicher Experimente als bloß reflexiv erfahrbar, komplementär zur *objektivierbaren* Erfahrungswelt denken. Doch im Zusammenhang der *Kommunikation* mit anderen Menschen muß man sie als quasi-gegenständliche Ausdrucksphänomene geistiger Intentionen selbst auch objektiv erkennen können, und zwar in der Weise, daß man *sich* im Verstehen der sittlich motivierten Handlungen der anderen gleichsam *selbst wiederfindet*. Ja, sogar in den *Werken* als Produkten der Auseinandersetzung mit der Natur in der Arbeit erkennt der Mensch nicht nur die vergegenständlichte Natur im Sinne Kants, sondern darüber hinaus seine eigene Selbstentäußerung als Vergegenständlichung der Freiheit wieder.

An dieser Stelle läßt sich nun die positive Seite des Hegelschen Systemansatzes im Sinne einer Überwindung des Kantschen Dualismus am besten zur Geltung bringen. Hegel nämlich ist es erstmals gelungen, mit seinem Begriff des »objektiven Geistes« jenes eigenartige *Phänomengebiet zwischen Natur und (innerlicher) Moral* freizulegen und zu charakterisieren, das dann in der Folge als Gegenstandsbereich der *Geisteswissenschaften* bzw. der *verstehenden Soziologie* thematisiert werden konnte.

Im Lichte der Hegelschen Entdeckung des »objektiven Geistes«, die sozusagen das Kernstück seines objektiven Idealismus ausmacht, erweist sich aber nun die Kantsche Unterscheidung zwischen »Moralität« und »Legalität« sogleich als unzureichend. Denn im Sinne des Kantschen Dualismus von »innen« und »außen« impliziert diese Unterscheidung ja, daß zumindest »Moralität« *nicht als öffentliches Phänomen erkannt* werden kann, sondern statt dessen bestenfalls ein äußerlich pflichtgemäßes Handeln im Sinne der »Legalität«. (Selbst bei dieser erkenntnistheoretischen Interpretation der Kantschen Unterscheidung entstehen noch Schwierigkeiten, denn auch das äußerlich rechtmäßige Verhalten ist ja, streng genommen, nicht aufgrund naturwissenschaftlicher Kategorien *erkennbar* – wie es Kant zufolge eigentlich sein müßte. Insofern ist auch schon Kants Rechtsphilosophie – ebenso wie seine politische bzw. Geschichtsphilosophie – mit dem Systemansatz der »Kritik der reinen Vernunft« kaum vereinbar – es sei denn, man interpretierte den impliziten Erkenntnisanspruch dieser Schriften als einen solchen, der als *Erkenntnis*-Anspruch im strengen Sinne immer noch erst in die Sprache der Naturwissenschaft – z. B. des Behaviorismus – übersetzt werden muß. Insofern beginnt mit der »Kritik der reinen Vernunft« der *szientistische Reduktionismus.*)

Die Überlegenheit des Hegelschen Systemansatzes im Hinblick auf die *kognitive Erfassung der moralischen Phänomene* erweist sich nun zunächst einmal in seiner Unterscheidung zwischen drei Bereichen: »Recht«, »Moralität« und »Sittlichkeit«.[12] Während er hinsichtlich der beiden ersten Bereiche an Kant anknüpfen konnte, erlaubt es ihm der dritte Begriff, die bei Kant verleugneten Phänomene einer inhaltlich konkretisierten und als erfahrbar realisierten Moral im weitesten Sinne zu erfassen und zu charakterisieren: Es handelt sich hier nach Hegels dialektischer Einteilung wiederum um Phänomene dreier Erfahrungsbereiche, die insgesamt das gelebte *Ethos* einer menschlichen Gemeinschaft im Sinne der aristotelischen Ethik zum Ausdruck bringen:[13]

12 Ich beziehe mich im folgenden auf die *Grundlinien der Philosophie des Rechts* von 1821, Ausg. Frankfurt: Suhrkamp 1970.

13 Indem Hegel das gelebte »Ethos« als Gegenstand der »Ethik« im Sinne

1. Auf der Ebene der noch quasi-natürlichen Unmittelbarkeit – der Gefühle und Empfindungen von Liebe und Zutrauen – erscheint die Sittlichkeit als substantielle Einheit der »Familie«. Hier bezeugt insbesondere Hegels Charakteristik der Integration des Sinnlichen und Geistigen in der »Ehe« sowie der »Empfindung« des Sittlichen in der Erziehung der Kinder – insbesondere durch die Mutter – die kognitiv-phänomenologische Überlegenheit seines Ansatzes.
2. Auf der Ebene der Bedürfnisse und Interessen der selbständigen Individuen und ihrer ökonomisch und formalrechtlich geregelten wechselseitigen Verpflichtung geht die quasi-natürliche Einheit der sittlichen Substanz auseinander im Sinne der selbstbewußten Freiheit der Individuen und ihrer wechselseitigen Anerkennung im Eigentum. Dies ist nach Hegel der Bereich der »bürgerlichen Gesellschaft« und des bloßen »Not- und Verstandesstaats« im Sinne Kants. Hier gelingt Hegel eine Thematisierung der auf Willkürfreiheit, Besitzindividualismus, Tausch und Vertrag gegründeten bürgerlich-liberalen Gesellschafts- und Staatsidee, die zugleich erstmals eine weltgeschichtliche Distanzierung *dieser* Verwirklichung der sittlichen Idee möglich machte.
3. Auf der dritten und höchsten Ebene schließlich findet nach Hegel die Vermittlung und Integration der subjektiven Freiheit und der nicht mehr natürlichen, sondern im Selbstbewußtsein aufgehobenen sittlichen Substanz statt. Dies ist nach Hegel der Bereich des »Staates«, in dem die sittliche Idee überhaupt zur Erscheinung gelangt.
Mir scheint, daß Hegel auch in dieser dialektischen *Dreiteilung* des Phänomenbereichs der substantiellen Sittlichkeit – des Ethos im aristotelischen Sinn – eine wesentliche Einsicht zur Geltung bringt: eine Einsicht, die z. B. in der Unterscheidung von »bürgerlicher Gesellschaft« und »Staat« in ethisch relevan-

des Aristoteles wieder zur Geltung bringt, trennt er freilich nicht mehr – wie in der Ethik der vorindustriellen Gesellschaft – die Sphäre der Werke bzw. Güter erzeugenden Arbeit von der Sphäre der sittlich-politischen Handlungen ab, sondern begreift sie im Gegenteil erstmals als Vergegenständlichung der Freiheit und damit als Basis für Besitz, Bildung und rechtliche Anerkennung der Freiheit im Privateigentum. Vgl. hierzu M. Riedel: *Studien zu Hegels Rechtsphilosophie*, Frankfurt 1970.

ter Hinsicht über die bei Kant vorherrschende Konzeption des liberalen »Not- und Verstandesstaats« hinausweist. Mein Grund für diese Einschätzung ist der folgende:
Im Begriff der ökonomisch und formalrechtlich geregelten Sphäre der »bürgerlichen Gesellschaft«, in der gewissermaßen das strategisch-rationale Verhalten der Individuen freigesetzt und zugleich durch Spielregeln gezähmt wird, fehlt tatsächlich eine Dimension der Sittlichkeit, deren Unentbehrlichkeit schon auf der Ebene der moralischen Entwicklung des Individuums nachgewiesen werden kann:[14] die Möglichkeit der moralischen *Identifikation* des einzelnen mit einer Gemeinschaft im Sinne der *Solidarität*.
Dennoch ergibt sich unter diesem Gesichtspunkt auch zugleich ein formaler und inhaltlicher (also gewissermaßen substantieller) Einwand gegen Hegels Behauptung der *endgültigen Vermittlung der unendlichen Freiheit und Allgemeinheit des Rechts der Individuen mit der substantiellen Einheit der Sittlichkeit im Staat*. Und der nun zu explizierende Einwand führt uns im Problemzusammenhang der Begründung moralischer und rechtlicher Normen auf Kant zurück.

IV. Das Scheitern der spekulativ-theoretischen »Aufhebung« der praktischen Vernunft im Begreifen der sittlichen Wirklichkeit und das post-Hegelsche Problem einer ethischen Vermittlung von Theorie und Praxis

Wie Hegel selbst weiß und betont, sind es der *Universalismus* der Menschenrechte im Sinne des stoischen Naturrechts und die *unendliche Freiheit* der gottunmittelbaren Individuen im Sinne des Christentums, die in der Sittlichkeit des modernen Staats »aufgehoben« werden müssen[15] – beides Errungenschaften des

14 Vgl. hierzu insbesondere: R. Döbert/J. Habermas/G. Nunner-Winkler (Hrsg.): *Entwicklung des Ich*, Köln 1977.

15 Vgl. *Grundlinien der Philosophie des Rechts*, § 260 (mit »Zusatz«): »Das Prinzip der modernen Staaten hat diese ungeheure Macht und Tiefe, das Prinzip der Subjektivität sich zum *selbständigen Extreme* der persönlichen Besonderheit vollenden zu lassen und zugleich es in die *substan-*

sittlichen Bewußtseins, die erst nach der Auflösung der substantiellen Sittlichkeit der altgriechischen *Polis* möglich wurden. Wie sollen nun diese Dimensionen *unendlicher Freiheit* und *Allgemeinheit* des sittlichen Anspruchs der Einzelnen im Sinne ihrer Identifikation mit einem wesenhaft *kontingenten* und *begrenzten* Selbstbehauptungssystem, wie der Staat es darstellt, sich aufheben lassen?

Es geht hier, wohlgemerkt, nicht – oder nicht unmittelbar – um das notorische Mißverständnis der angeblichen Identifikation Hegels mit dem preußischen Staat seiner Zeit. Es geht zunächst durchaus um die *Idee* des Staates überhaupt. Diese muß freilich nach Hegel als »konkret Allgemeines« aus ihrer Einheit mit der geschichtlichen Wirklichkeit und insofern doch letztlich im Sinne des für den einzelnen jeweils schicksalhaft verbindlichen *konkreten Staats* begriffen werden. Die Zumutung besteht also darin, daß die Solidarität und Identifikation der unendlichen Freiheit der Persönlichkeit, die über alle strategische Selbstbehauptung im Rahmen des positiven Rechts hinausgeht, sich definitiv auf eine »substantielle« Instanz beziehen soll, die ihre Selbständigkeit gerade in der strategischen Selbstbehauptung gegen andere Selbstbehauptungssysteme erweist. Denn daran läßt Hegel keinen Zweifel: Die Transzendierung der egoistischen Interessen der einzelnen im Sinne ihrer Solidarisierung mit der substantiellen Sittlichkeit hat ihre Bewährungschance gerade im *Krieg* – im Krieg selbständiger Staaten, der – als der Konflikt zwischen Recht und Recht – keine Rechtsinstanz über sich hat außer der Weltgeschichte.[16]

Ist es denkbar, daß die universalistische Ethik des Naturrechts, die das Völkerrecht und im Zusammenhang damit zu-

tielle Einheit zurückzuführen und so in ihm selbst diese zu erhalten. ... Das Wesen des neuen Staates ist, daß das Allgemeine verbunden sei mit der vollen Freiheit der Besonderheit und dem Wohlergehen der Individuen, daß also das Interesse der Familie und bürgerlichen Gesellschaft sich zum Staate zusammennehmen muß, daß aber die Allgemeinheit des Zwecks nicht ohne das eigene Wissen und Wollen der Besonderheit, die ihr Recht behalten muß, fortschreiten kann.« (Vgl. auch § 261, Zusatz; § 262, Zusatz.)

16 Vgl. *Grundlinien der Philosophie des Rechts*, §§ 321 ff. sowie §§ 330 bis 340.

letzt durch Kant das Postulat der Realisierung des »ewigen Friedens« in einem »Völkerbund« begründet hat,[17] in dieser Form »aufgehoben« werden kann? Eine ähnliche Frage läßt sich im Hinblick auf die christliche Identifikationsinstanz des Gottesreichs bzw. Gottesstaats stellen, die noch Kant im Sinne des »Reichs der Zwecke« und der »unsichtbaren Kirche« erneuert hatte.[18]

Hegel beantwortet die erste Frage, indem er die Kantsche Konzeption des Völkerbunds als unrealisierbar verwirft[19] und das Völkerrecht zu einer Angelegenheit des bloßen *Sollens* – im Sinne des tunlichen Haltens von Verträgen – erklärt;[20] und diese Antwort muß offenbar im Sinne der Kritik Hegels am »abstrakten Sollen«, und das heißt: im Sinne der prinzipiellen Überordnung der »vernünftigen Wirklichkeit« der geschichtlichen Auseinandersetzung der Staaten über die Verbindlichkeit des völkerrechtlichen Sollens verstanden werden. Tatsächlich hat Hegel hier bis heute die *Tatsachen* für sich – und dies auch in dem allgemeinen Sinn, daß die Identifizierung und Solidarisierung der Menschen mit einer Gemeinschaft nur dann zu gelingen pflegt, wenn diese Gemeinschaft – sei es ein Staat, eine Kirche oder eine Partei – sich als *konkretes Selbstbehauptungssystem gegen ein feindliches System* absetzen kann.

Doch bei dieser Feststellung darf man nicht übersehen, daß zumindest seit der neuzeitlichen Aufklärung – in Wahrheit aber schon seit dem Auftreten der Weltreligionen – die Menschen die Tendenz haben, sich nur noch *im Namen universalistischer reli-*

17 Vgl. I. Kant: »Zum ewigen Frieden«, Akad.-Textaus., S. 343-386, bs. 357, 360, 367.

18 Vgl. I. Kant; *Die Religion innerhalb der Grenzen der bloßen Vernunft*, Akad. Textausg. Bd. VI, insbes. »Drittes Stück: Der Sieg des guten Princips über das Böse und die Gründung eines Reichs Gottes auf Erden«. Die genaue Gegenposition zu Hegels Identifikation des Staats mit der »Wirklichkeit der sittlichen Idee« formuliert Kant dort in dem Satz: »Übrigens weil die Tugendpflichten das ganze menschliche Geschlecht angehen, so ist der Begriff eines ethischen gemeinen Wesens immer auf das Ideal eines Ganzen aller Menschen bezogen, und darin unterscheidet es sich von dem eines politischen« (a.a.O., S. 96).

19 Vgl. Hegel: *Grundlinien* ..., a.a.O., § 324, Zusatz.

20 Vgl. Hegel, a.a.O., § 333.

giös-ethischer Legitimationen mit Selbstbehauptungssystemen total zu identifizieren. Dies hat freilich zum Zeitalter der Glaubenskriege und zuletzt zum Zeitalter des ideologisch motivierten »Weltbürgerkriegs«[21] geführt. Und man hat diese Entwicklung beklagt und gewissermaßen aus rechtshegelianischer Perspektive als Rückfall der *moralisierenden Aufklärung* hinter die im Absolutismus realisierte Einsicht in den *Primat der Staatsräson* kritisiert.[22] Mir scheint jedoch, daß selbst der beklagenswerte Fanatismus der ideologisch motivierten Kriege letztlich die unvermeidliche Kehrseite des Umstandes ist, daß die Menschen auf der Bewußtseinsstufe einer *postkonventionellen Sittlichkeit*[23] sich nicht mehr ohne universalistisch-ethische Motivation mit einem kontingenten Selbstbehauptungssystem bis zur Selbstaufopferung identifizieren können.

Die zuletzt angedeutete Einschätzung könnte selbst noch als hegelianisch gelten, wenn man bedenkt, daß Hegels Philosophie in zweifacher Weise über die *Rechts- und Staatsphilosophie* hinausweist: einmal im Sinne einer Philosophie der »Weltgeschichte«, die als »Fortschritt im Bewußtsein der Freiheit« begriffen wird, und zum anderen im Sinne einer Philosophie des »absoluten Geistes« in Kunst, Religion und Philosophie. Man könnte sagen: Erst in diesen beiden Dimensionen, die aufeinander verweisen, begründet Hegel ja die Gewißheit (der Vorrede der Rechtsphilosophie[24]), daß, im ganzen gesehen, das »Vernünftige wirklich« und das »Wirkliche vernünftig« ist und daß insofern die universalen Prinzipien der Freiheit und der Vernunft sich in den kontingenten Staatssystemen durchsetzen müssen.

21 Vgl. H. Kesting: *Geschichtsphilosophie und Weltbürgerkrieg*, Heidelberg 1959.

22 Vgl. H. Kesting, a. a. O., sowie R. Koselleck: *Kritik und Krise*, Freiburg/München 1959 u. ö.

23 Vgl. hierzu J. Habermas' Rezeption der Piaget-Kohlbergschen »Entwicklungslogik« des moralischen Bewußtseins in: *Zur Rekonstruktion des Historischen Materialismus*, Frankfurt ²1976, 63-91, sowie meinen Versuch, diese Kategorien auf die Rekonstruktion der Geistesgeschichte anzuwenden, in K.-O. Apel et alii: *Funkkolleg Praktische Philosophie/Ethik*, Studientexte, Bd. 1, 1–5, Weinheim-Basel: Beltz, 1984.

24 Hegel, a. a. O., S. 24. Dazu die Erläuterung in der 3. Auflage der *Enzyklopädie der philosophischen Wissenschaften* von 1830, § 6, Fußnote.

Doch dieser spekulative Anspruch der Hegelschen Systemkonzeption, die gewissermaßen kontrafaktische Antizipation der *totalen Vermittlung* von *Sein* und *Sollen* (im »An-und-für-sich-Sein« oder aus allen Entäußerungen und Entfremdungen zu sich heimgekehrten und mit sich versöhnten Idee) kann naturgemäß in Hegels »Begreifen der Wirklichkeit« *nicht eingelöst* werden. Dieses Begreifen bleibt ja in seiner Konkretisierung immer ein hermeneutisches »ex post factum«-Verstehen vom Standpunkt der geschichtlichen Gegenwart aus, wie gerade Hegel selbst weiß.[25] Insofern aber hat das konkrete Begreifen der Wirklichkeit Hegels die Zukunft außer sich.

An dieser Stelle muß sich daher die Frage stellen: Welche *Handlungsorientierung* vermag Hegels »Begreifen« der »Wirklichkeit« der »substantiellen Sittlichkeit« demjenigen zu bieten, der in einer nichtalltäglichen Entscheidungssituation die Frage stellt: »Was soll ich tun?« Unter einer nichtalltäglichen Entscheidungssituation verstehe ich eine solche, in der *nicht* die Institutionsnormen und Gewohnheiten der substantiellen Sittlichkeit den Orientierungsrahmen immer schon vorgeben, in der es vielmehr darum geht, angesichts konfligierender Normensysteme für sich selbst, oder im Sinne einer politischen Verantwortungsethik für eine anvertraute Gemeinschaft, den Weg in die Zukunft festzulegen.

Hegels berühmte These, daß die Philosophie qua Eule der Minerva ohnehin zu spät kommt, wenn sie die Welt darüber belehren will, wie sie sein *soll*,[26] – diese Auskunft kann den, der ernsthaft nach einer Handlungsorientierung sucht, kaum befriedigen; ja sie muß ihm eher als ein Nichtverstehen seiner *Frage* erscheinen. Denn, wer im Sinne der *Sollens*-Frage nach einer

25 Hierher gehört der berühmte – und von modernen Historisten stets begeistert zitierte – Ausspruch, daß die Philosophie (bloß!) »ihre Zeit in Gedanken erfaßt« sei und es daher töricht sei »zu wähnen, irgendeine Philosophie gehe über ihre gegenwärtige Welt hinaus.« (Rechtsphilos., Vorrede, a. a. O., S. 26) (Historisten übersehen natürlich, daß dieser Ausspruch, streng genommen, nicht nur einer Philosophie mit normativem Anspruch, sondern auch Hegels eigenem spekulativ-theoretischem Systemanspruch (der sich in dem zitierten Satz über das *Wesen* der Philosophie ausspricht) widerspricht.

26 Vgl. Hegel, a. a. O., (Vorrede), S. 27f.

Handlungsorientierung sucht, der kann sich nicht gleichzeitig auf den Standpunkt des theoretischen Begreifens der Wirklichkeit stellen – schon gar nicht im Sinne der spekulativen Antizipation des absoluten Standpunktes der totalen Vermittlung von Sein und Sollen. Er kann bestenfalls – allerdings – das konkrete (hermeneutische) »ex post factum«-Verstehen in der Situation mit einem ethischen Vernunftprinzip vermitteln –, derart, daß schon sein Verstehen des Vernünftigen in der bisherigen Geschichte eine normative Orientierung erhält und gleichzeitig sein normatives Vernunftprinzip durch die hermeneutische Rekonstruktion der geschichtlichen Situation mit konkretem Inhalt erfüllt wird.

An dieser Stelle zeigt sich m. E., daß die Errungenschaften des *objektiven Idealismus* Hegels, die sich in der *kognitiv-theoretischen* Erfassung der substantiellen Sittlichkeit des »objektiven Geistes« konzentrieren, ihre Kehrseite in einer fundamentalen Aporie haben. Diese wird gerade dann entscheidend sichtbar, wenn man – Hegels eigenem Hinweis folgend[27] – die »Wirklichkeit« der substantiellen Sittlichkeit nicht mit dem zufälligen »Dasein« von Mißständen verwechselt, sondern sie vom absoluten Standpunkt der vollendeten Weltgeschichte her als vernünftig zu begreifen versucht. Die Aporie nämlich der versuchsweise als Ethik verstandenen Philosophie Hegels liegt gerade in ihrem *theoretisch-spekulativen »ex post factum«-Standpunkt*, d. h. in dem von Hegel spekulativ extrapolierten Standpunkt des »konkreten Begreifens«, der im Unterschied zum endlichkeitsbewußten hermeneutischen Verstehen die Zukunft nicht mehr außer sich zu haben *scheint* und daher auch das Problem der Vermittlung des Verstehens mit einem bloß formalen Prinzip des Normativen *scheinbar* zum Verschwinden bringt. Von einem solchen Standpunkt aus läßt sich die *zukunftsbezogene Frage nach dem Sollen* gar nicht mehr verstehen: sie läßt sich nicht mehr in ihrem prinzipiellen Unterschied zu allem *reflexiven Begreifen der Welt als Geschichte* denken. Die Aporie Hegels liegt demnach in der prinzipiellen Aussichtslosigkeit des Versuchs, die *Fragestellung der praktischen Philosophie* im *geschichtsphilosophischen Typ einer theoretischen Philosophie* »aufzuheben«.

Die Junghegelianer, vor allem Kierkegaard und der junge Marx,

27 Siehe unter Anm. 24.

haben diese Aporie Hegels sehr genau erkannt; und seitdem gibt es in der Weltphilosophie das – bislang nicht aufgelöste – Problem einer philosophischen *Vermittlung von Theorie und Praxis*.[28] In der Tat lassen sich der *Existentialismus*, der *Marxismus* – und außerdem noch der amerikanische *Pragmatismus* – als verschiedene Typen von *posthegelschen Philosophien einer zukunftsbezogenen Vermittlung von Theorie und Praxis* verstehen.[29] Doch diese drei Philosophien haben – wie ich hier nur behaupten kann – nicht zu einer befriedigenden Ethik geführt. Der Grund dafür dürfte in dem Umstand liegen, daß sie alle drei nicht in der Lage waren, das Problem der Vermittlung von Theorie und Praxis in der Form aufzulösen, daß ein allgemeinverbindliches normatives Prinzip hätte begründet werden können, das zugleich die theoretische Rekonstruktion der geschichtlichen Situation anzuleiten und sich darin zu konkretisieren vermag.

(Im Falle des Marxismus hat die spätere »Aufhebung« des Motivs der *praktischen Vernunft* in einem *geschichtstheoretischen Objektivismus* zu einer zukunftsbezogenen Variante der Hegelschen Aporie geführt: zu dem prekären Anspruch nämlich, die ethische Sollensfrage durch die prognostische Einsicht in den notwendigen Gang der Weltgeschichte beantworten zu können.[30])

Im Falle des *Existentialismus* hat die – schon von Kierkegaard eingeleitete – schroffe Entgegensetzung der subjektiven Eigentlichkeit der religiös-ethischen Gewissensentscheidung und aller möglichen – »wissenschaftlichen« – Objektivitäts- oder Allgemeingültigkeitsansprüche den Gedanken der sittlichen Autonomie des einzelnen ad absurdum geführt – so etwa im emphati-

28 Zum »revolutionären Bruch« im Denken des neunzehnten Jahrhunderts nach Hegels Tod vgl. K. Löwith: *Von Hegel zu Nietzsche*, Stuttgart 1950. Ferner D. Böhler: *Metakritik der Marxschen Ideologiekritik*, Frankfurt 1981.

29 Vgl. die Rahmenkonzeption zu meiner »Einführung in den amerikanischen Pragmatismus« in *Der Denkweg von Charles S. Peirce*, Frankfurt 1975, S. 11 ff. und S. 354 f.

30 Vgl. hierzu K. Poppers Kritik am »moralischen Futurismus« in *Das Elend des Historizismus*, Tübingen [2]1969, sowie in *Die offene Gesellschaft und ihre Feinde*, Bd. II, Bonn 1958, 12. Kap.

schen Irrationalismus der existentiellen Entscheidung qua »Selbstwahl« des frühen Sartre.[31] Die Selbstüberwindung des »Existentialismus« bei Heidegger schließlich hat die »Logos-Vergessenheit« nicht mehr rückgängig gemacht, sondern den allgemeinverbindlichen Wahrheitsanspruch der Vernunft samt dem Autonomieanspruch des Subjekts dem »Seinsgeschick« und damit der Zeit untergeordnet.

Im Falle des *Pragmatismus* endlich hat die kontinentale Variante (Nietzsche, Sorel, Pareto) die emphatische Gegen-Aufklärung eingeleitet, d.h. die Instrumentalisierung aller Geltungsansprüche der Vernunft (Sinn, Wahrheit, Wahrhaftigkeit, ethische Richtigkeit) im Dienste der quasi-biologischen Selbstbehauptung des Lebens und seiner funktionalen Systeme. Die amerikanische Variante andererseits hat – nach ihren, noch nicht ausgeschöpften, großartigen Anfängen bei Peirce – die *transzendental-normative* (sinnkritische, wahrheitstheoretische und konsensual-ethische) Dimension ihres Ansatzes immer mehr zugunsten der Anpassung entweder an den *subjektivistischen Existentialismus* (so W. James) oder schließlich an den *naturalistischen Szientismus* (z.B. an den Behaviorismus) eingebüßt.

So kam es schließlich dahin, daß im 20. Jahrhundert der *Pragmatismus* (als praxisbezogene Ergänzung des *Szientismus-Positivismus*) zusammen mit dem *Existentialismus* jenes »Komplementaritätssystem«[32] der westlichen Standard-Ideologie konstituieren konnte, in dem, mit der Religion, auch die Moral zur Privatsache erklärt und der öffentliche Lebensbereich – und damit auch das positive Recht – der wertneutralen, instrumentellen (einschließlich der strategischen) Vernunft anheimgegeben wurde. Die vorerst letzte Phase dieses Prozesses scheint sich in einer Konvergenz des amerikanischen Pragmatismus mit dem post-Wittgensteinschen »Paradigm-Relativism« der in-

31 In *Der Existentialismus ist ein Humanismus* hat Sartre freilich den Anschluß an ein kantisches Verallgemeinerungsprinzip gefunden, indem er die Selbstwahl mit der Wahl der Menschheit gleichsetzt.

32 Vgl. hierzu K.-O. Apel: *Transformation der Philosophie*, Bd. II, Frankfurt 1976, 359 ff., sowie ders. in Apel et alii (Hrsg.): *Reader zum Funkkolleg Praktische Philosophie/Ethik*, Frankfurt 1980, 267-91 (in diesem Band S. 15–51).

kommensurablen Lebensformen und der Heideggerschen Spätphilosophie der Seinsgeschichte bzw. des Seinsgeschicks anzubahnen.[33])

Angesichts der angedeuteten post-Hegelschen Problemsituation des 19. und noch des 20. Jahrhunderts wird es m. E. verständlich, daß die *Sollens*-Frage – die Frage der normativ verbindlichen Handlungsorientierung und auch die Frage der normativverbindlichen Legitimation der Institutionen und der »positiven« Normen des Rechts – immer wieder auf Kant zurückgeführt hat. Dies geschah gerade auch im Sinne einer Rückwendung der Ethik vom Hegelschen *Begreifen der schon konkretisierten Sittlichkeit* zur Frage nach einem *formal-abstrakten normativen Prinzip*, das mit der universalen Verbindlichkeit zugleich die Flexibilität der verantwortlichen Anwendung auch die Vielfalt der denkbaren Situationen gewährleisten würde. Damit ist freilich auch schon angedeutet, daß die Rückwendungen zu Kant insofern durch die post-Hegelsche Situation bestimmt sind als sie das Problem der *Vermittlung* zwischen dem formal-abstrakten Sollens-Prinzip und dem Begreifen der Vernunft in der geschichtlichen Wirklichkeit aufnehmen müssen. (Dieses Problem des konkreten Begreifens der geschichtlichen Wirklichkeit war schon im späten 19. Jahrhundert für seine erneute Vermittlung mit einem Kantschen Prinzip der Ethik gewissermaßen reif geworden. Denn inzwischen hatte die »historische Schule« (Ranke, Droysen, Savigny, Grimm)[34] in Verbindung mit der Neubegründung der »Hermeneutik« (Schleiermacher, Boeckh)[35] das konkrete Begreifen der geschichtlichen Wirklichkeit von dem spekulativen Vorgriff Hegels auf das essentielle Begreifen der Welt als Geschichte im Sinne der totalen Vermittlung von Sein und Sollen gelöst. Seitdem ist – vereinfacht gesagt – aus dem Hegelschen Problem des »Begreifens« der weltgeschichtlichen Wirklichkeit insgesamt das – primär

33 Vgl. R. Rorty: *Der Spiegel der Natur*, Frankfurt 1981; ders., *Consequences of Pragmatism*, Brighton 1982.

34 Vgl. E. Rothacker: *Einleitung in die Geisteswissenschaften*, Tübingen ²1930.

35 Vgl. J. Wach: *Das Verstehen, Grundzüge einer Geschichte der hermeneutischen Theorie im 19. Jahrhundert*, Tübingen 1926-33. Vgl. auch H.-G. Gadamer: *Wahrheit und Methode*, Tübingen 1960 u. ö., S. 162 ff.

empirisch orientierte – Problem des »hermeneutischen« »ex post factum«-Verstehens des in Dokumenten quasi-objektiv gegebenen »Ausdrucks« der überlieferten Kulturwirklichkeit geworden.
Damit zugleich hatte sich aber auch der hermeneutisch reduzierte Hegelianismus (sehr scharf markiert durch Diltheys Degradierung der Philosophie vom »absoluten« zum »objektiven Geist«, der sich selbst nicht mehr in seinem absoluten Wahrheitsanspruch, sondern im wertfreien *Objektivitäts*-Anspruch der empirischen Geisteswissenschaften begreift) heillos in die Aporien des *Historismus-Relativismus* verstrickt. Was diese Verstrickung für die Problematik der Ethik und der – letztlich ethischen – Legitimation der gesellschaftlichen Institutionen, einschließlich des Rechts – in der Praxis bedeutet, ist m. E. im 20. Jahrhundert deutlich geworden: darin, daß die humanistisch Gebildeten in Deutschland hinsichtlich ihres Normenbewußtseins soweit paralysiert waren, daß sie für den *neuen Mythos* (den der Mensch ja, wie inzwischen die Nietzsche, Sorel und Pareto klargemacht hatten, zum Überleben braucht) und für die nicht weiter legitimierbaren Institutionen der Ordnung und Zucht (A. Gehlen) reif waren.
Man wird m. E. nicht sagen können, daß die – zunächst existential-ontologische und schließlich seinsgeschichtliche – Radikalisierung der Hermeneutik durch Heidegger und seine Schüler die Verstrickung der Hermeneutik in die Aporien des Historismus-Relativismus hätte auslösen können. Eher wurden diese Aporien durch die Rede von einem »Sinn«-bzw. »Wahrheitsgeschehen«, das »uns zuvor« auch noch über den Sinn des »Logos« – der argumentativ einlösbaren Geltungsansprüche der menschlichen Rede – verfügt, tendenziell für das kritische Bewußtsein unsichtbar gemacht. Im Gegensatz zu dem Ansinnen einer seinsgeschichtlichen radikalisierten Hermeneutik scheint mir die ethisch relevante Problemsituation nach der *hermeneutischen Reduktion* des Hegelianismus eher durch die Forderung einer vorgängigen *Vermittlung* des »ex post factum«-Verstehens der Geschichte mit einem allgemeinverbindlichen Prinzip der Ethik im Sinne Kants gekennzeichnet zu sein.)

V. Notwendigkeit und Möglichkeit einer Neubegründung der Ethik auf der Grundlage einer transformierten Transzendentalphilosophie

Das aktuelle Resultat einer kritischen Rekonstruktion der post-Hegelschen Problemsituation scheint demnach in der *Notwendigkeit* einer Neubegründung der Transzendentalphilosophie zu liegen – und in diesem Zusammenhang insbesondere in der Notwendigkeit einer Neubegründung der Ethik und der ethischen Legitimation des Rechts. Eine solche Neubegründung muß freilich – wie eingangs angedeutet – schon im Ansatz eine sinnkritische Überwindung der dualistischen Hintergrundmetaphysik der Kantschen Begründung der Transzendentalphilosophie einschließen. In diesem Zusammenhang kann sie an Hegels Entdeckung der geschichtlichen als der sittlichen Wirklichkeit anknüpfen; genauer: an eine *hermeneutische Reduktion* des Hegelschen Begreifens dieser Wirklichkeit, die sich der Notwendigkeit einer *normativen Orientierung der zukunftsbezogenen Praxis* und damit auch der kritischen Rekonstruktion der Geschichte bewußt ist. Insofern muß sie auch an das, unmittelbar nach dem Scheitern der Hegelschen »Aufhebung« der praktischen Vernunft aufgebrochene, Problem der *Vermittlung von Theorie und Praxis* anknüpfen.

Im Rahmen dieses Vortrags kann ich nur in Stichworten andeuten, inwiefern mir eine Neubegründung der Transzendentalphilosophie – und insbesondere der Ethik – im Sinne der skizzierten Problemsituation als *möglich* erscheint. Ich muß mich dabei im Gebrauch der terminologischen Stichworte auf vorliegende Versuche einer Ausarbeitung des angedeuteten Programms beziehen.[36]

36 Vgl. u. a. K.-O. Apel: Das Apriori der Kommunikationsgemeinschaft und die Grundlagen der Ethik, in: *Transformation der Philosophie*, a. a. O., Bd. II, 358-436; ders.: »Sprechakttheorie und transzendentale Sprachpragmatik zur Frage ethischer Normen«, in: Apel (Hrsg.): *Sprachpragmatik und Philosophie*, Frankfurt 1976, 10-173; ders.: »Das Problem der philosophischen Letztbegründung im Lichte einer transzendentalen Sprachpragmatik«, in: B. Kanitscheider (Hrsg.): *Sprache und Erkenntnis*, Festschr. für G. Frey, Innsbruck 1976, 55-82; ders.: »Warum transzendentale Sprachpragmatik?«, in H. M. Baumgartner

Zunächst scheint es mir nötig, den *Begründungs*-Ansatz der Kantschen Transzendentalphilosophie *sinnkritisch* zu vertiefen und ihn dadurch von der von Kant noch vorausgesetzten dualistischen Metaphysik unabhängig zu machen. Dies erscheint möglich, indem wir – methodisch vor jeder Inanspruchnahme bestreitbaren (falliblen) theoretischen Wissens – uns in »strikter Reflexion«[37] auf die notwendigen Bedingungen unseres kontrollierbaren Denkens, des Argumentierens, besinnen. Das heißt: Wir stellen noch keine Theorie auf, sondern reflektieren auf Geltungsansprüche, die – unmittelbar im Diskurs nachweisbar – schon für das Verständnis des Sinns der Argumentations-Akte vorausgesetzt werden müssen und insofern nicht ohne *pragmatischen Selbstwiderspruch* des Argumentierenden oder seines Opponenten bestritten werden können.
(Solche Voraussetzungen können, wie sofort klar wird, nicht ohne *logischen Zirkel* formallogisch begründet, d. h. *bewiesen* werden; und selbstverständlich kann auch ihre Existenz nicht unabhängig von der strikten, transzendentalen Reflexion *empirisch* nachgewiesen werden.[38] Doch diese beiden Forderungen der traditionellen »Begründungs«-Philosophie lösen sich an dieser Stelle sinnkritisch auf angesichts der Erwägung, daß in allem *logischen Beweisen* ebenso wie im *empirischen Einlösen* von Geltungsansprüchen – aber auch, für die Popperianer gesagt, in aller sinnvollen *Kritik* von Beweisen und empirischen

(Hrsg.): *Freiheit als praktisches Prinzip*, Festschrift f. H. Krings, Freiburg/München 1979, 13-43.

37 Die heute wohl wichtigste Version der These von der Unmöglichkeit der Letztbegründung stützt sich auf das Argument, daß sowohl transzendentale wie empirische Begründungen stets im Lichte von Theorien, die selbst nicht letztbegründbar sind, vorgenommen werden müssen. Abgesehen davon, daß dieser *Theoretizismus*, wie Feyerabend indirekt gezeigt hat, jeden normativen Maßstab für das Verständnis des Begriffs »Theorie« und für die unabhängige Überprüfung von Theorien aufhebt, läßt sich auch direkt dagegen argumentieren, daß das *reflexive Verstehen des Sinns und damit der Geltungsansprüche von Argumentationsakten* bereits eine Theorie (z. B. eine Sprechakt-Theorie) *voraussetzt*. – Vgl. W. Kuhlmann: »Reflexive Letztbegründung«, in: Ztschr. f. philos. Forschung, 35 (1981), 3-26.

38 Dies fordert B. Stroud in dem einflußreichen Aufsatz »Transcendental Arguments«, in:« *Journal of Philosophy*, 65 (1968), 241-256.

Geltungsansprüchen – ein hinreichend eindeutiges Verständnis der impliziten Geltungsansprüche der Argumentationsakte schon vorausgesetzt werden muß. Mit anderen Worten: die Argumentationspartner müssen methodisch vor aller Geltendmachung irgendwelcher affirmativer oder auch kritischer oder skeptischer Argumente sich darüber verständigen können, was es heißt: etwas zu behaupten, etwas zur Diskussion zu stellen, etwas in Frage zu stellen, etwas zu bezweifeln usw. Und im Zweifelsfall – d. h. wenn der Verdacht aufkommt, daß statt der Ergebnisse »strikter Reflexion« auf die Argumentationsbedingungen schon irgendwelche »starken Theorien« über das »Ich«, das »Denken«, die »Sprechakte«, den »argumentativen Diskurs« usw. unterstellt werden – wird man methodisch auf diejenigen Geltungsansprüche zurückgehen, die gerade von dem radikal kritischen bzw. skeptischen Diskussionspartner, solange er noch argumentiert, nicht ohne pragmatischen Selbstwiderspruch bestritten werden können.)

Zugleich mit dem methodisch ersten Schritt der »strikten Reflexion« auf die notwendigerweise anerkannten Argumentationsbedingungen wird man eine philosophische Theorie im Sinne einer transformierten Transzendentalphilosophie entwickeln, um die Argumentationsbedingungen möglichst vollständig und kohärent zu erfassen. Doch *diese* Theorie fungiert nicht als axiomatisierbare *Voraussetzung* der skizzierten »strikten Reflexion«, sondern gründet sich auf das Verfahren und die Ergebnisse der letzteren. Und mit Bezug auf die unbestreitbare Gewißheit der letzteren muß sie auch die etwa nötigen explikativen Revisionen als *Selbst-Korrekturen* vornehmen.[39] Durch diese reflexive Selbstbegründung unterscheidet sich die zu entwickelnde Theorie als *transzendentalphilosophische* von allen *empirischen* und *metaphysischen* Theorien, die von der strikten Reflexion auf den Argumentationsakt keinen Gebrauch machen, sondern diesen gleichsam von einem außerweltlichen Standpunkt aus als innerweltlichen Akt objektivieren.

Die auf diese Weise zu entwickelnde transformierte Transzen-

39 Soviel als vorläufige Antwort auf C. F. Gethmann/R. Hegselmann: »Das Problem der Begründung zwischen Dezisionismus und Fundamentalismus«, in: Ztschr. f. allgem. Wissenschaftstheorie VIII (1977), 342 ff. Vgl. jetzt W. Kuhlmann: Reflexive Letztbegründung, 1985.

dentalphilosophie wird allerdings ihr eigenes reflexives Begründungsverfahren und insofern ihren Unterschied von der klassischen Transzendentalphilosophie Kants unter Berücksichtigung der »linguistischen« – besser »sprachanalytischen« – Wende der Gegenwartsphilosophie auf den Begriff bringen. Sie wird z. B. den Ansatz der *strikten Reflexion* auf den Argumentationsakt und seine impliziten Geltungsansprüche mit Hilfe der Sprechakttheorie – genauer: der *performativ-propositionalen Doppelstruktur* aller Sprechakte und der möglichen expliziten Sätze und Sprache und ihrer notwendigen *Präsuppositionen* – verdeutlichen.[40]
(An dem *performativ-propositionalen* Satz-Schema »Ich behaupte hiermit, daß p« läßt sich dann z. B. klarmachen, inwiefern der Wahrheitsanspruch der Rede ohne das Auftreten semantischer Antinomien – die ja die Selbstreferenz von *propositionalen Sätzen* unterstellen – vom Proponenten zugleich *vorgetragen* und als Geltungsanspruch *reflektiert* werden kann. Damit zugleich wird klar, daß das scheinbar redundante Satz-Prädikat »ist wahr« – im Sinne z. B. des Satzes »(Daß) es regnet, ist wahr« – seine Möglichkeit und seinen »metasprachlichen« Sinn dem Umstand verdankt, daß Menschen *Wahrheitsansprüche* haben können und – sofern es verantwortbare Informationen geben soll – haben müssen, die im argumentativen Diskurs problematisiert werden können.)
Im Sinne dieser Andeutungen läßt sich sagen, daß die transformierte Transzendentalphilosophie den Status einer *transzendentalen Semiotik* haben wird, welche als Grundlage der Sprechakttheorie eine *transzendentale Sprachpragmatik* und als Grundlage der verstehenden »Geisteswissenschaften« eine *transzendentale Hermeneutik* enthält. Im Hinblick auf das hier zur Diskussion stehende Problem der Begründung ethischer Normen scheint mir nun der folgende Unterschied zwischen

40 Zur »Doppelstruktur« der Sprechakte bzw. der expliziten Sätze vgl. J. Habermas: »Vorbereitende Bemerkungen zu einer Theorie der kommunikativen Kompetenz«, in: J. Habermas/N. Luhmann: *Theorie der Gesellschaft oder Sozialtechnologie*, Frankfurt 1971, 101-41, sowie K.-O. Apel: »Die Logosauszeichnung der menschlichen Sprache. Die philosophische Relevanz der Sprechakttheorie.« In: H.-G. Bosshardt (Hrsg.): *Perspektiven auf Sprache*, Berlin/New York: de Gruyter, 1986, 45-87.

der klassischen Transzendentalphilosophie Kants und der semiotisch bzw. sprachpragmatisch transformierten Transzendentalphilosophie entscheidend zu sein:

Das Begründungsproblem der Philosophie überhaupt läßt sich radikaler und angemessener formulieren, wenn statt nach den *Bewußtseinsbedingungen objektiv gültiger Erkenntnis* zunächst nach den Bedingungen der *intersubjektiven Gültigkeit der argumentativen Rede* gefragt wird. Denn der argumentative Diskurs ist das schlechthin *Nichthintergehbare* für diejenigen, die eine beliebige Frage mit Hilfe von Argumenten erörtern wollen; und, da nur diejenigen, die argumentieren, über die anderen Theorien aufstellen können, und nicht umgekehrt, so läßt sich der argumentative Diskurs aus der Sicht der Argumentierenden auch als nichthintergehbare Berufungsinstanz für alle, die überhaupt in gültiger Form *denken* oder *erkennen*, und insofern für alle Menschen als Vernunftwesen, unterstellen.

Die Frage nach den Bedingungen der intersubjektiven Gültigkeit der argumentativen Rede ist insofern *methodisch früher* als der Versuch einer »transzendentalen Deduktion« von Erkenntnisfunktionen, der als nichthintergehbares Faktum und obersten Bezugspunkt die »transzendentale Synthesis der Apperzeption« voraussetzt; denn diese kann als *vorsprachliches* und *präkommunikatives* Postulat der Erkenntnistheorie die sprachlich bedingte *intersubjektive* Gültigkeit auch der Erkenntnis noch nicht zureichend begründen; ja, sie bedarf, wie alle Annahmen der Erkenntnistheorie, selbst noch der Begründung im Sinne der Einlösung der argumentativen Geltungsansprüche der Rede.

Es entspricht nun diesem methodisch radikaleren Ansatz der sprachpragmatisch transformierten Transzendentalphilosophie, daß die Bedingungen der Möglichkeit der intersubjektiven Gültigkeit der Rede eindeutig als *normative* Bedingungen – z. B. als *universal-pragmatische Regeln* der Einlösung von Geltungsansprüchen im Diskurs[41] – aufgefaßt werden müssen. Demgegenüber könnten die transzendentallogischen Erkenntnisbedingungen Kants – trotz der Versicherung Kants, daß es hier um die *quaestio iuris* der Rechtfertigung von Geltungsansprüchen der

41 Vgl. hierzu die Beiträge von J. Habermas und K.-O. Apel in: K.-O. Apel (Hrsg.): *Sprachpragmatik und Philosophie*, Frankfurt 1976.

Erkenntnis gehe – zumindest auch als *metaphysische* oder als *anthropologisch-psychologische* Bedingungen aufgefaßt werden. (Es ist daher durchaus plausibel, daß in der Gegenwart empirisch-theoretisch orientierte Forscher – so z. B. K. Lorenz und N. Chomsky, in modifizierter Form auch J. Piaget – Kants »obersten Grundsatz« der synthetischen Erkenntnis: daß die Bedingungen der Möglichkeit der Erfahrung zugleich die Bedingungen der Möglichkeit der Gegenstände der Erfahrung sind, als heuristische Grundhypothese einer Evolutionstheorie der Erkenntnis bzw. der Sprache, d. h. also: im Sinne angeborener Programmierungen der psychischen oder psycho-physischen Erkenntnis-»Apparate« in Anspruch nehmen. Sie können auf diese Weise natürlich nicht mehr die Frage nach den Bedingungen der *Gültigkeit* ihrer eigenen Erkenntnisansprüche beantworten. Darin zeigt sich, daß es sich hier – wie z. B. auch im Falle von Poppers Spontaneitätstheorie der Erkenntnis – um Kantianismus ohne »Transzendentalphilosophie« handelt.)
Darin, daß die Gültigkeitsbedingungen der Argumentation *normative* Bedingungen sind, zeigt sich nun, daß der Reflexionsansatz der transzendentalen Sprachpragmatik – im Unterschied zur transzendentalen Bewußtseinsreflexion – unmittelbar auf die *Einheit der theoretischen und praktischen Vernunft* führt. Der Unterschied zur traditionellen Bewußtseinsreflexion (von Descartes und Locke über Kant bis zu Husserl) liegt hier vor allem in der radikalen Überwindung des *methodischen Solipsismus*: der Unterstellung, daß *ein* Bewußtseinssubjekt (sei diese empirisch aufgefaßt, wie bei J. Locke, oder transzendental als in allen empirischen Erkenntnissubjekten identisches »Bewußtsein überhaupt«), ohne im Prinzip sprachliche Bedeutungen mit anderen teilen zu müssen, zum gültigen Denken bzw. zur Erkenntnis befähigt wäre. Im Unterschied zur erkenntnistheoretischen Reflexion Kants auf die nichthintergehbare Notwendigkeit der *Einheit des Gegenstandsbewußtseins und des Selbstbewußtseins*, und das heißt: auf die transzendentale Einheit der *Subjekt-Objekt-Relation*, führt die transzendentalpragmatische Reflexion unmittelbar auf die transzendentale Einheit der *Subjekt-Kosubjekt-Relation* der sprachlichen Kommunikation.
Damit ist m. E. die entscheidende Voraussetzung für eine transzendentalphilosophische *Begründung ethischer Normen* ge-

wonnen – eine Voraussetzung, die Kant selbst – der, im Unterschied zu Fichte, die »anderen Iche« niemals transzendentalphilosophisch eingeführt hat – noch gewissermaßen im Handstreich – durch die Deklaration des Sittengesetzes zum evident gegebenen »Faktum der Vernunft« – statuieren mußte.[42] Als Besinnung auf die *normativen Bedingungen der Möglichkeit der Kommunikation* als Bedingungen der Möglichkeit gültiger Argumentation kann der transzendentale Reflexionsansatz jetzt zeigen, inwiefern das »Faktum der Vernunft« in der Tat kein empirisches (etwa anthropologisches) Faktum ist, sondern ein notwendigerweise anerkanntes Grundprinzip der Ethik. Der transzendentalpragmatische Reflexionsansatz muß nämlich die von Hegel festgestellte *Vermitteltheit des Selbstbewußtseins durch die Anerkennung der Anerkennung der anderen*[43] *(im Sinne des genitivus subjectivus* und *objektivus*!) unmittelbar als normative Bedingung der Möglichkeit des Denkens anerkennen. Das gegebene »Faktum der Vernunft«, das bei Kant als nicht weiter begründbares Fundament der Ethik dienen muß, läßt sich dann als die von jedem, der argumentiert, notwendigerweise schon anerkannte *Grundnorm der verallgemeinerten Gegenseitigkeit aller Geltungsansprüche* dechiffrieren. Darin aber liegt im Hinblick auf das Problem der Begründung bzw. Legitimation *konkreter* Normen die immer schon anerkannte *Metanorm der Konsensbildung über Normen im Sinne der Ermittlung und Vermittlung der Interessen aller Betroffenen unter Diskursbedingungen einer idealen Kommunikationsgemeinschaft.*[44]

Soweit etwa – könnte man sagen – reicht schon auf der Ebene einer transformierten Transzendentalphilosophie die Möglichkeit einer Überwindung des von Hegel beanstandeten Dualismus zwischen der Autonomie des persönlichen Gewissens und

42 Vgl. hierzu K.-H. Ilting: »Der naturalistische Fehlschluß bei Kant«, in M. Riedel (Hrsg.): *Rehabilitierung der praktischen Philosophie*, Bd. I, Freiburg 1972, 113-32.

43 Vgl. G. W. F. Hegel: *Phänomenologie des Geistes*, IV, A: »Selbständigkeit und Unselbständigkeit des Selbstbewußtseins; Herrschaft und Knechtschaft.«

44 Vgl. Studieneinheit 20 des Funkkollegs *Praktische Philosophie/Ethik, Studientexte*, Weinheim/Basel, 1984, Bd. II, S. 606-34.

der gesellschaftlichen Wirklichkeit. Sogar die im absoluten Standpunkt der Hegelschen Philosophie immer schon eingeschlossene spekulative Antizipation der Wirklichkeit des Vernünftigen kann und muß als *kontrafaktische Antizipation* der Diskursbedingungen einer idealen Kommunikationsgemeinschaft durch die transformierte Transzendentalphilosophie bestätigt werden – vorbehaltlich natürlich des vollen Risikos und der vollen Ungewißheit hinsichtlich der tatsächlichen Realisierung der Vernunft in der Gegenwart und in der Zukunft.

Mit dieser transzendentalphilosophischen Überwindung des metaphysischen Dualismus ist nun freilich noch nicht die von Hegel bereits unterstellte *konkrete Substantialität* der Sittlichkeit erreicht. In der Tat ist die Begründung des formalabstrakten Prinzips einer Ethik der verallgemeinerten Gegenseitigkeit weit davon entfernt, die vorfindbaren Sitten und Institutionsnormen ohne weiteres zu legitimieren. Allein das von der Grundnorm geforderte *Verfahren der Konsensbildung über Normen* dient als regulative Idee einer Vermittlung zwischen der transzendentalen Ebene und der von Hegel tendenziell verabsolutierten Ebene der konkreten Institutionsnormen im Sinne der substantiellen Sittlichkeit des objektiven Geistes.

So ist es jetzt z. B. möglich, die Frage nach der Rechtfertigung des Privateigentums bzw. einer Begrenzung des Privateigentums als Problem einer diskursiven Konsensbildung über Normen durch die Betroffenen bzw. ihre Vertreter zu reklamieren. Diese *Zwischenschaltung der diskursiven Konsensbildung* in einem *zweistufigen Verfahren der Normenbegründung* tritt in der Kommunikationsethik an die Stelle des Gedankens der theoretischen Deduktion von Normen aus einem Prinzip, das Kants Herleitung der Pflichten aus dem kategorischen Imperativ noch beherrscht. Dies ermöglicht die Begründung der Gültigkeit von *Institutionsnormen*, die, wie Hegel immer wieder zeigt, nicht aus dem *kategorischen Imperativ und dem Kriterium der Widerspruchsfreiheit allgemeiner Gesetze* hergeleitet werden kann.[45] Die Naturwüchsigkeit der Institutionsnormen kann so – wie

45 Vgl. insbesondere G. W. F. Hegel: »Über die wissenschaftlichen Behandlungsarten des Naturrechts, seine Stelle in der praktischen Philosophie und sein Verhältnis zu den positiven Rechtswissenschaften«, hier zitiert nach dem gekürzten Abdruck in: R. Bittner/K. Cramer (Hrsg.):

Hegel selbst es »fordert« – wirklich durch ihre freie Anerkennung aufgehoben werden.
Freilich hat die soeben skizzierte Grundnorm (= Metanorm) einer Ethik der Konsensbildung selbst nur den Charakter einer »regulativen Idee«, der – nach Kant – »nichts Empirisches völlig korrespondieren kann«, d.h. sie kann im Prinzip niemals mit dem konkreten Begreifen der substantiellen Sittlichkeit im Sinne Hegels gleichgesetzt werden; denn wir werden niemals in einer Welt leben, in der die totale Vermittlung von Sein und Sollen – im Sinne Hegels: die Versöhnung der Idee mit sich selbst – Wirklichkeit ist. Gleichwohl vermag die soeben skizzierte transzendentalpragmatische Begründung der Ethik in zweifacher Hinsicht über Kants Ethik des »abstrakten Sollens« hinauszuweisen und an Hegel anzuknüpfen.
Zum einen muß man zugeben, daß die Grundnorm der Konsensbildungsethik als *normative Bedingung der Möglichkeit der Argumentation* (und damit des ernsthaften Denkens!) nur insofern fungieren kann als wir die idealen Bedingungen der Konsensbildung und damit die Wirklichkeit einer idealen Kommunikationsgemeinschaft *kontrafaktisch antizipieren* (Habermas). Im Unterschied zu den transzendentallogischen Bedingungen der Möglichkeit der Erkenntnis im Sinne Kants machen die normativen Bedingungen des argumentativen Diskurses deutlich, daß der Mensch notwendigerweise *sich vorweg* sein muß, um Mensch zu sein. Hier scheint mir der transzendentale und daher unaufgebbare Kern des *Utopischen* im guten Sinne sichtbar zu werden.[46] Und vielleicht ist man damit näher bei Hegel als es zunächst den Anschein hat; denn der (zumindest im Alter) grimmige Antiutopismus Hegels beruht ja eigentlich darauf, daß er das Kontrafaktische seiner utopischen Antizipation der »vernünftigen Wirklichkeit« – das er in Erläuterungen über die natürlich bestehenden Mängel des »zufälligen Daseins« der

Materialien zu Kants ›Kritik der praktischen Vernunft‹, Frankfurt 1975, 327ff.

46 Vgl. K.-O. Apel: »Ist die Ethik der idealen Kommunikationsgemeinschaft eine Utopie?«, in: W. Voßkamp (Hrsg.): *Utopieforschung*, Stuttgart 1983, Bd. I, S. 325-55.

Idee oft zugibt – nicht, wie die Junghegelianer, offen ausweisen und zum Thema einer »Philosophie der Zukunft« machen wollte.[47]

Die transzendentalpragmatische Begründung der Ethik erweist dagegen die *kontrafaktische* Antizipation der »vernünftigen Wirklichkeit« als notwendig und damit zugleich die progressive Aufhebung des hier vorliegenden »Widerspruchs« im Menschen als *aufgegeben*. Darin liegt ihre Vermittlung zwischen Kant und Hegel im Hinblick auf die Zukunft.

Zum anderen fordert sie aber auch eine Vermittlung zwischen Kant und Hegel in bezug auf die Vergangenheit, oder besser: in Bezug auf die in der Gegenwart fortwirkende Geschichte. Hier verweist die Grundnorm der Konsensbildung über Normen auf die Notwendigkeit der *hermeneutischen* Verständigung über die Vorgeschichte der bestehenden Traditionen und Institutionen – auf das also, was wir im vorigen die hermeneutische Reduktion des Hegelschen »Begreifens« der geschichtlichen Wirklichkeit genannt haben. Nur auf diesem Wege kann ja eine *inhaltlich* bestimmte Ausgangssituation für die praktischen Diskurse der Normenbegründung und Legitimation gewonnen werden. Das besondere Problem einer Vermittlung zwischen Kant und Hegel besteht an dieser Stelle jedoch in der Spannung zwischen der zukunftsbezogenen Norm, die zugleich einen Maßstab für die *kritische* Rekonstruktion der Vergangenheit an die Hand gibt und dem quasi-hegelianischen Anliegen der Hermeneutik, im »applikativen Verstehen« die Vernunft der geschichtlichen Wirklichkeit nicht zu unterbieten.[48] Wie immer dieses Problem im einzelnen aufgelöst wird: es kann dabei jedenfalls nicht um relativistische Reduktion des Normativen auf die Autorität bestimmter Traditionen gehen, sondern um kritische Vermittlung zwischen transzendentaler Ethik und historischer Hermeneutik. Diese Vermittlung tritt letztlich an die Stelle des Gegensatzes zwischen formalistischem Kantianismus und spekulativ-historizistischem Hegelianismus.

47 Vgl. Anmerkung 28.

48 Vgl. O. Marquard: »Hegel und das Sollen«, in: ders.: *Schwierigkeiten mit der Geschichtsphilosophie*, Frankfurt 1973, 37-51.

Kann der postkantische Standpunkt der Moralität noch einmal in substantielle Sittlichkeit »aufgehoben« werden?

Das geschichtsbezogene Anwendungsproblem der Diskursethik zwischen Utopie und Regression

I. Exposition des Themas

Der auf den Anspruch Hegels bezogene Titel meines Beitrages soll anzeigen, daß ich ein systematisches Problem – das der Anwendung einer universalistischen Diskursethik – als ein geschichtsbezogenes Probleme stellen möchte. Den Hintergrund meiner Fragestellung bildet der seit längerem unternommene Versuch, so etwas wie eine *Entwicklungslogik* des moralischen Bewußtseins im Sinne von Piaget bzw. Kohlberg auch für die phylogenetische Dimension, also als *mögliche* Fortschrittsstruktur der Kulturgeschichte nachzuweisen.[1] Für einen solchen Versuch liegt es ja nahe, sich mit dem Hegelschen Anspruch einer geschichtsphilosophischen »Aufhebung« des Standpunkts der »Moralität« auseinanderzusetzen. Die aktuelle Anregung für die Formulierung meiner Fragestellung bildet indessen das jüngst erschienene Buch von Vittorio Hösle: »Wahrheit und Geschichte: Studien zur Struktur der Philosophiegeschichte unter paradigmatischer Analyse der Entwicklung von Parmenides bis Platon.«[2] Ich habe mich mit diesem, in seiner Art hervorragenden Buch bei meinem eigenen Versuch einer entwicklungslogischen Rekonstruktion der griechischen Begründung der Ethik auseinandergesetzt und betrachte es als eine fruchtbare Herausforderung für die *Diskursethik*. Inwiefern?

1 Für einen ersten Versuch in dieser Richtung vgl. meine Beantwortung der Frage »Weshalb benötigt der Mensch Ethik?«, in: *Funkkolleg Praktische Philosophie/Ethik* (*Dialoge*, hg. von K.-O. Apel, D. Böhler u. G. Kadelbach, Frankfurt a. M. 1984, Bd. I, 49-162, sowie *Studientexte*, hg. von K.-O. Apel, D. Böhler u. K. Rebel, Weinheim/Basel 1984, Bd. I, 13-156).

2 V. Hösle, *Wahrheit und Geschichte*, Stuttgart-Bad Canstatt 1984.

Soweit ich sehen kann, ist Hösle der erste Philosoph in Deutschland, der die Pointe der (von Habermas und mir vertretenen) Diskursethik – insbesondere auch die der transzendentalpragmatischen Letztbegründung – erstens verstanden hat und zweitens nicht als zu anspruchsvoll betrachtet, sondern – im Gegenteil – als nicht anspruchsvoll genug. Ich möchte hier gerne bekennen, daß mir – auf der Ebene der emotionalen Reaktion – die Lektüre von Hösles Buch zunächst als eine Erquickung nach dem post-Rortyschen Defaitismus in Sachen Philosophie erschien. Als spekulativer Neohegelianer möchte Hösle die Position der Transzendentalpragmatik »aufheben«. Das heißt (wenn ich recht verstehe): er hält es für prinzipiell nötig und möglich, den seit der griechischen Aufklärung immer wieder auftretenden dialektischen Zyklus der philosophischen Positionen auch heute noch einmal über das kritische, quasi-Sokratische bzw. quasi-Kantische, Stadium hinaus zu einem spekulativen, quasi-Platonischen bzw. quasi-Hegelschen Stadium der *Synthesis qua Einsicht in die Identität von Subjektivität und Objektivität* weiterzuführen. Für die Ethik besagt das offenbar, daß der postkantische Standpunkt der *Moralität* im Sinne der Diskursethik noch einmal in den Begriff der *substantiellen Sittlichkeit* »aufgehoben« werden müßte – so wie dies zuvor Platon in der »Politeia« im Hinblick auf das kritische *Logos-Prinzip* des Sokrates und später Hegel in der »Rechtsphilosophie« im Hinblick auf Kants formalkritisches Moralprinzip unternommen hat.
Genau auf diese Zumutung bezieht sich in der Tat die Titelfrage meines Beitrags. Ich betrachte die von Hösle vertretene Zumutung deshalb als fruchtbare Herausforderung, weil sie – wohl auch nach ihrem Selbstverständnis – den Kontrapunkt markiert zu der heute in der Bundesrepublik geläufigen neoaristotelischen Zumutung: man könne und solle doch zum Common sense-Standpunkt der »unbefangenen substantiellen Sittlichkeit« – des ὧς δει der »Üblichkeit« – unter Preisgabe jedes universalistischen Moralprinzips zurückkehren. Hösles kühne, spekulative Position verschafft also der transzendentalpragmatischen Diskursethik die Chance, ihre Position nach zwei Seiten hin – und das heißt: als eine Strategie der Vermeidung von Skylla und Charybdis – zu vertreten und sie dadurch möglicherweise zu verdeutlichen. Eben diese Absicht habe ich

durch den Untertitel meines Beitrags angedeutet: »Das geschichtsbezogene Anwendungsproblem der Diskursethik zwischen Utopie und Regression«.
Für Hösle vielleicht überraschend ist hier das Programm einer spekulativen Synthesis von Subjektivität und Objektivität im Sinne der »Aufhebung« von Moralität in substantielle Sittlichkeit schlichtweg durch das Wort *Utopie* gekennzeichnet. Doch eben diese Kennzeichnung, in einem weiten und vielleicht neuen Sinne verstanden, scheint mir angebracht, wenn man das spekulative Programm als einzig mögliche *progressive* Alternative zur *Regression* durch »Abschied vom Prinzipiellen« versteht und auf die Geschichte bezieht. Ich meine damit etwa folgendes:
Platons »Politeia« kann m. E. als der Versuch angesehen werden, nach der sophistischen und der sokratischen Phase der griechischen »Aufklärung« die verlorene substantielle Sittlichkeit der Griechen als staatlich garantierte Einheit (Harmonie) von individuellem Glück, Tugendhaftigkeit und sozialer Gerechtigkeit zu re-konstruieren; und dieser platonische Versuch kann und muß m. E. als das Paradigma der abendländischen Gesellschafts- bzw. Staatsutopie verstanden werden. Es handelt sich hier wohl um ein »experimentum rationis«, das mit einer gewissen entwicklungslogischen Notwendigkeit (im Sinne der ex post-Verständlichkeit) sich einstellt, wenn der Übergang von der *konventionellen* zur *postkonventionellen* Sittlichkeit gedacht werden soll – das heißt: wenn er vom philosophischen Denken nicht nur in formaler Allgemeinheit antizipiert, sondern in konkreter Allgemeinheit als Totalität konstruiert bzw. im Hegelschen Sinn begriffen werden soll. Soviel nämlich läßt sich m. E. im Rahmen einer Kritik der utopischen Vernunft zeigen: Das Platonische Paradigma der Re-Konstruktion der »substantiellen Sittlichkeit« in der Form der Staatsutopie hat (im Positiven wie im Negativen) den Horizont vorgezeichnet nicht nur für die vergleichsweise harmlosen fiktionalen Raum- bzw. Inselutopien der Neuzeit seit Thomas Morus und Campanella, sondern auch für die nicht mehr fiktionalen »Aufhebungen« der Raum- und Zeitutopie in der spekulativen Geschichtsphilosophie im weitesten Sinn. Das besagt unter anderem: auch Hegels antiutopistisch gemeintes (ex post-)Begreifen der Einheit von

Wirklichkeit und Vernünftigkeit und Marx' bzw. Engels' »Aufhebung« der Utopie durch die Wissenschaft vom notwendigen Gang der Geschichte bleiben der Aporetik eines utopisch-»überschwenglichen« Anspruchs der Philosophie verhaftet, der sich zuerst in Platons Unternehmen gezeigt hat.[3]

Im Hinblick auf das Verhältnis Hegels zu Platon läßt sich die ethisch bedenkliche Seite des utopisch-überschwenglichen Anspruchs – einer Rekonstruktion der substantiellen Sittlichkeit als Totalität! – noch in einem engeren Sinn nachweisen: Sie zeigt sich bei beiden Denkern in der Verhaftung an die Idee einer *Staatsethik*. Genauer: Hegel war zwar imstande, ebenso zutreffend wie Karl Popper, zu zeigen, daß die Freiheit und Gleichberechtigung der Individuen – insbesondere die von Sokrates schon vertretene Gewissensfreiheit – in Platons »Idealstaat« nicht zu ihrem Recht kommt. Und er erkannte richtig, daß der moderne Staat die Stärke besitzt, die Freiheits- und Gleichheitsansprüche der Individuen in ungleich höherem Maße zu respektieren und ihnen einen rechtlich begrenzten Spielraum zu verschaffen.[4] Doch der spekulative Vorgriff auf das *Konkret-Allgemeine* (der zu rekonstruierenden *substantiellen Sittlichkeit*) verführte auch Hegel dazu, eine totale, gewissermaßen »holistische« Versöhnung der formal-universalen Geltungsansprüche einer Gewissens- und Prinzipienmoral mit dem Erfordernis einer konkreten Lebensordnung auf der Ebene des Staats für möglich zu halten.

Ausdrücklich ordnet Hegel dieser höchsten Instanz der sub-

3 Zur Geschichte des utopischen Denkens vgl. jetzt W. Voßkamp (Hrsg.), *Utopieforschung*, 3 Bände, Stuttgart 1982. Daß der – in diesem Werk unterbelichtete – Idealismus der platonischen Staatsutopie *und* seine – scheinbar antiutopische – »Aufhebung« in die geschichtliche Wirklichkeit durch Hegel, nicht aber Kants »philosophischer Chiliasmus« der »regulativen Idee« das »Überschwengliche« der ansonsten unentbehrlichen utopischen Vernunft markieren, hoffe ich in einer Studie zur »Kritik der utopischen Vernunft« noch zeigen zu können. Vgl. vorerst meinen Beitrag zu dem o. a. Sammelwerk: »Ist die Ethik der idealen Kommunikationsgemeinschaft eine Utopie? Zum Verhältnis von Ethik, Utopie und Utopiekritik«, a. a. O., Bd. I, 325-355.

4 Vgl. G. W. F. Hegel, *Grundlinien der Philosophie des Rechts*, § 185 u. § 260.

stantiellen Sittlichkeit die universalistischen Gewissensansprüche der Individuen unter, wenn es – etwa im Kriegsfall – zu Konflikten kommen könnte.[5] Der mögliche Vorbehalt des moralischen Gewissens gegenüber der Ratio des konkreten Selbstbehauptungssystems »Staat« kann hier nur noch auf die spekulative Gewißheit der Einlösung aller universalen Geltungsansprüche des Weltgeistes durch die Geschichte als Weltgericht im Kampf der Volksgeister verwiesen werden. In diesem Vorgriff auf den geschichtlichen Fortschritt liegt freilich, verglichen mit Platons »Politeia«, eine Entlastung der Staatsutopie von der Forderung einer definitiven Realisierung des Ideals. Doch dem Individuum gestattet Hegel keinen autonomen Gewissensvorgriff auf das mögliche Weltgericht, das über die substantielle Sittlichkeit der Volksgeister letztlich entscheiden wird – obwohl er die Individuen nicht nur als Staatsbürger, sondern auch als Mitglieder einer übernationalen religiösen Gemeinde im Sinne der christlichen Ethik versteht.

Damit wird schon klar, daß Hegels Rekonstruktion der substantiellen Sittlichkeit auf der Ebene der Staatsethik in der Praxis ebenso wie Platons »Politeia« auf eine *postkonventionelle* Bestätigung der *konventionellen Binnenmoral* von »Law and Order« (Kohlberg: Stufe 4) hinauslaufen mußte.[6] Und es gibt gute Gründe für die Annahme, daß jeder Versuch einer utopischen Rekonstruktion der substantiellen Sittlichkeit, der nicht auf ein jenseitiges Gottesreich, sondern auf eine mögliche irdische Lebensordnung zielt, zumindest im Sinne einer Rückkehr zur *Binnenmoral* hinter den universalen Geltungsanspruch der *postkonventionellen Prinzipienmoral* zurückfallen muß. Das hängt, wie es scheint, damit zusammen, daß für uns endliche Menschen eine konkrete Lebensform nicht ohne die zugehörige (funktionale) Systemrationalität der Selbstbehauptung gedacht werden kann. (Selbst Augustinus' christliche Quasi-Utopie des

5 Vgl. G. W. F. Hegel, *Grundlinien der Philosophie des Rechts*, §§ 257 f., 260 f., 323 ff.; vgl. auch § 137 zum Verhältnis von Staat und Gewissen.

6 Zur Entwicklungslogik von L. Kohlberg vgl. jetzt ders., *The Philosophy of Moral Development: Moral Stages and the Idea of Justice, San Francisco*: Harper & Row, 1981, sowie ders., *Moral Stages: a Current Formulation and a Response to Critics*, Basel: Karger, 1983; vgl. auch die unter Anm. 1 angeführten Arbeiten.

»Gottesstaates« verwandelte sich, teils unter seinen eigenen Händen, teils im Rahmen der von ihm begründeten Dogmatik der katholischen Kirche des »Mittelalters«, zur Proklamation einer neuen Binnenmoral; denn an die Stelle der Bösen, die sich selbst aus dem Anwendungsbereich jeder universalistischen Moral ausschließen, traten alsbald die Ketzer und die Ungläubigen, gegen die man »heilige Kriege« – Kreuzzüge – führen darf, ja führen soll.)

Mit dem Stichwort der *Regression auf konventionelle Binnenmoral* läßt sich aber nun ironischerweise auch zugleich die von mir im vorigen unterstellte Gegenposition zur utopischen Rekonstruktion der substantiellen Sittlichkeit charakterisieren: die – bei uns zur Zeit aktuelle – neoaristotelische Suggestion einer Rückkehr zu den Üblichkeiten der »unbefangenen substantiellen Sittlichkeit« vor der – sei es sophistischen, sei es philosophischen – Aufklärung. Denn mit dieser Suggestion verband sich z. B. in der Bundesrepublik von Anfang an eine deutliche Allergie gegen alle Bestrebungen einer *planetarischen Makroethik der Verantwortung*. Ein besonders krasser Fall war die Besprechung des bedeutenden Buchs »Das Prinzip Verantwortung« von Hans Jonas durch Günther Maschke in der Frankfurter Allgemeinen Zeitung[7]: Hier wurde die Forderung der planetarischen Verantwortung zunächst dahin mißverstanden, daß der einzelne, statt sich an der Organisation solidarischer Verantwortung zu beteiligen, allein die Verantwortung übernehmen solle für die unabsehbaren Folgen der politischen, technischen und wirtschaftlichen Aktivitäten der modernen Industriegesellschaft. Gegen diese Karikatur einer Makroethik der Verantwortung wurde dann das folgende Resümee einer konventionellen Institutionen-Moral von Arnold Gehlen ausgespielt:

»Das Wort Verantwortung hat nur da einen deutlichen Sinn, wo jemand die Folgen seines Handelns öffentlich abgerechnet bekommt, und das weiß; so der Politiker am Erfolg, der Fabrikant am Markt, der Beamte an der Kritik der Vorgesetzten, der Arbeiter an der Kontrolle der Leistung usw.« (*Moral und Hypermoral*, Frankfurt 1973, S. 151).

Die hier angeführte Konstellation *(Gehlen versus Jonas)* ist m. E.

7 Vgl. G. Maschke in der *Frankfurter Allgemeinen Zeitung* vom 7. 10. 1980.

besonders geeignet, das im gegenwärtigen Kontext mit dem Stichwort »Neoaristotelismus« eigentlich gemeinte Problem (einer möglichen entwicklungslogischen Regression des moralischen Bewußtseins) zu verdeutlichen.

Zunächst ist folgendes festzustellen: Das zynisch offene Eintreten für eine *konventionelle* Moral von »Law and Order«, auf die sich auch Eichmann in Jerusalem berufen hat,[8] geht natürlich weit hinaus über die vorherrschende weiche, pragmatisch-hermeneutische Version des Neoaristotelismus. Diese pflegt den aktuellen Unterschied zwischen einer *konventionellen Binnenmoral* und einer *postkonventionellen universalistischen* Moral eher zu überspielen als offen zu diskutieren. Die Konstellation *Gehlen versus Jonas* macht aber zweitens auch klar, daß der bislang apostrophierte *Neoaristotelismus* keineswegs dem klassischen oder modernen Aristotelismus überhaupt gleichgesetzt werden darf. Denn in gewisser Weise greift ja gerade Hans Jonas als Vertreter einer postkonventionellen, planetaren Verantwortungsethik – gegen die neomarxistische Utopie von Ernst Bloch und auch gegen Kant – auf eine ontologisch-metaphysische Seinsethik aristotelischen Typs zurück.[9] Doch das eröffnet eine ganz andere Diskussion. Sie bezieht sich tatsächlich auf die schwierige Frage, ob eine *Prinzipienethik kantischen Typs* oder eine darüber hinausgehende *Verantwortungsethik* die höchste Stufe des moralischen Bewußtseins repräsentiert.

Ich habe im Rahmen des *Funkkollegs Praktische Philosophie/Ethik* eine Lösung dieser Frage anzudeuten versucht, mit der ich aber nicht sehr zufrieden bin.[10] Auch Jürgen Habermas' bisherige Beantwortung dieser Frage scheint mir nicht hinreichend zu sein. Ich möchte daher im folgenden diese Frage ausdrücklich in die Diskussion einbeziehen. Es ist m. E. in der Tat nötig zu zeigen, daß die Diskursethik auch als *Verantwortungsethik* verstanden und dennoch als *postkantische Prinzipienethik der Moralität* gegen eine – etwa spekulativ-metaphysische –

8 Dazu L. Kohlberg, *The Philosophy of Moral Development*, a. a. O., 37, 272, 296.

9 Vgl. H. Jonas, *Das Prinzip Verantwortung*, Franfkurt a. M. 1979. Dazu K.-O. Apel in *Funkkolleg, Studientexte*, a. a. O., (s. Anm. 1), 627 ff. Vgl. auch meine Auseinandersetzung mit Hans Jonas in diesem Band, S. 179 ff.

10 Ebd.

Ethik der substantiellen Sittlichkeit abgegrenzt werden kann. Diese Aufgabe hat es nun, wie zu zeigen ist, insbesondere mit dem Problem der *geschichtsbezogenen Anwendung* der Diskursethik zu tun. Damit kann ich die Explikation des Titels beenden und mich der Diskussion des im Untertitel angedeuteten Hauptproblems – der *geschichtsbezogenen Anwendung der Diskursethik zwischen Utopie und Regression* – zuwenden.

II. Das geschichtsbezogene Anwendungsproblem der Diskursethik als Problem einer Verantwortungsethik

Zunächst scheint es mir erforderlich, das Verhältnis des *Anwendungsproblems* zum *Begründungsproblem* der Diskursethik neu zu bedenken. Dabei kann ich – an dieser Stelle – auf die Frage, ob die Begründung der Diskursethik eine *transzendentalpragmatische Letztbegründung* sein kann, nicht mit erforderlicher Gründlichkeit eingehen.[11] Ich muß diese Möglichkeit aber, wie sich zeigen wird, immer schon voraussetzen. Deshalb möchte ich meine diesbezüglichen Hauptthesen wenigstens andeuten:

1. Retrospektive Vergewisserung der transzendentalpragmatischen Letztbegründung der Diskursethik

Die Möglichkeit einer transzendentalpragmatischen Letztbegründung der Philosophie überhaupt, und in ihrem Rahmen auch der Ethik, ergibt sich für mich aus der Einsicht in die *Nichthintergehbarkeit des argumentativen Diskurses*, und damit auch seiner *normativ-ethischen Bedingungen der Möglichkeit*, für das Denken qua Argumentieren. Die angedeutete *Nichthintergehbarkeit* besagt in diesem Zusammenhang etwa folgendes: Wenn wir eine philosophische Frage – z. B. die Frage, ob es ein unbedingt gültiges Prinzip der Ethik gibt – ernsthaft aufwerfen (und dies müssen und dürfen wir natürlich auf der Ebene der Philosophie – des öffentlichen Diskurses wie des,

11 Vgl. hierzu zuletzt W. Kuhlmann, *Reflexive Letztbegründung. Untersuchungen zur Transzendentalpragmatik*, Freiburg/München 1985, sowie D. Böhler, *Rekonstruktive Pragmatik*, Frankfurt a. M. 1985, VI. Kapitel.

empirisch gesehen, einsamen Denkens mit Gültigkeitsanspruch – immer schon voraussetzen!), dann können wir das *Argumentieren und seine notwendigen Präsuppositionen* nicht mehr – wie alles übrige in der Welt Vorkommende, einschließlich unserer individuellen Existenz – *als kontingentes Faktum* von außen betrachten. Wir können uns dann z. B. nicht vorstellen, wir könnten nach Belieben *mit dem Argumentieren anfangen oder aufhören* oder gar – mit Popper – uns für oder gegen die argumentative Vernunft entscheiden; oder: *wir könnten uns* als Alternative zu unserer, menschlich-kontingenten Vernunft auch *eine ganz andere Vernunft denken*, in bezug auf die wir unsere Vernunft relativieren könnten oder müßten; oder: *wir könnten oder müßten die Existenz und die Gültigkeit der Argumentations-Präsuppositionen* (vom Standpunkt einer Instanz aus, die sie nicht schon voraussetzte!) *empirisch* – etwa anhand einer quasi-linguistischen Methode der Befragung möglichst vieler kompetenter Sprecher – überprüfen.[12]
Solche empirisch-anthropologisch, d. h. unserer kontingenten Existenz gegenüber, berechtigten Gedankenexperimente sind

12 Die soeben angeführten Einwände gegen die Möglichkeit einer Letztbegründung entsprechen, soweit ich sehe, auch der Position von J. Habermas in »Was heißt Universalpragmatik?« (in: K.-O. Apel (Hrsg.): *Sprachpragmatik und Philosophie*, Frankfurt a. M. 1976) und noch in »Diskursethik – Notizen zu einem Begründungsprogramm« (in: ders., *Moralbewußtsein und kommunikatives Handeln*, Frankfurt a. M. 1983). Meines Erachtens ist jedoch schon der Gedanke einer *empirischen Überprüfung* z. B. der von Habermas entdeckten Argumentations-*Präsuppositionen* im Sinne der vier bzw. drei *universalen Geltungsansprüche* (Sinn, Wahrheit, Wahrhaftigkeit und normative Richtigkeit) und ihrer prinzipiellen diskursiv-konsensualen Einlösbarkeit *nicht sinnvoll*; denn jede denkbare empirische Überprüfung müßte ja diese Präsuppositionen schon voraussetzen. Das gleiche gilt von jeder denkbaren – zweifellos immer wieder nötigen – Korrektur der Sinn-Explikation der genannten *Präsuppositionen*. Eine solche Korrektur kann daher nur den Charakter einer *Selbst-Korrektur* haben und unterscheidet sich dadurch wesentlich von empirischen Korrekturen qua möglichen externen Falsifikationen, z. B. von Korrekturen linguistischer Hypothesen aufgrund der Methode weitgestreuter Beispiele und Gegenbeispiele von Urteilen der »native speakers«. Für die Ungültigkeit z. B. von philosophischen Sätzen, die gegen die genannten Präsuppositionen zu verstoßen scheinen, kann es

mit der *transzendentalpragmatischen* Einsicht, daß das Argumentierenkönnen die *Bedingung der Möglichkeit und Gültigkeit der angedeuteten Gedankenexperimente* ist, nicht zu vereinbaren – ebensowenig wie mit der älteren Einsicht in die Nichthintergehbarkeit des *cogito ergo sum* bzw. des *transzendentalen Bewußtseins.* Der Unterschied des transzendentalpragmatischen Ansatzes im Vergleich mit der älteren Transzendentalphilosophie des Bewußtseins kann m. E. nicht darin bestehen, daß von der Radikalität der *transzendentalen Frage* (und das besagt auch: des *methodischen Zweifels* bzw. der *Einklammerung alles als kontingent Denkbaren*) etwas abgelassen wird – etwa zugunsten *halb empirischer* und insofern *schwacher*

zwar sprachliche Indizien geben, aber der Nachweis der Ungültigkeit kann nicht empirisch, sondern nur durch die reflexiv-apriorische Einsicht in den performativ-pragmatischen Selbstwiderspruch der in Frage stehenden Behauptungen erbracht werden.

Ist nun eine Präsupposition durch *dieses* Prüfungsverfahren als unbestreitbar erwiesen, so ist sie *transzendentalpragmatisch letztbegründet* als notwendige Bedingung der Möglichkeit und Gültigkeit des – auch vom Skeptiker, solange er argumentiert – nicht hintergehbaren Argumentierens. Vom *nicht argumentierenden* (»konsequenten«?) Skeptiker kann dieses Ergebnis sowenig hinterfragt werden wie durch den Einwand einer möglichen *anderen Vernunft*, denn beides ist entweder nicht sinnvoll denkbar, oder es muß – wie im Falle der empirischen Überprüfung und der Explikationskorrektur – bei der Unterstellung dieser Möglichkeiten doch schon der *Begriff unserer Argumentation* und ihrer notwendigen Präsuppositionen vorausgesetzt werden. Übrigens: ist die *These* von der Unmöglichkeit der philosophischen Letztbegründung eigentlich bescheiden? Müßte sie, um bescheiden zu sein, nicht – im Sinne von Hans Albert – als *selbst anwendbare Fallibilismus-Hypothese* aufgefaßt werden? Eine solche Hypothese aber hat keinen diskutierbaren – im Sinne Poppers kritisierbaren – Sinn, denn sie kann nicht etwa – wie jede empirische Hypothese – den zugehörigen Fallibilitätsvorbehalt auf die höhere, philosophisch-wissenschaftstheoretische Reflexionsebene verweisen, sondern muß – als philosophisch universale, selbstrückbezügliche Proposition – dies mitmeinen: daß es nicht sicher ist, daß alles unsicher ist, und das erstere auch nicht usw. ad infinitum. Vgl. W. Kuhlmann: »Reflexive Letztbegründung«, in: *Ztschr. f. Philos. Forschung* 35, 3-26, sowie K.-O. Apel: »Fallibilismus, Konsenstheorie der Wahrheit und Letztbegründung«, in: Forum für Philosophie Bad Homburg (Hrsg.), *Philosophie und Begründung*, Frankfurt a. M. 116-211.

transzendentaler Argumente. Der Unterschied besteht vielmehr wesentlich darin, daß wir einsehen können, daß wir selbst bei der radikalsten, reflexiven Distanzierung und Infragestellung aller kontingenten Voraussetzungen unserer Existenz – und das heißt: im einsamen Denken – nicht nur auf das *transzendentale Bewußtsein* zurückgehen müssen, sondern mit dem a priori *intersubjektiven Sinngeltungs- und Wahrheitsanspruch* des Denkens auch auf die Voraussetzung der *Sprache* und einer, im Prinzip unbegrenzten, Kommunikationsgemeinschaft angewiesen sind. Mit dieser subjektiv-intersubjektiven Voraussetzung aber verändert sich der Ausgangspunkt der transzendentalen Reflexion auf die notwendigen, allgemeinen Bedingungen des Denkens in entscheidender Form.

Zunächst möchte man freilich annehmen, die Veränderung müsse auf eine entscheidende Schwächung des transzendentalen Ansatzes hinauslaufen. Denn das *Apriori der Sprache* verweist uns ja auch auf die *kontingente* Bedingung der *konventionellen Realisierung* der intersubjektiv gültigen Bedeutungen in *bestimmten* Sprachen; und das *Apriori der Kommunikationsgemeinschaft* verweist uns auch auf die kontingente Bedingung der *Zughörigkeit zu einer geschichtlichen Sprach-, Kultur- und Traditionsgemeinschaft*; und beide kontingente Bedingungen implizieren das von Heidegger so genannte *existenziale Apriori der Faktizität des In-der-Welt-Seins*: die Voraussetzung eines faktisch bestehenden *Welt-Vorverständnisses* und notwendigen *Einverständnisses mit anderen* aufgrund des kontingenten »Hintergrunds« der »Lebenswelt«, dessen physische und geschichtliche Konstitution wir uns prinzipiell nicht verfügbar machen können.[13] Diese, vom »hermeneutic-pragmatic turn« der Gegenwartsphilosophie akzentuierten, *kontingenten* Voraussetzungen des Welt-Vorverständnisses könnten sehr wohl die Gründe für eine anthropologisch-evolutionistische Spezifizierung und Relativierung der von Kant unterstellten transzendentalen Bedingungen der Erkenntnis überhaupt enthalten. Doch

13 Diese bereits von Collingwood, Heidegger, Wittgenstein und Gadamer gewonnene Einsicht ist von J. Searle im Kapitel 5 (»The Background«) seines Buches *Intentionality* (Cambridge Univ. Press 1983) als Vorbedingung des Verstehens sprachlicher Bedeutungen in neuer Form zur Geltung gebracht worden.

in unserem Problemzusammenhang ist ein anderer, vom »hermeneutic-pagmatic turn« durchweg übersehener Umstand wichtiger:
Die *kontingenten* Voraussetzungen des verstehenden In-der-Welt-Seins können doch nur einen Teil der »Vorstruktur« des denkenden In-der-Welt-Seins ausmachen. Sofern der Mensch nämlich auf das existenziale Apriori der Faktizität zu *reflektieren* vermag – im Sinne der »exzentrischen Positionalität« des Menschen (H. Plessner) und zugleich im Sinne des »handlungsentlasteten argumentativen Diskurses« (Habermas) –, insofern ist er auf *nichtkontingente Präsuppositionen* verwiesen, die im *transzendental*-hermeneutischen und *transzendental*-pragmatischen Sinne für das *Denken* der kontingenten Voraussetzungen (z. B. auch für das Denken der sogenannten »materiellen« Macht- und Interessenvoraussetzungen der Diskurse) nichthintergehbare Bedingungen der Möglichkeit sind. Diese nichtkontingenten Präsuppositionen zu ignorieren oder gar zu bestreiten macht m. E. das Phänomen der *Logosvergessenheit* aus. Es zeigt sich heutzutage in dem Umstand, daß führende Vertreter des »hermeneutic-pragmatic turn« – wie z. B. Rorty oder Derrida – kaum noch schreiben oder reden, ohne sich in den *pragmatischen Selbstwiderspruch*, den Widerspruch zwischen ihren performativ vorgetragenen Geltungsansprüchen und der propositionalen Verleugnung aller universalen Geltungsansprüche, zu verwickeln.
Respektiert man nun das Prinzip vom zu vermeidenden performativen Selbstwiderspruch der Argumentation als Kriterium des Nichthintergehbaren und insofern Letztbegründeten,[14] dann macht die Einsicht in das *nichthintergehbare Apriori der Sprache und der Kommunikationsgemeinschaft* es zum ersten Mal möglich, mit der transzendentalen Begründung der *theoretischen* Philosophie *zugleich* die der *praktischen* Philosophie in Gestalt des Prinzips einer *Diskursethik* zu gewinnen. Der Unterschied in der Ausgangssituation des transzendentalen Arguments ergibt sich, kurz gesagt, aus dem folgenden Umstand: Schon für den *theoretischen Diskurs* ist der »höchste Punkt«

14 Vgl. K.-O. Apel, »Das Problem der philosophischen Letztbegründung im Lichte einer transzendentalen Sprachpragmatik«, in: B. Kanitscheider (Hrsg.), *Sprache und Erkenntnis*, Innsbruck 1976, 55-82, ebd. 71 ff.

einer transzendentalen Deduktion von Gültigkeitsbedingungen offenbar nicht, wie für das *einsame* Denken, in der »transzendentalen Synthesis der Apperzeption« (Kant) vorgegeben, sondern in der *transzendentalen Synthesis der Interpretation von sprachlichen Zeichen*. Dieser höchste Punkt ist als Postulat der prinzipiell möglichen konsensualen Einlösung von Sinn- und Wahrheitsansprüchen schon in einem *theoretischen* Diskurs nicht widerspruchsfrei bestreitbar, d.h. er ist ebenso nichthintergehbar wie der argumentative Diskurs selbst.[15] Als notwendige Bedingung der Möglichkeit der Realisierung eines idealen Konsenses über Sinn und Wahrheit in einer Argumentationsgemeinschaft aber läßt sich die Befolgung von normativ-ethischen »Spielregeln« nachweisen, deren Explikation als nichtbestreitbar selbst wiederum anhand des Kriteriums vom zu vermeidenden performativ-pragmatischen Selbstwiderpruch möglich ist. Damit wird es möglich, den noch für Kant in der *praktischen Philosophie* erforderlichen Begründungsrekurs auf metaphysische Voraussetzungen (wie z.B. ein nur postulierbares Reich der intelligiblen Vernunft- und Freiheitswesen qua »Reich der Zwecke«) bzw. auf ein evident gegebenes »Faktum der Vernunft« zu vermeiden bzw. diese kantischen Unterstellungen im Sinne der *nicht ohne pragmatischen Selbstwiderspruch zu bestreitenden normativen Bedingungen der Möglichkeit des argumentativen Diskurses* zu dechiffrieren. Diese, mit den Argumentationsregeln verknüpften Normen einer idealen Argumen-

15 Hieraus läßt sich eine *Konsensus*-Theorie der Explikation des Begriffs der Wahrheit ableiten, welche die folgenden Bedingungen erfüllt:
1. sie entspricht der Grundintuition der realistischen *Korrespondenz*-Theorie der Wahrheit;
2. sie ersetzt die unmögliche ontologisch-metaphysische und die kriteriologisch irrelevante logisch-semantische Explikation des Wahrheitsbegriffs durch eine pragmatische (im Sinne von Charles Peirce), welche die Wahrheit als regulative Idee eines sich selbst korrigierenden Forschungsprozesses bestimmt;
3. sie erlaubt es, die »unorthodoxen« Wahrheitstheorien – wie die phänomenologische *Evidenz*-Theorie und die *Kohärenz*-Theorie der Wahrheit – zu integrieren.

Vgl. K.-O. Apel, »C. S. Peirce and Post-Tarskian Truth«, in: E. Freeman (Hrsg.), *The Relevance of Charles Peirce*, La Salle/Ill. 1983, 189-223 sowie ders.: »Fallibilismus. ...«, a. a. O. (s. Anm. 12).

tationsgemeinschaft sind zwar nicht schon die in der Lebenswelt erforderten *materialen* Normen einer situationsbezogenen Moral bzw. einer moralischen Legitimation von Rechtsnormen; doch sie sind in eben dem Sinne für die Begründung eines *formalen-prozeduralen Prinzips der Begründung materialer Normen* verbindlich, in dem der argumentative Diskurs, seinem immer schon anerkannten Sinn nach, die Metainstitution aller möglichen lebensweltlichen Institutionen ist. Das heißt: Wir haben nicht nur die Normen einer idealen Argumentationsgemeinschaft mit dem ernsthaften Denken zugleich anerkannt, sondern auch dies: daß diese Normen das ethisch relevante Verfahrensprinzip für die mögliche Einlösung oder Bestreitung aller strittigen normativen Geltungsansprüche in der *Lebenswelt* enthalten.[16]

Darin liegt m. E. auch die Einsicht, daß die normativen Bedingungen der Möglichkeit des argumentativen Diskurses nicht etwa nur die Grundnorm der prinzipiellen *Gleichberechtigung aller Kommunikationspartner* im Sinne einer »idealen Sprechsituation« enthalten, sondern darüber hinaus auch die Verpflichtung zur *Mitverantwortung* für die argumentative (und in diesem Sinne für alle möglichen Argumentationspartner prinzipiell konsensfähige) Auflösung der in der Lebenswelt auftretenden moralisch relevanten Probleme. Ein implizites Anerkannthaben dieser Verpflichtung kommt m. E. im *ernsthaften Fragen* nach dem Prinzip der Ethik zum Ausdruck. Kurz: die Diskursethik ist von vornherein keine *Spezialethik für argumentative Diskurse*, sondern eine *Ethik der solidarischen Verantwortung derer, die argumentieren können, für alle diskursfähigen Probleme der Lebenswelt.* Diese *lebensweltliche Verpflichtung* einer diskursiven Verantwortungsethik hat m. E. jeder, der *ernsthaft* – d. h. im Sinne der intersubjektiv gültigen Beantwortung einer ernsthaften Frage – denkt, notwendigerweise anerkannt; und er kann sich dieser lebensweltlichen Verpflichtung (deren universale Sinngeltung jedoch auf der Ebene der konventionellen Moral der Lebenswelt stets unklar und problematisch bleibt) durch postkonventionelle, transzendentalpragmatische Reflexion auf

16 Vgl. K.-O. Apel, »Warum transzendentale Sprachpragmatik?«, in: M. Baumgartner, *Prinzip Freiheit*, Freiburg/München 1979, 13-43.

den normativen Gehalt der Argumentations-Präsuppositionen vergewissern, das heißt: er kann – im Sinne der transzendental-pragmatischen Letztbegründung – die Verpflichtung als ein nicht ohne performativen Selbstwiderspruch bestreitbares Prinzip explizieren.
(So ist es z. B. nicht ohne performativen Selbstwiderspruch möglich, zu behaupten, die im Diskurs anerkannten Normen stellten es prinzipiell frei, den Diskurs nach Belieben zu verweigern bzw. abzubrechen und so seine lebensweltliche Verpflichtung aufzuheben und ihn als unverbindliches Spiel zu betrachten. Dieser Annahme liegt die schwer ausrottbare, methodisch-solipsistische Vorstellung zugrunde, der Mensch könnte, durch Reflexion auf den *Diskurs als etwas Kontingentes*, sein Denken – oder zumindest das Motiv seines Entscheidens – der Legitimation bzw. Kritik durch den argumentativen Diskurs entziehen; er könnte also den Diskurs verweigern und dennoch argumentieren oder doch wenigstens im Sinne verstehbarer Motive verbindlich entscheiden. Das so scheinbar entstehende Letztbegründungsdefizit soll dann möglicherweise durch Rekurs auf die praktisch unvermeidbare Anerkennung der moralischen Geltungsansprüche auf der Ebene der lebensweltlichen Kommunikation und Interaktion kompensiert werden[17] – so als ob

17 Vgl. hierzu J. Habermas, *Moralbewußtsein* ... (s. Anm. 12), 107 f. Habermas wiederholt hier, soweit ich sehe, eine schon früher befolgte Argumentationsstrategie, etwa im Sinne der folgenden Denkschritte:

1. Voraussetzung: Letztbegründung als Widerlegung des Skeptikers müßte in der Lage sein, nicht nur den argumentierenden, sondern auch den die Argumentation verweigernden Skeptiker zu überzeugen. (Entzieht sich der »konsequente Skeptiker« der transzendental-pragmatischen Widerlegung durch Argumentationsverweigerung, so handelt nicht etwa er selbst *strategisch*, sondern er entzieht sich der *Überlistung* durch den Transzendentalpragmatiker.)
2. Wenn schon die Widerlegung des nicht argumentierenden Skeptikers – und insofern die Letztbegründung – nicht möglich ist, so ist doch – im *Reden über* den Skeptiker – der *theoretische* Nachweis möglich, daß auch der Skeptiker auf der Ebene des kommunikativen Handelns in der Lebenswelt praktisch so handelt, als ob er die universalen Geltungsansprüche – und in diesem Sinne auch die Ansprüche der *Sittlichkeit* – anerkenne – es sei denn, er begibt sich auf den Weg in den Selbstmord oder in die Geisteskrankheit.

3. Daraus erhellt, daß der Zweifel an der Gültigkeit der moralischen Normen nur ein selbstgemachtes Pseudoproblem der Philosophen ist, das nicht durch Letztbegründung auf der Ebene des argumentativen Diskurses, sondern durch (theoretischen) Rekurs auf die lebensweltliche *Sittlichkeit* (Hegel würde sagen: die »unbefangene substantielle Sittlichkeit« vor dem Auftreten der Sophisten und des Sokrates) »aufgelöst« werden kann.

Mir scheint diese Strategie aus folgenden Gründen unhaltbar:

4. Die in (1) formulierte Voraussetzung ist unberechtigt (ja dem Transzendentalphilosophen gegenüber unfair) – ebenso übrigens wie die Voraussetzung, die Letztbegründung müsse – bei Strafe eines »dezisionistischen Restproblems« – auch für die »willentliche Bekräftigung« des Prinzips einer kognitivistischen Ethik durch die Handlungsentschlüsse der Menschen aufkommen.
5. Die in (2) angedeutete »rekonstruktive Theorie« des kommunikativen Handelns in der Lebenswelt würde ich mit Habermas vertreten; aber sie kann die Letztbegründung der Ethik (genauer: der prinzipiellen Einlösbarkeit der auf der Ebene der lebensweltlichen Sittlichkeit erhobenen universalen Geltungsansprüche der Rede) nicht ersetzen, sondern setzt sie schon voraus. Unter der Voraussetzung der transzendentalpragmatischen Letztbegründung nämlich ergibt sich in der Tat die Notwendigkeit der »rekonstruktiven Theorie« von Habermas im Sinne des von mir so genannten »Selbsteinholungsprinzips« (vgl. Anm. 31). Dieses, unmittelbar aus dem Prinzip vom zu vermeidenden pragmatischen Selbstwiderspruch herzuleitende Prinzip der rekonstruktiven Wissenschaft verlangt von den Theorien der Anthropologie und Sozialwissenschaft, daß sie die Konstitution der Argumentationsbedingungen, welche die rekonstruktive Wissenschaft möglich machen, auch als mögliches Ergebnis der kulturellen Evolution verständlich machen. Genau dies leistet Habermas' Theorie. Diese letztere aber als Ersatz für die transzendentalpragmatische Letztbegründung anzubieten, läuft auf eine *petitio principii* hinaus; denn genau dies ist ja *nach* Max Weber und Nietzsche und angesichts des gegenwärtigen Historismus-Relativismus erst zu erweisen: daß die – als Phänomen nicht zu bezweifelnden – universalen Geltungs-*Ansprüche* aller *lebensweltlichen Sittlichkeit* auch nach der »Entzauberung« der religiös-metaphysischen Weltbilder durch den »okzidentalen Rationalisierungsprozeß« prinzipiell einlösbar sind. Im Sinne des Themas dieser Studie könnte man den *Begründungs*-Rekurs auf die *Sittlichkeit* des kommunikativen Handelns in der vorphilosophischen Lebenswelt einen *substantialistischen Fehlschluß* nennen.
6. Das Illusionäre dieses Rekurses auf die »unbefangene substantielle

die philosophischen »Aufklärungen«, welche die Gültigkeit moralischer Normen in Frage gestellt haben, nicht ernst zu nehmen seien, oder genauer: so als ob in der »unbefangenen substantiellen Sittlichkeit« (Hegel) vor der Aufklärung bereits die moralische von der strategischen Vernunft oder die universal gültigen Normen von dogmatisch und ideologisch behaupteten Normen hinreichend unterschieden wären.)
Im Sinne der soeben skizzierten Grundintuition läßt sich nun m. E. unter Vermeidung aller formallogischen *Regreß-* bzw. *Zirkel*-Problematik, d. h. allein aufgrund der Explikation unserer Reflexionsevidenzen nach Maßgabe des Selektionskriteriums der Vermeidung eines performativen Selbstwiderspruchs, ein *formales Grundprinzip der Diskursethik* herleiten. Das so herleitbare Prinzip der Diskursethik ist kein *Generationsprinzip inhaltlicher Normen*, sondern ein *Verfahrensprinzip* für die – realen oder, notfalls, vom einzelnen im Gedankenexperiment zu internalisierenden – praktischen Diskurse, in denen inhaltli-

Sittlichkeit« wird besonders durch die Unhaltbarkeit von (3) verdeutlicht. M. E. läßt sich Habermas hier zu einer Verklärung der Voraufklärungs-Sittlichkeit hinreißen, die auch mit seiner eigenen Rezeption der Kohlbergschen Begriffe der *konventionellen* und der *postkonventionellen* Moral unverträglich ist: Tatsächlich ist ja auf der Ebene der Voraufklärungs-Sittlichkeit (die stets den Status einer konventionellen Binnenmoral hat) weder das *dogmatisch-ideologische* Denken noch die *strategische* Handlungsrationalität – wenngleich sie stets parasitär in bezug auf das kommunikative Handeln ist – von der konsensual-kommunikativen Vernunft *getrennt*. Und es sind wirkliche Konflikte innerhalb der lebensweltlichen Sittlichkeit, wie sie etwa in der griechischen Tragödie sich spiegeln, die so etwas wie die Adoleszenzkrise der Menschheit – von der »Achsenzeit« (K. Jaspers) der antiken Hochkulturen bis zur modernen Aufklärung und Gegenaufklärung – auf die Bahn gebracht haben. Mir scheint: Herbert Marcuse hatte schon recht, wenn er Wittgensteins Suggestion, die (postkonventionellen) Probleme der Philosophie durch Verweis auf die angeblich problemfrei funktionierenden Sprachspiele und Lebensformen des Alltags »aufzulösen«, als Versuchung des »eindimensionalen Menschen« charakterisierte. Was den modernen Neoaristotelismus vom Aristotelismus der Metaphysiktradition unterscheidet, ist eben die – mehr oder weniger bewußte – Adaption an die Wittgensteinsche Suggestion.

che Normen situationsbezogen zu begründen sind, sei es als institutionell in Kraft zu setzende *Rechtsnormen*, sei es als allgemeingültige und insofern normativ verbindliche Handlungs-*Maximen* im Sinne der *Moralität des Handelns*. Das Grundprinzip der Diskursethik delegiert also gewissermaßen die Begründung situationsbezogener inhaltlicher Normen an die von ihm geforderten praktischen Diskurse. Auf diese Weise soll eine möglichst weitgehende Verständigung über die konkreten Interessen – und insofern auch Wertungen – der betroffenen Personen und, andererseits, über die, stets revidierbaren, Einschätzungen der Handlungssituationen – und in diesem Zusammenhang der voraussichtlichen Folgen und Nebenwirkungen der Befolgung von Handlungsnormen – ermöglicht werden.

Insofern ist die Diskursethik keine *einstufige* Ethik der direkten Normenbegründung (wie noch die Ethik Kants, der aus dem *kategorischen Imperativ* »vollkommene«, d. h. ausnahmslos gültige, und »unvollkommene« Pflichten herleiten wollte), sondern eine *zweistufige* Ethik der *formal-prozeduralen Letztbegründung* der *konsensual-kommunikativen Begründung* der inhaltlichen Normen.[18] Nur auf der Stufe der reflexiven Letztbegründung des Diskursprinzips unterstellt sie die intersubjektive Konsensfähigkeit der Begründung als a priori gewiß; auf der zweiten Stufe dagegen räumt sie – im Sinne der von Charles Peirce begründeten *Konsenstheorie der Wahrheit*[19] – dem Fallibilismus der geschichtlich wandelbaren Situationseinschätzungen – auch der Einschätzungen der menschlichen Bedürfnisse – und dem Pluralismus der Wertungen im Sinne der verschiedenen menschlichen Lebensformen den denkbar weitesten Spielraum ein; genauer gesagt: den Spielraum, der mit dem prozeduralen Diskursprinzip als vermittelnder und einschränkender Bedingung vereinbar ist.

Auf diese Weise bestätigt die Diskursethik das *Universalisierungs*-Prinzip der Ethik Kants, aber sie entlastet – im Falle der

18 Vgl. K.-O. Apel, »Ist die philosophische Letztbegründung moralischer Normen auf die reale Praxis anwendbar?«, in: *Funkkolleg* (s. Anm. 1), *Dialoge*, Bd. II, 123-146, *Studientexte*, Bd. II, 606-634. Diese Konzeption entspricht m. E. der von J. Habermas, *Moralbewußtsein* ..., a. a. O.

19 Vgl. Anm. 13.

Durchführbarkeit realer praktischer Diskurse – den einzelnen von der Antizipation der möglichen Interessen der Betroffenen und der situationsbedingten Wirkungen der allgemeinen Befolgung von Normen, das heißt: von ihn sehr oft weit überfordernden Erwägungen, die darüber entscheiden sollten, ob man eine *Maxime* als universalgültiges *Gesetz* wollen kann oder nicht. Durch diese Entlastung der Phantasie des einzelnen zugunsten der geforderten diskursiven Konsensbildung wird zugleich verhindert, daß der einzelne bei der Anwendung des Universalisierungsprinzips – wie Kant selbst im Falle der Voraussetzung der Institutionsnorm des Privateigentums im Beispiel vom »Depositum«[20] – die allgemeine Wünschbarkeit einer Norm im Sinne der bestehenden *Konventionen* als selbstverständlich voraussetzt. Damit wird offenbar ein wesentlicher Teil der von Hegel so genannten »substantiellen Sittlichkeit« (die nach Hegels Meinung von der Anwendung des kategorischen Imperativs immer schon vorausgesetzt werden muß) ihrerseits der *postkonventionellen* Überprüfung und Rekonstruktion nach Maßgabe des konsensual konkretisierten Universalisierungsprinzips zugänglich. Ganz ausgeschlossen wird so von vornherein eine, ebenfalls von Hegel suggerierte, Interpretation des Kantschen Universalisierungsprinzips, die darin lediglich die Forderung der formallogischen Konsistenz bei der Wahl der zu verallgemeinernden Maxime sehen möchte – etwa im Sinne des Hareschen Beispiels vom konsequenten Rassismusfanatiker, der bereit ist, das Gesetz der Ausmerzung aller Juden gegebenenfalls auch auf sich selber anzuwenden.[21] Das Universalisierungsprinzip erweist sich vielmehr a priori als ein auf *konsensual-kommunikative* Implementierung angelegtes Prinzip der verallgemeinerten Gegenseitigkeit, und es ist *insofern* nicht inhaltsleer oder beliebig anwendbar, sondern verweist auf das mögliche Ergebnis einer universalen Verständigung.

20 Vgl. Kant, *Kritik der praktischen Vernunft*, A 113 (in: *Werke*, Akademie-Textausgabe, Bd. V, 64). Dazu kritisch Hegel, »Über die wissenschaftlichen Behandlungsarten des Naturrechts« (in: *Werke*, hrsg. von E. Moldenhauer u. K. M. Michel, Frankfurt a. M. 1974, Bd. II, 434 ff.). Dazu Apel in *Funkkolleg* (s. Anm. 16).

21 Vgl. R. M. Hare, *Freedom and Reason*, Oxford Univ. Press 1963, Kap. 9.

Man kann nun das formale Verfahrensprinzip der Diskursethik auf der Linie der von mir angedeuteten Kant-Transformation als *Universalisierungsgrundsatz* formulieren, der lediglich das ideale Kriterium der Beurteilung der im praktischen Diskurs zu überprüfenden Normen angibt, etwa im Sinne des von Habermas vorgeschlagenen Prinzips (U):

»(U) Jede gültige Norm muß der Bedingung genügen, daß die Folgen und Nebenwirkungen, die sich aus ihrer *allgemeinen* Befolgung für die Befriedigung der Interessen *jedes* einzelnen voraussichtlich ergeben, von allen Betroffenen zwanglos akzeptiert werden können.«[22]

Diese Formel scheint mir in der Tat eine adäquate Explikation des formalen Kriteriums zu sein, das wir auf der Ebene des handlungsentlasteten Diskurses als Grundnorm einer idealen Kommunikationsgemeinschaft implizit immer schon anerkannt haben müssen und das deshalb auch für die realen praktischen Diskurse, in denen situationsbezogene Normen zu begründen bzw. kritisch zu beurteilen sind, als regulative Idee der möglichen Konsensbildung maßgeblich sein sollte. Doch ich möchte die Frage aufwerfen: Ist mit einer derartigen Formel auch schon das hinreichende Prinzip der im vorigen postulierten *Verantwortungsethik* des menschlichen Handelns expliziert? Habermas ist offenbar der Meinung, daß die Formel durch Berücksichtigung der »Folgen und Nebenwirkungen der allgemeinen Befolgung von Normen« bereits dem Verantwortungsprinzip Genüge tut. Doch dies scheint mir – leider – nicht der Fall zu sein. Ich komme damit zu dem besonderen Problem der *geschichtsbezogenen Anwendung* der Diskursethik als einer *postkonventionellen* Ethik.

22 J. Habermas, »Über Moralität und Sittlichkeit – Was macht eine Lebensform ›rational‹?«, in: H. Schnädelbach (Hrsg.), *Rationalität*, Frankfurt a. M. 1984, 218-235, ebd. 219; vgl. auch Habermas *Moralbewußtsein* ..., 75 f. u. 103 f.

2. Das besondere Problem der Anwendung der postkonventionellen Diskursethik als prinzipielles Problem einer Verantwortungsethik

Zunächst einmal müßte man zeigen, wie das Prinzip (U) der Normenlegitimation als Kriterium in einem *Handlungsprinzip*, das an die Stelle des »kategorischen Imperativs« tritt, zur Geltung gebracht werden kann. Es könnte etwa so lauten:

(U^h) Handle nur nach einer Maxime, von der du, aufgrund realer Verständigung mit den Betroffenen bzw. ihren Anwälten oder – ersatzweise – aufgrund eines entsprechenden Gedankenexperiments, unterstellen kannst, daß die Folgen und Nebenwirkungen, die sich aus ihrer allgemeinen Befolgung für die Befriedigung der Interessen jedes einzelnen Betroffenen voraussichtlich ergeben, in einem realen Diskurs von allen Betroffenen zwanglos akzeptiert werden können.

Versucht man sich nun die mögliche *Anwendung* dieses Prinzips vorzustellen, so gelangt man zu einem merkwürdigen Ergebnis:

Wenn es wirklich um die *universalistische* Berücksichtigung der Interessen *aller Betroffenen* – und nicht etwa nur um das Einverständnis einer Interessengruppe – geht, dann erscheint die Anwendung noch am ehesten im Sinne der advokatorischen Wahrnehmung der Interessen der Betroffenen durch einen einzelnen – also im Sinne des ersatzweisen Gedankenexperiments – als möglich und zumutbar: etwa im privaten Handlungsbereich einer Mikroethik, von dem heute manchmal angenommen wird, daß er dem Anwendungsbereich einer Diskursethik entzogen sei. So bereitet es z. B. kaum Schwierigkeiten, sich vorzustellen, welche Verpflichtungen man etwa – den Umständen entsprechend – als einziger Anverwandter gegenüber einem kranken, senilen Onkel, der nicht mehr sprechen kann, nach Maßgabe des Prinzips (U^h) haben würde. Prinzipielle Schwierigkeiten der Anwendung von (U^h) ergeben sich dagegen da, wo es tatsächlich darum geht, moralische Normen des öffentlich wirksamen Handelns – z. B. solche des wirtschaftlich oder gar politisch relevanten Handelns – aufgrund der Beteiligung an realen Diskursen oder im Geiste der antizipierten Ergebnisse solcher Diskurse zu begründen und als verbindlich zu betrachten. Hier nämlich – im Bereich der öffentlichen Moral – ergibt sich in weit stärkerem Maße das selbst noch prinzipielle moralische Problem der *Zumutbarkeit der Anwendung* einer postkonventionellen Diskursethik, oder genauer: das Problem der *Relativität dieser Zumutbarkeit* in bezug auf die von Hegel so genannte »substantielle Sittlichkeit« des Gemeinwesens.[23]

Es wird z. B. sofort deutlich, daß diese Zumutbarkeit relativ ist auf das Bestehen von Rechtszuständen überhaupt und darüber hinaus auf den Stand der sozialen Realisierung genau des Habermasschen Prinzips (U) als Prinzip der Begründung bzw. Legitimation von Rechtsnormen. In dieser Hinsicht gibt es freilich bemerkenswerte Errungenschaften in den vom Naturrecht allgemein und von den Menschenrechten insbesondere geprägten demokratischen Rechtsstaaten. Und über das auf der Ebene der Legalität Realisierte hinaus gibt es in diesen Rechtsstaaten auch noch den rechtlich etablierten und geschützten Bereich der »räsonierenden Öffentlichkeit« (Kant). Hier können die institutionalisierten Normenbegründungsdiskurse – die mehr juristischen und die mehr politischen, wie z. B. die der Parlamente – durch informelle Diskurse im Sinne der moralischen Legitimation und Kritik der Verfahren und der Ergebnisse der juristischen und der politischen Normenbegründung ergänzt werden. Insofern ist im Machtbereich moderner demokratischer Rechtsstaaten schon ein gewisser institutioneller »Außenhalt« (Gehlen) für die Zumutbarkeit der Anwendung des Prinzips (U^h) einer postkonventionellen Diskursethik geschaffen. Diese Errungenschaften sind selber schon das Resultat von Aufklärungsprozessen, die – seit der »Achsenzeit« der antiken Hochkulturen[24] – von einer postkonventionellen Ethik der Weltreligionen und der Philosophie inspiriert wurden. Seitdem sind die konventionellen Üblichkeiten und die Institutionen z. B. im Abendland selbst schon in immer neuen Wellen von einer postkonventionellen Aufklärungsmoral im Sinne der Institutionali-

23 Zum Problem der relativen Zumutbarkeit der Moral vgl. K.-H. Ilting, »Der Geltungsgrund moralischer Normen«, in: W. Kuhlmann/D. Böhler (Hrsg.), *Kommunikation und Reflexion*, Franfkurt a. M. 1982, 612-648, bs. 620ff.

24 Vgl. K. Jaspers, *Vom Ursprung und Ziel der Geschichte*, Frankfurt a. M./Hamburg 1955.

sierung von diskursiver Reflexion und Kritik umgestaltet worden.

Dennoch ist nicht zu übersehen, daß auch heute noch auf der Ebene der *substantiellen Sittlichkeit* der Gemeinwesen keineswegs die Bedingungen der Zumutbarkeit der Anwendung des Prinzips (U^h) als eines am idealen Diskurs der Betroffenen orientierten Handlungsprinzips realisiert sind. Um dies einzusehen, braucht man nicht an die Zustände in den von moralischer Regression – wie im Faschismus, Rassismus, religiösem Fanatismus und Nationalismus – bedrohten Zonen der Erde (etwa im Libanon, in Nordirland oder in Südafrika) zu denken. Man kann auch an die jugendlichen Arbeitslosen der Unterschicht in den Metropolen der westlichen Industriegesellschaft, an die Bewohner der Slums in den Großstädten der Dritten Welt oder aber – in ganz anderer Perspektive – an die hart konkurrierenden Wirtschaftsmanager oder an die Politiker der instabilen Staaten denken; vor allem aber an alle Politiker, sofern sie im Bereich der Außenpolitik, unter Bedingungen eines beinahe noch rechtlosen »Naturzustandes«, mit dem Geschäft der Interessenbehauptung und der zugehörigen Konfliktregelung[25] befaßt sind. Ist all diesen Menschen die Anwendung des Prinzips (U^h) zuzumuten?

Ich hoffe, mit dieser Frage und den gewiß unzureichenden Hinweisen, die ihr vorausgingen, die Problemsituation einigermaßen verdeutlicht zu haben, auf die sich meine Frage nach der möglichen Anwendung der Diskursethik als einer *geschichtsbezogenen Anwendung zwischen Utopie und Regression* bezieht. Denn es scheint mir einleuchtend zu sein, daß sich die von mir eingangs (s. oben S. 218) als Skylla und Charybdis unterschiedenen Tendenzen – die von Platons »Politeia« präfigurierten *Konzeptionen der Gesellschafts- und Staatsutopie* einerseits und die immer wieder auftretenden, resignativ-regressiven oder auch zynisch-regressiven, Suggestionen einer Preisgabe der Durchsetzung postkonventioneller Vernunftmoral überhaupt – genau auf die im vorigen skizzierte Situation der geschichtsbezogenen Anwendung der Diskursethik beziehen.

Platon und später Lenin und Bert Brecht (in »Der gute Mensch

25 Vgl. K.-O. Apel, »Konfliktregelung im Atomzeitalter als Problem einer Verantwortungsethik«, in: H. Werbik (Hrsg.), *Kriegsverhütung im Atomzeitalter* (erscheint demnächst).

von Sezuan«) kamen zu dem Denkergebnis, daß unter den gegebenen Bedingungen der »substantiellen Sittlichkeit« – Athen nach der sophistischen Auflärung bzw. die Menschheit in der Ära des Kapitalismus – Moral überhaupt nicht zumutbar sei, weshalb es der philosophisch inspirierten und kontrollierten *totalen Rekonstruktion der substantiellen Sittlichkeit auf der Ebene der Staatsordnung* bedürfe. Dies ist die Antwort der *utopischen Vernunft* auf die, seit der »Achsenzeit« der antiken Hochkulturen andauernde, Krise der traditionalistisch-konventionellen Moral. Diese Antwort – die kühnste und umfassendste der postkonventionellen spekulativen Vernunft – ist noch immer sehr verständlich und suggestiv. Doch sie konnte nicht nur im Falle Platons, wie Hegel erkannte, die Freiheitsrechte der Individuen nicht zur Geltung bringen; sie muß vielmehr von vornherein das Prinzip der *kommunikativen Begründung der politischen Interaktion* der Menschen durch das der *quasi-technischen Herstellung und Kontrolle* einer definitiv-stabilen, funktionalen und totalen Ordnung durch den Philosophenkönig bzw. Sozialingenieur ersetzen.[26] Insofern muß sie dahin tendieren, durch eine Erziehungsdiktatur und durch Kontrolle der öffentlichen Meinung zumindest die Moral der Staatsbürger auf die einer funktionalen Rollenmoral der *konventionellen* Stufe von »Law and Order« zu reduzieren.

(Die orthodox-utopische Alternative zu dieser realen Tendenz besteht in der Vision eines Zustandes, in dem die Moral ebenso wie der Rechtsstaat überflüssig werden, weil im Zustand der völlig harmonischen Ordnung Interessenkonflikte nicht mehr auftreten können. Demnach wäre also die Moral unter den bestehenden Verhältnissen noch nicht zumutbar und im Zustand der realisierten Utopie nicht mehr nötig, und demnach hätte sie überhaupt keine mögliche Funktion. Dies ist m. E. eine lehrreiche Paradoxie, die Licht auf die wirkliche Funktion der Moral zu werfen vermag.)

Die immer wieder aufretende Gegentendenz zur utopischen Vernunft (oder zu dem, was dafür gehalten wird) im Sinne der

26 Vgl. hierzu H. Arendt, *Vita activa oder vom tätigen Leben*, München o. J., 214-217, sowie D. Böhler, »Kosmos-Vernunft und Lebensklugheit«, in: *Funkkolleg Praktische Philosophie/Ethik, Studientexte*, a. a. O., (s. Anm. 1), Bd. II, 356-395.

Abwiegelung postkonventioneller Forderungen einer universalistischen Moral – heute einer kommunikativen Makroethik der Menschheit im Zeitalter der ökologischen und nuklearstrategischen Krise – tendiert jedoch ebenfalls dahin, die jeweiligen Staatsbürger von den Vorzügen der *konventionellen* Moral zu überzeugen: einer pragmatisch hinreichenden Moral der Klugheit im Rahmen der tunlichst nicht in Frage zu stellenden »Üblichkeiten« der Gesellschaft bzw. des Staates, zu dem man gehört. Dies jedenfalls ist die Botschaft der pragmatisch-skeptischen Neoaristoteliker in der Bundesrepublik, die sich bemühen, die schon beim Metaphysiker Aristoteles nachweisbaren Abwiegelungstendenzen gegenüber Platons idealistischem Utopismus der Propagierung einer metaphysikfreien *Phronesis*-Lehre zeitgemäß zur Geltung zu bringen.[27]

In dieser Situation von Skylla und Charybdis bedarf es nun m. E. einer möglichst nüchternen, aber gleichwohl auf die regulative Idee des möglichen und aufgegebenen Fortschritts im Sinne der postkonventionellen Moral bezogenen Analyse der geschichtsbezogenen Anwendungsproblematik der Diskursethik. Setzen wir noch einmal bei dem Problem der Anwendung des Prinzips (U) bzw. der handlungsbezogenen Version (U^h) an: Worin bestehen die Schwierigkeiten bei der Zumutung einer unvermittelten Anwendung des Prinzips (U^h)?

Auf der Ebene des argumentativen Diskurses, der – als »Verkörperung« der »exzentrischen Positionalität« des Menschen – in eigentümlicher Weise vom geschichtlich-irreversiblen Handeln des Menschen entlastet ist, kann die von Habermas vorgeschlagene Formel aufgrund ihrer Berücksichtigung der »Folgen und Nebenwirkungen der allgemeinen Befolgung von Normen« in der Tat als ideales Prinzip einer *Verantwortungsethik* gelten; nicht so dagegen auf der Ebene der geschichtsbezogenen Anwendung dieses Prinzips. Hier verwandelt sich die Vorstellung der umstandslosen Anwendung vielmehr in die typische Zumutung einer reinen »Gesinnungsethik« im Sinne von Max Weber. Inwiefern?

Als Prinzip einer Verantwortungsethik wäre das Prinzip (U^h)

27 Vgl. D. Böhler, a. a. O., sowie ders., »Kritische Moral oder pragmatische Sittlichkeit, ›weltbürgerliche‹ Gesellschaft oder ›unsere‹ Gesellschaft?« a. a. O., Bd. III, 845-888.

ohne weiteres anwendbar, wenn wir (schon) in einer Welt lebten, in der damit gerechnet werden könnte, daß (1.) alle faktisch befolgten Normen gemäß dem angegebenen Verfahrensprinzip (U) begründet werden könnten, und daß (2.) alle Menschen (zumindest) bereit wären, die im Sinne von (U) begründeten Normen *im allgemeinen* zu befolgen; kurz: die vorgeschlagene Formel (U) wäre als hinreichendes Verfahrensprinzip für die Lösung aller Probleme der Normenbegründung bzw. Normenlegitimation akzeptierbar, wenn wir (schon) unter den Bedingungen der im argumentativen Diskurs kontrafaktisch antizipierten idealen Kommunikationsgemeinschaft lebten; oder: wenn das Anwendungsproblem der Diskursethik kein geschichtsbezogenes wäre, sondern ein Problem des geschichtlich *voraussetzungslosen Anfangs am Punkt 0*; oder: wenn so etwas wie ein *vernünftiger Neuanfang* innerhalb der Geschichte möglich wäre – so wie das heute z. B. in zahlreichen Büchern zur ökologischen und zur nuklearstrategischen Krise stillschweigend vorausgesetzt wird.

Allein: keine der hier unterstellten Voraussetzungen ist realistisch, keine ist mit post-Hegelschen Einsichten in das Wesen der Geschichtlichkeit der Handlungsbedingungen und mit post-Weberschen Einsichten in das spezifische Problem einer »Verantwortungsethik« vereinbar. Vielmehr muß vorerst als *conditio humana* der öffentlich wirksamen Anwendung jeder Form von *postkonventioneller Prinzipienmoral* etwa die folgende Situation anerkannt werden:

Jeder, der in irgendeiner Form für ein Selbstbehauptungssystem (die eigene Person, die Familie, eine soziale Gruppe, einen Staat) einzustehen hat, muß damit rechnen, daß vorerst Interessenkonflikte nicht nur durch praktische Diskurse (oder genauer: approximative Realisierungen solcher Diskurse), sondern auch durch *strategische* Formen der Interaktion (bestenfalls durch offene *Verhandlungen*, welche den offenen Kampf durch Kooperationsangebote und Androhungen von Nachteilen ersetzen) geregelt werden *müssen*. (Dies hat seinen wesentlichen Grund nicht einmal darin, daß man den Kontrahenten mangelnde Bereitschaft zur Anwendung des Diskursprinzips unterstellen müßte, vielmehr muß man z. B. bei Abrüstungsverhandlungen – oder auch bei Tarifverhandlungen – der anderen Seite unterstellen, daß sie auch berechtigte Gründe zum Mißtrauen und daher zur strategischen Interessenvertretung hat. Die Paradoxie von Abrüstungsverhandlungen z. B. besteht darin, daß selbst zwei Kontrahenten, die beide im Prinzip zu einem vernünftigen Neuanfang auf der Basis der Diskursethik bereit wären, dies von der jeweils anderen Seite nicht mit Sicherheit wissen könnten und unterstellen dürften.) Der Entschluß zu einem *vernünftigen Neuanfang im Sinne des postkonventionellen Prinzips* kann bestenfalls – und das ist durchaus wünschenswert – die innere moralische Gesinnung der Menschen neu begründen. Selbst in diesem Fall zwingt aber das *moralische Prinzip der Risikoverantwortung* die für Selbstbehauptungssysteme einstehenden Handlungssubjekte, beim konkreten Handlungsentschluß von der bestehenden, geschichtlich bedingten Situation und den durch sie bedingten Einschätzungen der zu erwartenden irreversiblen Folgen und Nebenwirkungen der einmalig-konkreten Handlung auszugehen. Mit anderen Worten: Es genügt hier nicht, sich nach einem Prinzip (U^h) zu richten, das die voraussichtlichen Folgen und Nebenwirkungen der *allgemeinen* Befolgung von Handlungsnormen berücksichtigt. Es kommt vielmehr darauf an, auch die voraussichtlichen Folgen und Nebenwirkungen der *auf die geschichtliche Situation bezogenen Anwendungen eben des Prinzips (U^h)* zu berücksichtigen. Dies erst bezeichnet die prinzipielle Forderung einer *Verantwortungsethik.*

Hier dürfte nun aber m. E. in der Gegenwart auch der tiefstliegende Ansatzpunkt für die skeptische Kritik an der Anwendbarkeit einer *Prinzipienethik überhaupt* liegen. Und in der Tat ist an dieser Stelle die Versuchung zur Regression auf eine Klugheitsmoral im Rahmen der »Üblichkeiten« sehr groß; genauer gesagt: die Suggestion, daß eine solche pragmatische Bescheidung die einzige Alternative darstelle zur utopisch-revolutionären Konzeption einer Neukonstruktion der gesellschaftlichen Wirklichkeit im ganzen. Gibt es angesichts dieser Alternative einen dritten Weg? Etwa die Möglichkeit, *das geschichtsbezogene Anwendungsproblem der Diskursethik im formalen Prinzip einer am Diskursprinzip orientierten Verantwortungsethik mitzuberücksichtigen*?

An dieser Stelle muß ich – vor allen weiteren Erwägungen –

meine Kritik an der verantwortungsethischen Relevanz des von Habermas vorgeschlagenen Prinzips (U) präzisieren. Ich denke, Habermas sieht völlig richtig, daß das von ihm formulierte Prinzip (U) als *idealer Maßstab zur kritischen Beurteilung von Normen und darüber hinaus von geschichtlich institutionalisierten Normenbegründungsverfahren, ja zur Beurteilung der Rationalität von Lebensformen* unentbehrlich ist. In diesem Sinne habe ich es ja auch selbst bei der *Einschätzung* der Schwierigkeiten des geschichtsbezogenen Anwendungsproblems bereits vorausgesetzt.

(Hier sei der folgende Hinweis zur methodischen Funktion von *Idealbegriffen* erlaubt: Die im Prinzip [U] implizierte *regulative Idee* einer universalistischen Konsenstheorie der Wahrheit bzw. der idealen Gültigkeit der für alle betroffenen konsensfähigen Normen mit ihrer kontrafaktischen Antizipation der möglichen advokatorischen Auflösung sowohl des Problems der Ermittlung der Bedürfnisse aller nicht anwesenden Betroffenen wie auch des Problems der Abschätzung von Folgen und Nebenwirkungen durch Experten: – diese regulative Idee gewinnt ihre Funktion gerade in der durch sie ermöglichten kritischen Erkenntnis der Mängel und Schwierigkeiten der faktischen Konsense und Pseudo-Konsense auf allen Approximationsstufen der Realisierung praktischer Diskurse. Diejenigen, die auf die zahllosen Schwierigkeiten der Realisierung von [U] hinweisen, sind sich selten des Umstandes bewußt, daß sie ja selber bereits von dem Prinzip als einer regulativen Idee der Realitätseinschätzung Gebrauch machen.

Hier kommt es oft zu einer Verwechslung der kritischen und heuristisch-prospektiven Funktion einer regulativen Idee im Sinne Kants mit der platonisch-metaphysischen Hypostasierung der Idee im Sinne einer als Faktum vorstellbaren Realität oder gar mit einer im ganzen fiktionalutopisch vergegenwärtigten, idealen Erfahrungswelt. Es ist m. E nicht zu leugnen, daß bei Kant im Kontext der praktischen Philosophie viele, an sich vorkantisch-metaphysische, Hypostasierungen des Ideals – z. B. die Vorstellung eines »Reichs der Zwecke« – noch nicht konsequent in »regulative Ideen« transformiert sind. Andererseits liefert Kants Kritik der Ideenhypostasierung in der »transzendentalen Dialektik« jedoch auch die Denkmittel einer möglichen radikalen Kritik aller utopischen »Vorstellungen« eines in Raum und Zeit faktisch realisierten Ideals.)

Als *regulative* Idee eines zu fordernden Konsenses aller Betroffenen über die Gültigkeit von Normen muß das Prinzip (U) m. E. gegen jeden Versuch, dahinter zurückzugehen auf irgendwelche kulturabhängigen, kontextgebundenen Normen – und insofern gegen den »hermeneutic-pragmatic turn« derer, die mit transzendentalen Idealprinzipien nicht mehr umgehen können – verteidigt werden. Denn sobald das – transzendentalpragmatisch letztbegründbare – Idealprinzip außer Sicht kommt (und d. h. in seiner möglichen Funktion nicht mehr verstanden oder gar nicht mehr vermißt wird), ist der seit der »Achsenzeit« der antiken Hochkulturen in Gang gesetzte Versuch der Begründung einer universalistischen, postkonventionellen Moral bereits tendenziell aufgegeben. Es kann dann kein kritischer Beurteilungsmaßstab mehr ausgespielt werden gegen die ohnehin übermächtige *substantielle Sittlichkeit* der Lebenswelt, die m. E. stets auf einem Kompromiß von ethischer und strategischer Vernunft im Sinne der *Binnenmoral von sozialen Selbstbehauptungssystemen* beruht. Ein solcher Kompromiß – sozusagen die Sedimentierung der soziokulturellen zweiten Natur des Menschen[28] – ist zwar nötig und unvermeidlich, doch zugleich muß er immer wieder in Frage gestellt und überschritten werden, da es ja – gerade heute – einer Moral des möglichen Zusammenlebens der vielen, verschiedenen Lebensformen bedarf.

Es darf also m. E. keine Regression der Ethik hinter den idealen Beurteilungsmaßstab geben, der in dem Prinzip (U) der Diskursethik formuliert ist. Dennoch glaube ich, auf folgendem insistieren zu müssen: Das postkonventionelle Problem einer Verantwortungsethik kann nicht schon *im Rahmen der Formulierung des idealen Beurteilungsmaßstabs für Normen* – also durch Berücksichtigung von Folgen und Nebenwirkungen der Normenbefolgung im Prinzip (U) – gelöst werden. Denn es geht hier, wie schon gesagt, um die prinzipielle Berücksichtigung der Folgen und Nebenwirkungen der *geschichtsbezogenen Anwendung* des Prinzips (U) in Gestalt des Handlungsprinzips (U^h).

28 Vgl. hierzu K.-O. Apel, *Die Erklären-Verstehen-Kontroverse in transzendentalpragmatischer Sicht*, Frankfurt a. M. 1979, 292 ff.

An dieser Stelle gilt es, einem naheliegenden Einwand zuvorzukommen. Man könnte meinen, das ganze Problem der *anwendungsbezogenen Folgenreflexion* sei überhaupt nicht auf der Ebene der Formulierung des Handlungs-*Prinzips* der Diskursethik zu behandeln, es stelle vielmehr ein ohnehin zur Begründung von Normen hinzukommendes Problem der situationsbezogenen *Normenanwendung mit Hilfe der Urteilskraft* dar. Dieser Vorschlag entspricht, so scheint mir, der vorherrschenden Strategie nicht nur der Neoaristoteliker, die auf *Üblichkeiten plus Phronesis* vertrauen, sondern auch noch der orthodoxen Kantianer. Auch sie möchten Kants ausdrückliche Abstraktion von jeder Reflexion auf die Handlungsfolgen bei der Bestimmung des Prinzips der Maximenauswahl und bei der Herleitung der Pflichten aus dem Prinzip dadurch rechtfertigen, daß sie auf die – von Kant vorgesehene – Funktion der *Urteilskraft* bei der Anwendung der Handlungsmaximen hinweisen. (Tatsächlich läßt sich ja die in der jeweiligen Situation zu wählende Handlung nicht einmal als Handlung beschreiben, ohne zumindest die beabsichtigten Folgen – und damit wohl auch die normalerweise in Kauf genommenen Nebenfolgen – ins Auge zu fassen. Hier scheint also die moderne, intentionalistische Handlungstheorie das Problem der verantwortlichen Anwendung ethischer Prinzipien gleichsam auffangen zu können. Es scheint sich ganz einfach darum zu handeln, die Anwendung der mit dem Prinzip vereinbaren Handlungsmaximen durch richtige Beurteilung der jeweils zur Wahl stehenden Handlungen zu ermöglichen: Welche Maximen mit dem Prinzip vereinbar sind, läßt sich aus dem Prinzip a priori deduzieren; die Anwendung auf Handlungen muß durch die Urteilskraft empirisch vermittelt werden.)
Doch an dieser Stelle zeigt sich die Grenze der modernen, analytischen (und zugleich die der dahinterstehenden aristotelischen) Handlungstheorie in dem Umstand, daß sie von der *Geschichtlichkeit* des Verhältnisses von Normenkonstitution und Normenanwendung abstrahieren. Genauer: Man erkennt nicht die durch den geschichtlichen Übergang von der *konventionellen Moral* (der »unbefangenen substantiellen Sittlichkeit« im Sinne Hegels) zur *postkonventionellen prinzipiengeleiteten Moral* eintretende Differenzierung im gesamten Problem der

Handlungsnormierung, sondern behandelt das Problem der postkonventionellen Anwendung ethischer *Prinzipien* (der Normenbegründung und ihrer Anwendung) weiterhin wie ein Problem der klugen Anwendung *konventioneller Normen*. Symptomatisch sind hier die Hinweise des späten Wittgenstein auf die Abhängigkeit der – selbst nicht nochmals zu regelnden – Anwendung von Regeln von »Gepflogenheiten«. Sie bezeichnen in der Tat den Stand der möglichen Problemdifferenzierung auf der Stufe der *konventionellen* Normen und ihrer Anwendung, und sie haben sich daher nicht zufälligerweise in der modernen Kulturanthropologie als Paradigma einer relativistischen Metatheorie etabliert.

Demgegenüber geht es in einer postkonventionellen Prinzipienethik – explizit in einer zweistufigen Diskursethik – zunächst einmal darum, schon die anzuwendenden Normen als geschichtlich situationsbezogene unter Berücksichtigung der voraussichtlichen Folgen ihrer allgemeinen Anwendung zu begründen. Auf der Stufe der postkantischen Diskursethik besagt dies, daß die normalerweise hinter den konventionellen Normen stehenden Interessen – die kulturell interpretierten Bedürfnisse der Menschen – ausdrücklich zum Gegenstand von praktischen Diskursen erhoben und bei der Anwendung des Universalisierungprinzips im Sinne der Selektion konsensfähiger Normen zur Geltung gebracht werden. Dem trägt Habermas dadurch Rechnung, daß er das Problem der voraussichtlichen Wirkungen der Befolgung von Normen nicht – wie Kant – zur Gänze der Urteilskraft bei der Normenanwendung überläßt, sondern es als Problem der *allgemeinen* Befolgung von Normen schon auf der Ebene des Universalisierungsprinzips (U) der Normenbegründung berücksichtigt.

(Besonders plausibel ist diese Vorkehrung im Hinblick auf die Begründung von *Rechtsnormen*; denn hier sollte man ja tunlichst nicht das Bedenken der sozialen und politischen Folgen und Nebenwirkungen der Gesetzesbefolgung den Richtern oder den Bürgern zuschieben, obgleich diese bei der Gesetzesanwendung bzw. Befolgung natürlich immer noch *Urteilskraft* bzw. *Phronesis* benötigen werden. Doch im Sinne der realen oder im Gedankenexperiment antizipierten Diskursvermittlung der Normenbegründung lassen sich durchaus auch die *moralischen*

Handlungsnormen schon bei der Beurteilung ihrer möglichen Gültigkeit dem Maßstab der voraussichtlichen Wirkungen ihrer allgemeinen Befolgung unterwerfen. Man wird dann freilich, im Unterschied zu Kant, keine »unerläßlichen«, d. h. ausnahmslos gültigen Normen aus dem Prinzip der Ethik deduzieren können.)

Allein: auch die – von Habermas vorgesehene – Berücksichtigung der voraussichtlichen Wirkungen der allgemeinen Befolgung von Normen auf der Ebene des Universalisierungsprinzips der Diskursethik ergibt m. E. noch nicht das zureichende Prinzip einer *postkonventionellen Verantwortungsethik*; denn es wird ja noch immer von dem postkonventionellen Problem der voraussichtlichen Folgen der *geschichtsbezogenen Anwendung des Prinzips der Diskursethik überhaupt* abstrahiert; anders gesagt: von dem *Problem der Realisierung der geschichtlich-gesellschaftlichen Bedingungen der Anwendung einer Diskursethik in einer Welt des primär strategischen Handelns der Selbstbehauptungssysteme.* Ich habe deshalb seit längerem an dieser Stelle die Unterscheidung zwischen *Teil A* und *Teil B der Ethik* eingeführt.[29]

Die Pointe dieser Unterscheidung, die einer Aporie aller bisherigen Prinzipienethik Rechnung tragen soll, läßt sich etwa folgendermaßen umschreiben: Während in *Teil A* der Ethik – gemäß der Intention einer transzendentalpragmatischen Letztbegründung – das Prinzip der Ethik in dem, vom Argumentierenden unbestreitbar vorausgesetzten und kontrafaktisch antizipierten Ideal einer idealen Kommunikationsgemeinschaft festgemacht sein muß, stellt sich im *Teil B* die Aufgabe, den *kontrafaktischen* Charakter der gleichwohl notwendigen Antizipation des Ideals als Problem einer geschichtsbezogenen Verantwortungsethik eigens zu berücksichtigen. Es ergibt sich also gewissermaßen die Notwendigkeit einer *Interimsethik* des Übergangs von den bestehenden Verhältnissen zur Realisierung der Anwendungsbedingungen der Diskursethik. Im Sinne einer Evolution der Moral geht es dabei z. B. um den Übergang von der routinemäßigen Anwendung der konventionellen Normen

29 Vgl. meine Darlegungen in W. Oelmüller (Hrsg.), *Transzendentalphilosophische Normenbegründungen*, Paderborn 1978, 160 ff.

einer Binnenmoral von sozialen Selbstbehauptungssystemen zur institutionellen Realisierung der Anwendungsbedingungen des Diskursprinzips der Konfliktregelung auf allen Ebenen der menschlichen Interaktion.

Eigentlich stellte sich dieses Problem schon seit der Etablierung des argumentativen Diskurses als einer Metainstitution aller menschlichen Institutionen, also im Abendland seit der griechischen Aufklärung und wiederum seit der neuzeitlichen Aufklärung. Als praktisch dringende Aufgabe einer planetaren Makroethik aber stellt sich das Problem insbesondere in der Gegenwart, im Zeitalter der ökologischen und nuklearstrategischen Krise. In entwicklungslogischer Perspektive könnte man dieses Problem des geschichtlichen Übergangs zur postkonventionellen Moral als das der *Adoleszenzkrise der Menschheit* bezeichnen. Dabei wird der Krisencharakter insbesondere durch den Umstand erhellt, daß sich seit etwa hundert Jahren defaitistische Strömungen der Philosophie einer verantwortlichen Reflexion dieses Problems eher entgegenstellen: so zuerst ein in *Gegenaufklärung* umschlagender *Historismus-Relativismus*, dann ein *Szientismus* der Einschränkung von Vernunft auf wertneutrale szientifisch-technische Rationalität, und zuletzt der sogenannte *Postmodernismus*, der die Tendenz zeigt, den von Nietzsche beschworenen Nihilismus als unser Schicksal zu erklären.[30]

Das von mir soeben charakterisierte Problem des geschichtlichen Übergangs zur postkonventionellen Anwendung des postkonventionellen Prinzips der Moral läßt sich nun in unserem Problemzusammenhang sehr wohl als das einer *Vermittlung zwischen Moralität und (substantieller) Sittlichkeit* verstehen. Freilich bedarf es an dieser Selle noch einmal einer Differenzierung, um das geschichtsbezogene Problem, um das es mir geht, nicht mit dem sozusagen normalen Problem eine Anwendung der Diskursethik unter der Voraussetzung der bereits gegebenen Anwendungsbedingungen zu verwechseln.

Habermas hat darauf hingewiesen, daß beim Übergang von der *konventionellen Sittlichkeit* zur *postkonventionellen Moralität* im Sinne Kants für den einzelnen ein Anwendungsproblem

30 Vgl. J. Habermas, *Der philosophische Diskurs der Moderne*, Frankfurt a. M. 1985.

auch in dem Sinne entsteht, daß eine Kompensation für die Abspaltung des *deontologischen* Problems der *Gerechtigkeit* von den Fragen der *Selbstverwirklichung* im Sinne eines *guten Lebens* geleistet werden muß.[31] Das Problem des Sittengesetzes ist ja jetzt nicht mehr – wie noch auf der Stufe der konventionellen Sittlichkeit – identisch mit dem Problem der individuellen Realisierung eines tugendhaften, gerechten und glücklichen Lebens durch Normenanwendung im Rahmen einer sozialen Lebensform; vielmehr ergibt sich jetzt für den einzelnen das Problem der Selbstverwirklichung als ein *zusätzliches* Problem, das jedoch *unter den einschränkenden Bedingungen* der universal gültigen Forderungen des Prinzips der Moralität – und das besagt immer auch: im Sinne der *Anwendung* der mit dem Prinzip der Moralität vereinbaren Maximen – gelöst werden muß. Gewiß stellt nun dieses Erfordernis als solches bereits ein neuartiges, eben postkonventionelles, Anwendungsproblem der Moral dar, das dem einzelnen mit großen, zuvor nicht bekannten Schwierigkeiten konfrontiert – z. B. mit der Notwendigkeit, zwischen dem Erfordernis der prinzpiell gebotenen *Normen*-Befolgung und dem der *Bewertung* der individuell relevanten Lebensumstände zu unterscheiden und zu vermitteln.

Geschichtlich gesehen, ist das hier angedeutete Problem erst sehr spät von der postkonventionellen Ethik nach der »Achsenzeit« herausgearbeitet worden. Die Klassiker der Antike gingen ja, ebenso wie die Weltreligionen, durchaus noch von der Möglichkeit einer einheitlichen Lösung der deontischen Probleme der Gerechtigkeit und der Probleme des guten Lebens aus. Kant hat dann mit großer Radikalität den Primat des formalistischen, universalistischen und deontischen Moralitätsprinzips vor der Frage nach dem Glück zur Geltung gebracht; aber auch er hat den Preis dieser Abstraktion vom Problem des guten Lebens und das für den einzelnen entstehende Kompensationsproblem noch kaum als Problem erkannt. Daran hinderte ihn wohl vor allem der Umstand, daß er, für den nur die *Naturwelt* im strikten Sinne *erkennbar* war, die *soziale Welt der gelebten Sittlichkeit* zumindest auf der Ebene seines kritischen Systemdenkens noch gar nicht

31 J. Habermas, *Moralbewußtsein* ..., 199 ff.

thematisieren konnte.[32] Erst Hegel, der als erster die soziale Welt der gelebten »substantiellen Sittlichkeit« als »objektiven Geist« im Rahmen eines philosophischen Systems begreifen konnte, erkannte das soeben angedeutete Problem der Abstraktion und Kompensation als das der modernen »Zerrissenheit«; doch er erhob zugleich den Anspruch, durch dialektisches Begreifen der »vernünftigen Wirklichkeit« im ganzen *Moralität* und *Sittlichkeit* nicht nur zu *vermitteln*, sondern die erstere noch einmal in die letztere »aufzuheben«. Ich werde darauf noch zurückkommen.
Habermas weist nun – m. E. zu Recht – diese Möglichkeit ebenso wie die eines neoaristotelischen Rückgangs hinter das kantische Prinzip der Moralität zurück. Er faßt das angedeutete Problem der Abstraktion und Kompensation als das einer postkantischen *Vermittlung* zwischen Moralität und Sittlichkeit und insofern gewissermaßen als das normale Problem einer klugen Anwendung des formalen Prinzips der Moralität *mit Hilfe der Urteilskraft* auf. In diesem Sinne glaubt nun Habermas auch die – in jüngster Zeit von C. Gilligan und J. M. Murphy vorgetragene – These zurückweisen zu können, daß man das Kohlbergsche Schema einer 6stufigen Entwicklungslogik der Ontogenese der moralischen Urteilskompetenz durch eine weitere Stufe im Sinne einer *kontextsensitiven* Verantwortungsethik ergänzen müsse.[33] Dieses Argument aber scheint mir allenfalls partiell berechtigt zu sein. Damit komme ich auf das angekündigte Problem einer weiteren Differenzierung im Problem der Vermittlung zwischen Moralität und Sittlichkeit.
Habermas betont m. E. völlig zu Recht, daß Anliegen wie »Das Prinzip der allgemeinen Wohlfahrt (Frankenas principle of beneficence) oder das der nicht-privilegierenden Fürsorge bzw. Verantwortung für andere (care and responsibility)« durch das Normenbegründungsprinzip der Diskursethik »schon berücksichtigt« sind.[34] Eben dazu dient ja die Forderung praktischer

32 Vgl. K.-O. Apel, »Kant, Hegel und das aktuelle Problem der normativen Grundlagen von Moral und Recht«, in: D. Henrich (Hrsg.), *Kant oder Hegel*, Stuttgart 1983, 597-624 (in diesem Band S. 69-102).

33 Vgl. C. Gilligan/J. M. Murphy, »Moral Development in Late Adolescence and Adulthood; a Critique and Reconstruction of Kohlberg's Theory«, in: *Human Development*, 1980, 159 ff.

34 Habermas, *Moralbewußtsein* ..., 191 ff.

Diskurse und in ihrem Rahmen das Prinzip (U) bzw. (U^h). Insofern erfordert die von Gilligan und Murphy akzentuierte Notwendigkeit der kontextsensitiven und verantwortlichen Anwendung von Normen kein neues Begründungsprinzip und insofern auch keine neue, höchste Stufe der moralischen Urteilskompetenz – schon gar nicht im Sinne eines besonderen Entwicklungspfades der weiblichen Urteilskompetenz[35] –, sondern lediglich die stets nötige Urteilskraft und Klugheit bei der situationsbezogenen Normenanwendung.

Doch mit dieser Beurteilung des Problems hat Habermas nur das sozusagen *normale Anwendungsproblem auf der ontogenetischen Stufe einer Diskursethik*, und das heißt: unter stillschweigender Voraussetzung *idealer Anwendungsbedingungen des Prinzips praktischer Diskurse in der sozialen Welt*, angesprochen. Er hat also wiederum von dem soziohistorischen Problem der Realisierung der Anwendungsbedingungen der postkonventionellen Diskursethik abstrahiert. Eine solche idealtypische Abstraktion ist ja im Sinne des strukturbezogenen Vergleichs zwischen ontogenetischen Stufen der moralischen Urteilskompetenz samt zugehöriger Anwendungsproblematik auch durchaus legitim.[36] Eine völlig andere Sicht ergibt sich jedoch, wenn

35 Vgl. C. Gilligan, *In a Different Voice*, Cambridge 1982.

36 In seiner Ergänzung von Kohlbergs sechs Stufen der moralischen Urteilskompetenz durch eine siebte Stufe im Sinne der Diskursethik (vgl. *Zur Rekonstruktion des Historischen Materialismus*, Frankfurt a. M. 1976, 83) hat Habermas selbst die normalen Anwendungsbedingungen der Diskursethik de facto expliziert. Er ordnet nämlich in der Tabelle »Rollenkompetenz und Stufen des moralischen Bewußtseins« in den Spalten »Idee des guten Lebens« und »Geltungsbereich« der Stufe 7 die Angaben »moralische und politische Freiheit« bzw. »alle als Mitglieder einer fiktiven Weltgesellschaft« zu. Versteht man diese Angaben als die der Anwendungsbedingungen des Prinzips, dann zeigt sich überraschenderweise, daß sie eigentlich schon auf den Stufen 5 und 6 – kurz: für jede Anwendung einer postkonventionellen, universalistischen Prinzipienmoral – vorausgesetzt sind. Man kann nämlich auch die Geltung des rationalen Naturrechts »für alle Rechtsgenossen« (Stufe 5) und die der formalistischen Ethik Kants »für alle Menschen als Privatpersonen« nur unter der Voraussetzung der Anwendungsbedingungen von Stufe 7 als realisierbar unterstellen (und Kant hat dies in seinen kleinen, geschichtsphilosophischen Aufsätzen auch gesehen). Unter den von mir

man die der ontogenetisch orientierten Stufenrekonstruktion eigentümliche Abstraktion rückgängig macht – im Hinblick auf den Umstand, daß in der phylogenetischen Dimension der soziokulturellen Entwicklung der Moral, von der nicht nur der Sozialisierungsprozeß der einzelnen, sondern auch die Anwendungs-*Bedingungen* der moralischen Normen bedingt sind, der Übergang zu postkonventionellen Verhältnissen ja weitgehend noch nicht realisiert ist.

Jetzt verändert sich auch die Problemsituation hinsichtlich der von Gilligan und Murphy angesprochenen »verantwortlichen, kontextsensitiven« Anwendung der Prinzipienethik – und zwar im Sinne der m. E. zu Unrecht verharmlosten Unterscheidung Max Webers zwischen *Gesinnungsethik* und *Verantwortungsethik*. Denn in einer sozialen Welt, in der mit einer bereits erfolgten geschichtlichen Realisierung der normalen Anwendungs-*Bedingungen* der Diskursethik – also z. B. der Bereitschaft aller zur Anwendung des Diskursprinzips – überhaupt nicht gerechnet werden *darf* (man denke hier etwa an eine, auf der höchsten Stufe der moralischen Urteilskompetenz befindliche Familienmutter im Libanon oder in Nordirland, aber auch an einen rechtschaffenen männlichen Politiker in entsprechender Situation) – in dieser Situation kann schon das Insistieren auf der strikten Anwendung des Diskursprinzips durchaus verantwortungsethisch unangemessen und insofern Indiz einer noch nicht völlig erwachsenen moralischen Urteilskompetenz sein.

Hier liegt m. E. das tiefere, von Gilligan und Murphy wohl nur implizit aufgeworfene Problem einer »prinzipienreflexiven« höchsten Stufe der moralischen Urteilskompetenz,[37] die gewissermaßen für die Vermittlung zwischen dem höchsten idealen Prinzip der Moralität und der durchaus nicht nur vernünftigen sozialen Realität zuständig ist. Diese Vermittlung muß übrigens

angedeuteten Bedingungen der politisch-sozialen Realität ergibt sich dagegen auf allen postkonventionellen Stufen das – von Max Weber erkannte – prinzipielle Problem der Differenz und Spannung zwischen »Gesinnungsethik« und »Verantwortungsethik«.

37 Eine höchste, »prinzipienreflexive« Stufe der moralischen Urteilskompetenz postuliert – von Max Weber her – auch W. Schluchter in *Die Entwicklung des okzidentalen Rationalismus*, Tübingen 1979, 68 u. 71.

keineswegs nur in spektakulären Ausnahmesituationen – etwa denen des Kriegs oder Bürgerkriegs – geleistet werden, sondern auch in verantwortungsethischen Kompromissen zwischen konsensual-ethischem und strategischem Handeln, die im Berufsalltag – auch in wohlgeordneten Rechtsstaaten – noch immer unvermeidlich sind. Kurz: die Vermittlung betrifft die von den geschichtlichen Handlungsbedingungen abhängigen »realen Dilemmata« der Menschen, die von den in einer idealtypischen Stufentheorie thematisierten »hypothetischen Dilemmata« moralischer Entscheidungen wohl zu unterscheiden sind.

Doch ich habe im vorigen schon angedeutet, daß auch das hier aufgeworfene Problem der *Vermittlung von Moralität und bestehender Sittlichkeit* als Anwendungsproblem einer geschichtsbezogenen Verantwortungsethik keineswegs zu einem resignativen »Abschied vom Prinzipiellen«[38] – etwa im Sinne eines skeptisch-pragmatischen Neoaristotelismus – führen muß. Es läßt sich vielmehr – in Teil B der Begründung der Ethik – als das der prinzipiellen Berücksichtigung des *kontrafaktischen* Charakters der Antizipation des Diskursideals bzw. der noch ausstehenden geschichtlichen Realisierung der sozialen, vor allem der institutionellen Anwendungsbedingungen der Diskursethik eigens thematisieren. Die entscheidende Frage ist dann allerdings die: Kann für die jetzt geforderte Vermittlung zwischen Moralität und Sittlichkeit selbst noch ein *formales, normatives Prinzip* auf der Ebene der Moralität angegeben werden? Oder muß man, mit Hegel, die Vermittlung zwischen dem normativen Ideal und der gesellschaftlichen Realität sozusagen der »List des Weltgeistes« überlassen, die der Philosoph allenfalls von einem antizipierten ex post-Standpunkt im vorhinein als notwendig, ja immer schon »wirklich« begreifen soll? Damit ist sozusagen die letzte Runde in der Auseinandersetzung zwischen einer postkantischen *Prinzipienethik* und einer Hegelschen Ethik der *substantiellen Sittlichkeit* eröffnet. Was läßt sich zugunsten eines formalen, normativen Prinzips der verantwortungsethischen Ergänzung des reinen diskursethischen Prinzips vorbringen?

38 Vgl. O. Marquard, *Abschied vom Prinzipiellen*, Stuttgart 1981.

III. Das verantwortungsethische Ergänzungsprinzip für die geschichtsbezogene Anwendung der Diskursethik

Gestatten Sie mir zunächst eine persönliche Retrospektive: Bereits in meinem ersten Ansatz einer Kommunikationsethik[39] bin ich – aufgrund der transzendentalpragmatischen Reflexion auf die Bedingungen der Möglichkeit der Argumentation – von einer *dialektischen Konstellation im Apriori der Kommunikationsbedingungen* ausgegangen: einer Konstellation, in der *drei Momente* hervorgehoben wurden:

1. die Voraussetzung der *idealen Kommunikationsgemeinschaft*, die wir im ernsthaften Argumentieren kontrafaktisch antizipieren müssen;
2. die Voraussetzung der *realen Kommunikationsgemeinschaft*, in der wir sozialisiert sind und in der wir ein hinreichendes Einverständnis schon erzielt haben müssen, um einen argumentativen Diskurs faktisch führen zu können; und dann noch
3. das Bewußtsein der prinzipiellen *Differenz zwischen der idealen und der realen Kommunikationsgemeinschaft.*

Aufgrund des zuletzt genannten Moments habe ich schon damals ein *doppeltes regulatives Prinzip für eine Verantwortungsethik* herzuleiten versucht. Das Doppelprinzip lautete: »Erstens muß es in allem Tun und Lassen darum gehen, das *Überleben* der menschlichen Gattung als der *realen* Kommunikationsgemeinschaft sicherzustellen, zweitens darum, in der realen die *ideale* Kommunikationsgemeinschaft zu verwirklichen. Das erste Ziel ist die notwendige Bedingung des zweiten Ziels; und das zweite Ziel gibt dem ersten seinen Sinn – den Sinn, der mit jedem Argument schon antizipiert ist.«[40]

Mir scheint auch heute noch das damals hergeleitete Prinzip einer geschichtsbezogenen Verantwortungsethik im wesentlichen angemessen zu sein. Zu diesem Urteil komme ich insbesondere, wenn ich es mit dem metaphysisch hergeleiteten »Prinzip Verantwortung« von Hans Jonas vergleiche. Es zeigt sich dann nämlich, vereinfacht gesagt, folgendes: Während

39 Vgl. K.-O. Apel, »Das Apriori der Kommunikationsgemeinschaft und die Grundlagen der Ethik«, in: ders., *Transformation der Philosophie*, Bd. II, Frankfurt a. M. 1973, 358-436.

40 Ebd., 431.

Jonas das Verantwortungsprinzip als *Bewahrungsprinzip* auffaßt und in seiner Auseinandersetzung mit Ernst Bloch gegen das *Emanzipationsprinzip* ausspielt, sind in meiner Formulierung beide Prinzipien von vornherein in ihrer wechselseitigen Bedingtheit erfaßt. Freilich geschah dies noch in einer Sprache, die, wie sich inzwischen gezeigt hat, nicht klar genug das Mißverständnis des Emanzipationsprinzips im Sinne einer *substantiell utopischen* Programmatik im Geiste von Ernst Bloch ausschloß. Ich will daher im folgenden die Antwort auf die Frage nach der verantwortungsethischen Ergänzung des Prinzips der Diskursethik noch einmal, in neuer Form explizieren. Dabei kann ich mich jetzt vor allem auch auf die neueren Beiträge – und die neuere Terminologie – von Jürgen Habermas stützen:

Die Hauptthese möchte ich jetzt folgendermaßen formulieren: Durch reflexiven Rückgang auf das, was wir im ernsthaften Argumentieren notwendigerweise anerkannt haben, läßt sich nicht nur das *Universalisierungsprinzip* (U) bzw. (U^h) der reinen Diskursethik herleiten, sondern darüber hinaus auch ein *moralisch-strategisches Ergänzungsprinzip* (E) für die Begründung einer Verantwortungsethik. Diese kann und soll – aufgrund des Ergänzungsprinzips – dann gewissermaßen für den *geschichtsbezogenen Übergang zur Anwendung der Diskursethik* zuständig sein, also für *Teil B der Ethik*. Inwiefern aber haben wir eine Verpflichtung im Sinne von (E) im Rahmen der normativen Bedingungen der Argumentation immer schon notwendigerweise anerkannt?

Zunächst eine Vorüberlegung: Wie im vorigen schon betont wurde, haben wir im *ernsthaften* Argumentieren nicht nur implizit schon immer das *Universalisierungsprinzip* (U) anerkannt, sondern auch dies: Das im *handlungsentlasteten Diskurs* gültige Prinzip sollte auch bei der Lösung von Interessenkonflikten in der *Lebenswelt*, in der Kommunikationen nicht handlungsentlastet sind, *angewendet* werden.

Dies ist in jüngster Zeit bestritten worden mit dem Argument, man könne im handlungsentlasteten Diskurs – und das heißt, unter der Voraussetzung einer nur für diesen gültigen Spezialethik – durchaus zu dem Ergebnis kommen, daß die Konflikte in der Lebenswelt prinzipiell nur *strategisch*, im Sinne des durchkalkulierten Selbstinteresses zu lösen seien.[41] Doch dieses Argument scheint mir nachweislich falsch zu sein: Es unterstellt entweder, daß die Subjekte des argumentativen Diskurses von den Subjekten der realen, lebensweltlichen Kommunikationen völlig verschieden seien; oder es unterstellt, daß der argumentative Diskurs ein selbstgenügsames Spiel ohne Lebensfunktion sei. Beide Unterstellungen widersprechen aber dem Ergebnis der Selbstreflexion der ernsthaft Argumentierenden. Als solche nämlich *wissen* wir (im Sinne der Nichtbestreitbarkeit bei Strafe des performativen Selbstwiderspruchs):

1. daß wir im argumentativen Diskurs, trotz reflexiver Entlastung von lebensweltlichen Handlungszwängen, mit den Subjekten der lebensweltlichen Interaktion identisch bleiben, und darüber hinaus
2. daß ernsthafte argumentative Diskurse über praktische (ethische) Fragen (»praktische Diskurse«) genau die Funktion haben, bei lebensweltlichen Interessenkonflikten eine mögliche

41 Vgl. K.-H. Ilting (1982), 620 ff. (s. Anm. 21). Dazu K.-O. Apel, »Läßt sich ethische Vernunft von strategischer Zweckrationalität unterscheiden?«, in: *Archivio di Filosofia* LI (1983), 375-434, ebd., 415 ff. Die Vertreter des Iltingschen Arguments übersehen m. E. auch einen wesentlichen Unterschied zwischen *theoretischen* und *praktischen Diskursen*: In den ersteren fungieren die Teilnehmer tatsächlich nur als Beurteiler von Wahrheitsansprüchen, die selber keine individuellen Bedürfnisse ins Spiel bringen dürfen. (Deshalb hat Peirce für die Mitglieder der »community of investigators« ein »self-surrender« gefordert. Dies bedeutet bei ihm mehr als nur eine unparteiische Einstellung im Sinne der Fairness!) In den *praktischen Diskursen* sollen dagegen die Teilnehmer keineswegs nur der Diskursethik überhaupt verpflichtet sein, sondern auch zugleich als Subjekte von Bedürfnissen und Interessen – oder als deren Vertreter – auf der Ebene des argumentativen Diskurses fungieren. Deshalb müssen sie hier – im Prinzip – zu Ergebnissen kommen, die dem Prinzip (U) bzw. (U^h) entsprechen, während die Teilnehmer an rein *theoretischen* Diskursen lediglich postulieren müssen, daß alle denkbaren Probleme nur durch Argumente zu lösen sind. Im Falle des *philosophischen Letztbegründungsdiskurses* besagt dies, daß konkrete Moralprobleme (Begründung materialer Normen) an *praktische Diskurse* der Betroffenen zu verweisen sind. Im Falle der Diskurse der *empirischen Naturwissenschaften* oder der *Formalwissenschaften* besagt es, daß von den individuellen Interessen der Teilnehmer strikt abstrahiert werden soll.

Entscheidung über strittige Geltungsansprüche herbeizuführen. Diese nämlich kann offenbar weder durch Gewalt noch durch strategische Kommunikationen – etwa Verhandlungen – erreicht werden; eben dieses Wissen drückt sich in jeder ernsthaften philosophischen Frage aus (als existentiale Präsupposition!). Mit dieser Vorüberlegung wird indessen nur erhärtet, daß das Diskursprinzip, und in seinem Rahmen das Universalisierungsprinzip (U), bei der Lösung von Interessenkonflikten in der Lebenswelt *angewendet werden sollte*. Vorausgesetzt ist dabei, daß die Anwendungsbedingungen dies auch im Sinne einer Folgenverantwortungsethik als *zumutbar* – das heißt z. B. im Sinne des Sicherheitsrisikos für Selbstbehauptungssysteme als *verantwortbar* – erscheinen lassen. Eben diese Voraussetzung aber wird in Frage gestellt durch die Reflexion auf die prinzipielle *Differenz* (D), die zwischen der menschlichen Interaktion in *handlungsentlasteten Diskursen* und derjenigen bei *lebensweltlichen Interessenkonflikten* besteht. Soll nun der lebensweltliche Verpflichtungssinn von Diskursen gleichwohl als verbindlich anerkannt werden, so stellt sich die folgende Frage: Wie läßt sich der *Differenz* (D) im Moralprinzip Rechnung tragen, und zwar so, daß das Anwendungsproblem der postkonventionellen Prinzipienethik als das einer geschichtsbezogenen Verantwortungsethik berücksichtigt wird?
Eine erste, noch sehr explikationsbedürftige Antwort ergibt sich unmittelbar aus der Reflexion auf die Tatsache, daß zwischen den Kommunikationsbedingungen, die wir im argumentativen Diskurs voraussetzen und kontrafaktisch antizipieren, und den Kommunikationsbedingungen, mit denen wir auf der Ebene der geschichtsbezogenen Anwendung der Diskursethik rechnen können bzw. dürfen, eine prinzipielle *Differenz* (D) besteht. Diese *Differenz* stellt ja auf der Ebene der *Verantwortungsethik* ein *Hindernis* für die Akzeptierung des Universalisierungsprinzips (U^h) als alleinverbindliches Prinzip der Maximenauswahl dar. (Das gilt z. B. für alle im weitesten Sinn politisch relevanten Handlungsentscheidungen.) Doch, eben die Reflexion auf die *Differenz* (D) als *Hindernis* der anwendungsbezogenen Akzeptierung des Prinzips (U) führt unmittelbar zu der Einsicht, daß es mit zu unserer moralischen Pflicht gehört, an der *approximativen Beseitigung der reflektierten Differenz*

(mit-)zuarbeiten; mit anderen Worten: daran mitzuarbeiten, daß das Wort »kontrafaktisch« in der Kennzeichnung der immer schon notwendigen Antizipation der im Prinzip (U) vorausgesetzten idealen Kommunikationsbedingungen seine ethisch-praktische Relevanz in immer mehr Bereichen des Lebens verlieren kann.

Mit dieser Einsicht ist in formaler Anzeige bereits die verantwortungsethische *Ergänzung* des formalen Prinzips der Diskursethik gewonnen. Es geht offenbar bei dem Ergänzungsprinzip (E) um die regulative Idee der approximativen Beseitigung der Hindernisse für die Anwendung von (U^h). Freilich möchte man wissen, was das Ergänzungsprinzip (E) als *normatives Prinzip* genauer beinhaltet. Hat es z. B. selbst noch den Charakter einer *universalisierbaren Regel der Maximenwahl* oder ist es letztlich doch nichts anderes als ein Appell an die *Urteilskraft* bzw. *Phronesis*, welche eben stets in der Situation an die Stelle der fehlenden *Regel der Regelanwendung* treten muß?[42] Hier beginnen in der Tat die Schwierigkeiten von Teil B der Ethik, die ich für größer halte als die der Letztbegründung in Teil A der Ethik.

Zunächst sieht es so aus, als ob man eine wesentliche Errungenschaft der *Theorie des kommunikativen Handelns* und der *Diskursethik* – die scharfe Unterscheidung zwischen *strategischer Zweckrationalität* und *konsensual-kommunikativer Rationalität*[43] – auf der Ebene der verantwortungsethischen Ergänzung des Prinzips (U) wieder aufgeben müßte; bedarf es doch zur approximativen Beseitigung der Differenz (D) einer zweckrationalen *Langzeitstrategie* (die freilich im Dienste der ge-

42 Ein orthodoxer Kantianer könnte womöglich darauf insistieren, daß unser Problem ja doch »bloß« ein solches der »reflexiven Urteilskraft« im Sinne Kants sei, da es ja offensichtlich darum gehe, die Situation der Differenz zwischen politisch-sozialer Realität und idealen Anwendungsbedingungen der Diskursethik unter einem regulativen Prinzip (der anzustrebenden Beseitigung der Differenz) zu beurteilen. Ich würde antworten: »Okay, aber es handelt sich hier um ein Anwendungsproblem der reflexiven Urteilskraft auf der Ebene der philosophischen Begründung des Moralprinzips.«

43 Vgl. J. Habermas, *Theorie des kommunikativen Handelns*, Frankfurt a. M. 1981, Bd. I, Kap. III; sowie K.-O. Apel (1983) (s. Anm. 41).

schichtsbezogenen Anwendung der Diskursethik steht). Deutlicher gesagt: Derjenige, der sich – wenn schon in ethischer Absicht – mit den Hindernissen der unmittelbaren Anwendung des Prinzips (U^h) auseinandersetzen muß, der kann eben noch nicht in unmittelbarer Anwendung des Prinzips (U^h) darauf verzichten, seinen Mitmenschen gegenüber strategisch zu handeln – z. B. ihnen eine Meinung oder Handlungweise rhetorisch zu suggerieren oder sie gegebenenfalls direkt zu täuschen. Er kann deshalb prinzipiell nicht auf solches Verhalten verzichten, weil er – z. B. als verantwortlicher Politiker – nicht damit rechnen *darf*, daß seine Kontrahenten auf das strategische Verhalten verzichten – nicht übrigens deshalb, weil diese stets böse sind, sondern weil sie ihrerseits auch nicht damit rechnen *dürfen*, daß *er* auf das strategische Verhalten verzichtet.

An dieser Stelle könnte man wiederum den Eindruck gewinnen, daß die älteren, aristotelischen Begriffe – wie »praxis« und «phronesis« –, die zwar den Unterschied zwischen *produktiv-technischer* und *politischer Handlungsrationalität*, nicht aber den zwischen *strategischer Zweckrationalität* und *konsensual-kommunikativer Rationalität* voraussetzen, in der Praxis doch auch für die Ethik die geeigneteren sind. Dieser Eindruck wird noch verstärkt durch ein weiteres Argument, das prima facie für eine Version entweder des Neoaristotelismus oder des platonischen Utopismus zu sprechen scheint: Man kann m. E. nicht bestreiten, daß auf der Ebene des von mir angedeuteten Ergänzungsprinzips (E) (der Verantwortungsethik) auch die Trennung – im Sinne einer postkantischen Metaethik – zwischen *teleologischer Ethik und deontologischer* Ethik nicht mehr aufrecht zu erhalten ist. Sowenig wie man *strategische* Handlungsrationalität aus dem Ergänzungsprinzip (E) ausschalten kann, sowenig kann man hier auf eine *teleologische* Handlungsorientierung zugunsten einer rein *formal-normativen* Orientierung verzichten. Der schon platonische Gesichtspunkt des *Guten* als des οὗ ἕνεκα (»Worumwillen«) scheint hier wieder zum letzten Maßstab zu werden. Geht es also nicht um eine utopische Rekonstruktion der substantiellen Sittlichkeit im ganzen?

Doch an dieser Stelle ist folgendes zu bedenken: Zwar ist es auf der Ebene der *Verantwortungsethik* tatsächlich nicht mehr möglich, *strategische Zweckrationalität* und *konsensual-kom-*

munikative Rationalität bzw. *teleologische* und *deontologische* Ethik getrennt zu halten; vielmehr ist eine Vermittlung beider idealtypischer Orientierungen erforderlich. Aber das besagt keineswegs, daß die zuvor eingeführten *idealtypischen Unterscheidungen* nun zurückgenommen werden müßten – etwa zugunsten der älteren, undifferenzierteren Begrifflichkeit des Aristoteles. Vielmehr setzen *Vermittlungen* in der Philosophie die vorausgegangenen Unterscheidungen, die keine Trennungen zu sein brauchen, gerade voraus; und darauf beruht ihre größere Leistungsfähigkeit. Diese erweist sich nun, wenn man den Sinngehalt der Vermittlung von Zweckrationalität und konsensual-kommunikativer Rationalität im Ergänzungsprinzip (E) der Diskursethik genauer betrachtet. Dazu hier nur zwei Hinweise auf Teilaspekte des Ergänzungsprinzips (E):
1. Die von mir postulierte moralische *Langzeitstrategie* ist nicht zu verwechseln mit der von allen antiken Denkern empfohlenen *teleologischen* Strategie im Sinne der möglichen *Realisierung des guten Lebens* –sei es der *Eudaimonia* des Individuums, sei es der *Einheit von individueller Eudaimonia und Gerechtigkeit* im Sinne der platonischen Staatsutopie. Das von mir angedeutete Ergänzungsprinzip (E) ist zwar *teleologisch* orientiert, aber nicht am substantiellen *Telos* des *guten Lebens*, sondern am Telos der Beseitigung der Hindernisse, die der Anwendung des reinen Diskursprinzips im Wege stehen. Die Realisierung des guten Lebens auf der Ebene der *individuellen* oder gar der *kollektiven Totalität einer Lebensform* bleibt hier den einzelnen bzw. den konkreten menschlichen Gemeinschaften überlassen. Sie kann – das bleibt das Resultat postkantischer Kritik der utopischen Vernunft – durch kein universal gültiges Prinzip der Ethik antizipiert oder direkt angezielt werden. Dagegen zielt das Ergänzungsprinzip (E) allerdings auf die Realisierung solcher Kommunikationsbedingungen, die es möglich machen, in *postkonventioneller* Form – nämlich durch *praktische Diskurse* – diejenigen Normen zu begründen, welche die für alle verbindlichen *einschränkenden Bedingungen* (»constraints«) für die Realisierung des guten als des glücklichen Lebens festlegen.
Damit ist übrigens auch schon angedeutet, daß es bei der geschichtsbezogenen Anwendungsproblematik der postkonventionellen Diskursethik nicht etwa darum geht, alle *Institutionen*

und *Konventionen* direkt durch den *argumentativen Diskurs* – womöglich den der philosophischen Letztbegründung des Diskursprinzips – zu ersetzen;[44] eher geht es darum, traditionelle (»naturwüchsige«) Institutionen und Konventionen sukzessiv durch solche zu ersetzen, die dem Universalisierungsprinzip (U) der Metainstitution des argumentativen Diskurses Rechnung tragen. Dieser Prozeß ist ja im Abendland schon seit Jahrhunderten erfolgreich eingeleitet – z. B. auf der Ebene der Rechtsentwicklung durch Berücksichtigung universalistischer Prinzipien wie der Menschenrechte oder auf der Ebene der Politik durch Berücksichtigung von Prinzipien demokratischer Mitbestimmung, wie z. B. solchen der parlamentarischen Demokratie.

(Natürlich wird damit nicht der Kommunikationstypus parlamentarischer Debatten schlichtweg mit dem Idealtypus der praktischen Diskurse gleichgesetzt oder die Möglichkeit einer solchen Gleichsetzung gefordert. Wohl aber wird behauptet, daß die parlamentarische Debatte, die der politischen Entscheidung durch Abstimmung immerhin vorausgeht, ein Diskurselement enthält, das sein regulatives Prinzip im Prinzip (U) des reinen Diskurses hat. Und genau dieses *Diskurselement* hat es sogar möglich gemacht, daß der Streit der politischen Parteien, der in der gesamten Antike und noch heute in den Entwicklungsländern als Symbol der Zwietracht und Unordnung gilt, zum Mechanismus der diskursiven Meinungsbildung und damit – auch – der politischen Systemstabilisierung erhoben wurde.)

2. Soll aber nun das *Ergänzungsprinzip (E)* der Diskursethik qua Verantwortungsethik tatsächlich als Moralprinzip für die Maximenwahl des einzelnen tauglich sein, dann muß noch eine Frage beantwortet werden, die delikateste Frage, die mit jeder teleologischen moralischen Strategie verbunden ist: Welche Mittel und Wege kann man im Rahmen der moralischen Strategie, die zur Beseitigung der Hindernisse für die unmittelbare Anwendung des Prinzips (U) der Diskursethik erforderlich ist, als moralisch erlaubt ansehen? Kann man hier wiederum nur

44 So stellt sich nur O. Marquard die Anwendung der Diskursethik vor; vgl. ders., »Das Über-Wir: Bemerkungen zur Diskursethik«, in: K. H. Stierle/R. Warning (Hrsg.), *Das Gespräch, Poetik und Hermeneutik* XI, München 1984.

auf die »phronesis« bzw. »Urteilskraft« vor Ort – oder mit Max Weber auf das »Augenmaß« – verweisen, oder kann man, noch auf der Ebene des Ergänzungsprinzips (E), ein formal allgemeines Kriterium angeben?

Ich meine, das letztere ist möglich, und ich beziehe mich dabei auf die Grundintuition meines ersten Ansatzes, den ich bereits skizziert habe: Man kann und muß jeder *moralisch-politischen Emanzipationsstrategie* im weitesten Sinne ein einschränkendes *Bewahrungsprinzip* zuordnen und auf diese Weise auch dem Grundmotiv von Hans Jonas Rechnung tragen: Das Bewahrungsprinzip orientiert sich nicht nur, etwa als Grundprinzip einer *ökologischen Ethik*, an der Erhaltung der menschlichen Spezies – und zwar der Art im ganzen und nicht etwa nur der Teile, die sich im Daseinskampf am besten durchsetzen können –; das Bewahrungsprinzip orientiert sich darüber hinaus an der Erhaltung solcher Konventionen und Institutionen der menschlichen Kulturtradition, die, gemessen am idealen Maßstab (U) der Diskursethik, als vorerst nicht ersetzbare Errungenschaften anzusehen sind.

Dies ist natürlich eine explikationsbedürftige Faustregel, aber sie macht doch schon so viel klar: Es geht nicht etwa darum, alle Ergebnisse der bisherigen Kulturtradition für schlecht und beseitigungswert zu halten, die noch nicht explizit durch das Prinzip (U) legitimiert sind. Vielmehr geht es durchaus darum, das »vernünftige Wirkliche« (Hegel), d. h. die Vernunft, die schon in der Wirklichkeit des objektiven Geistes steckt, nicht zu unterbieten. Es muß aber auch folgendes gesagt werden (und das scheint mir ein Gegenargument gegen das tendenziell ausschließliche Bewahrungsprinzip von Hans Jonas zu enthalten): Man kann, auch in der gegenwärtigen Krisensituation, das Dasein und die Würde des Menschen gar nicht bewahren wollen, ohne zugleich bereit zu sein, auch immer noch an der Gewährleistung der kommunikativen Bedingungen für eine mögliche Realisierung des menschenwürdigen Daseins aller Menschen mitzuarbeiten – und zwar sowohl auf der Ebene der Sozialpolitik als auf derjenigen der Außenpolitik. Damit aber schließt sich – in Teil B der Ethik – das *Erhaltungsprinzip* mit dem *Veränderungsprinzip* im verantwortungsethischen Ergänzungsprinzip (E) des Prinzips der Diskursethik (U) zusammen. Und das

Prinzip (E) schließt sich mit dem Prinzip (U^h) auf der höchsten Stufe der moralischen Urteilskompetenz zu einem einzigen Prinzip der diskursbezogenen Verantwortungsethik zusammen. Diskursethisch ist dieses Prinzip insgesamt nicht nur, insofern es a priori auf das Ideal der Regelung aller normativen Probleme in praktischen Diskursen bezogen ist, sondern auch insofern es, einschließlich des Ergänzungsprinzips (E), a priori für den argumentationsreflexiven Letztbegründungsdiskurs der Philosophen[45] konsensfähig ist. (Diese Behauptung, die man natürlich bestreiten kann, wäre selbst wieder anhand des negativen Letztbegründungskriteriums des zu vermeidenden performativen Selbstwiderspruchs als unbestreitbar zu erweisen.)

Lassen Sie mich zum Schluß noch einmal zusammenfassend deutlich machen, warum auch die im Sinne einer Verantwortungsethik ergänzte Diskursethik eine *postkantische Prinzipienethik* bleibt, die sich von allen Spielarten einer *Ethik der substantiellen Sittlichkeit* unterscheidet. Die Unterscheidung gegenüber der *pragmatisch-hermeneutischen* Spielart des *Neoaristotelismus* – d. h. der Suggestion, hinter das Kantische Universalisierungsprinzip der »Moralität« zurückzugehen auf *Üblichkeiten plus phronesis* – dürfte hinreichend klar geworden sein. Doch die Notwendigkeit einer Unterscheidung auch von jeder *spekulativen* bzw. *utopischen* Version einer Ethik der *substantiellen Sittlichkeit* bedarf vielleicht noch einer letzten Verdeutlichung.

Ich könnte mir, nach der Lektüre von Hösles Buch »Wahrheit und Geschichte« vorstellen, daß er nach Anhörung meiner bislang vorgetragenen Argumente immer noch eine spekulative »Aufhebung« meines Standpunktes für möglich halten würde. Er könnte etwa dahin argumentieren, daß die von mir postulierte *Vermittlung* zwischen Realität und Idealprinzip (im Sinne der geschichtsbezogenen Anwendung der Diskursethik) auch aus der Perspektive des *Seins* oder der *absoluten Substanz qua Geist* als ein teleologischer Prozeß müsse gedacht werden können, derart, daß der Zyklus der möglichen philosophischen Positionen sich doch im Sinne der *spekulativen Identität der subjektiv-intersubjektiven und der objektiven Bedingungen* der Verwirk-

45 Zur reflexiven Differenzierung der Diskurstypen vgl. D. Böhler in: Apel/Böhler/Rebel, *Funkkolleg* (s. Anm. 1), 331 ff., sowie ders., (1985), VI. Kap. (s. Anm. 11).

lichung der Idee schließen würde. Mir scheint, daß ich einem solchen quasi-hegelschen Argument in einem begrenzten Sinne entgegenkommen könnte:
Ich möchte nochmals zugestehen, ja hervorheben, daß Hegel über Kant hinausgehend gezeigt hat, daß es außer den *Sollenspostulaten der Moralität und – andererseits – der objektiv erkennbaren Natur* so etwas wie den *»objektiven Geist«* gibt, d. h.: die *erkennbare Wirklichkeit der substantiellen Sittlichkeit.* Diese Wirklichkeit muß sich m.E. so denken und – mit Hilfe der Sozial- bzw. Geisteswissenschaften – rekonstruieren lassen, daß auch das »Faktum der Vernunft« (d. h. die transzendentalpragmatisch einsehbaren Geltungsansprüche des Argumentationssubjekts und die zugehörigen Einlösbarkeitspostulate) als ein Resultat der Geschichte des objektiven Geistes verständlich wird. Ich habe dies das *Selbsteinholungsprinzip der rekonstruktiven Wissenschaften*[46] genannt, und ich bin der Meinung, daß nur unter Voraussetzung dieses Prinzips die menschliche Geschichte sich im Sinne ihrer ethisch geforderten praktischen Fortsetzung rekonstruieren läßt und daß gleichzeitig alle bloß reduktionistisch entlarvenden und relativistischen Theorien der Geschichte sich von diesem Prinzip her als pragmatisch selbstwidersprüchlich erweisen lassen.
Doch die hier postulierte Möglichkeit der *Rekonstruktion der Geschichte des »objektiven Geistes«* ist, trotz aller scheinbaren Ähnlichkeit, keineswegs identisch mit dem von Hegel in Anspruch genommenen *spekulativen Begreifen der vernünftigen Wirklichkeit im Sinne der objektiven Einholung des im Konkret-Allgemeinen verwirklichten Ideals.* Der entscheidende Unterschied scheint mir der zu sein: Die von mir postulierte Rekonstruktion muß methodologisch die – durch unsere zeitlich-innerzeitliche Existenz bedingte – Zäsur zwischen der *Vergangenheit* als Inbegriff der prinzipiell objektivierbaren Fakten und der *Zukunft* als Dimension des noch unentschiedenene Spielraums der Handlungsfreiheit von vornherein anerkennen. Sie kann daher die zukunftsbezogene Dimension der Sollensfragen,

46 Vgl. K.-O. Apel, »Die Situation des Menschen als ethisches Problem«, in: G. Frey (Hrsg.), *Der Mensch und die Wissenschaften vom Menschen. Beiträge des XII. Deutschen Kongresses für Philosophie*, Innsbruck 1983, 31-49 (in diesem Band S. 42-68).

auf welche alle denkbaren Prinzipien der Moralität sich beziehen, prinzipiell nicht *in derselben Form thematisieren* wie die vergangenheitsbezogene Dimension der ex post-Rekonstruktion der »substantiellen Sittlichkeit« des »objektiven Geistes«.[47] Sie kann also die spekulative Voraussetzung, unter der Hegels Identifikation des »Vernünftigen« und des »Wirklichen« sinnvoll wird, prinzipiell nicht als *einlösbaren Wissensanspruch* unterstellen.

Daraus folgt, daß auch die folgenden spekulativen Identifikationsansprüche prinzipiell nicht einlösbar sind: Der *Standpunkt der praktischen Vernunft* in bezug auf die Geschichte läßt sich niemals in den von Hegel eingenommenen *Standpunkt einer spekulativ begreifenden Vernunft* »aufheben«; das ex post-Verstehen der mehr oder weniger gelungenen Lebensformen, die alle »den Mittelpunkt ihrer Glückseligkeit in sich haben«, um mit Herder zu sprechen, kann niemals zusammenfallen mit der ethisch gebotenen Beurteilung der Situation unter dem universalistischen Prinzip der *Moralität* und des von ihm her geforderten Fortschritts; das *Konkret-Allgemeine* kann und darf daher niemals direkt zum Maßstab der Ethik werden, wie dies in Platons Staatsutopie und wiederum in Hegels »Aufhebung« der »Moralität« in der »substantiellen Sittlichkeit« letztlich des Staates ins Auge gefaßt wurde. Ohne den Hegelschen Begriff des *Konkret-Allgemeinen* – und das heißt: ohne das Postulat der »Aufhebung« universal gültiger Moral in der substantiellen Sittlichkeit einer konkreten Lebensform, die immer zugleich

47 Es war diese, selten verstandene, spekulative Voraussetzung des Hegelschen Systems, die mit innerer Konsequenz die zukunftsbezogenen »Praxis«-Philosophien des 19. Jahrhunderts – den Ur-Marxismus des jungen Marx, den Ur-Existentialismus Kierkegaards und den Pragmatismus – als Reaktionen hervorgerufen hat. (Vgl. K.-O. Apel, *Der Denkweg von Charles Peirce. Eine Einführung in den amerikanischen Pragmatismus*, Frankfurt a. M. 1975, Erster Teil, Kap. I.) Mir scheint, daß die hier eingetretene prinzipielle Differenz zwischen dem vergangenheitsbezogenen Problem der theoretischen Rekonstruktion der Geschichte und dem zukunftsbezogenen Problem der ehtisch orientierten Fortsetzung der Geschichte ein prinzipielles Hindernis für die von Hösle postulierte spekulative »Aufhebung« des transzendentalpragmatischen Standpunktes darstellt: Man kann sich angesichts dieser Differenz nicht mehr auf den »absoluten Standpunkt« stellen.

diejenige eines sozialen Selbstbehauptungssystems ist – läßt sich jedoch die von Hösle geforderte spekulative Überbietung der transzendentalpragmatischen Diskursethik m. E. nicht denken. (Und hier ist noch einmal daran zu erinnern, daß auch die neoaristotelische Regression auf die »Üblichkeiten« der bestehenden Lebensformen auf eine »Aufhebung« der universalistischen Moralität im Sinne des Konkret-Allgemeinen hinausläuft, weshalb Hegel ihr manchmal nahezukommen scheint.) Aus diesen Überlegungen scheint mir zu folgen, daß die philosophische Ethik heute auf eine totale Vermittlung des postkantischen Standpunkts der »Moralität« mit der »substantiellen Sittlichkeit« im Sinne Hegels verzichten muß. Kurz: die Philosophie kann heute einsehen, daß der von Hegel unterstellte Kreis der Heimkehr des Geistes zu sich selbst prinzipiell offen bleiben muß.

Der postkantische Universalismus in der Ethik im Lichte seiner aktuellen Mißverständnisse

0. Exposition

Der vorliegende Text entstand als Beitrag zu einer Ringvorlesung über die »ethischen Grundlagen der Kultur des Westens«.[1] In diesem Zusammenhang fiel ihm die Aufgabe zu, den Stellenwert der auf Kant zurückgehenden *universalistischen Prinzipienethik* in der gegenwärtigen Situation unserer Kultur zu verdeutlichen. Ich hätte nun eigentlich Kants Ethik des »kategorischen Imperativs« rekonstruieren und im Anschluß daran die kritische Weiterentwicklung und Transformation dieser Ethik in der von J. Habermas und mir vertretenen »Kommunikations-« oder »Diskursethik« vorstellen müssen. Doch einerseits habe ich dies schon öfter zu tun versucht – so z. B. im *Funkkolleg Praktische Philosophie/Ethik*[2] –, andererseits läßt sich das auch im Rahmen eines Vortrags nicht in angemessener Form bewerkstelligen.
Ich habe deshalb einen anderen Weg gewählt, um meinem Thema gerecht zu werden und um den Stellenwert der postkantischen Ethik insgesamt in der Gegenwartskultur zu verdeutlichen: den Weg nämlich einer – nicht ganz unpolemischen – Auseinandersetzung mit der polemischen Infragestellung der universalistischen Ethik in der Gegenwart. Daher der Titel meines Vortrags: Es soll versucht werden, durch die Auseinandersetzung mit den aktuellen Mißverständnissen der universalistischen Ethik ein Schlaglicht auf die aktuelle Bedeutung dieses Typs der Ethik zu werfen.
Die Anregung zu diesem Versuch verdanke ich in erster Linie meiner Begegnung mit dem sogenannten »Postmodernismus« der zeitgenössischen Philosophie – vor allem im Zusammen-

1 Siehe Klaus W. Kempfer/Alexander Schwan (Hrsg.); *Grundlagen der politischen Kultur des Westens*, Berlin/New York: de Gruyter, 1987, 280-300.

2 Vgl. K.-O. Apel/D. Böhler/G. Kadelbach (Hrsg.): *Funkkolleg Praktische Philosophie/Ethik: Dialoge*, 2 Bde. Frankfurt a. M.: Fischer, 1984, sowie K.-O. Apel/D. Böhler/K.-H. Rebel (Hrsg.): *Funkkolleg Praktische Philosophie/Ethik, Studientexte*, 3 Bde., Weinheim/Basel: Beltz, 1984.

hang mit den sogenannten »frankogermanischen« Gesprächen in Paris im Februar 1986.

Doch im Lichte dieser Begegnung mit einer individualistisch-anarchistischen Aversion gegen jede Art von normativem Universalismus wurden mir auch verwandte Tendenzen in der Bundesrepublik Deutschland besser verständlich – darunter auch solche, die – wie das neoaristotelische Plädoyer für die *Üblichkeiten* – eine vom Postmodernismus sehr verschiedene ideologiepolitische Herkunft verraten.

Worum geht es in diesem – zuweilen sehr polemischen und sehr emotionalen – Aufstand gegen die Zumutung universaler Moralprinzipien?

Ich möchte sogleich eine Vermutung als *These* aufstellen: Obwohl die polemischen Invektiven gegen Kant bzw. gegen den gesamten normativen Universalismus in der Ethik großenteils bizarr sind und auf Mißverständnissen beruhen, verbirgt sich hinter dem Aufstand gegen den normativen Universalismus dennoch ein ernstes Anliegen, ja ein bislang in der Ethik ungelöstes Problem. Es handelt sich freilich nicht um das Problem einer *deontologischen* Ethik universal verbindlicher Sollenspflichten, dessen Lösung seit Kant verdientermaßen im Vordergrund aller ethischen Bemühungen steht; es handelt sich vielmehr um ein weltgeschichtliches *Folgeproblem* der Kantschen Einsicht, daß das universal gültige Prinzip der deontologischen Ethik nur als eine in die konkreten Lebensformen einschneidende Abstraktion von allen individuellen Glücksinteressen etabliert werden kann.[3] Das Folgeproblem – so meine *These* – besteht in der *Wiederkehr* des alten aristotelischen Problems: der Frage nach dem *Glück* bzw. nach dem *guten Leben*. Aber dieses Problem kehrt *nach* Kant wieder als das einer individuellen *Kompensation* für die einschneidende Abstraktion Kants von den Problemen der individuellen Glückseligkeit. Das heißt aber: das aristotelische Problem kehrt wieder als ein solches, das von einzelnen und Gruppen unter den einschränkenden Bedingungen eines deontologischen, universalisierbaren Prinzips einer normativen (Gerechtigkeits-)Ethik gelöst werden muß.

3 Vgl. hierzu J. Habermas: »Über Moralität und Sittlichkeit – Was macht eine Lebensform ›rational‹?«, in: H. Schnädelbach (Hrsg.): *Rationalität*, Frankfurt a. M.: Suhrkamp, 1984, 218-235.

Soviel zur Exposition des Themas und zu meiner Lösungsstrategie. Ich werde nun im folgenden zunächst den aktuellen oder zumindest modischen Aufstand gegen die Zumutung universaler Moralprinzipien zu charakterisieren versuchen. Sodann werde ich (im 2. Teil meines Vortrags) versuchen, das ernstzunehmende Problem hinter diesem Aufstand als Folgeproblem der Kantischen Begründung der Ethik – und d. h. als entwicklungslogisch verständliches Problem im Rahmen der Evolution des moralischen Bewußtseins – zu rekonstruieren.
Schließlich werde ich (im 3. Teil meines Vortrags) anzudeuten versuchen, wie sich die mögliche Lösung des gemeinten Problems als eines *Komplementär*-Problems des formal-deontologischen Universalismus im Lichte der *Diskursethik* denken läßt.

I. Der Aufstand gegen die Zumutung universaler Moralprinzipien als Zeiterscheinung im Westen

Bei der Rede vom Aufstand gegen die Zumutung universaler Moralprinzipien denke ich zunächst an eine Reihe von einschlägigen Stellungnahmen in der französischen Philosophie der jüngsten Vergangenheit: so z. B. von Michel Foucault und von dem Verfasser der Programmschrift *La Condition Postmoderne*, Jean-François Lyotard. Diese Stellungnahmen scheinen einerseits vor dem Hintergrund einer anarchistisch-individualistischen Auflösung des Marxismus in Frankreich nach 1968,[4] andererseits im Lichte einer *postmodernistischen* Totalkritik am *Vernunft*begriff der Aufklärung, ja am *Logos*-Begriff der abendländischen Philosophie insgesamt, verständlich zu werden.[5] Als Vordenker des Aufstandes werden hier vor allem Nietzsche und Heidegger bemüht; und der Protest gegen die Zumutung universaler Normen – sei es der Ethik, sei es der Vernunft bzw. des argumentativen Diskurses überhaupt – verbindet sich in eigentümlicher Weise mit der Substitution ästhetischer Kategorien

4 Vgl. Luc Ferry/Alain Renaut: *La Pensée 68*, Paris: Gallimard, 1985.
5 Vgl. J. Habermas: *Der philosophische Diskurs der Moderne*, Frankfurt a. M.: Suhrkamp 1985, und K.-O. Apel: »Die Herausforderung der totalen Vernunftkritik und das Programm einer philosophischen Theorie der Rationalitätstypen«, in: *Concordia* 11 (1987), 2-23.

für solche theoretischer und praktischer – auch gerade ethisch-politischer Diskurse. Ich konzentriere mich aber hier nur auf einige frappierende Verdikte gegen den ethischen Universalismus bzw. gegen das universalistische Konsensprinzip argumentativer Diskurse:

M. Foucault verstand ja schon in seinem ersten größeren Werk »Histoire de la folie« (1961) die »Heraufkunft der modernen Vernunft« als »Negation, Austreibung und Reduktion« all dessen, was in bezug auf eine für universal gehaltene Vernunft-Norm als »Ausland« (»extéritorité«) gelten mußte. Dementsprechend hat Foucault in seinem letzten Werk, der mehrbändigen »Histoire de la Sexualité« für eine Ethik des »souci de soi«, der »Selbstsorge« im Sinne der Selbstverwirklichung des Individuums in einem schönen Lebensstil, plädiert und als ärgsten Feind dieser »Ethik« im Sinne der klassischen griechischen Kultur die normative Prinzipienethik mit universalem Gültigkeitsanspruch gebrandmarkt. Ähnlich wie schon Nietzsche sieht er im spätantiken Stoizismus (von Seneca bis Marc Aurel) und vor allem im Christentum den Ausgangspunkt der verhängnisvollen Umwandlung der klassischen Moral des individuellen »souci de soi« im Sinne der universalistischen Ethik (»d'une loi universelle s'imposant de la même façon à tout homme raisonable«) (*Les Nouvelles littéraires*, 29. Mai 1984). Kant eröffnete nach Foucault mit seiner Ethik nur einen weiteren Weg in dieser Tradition: einen Weg, demzufolge die Beziehung des Menschen zu sich nicht mehr die der Sorge um die individuelle Selbstverwirklichung ist, sondern in der »Subjektivität« besteht. Das bedeutet im Sinne der Foucaultschen Kantinterpretation, daß die Individualität sich im Sinne der Identität des Vernunftsubjekts der Universalität des Gesetzes unterwirft (vgl. *Entretien avec Dreifus et Rabinow*, Gallimard 1984, p. 345) Die leidenschaftliche Ablehnung einer solchen Zumutung hat Foucault in seinem letzten öffentlichen Interview wie folgt zusammengefaßt: »La recherche d'une forme morale qui serait acceptable par tout le monde en ce sens que tous devrait s'y soumettre me paraît catastrophique«, (*Les Nouvelles littéraires*, 28. Juni 1984). Ich werde auf diese Formulierung noch zurückkommen.

Eher noch einseitiger und paradoxer als bei Foucault äußert sich der Affekt gegen das Allgemeine in Jean-François Lyotards

Buch *La condition postmoderne* (Paris: Les Editions de Minuit 1979), freilich richtet sich der Affekt hier nicht so sehr gegen Kant als gegen den Holismus Hegels und – wie Lyotard glaubt – auch der Diskursethik von Habermas. Lyotard konstatiert die Auflösung der »grand metarecits« der Moderne, so der geschichtsphilosophisch-holistischen »Rahmen-Erzählung« des wissenschaftlichen und politischen Fortschritts, und er setzt diese Auflösung gleich mit der zu fordernden Auflösung aller universalen Geltungsansprüche in Wissenschaft, Moral und Recht. Übrig bleiben die Machtansprüche der funktionalen Sozialsysteme und die sich dagegen zur Wehr setzenden individuellen »Sprachspiele« und »Lebensformen«. (Diese Termini sind vom späten Wittgenstein entlehnt.)
In diesem Zusammenhang wendet sich Lyotard vehement gegen die Habermassche Konsens-Theorie der Wahrheit und der Normenbegründung, die er offenbar nicht anders denn als bedrohliche Form totalitärer Machtausübung zu verstehen vermag:
»Kann Legitimität in einem durch Diskussion erreichten Konsens gefunden werden, wie Habermas denkt? Ein derartiger Konsensus tut der Heterogenität der Sprachspiele Gewalt an. Und Erfindung (»invention«) entsteht immer aus dem Dissens. Postmodernes Wissen ist nicht einfach ein Werkzeug der Autoritäten, es verfeinert unsere Sensibilität für Differenzen und verstärkt unsere Fähigkeit, das Inkommensurable zu tolerieren. Sein Prinzip ist nicht die Homologie der Experten, sondern die Paralogie der Erfinder« (*The Postmodern Condition*, Univ. of Minnesota Press: 1984, p. XXV).
Ich möchte an dieser Stelle noch nicht in eine Diskussion eintreten, sondern nur auf den typisch postmodernistischen Stil aufmerksam machen, dem es – wie mir scheint – gar nicht um argumentative Klärung von Problemen geht, schon gar nicht um das Vermeiden von Selbstwidersprüchen, sondern um die ästhetisch-rhetorische Provokation durch bewußt produzierte Paradoxien. So hätte es z. B. wenig Sinn, Lyotard darauf aufmerksam zu machen, daß er doch selber offenbar durch seine Argumente überzeugen, also *Konsens* herbeiführen will oder daß kreativer Dissens doch selbstverständlich ein vorgesehenes Vermittlungsmoment im Rahmen eines repressionsfreien Kon-

sensbildungsdiskurses ist. Lyotard nämlich möchte es gerade umgekehrt darstellen:

»... wie ich in der Analyse der Wissenschaftspragmatik gezeigt habe, ist der Konsensus nur ein besonderer (partikularer) Zustand der Diskussion, nicht ihr Ziel. Ihr Ziel ist, im Gegenteil, Paralogie.« (a. a. O. p. 66)

Der rhetorisch-ästhetische Effekt dieser Diktion liegt – ähnlich wie bei Paul Feyerabend – darin, daß jeder pedantisch opponierende Diskussionspartner sich leicht den Vorwurf des mangelnden »esprit de finesse« oder gar des mangelnden Humors zuzieht. Dies ändert nun aber gar nichts daran, daß der Protest gegen die Zumutung universalgültiger Normprinzipien der Moral auch in politischer Hinsicht durchaus ernst gemeint ist und daß er bei der jüngeren Generation auf eine gewisse affektive Zustimmungsbereitschaft trifft – z. B. im Sinne einer ästhetisch-anarchistischen Berufung auf die *Phantasie* bzw. auf das »Andere der Vernunft« als emanzipatorisch-subversive Instanz gegenüber der – wie es heißt – repressiven Funktion der totalitären Vernunftansprüche.

An dieser Stelle ergibt sich nun eine eigenartige und wiederum beinahe paradoxe Konvergenz zwischen dem anarchistischen *Postmodernismus* ehemals linker Provenienz und politisch eher neokonservativen Stellungnahmen des hermeneutisch-pragmatischen Neoaristotelismus in der Bundesrepublik Deutschland.[6] Auch der letztere nämlich glaubt einerseits, die Kantsche *Sollens*-Ethik ebenso wie ihre zeitgenössische Rekonstruktion im Sinne einer universalistischen Diskursethik als unnötige, ja gefährliche Zumutung distanzieren zu müssen.

Andererseits möchte er den *ernsthaft gemeinten philosophischen und praktisch-politischen Diskurs*, bei dem es um die Wahrheit bzw. um die intersubjektive Gültigkeit konsensfähiger Normen geht, durch einen ebenso »unendlichen«, wie unverbindlichen *ästhetisch-hermeneutischen* Diskurs ersetzten, – einen Diskurs, in dem – ähnlich wie bei Lyotard – eher der *Dissens* als *Konsens* angestrebt werden soll. So stellt z. B. Odo Marquard in seinem Aufsatz »Das Über-Wir. Bemerkungen zur Diskursethik« dem

6 Vgl. H. Schnädelbach: »Was ist Neoaristotelismus?«, in: W. Kuhlmann (Hrsg.): *Moralität und Sittlichkeit*, Frankfurt a. M.: Suhrkamp 1986, 38-63.

(für ihn unzumutbaren) Diskurs um die Legitimation konsensfähiger Normen, den er »absoluten Diskurs« nennt, zwei andere Diskurs-Typen entgegen:
Einmal – in praktischer Absicht – den »parlamentarischen Diskurs«. In ihm wird nach Marquard – wie nach H. Lübbe – das Problem der Normenlegitimation nach der neo-Hobbesianischen Devise »auctoritas, non veritas facit legem« aufgelöst. Dieser politisch relevante Diskurs soll nach Marquard ergänzt werden durch den »literarisierten« hermeneutischen Diskurs, der unter der Devise stehen soll: »Originalitas, non veritas facit interpretationem«.[7] Es fehlt hier ersichtlich und intendiertermaßen der ernsthafte und gleichwohl nicht zur Gesetzgebung befugte argumentative Diskurs der von Kant so genannten »räsonierenden Öffentlichkeit« – insbesondere der Philosophie –, der Diskurs, in dem Legitimationsprobleme hinsichtlich der Institutionen, einschließlich des positiven Rechts, seit der Aufklärung gestellt werden. Durch die Eliminierung dieses gefährlichen Diskurses wird offenbar die Zumutung der universalistischen Diskursethik, die – nach Marquards Verständnis – »das sittliche Vorhandene« für verboten erklärt, »bis es diskursiv erlaubt ist«[8] abgewehrt, im Sinne der Marquardschen Devise: »Bisher haben die Philosophen die Welt nur verändert, es kömmt darauf an, sie zu verschonen«.[9]
In diesen erhellenden Formulierungen zeigt sich freilich, daß der *bundesdeutsche Neoaristotelismus* etwas andere Akzente setzt als der *französische Postmodernismus*: Er rekurriert bei der Abwehr der universalistischen Zumutung – anders als etwa Foucault – nicht in erster Linie auf den »souci de soi«, die Sorge des Individuums um seine »authentische Selbstverwirklichung«, sondern eher auf die »Üblichkeiten« einer in Konventionen und Institutionen immer schon verwirklichten »substantiellen Sittlichkeit«, die der einzelne nur eben mit Hilfe der

7 Odo Marquard: »Das Über-Wir. Bemerkungen zur Diskursethik«, in: Karlheinz Stierle/Rainer Warning (Hrsg.): *Das Gespräch, Poetik und Hermeneutik XI*, München: Fink, 1984.

8 Ebd. 36.

9 O. Marquard: *Schwierigkeiten mit der Geschichtsphilosophie*, Frankfurt a.M.: Suhrkamp, 1982, 13.

»phronesis« situationsgerecht anzuwenden hat. Es versteht sich, daß dabei sowohl die aristotelischen Üblichkeiten – das ὡς δεῖ des gelebten Ethos – wie auch die von Hegel berufene »substantielle Sittlichkeit« im Sinne einer *pragmatisch-hermeneutischen Reduktion auf die jeweils faktisch geltenden Konventionen* verstanden werden sollen. Das heißt: die, schon bei Aristoteles und vollends bei Hegel, im Kontext der abendländischen Metaphysik mitimplizierten *universalistischen* Ansprüche der Ethik werden natürlich abgestreift – zugunsten des Rekurses auf verbindliche Positivitäten (institutionelle Verfahren und Konventionen) einerseits, unverbindlich ästhetisch-hermeneutische Interpretationen andererseits.

An dieser Stelle nun ergibt sich eine weitere – prima facie überraschende – Konvergenz im Gegenwartsspektrum derer, die den Aufstand gegen die Zumutung universalistischer Moralprinzipien proklamieren. Um die jetzt gemeinte Konvergenz in den Blick zu bringen, muß man freilich davon absehen – ebenso wie unsere Neoaristoteliker das tun –, daß die »Üblichkeiten« der konventionellen Moral unter Umständen auch im Sinne des »gesunden Volksempfindens« der Nazis oder im Sinne eines restaurativen religiösen Fundamentalismus verstanden werden können; genauer: man muß jede historische Reflexion auf die heilsame Veränderung der »Üblichkeiten« und darüber hinaus der Rechtsinstitutionen durch den universalistischen Moraldiskurs seit der Propagierung des *Naturrechts* unterlassen; kurz: man muß, im Sinne einer pragmatisch-historischen Transformation der Hegelschen Metaphysik, voraussetzen, daß die Üblichkeiten der eigenen Epoche bzw. Kultur die »vernünftige Wirklichkeit« repräsentieren. Versteht man sich zu diesen Vereinfachungen der Situationseinschätzung, dann kann man auch im Sinne eines *progressiven Pragmatismus* alle universalen Geltungsansprüche, Prinzipien und Kriterien zugunsten des »common sense« und seiner möglichst effektiven Praktizierung *im jeweiligen Lebenskontext* verabschieden. Das ist die Linie, die Richard Rorty mit Berufung auf die Tradition des amerikanischen Pragmatismus seit John Dewey empfiehlt; und es ist bemerkenswert, daß er sich auf dieser Linie sowohl mit dem französischen Postmodernismus wie mit dem an Heidegger orientierten postmetaphysischen Hermeneutizismus glaubt treffen zu können.[10] Allenfalls befremdet ihn die Dramatisierung, mit der die deutschen und französischen Denker die »Verwindung der Metaphysik« (Heidegger) bzw. die Verabschiedung der »grandes narrations« vom menschlichen Fortschritt (Lyotard) betreiben[11]; und er behält sich vor, im politisch-moralischen Ernstfall auf die persuasive Ausstrahlungskraft der amerikanischen Institutionen und des zugehörigen »way of life« zu rekurrieren[12] – das alles jedoch nicht im Sinne argumentativer Geltungsansprüche, sondern im Sinne eines eher an Marçel Proust als an Descartes orientierten rhetorisch-literarischen Diskurses. (Es wäre interessant, hier das Verhältnis des Rortyschen *»Persuasions«-Diskurses* zu den von Marquard und andererseits Lyotard propagierten *»Dissens«-Diskursen* näher zu untersuchen.)

Soviel über den zeitgenössischen Aufstand gegen die Zumutung universaler Prinzipien – insbesondere solcher der Moral. Was ist nun dazu zu sagen? Verbirgt sich hinter diesem Aufstand ein ernstzunehmendes Problem, und, wenn ja, welches?

10 Vgl. R. Rorty: *Consequences of Pragmatism*, Brighton, Sussex: The Harvester Press, 1982.

11 Ebd. 47 f. und ders.: »Le cosmopolitisme sans émancipation (en réponse à Jean-François Lyotard)«, in: *Critique*, 456 (1985), 569 ff. Vgl. hierzu auch meine kritische Diskussion in »Zurück zur Normalität?...« In diesem Band, S. 370 ff.

12 Ebd. In der Erwiderung (ebda. 582) weist Lyotard m. E. zu Recht darauf hin, daß die von Rorty gebrauchten rhetorischen Schlüsselwörter »persuader« und »persuasion« zweideutig sind, da sie im Unterschied zum rein argumentativen Überzeugen »la ruse, la violence mentale« nicht ausschließen. Hier fehlt bei Lyotard nur die Einsicht, daß unter all den verschiedenen, ja inkommensurablen Sprachspielen bzw. »genres de dicours« nur der »argumentative Diskurs« (an dem – trotz aller Paradigmenunterschiede – die wissenschaftlichen und philosophischen Sprachspiele teilhaben müssen) die universalen Regeln und Kriterien der gewaltfreien Konsensbildung über strittige Geltungsansprüche zur Verfügung stellt. Mit anderen Worten: Es bedarf keiner metaphysischen (z. B. geschichtsphilosophischen) »metarécits«, um das prozedurale Prinzip der Beantwortung von Legitimations-Fragen anzugeben.

II. Authentische Selbstverwirklichung und kollektive Realisierung einer substantiellen Sittlichkeit als komplementäre Folgeprobleme der universalistischen Begründung des Maßstabs der Ethik

Ich beginne mit der Wiederholung der Feststellung, daß die angeführten Protestreaktionen gegen die Zumutung universaler, normativer Moralprinzipien durchaus Widerhall finden bei der jüngeren Generation – insbesondere bei ehemaligen Linken der deutschen und französischen 1968er Szene, deren Sinn fürs *Subversive* sich inzwischen auf den privaten Bereich zurückgezogen hat. Viele von ihnen werden allein schon durch die verbalen Konnotationen provoziert, die sich mit *deontologischen Sollens-* und *Norm-Begriffen* oder mit der Rede von *universalen Geltungsansprüchen* verknüpfen. An dieser Stelle wirkt sich aber m. E. bereits das erste, zentrale Mißverständnis der universalistischen Sollensethik aus. Ganz ähnlich wie Foucault in seiner Konzeption des »souci de soi« geht man von der vorkantischen Fragestellung der Glücksethik aus und unterstellt, daß *universale Moralprinzipien* – wie der »kategorische Imperativ« Kants – eine Antwort auf dieselbe Frage geben, auf die zuvor die *Tugendethiken* als Wegweiser für die *Kunst des gelingenden Lebens* antworten wollten. Unter dieser Voraussetzung wird dann die Antwort des »kategorischen Imperativs« entweder als *leer* oder aber als *repressiv* im Sinne der Exklusion bzw. Unterdrückung spontaner sinnlich-sittlicher Regungen und Erfahrungen der konkreten Selbstverwirklichung verstanden.

Tatsächlich wird man nun m. E. zugeben müssen, daß dieser Punkt bei Kant nicht hinreichend geklärt ist. Zwar ist seine aprioristische Vernunftethik nicht – wie Marquard behauptet[13] – eine Antwort auf die Frage: Wie ist Ethik ohne Lebenserfahrung möglich?, sondern vielmehr eine Antwort auf die Frage: Wie ist ein universalgültiger Maßstab für die ethische Beurteilung der stets unterschiedlichen menschlichen Lebenserfahrungen möglich? Und nur die methodische Abstraktion von der moralisch relevanten Lebenserfahrung im Sinne des Aristoteles

13 Vgl. O. Marquard: »Das Über-Wir«, a. a. O. (s. Anm. 9), 30ff.

und der englischen »Moral sense«-Theoretiker setzte Kant in den Stand, erstmals in der Philosophiegeschichte zu einem *postkonventionellen Universalisierungs-Prinzip* vorzustoßen, zu einem Prinzip, das die Grenzen traditioneller »Binnenmoralen« und damit alle rassischen, religiösen und ständischen Unterschiede in der Frage der wechselseitigen Anerkennung der Menschen als Selbstzweckwesen definitiv hinter sich ließ.

(Dies ist ein Punkt, den die Neoaristoteliker in ihrer konkretistischen Orientierung an »lokalen Üblichkeiten« geflissentlich übersehen; und die jungen Menschen, die von Foucaults Vorstellung einer Ethik des »souci de soi« bzw. der authentischen Selbstverwirklichung fasziniert sind, pflegen – ebenso wie Foucault selbst – nahezu blind zu sein gegenüber der Frage, wie es denn möglich sein soll, daß *alle* – alle Individuen und alle verschiedenen kulturellen Lebensformen – ihr *gleiches Recht* auf authentische Selbstverwirklichung in der Form des Zusammenlebens und der Kooperation verwirklichen können. Es handelt sich, wie man leicht sieht, um das zentrale philosophische Problem des Rechts und der Rechtsgeschichte, in der es ja immer schon darum ging, gerade dem Pluralismus der verschiedenen Glücksinteressen durch Festlegung gemeinsam anerkannter Normen der Gerechtigkeit Rechnung zu tragen. Charakteristischerweise wurde Foucault von diesem Problem gewissermaßen *a tergo* überrascht, als er mit der Frage der *Menschenrechte* konfrontiert wurde; und natürlich hat er bei dieser Gelegenheit sein vorausgegangenes Verdikt gegen universal gültige Moralprinzipien in den Wind geschlagen und, als aufgeklärter und progressiver Europäer, für die *Menschenrechte* votiert.[14] Ich zweifle nicht daran, daß Marquard und Rorty ebenso handeln würden; aber wahrscheinlich würden sie im Anschluß daran ihre Polemik gegen universale Prinzipien unbeirrt fortsetzen.)

Doch, wie dem auch sei: in Kants Version der universalistisch-deontologischen Prinzipienethik wird tatsächlich die folgende Frage nicht hinreichend beantwortet: die Frage, wie – unter den einschränkenden Bedingungen universalgültiger Moral-

14 Vgl. Luc Ferry/Alain Renaut: *La Pensée 68*, a. a. O. (s. Anm. 4), 45.

prinzipien (oder besser: *eines* Prinzips der versuchsweisen Universalisierung von geschichtlich vorgegebenen Normen und Maximen) – das *alte Problem der kollektiven und der individuellen Verwirklichung des guten Lebens* zu lösen sei. Kant hat zwar auch eine *Tugend-Ethik* begründen wollen, und er hat das Problem des individuellen Glücks nicht abgewiesen, sondern es *freigegeben*, indem er es der universalistischen Regelung durch das »Sittengesetz« entzog. Und diese Freigabe der individuellen Glücksverwirklichung mußte bedeuten, daß die Beantwortung dieser Frage ihre traditionelle Priorität an die *deontologische* Frage nach dem *Prinzip der Gerechtigkeit* abtreten mußte. Dennoch hat Kant noch den Eindruck erweckt, auch die Antwort auf die Frage der Pflichten und Tugenden, die zur konkret-totalen Selbstverwirklichung gehören, müßte sich letztlich aus dem universalgültigen Prinzip der Moralität deduzieren lassen. Das heißt: Kant hat das *Komplementaritätsverhältnis* zwischen dem von ihm erstmals formulierten formal-universalen Maßstab der Moralität und jedem aufs Konkret-Allgemeine einer Lebenstotalität bezogenen Problem der persönlichen oder kollektiven »Sittlichkeit« nicht erkannt. In diesem Komplementaritätsverhältnis liegt m. E. die Struktur des noch ungelösten Folgeproblems der Kantschen Begründung einer universalistischen Ethik.

Kant konnte das – von Hegel klassisch formulierte – Problem der substantiellen Sittlichkeit schon deshalb nicht angemessen begreifen, weil er – seinem epistemologischen Systemansatz zufolge – den erkennbaren Wirklichkeitsbereich des »objektiven Geistes«, den Bereich der im Konkret-Allgemeinen immer schon verwirklichten und noch zu verwirklichenden Sittlichkeit, noch nicht erkenntnistheoretisch thematisieren konnte. Der, von Hegel erstmals thematisierte, Bereich des »objektiven Geistes« mußte in Kants System-Raster zwischen der transzendental konstituierten *Naturgesetzlichkeit* einerseits und dem formal postulierten Sitten-Gesetz andererseits gleichsam durchfallen.[15] Damit zugleich aber mußte auch die Dimension der sozialen Kognition epistemologisch unterbelichtet bleiben: jene

15 Vgl. K.-O. Apel »Kant, Hegel und das aktuelle Problem der normativen Grundlegung von Moral und Recht«, in: D. Henrich (Hrsg.): *Kant oder Hegel*, Stuttgart: Klett-Cotta, 1983, 597-624 (in diesem Bd. S. 69–102).

von der naturwissenschaftlichen Erkenntnis auch schon als *Sinnlichkeit* (als *Sensibilität* der *Einfühlung* und *Sympathie*) unterschiedene Dimension des *kommunikativen Verstehens*, in der die moralischen Erfahrungen gemacht werden. (Man weiß, daß diese Erkenntnisdimension in der Zeit nach Hegel als Gegenstandsgebiet der verstehenden Geisteswissenschaften thematisiert wurde.)

Hinzu kommt, daß Kant die als »Faktum der Vernunft« behauptete universale Gültigkeit des Sittengesetzes (noch) nicht wirklich *transzendentalphilosophisch begründen* konnte. Er konnte eigentlich nur die »Realität« der autonomen gesetzgebenden Vernunft *metaphysisch erklären*,[16] sc. durch die Lehre vom Menschen als »Bürger zweier Welten«: der intelligiblen Wirklichkeit der autonomen Vernunftwesen und der empirischen Wirklichkeit der naturwissenschaftlich erkennbaren Kausalgesetzlichkeit auch der menschlichen Verhaltensmotivationen. Dieser metaphysische Dualismus platonischer und augustinisch-lutherischer Provenienz mußte schließlich auch Kants Moralpsychologie, insbesondere deren Anwendung im biographisch bezeugten Selbstverständnis des alten Kant, bestimmen: wie bekannt, im Sinne der einseitigen Akzentuierung der *Selbstdisziplinierung* im Kampf zwischen *Pflicht* und *Neigungen*.

Der Durchbruch zum Universalisierungsprinzip der Moral mußte also vom alten Kant gewissermaßen erkämpft werden durch eine Selbstdisziplinierung, an der ein moderner, psychoanalytisch geschulter Blick unschwer auch die rational nicht rechtfertigbare und insofern unnötige Repression der inneren Natur erkennen kann. Doch ist damit auch schon die *Gültigkeit* und Unentbehrlichkeit des Universalisierungsprinzips der Moralität selbst widerlegt? Ist damit erwiesen, daß ein solches Prinzip an sich selber nur eine, die Spontaneität der menschlichen Natur unterdrückende Funktion der Disziplinierung und Uniformierung haben kann, – eine externe Zwangsfunktion, die durch die narzißtische Verklärung der Vernunftform als wahre *Autonomie* lediglich verschleiert wird?

Wer mit Nietzsche und Foucault gegenüber Kant von vornher-

16 Vgl. K.-H. Ilting: »Der naturalistische Fehlschluß bei Kant«, in: M. Riedel (Hrsg.): *Rehabilitierung der praktischen Philosophie*, Bd. I, Freiburg: Rombach, 1972, 113-32.

ein den Standpunkt des »Anderen der Vernunft« glaubt einnehmen zu können – wie immer dies für die auch bei solcher »Vernunftkritik« vorausgesetzte kritische Vernunft möglich sein soll –, der muß wohl zu einem solchen Ergebnis gelangen, wie jüngst die Brüder Hartmut und Gernot Böhme in ihrem postmodernistischen Kant-Buch.[17] Ganz anders sieht indessen die Problemlage aus, wenn man sich ernsthaft fragt, ob denn nun in der Gegenwart das von Kant nicht gelöste Folgeproblem der universalistischen Begründung der Moralität – das alte Problem der Glücksethik – ohne die gleichzeitige Akzeptierung des universalistisch-deontologischen Prinzips gelöst werden kann. Ich komme damit zum dritten Teil meines Vortrags.

III. Deontologischer Universalismus und konkrete Sittlichkeit des guten Lebens im Lichte der Diskursethik

Wenn man Kants Formulierung des »Sittengesetzes«, wie im vorigen behauptet, als ersten Durchbruch zu einem universalgültigen Prinzip postkonventioneller Vernunftethik versteht, dann lassen sich in der Folgezeit als Reaktionen auf Kant etwa drei prinzipiell unterschiedene Positionen der Ethik ausmachen:

1. die *dialektisch-holistischen* Positionen Hegels und des Marxismus. (Sie sind unter sich wiederum durch den – sei es retrospektiven, sei es prospektiven – Zeit- und Praxisbezug unterschieden; aber sie wollen beide den ethischen Universalismus noch einmal in die *substantielle Sittlichkeit* »aufheben«.)
2. die *pragmatisch-hermeneutischen* und *existentialistischen* Positionen. (Sie lehnen formal-universale Sollens-Prinzipien ebenso wie Hegel und Marx ab, reduzieren aber den universalistisch begründeten Holismus Hegels auf kontextuell und partikular bedingte Üblichkeiten oder rekurrieren auf private Wertentscheidungen.)
3. die modernen *Rekonstruktionen des Kantischen Universalis-*

17 H. und G. Böhme: *Das Andere der Vernunft. Zur Entwicklung von Rationalitätsstrukturen am Beispiel Kants*, Frankfurt a. M.: Suhrkamp, 1983.

mus, wie z. B. Rawls' *Theorie der Gerechtigkeit*, Kohlbergs *Entwicklungslogik der Moral* und schließlich die *Diskursethik*.

Versuchen wir, diese drei Positionen aus heutiger Sicht zu charakterisieren:

Zu 1: Die *dialektisch-holistischen* Positionen haben wohl am tiefsten das geschichtlich Notwendige und zugleich Ungenügende des *formal-deontologischen* Universalismus der Kantschen Ethik erkannt, d. h. sie haben die auch nach der Aufklärung, unter der Bedingung postkonventioneller Vernunftansprüche, fortbestehende Notwendigkeit einer das konkrete Leben der Menschen tragenden *substantiellen Sittlichkeit* der Gesellschaft erkannt. Doch sie haben nicht erkannt, daß die *formalen Prinzipien* des *ethischen Universalismus* einerseits und die auf *konkrete Lebenstotalitäten* – seien es Individuen, seien es Gesellschaften – bezogenen *Realisierungen des guten Lebens* an sich *komplementär* sind, daß sie zwar wechselseitig füreinander unentbehrlich, gleichzeitig aber nicht aufeinander reduzierbar sind. Die Stunde für diese späte und auch heute noch schwierige Einsicht kam m. E. erst im 20. Jahrhundert. Sie kam angesichts der gleichzeitigen Erfahrung der sozialistischen Revolutionen in Rußland und China und ihrer zynischen Pendants im totalitären Faschismus. Erst jetzt kann man klar erkennen, daß der *dialektische Holismus* mit seinem Anspruch der »Aufhebung« des formalen Universalismus der Moralität in die Erneuerung der substantiellen Sittlichkeit – des Volksgeistes oder der Arbeiterklasse als der Menschheitsklasse – auf eine Fortsetzung der *utopischen Tradition* hinausläuft. Ich meine damit die faktisch durch Platons »Politeia« eingeleitete Programmatik einer totalen, postkonventionellen Re-konstruktion der Einheit und Harmonie von Gerechtigkeit, Tugend und persönlichem und kollektivem Glück in der Gesellschafts- bzw. Staatsutopie. Dieses Programm der Gesellschafts- bzw. Staatsutopie wurde freilich von Hegel und Marx scheinbar in eine nichtutopische Geschichtsphilosophie »aufgehoben«; d. h. aber: in eine *quasichiliastische* Konzeption, die – sei es vom geschichtlichen Weltgeist, sei es von der sozialistischen Revolution – eine Realisierung des Ideals in der Weltzeit erwartete.

Zu 2: Angesichts der in unserer Zeit eintretenden Enttäuschung durch alle – auch gerade die großartigsten und bestgemeinten – Projekte der *holistisch-dialektischen* Vernunft (die »grandes narrations« der »maîtres penseurs«, wie es in Frankreich heißt) – angesichts dieser Enttäuschung kommt es nun heute zur Reduktion des holistischen Motivs auf der Linie des individualistischen *Existentialismus*, des *Pragmatismus* und des *Hermeneutizismus*. Dabei sind alle drei Reduktionen des Holismus in der gleichzeitigen Ablehnung des *formalen Universalismus* der *deontologischen Prinzipienethik* einig. (Nicht selten vermengt man sogar die Abneigung gegen den *utopischen Holismus* mit der gegen den *formalen Universalismus*, wie noch zu zeigen ist.) Dadurch kommt nun in der Tat das im vorigen charakterisierte Klima des Aufstandes gegen die universalen Vernunftprinzipien überhaupt zustande. (Typisch ist die Einstellung der Postmodernisten gegenüber der Neo-Frankfurter Schule, in der man immer noch – nicht anders wie die deutschen Neokonservativen – eine Fortsetzung des utopisch-dialektischen Holismus der »maîtres penseurs« [Hegel und Marx] sieht.) Was ist dazu zu sagen?

Die grundlegende Aporie dieser, mehr in der Negation als in der Position einheitlichen zweiten Position liegt, wie mir scheint, in der folgenden Alternative: Entweder (bzw. einerseits) kommt es zur Auflösung aller verbindlichen Moral im Sinne des *existentialistischen* Dezisionismus, und das heißt: einer situationsabhängigen Privatmoral; diese Position der irrationalen letzten Wertentscheidungen wurde seit Max Weber oft *komplementär* zur Haltung des *wertneutralen Szientismus* vertreten.[18] Oder man setzt der Orientierung an existentiellen Grenzsituationen in pragmatisch-hermeneutischer Abspannung die Orientierung an den *Üblichkeiten* des Alltags entgegen. Dann kommt es zu einer Position der – eingestandenen oder nicht eingestandenen – *Regression* auf das, was Lawrence Kohl-

18 Zum Komplementaritätssystem der westlichen Ideologie vgl. K.-O. Apel: *Transformation der Philosophie*, Frankfurt a.M.: Suhrkamp, 1973, Bd. II, 370ff.; und ders.: »Die Konflikte unserer Zeit und das Erfordernis einer ethisch-politischen Grundorientierung«, in: K.-O. Apel u.a. (Hrsg.): *Reader zum Funkkolleg Praktische Philosophie/Ethik*, Frankfurt a.M.: Fischer, 1980, 267-291 (in diesem Band, S. 15-41).

berg als *konventionelle Moral* im Sinne der Institutionen (von »Law and Order«) einer partikularen Gesellschaftsordnung definiert hat.[19] Es ist dabei interessant zu sehen, wie der weiche, neo-aristotelische Hermeneutizismus in dem Augenblick, wo er das Hegelsche Erbe relativistisch reduziert, praktisch mit dem harten, relativistischen »Law and Order«-Standpunkt der Gegenaufklärung im Sinne der Institutionen-Philosophie Arnold Gehlens konvergiert. Ein von mir schon mehrfach zitiertes Beispiel dafür ist die symptomatische Rezension des bedeutenden Buches »Das Prinzip Verantwortung«, von Hans Jonas[20] durch Günther Maschke in der *FAZ* vom 7. 10. 1980. Charakteristisch für diese Rezension ist das völlige Verkennen der von Jonas aufgezeigten Notwendigkeit einer neuen, postkonventionellen – und d. h. die lokalen Üblichkeiten in globalem Maßstab in Frage stellenden – Ethik der solidarischen Verantwortung für die kollektiven, technisch-wissenschaftlichen Aktivitäten der Menschheit. Einerseits wird diese Pointe des Jonasschen Buches – die Exposition des völlig neuen Problems der interindividuellen und sogar internationalen Organisation der solidarischen Verantwortung als utopistische Zumutung an die Privatmoral mißverstanden, andererseits wird dann dieser Zumutung ein Gehlen-Zitat entgegengestellt, in dem es heißt, daß jeder nur im Rahmen seiner institutionell geregelten Zuständigkeit Verantwortung trägt. Odo Marquard könnte ergänzen: und darüber hinaus nur im Rahmen der »Üblichkeiten«. Dies würde aber freilich bedeuten, daß jeder Versuch, die heute notwendige kollektive Verantwortung der Menschheit für ihre kollektiven Aktivitäten zu organisieren, nicht nur aussichtslos,

19 L. Kohlberg: *The Philosophy of Moral Development*, San Francisco: Harper & Row, 1981. Dazu K.-O. Apel: »Die transzendentalpragmatische Begründung der Kommunikationsethik und das Problem der höchsten Stufe einer Entwicklungslogik des moralischen Bewußtseins«, in: *Archivio di Filosofia* (1986), 107-157 (in diesem Band, S. 306–69).

20 Hans Jonas: *Das Prinzip Verantwortung*, Frankfurt a. M.: Insel-Verlag, 1979. Dazu K.-O. Apel: »Verantwortung heute – nur noch Prinzip der Bewahrung und Selbstbeschränkung oder immer noch der Befreiung und Verwirklichung von Humanität?«, in: Thomas Meyer/S. Miller (Hrsg.): *Zukunfts-Ethik und Industriegesellschaft*, München: Schweitzer, 1986, 15-40 (in diesem Band, S. 179–216).

sondern schon auf der Ebene der ethischen Rechtfertigung sinnlos wäre. (Das Buch von Jonas, das selber der aristotelischen Metaphysik nahesteht, ist m. E. in der Tat geeignet, den Anachronismus der heute so beliebten neoaristotelischen Ethik der Üblichkeiten ins Bewußtsein zu heben.)

Ich habe dieses Beispiel herausgegriffen, weil es mir geeignet erscheint, die *Diskursethik* als moderne Rekonstruktion einer universalistischen Prinzipienethik im Geiste Kants einzuführen.

Zu 3: Zunächst wären hier einige, an Schlagwortassoziationen anknüpfende Unterstellungen zurückzuweisen, die von seiten der neoaristotelischen Üblichkeits-Theoretiker in Umlauf gesetzt wurden:

1. Wer die relevanten Texte liest, der kann sich rasch darüber informieren, daß die Vertreter der Diskursethik keine Belehrung darüber brauchen, daß die Menschen auch dann, wenn sie auf eine postkonventionelle moralische Urteilskompetenz zurückgreifen können, auf *Konventionen* – also Üblichkeiten, Gepflogenheiten und Institutionen – angewiesen bleiben, um im Alltag ihr Verhalten von Letztbegründungen zu »entlasten« und es reziprok erwartbar zu machen.[21] Nichtsdestoweniger hat sich im Zeitalter postkonventioneller Moralbegründung – und d. h. seit der Achsenzeit der antiken Hochkulturen und vollends seit der neueuropäischen Aufklärung – mehr und mehr ein neues, ein reflexiv-diskursives Verhältnis zu allen Konventionen und Institutionen durchgesetzt: ein Verhältnis, das durch die Metainstitution des argumentativen Legitimationsdiskurses ermöglicht wird und dazu führt, daß die Institutionen – z. B. diejenigen des Rechts und der Politik und darüber hinaus natürlich diejenigen der »räsonierenden Öffentlichkeit« im weitesten Sinne – selbst mehr und mehr reflexiv-diskursive Normenbegründungs- und Legitimationsverfahren in sich aufnehmen.

Die *Diskursethik* braucht an diese Entwicklung, die heutzutage längst zu einer Institutionalisierung der Dauerreflexion auf der

21 Vgl. K.-O. Apel: »Arnold Gehlens ›Philosophie der Institutionen‹ und die Metainstitution der Sprache«, in ders.: *Transformation der Philosophie*, Bd. I, a. a. O. (s. Anm. 18), 197–222, sowie ders.: »Weshalb benötigt der Mensch Ethik?«, in: Apel u. a. (Hrsg.): *Funkkolleg Praktische Philosophie/Ethik: Dialoge*, a. a. O. (s. Anm. 2) Bd. I, 19-162; *Studientexte*, a. a. O. (s. Anm. 2), Bd. I, 13-156.

Ebene der Kommunikationsmedien und der Konferenzen geführt hat, nur anzuknüpfen, um ihr Prinzip der konsensual-kommunikativen Problemlösung – vor allem der Konfliktregelung – zur Geltung zu bringen; und darin scheint mir allerdings die einzige Chance zu liegen, die Verantwortung für die Folgen der kollektiven Aktivitäten, die der einzelne nicht tragen kann, gleichwohl solidarisch und kooperativ zu organisieren.

2. Mit diesem Hinweis auf das schon reale und zugleich immer noch ethisch zu formierende Verhältnis zwischen Institutionen und Diskurs möchte ich sogleich auch einer anderen, bösartig karikierenden Unterstellung entgegentreten: der Behauptung nämlich, die Diskursethik wolle oder müsse »das sittlich Vorhandene« solange für verboten erklären, »bis es diskursiv erlaubt ist« (Marquard) oder, wie Ernst Vollrath einmal formulierte, »bis es letztbegründet ist«. Letztbegründet – um damit zu beginnen – werden in der Diskursethik überhaupt keine materialen, geschichtlich situationsbezogenen Normen; diese sollten ihrzufolge allerdings in *praktischen Diskursen* der Betroffenen bzw. ihrer Vertreter kritisierbar oder legitimierbar bzw. bei Bedarf neu begründbar sein, und dies – idealiter – gemäß einem *Diskursverfahren*, das seine Legitimation letztlich in einem universalgültigen Prinzip der Diskursethik hat.

Nach dem soeben skizzenhaft angedeuteten *Zweistufenschema* der Diskursethik[22] vollzieht sich die Legitimation oder Veränderung des »sittlichen Vorhandenen« auf der Stufe der konkret einzurichtenden *praktischen Diskurse*; und ganz gewiß fällt bei diesem stets falliblen und daher revisionsbedürftigen Geschäft die Beweislast für die Notwendigkeit einer konkreten Veränderung stets denen zu, die für die Veränderung argumentieren – ungeachtet des Umstandes, daß andererseits die vorhandenen Institutionen und Normen für ein postkonventionelles Moralbewußtsein prinzipiell legitimationsbedürftig sind.[23]

Die konkret einzurichtenden praktischen Diskurse – z. B. diejenigen der Rechtsbegründung – unterliegen allerdings einem *Verfahrensprinzip*, das selber einer *transzendentalpragmatischen Letztbegründung* bedarf. Deren *Notwendigkeit* ergibt

22 Vgl. K.-O. Apel ebd. *Dialoge* Bd. II, 123 ff.; *Studientexte*, Bd. II, 606 ff.

23 Dazu die Diskussion ebd. *Dialoge*, Bd. I, 137 ff. und mein Kommentar in *Studientexte*, Bd. I, 145 ff.

sich einerseits aus dem folgenden, *methodologisch* relevanten Umstand: Gerade das Verfahren fallibler und daher revisionsbedürftiger Normenbegründungen bzw. Legitimation würde seinen Sinn verlieren, wenn nicht das *prozedurale Prinzip* der für alle Betroffenen konsensfähigen Problemlösung bei allen denkbaren Revisionen schon vorausgesetzt werden könnte; zum anderen ergibt sich die Notwendigkeit der Letztbegründung aus der für das postkonventionelle Moralbewußtsein der Moderne nicht mehr abweisbaren Frage des einzelnen: »Warum soll ich überhaupt moralisch sein, z. B. in solidarischer Verbundenheit mit allen anderen Menschen Verantwortung übernehmen?«

Die Möglichkeit der Beantwortung dieser Frage ergibt sich in der Diskursethik – wie ich sie verstehe – aus einer Transformation und Radikalisierung der transzendentalen Fragestellung Kants. Diese Fragestellung nämlich konnte (ihr Inaugurator) Kant eigentlich nur auf die *theoretische Vernunft* (auf die Bedingungen der Möglichkeit gültiger Erkenntnis) beziehen. Dagegen konnte er die »Realität« der *praktischen Vernunft* und das heißt: die Einheit der Freiheit qua Autonomie und der Unterwerfung unter das Sittengesetz – nur als evidentes »Faktum (der Vernunft)« behaupten. Gerade die Evidenz dieses Faktums aber ist in jüngster Zeit in der analytischen Philosophie immer wieder in Frage gestellt worden. So hat z. B. Alasdair MacIntyre in Übereinstimmung mit Elizabeth Anscombe (und mit Nietzsche) behauptet: die Unterwerfung des Willens unter ein universalgültiges Sittengesetz sei überhaupt nur sinnvoll, wenn man – zumindest insgeheim – die Existenz eines göttlichen Gesetzgebers unterstelle.[24]

Es stellt nun m. E. keine Antwort auf diesen Einwand im Sinne einer transzendentalen Letztbegründung dar, wenn man das von Kant behauptete »Faktum der Vernunft« auf einen »unvordenklichen Urakt der Freiheit« zurückführt.[25] Denn dies läuft wieder auf eine metaphysische Erklärung hinaus, und sie ist

24 Vgl. A. MacIntyre: »Moral Philosophy: What Next?«, in: S. Hauerwas/ A. MacIntyre (Hrsg.): *Revision: Changing Perspectives in Moral Philosophy*, University of Notre Dame, Scranton: Harper & Row, 1983.

25 So etwa J. G. Fichte und in der Gegenwart Hermann Krings. Vgl. hierzu M. Baumgartner (Hrsg.): *Prinzip Freiheit*, Freiburg/München: Alber, 1979.

darüber hinaus für diejenigen unplausibel, die – aus der nominalistischen Tradition heraus – unter Freiheit die Bindungslosigkeit der Willkür (»liberum arbitrium indifferentiae«) und nicht – mit Kant – die Selbstbestimmung als vernünftige Selbstgesetzgebung verstehen. Wie also kann es eine nichtdogmatisch-metaphysische, sondern transzendentale Begründung für die Gültigkeit eines Sittengesetzes geben, die gerade auch den Skeptiker überzeugen kann, solange er sich nur ernsthaft auf die Diskussion der Frage »Warum moralisch sein?« einläßt.

Die Diskursethik braucht hier keine *metaphysische Erklärung* anstelle einer *Begründung* zu geben; und sie braucht auch nicht eine Deduktion der moralischen Vernunft aus etwas anderem zu versuchen, bei der man doch die Vernunft schon voraussetzen müßte. Sie braucht nur den ernsthaft Fragenden zur transzendentalen Selbstreflexion zu veranlassen, d. h. zur Reflexion auf den Umstand, daß er sich auf das Argumentieren eingelassen hat und damit notwendigerweise in Freiheit das ideale Verfahrensprinzip einer idealen Argumentationsgemeinschaft auch als normativ-ethisches Prinzip der konsensual-kommunikativen Lösung aller Probleme anerkannt hat. Ich kann auf diese Pointe der reflexiven Letztbegründung im gegenwärtigen Zusammenhang nicht genauer eingehen.[26] Ich möchte sie nur noch durch den Vergleich mit Rawls' Begründung seiner Fairness-Ethik zu illustrieren versuchen.

J. Rawls möchte verständlich machen, daß bzw. wie die Gerechtigkeit (einer Gesellschaftsordnung) als Resultat einer freien Wahl in einem Urvertrag begründet werden kann.[27] Da er aber mit der britischen Tradition und zugleich im Sinne der strategischen Spieltheorie der rationalen Wahl die Freiheit als Willkürfreiheit des Selbstinteresses versteht, so sieht er sich genötigt, die Fairness der rationalen Wahl dadurch von vornherein si-

26 Vgl. hierzu K.-O. Apel: »Das Apriori der Kommunikationsgemeinschaft und die Grundlagen der Ethik«, in ders.: *Transformation der Philosophie*, a. a. O. (s. Anm. 18). Bd. II, 358-436; ferner W. Kuhlmann: *Reflexive Letztbegründung. Untersuchungen zur Transzendentalpragmatik*, Freiburg/München: Alber, 1985, Kap. 5; D. Böhler: *Rekonstruktive Pragmatik*, Frankfurt a. M., 1985, VI. Kap.

27 Vgl. J. Rawls: *Eine Theorie der Gerechtigkeit*, Frankfurt a. M.: Suhrkamp, 1979.

cherzustellen, daß er der »original position« oder »situation«, in der die Wahl stattfindet, bereits von sich aus Fairnessbedingungen auferlegt. Und diese Fairness-Bedingungen wiederum sind nach Rawls' eigenem Selbstverständnis im Geiste des Kantschen Sittengesetzes gewählt. Warum aber hat Rawls diese Fairness-Bedingungen gewählt; warum sorgt er sich darum, daß die strategisch-rationale Wahl von vornherein durch die Fairness-Bedingungen eingeschränkt wird? –

Wir sind offenbar wieder auf die Frage »Warum moralisch sein?« zurückgeworfen. Um diese Frage im Sinne einer transzendentalen Letztbegründung zu beantworten, müßte Rawls selber gewissermaßen auf eine »original position« bzw. »situation« zurückgehen können, in der die Fairness-Bedingungen notwendigerweise schon in Freiheit gewählt sind. Nun: genau diese »original situation« erweist die transzendentalpragmatische Reflexion als die Situation des ernsthaft Argumentierenden; und diese Situation ist offenbar, im Unterschied zur fiktiven »original situation« des Gesellschaftsvertrags, für das Argumentieren – und d. h. für das Denken mit Gültigkeitsanspruch – nicht hintergehbar.

Doch mit dieser Letztbegründung des Prinzips einer universalistischen Diskursethik postkantischen Typs ist, wie schon gesagt, lediglich das *prozedurale* Prinzip der konsensual-kommunikativen Begründung bzw. Legitimierung von Normen in praktischen Diskursen vorgeschrieben, nicht etwa das Resultat der stets falliblen und revidierbaren Ermittlung konsensfähiger Normen in den konkret zu institutionalisierenden oder – ersatzweise – im Gedankenexperiment zu fingierenden praktischen Diskursen. Und es ist klar, daß die postulierten Diskurse, deren prozedurales Prinzip den Status einer regulativen Idee hat, immer nur in Anknüpfung an die substantielle Sittlichkeit – Ethos und Recht – der schon bestehenden Lebensformen realisiert werden können. Die regulative Idee der Diskursethik stellt also nur – allerdings – einen universalgültigen restriktiven *Maßstab* dar für die Realisierung des guten Lebens durch die einzelnen und durch die Institutionen der kollektiven Lebensformen. Hier bleibt stets ein großer Spielraum für die authentische Selbstverwirklichung der einzelnen und der Gruppen.

Somit ist klar – und damit komme ich zum eigentlichen Ergeb-

nis meines Vortrags –: Die *Komplementarität* zwischen der deontologisch-universalistischen Ethik überhaupt und dem alten und neuen Problem einer, auf die konkrete Lebenstotalität bezogenen, Ethik des guten Lebens wird auch durch die Diskursethik nicht aufgehoben – weder in bezug auf den einzelnen noch in bezug auf die kollektiven, soziokulturellen Lebenseinheiten. Das schon mehrfach genannte *Folgeproblem* der Begründung universalgültiger Prinzipien der Moralität bleibt für die einzelnen und für die Völker bestehen.
Aber das Problem des Zusammenlebens der einzelnen und der Völker, die alle das gleiche Recht auf authentische Selbstverwirklichung haben: dieses Hauptproblem einer heute geforderten Makro- oder Globalethik kann gerade nicht so gelöst werden, wie Foucault, Lyotard und auch Marquard es zumindest nahelegen. Ich bin hier versucht, das genaue Gegenteil ihrer paradox-anarchistischen bzw. quietistisch-individualistischen Parolen zu behaupten:
Es würde in der Tat, in der heutigen Welt, auf eine Katastrophe hinauslaufen, wenn die einzelnen oder die kollektiven Gruppen ihre Selbstverwirklichung ohne Rücksicht auf universalgültige normative Prinzipien durchsetzen wollten; und es würde ebenfalls katastrophale Auswirkungen haben, wenn in den zahllosen Gesprächen, in denen heute täglich auf allen nationalen und internationalen Ebenen praktisch relevante Agreements angestrebt werden – mehr durch strategische Verhandlungen freilich als durch argumentative Diskurse –, wenn hier plötzlich die Devise befolgt würde, *Dissens* statt *Konsens* anzustreben; oder wenn man sich entschließen würde, statt der mühsamen Verständigungsversuche lieber die unverbindliche ästhetische Vielfalt der Interpretationen zu prämieren. Sogar die nur aus ästhetischen oder Unterhaltungsgründen gepflegten Sprachspiele und Lebensformen würden sich nicht mehr frei entfalten können, wenn nicht in anderen Diskursformen ernsthaft um den Konsens über Interessen und über Geltungsansprüche gerungen würde. Auch das pragmatische Ansinnen, ganz ohne universalgültige Prinzipien und argumentativ einlösbare Geltungsansprüche auszukommen, indem man einfach im Sinne des *common sense* der eigenen Lebensform je im Situationskontext auf die anderen einwirkt, – auch dieser Vorschlag Richard Ror-

tys ist nicht nur als Argument performativ inkonsistent, sondern auch in seinen praktischen Konsequenzen bedenklich: er müßte ja im Falle Rortys darauf hinauslaufen, in Konfliktfällen den »american way of life« zu propagieren, statt sich auf Geltungskriterien zu berufen.[28]
Wie aber könnte und sollte dann das Problem der authentischen Selbstverwirklichung als komplementäres Folgeproblem der Begründung universaler Moralprinzipien gelöst werden?
1. Die Antwort auf diese Frage kann zunächst einfach aus einer postkantischen Perspektive gegeben werden: Die einzelnen und die Völker sollten ihren authentischen Stil des guten Lebens – der durch kein universales Prinzip begründbar ist, der aber natürlich auf andere durchaus eine Faszinationskraft ausüben darf – a priori *unter den einschränkenden Bedingungen des Universalisierungsprinzips der Moralität* zu realisieren versuchen. Das bedeutet einerseits – auf der Ebene des gelebten Ethos –, daß alle Individuen und alle Gesellschaften bei ihrer Praktizierung des »souci de soi« universalgültige Prinzipien der Moralität, wie z. B. die in den Menschenrechten oder im »pacta sunt servanda« vorausgesetzten Normen, zu respektieren haben; es bedeutet aber darüber hinaus – wegen der Begründung auch der Universalität des Legalitätsprinzips durch das Moralitätsprinzip –, daß auf der Ebene der einzelnen Rechtsstaaten die jeweils für alle gültigen Normen des positiven Rechts den Spielraum des »souci de soi« bzw. der Glücksrealisierung durch strategisch-ökonomisches Handeln der einzelnen *begrenzen* müssen.
2. Diese quasi-kantische Antwort kann jedoch aus der Perspektive der Diskursethik ergänzt werden; denn diese schreibt ja, außer den einschränkenden Bedingungen der individuellen und kollektiven Glücksverwirklichung, auch die idealen prozeduralen Ermöglichungsbedingungen der Verständigung und der Kooperation zwischen einzelnen und Gruppen vor: so vor allem, in der gegenwärtigen Situation einer globalen Krise der wissenschaftlich-technischen Zivilisation, die normativen Bedingungen einer kooperativen Organisation der solidarischen Verant-

28 Vgl. meine Auseinandersetzung mit Rorty in »Zurück zur Normalität? ...«, in diesem Band, S. 393 ff.

wortung für die kollektiven Aktivitäten der Menschen in der Industriegesellschaft. Auch die Diskursethik kann und darf dabei nicht so weit gehen, die konkreten Lebensformen vorzuschreiben; aber sie verpflichtet doch alle einzelnen und alle Gruppen zur verantwortlichen Handlungskoordination und schreibt das Verfahrensprinzip für eine diskursiv-konsensuale Regelung aller Koordinationsprobleme vor. In diesem Sinne unterscheidet sie z. B. zwischen den Regeln einer (offen oder verdeckt) *strategischen Konsensbildung* (z. B. durch Verhandlungen oder durch Propaganda) und andererseits den idealen Normen *rein diskursiv-argumentativer Konsensbildung,*[29] und sie stellt das Postulat auf, daß die letzteren Regeln auf allen Ebenen – auch auf der Ebene internationaler Konfliktregelungen – langfristig an die Stelle rein strategischer Handlungskoordinationen – z. B. durch Gewaltandrohungen – treten sollen.[30] Insofern bringt die Diskursethik in der Tat – über Kant hinaus – ein normatives Prinzip universalistischer Sollensethik zur Geltung. Aber dieses universalistisch-deontologische Prinzip, das die Menschen als gleichberechtigte und gleichverpflichtete Mitglieder einer idealen Kommunikationsgemeinschaft in Anspruch nimmt, steht nicht im Dienste repressiver Uniformierung des individuellen Lebensstils, wie das aktuelle Mißverständnis suggeriert. Es stellt vielmehr – als normatives Verständigungsprinzip – die Bedingung der Möglichkeit einer maximalen Entfaltung individueller – und insofern inkommensurabler, aber gleichberechtigter – Lebensformen dar.

29 Vgl. J. Habermas: *Theorie des kommunikativen Handelns*, ³1985, Bd. I. 1. Zwischenbetrachtung, und K.-O. Apel: »Läßt sich ethische Vernunft von strategischer Zweckrationalität unterscheiden?«, in: *Archivio di filosofia*, LI (1983), 375-434; wiederabgedruckt in: W. van Reijen/K.-O. Apel (Hrsg.): *Rationales Handeln und Gesellschaftstheorie*, Bochum: Germinal-Verlag, 1984, 23-80.

30 Vgl. K.-O. Apel: »Verantwortung heute...«, a. a. O. (s. Anm. 20), in diesem Bd. S. 179–216; ders.: »Konfliktlösung im Atomzeitalter als Problem einer Verantwortungsethik«, in diesem Bd. S. 247–269).

Verantwortung heute – nur noch Prinzip der Bewahrung und Selbstbeschränkung oder immer noch der Befreiung und Verwirklichung von Humanität?

I. Problemstellung: Die Titelfrage als Frage an die von Hans Jonas vorgeschlagene Verantwortungsethik

Meine Damen und Herren!
Der Titel meines Referats bezieht sich natürlich auf die im Tagungsthema gestellte Frage: »Können die Industriegesellschaften ohne eine Ethik vernünftiger Selbstbeschränkung überleben?« Und insofern bezieht er sich genauer auf das Buch von Hans Jonas »Das Prinzip Verantwortung«,[1] das offensichtlich die wesentliche Anregung zu unserem Kolloquium geliefert hat. In der Tat möchte ich in meinem Vortrag zu einer – wie mir scheint – zentralen, aber vielleicht auch zweideutigen und mißverständlichen These des Buches von Jonas Stellung nehmen: zu der These, daß wir in der gegenwärtigen Krisensituation der Industriegesellschaft von der *Fortschritts-Utopie* der Moderne, der europäischen Neuzeit, Abschied nehmen müssen: von der Baconschen Utopie des »regnum hominis« durch wissenschaftlich-technische Herrschaft des Menschen über die Natur und damit auch von der Emanzipationsutopie des Marxismus, in der die Baconsche Utopie integriert und durch die des Sozialingenieurs noch überboten ist.
Über die Folgen der Baconschen Utopie heißt es bei Jonas: »Der endgültig entfesselte Prometheus, dem die Wissenschaft nie gekannte Kräfte und die Wirtschaft den rastlosen Antrieb gibt, ruft nach einer Ethik, die durch freiwillige Zügel seine Macht davor zurückhält, dem Menschen zum Unheil zu werden... Die dem Menschenglück zugedachte Unterwerfung der Natur hat im Übermaß ihres Erfolges, der sich nun auch auf die

1 Hans Jonas: *Das Prinzip der Verantwortung. Versuch einer Ethik für die technologische Zivilisation*, Frankfurt a. M. 1979.

Natur des Menschen selbst erstreckt, zur größten Herausforderung geführt, die je dem menschlichen Sein aus eigenem Tun erwachsen ist.« (a. a. O. S. 7)

Von dieser Herausforderung sagt Jonas, sie sei völlig neuartig und könne von keiner überlieferten Ethik beantwortet werden, weil die überlieferten Ethiken keine *zukunftsbezogenen Verantwortungsethiken* sind. (Dieser wichtige Punkt muß noch genauer erläutert werden!) Dem Marxismus indessen bescheinigt Jonas, daß er – allerdings – »die eine schon existierende Ethik mit globaler Zukunftssicht« darstellt (S. 9). Diese Modernität des Marxismus – so darf man interpretieren – beruht darauf, daß er den »impliziten Utopismus« der weltweiten technologischen Fortschrittsdynamik sozialphilosophisch reflektiert und im Bunde mit der Technik die *Utopie des neuen Menschen* zum ausdrücklichen Ziel erhoben hat. Von dieser ethisch relevanten Utopie aber sagt Jonas:

»Dies nötigt zu einer eingehenden Kritik des utopischen Ideals. Da es älteste Menschheitsträume für sich hat und nun in der Technik auch die Mittel zu besitzen scheint, den Traum in ein Unternehmen umzusetzen, ist der vormals müßige Utopismus zur gefährlichsten – gerade weil idealistischen – Versuchung der heutigen Menschheit geworden.« Dieser unbescheidenen Zielsetzung, »die ökologisch ebenso wie anthropologisch fehlgeht«, stellt Jonas das »Prinzip Verantwortung« entgegen, d. h. »die bescheidenere Aufgabe ..., welche Furcht und Ehrfurcht gebieten: dem Menschen in der verbleibenden Zweideutigkeit seiner Freiheit, die keine Änderung der Umstände je aufheben kann, die Unversehrtheit seiner Welt und seines Wesens gegen die Übergriffe seiner Macht zu bewahren« (S. 9).

Die hier von Hans Jonas vertretene Einschätzung der Problemsituation und der Aufgabe einer heute notwendigen Verantwortungsethik wird m. E. verständlich und in der Tat plausibel vor dem Hintergrund der *ökologischen Krise*, die für die meisten von uns wohl durch die Veröffentlichung des »Club of Rome« seit Meadows' »Die Grenzen des Wachstums« (1972) ins Bewußtsein getreten ist.[2] Vor diesem Hintergrund erkannte man

2 Vgl. Dennis L. Meadows u. a.: *Die Grenzen des Wachstums*, Stuttgart.

bald auch die tieferen Ursachen der Krise: die revolutionären Veränderungen im Verhältnis des Menschen zur Natur, die durch die moderne Wissenschaft und ihre technischen Konsequenzen herbeigeführt wurden – zuletzt sogar als Möglichkeit einer Manipulation und Veränderung der Natur des Menschen durch Bio- bzw. Gentechnologie.[3] Seitdem ist, zumindest für die Denkenden in den Industrieländern, so viel deutlich geworden: Das *Weltproblem Nr. 1* unserer Zeit besteht nicht einfach nur darin, eine Lösung der innerstaatlichen und zwischenstaatlichen sozialen Konflikte zwischen den Menschen zu finden; es besteht eher darin, mit der Lösung der sozialen Konflikte zugleich auch eine Lösung, sozusagen, des neuartigen Konfliktes zwischen den Menschen insgesamt und der Natur zu finden.[4] Die Natur – dies zeigt die ökologische Krise – ist als Hintergrundvoraussetzung der menschlichen Produktivkräfte und als Wohnraum des Menschen nicht unbegrenzt ausbeutbar und belastbar; sie ist vielmehr in ihren verwertbaren Ressourcen in vieler Hinsicht begrenzt, und vor allem: sie ist als Ökosphäre des Menschen ein verletzbares funktionales Gleichgewichtssystem, dessen Zerstörung die Lebensbedingungen der Menschen mitbetrifft. Insofern ergibt sich bereits aus der völlig neuartigen Herausforderung der ökologischen Krise die ebenso neuartige

1972; dieselben: *Das globale Gleichgewicht*, Stuttgart 1974; dazu Willem L. Oltmans: *»Die Grenzen des Wachstums« Pro und Contra, Interviews*, Hamburg 1974; Mihailo Mesarovič/Eduard Pestel: *Menschheit am Wendepunkt, 2. Bericht an den Club of Rome zur Weltlage*, Stuttgart 1974; *Global 2000. Der Bericht an den Präsidenten*, Frankfurt a. M. 1980.

3 Vgl. hierzu Max-Planck-Gesellschaft München (Hrsg.): *Verantwortung und Ethik in der Wissenschaft*, München 1984; Elisabeth Ströcker (Hrsg.): *Ethik der Wissenschaften?*, München/Paderborn/Wien/Zürich 1984; R. Flöhl (Hrsg.): *Genforschung – Fluch oder Segen?*, München 1985; Hans Böckler-Stiftung (Hrsg.): *Biotechnologie. Herrschaft oder Beherrschbarkeit einer Schlüsseltechnologie*, München 1985; Hans Jonas: *Technik, Medizin und Ethik. Zur Praxis des Prinzips Verantwortung*, Frankfurt a. M. 1985.

4 Besonders frappierend zeigte sich die Neuartigkeit des Problems der *ökologischen Krise* vor dem Hintergrund des traditionellen Marxismus in dem Buch von Wolfgang Harich: *Kommunismus ohne Wachstum*. Babeuf und der »Club of Rome«, Hamburg 1975. Vgl. auch W. L. Oltmans (1974).

Grundfrage einer Verantwortungsethik, die im zweiten Referat dieses Nachmittags gestellt ist: »Mensch, Technik, Natur – müssen wir anders leben, um zu überleben?«
Ich sollte in meinem Referat ursprünglich auch zu diesem Thema Stellung nehmen und möchte dies auch in sehr allgemeiner Form tun. Ich bin jedoch, ehrlich gesagt, zurückgeschreckt vor der Erwartung sehr konkreter politischer Antworten, die das zuletzt gestellte Thema evoziert. (Ich traue hier Herrn Eppler die größere Kompetenz zu.) So habe ich es vorgezogen, mich etwas genauer auf die von Hans Jonas aufgeworfene *philosophische* Frage zu konzentrieren, die ich etwa so formulieren möchte: Ist das »Prinzip Verantwortung«, das eine mögliche Antwort auf die heutige Krisensituation enthält, unvereinbar mit demjenigen »Prinzip Hoffnung«, das in moralischer und sozial-emanzipativer Hinsicht in der Fortschrittsidee der Neuzeit enthalten war? Hans Jonas hat diese Frage ja primär in Auseinandersetzung mit dem marxistischen »Prinzip Hoffnung« von Ernst Bloch beantwortet, und zwar entschieden im Sinne der Unvereinbarkeit. Er versteht diese Antwort aber, wenn ich ihn recht verstehe, als Absage schlechthin an die Fortschrittshoffnung der neuzeitlichen Geschichtsphilosophie seit dem 18. Jahrhundert, die er insgesamt als utopistische Säkularisation der jüdisch-christlichen Eschatologie interpretiert. Insofern ist z. B. die ethisch akzentuierte Fortschrittsidee Kants, die sich auf stets nur approximativ realisierbare *regulative Ideen* bezieht, für Jonas nur eine, noch halb transzendente, Vorstufe der Hegelschen und Marxschen Fortschrittsidee, die eine Realisierung des höchsten Gutes, des utopischen Reiches der Freiheit, in der Zeit vorsieht (a. a. O. S. 227 ff.).
Jonas schreibt dazu: »... indem er um Richtung und Ziel zu wissen glaubt, ist der Marxismus noch Erbe der Kantischen regulativen Idee«, aber diese ist »ihrer Unendlichkeit entkleidet und ganz in die Endlichkeit verlegt und mit der Hegelschen Immanentisierung aus der Trennung von der Weltkausalität erlöst, das heißt zum logischen Gesetz ihrer Dynamik ernannt« (a. a. O., S. 229). Von dieser Entfaltung der Fortschrittsidee insgesamt distanziert sich Jonas: »Wir Postmarxisten ... müssen die Dinge anders sehen. Mit der Machtergreifung der Technologie (dies eine von niemand geplante, gänzlich anonyme und

unwiderstehliche Revolution) hat die Dynamik Aspekte angenommen, die in keine frühere Vorstellung von ihr eingeschlossen waren und in keiner, auch nicht der marxistischen Theorie vorgesehen sein konnten – eine Richtung, die statt zu einer Erfüllung zu einer universalen Katastrophe führen könnte...« (S. 229). Jonas distanziert sich insbesondere von dem Vertrauen in die »immanente ›Vernunft der Geschichte‹«; dabei schließt er aber stillschweigend auch Kants Konzeption einer Fortschritts-Hoffnung, die auf der moralischen Pflicht, die Geschichte (immer erneut) als möglichen Fortschritt im Sinne der aufgegebenen approximativen Realisierung von moralischen Postulaten zu denken, in seine Absage ein. So kommt er zu dem Schluß: »daß wir also ohne gewußtes Ziel den vorwärtstreibenden Prozeß auf ganz neue Weise in die Hand nehmen müssen.« Und er erläutert dies folgendermaßen: »Dies antiquiert alle früheren Einsichten und stellt der Verantwortung Aufgaben, nach deren Maß selbst die große, die Gemüter bewegende Frage, ob eine sozialistische oder individualistische, eine autoritäre oder freie Gesellschaft für ›den Menschen‹ besser wäre, sich in die zweitrangige Frage verwandelt, welche besser geeignet ist, mit den kommenden Situationen fertig zu werden...« (S. 230)[5]. Worauf es in der gegenwärtigen Weltlage ankommt, ist nach Jonas: »eine Ethik der Erhaltung, der Bewahrung, der Verhütung und nicht des Fortschritts und der Vervollkommnung« (S. 249).

In dieser Verallgemeinerung erscheint mir die Absage an die neuzeitliche Fortschrittsidee, insbesondere an die damit verknüpften Forderungen der menschlichen Vervollkommnung problematisch. Genauer gesagt: Die Kritik der *Fortschrittsidee* und der darin implizierten *Utopie* erscheint mir ebenso zweideutig und ambivalent wie schon die Begriffe *Fortschritt* und *Utopie* selber zweideutig und ambivalent sind. Um die Pointe meiner Fragestellung schon jetzt anzudeuten: Selbst, wenn man – mit Jonas – der Meinung ist, daß es in der gegenwärtigen Situation darauf ankommt, das *Dasein*, also das *Überleben*, und

5 In dieser *Fragestellung* trifft sich Jonas durchaus mit W. Harich (1975). Dessen Glauben an die größere Planungs- und Kontrollpotenz des Sowjetmarxismus angesichts der anonymen Macht der Technik vermag er freilich nicht zu teilen (vgl. a. a. O., S. 256ff.: »Kann der Marxismus oder der Kapitalismus der Gefahr besser begegnen?«).

das *unversehrte Wesensbild*, also die *Würde*, des Menschen vor den Gefahren zu retten, die in der bloßen Fortschreibung des technologischen Fortschritts, also des laufenden Industrialisierungsprozesses, liegen, – selbst wenn man dieser Meinung ist, und dazu neige auch ich, so kann man sich doch fragen, ob das Dasein und die Würde des Menschen durch *bloßes Bewahren des jetzigen Zustandes* überhaupt zu retten sind. Genauer: Ist die Natur des Menschen und seiner, längst schon technisch und soziokulturell umgeformten, Umwelt nicht so beschaffen, daß sie ohne eine *regulative Idee des technologischen und des sozialen Fortschritts* nicht *bewahrt* werden können? Ist zumal die Möglichkeit einer *ethischen Bewahrung der Würde des Menschen* nicht a priori an die Bedingung geknüpft, daß sie auch immer noch erst *realisiert* werden muß – insbesondere im Sinne einer *weltweiten Herstellung menschenwürdiger sozialer Verhältnisse*?

Um hier das konkret Gemeinte wenigstens anzudeuten: Die Verantwortungsperspektive aus der Sicht der ökologischen Krise ist ja nicht zufälligerweise eine solche der Intellektuellen in den fortgeschrittenen Industriegesellschaften. In Lateinamerika z. B. hat sie bislang kaum Chancen, etwa die Emanzipationsperspektive der Theologie der Befreiung vom ersten Platz der ethischen Aktualität zu verdrängen. Daraus möchte ich natürlich nicht die Konsequenz ziehen: Wenn schon die Gerechtigkeit nicht verwirklicht werden kann, dann soll lieber die Welt zugrundegehen (Fiat iustitia, pereat mundus). Aber es ist doch wichtig, auf eine Zweideutigkeit in der Parole vom *Vorrang des Überlebens der Menschheit* hinzuweisen:

Rein biologisch gesehen, könnte das Überleben der Menschheit in der gegenwärtigen Situation der drohenden Überbevölkerung und der Ressourcenverknappung ja auch dadurch gewährleistet werden, daß Teile der Erdbevölkerung, z. B. in der Dritten Welt, verhungern. Eine solche, *sozialdarwinistische* Lösung im Sinne des Gesundschrumpfens der Menschheit soll ja der Ökonomie-Nobelpreisträger Friedrich von Hayek als akzeptabel bezeichnet haben.[6] Diese Lösung wäre in der Tat mit der

6 Sollte es sich hier um eine Fehlinterpretation der Meinung von Hayeks handeln, so gibt sie doch eine logisch mögliche Position wieder, die heute wahrscheinlich von vielen Bewohnern der reichen Industrieländer einer

Rettung der menschlichen Spezies und ihrer Zukunft durchaus vereinbar, und vielleicht ist sie sogar biologisch und ökologisch die effizienteste Lösung. (Diese zynische Perspektive drängt sich dem Zeitungsleser zuweilen auf, wenn er zur Kenntnis nimmt, daß der Papst in Mexiko, Venezuela, Nigeria oder den Philippinen wieder einmal gegen die Geburtenkontrolle gepredigt hat.) Auf keinen Fall aber ist die angedeutete sozialdarwinistische Antwort auf die ökologische Krise mit einer *universalistischen* Ethik im Sinne Kants verträglich, d.h. aber: mit der regulativen Idee einer Realisierung der Gerechtigkeit im planetarischen Maßstab. Muß also nicht ein entsprechender, sozialemanzipativer Fortschrittsprozeß auch mit der heute geforderten Bewahrung des Daseins und der Würde des Menschen immer noch verknüpft sein?

Soviel zu einer sehr vorläufigen und punktuellen Verdeutlichung der von mir gemeinten Schwierigkeit bzw. Zweideutigkeit in dem von Hans Jonas proklamierten »Prinzip Verantwortung«. Im folgenden möchte ich zu den verschiedenen Aspekten der von mir aufgeworfenen Frage genauer Stellung nehmen.

II. Jonas' Konzept einer Ethik der Zukunftsverantwortung im Kontext der philosophischen Diskussion der Gegenwart

Zunächst möchte ich klarmachen, daß ich nicht einen Augenblick lang unterstellt habe, daß Hans Jonas mit seinem »Prinzip Verantwortung« eine *sozialdarwinistische* Lösung des von ihm aufgeworfenen Problems der Rettung der menschlichen Art und ihrer möglichen Zukunft hätte propagieren oder auch nur akzeptieren wollen. Es geht mir ja nur um objektive Schwierigkeiten in Jonas' kritischer Distanzierung der neuzeitlichen Fortschrittsidee. Und auch in dieser Zielrichtung meiner kritischen Bedenken muß ich von vornherein einige Differenzierungen im Blick auf die Situation der Gegenwartsphilosophie vornehmen:

ernsthaften Beschränkung des eigenen Lebensstandards vorgezogen wird. Dies verträgt sich sogar mit dem regelmäßigen Verschenken des Überflußgetreides an Drittländer, da dies ja, wie inzwischen erwiesen, gerade keine Hilfe zur Selbsthilfe darstellt.

1. Jonas' Kritik an der Prometheus-Utopie der Moderne hat nichts – oder kaum etwas – mit jener Kritik der Moderne zu tun, die gegenwärtig als Kritik am *Vernunft*-Prinzip überhaupt geübt wird – etwa auf den Spuren Heideggers vom französischen Poststrukturalismus im Sinne der Propagierung der »Post-Moderne«.[7] Allenfalls könnte man eine Verwandtschaft mit Heideggers »Gestell«-Theorie der Technik da entdecken, wo Jonas feststellt, daß wir keineswegs nur den expliziten Utopismus – etwa den des Marxismus – zu fürchten haben, sondern auch den »ungewollten«, »automatischen Utopismus«, der heute als kumulative Dimension der unübersehbaren Fortwirkungen und der Rückwirkungen auf den Menschen in alles technologische Planen und Handeln »eingebaut« ist (vgl. S. 54 u. ö.). Doch, wenn Jonas auch erkennt, daß wir in gewissem Ausmaß Gefangene der von uns eingeleiteten Entwicklungen sind, so ist er doch weit davon entfernt, daraus *fatalistische* oder *irrationalistische* Konsequenzen zu ziehen. Das führt mich zum zweiten Punkt einer erforderlichen *Differenzierung der Geister*:

2. Obwohl Jonas für das *Bewahren* als vordringliche Pflicht im Sinne des Prinzips Verantwortung eintritt, so hat dies offensichtlich nichts mit der heute für die Bundesrepublik und wohl auch für die USA charakteristischen »Tendenzwende« im Sinne des *Neokonservatismus* zu tun, wie er etwa von Iring Fetscher, Erhard Eppler und Jürgen Habermas charakterisiert worden ist.[8] Denn es geht Jonas gerade nicht, wie üblicherweise den Neokonservativen, um das Abschirmen der bestehenden Verhältnisse, der ihnen vorgeblich zugrundeliegenden »Sachzwänge«, gegen mögliche Kritik. Es geht ihm vielmehr um kritische Bewußtmachung des inneren Zusammenhangs zwischen dem eingebauten, technologischen Utopismus der Steuerungsgrößen auch des westlichen Industrialisierungsprozesses und der Gefährdung des Daseins und der Würde des Menschen. Insofern könnte man Jonas allenfalls im Sinne der Epplerschen Unterscheidung zu den »Wertkon-

7 Vgl. hierzu jetzt J. Habermas: *Der philosophische Diskurs der Moderne* Frankfurt a. M. 1985.

8 Vgl. I. Fetscher: »Widerspüche im Neokonservatismus«, in: *Merkur*, 2/1980; E. Eppler: *Wege aus der Gefahr*, Reinbek 1981, bs. S. 101 ff.; J. Habermas: *Die neue Unübersichtlichkeit*, Frankfurt a. M. 1985.

servativen«, nicht aber zu den »Strukturkonservativen« rechnen.[9]

Schließlich möchte ich, im Anschluß an die zuletzt getroffene Unterscheidung, noch eine dritte, eine philosophie-interne Differenzierung erwähnen bzw. vornehmen. Sie ist für die von mir intendierte Auseinandersetzung mit dem Begründungsansatz der Jonasschen Verantwortungsethik nicht unwichtig.

3. Obwohl Jonas in seinem Begründungsansatz hinter Kant auf eine quasi-aristotelische – nämlich *ontologische* und *teleologische – Metaphysik* zurückgreift,[10] so hat dieser Ansatz doch wenig oder gar nichts zu tun mit dem, was man den heute vorherrschenden skeptisch-pragmatischen Neo-Aristotelismus in der Bundesrepublik nennen könnte.[11]

Ich meine damit folgendes: Manche Vertreter der Universitätsphilosophie der Bundesrepublik halten es zur Zeit für plausibel, auf dem Gebiete der Ethik eher eine Abwiegelungsstrategie im Namen eines sozusagen *pragmatischen Aristotelismus ohne Metaphysik* zu befolgen. Danach ist es höchst überflüssig und eher störend für die »substantielle Sittlichkeit« des Gemeinwesens, wenn die Philosophen sich Sorgen um eine *postkonventionelle Verantwortungsethik* machen – etwa gar um eine über die »Binnenmoral« der »Polis« – sprich »Bundesrepublik« – hinausreichende *planetare Makroethik*.[12] Sie sollten vielmehr einsehen, daß die »Üblichkeiten«, d.h. die institutionsbezogenen Rollenpflichten und die normale Urteilskraft (die aristotelische »Phronesis«) in der Ausübung dieser Pflichten, völlig ausreichen. Am allerwenigsten bedarf es danach der Neubegründung einer zukunftsbezogenen Verantwortungsethik, einer Ethik also, die jenseits der gegenwartsbezogenen Normen erwartbaren, zwi-

9 Vgl. E. Eppler: *Ende oder Wende*, Stuttgart 1975, S 34ff.

10 Vgl. H. Jonas, a.a.O. bs. Kapitel III und IV.

11 Vgl. hierzu die Aufsätze von H. Schnädelbach und K.-O. Apel in W. Kuhlmann (Hrsg.): *Moralität und Sittlichkeit*, Frankfurt a.M. 1985.

12 Zum Plädoyer für eine *planetare, postkonventionelle Makroethik* vgl. die Beiträge von Dietrich Böhler und K.-O. Apel in Apel/Böhler/Kadelbach (Hrsg.): *Funkkolleg: Praktische Philosophie/Ethik, Dialoge*, 2 Bde., Frankfurt a.M. 1984, sowie Apel/Böhler/Rebel (Hrsg.): *Funkkolleg: Praktische Philosophie/Ethik, Studientexte*, 3 Bde. Weinheim/Basel 1984.

schenmenschlichen Verhaltens regulative Prinzipien für die Beteiligung des einzelnen an der Organisation der solidarischen Verantwortung für die weitreichenden Kollektivhandlungen der Menschen angeben könnte.

Der Unterschied zwischen dieser regressiven Spielart des *Neo-Aristotelismus* und dem *Quasi-Aristotelismus* der von Jonas geforderten völlig neuen Ethik der zukunftsbezogenen Seinsverantwortung ist offenkundig. Dennoch möchte ich – auch aus politischen Gründen – nicht darauf verzichten, die Kernsätze der Besprechung von Jonas' »Prinzip Verantwortung« in der *FAZ* zu zitieren – einer Zeitung, die, zumindest außerhalb des Feuilletons, nicht müde wird, die Üblichkeiten der bundesrepublikanischen Moral im Lichte ihres obersten Prinzips, der Konkurrenzfähigkeit der deutschen Wirtschaft, zu verdeutlichen. In der *FAZ* also vom 7.10. 1980 wurde der Leser von Günter Maschke darüber belehrt, daß es für den einzelnen doch unmöglich sei, »jenseits von Sanktion und Kontrolle« Verantwortung zu übernehmen für die unabsehbaren Folgen der politischen, technischen und wirtschaftlichen Aktivitäten der modernen Industriegesellschaft. Gegen solchen *Verantwortungsutopismus*, wie er ihn bei Jonas findet, stellt Maschke einen Kernsatz aus Arnold Gehlens Buch »Moral und Hypermoral« von 1973. Dort heißt es:

»Das Wort Verantwortung hat nur da einen deutlichen Sinn, wo jemand die Folgen seines Handelns öffentlich abgerechnet bekommt, und das weiß; so der Politiker am Erfolg, der Fabrikant am Markt, der Beamte an der Kritik der Vorgesetzten, der Arbeiter an der Kontrolle der Leistung usw.«[13]

Das ist ein deutliches Wort, und ich möchte an dieser Stelle in die philosophische Diskussion um das »Prinzip Verantwortung« eintreten. Sie müssen mir erlauben, hier – pedantischerweise – etwas genauer auf das zurückzugreifen, was ein Philosoph für Ergebnisse der jüngeren Fachdiskussionen zum Thema Ethik halten kann.

Die auf Berufsrollen und Institutionen bezogene Definition der Verantwortung von A. Gehlen, die ich zitiert habe, entspricht sehr genau derjenigen *Stufe des moralischen Bewußtseins*, die

13 Arnold Gehlen: *Moral und Hypermoral*, Frankfurt a.M. 1973, S. 151.

der amerikanische Entwicklungspsychologe – Schüler Piagets – und Moralphilosoph Lawrence Kohlberg als *Stufe 4* (»Law and Order«) gekennzeichnet hat.[14] Das besagt: Es handelt sich hier um die höchste Stufe der *konventionellen* Moral, also der *traditionalistischen Moral der »Üblichkeiten«*. Auf dieser Stufe ist die *konventionelle* Moral der *Stufe 3* (Loyalität ausschließlich aufgrund konkreter zwischenmenschlicher Beziehungen in Blutsverbandsordnungen, wie Großfamilie oder Stamm) bereits überwunden – zugunsten einer *abstrakteren* Moral, in der die Gegenseitigkeitspflichten als berufsrollenbezogene Pflichten in der arbeitsteiligen Gesellschaft gegenüber dem Staat verstanden und als solche verinnerlicht werden. Es handelt sich also um eine Moral, dergemäß jeder – besonders aber der Beamte oder Soldat – *seine Pflicht im Rahmen der Gesetze und Vorschriften* tut. Wo sie funktioniert, da hat das *legale* Strafrecht die Blutrache abgelöst, der Kapitän verläßt als letzter sein Schiff, und es ist weder nötig noch statthaft, persönliche Beziehungen mit der Familie eines Beamten anzuknüpfen, um ein Recht einzuklagen. Diese Endstufe der *konventionellen* Moral stellt offenbar, mitsamt ihren gesellschaftlichen Anwendungsbedingungen, durchaus einen *Fortschritt der Kulturevolution* dar. Sie ist keineswegs überall erreicht, so – verständlicherweise – nicht in den *vorstaatlichen Stammesgesellschaften*; aber auch in staatlich organisierten Gesellschaften ist sie nicht hinreichend verinnerlicht, wenn – wie es heißt – »nur die Familie funktioniert«, oder wenn öffentliche Ordnungsfunktionen und die zugehörige moralische Autorität an mafiaartige Gruppen zurückfallen. Aber diese Moral von »Law and Order« ist auch die Moral, auf die sich Eichmann in Jerusalem ausdrücklich berufen hat (indem er erklärte, er habe immer nur seine Beamtenpflicht erfüllt); und es ist auch die Moral, von der Dietrich Bonhoeffer, als er sich zum Widerstand gegen Hitler entschloß, das folgende gesagt hat: »Wir Deutschen haben in einer langen Geschichte

14 Vgl. L. Kohlberg: *Zur kognitiven Entwicklung des Kindes*, Frankfurt a. M. 1974; ders.: *The Philosophy of Moral Development. Moral Stages and the Idea of Justice*, San Francisco: Harper & Row, 1981. Vgl. auch J. Habermas: *Zur Rekonstruktion des Historischen Materialismus*, Kap. II und III, sowie ders.: *Moralbewußtsein und kommunikatives Handeln*, Frankfurt a. M. 1983, Kap. 2 und 4.

die Notwendigkeit und die Kraft des Gehorsams lernen müssen...« Aber »es mußte sich herausstellen, daß eine entscheidende Grunderkenntnis dem Deutschen noch fehlte: die von der Notwendigkeit der freien, verantwortlichen Tat auch gegen Beruf und Auftrag«. Bonhoeffer nannte das die Notwendigkeit der »Civilcourage«.[15]

Man kann nun diese spezifisch deutsche Perspektive der möglichen und notwendigen Überschreitung der Moral von »Law and Order« mit Kohlberg in einen allgemeineren theoretischen Zusammenhang stellen: den einer »Entwicklungslogik« des moralischen Bewußtseins überhaupt. Dann erweist sich das Problem des Übergangs von der *konventionellen* (Binnenmoral der staatlichen Selbstbehauptungssysteme) zur *postkonventionellen* (universalistischen) Moral der Vernunftprinzipien und des persönlichen Gewissens als ein Problem, das in allen Hochkulturen seit dem Auftreten der Philosophie und der Weltreligionen sich stellt, also in Europa etwa seit dem Auftreten des Sokrates.[16] Das Übergangsproblem ist aber auch heute nicht gelöst – weder auf der Ebene der ethischen Theorie noch auf der Ebene des praktisch relevanten Allgemeinbewußtseins. Eher könnte man sagen, daß eine neue Welle des Historismus-Relativismus und eines auf Nietzsche sich berufenden Machtpositivismus und Irrationalismus die »Adoleszenzkrise« verschärft, indem sie die jungen Menschen – vor allem die Studenten – auf der von Kohlberg so genannten *Übergangsstufe 4½* (Infragestellung aller moralischen Verbindlichkeiten durch – scheinbar regressiven – Rückgriff auf ein präkonventionelles Moralbewußtsein) festhält.

Nach Kohlberg lassen sich zwei, philosophisch ausgeprägte Stufen eines *postkonventionellen* moralischen Bewußtseins unterscheiden:

Zunächst die *Stufe 5* der *legalistischen Vertragsorientierung mit*

15 D. Bonhoeffer: *Widerstand und Ergebung. Briefe und Aufzeichnungen aus der Haft*, München [11]1962, S. 13 ff. Dazu D. Boehler: »Kritische Moral oder pragmatische Sittlichkeit, ›weltbürgerliche‹ Gesellschaft oder ›unsere‹ Gesellschaft?«, in: *Funkkolleg...*, *Studientexte*, a. a. O., Bd. III, bs. 881 ff.

16 Vgl. hierzu K.-O. Apel in *Funkkolleg...*, *Dialoge*, a. a. O., Bd. I, S. 70 ff., *Studientexte*, a. a. O., Bd. I., S. 42 ff.

utilitaristischen Obertönen. (Sie findet sich z. B. bei den antiken Sophisten, wie Protagoras, und insbesondere in der angelsächsischen Philosophie der Neuzeit, und sie ist nach Kohlberg sozusagen die offizielle Doktrin der amerikanischen Verfassung und Regierung.) Das *Postkonventionelle* dieser Stufe liegt darin, daß der einzelne jetzt in den konventionellen Normen und Gesetzen seiner Gesellschaft nicht mehr den unhinterfragbaren letzten Maßstab seiner moralischen Orientierung sieht. Er ist vielmehr im Prinzip in der Lage und bereit, zum Zwecke der *Legitimation* oder *Kritik* der Gesetze und Konventionen noch einmal auf die *Gegenseitigkeit menschlicher Verpflichtungen* zurückzugehen: nämlich auf *geschlossene Verträge*, also »Konventionen« im Sinne ausdrücklicher *Übereinkünfte*, deren letzte Legitimation in der *Nützlichkeit* liegen soll.
In dieser, gleichsam zweifach gestaffelten Orientierung der *Stufe 5* zeigt sich schon, daß sie noch nicht die letzte Grundlage einer Vernunftbegründung der Moral in eindeutiger Form bewußt macht.[17] Am Beispiel demonstriert: Wenn jemand fragt: »Warum soll ich denn einen geschlossenen Vertrag *halten*?«, so kann man nicht antworten: »Weil es nützlich für dich ist.« Denn es ist ja möglicherweise für den einzelnen gar nicht nützlich, einen Vertrag, der nicht mehr in seinem Interesse liegt, zu halten; ja, ein intelligenter Krimineller wird Verträge von vornherein unter dem *strategischen Vorbehalt* abschließen, sie bei passender Gelegenheit – wenn keine Nachteile für ihn zu befürchten sind – zu brechen, um so den parasitären »Surplus«-Vorteil vom funktionierenden Rechtsstaat zu genießen.
Also müßte die Antwort auf die Frage: »Warum soll ich den Vertrag halten?« zumindest lauten: »Weil das *für alle* nützlich ist«; und mit dem Wort »alle« müssen, streng genommen, nicht nur die am Vertragsschluß *Beteiligten* gemeint sein, sondern auch die von einem Vertrag *Betroffenen* – z. B. auch die Leidtragenden eines Vertrages, der von vornherein auf Kosten Dritter abgeschlossen wurde, wie das bei vielen Staatsverträgen der Fall ist. Spätestens an dieser Stelle zeigt sich, daß das Kriterium des *faktischen Vertragsschlusses* überhaupt kein letztes *moralisches*

17 Vgl. hierzu genauer K.-O. Apel in *Funkkolleg...*, *Dialoge*, a. a. O., Bd. I, S. 113ff., Bd. II, S. 54ff., *Studientexte*, a. a. O., Bd. I, S. 84ff. u. S. 110ff.

Kriterium ist und daß das Zusatzkriterium der *Nützlichkeit* zumindest zweideutig ist, im Sinne der Frage: »nützlich für wen?«

Dem entspricht es, daß Kohlberg von der *postkonventionellen Stufe 5* noch eine letzte und höchste Stufe 6 der Entwicklungslogik des moralischen Bewußtseins unterscheidet: die des *autonomen Gewissens*, das sich an dem *universalen Prinzip der strikt verallgemeinerten Gegenseitigkeit* orientiert.

Die Pointe, die Kohlberg hier vor Augen hat, wird deutlich, wenn man in seinem und Piagets Sinn die strukturell mögliche Ontogenese und Phylogenese des moralischen Bewußtseins insgesamt als mögliche Entfaltung, d. h. Verallgemeinerung und reflexive Verinnerlichung, der Gegenseitigkeit des »role-taking« versteht.[18] In diesem Sinne wäre z. B. Kants »kategorischer Imperativ« nach Kohlberg als Prinzip der Stufe 6 zu verstehen, wenn man ihn folgendermaßen versteht: Die Tauglichkeit einer Handlungsmaxime zum allgemeinen Gesetz muß sich daran bemessen, ob der Inhalt des ins Auge gefaßten Gesetzes auch dann noch bejaht werden kann, wenn man sich in die Situation aller Betroffenen und ihrer Beurteilung der Lage versetzt hat.

Es wird an dieser Stelle sofort deutlich, daß diese – schon von Piaget anvisierte – Konzeption einer entwickungslogisch zu Ende gedachten *Gegenseitigkeits-Ethik* die größte Ähnlichkeit hat mit einer *Kommunikations-* bzw. *Diskurs-Ethik*, wie sie etwa von Jürgen Habermas und auch von mir vertreten wird: Hier wird ja ebenfalls der *kategorische Imperativ* Kants neu interpretiert, und zwar so, daß der Inhalt des jeweils ins Auge gefaßten allgemeinen Gesetzes *für alle Betroffenen konsensfähig* sein sollte.[19] (Kohlberg hat denn auch Habermas' Re-Interpretation seiner eigenen *Stufe 6* in seinem jüngsten Buch ausdrücklich akzeptiert.[20])

Doch ich will an dieser Stelle nicht weiter auf das Verhältnis der Kohlbergschen *Entwicklungslogik* zur *Diskursethik* eingehen, sondern die Frage aufwerfen: wie verhält sich nun die bislang skizzierte Konzeption der *post-konventionellen Vernunftmoral*

18 Vgl. insbesondere L. Kohlberg (1981), Part II.

19 Vgl. die unter Anm. 11, 12 und 14 angegebene Literatur.

20 Vgl. L. Kohlberg: *Moral Stages: A current Formulation and a Response to Critics*, Basel: Karger, 1983, S. 155 ff.

insgesamt zu der von Hans Jonas geforderten *Ethik der Zukunftsverantwortung*?

Soviel ist nach allem Gesagten klar: Die von Jonas geforderte Ethik ist keine bloße Bekräftigung der *konventionellen* oder *traditionellen* Moral (auch nicht, wenn man das neoaristotelische Zauberwort »phronesis« oder die »Urteilskraft« im Sinne Kants mit in Anschlag bringt). Es geht hier vielmehr um eine *universalistische Vernunftethik* und um eine *planetar bezogene Makroethik*, in der auch die heute noch vielfach selbstverständliche »Binnenmoral« der nationalen und sonstigen sozialen *Selbstbehauptungssysteme* transzendiert werden müßte. (Allenfalls könnte man die geforderte Makroethik als eine solche des ökologischen *Selbstbehauptungssystems Menschheit* verstehen, wobei aber die Selbstbehauptung nach Jonas nicht mehr durch Unterwerfung und Ausbeutung der Natur, sondern eher durch Solidarisierung mit der durch uns gefährdeten Natur zu leisten wäre.) Aber Jonas hat im 1. Kapitel seines Buches auch dies klargemacht: Die bisherigen Typen philosophischer Vernunft-Ethik, von Aristoteles bis Kant, erfüllen noch nicht die heute notwendige Funktion der *Zukunftsverantwortung*, weil sie noch an der selbstverständlichen Voraussetzung einer *konstanten conditio humana* orientiert sind. Das heißt: diese Ethiken postulieren zwar ein *Verallgemeinerungsprinzip*, das für alle in einer Gegenwart aufeinander beziehbaren Handlungen der Menschen gültig ist; aber sie rechnen noch nicht mit dem *irreversiblen, geschichtlichen Zukunftsbezug der menschlichen Handlungen*, insbesondere nicht mit dem, die *conditio humana* selbst verändernden Zukunftsbezug der *technologischen Kollektivhandlungen*, die im Zeitalter der ökologischen Krise primär zu verantworten sind. Hans Jonas erläutert den Unterschied zwischen der früheren »Ethik der Gleichzeitigkeit« und dem *Prinzip der Zukunftsverantwortung* durch den Vergleich des *kategorischen Imperativs* von Kant mit dem von ihm postulierten Imperativ (S. 35 ff.).

Kants kategorischer Imperativ »Handle so, daß du auch wollen kannst, daß deine Maxime allgemeines Gesetz werde« – dieser Imperativ ist sozusagen *abstrakt*, ohne *konkreten Zeitbezug* gedacht: Er appelliert an den *Willen zur Übereinstimmung der Vernunft mit sich selbst in einem hypothetisch unterstellten*

Reich gleichzeitig existierender Vernunftwesen. Der von Kant geforderte Wille zur Verallgemeinerbarkeit der Handlungsmaxime als allgemeines Gesetz erprobt sich also lediglich in einem *jederzeit* durchführbaren Gedankenexperiment; aber es ist »kein Teil dieser Vernunftüberlegung, es bestehe irgendeine Wahrscheinlichkeit dafür, daß meine private Wahl tatsächlich allgemeines Gesetz werde oder zu einem solchen Allgemeinwerden auch nur beitrage. In der Tat, reale Folgen sind [insofern!] überhaupt nicht ins Auge gefaßt, und das Prinzip ist nicht dasjenige objektiver Verantwortung, sondern das der subjektiven Beschaffenheit meiner Selbstbestimmung« (S. 37). So wäre es z. B. mit der von Kant geforderten abstrakten Übereinstimmung der Vernunft mit sich selber durchaus logisch vereinbar, daß man, als Folge aller Handlungen der jetzigen Menschheit, in Kauf nimmt, daß in der Zukunft keine Menschheit mehr existieren kann. Daß die Reihe der Generationen in der Zeit *»weitergehen soll«*, daß sie prinzipiell weitergehen *soll*, »ungeachtet der Verteilung von Glück und Unglück, ja selbst mit Übergewicht des Unglücks über das Glück, und sogar der Unmoral über die Moral, läßt sich nicht aus der Regel der Selbsteinstimmigkeit *innerhalb* der Reihe, so lange oder kurz sie eben dauert, ableiten: es ist ein außer ihr und ihr vorausliegendes Gebot ganz anderer Art und letztlich nur metaphysisch zu begründen« (S. 35).

Will man nun einen (kategorischen) Imperativ formulieren, der die zuletzt angedeutete *metaphysische Verantwortung* zum Ausdruck bringt, so müßte er nach Jonas etwa so lauten: »Handle so, daß die Wirkungen deiner Handlung verträglich sind mit der Permanenz echten Lebens auf Erden«; oder negativ ausgedrückt: »Handle so, daß die Wirkungen deiner Handlung nicht zerstörerisch sind für die künftige Möglichkeit solchen Lebens«; oder einfach: »Gefährde nicht die Bedingungen für den indefiniten Fortbestand der Menschheit auf Erden«; oder, wieder positiv gewendet: »Schließe in deine gegenwärtige Wahl die zukünftige Integrität des Menschen als Mit-Gegenstand deines Wollens ein.« (S. 36)

Ich glaube, daß in dem hier artikulierten *Prinzip Verantwortung* in der Tat eine *neue Stufe des moralischen Bewußtseins* sich ausspricht, die über die etwa bei Kohlberg explizierten Stufen hinausreicht, und zwar nicht im Sinne der *entwicklungs-logischen Entfaltung des abstrakten Prinzips der verallgemeinerten Gegenseitigkeit*,[21] sondern im Sinne einer *Extrapolation des Gegenseitigkeits-Bezugs auf das Konkret-Allgemeine der Menschheit in die Zukunft als unabschließbare Dimension der Verantwortung*.[22]

Es wird an dieser Stelle auch deutlich, warum Jonas in seinem Buch, nach der Aufstellung des *Prinzips Verantwortung*, in eine Auseinandersetzung mit der *utopisch* genannten Philosophie des *Marxismus* eintreten muß. Denn hier zum ersten Mal ist ja eine Extrapolation des Bezugs auf das Konkretallgemeine der Menschheit in die Zukunft vorgenommen. Freilich wird die *Ethik* dabei in eine *dogmatische Geschichtsphilosophie* »aufgehoben«. In diesem »ethischen Historizismus« (Karl Popper) wird zwar nicht, wie in der *neokonservativen Ethik der Üblichkeiten*, die Zukunft der Gegenwart – besser: der Gegenwart der Zufriedenen – geopfert, sondern es wird eher umgekehrt die Gegenwart einer Zukunft geopfert, die selbst kein Problem ethischer Verantwortung mehr darstellt, da man sie als *notwendige Einlösung einer Glücksutopie* glaubt *voraussagen* zu können. Die einzige »schon existierende Ethik mit globaler Zukunftssicht« ist also nach Jonas gar keine Verantwortungsethik – schon gar nicht im Zeitalter der Krise der technologischen Utopie.

Wenn sich dies so verhält, und ich möchte das *mit* Jonas unterstellen, dann ergeben sich aber m. E. eine Reihe von *Fragen* bezüglich des *Kriteriums*, das eine Ethik mit konkretem geschichtlichem Zukunftsbezug zu einer angemessenen Verantwortungsethik machen könnte.

Ich habe im vorigen schon betont, daß z. B. eine *sozialdarwinistische* Lösung des Problems des Überlebens und Weiterlebens der menschlichen Spezies in der Zukunft keine ethisch verantwortbare Lösung darstellen würde. Obwohl nun eine solche

21 Über dieses Prinzip kann m. E. der »strukturalistische« Ansatz von Piaget und Kohlberg nicht hinausführen.

22 Vgl. hierzu meine bisherigen Versuche, das *Prinzip Verantwortung* im Sinne der *Diskursethik* zu formulieren in *Funkkolleg* ..., *Dialoge*, a. a. O. Bd. II. S. 123 ff.; *Studientexte*, a. a. O., Bd. II, S. 606 ff., sowie in Kuhlmann (Hrsg.) (s. Anm. 11).

Lösung zweifellos auch von Hans Jonas nicht akzeptiert würde, so wird sie doch von den von ihm vorgeschlagenen Formulierungen eines kategorischen Imperativs (siehe oben S. 194) nicht ausgeschlossen – es sei denn, man würde in den Begriff der »Integrität des Menschen« den der zu bewahrenden Integrität der jetzt lebenden Menschheit einschließen und so das Gesundschrumpfen der Erdbevölkerung durch Verhungern von Teilen der Dritten Welt zumindest als gerechte Lösung im Sinne einer Verantwortungsethik ausschließen.

Es genügt also nicht, wenn wir die »Permanenz echten Lebens auf Erden« oder den »Fortbestand der Menschheit auf Erden« zum (quasi-ontologischen) Ziel einer Verantwortungsethik proklamieren. Wir müssen auch den *Rechts-Ansprüchen*, den faktischen und den potentiell zu erwartenden *Rechts-Ansprüchen*, aller jetzt und später lebenden Menschen *gerecht* werden. Das bezieht sich im Sinne der *Diskurs*-Ethik – bei aller heute zu fordernden Ehrfurcht vor dem Leben – nicht auf die Pflanzen und Tiere, sondern nur auf die als Vernunftwesen mit uns gleichberechtigten Menschen. Dies scheint mir ein Hinweis darauf zu sein, daß man auch auf der Ebene der *Verantwortungsethik* nicht ohne Not das quasi-Kantsche *Prinzip der verallgemeinerten Gegenseitigkeit aller Menschen als Vernunftwesen* preisgeben sollte. Es kommt m. E. eher darauf an, das Kantsche Prinzip neu, ja allererst zu begründen,[23] und zwar so, daß es den *konkret geschichtlichen Zeitbezug* als *Gegenseitigkeitsbezug auf das Konkret-Allgemeine der Menschheit* mitreflektiert.

Ich möchte an dieser Stelle schon bemerken, daß mich Hans Jonas' These vom *Fortfall der Gegenseitigkeit* (der »Reziprozität«) der Pflichten in einer Ethik der Zukunftsverantwortung (S. 84ff. u. S. 177) nicht überzeugt hat. Jonas' Musterbeispiele, die Verantwortung der Eltern für die Kinder und die Verantwortung des Staatsmanns für das Wohl und Wehe der ihm anvertrauten Bürgerinnen und Bürger, zeigen m. E. nicht, daß

23 Kant hat ja die Begründung der Gültigkeit des Sittengesetzes mit der Konstatierung des evidenten »Faktums der Vernunft« eher abgebrochen. Vgl. hierzu K.-O. Apel: *Transformation der Philosophie*, Frankfurt a. M. 1973, Bd. II, S. 417ff. und ders. in *Funkkolleg, Studientexte*, a. a. O., Bd. I, S. 127ff.

Verantwortung *kein Reziprozitätsverhältnis* ist. Sie zeigen eher, daß die *prinzipielle Verantwortung der Menschen füreinander* ein *potentielles* Verhältnis ist, das nur nach Maßgabe eines faktischen Machtvorsprungs *aktuell* wird. So verhält es sich ja auch schon mit der Verantwortung, die etwa Bergsteiger in einer Seilschaft füreinander haben.

Das hier vorliegende Phänomen – der *Aktualisierung der Verantwortung nach Maßgabe des Machtvorsprungs*, also eines *Könnens* auf seiten des verantwortlichen Subjekts – verweist aber m. E. auf die mögliche Lösung eines tieferen Problems: Muß das *Sollen* der Ethik tatsächlich, wie Jonas unterstellt (S. 230 ff.), letztlich metaphysisch (im vorkantischen Sinne) aus einem *Sein* hergeleitet werden: nämlich als eine Verpflichtung unseres *Könnens*, die uns erst und nur aus dem vor Augen liegenden *Sein der Welt*, z. B. dem Sein eines uns schutzlos ausgelieferten Säuglings, zuwächst – derart, daß man den Satz Kants »Du kannst, denn du sollst« umkehren muß in den Satz »Du sollst, denn du kannst«?

Mir scheint, daß die beiden zuletzt gegeneinander ausgespielten Sätze beide richtig sind und daß die Forderung einer Letztbegründung des *Sollens* aus dem *Sein* – zumindest: aus dem Sein *kontingenter Tatsachen* – unberechtigt und unnötig ist. Richtig und wichtig scheint mir folgende Einsicht von Jonas zu sein: Die konkreten Imperative – insbesondere die heute notwendigen *neuen* Imperative einer ökologisch orientierten Zukunftsverantwortungsethik – ergeben sich in der Tat als *situationsbezogene Sollens-Normen nach Maßgabe unseres ganz neuartigen technischen Könnens*. (Insofern gilt Jonas' Prinzip »Du sollst, denn du kannst«.) Dabei ergeben sich indessen die konkreten Pflichten der einzelnen und sozial verbindlichen Normen m. E. erst auf Grund realer oder fingierter *Diskurse der Betroffenen bzw. ihrer Vertreter über die Folgen und Nebenfolgen der Befolgung von vorgeschlagenen Normen*. Diese Herleitung der konkreten Normen aber setzt, um *verbindlich* – d. h. *legitimierbar* – zu sein, schon ein tieferliegendes Prinzip voraus, demzufolge wir überhaupt zur Übernahme von Verantwortung verpflichtet sind und d. h.: zur Beteiligung an der Organisation dieser Verantwortung als solidarischer Verantwortung gemäß einem *formalen Diskursprinzip verallgemeinerter Gegenseitig-*

keit. Wenn es nun möglich sein sollte, den Sinngehalt dieses tieferliegenden Prinzips als ein *Sollen* zu erweisen, das wir als Vernunftwesen immer schon in Freiheit anerkannt haben, dann gilt insofern auch Kants Satz »Du kannst, denn du sollst«. Dieser Nachweis nun ist m. E. möglich, wenn man das von Kant unterstellte »Faktum der Vernunft« in einem radikaleren Sinn transzendentalphilosophisch interpretiert als Kant dies selber getan hat.

III. Die Begründung einer Verantwortungsethik als Ethik der Bewahrung des Seins der realen menschlichen Kommunikationsgemeinschaft und in eins damit der progressiven Realisierung der idealen Kommunikationsgemeinschaft

Meine Damen und Herren! Sie ersehen aus den zuletzt gemachten Bemerkungen, daß ich um das wenig populäre Problem einer *Letztbegründung* der Ethik nicht herumkomme. Ich kann mir einen Weg zur rationalen Beantwortung der konkreten Fragen, die im Titel meines Referats angedeutet sind, nicht anders bahnen. Doch sei mir zuvor noch ein – vielleicht hilfreicher – Hinweis auf die Eigenart der m. E. notwendigen und auch möglichen Letztbegründung einer Diskursethik gestattet. Ich muß noch einmal zurückkommen auf den Einwand von Günther Maschke in der *FAZ* gegen die Jonassche Zumutung einer *metaphysischen Verantwortung*. Dieser Einwand – das Argument der Ohnmacht des einzelnen angesichts der unabsehbaren Folgen heutiger Kollektivhandlungen – ist ja nicht aus der Luft gegriffen. Der Einwand ist sogar plausibel unter einer stillschweigenden Voraussetzung der traditionellen Ethik, die bisher niemals wirklich überwunden wurde: unter der Voraussetzung nämlich, daß der einzelne so, wie er allein für sich denkt, auch allein die Verantwortung für das Handeln, an dem er beteiligt ist, übernehmen muß. Beide Voraussetzungen (des *methodischen Solipsismus*) – daß jeder für sich denkt und daß jeder allein die Verantwortung für Handlungen trägt, an denen er beteiligt ist – sind aber in einem wesentlichen Sinne falsch. Genau dies zeigt die *transzendentalreflexive Begründung einer Kommunikations- bzw. Diskursethik.*[24]

Natürlich kann jemand, empirisch gesehen, allein für sich – in »Einsamkeit und Freiheit« (W. v. Humboldt) – denken. Aber: auch, wenn er dies tut, denkt er mit dem *Anspruch intersubjektiver Gültigkeit*, und zwar nicht nur hinsichtlich der *Wahrheit* seiner Gedanken, sondern zuvor schon hinsichtlich ihres *Sinns.*[25] Diesen muß er, im Prinzip, *als sprachlich artikulierten Sinn mit anderen teilen* können. *Insofern* kann im Prinzip keiner für sich allein denken. (Man kann sogar zeigen, daß auf der Ebene des Sprachgebrauchs im einsamen Denken sich heute bereits die komplizierte Arbeitsteilung der technisch-wissenschaftlichen Zivilisation auswirkt: nämlich als sogenannte »semantische Arbeitsteilung« (H. Putnam).[26] Ihrzufolge kann der einzelne, der heute kaum noch für 10% der von ihm benutzten Wörter den Begriffsumfang auf Grund von Erfahrung aus erster Hand kontrollieren kann, trotzdem über das reden, was »wir heute wissen«. Dieser Punkt ist m. E. für die zu fordernden »praktischen Diskurse« einer *Ethik kollektiver Verantwortung* von größter Bedeutung, wie noch zu zeigen ist. Doch zunächst zur *Letztbegründung* einer Ethik kollektiver Verantwortung.)

Nehmen wir an, es wäre so, wie das neuzeitliche Denken seit Descartes es zu unterstellen pflegt: Ich könnte mich im einsamen Denken so aus der Welt herausreflektieren, daß alles – nicht nur die Natur als »Außenwelt«, sondern auch die »Mitwelt« – nur noch *Gegenstand meines Bewußtseins* wäre. Ver-

24 Vgl. hierzu K.-O. Apel: *Transformation der Philosophie*, a. a. O., Bd. II, 2. Teil: »Das Apriori der Kommunikationsgemeinschaft«, sowie D. Böhler: *Rekonstruktive Pragmatik. Von der Bewußtseinsphilosophie zur Kommunikationsreflexion*, Frankfurt a. M. 1985, sowie W. Kuhlmann: *Reflexive Letztbegründung. Untersuchungen zur Transzendentalpragmatik*, Freiburg/München 1985, sowie die Beiträge von Apel, Böhler und Kuhlmann zum *Funkkolleg* ..., a. a. O.

25 Zu den »universalen Geltungsansprüchen der menschlichen Rede« vgl. auch J. Habermas: *Theorie des kommunikativen Handelns*, Frankfurt a. M. 1981, Bd. 1, Kap. III, sowie ders.: *Vorstudien und Ergänzungen zur Theorie des kommunikativen Handelns*, Frankfurt a. M., 1984, S. 127 ff. und S. 353 ff.

26 Vgl. H. Putnam: »The Meaning of Meaning«, in ders.: *Philosophical Papers*, vol. 2, Cambridge University Press, 1975, pp. 215-71.

hielte es sich so, dann wäre eine *rationale Letztbegründung der Ethik* tatsächlich unmöglich. Denn in diesem Falle gäbe es für mich, den einsamen Denker, der alles distanziert hat, letztlich nur *wertneutrale Fakten*; und aus dem *Sein dieser Fakten* läßt sich kein *Sollen* herleiten.

Wir haben hier den Punkt der Ausweglosigkeit der modernen Philosophie angesichts des Problems der Letztbegründung erreicht. Und ich glaube, in Übereinstimmung mit Hans Jonas feststellen zu können, daß die Paradoxie dieser Situation in dem folgenden Umstand liegt: Dasselbe *wissenschaftlich-rationale* Denken, das die Technik ermöglicht und so die äußere Herausforderung für eine Verantwortungsethik darstellt, – dasselbe Denken scheint als *wertfreie Vergegenständlichung der Welt* eine *rationale Begründung ethischer Normen* als unmöglich zu erweisen. (Ich habe hier vom scheinbaren Widerspruch der *äußeren* und der *inneren* Herausforderung des *homo sapiens* durch die Rationalität des *homo faber* gesprochen.[27])

Doch die, seit Descartes übliche, Unterstellung der Möglichkeit einer prinzipiell einsamen Weltdistanzierung ist unhaltbar. Nichts gegen das kartesische Gedankenexperiment des »methodischen Zweifels«[28]! Doch selbst die einsamste und radikalste Reflexion muß als Denken mit intersubjektivem Gültigkeitsanspruch die *Sprache* und damit eine *Kommunikationsgemeinschaft* voraussetzen. Damit aber ist die *Grenze* auch der wertfreien Weltdistanzierung der modernen Naturwissenschaft bezeichnet. Die wertfreie Naturwissenschaft selber muß *als Unternehmen der Wahrheitssuche* in der *Dimension der Inter-*

27 Vgl. *Funkkolleg...*, *Dialoge*, a.a.O., S. 113ff. *Studientexte*, a.a.O., S. 130ff.

28 Man sollte m.E. nicht etwa versuchen, die Radikalität des philosophischen Denkens – und d.h. die Radikalität der heute möglichen reflexiven Weltdistanzierung und Infragestellung von konventionellen Normen in der »Adoleszenzkrise« – dadurch zu beschwichtigen, daß man auf die ohnehin *praktisch* nicht zur Disposition stehenden »Gepflogenheiten« funktionierender Lebensformen verweist. Denn diese Gepflogenheiten werden heute von der Reflexion auch deshalb nicht mehr als verbindlich anerkannt, weil sie schon längst als unzureichend im Sinne der eigentlich geforderten Verantwortungsethik durchschaut sind.

subjektivität auch eine Ethik voraussetzen.[29] Doch das wäre freilich nur eine Ethik des Unternehmens Wissenschaft, die nicht einmal die Frage beantworten könnte, ob Wissenschaft denn *sein soll.* Anders, wenn wir auf die subjektiven und intersubjektiven Bedingungen der Möglichkeit des *Denkens* als des *Argumentierens* reflektieren; denn hinter diese Bedingungen kann niemand zurückgehen, der überhaupt irgendwelche Fragen ernsthaft aufwirft und sie damit zur Diskussion stellt.

Welches sind nun die ethisch relevanten Bedingungen der Möglichkeit des Denkens als des Argumentierens? Hier beginnt m. E. die heute mögliche *Dechiffrierung* des von Kant als Grundlage der Ethik unterstellten »Faktums der Vernunft«. Und diese Dechiffrierung zeigt, daß wir im ernsthaften Denken bereits eine *Diskurs-* und *Verantwortungsethik* im Sinne der *verallgemeinerten Gegenseitigkeit einer potentiell unbegrenzten Argumentationsgemeinschaft* anerkannt haben. Das heißt: wir haben nicht nur das abstrakte Verallgemeinerungsprinzip Kants, das ohne geschichtlichen Zeitbezug gedacht ist, notwendigerweise anerkannt, sondern durchaus einen *konkret-allgemeinen Menschheitsbezug* in dem von Jonas geforderten Sinn. Inwiefern?

Mit dem *ernsthaften* Stellen einer *Frage* haben wir im Prinzip die *Verantwortung des Problemlösens* in bezug auf die reale Welt übernommen[30] – aber nicht »allein«, sondern als Mitglieder einer *realen Kommunikationsgemeinschaft*, mit der jetzt schon Verständigung im Prinzip möglich sein muß, und zugleich als Mitglieder einer *unbegrenzten idealen Kommunikationsgemeinschaft*, die für die Überprüfung und Anerkennung unserer Wahrheitsansprüche vorausgesetzt ist. Diese letztere ist

29 Das hat meines Wissens zuerst Charles Peirce, später auch Karl Popper erkannt. Vgl. K.-O. Apel: *Der Denkweg von Charles Peirce. Eine Einführung in den amerikanischen Pragmatismus*, Frankfurt a. M. 1975.

30 Der Fall des bloß spielerischen, d. h. *nicht ernsthaften* Aufwerfens von Fragen, so wichtig er auch, empirisch gesehen, für das menschliche Lernen und die Wissenschaft sein mag, kann m. E. nur als »defizienter Modus«, d. h. als sinnlogisch abhängig von (»parasitic upon«) dem Fall des ernsthaften, »verantwortlichen« Fragens verstanden werden. Insofern hat Heidegger schon etwas gesehen, wenn er vom *Fragen* als der »Frömmigkeit des Denkens« gesprochen hat.

natürlich nicht real existent, doch jeder, der ernsthaft argumentiert, muß merkwürdigerweise in seinem Publikum bereits die ideale Argumentationsgemeinschaft ansprechen; er muß ihre Existenz sozusagen *kontrafaktisch antizipieren*, ob er er das will oder nicht.[31] – Doch, was ist damit für die Begründung der *Ethik* erreicht?

Wir haben erstens im ernsthaften Argumentieren – schon mit der Stellung der Frage – im Prinzip die *solidarische Verantwortung fürs Problemlösen* und die *Gleichberechtigung beim Problemlösen* aller Mitglieder einer *realen* Kommunikationsgemeinschaft – eben der jetzt existierenden Menschheit – anerkannt. Wir haben aber zweitens mit der notwendigen, kontrafaktischen Antizipation einer *unbegrenzten idealen* Kommunikationsgemeinschaft auch schon im Prinzip anerkannt, daß alle *gültigen* Problemlösungen – gerade auch die ethisch relevanten – für alle Mitglieder der unbegrenzten idealen Kommunikationsgemeinschaft *konsensfähig* sein müßten, wenn sie mitdiskutieren könnten.

Darin ist m. E. impliziert, daß sich die Verantwortung fürs Problemlösen der jetzt lebenden und diskursfähigen Mitglieder der realen Kommunikationsgemeinschaft in gewisser Weise auch auf die möglichen Probleme der jetzt nicht diskursfähigen, also auch auf die der voraussichtlich existierenden Mitglieder der unbegrenzten Kommunikationsgemeinschaft erstreckt; und zwar in zweifacher Hinsicht: Zum einen kann man wegen der *Kohärenz aller gültigen Problemlösungen* kein potentielles Mitglied der unbegrenzten Argumentationsgemeinschaft bei der Konsensbildung prinzipiell ausschließen[32]; zum anderen muß

31 Diese Behauptung sollte man an der wirklichen (= »aktuellen«) Argumentation von Skeptikern und Relativisten überprüfen!

32 Dies ist eine stärkere *konsenstheoretische* These als die schon in der klassischen *Korrespondenz*-Theorie der Wahrheit implizierten, die lediglich besagt, daß die *den Tatsachen entsprechenden* Aussagen *deshalb auch schlechthin intersubjektiv gültig sind*. Dieser üblichen Vorstellung wird nicht widersprochen, doch es wird darüber hinaus folgendes behauptet: Um die uns verfügbaren – für sich genommen stets unzureichenden – Wahrheits-*Kriterien* (phänomenologische Evidenz für Korrespondenz, Kohärenz, pragmatische Fruchtbarkeit u. ä.) auf der Ebene sprachlicher Welt-*Interpretation* zur Geltung bringen zu können, bedürfen wir der – forschungspragmatisch relevanten – regulativen Idee

man, wegen der Anerkennung der *prinzipiellen Gleichberechtigung aller potentiellen Diskurspartner*, die voraussichtlichen Problemanliegen, also die Bedürfnisse der voraussichtlich existierenden Mitglieder schon jetzt verantwortlich in Rechnung stellen. Ja, in der Angewiesenheit des ernsthaften Argumentierens auf *Kohärenz* und *Konsens*-Fähigkeit aller gültigen Problemlösungen ist m. E. auch schon dies impliziert: *daß die jetzt existierende Kommunikationsgemeinschaft der Menschheit unter Bedingungen der Gleichberechtigung ihre kontinuierliche Fortsetzung in der Zukunft finden soll.* Die Letztbegründung der Diskursethik enthält also m. E. auch eine *rationale Begründung* des Grundpostulats von Hans Jonas, *daß auch in Zukunft eine Menschheit sein soll* (a. a. O., S. 90 ff. u. S. 156 ff.) – und dies unter Ausschluß einer bloß sozialdarwinistischen Lösung des Problems der Arterhaltung.

Darüber hinaus ist m. E. mit der Einsicht in die Notwendigkeit der *kontrafaktischen Antizipation* der Existenz einer idealen Argumentationsgemeinschaft gleichberechtigter Argumentationspartner noch ein weiteres ethisch relevantes Postulat anerkannt: *daß in der realen Kommunikationsgemeinschaft der Menschheit die ideale Kommunikationsgemeinschaft immer noch erst – progressiv – realisiert werden soll.* Und in diesem letzten Postulat steckt m. E. die Antwort auf die eingangs aufgeworfene Frage, ob es möglich ist, eine Ethik der *Bewahrung* des Daseins und der Würde des Menschen zu vertreten, ohne zugleich eine Ethik des *Fortschritts* in der Realisierung der Menschenwürde zu vertreten. Die Antwort auf diese Frage muß ich natürlich etwas genauer erläutern, um dem Titel meines Vortrags gerecht zu werden. Doch diese Erläuterung muß ich mit der Beantwortung eines allgemeinen Einwandes verknüpfen: Ist nicht die zuletzt skizzierte Begründung einer Verantwortungs-

der diskursiven Konsensbildung in einer unbegrenzten idealen Kommunikationsgemeinschaft. Eine solche Wahrheitstheorie ist im Unterschied zur klassischen Korrespondenztheorie nicht mehr *methodisch-solipsistisch* orientiert und eben deshalb zugleich ethisch relevant. Vgl. meinen Vergleich von Peirce's und Habermas' Konsenstheorie der Wahrheit in: »C. S. Peirce and Post-Tarskian Truth«, in E. Freeman (ed.): *The Relevance of Charles Peirce*, The Hegeler Institute: La Salle/Ill., 1983, 189-223.

ethik als Ethik der zu bewahrenden realen und der immer noch zu realisierenden *idealen Kommunikationsgemeinschaft* wiederum *utopisch* und daher heute gefährlich?
Dieser Einwand beruht m. E. auf einem Mißverständnis, das selbst wiederum seinen Grund in einem mangelnden Verständnis des Kantschen Begriffs der »regulativen Ideen« hat. »Regulative Ideen« der praktischen Vernunft sind normative Prinzipien, die für das Handeln im Sinne einer Verpflichtung und Anleitung zur langfristigen, approximativen Realisierung eines Ideals verbindlich sind, die aber zugleich die Einsicht zum Ausdruck bringen, daß nichts in der Zeit Erfahrbares jemals dem Ideal völlig entsprechen kann. Mit Hilfe dieses Begriffs hat Kant in seinen kleinen geschichtsphilosophischen Schriften tatsächlich auch noch den *konkreten Zeitbezug* seiner zunächst noch abstrakt angesetzten ethischen Prinzipien zu denken versucht; insbesondere hat er in diesem Sinne ein Prinzip des *ethisch aufgegebenen Fortschritts* angedeutet, das keinerlei sicheres Vorauswissen über den faktisch zu erwartenden Verlauf der zukünftigen Geschichte einschließt.
Insofern ist Kants – freilich nur angedeutete – Konzeption des *aufgegebenen Fortschritts unter regulativen Ideen* m. E. keineswegs eine – noch nicht zu Ende gedachte, halb transzendente – Vorstufe der Hegelschen und Marxschen Konzeption eines *notwendigen Ganges der Weltgeschichte* und der »Aufhebung« der Ethik in dieser utopistischen Geschichtsphilosophie. Ich glaube vielmehr, daß Kants Konzeption des *Fortschritts unter ethisch begründeten regulativen Ideen* das Grundprinzip einer möglichen »Kritik der utopischen Vernunft« darstellt:[33] einer Kritik, die freilich vom Defaitismus einer Ethik der »Üblichkeiten« des Status quo ebenso weit entfernt ist wie vom schlechten (»überschwenglichen«) Utopismus einer voraussagbaren Realisierung des Ideals in der Zeit. Mir scheint, daß Jonas' Kritik des utopischen Denkens sich in Wahrheit nur gegen die im Sinne Kants »überschwenglichen« Utopien der *totalen Realisierung des Ideals in der Zeit* und insofern der quasi-eschatologischen Än-

33 Vgl. vorläufig K.-O. Apel: »Ist die Ethik der idealen Kommunikationsgemeinschaft eine Utopie? Zum Verhältnis von Ethik, Utopie und Utopiekritik«, in W. Voßkamp (Hrsg.): *Utopieforschung*, 3 Bde., Stuttgart 1982 und Frankfurt a. M. 1985, Bd. I, S. 325-355.

derung der *conditio humana* im Sinne der Überwindung der »moralischen Zweideutigkeit« des Menschen richtet. Davon wird aber m. E. die zum Menschen gehörige *utopische Dimension* des *Sichvorwegseins in der kontrafaktischen Antizipation des ethischen Ideals*, die sich in jedem ernsthaften Adressieren der Argumentationsgemeinschaft zeigt, nicht betroffen – nicht zu reden von den harmloseren, auch so genannten *Utopie*-Entwürfen, die sich später als realisierbar erweisen. Doch wenden wir uns, nach diesen philosophiehistorischen Bemerkungen, zurück zum Problem der *Begründung* einer heute geforderten Ethik der Zukunftsverantwortung.

Zunächst möchte ich feststellen, daß alle von mir im vorigen angedeuteten ethisch relevanten Prinzipien, die wir im ernsthaften Argumentieren schon anerkannt haben, den Charakter von *regulativen Ideen* im Sinne Kants haben. D. h.: wir wissen zugleich mit ihrer Anerkennung, daß wir sie unter den derzeitigen Bedingungen der *conditio humana* nur unter Berücksichtigung vieler *pragmatischer Einschränkungen* realisieren können. Das gilt vorab z. B. für die Grundforderung einer Diskursethik: daß im Prinzip alle ethisch relevanten Probleme in praktischen Diskursen der *Betroffenen* nach Maßgabe des Prinzips der *Konsensfähigkeit* der Lösungen für alle Betroffenen aufzulösen seien. Natürlich kann dieses Postulat in der Praxis meistens nur durch *advokatorische Interessen-Vertretung* realisiert werden, und auch in diesem Sinne nur mehr oder weniger vollkommen, nämlich unter Berücksichtigung der notwendigen Zeitbeschränkungen, der Unterschiede menschlicher Kompetenz, der Spezialisierung der Diskurse nach Themen usw., und nicht zuletzt auch im Sinne von notwendigen Kompromissen mit der *funktionalen Systemrationalität* von sozialen Systemen und Institutionen und mit der *strategischen Rationalität* der Interessenvertretung durch Parteien – so z. B. in den parlamentarischen Debatten.

Und doch können und müssen wir daran festhalten, daß in all diesen Fällen die *pragmatischen Einschränkungen des idealen Diskursprinzips* bzw. *die Kompromisse mit anderen Rationalitätsprinzipien* selbst noch der *Legitimation* oder der *Kritik* durch das *Diskursprinzip* unterliegen. Diese prinzipielle Legitimationsbedürftigkeit aller pragmatischen Kompromisse ist im modernen, demokratischen Rechtsstaat sogar öffentlich anerkannt: dadurch nämlich, daß sich der Staat, um mit Kant zu reden, eine »räsonierende Öffentlichkeit« leistet, die u. a. auch die Aufgabe hat, Politik, Gesetzgebung und Verwaltung einer ethisch orientierten Kritik zu unterziehen.

Aus diesen Andeutungen über die Funktion und die mögliche approximative Realisierung des Diskursprinzips wird vielleicht schon deutlich, inwiefern meine Konzeption der Diskursethik gegen den Einwand des »Utopismus« verteidigt werden kann. Ich möchte jedoch eine stärkere These vertreten: Ich möchte behaupten, daß *nur* im Sinne des angedeuteten *Diskurs*-Prinzips die von Jonas geforderte *Makroethik der Zukunftsverantwortung für kollektive Handlungen* gegen den Einwand des *Verantwortungsutopismus* verteidigt und als *zumutbar* erwiesen werden kann. Anders gesagt: der im vorigen erwähnte Einwand der Ohnmacht des einzelnen angesichts der unabsehbaren Folgen unserer kollektiven Handlungen (vgl. oben S. 188 u. 198) wird dann, und nur dann, gegenstandslos, wenn man sich folgendes klarmacht: Es geht ja gar nicht darum, daß der einzelne *allein* eine metaphysische Zukunftsverantwortung übernehmen soll. Es geht nur – allerdings – darum, daß der einzelne schon bei der morgendlichen Zeitungslektüre daran denkt, wie er sich – je nach Maßgabe seiner Kompetenz und seiner Kraft – *an der Organisation der kollektiven Verantwortung beteiligen* kann. Diese Organisation der kollektiven Verantwortung durch Beteiligung einzelner an entsprechenden, praktisch relevanten Diskursen ist ja tatsächlich immer schon auf zahllosen institutionellen und informellen Organisationsebenen im Gang – von der Ebene der Gesetzgebung bis hin zur Einrichtung eines Kindergartens oder zur Abfassung eines Leserbriefes durch einen Rentner.

An dieser Stelle sollten wir freilich die Frage nach dem *Subjekt* der Verantwortung auch in einem empirisch relevanten Sinn genauer stellen und zu beantworten suchen: Wenn es heute darum geht, die *solidarische Kollektivverantwortung für kollektive Handlungen in Gestalt praktischer Diskurse zu organisieren*, so stellt sich die Frage, wen man denn heute schon als *Verantwortungsträger ansprechen* kann. Eigentlich sollte man jeden Menschen als Mitglied der potentiellen idealen Diskursgemeinschaft ansprechen und sozusagen in die Pflicht nehmen können. Das wird z. B. bei einer Veranstaltung wie der gegenwärtigen philosophisch-politischen Konferenz auch unterstellt. Das besagt u. a.: eine solche Konferenz hätte gar keinen Sinn, wenn man nicht in jedem Menschen über seine *subjektiven Interessen* hinaus ein *allgemeines, transsubjektives Vernunftinteresse* unterstellen und »in Anspruch nehmen« könnte. Gleichwohl ist jedem Nüchternen klar, daß die Kehrseite der Aufgeschlossenheit fürs Allgemeine auf einer Konferenz wie der gegenwärtigen in einer gewissen *praktischen* – z. B. politischen und ökonomischen – Unverbindlichkeit der hier vorgetragenen Diskussionsbeiträge besteht. Es ist gewissermaßen nur der *Sonntagsmensch*, der hier – wie auch auf Kirchentagen – als Mitglied der realen und fast schon der idealen Kommunikationsgemeinschaft angesprochen werden kann. (Charakteristisch ist in diesem Zusammenhang die Tatsache, daß die ideale Kommunikationsgemeinschaft, deren Mitglieder die ernsthaft Argumentierenden immer schon sind, prinzipiell nicht *als Kollektivsubjekt institutionalisiert* sein kann – ungeachtet des Umstandes, daß die christlichen Kirchen seit Augustinus zuweilen einen entsprechenden Anspruch erhoben haben.)

Wenn man nun nach den empirisch faßbaren Alltags-Subjekten (Einzelsubjekten und Kollektiv-Subjekten) der Verantwortung fragt, so lassen sich idealtypisch zwei scharf ausgeprägte Fälle unterscheiden: Einmal sind dies die *Personen* und *juristischen Quasi-Personen*, die als verantwortliche Subjekte von Handlungen und Unterlassungen im Sinne des *positiven Rechts* zur Verantwortung gezogen werden können. Für sie ist das »Wofür?« und das »vor wem?« bzw. »Wem gegenüber?« der Verantwortung durch Androhung von Sanktionen der Tendenz nach so eindeutig und effektiv festgelegt, daß auf die *verantwortungsethische Gesinnung* der Subjekte und Kollektiv-Subjekte weitgehend verzichtet werden kann. Damit ist freilich auch schon die Kehrseite und Grenze einer möglichen *Verrechtlichung* der heute geforderten *Verantwortungs-Moral* angedeutet. (Das zeigt sich z. B. in dem Umstand, daß Personen und juristische Personen sich auch im Rahmen von verantwortungsethischen Diskursen – z. B. solchen der medizinischen *»Ethikkommissionen«* – oft nur für den Grenzfall ihres möglichen Konflikts mit den Gesetzen interessieren.) Gleichwohl bezeichnet die juristische *Festlegung der sanktionsfähigen Verantwortlichkeit* – z. B. der *Verursacher*-Verantwortung von Körperschaften und Industrieunternehmen für Umweltschäden – natürlich eine Hauptdimension der überhaupt möglichen *Organisation der kollektiven Verantwortung*. Und ihre unmittelbar ethisch relevante Voraussetzung bildet eine *verantwortliche Gesetzgebung*, die wiederum dem *Diskursprinzip* unterliegt. (Ich komme darauf sogleich zurück.)

Außer den Subjekten der Verantwortung im Sinne der reinen Diskursethik und andererseits im Sinne der rechtlichen Haftbarkeit gibt es nun aber noch einen dritten Typus von verantwortlichen Handlungssubjekten und Kollektivsubjekten; und dieser dritte Typus dürfte für die heute zu verantwortenden Kollektivhandlungen der Industriegesellschaft wohl der wichtigste sein. Er tritt in der Regel nicht auf philosophisch-politischen Konferenzen in Erscheinung; und auch im Rahmen des Rechtsverkehrs begegnet er sozusagen nur als Hintergrundphänomen. Ich meine die Subjekte des *strategischen Handelns und Verhandelns*, die man als Interessenvertreter im Sinne der Wirtschaft und der Politik kennzeichnen kann. Es sind dies natürlich weitgehend dieselben Realsubjekte, die auch als solche der diskursethischen und der rechtlich fixierten Verantwortung anzusprechen sind. Allein: im Zusammenhang der strategischen Interaktion und Kommunikation – z. B. bei Verhandlungen (oder Konferenzen, die primär Verhandlungscharakter haben) begegnen sie einander primär als *verantwortliche Vertreter von Selbstbehauptungssystemen* (im Sinne etwa der *funktionalen Systemtheorie* und der *strategischen Spieltheorie*).[34]

Es kommt nun m. E. unter dem Gesichtspunkt der kommunikativen Verantwortungsethik wesentlich darauf an, diesen dritten Typus von Verantwortungssubjekten nicht etwa »gesinnungsmoralistisch« mit dem Typus der moralisch unverantwortlichen, bloß egoistischen Interessenvertreter gleichzusetzen. (Diese auf philosophisch-politischen Konferenzen naheliegende

34 Vgl. hierzu O. Höffe: *Strategien der Humanität*, München 1975, sowie K.-O. Apel: »Läßt sich ethische Vernunft von strategischer Zweckrationalität unterscheiden?«, in W. van Reijen/K.-O. Apel (Hrsg.): *Rationales Handeln und Gesellschaftstheorie*, Bochum 1984, 23-80.

Einschätzung betrifft ja ohnehin immer nur die Nichtanwesenden.) Soll die kommunikative Organisation der Verantwortung für politisch-ökonomische Kollektivhandlungen überhaupt eine Chance haben (und dies anzustreben ist selbst ein Gebot der Verantwortungsethik), dann muß auch das *strategisch-rationale Einstehen für partikulare Selbstbehauptungssysteme* (Individuen, Familien, Gruppen, Interessenverbände, Staaten) grundsätzlich als eine Form der menschlichen Verantwortung anerkannt werden, die vom bloßen Egoismus zu unterscheiden ist. (Im positiven Recht – insbesondere auch im Völkerrecht – ist ja auch die Berechtigung der strategischen Selbstbehauptung innerhalb der Grenzen von Spielregeln immer schon anerkannt.)

Auf der Ebene der heute erstmals geforderten Organisation der kollektiven Zukunftsverantwortung geht es freilich darum, die Spannung zwischen der bloß *strategisch-ökonomischen* und *strategisch*-politischen Rationalität der Selbstbehauptung partikularer Systeme und der konsensual-kommunikativen *Rationalität* im Sinne der *Diskursethik* bewußt zu machen – auch z. B. als Spannung in der Seele des Politikers oder Wirtschaftsmanagers, der als Sonntagsmensch (pardon!) auf einer philosophisch-politischen Konferenz diskutiert. Darüber hinaus geht es darum, eine diskursive Vermittlung zwischen der partikularen mit der konkret-allgemeinen Verantwortung immer erneut in die Wege zu leiten.

Welche normative Anleitung kann nun die Diskursethik bei der Organisation der zuletzt geforderten Vermittlung von verschiedenen Verantwortungsimperativen geben, und inwiefern muß sie dabei auf einen möglichen Fortschritt in der approximativen Realisierung der sozialen Bedingungen einer idealen Kommunikationsgemeinschaft setzen – und zwar auf nationaler und internationaler Ebene? Um diese Frage andeutungsweise zu beantworten, möchte ich auf zwei exemplarische Formen der möglichen Realisierung der ethischen Verantwortung im Sinne des Diskursprinzips etwas genauer eingehen: einmal auf das Verfahren der Begründung von Rechtsnormen in der Gesetzgebung demokratischer Rechtsstaaten und zum anderen auf die zur Zeit hochaktuelle Organisation der Verantwortung für die Folgen von Wissenschaft und Technik durch kritisch begleitende Diskurse – etwa nach dem Muster der »Ethikkommissionen der Medizin«.

Im Hinblick auf beide Formen praktisch relevanter Diskurse ist zunächst einmal folgendes zu betonen: Die philosophische Begründung der Diskursethik liefert nur – allerdings – ein *formales (prozedurales) Argumentationsprinzip* für praktische Diskurse überhaupt: nämlich ein Prinzip im Sinne der von mir skizzierten *Forderung der Konsensfähigkeit der gültigen Problemlösungen für alle Betroffenen* – auch für die voraussichtlich in der Zukunft Betroffenen. Im übrigen aber *delegiert* die Diskursethik die Begründung situationsbezogener *materialer Normen* grundsätzlich an die von ihr geforderten *praktischen Diskurse* – und dies aus zwei wesentlichen Gründen.

(1) Einmal geht es darum, die konkreten *Bedürfnisse und Interessen der Betroffenen* möglichst weitgehend zu ermitteln und in argumentativen Diskursen zur Geltung zu bringen. Die von Kant bzw. von Kohlberg empfohlenen *Gedankenexperimente der Universalisierung von potentiellen Normen* durch »role taking« müssen im Sinne der Diskursethik als sekundärer Ersatz für die *diskursive Ermittlung der universalen Konsensfähigkeit* verstanden werden. Im Gedankenexperiment des einzelnen können nämlich die Interessen der Betroffenen nur nach *konventionellen* Maßstäben, sozusagen als *natürliche Eigenschaften* von Menschen, vorgestellt und in Rechnung gestellt werden.[35] Nun stellt freilich das Repräsentationssystem der parlamentarischen Demokratie nur einen unumgänglichen Ersatz für die Realisierung des Diskurses der Betroffenen dar – und überdies noch einen Kompromiß des *Diskursprinzips* als solchen mit dem *Prinzip des strategischen Interessenausgleichs* durch Verhandlungen. Dennoch scheint es mir korrekt zu behaupten, daß die Einschätzung der Qualität parlamentarischer und anderer *Gesetzgebungsdebatten* durch die *regulative Idee des angedeuteten Diskursprinzips* wesentlich mitbestimmt sein muß.[36] Dies

35 Vgl. J. Habermas zum Unterschied zwischen der monologischen (Kantschen) und der dialogischen (diskurstheoretischen) Version des höchsten Moralprinzips in *Rekonstruktion des historischen Materialismus*, Frankfurt a. M., S. 84f.

36 Dies als Antwort auf W. Becker: *Die Freiheit, die wir meinen. Entscheidung für die liberale Demokratie*, München 1982.

gilt insbesondere für die Einschätzung solcher Gesetzgebungsdebatten, in denen heutzutage die zukunftsbezogene Verantwortung für die industriell-technischen Kollektivhandlungen zur Geltung gebracht werden muß.

(2) Der zweite Grund aber, warum die Diskursethik die Begründung der situationsbezogenen materialen Normen der Moral und des Rechts an praktische Diskurse delegiert, liegt in einem Umstand, den auch Hans Jonas als wesentliches Novum einer Ethik der Zukunftsverantwortung herausgestellt hat (a. a. O., S. 24): Die konkret-relevante Antwort auf die Frage »Was sollen wir tun?« kann heute keineswegs – wie Kant meinte – vom »gemeinen Verstand« ohne wissenschaftliche Kenntnisse, »weitausholende Scharfsinnigkeit« und »Erfahrung in Ansehung des Weltlaufs« gewußt werden.[37] Im Gegenteil: die »kognitive« Seite, das Einschätzenkönnen der Situationstatsachen und der Folgen und Nebenwirkungen ist heute bei der Verantwortung der kollektiven Handlungen so wichtig, daß man oft kaum noch zu sehen vermag, wo und wie eigentlich der *normativ-ethische Maßstab* ins Spiel kommt. Diese Feststellung bezieht sich natürlich vor allem auf die Problematik der Institutionalisierung der Zukunftsverantwortung der Wissenschaft und Technik in praktischen Diskursen nach dem Muster der »Ethikkommissionen« – sozusagen auf einer Ebene zwischen der *räsonierenden Öffentlichkeit* und der *Gesetzgebung*. Denn hier geht es ja vor allem darum, *das Sach-Wissen der Experten in ethisch relevanter Form verfügbar zu machen und auszuwerten*.

Ich möchte nun meinen, daß gerade an diesem Beispiel das Prinzip der Diskursethik in seiner Anwendbarkeit verdeutlicht werden kann. Leider kann ich im gegenwärtigen Kontext nur einige allgemeine Bemerkungen dazu machen: Im Vergleich mit der Begründung der Verantwortungsethik bei Hans Jonas läßt sich die Diskursethik als eine *Zwei-Stufen-Ethik* charakterisieren.[38]

1. Die rationale Begründung der Verantwortung überhaupt und die des formal-prozeduralen Diskursprinzips der Organi-

37 Vgl. I. Kant: *Grundlegung zur Metaphysik der Sitten. Vorrede.*

38 Vgl. K.-O. Apel in *Funkkolleg ..., Dialoge*, a. a. O., Bd. II, S. 123 ff. *Studientexte*, a. a. O., Bd. II, S. 613 ff.

sation der kollektiven Verantwortung kann, wie ich zu zeigen versuchte, durch eine erneuerte Transzendentalphilosophie durchaus geleistet werden. In der Tat kann das Sollen im Sinne der Diskursethik ja, wie gezeigt, aus dem dechiffrierten »Faktum der Vernunft«: aus dem immer schon Anerkannthaben der Pflichten eines Mitglieds der realen und der antizipierten idealen Kommunikationsgemeinschaft, hergeleitet werden.

2. Unter der *Voraussetzung* des fundamentalen Prinzips der kollektiven Verantwortung läßt sich aber auch – mit Jonas – einsehen, daß die Notwendigkeit der Begründung jeweils neuer, situationsbezogener materialer Normen in der Tat aus der Beziehung der Seinstatsachen – auch gerade der von uns neu geschaffenen Seinstatsachen – auf unser *Können*, unsere technologische und politische *Macht*, erwachsen muß. Auf dieser zweiten Ebene aber sollte nun das *Diskursprinzip der Organisation der kollektiven Verantwortung* zum Tragen kommen. Demzufolge liegt m. E. die Aufgabe der philosophischen Ethik heutzutage weniger im Vorschlagen situationsbezogener materialer Normen als in der Analyse der normativen Bedingungen der Organisation der kollektiven Verantwortung auf den verschiedenen möglichen Ebenen praktischer Diskurse. Denn es ist kaum noch möglich, aus solchen Prinzipien, die wir alle als Argumentierende notwendigerweise anerkannt haben, materiale Normen zu *deduzieren*, wie etwa die: es dürfe in Zukunft keine Tierart mehr ausgerottet werden,[39] oder: Atommülldeponien seien unverantwortbar, oder: die Androhung atomarer Vergeltungsschläge sei unmoralisch. Um nicht mißverstanden zu werden: Ich bin von solchen Thesen immer sehr beeindruckt – zumal, wenn sie gut begründet sind; aber es handelt sich doch eben nur um Diskussionsbeiträge auf der zweiten Ebene, auf der die kollektive Verantwortung in praktischen Diskursen organisiert werden muß; und auf dieser zweiten Ebene sind die möglichen Beiträge der *Generalisten*

39 Vgl. R. Spaemann: »Technische Eingriffe in die Natur als Problem der politischen Ethik«, in *Scheidewege*, Jg. 9 (1979), 476-497. Dazu die Diskussion zwischen G. Skirbekk, R. Spaemann und D. Böhler in *Funkkolleg ..., Dialoge*, a. a. O., Bd. 1, S. 402 ff. sowie Spämann in *Funkkolleg ..., Studientexte*, a. a. O., Bd. 2, S. 470 ff.

– also z. B. der Philosophen – normalerweise nicht so wichtig wie die der empirischen Sachkenner, *wenn* diese erst einmal im Geiste einer Verantwortungsethik erarbeitet und vorgebracht werden.

Diese Bemerkung über den – freilich von einer philosophischen Ethik zu erweckenden – *Geist der Verantwortung* führt mich zuletzt noch einmal zurück auf die Frage nach dem heute notwendigen Verhältnis zwischen *Bewahrung* und *Fortschritt*. Mir scheint: in der Grundforderung einer Diskursethik, der Forderung nach einer diskursiv zu organisierenden solidarischen Verantwortung der Menschheit für ihre kollektiven Handlungen, liegt auch bereits das Postulat einer notwendigen Verknüpfung des Imperativs der *Bewahrung des Daseins und der Würde des Menschen* mit dem sozialemanzipativen Imperativ des *uns aufgegebenen Fortschritts in der Verwirklichung der Humanität*. Im Sinne der von mir ins Auge gefaßten »Kritik der utopischen Vernunft« im Geiste Kants würde ich meinen: Die in jeder Argumentationsgemeinschaft unvermeidliche, wenngleich kontrafaktische Antizipation der idealen Kommunikationsverhältnisse enthält sogar einen Hinweis darauf, worin das *unverzichtbare Moment der Utopie des Fortschritts*, des konstitutiven *Sichvorwegseins und des Sicheinholenmüssens der Menschen als Vernunftwesen*, liegt:

Die regulative Idee, die hier als verbindlich anerkannt ist, impliziert nicht – wie etwa die platonische Staatsutopie – eine inhaltliche Konstruktion der harmonischen Einheit von Glück, Tugend und Gerechtigkeit für die gesellschaftliche Organisation der Menschen; und sie verheißt auch nicht – wie die Geschichtsphilosophie des säkularisierten Messianismus – einen neuen Menschen, der die Entfremdung und mit ihr die Zweideutigkeit des Offenseins für Gut und Böse definitiv überwunden hätte. Dennoch verpflichtet uns die immer schon anerkannte regulative Idee der *idealen Kommunikationsgemeinschaft* auf die progressive Realisierung der sozialen und politischen Bedingungen, die eine diskursive Organisation der kollektiven Verantwortung für kollektive Handlungen auf nationaler und internationaler Ebene allererst möglich machen.

In diesem Zusammenhang darf das heikelste und schwierigste Problem der heute zu organisierenden Zukunftsverantwortung der Menschheit nicht unerwähnt bleiben: das Problem der *Konfliktregelung im Atomzeitalter auf internationaler Ebene*.[40] Hier vor allem zeigt sich m. E. das Neue einer zu fordernden »Verantwortungsethik« im Vergleich zu allen traditionellen »Gesinnungsethiken«, von der Bergpredigt bis zu Kants »kategorischem Imperativ«. Es zeigt sich hier in noch bestürzenderer Form als in der Dimension der Verantwortung technologischer Kollektivhandlungen; und zwar deshalb, weil es hier um den Konflikt und die Vermittlung von ethischer und strategischer Rationalität in der Interaktionsdimension menschlicher Selbstbehauptungssysteme geht. Ich meine folgendes:

Es geht hier nicht nur – und hoffentlich nicht primär – um die Gefahr des Zusammenbruchs aller *kommunikativen* Austragung von Interessenkonflikten und ihrer Ablösung durch den offenen Krieg, der als Atomkrieg zum Holocaust der Menschheit führen müßte. Es geht zunächst und zumeist um die Tatsache, daß die Form der Kommunikation und der kommunikativen Handlungskoordination auf der Ebene der internationalen Politik im wesentlichen die der *strategischen Verhandlung* und nicht die des *Diskurses* im Sinne *argumentativer Ermittlung und Vermittlung von Gültigkeitsansprüchen* ist. Das besagt: die eingespielte Form der kommunikativen Konfliktaustragung ist hier nicht die ethisch geforderte der *diskursiven Organisation solidarischer Verantwortung*, sondern die eines *strategischen Spiels des Austausches von Angeboten und Drohungen*, einschließlich der atomaren Vernichtungsdrohung; und dieses strategische Spiel folgt *Regel-Mechanismen* – z. B. solchen der Eskalation von »Vorrüstung« und »Nachrüstung« –, die sich der Kontrolle der Akteure weitgehend entziehen. Nimmt man hinzu, daß sich die strategischen Eskalationen mit den ebenfalls unkontrollierbaren, kumulativen Weiterentwicklungen der Technik in nichtvorhersehbarer Weise verknüpfen, so haben wir hier wohl ein Musterbeispiel jener »Sachzwänge« vor uns, die nach Meinung vieler Leute ohnehin eine ethisch verantwortliche Politik als Illusion erscheinen lassen.[41]

40 Vgl. K.-O. Apel: »Konfliktlösung im Atomzeitalter als Problem einer Verantwortungsethik«, in diesem Bd. S. 247-269.

41 Zum Problem der »Sachzwänge« vgl. E. Eppler: *Wege aus der Gefahr*, Reinbek 1981, Kap. II.

Welche Aussichten hat nun in dieser Situation der Versuch, die solidarische Verantwortung der Menschheit im Sinne der Konfliktlösung nach dem prozeduralen Diskursprinzip zu organisieren? Die *verantwortungs-ethische Paradoxie* der Problemsituation liegt hier in dem folgenden Umstand: Selbst, wenn alle verantwortlichen Akteure das Prinzip der Diskursethik als Maxime ihrer Gesinnung innerlich akzeptiert hätten und somit prinzipiell bereit wären, Konflikte nur diskursiv und konsensuell zu lösen, so könnten sie das doch voneinander nicht mit Sicherheit wissen. Und da sie auch die moralische Verantwortung für die Sicherheit von Selbstbehauptungssystemen tragen, so ergibt sich hier ein selbst noch *verantwortungsethischer Konflikt zwischen ethischer und strategischer Rationalität.* Allein schon dieser verantwortungsethische Konflikt – nicht zu reden von den sonstigen Sachzwängen, die den Handlungsspielraum von Politikern einengen – macht so etwas wie einen *vernünftigen Neuanfang* im Geiste der Diskursethik auf der Ebene der Außenpolitik in der Tat unmöglich. Man muß an die geschichtliche Konstellation anknüpfen und die Imperative der ethischen Vernunft mit solchen der strategischen und der Systemrationalität vermitteln. Das ist ein Punkt, den die wohlmeinenden Gesinnungsethiker in den Friedensbewegungen niemals richtig verstehen.

Dennoch besagt dies alles m. E. nicht, daß ein Politiker sich mit »moralfreier Realpolitik« im Sinne des *Krisenmanagements* oder im Sinne des rein *strategischen* Konzepts der »Gegnerschaftsstabilisierung«[42] begnügen müßte oder dürfte. Als »moralischer Politiker« im Sinne der Verantwortungsethik steht er unter der Verpflichtung eines regulativen Prinzips, das ihm gebietet, unter strategischer Berücksichtigung des Sicherheitsrisikos, beharrlich mitzuarbeiten an der langfristigen Veränderung der Verhältnisse in dem Sinn, daß mehr und mehr eine *diskursiv-konsensuale* Konfliktregelung an die Stelle der *strategischen* treten kann. (Es ist übrigens bemerkenswert, daß die räsonierende Weltöffentlichkeit der Medien die Politiker heutzutage schon dazu zwingt, auf den zahllosen Konferenzen über Menschheitsfragen so zu reden, als ob sie alle die soeben ange-

42 So W. Becker: *Der Streit um den Frieden*, München/Zürich 1984.

deutete Zielstrategie befolgten.) In dem zuletzt angedeuteten Prinzip der langfristigen Verbesserung der Bedingungen politischer Konfliktregelung liegt nun m. E. eine wesentliche Voraussetzung für die mögliche Anwendung einer Ethik der kollektiven Zukunftsverantwortung in allen übrigen Dimensionen der gegenwärtigen Menschheitskrise. Und insofern zeigt sich hier wiederum die *Notwendigkeit*, auch in der Krisensituation der Gegenwart ein *Fortschrittsprinzip* zusammen mit dem *Imperativ der Bewahrung des Daseins und der Würde des Menschen* zu befolgen.

Die ethische Bedeutung des Sports in der Sicht einer universalistischen Diskursethik

I. Problemstellung

Meine Damen und Herren!
Zu Beginn meines Vortrags muß ich bekennen, daß ich hier und heute zum ersten Mal mit der Aufgabe konfrontiert bin, den Ansatz der Kommunikations- bzw. Diskursethik zur ethischen Problematik des Sports in Beziehung zu setzen. Insofern stellt die Einladung zu diesem Vortrag für mich eine Herausforderung dar. Eben deshalb möchte ich nun aber auch selber möglichst viel Profit aus der Einladung ziehen; und dies bedeutet, daß ich das Thema etwas anders behandeln möchte, als es wohl zunächst von mir erwartet wurde: Ich möchte, in erster Linie, nicht nach der Bedeutung – den normativen Konsequenzen – der Diskursethik für den Sport fragen, sondern eher nach der Bedeutung des Sports für das Verständnis der Prinzipien und der Anwendung der Diskursethik. Lassen Sie mich dies etwas genauer verdeutlichen: Erwartet wurde von mir wohl die Beantwortung der folgenden beiden Fragen:
1. Wie läßt sich die *Begründung* einer universalistischen Kommunikations- bzw. Diskursethik im Kontext der gegenwärtigen Ethikdiskussion der Philosophie verständlich machen? Und:
2. Wie läßt sich dieser Ansatz *auf die ethische Problematik des Sports anwenden* – etwa, wie im Programm angekündigt, als »Wegweiser für verantwortliche Leistungssportförderung«?
Ich möchte nun diese Aufgabenstellung nicht völlig zurückweisen; aber ich möchte sie bei meinen Überlegungen auch nicht in den Vordergrund stellen; und dies aus folgenden Gründen:
Das Thema der transzendentalpragmatischen *Begründung* der Diskursethik habe ich in den letzten Jahren schon sehr oft in ziemlicher Ausführlichkeit behandelt.[1] Deshalb möchte ich

1 Vgl. etwa meine folgenden Arbeiten: (1) »Das Apriori der Kommunikationsgemeinschaft und die Grundlagen der Ethik«, in: K.-O. Apel: *Transformation der Philosophie*, Frankfurt a. M. 1973, Bd. II; (2)

heute nicht allzuviel Zeit darauf verwenden. Das Problem der *Anwendung* der Diskursethik auf die Problematik des Leistungssports aber stellt sich aus meiner Sicht etwas anders, als es gemeinhin unterstellt wird, wenn von der konkreten Anwendung philosophischer, insbesondere ethischer Prinzipien auf die Praxis die Rede ist. Ich muß hier von vornherein mit einer möglichen Enttäuschung der Erwartungen meiner Hörer rechnen; und dies nicht nur wegen meiner geringen Kompetenz auf dem Spezialgebiet der Sportphilosophie, sondern mehr noch aus einem prinzipiellen Grund, der sich aus dem *Ansatz* der Diskursethik ergibt. Ich will diesen Punkt, den ich schon in der Studieneinheit 20 des Funkkollegs »Praktische Philosophie/Ethik« behandelt habe,[2] auch hier vorgreifend herausstellen: Die Diskursethik unterscheidet sich m. E. von anderen universalistischen Prinzipienethiken – auch z. B. von der Ethik Kants – von vornherein durch den folgenden Umstand: Sie beansprucht nicht, aus ihrem *als universalgültig unterstellten Prinzip* auch universalgültige Normen oder Werte der Moral oder des

»Sprechakttheorie und transzendentale Sprachpragmatik zur Frage ethischer Normen«, in: K.-O. Apel (Hrsg.): *Sprachpragmatik und Philosophie*, Frankfurt a. M. 1976; (3) »Die Situation des Menschen als ethisches Problem«, in: G. Frey (Hrsg.): *Der Mensch und die Wissenschaften vom Menschen. Beiträge des XII. Deutschen Kongresses für Philosophie*, Innsbruck 1983 (auch in: *Zeitschrift f. Pädagogik*, 28 [1982], 677-93) (in diesem Bd. S. 42-68); (4) »Das Problem der Begründung einer Verantwortungsethik im Zeitalter der Wissenschaft«, in: E. Braun (Hrsg.): *Wissenschaft und Ethik*, Frankfurt a. M. 1986, 11-52; (5) »Grenzen der Diskursethik?«, in: *Zeitschr. f. Philos. Forschung*, 40 (1986), 3-31; (6) »Die transzendentalpragmatische Begründung der Kommunikationsethik und das Problem der höchsten Stufe einer Entwicklungslogik des moralischen Bewußtseins«, in: *Archivio di filosofia*, LIV (1986), 107-157 (in diesem Bd. S. 306-368); (7) »Kann der postkantische Standpunkt der Moralität noch einmal in substantielle Sittlichkeit ›aufgehoben‹ werden? Das geschichtsbezogene Anwendungsproblem der Diskursethik zwischen Utopie und Regression«, in: W. Kuhlmann (Hrsg.): *Moralität und Sittlichkeit*, Frankfurt a. M. 1986, 217-64 (in diesem Bd. S. 103-153). Vgl. auch die Beiträge von K.-O. Apel, D. Böhler und W. Kuhlmann im *Funkkolleg Praktische Philosophie/Ethik, Dialoge*, 2 Bde., Frankfurt a. M. 1984, und *Studientexte*, 3 Bde., Weinheim/Basel 1984.

2 Ebd., *Dialoge* und *Studientexte*, Studieneinheit 20.

Rechts, die auf die geschichtliche Situation anwendbar wären, *deduzieren* zu können. Sie ist vielmehr – wie ich es genannt habe – eine *Zweistufenethik*:

Ihr Grundprinzip ist, kurz angedeutet, etwa das folgende: Nur solche Normen sind letztlich rechtfertigbar, deren allgemeine Befolgung aller Voraussicht nach Konsequenzen hat, die in einem argumentativen Diskurs über Normenlegitimation (»Praktischer Diskurs«) von allen Betroffenen zwanglos akzeptiert werden können.[3] Dieses Grundprinzip der *1. Stufe* ist meiner Meinung nach *reflexiv letztbegründbar*; denn wir haben es bei jeder ernsthaften Argumentation als *normatives Verfahrensprinzip der Problemlösung in einer – kontrafaktisch antizipierten – idealen Kommunikationsgemeinschaft* notwendigerweise schon anerkannt, und wir können es daher als *nichthintergehbare normative Bedingung der Möglichkeit des argumentativen Diskurses* nicht ohne *performativen Selbstwiderspruch* bestreiten.[4]

Das so – auf der *1. Stufe* – transzendentalpragmatisch begründete Prinzip der Diskursethik fungiert nun aber auf der *2. Stufe* – d. h. bei der vom Grundprinzip geforderten konsensual-kommunikativen Begründung bzw. Legitimation konkreter Normen in *praktischen Diskursen* – nur als *formales Verfahrensprinzip*. (Genauer gesagt: Im Hinblick auf die noch zu leistende Institutionalisierung der geforderten *praktischen Diskurse* – und im Hinblick auf die ersatzweise vom einzelnen bei moralischen Entscheidungen im Gedankenexperiment zu leistende Fingierung des praktischen Diskurses mit allen Betroffenen – fungiert das Verfahrensprinzip sogar lediglich als *regulative Idee*, an der die progressive Realisierung der Diskursethik in der Gesellschaft und im Bewußtsein der einzelnen zu messen ist.) Das besagt: das a priori und universal gültige Prinzip der Diskursethik delegiert als solches zugleich die konkrete Nor-

3 Vgl. J. Habermas: »Über Moralität und Sittlichkeit – Was macht eine Lebensform ›rational‹?«, in: H. Schnädelbach (Hrsg.): *Rationalität*, Frankfurt a. M. 1984; ders.: »Moralität und Sittlichkeit. Treffen Hegels Einwände gegen Kant auch auf die Diskursethik zu?«, in: W. Kuhlmann (Hrsg.): *Moralität und Sittlichkeit*, a. a. O. (s. Anm. 1) sowie K.-O. Apel ebd. (s. Anm. 1).

4 Vgl. die in Anm. 1 angegebenen Arbeiten.

menbegründung als *fallible* und daher stets revisionsbedürftige an die *praktischen Diskurse.* Nur in diesen nämlich können die *Betroffenen* bzw. ihre Vertreter ihre konkreten Interessen in einen Verständigungs- und Konsensbildungsprozeß einbringen, und nur in ihnen kann heutzutage das *Wissen der Experten* über die wahrscheinlich zu erwartenden Folgen und Nebenwirkungen der Befolgung von situationsbezogenen Normen mobilisiert und appliziert werden.

Aus dieser 2-Stufen-Struktur der Normenbegründung ergeben sich nun offenbar sogleich Konsequenzen im Hinblick auf die von der Diskursethik zu erwartende lebenspraktische Anwendung oder »Umsetzung« ihrer Prinzipien: z. B. im Hinblick auf die makroethische Problematik einer zu organisierenden solidarischen Verantwortung für die wissenschaftlich-technischen Aktivitäten und ihre Folgen, oder eben im Hinblick auf die ethische Problematik des modernen Leistungssports. Um es möglichst exemplarisch anzudeuten: Man kann vom philosophischen Vertreter der Diskursethik nicht erwarten, daß er aus seinem Prinzip situationsbezogene – moralische oder gar rechtliche – Normen *ableiten* könne – etwa Normen für die zulässige Anwendung der Gentechnologie oder der extrauterinen Fertilisation oder der Nutzung der Kernenergie (einschließlich der »Entsorgung«) oder der Sterbehilfe, oder der Zulässigkeit von Tierexperimenten, oder gar – wie es mir einmal zugemutet wurde – der Beurteilung von Akzeptierung oder Nichtakzeptierung von *SDI* durch die BRD. In all diesen heute relevanten Dimensionen einer Verantwortungsethik kann die Diskursethik nur auf die *unbedingte Gebotenheit der kommunikativen Organisation solidarischer Verantwortung* auf der Ebene der *praktischen Diskurse* verweisen: d. h. der Ermittlung und Vermittlung der Interessen der Betroffenen und des verfügbaren Wissens über Tatbestände und erwartbare Folgen von normativen Regelungen.

Ebenso verhält es sich natürlich im Hinblick auf die aktuellen Probleme einer *Ethik des Leistungssports:* z. B. im Hinblick auf die Probleme des »doping« oder des Amateur-Status oder – grundsätzlicher – der speziellen Normen des »fair play« innerhalb der Wettkampfbedingungen des Leistungssports. Auch hier kann die Diskursethik unmittelbar von ihrem Prinzip her

nur die Forderung stellen nach einer im angedeuteten Sinn gewaltfreien, konsensual-kommunikativen Lösung der Probleme – insbesondere der aktuellen Konflikte – auf der Ebene der praktischen Diskurse. Auf dieser zweiten Ebene kann natürlich auch der Philosoph im interdisziplinären Gespräch mit den Sachkundigen und mit den betroffenen Sportlern, Trainern und Funktionären Diskussionsbeiträge liefern; aber er steht dann mit seinen konkreten Vorschlägen prinzipiell wie jeder andere Diskussionsteilnehmer *unter dem regulativen Prinzip der Konsensbildung im Diskurs* und hat insofern keine besondere *Begründungskompetenz.* Seine *Begründungskompetenz* bezieht sich lediglich auf das Geltendmachen der normativen Implikationen des Diskursprinzips selber als regulativer Idee des praktischen Diskurses der Betroffenen.
Nun wird man freilich von ihm erwarten können, daß er – sozusagen als universalistischer Experte unter anderen Experten – zumindest über den *anthropologisch und ethisch relevanten Sinn des Sports* etwas zu sagen hat. Insbesondere gilt dies m. E. in bezug auf die folgende, oft erörterte Frage: Gibt es eine interne, essentielle Beziehung zwischen den Sinnbedingungen des Sports und dem Grundprinzip jeder universalistischen, deontischen Ethik – etwa zwischen dem *Prinzip des »fair play«* und dem *Gerechtigkeitsprinzip,* dessen formal-prozedurale Re-Formulierung das *Diskursprinzip* selber ja sein will?
Im Begriff der »Fairneß« scheint ja geradezu der Sport der deontischen Ethik ein entscheidendes Paradigma geliefert zu haben. Man könnte hier z. B. an John Rawls' Rekonstruktion der Gerechtigkeitsbedingungen schlechthin als »Fairneßbedingungen« denken.[5] Verhält es sich tatsächlich so, daß der Sport mit seinen Fairneßbedingungen das maßgebliche, anschauliche Modell für die (auch in der Diskursethik implizierte) Grundintuition der Gerechtigkeit vor Augen stellt? Wäre es so, dann brauchte ja wohl die Anwendung der Diskursethik auf den Sport nur darin zu bestehen, daß man alle erforderlichen Normen daran bemißt, ob sie den *Fairneß*-Bedingungen als den immanenten Sinnbedingungen des Sports gerecht werden?

5 Vgl. J. Rawls: *Eine Theorie der Gerechtigkeit,* Frankfurt a. M. 1979.

Ich möchte jedenfalls im folgenden mein Thema so behandeln, daß ich zunächst versuche, vom *Fairneß*-Ideal des Sports her den Sinn des Grund-Prinzips der Diskursethik zu erhellen. Sodann möchte ich – im zweiten Teil meines Vortrags – aus der Perspektive der Diskursethik noch einmal auf die ethische Bedeutung des Sports in der Gegenwart zurückkommen. Auf diese Weise werden zwar keine konkreten Vorschläge für institutionell oder individuell bezogene Normen im Bereich des Sports zustandekommen, aber vielleicht doch langfristige Zielperspektiven oder sogar regulative Prinzipien für die mögliche und ethisch erwünschte Entwicklung der Funktion des Sports in der gegenwärtigen Phase der Kulturevolution.

II. Die Bedeutung des Sports für das Verständnis des Grundprinzips der Ethik

II.1 Die Frage nach der moralischen Modell-Funktion der Einhaltung bzw. Anwendung der Spielregeln des Wettkampfsports

Wenn man versucht, vom Ideal des »fair play« aus eine interne Beziehung zwischen dem Phänomen des Sports und dem Grundprinzip einer deontischen Ethik herzustellen, dann liegt es nahe, vom Phänomen der *Spielregeln* auszugehen; denn diese konstituieren ja in allen Sportarten die *einschränkenden Rahmenbedingungen,* unter denen die Teilnehmer am Wettkampf um den Sieg konkurrieren, also sich mehr oder weniger direkt als Gegner bekämpfen dürfen. Insofern scheint die Befolgung der Spielregeln (bzw. der Sinn für die Befolgung der Spielregeln, die für alle Teilnehmer verbindlich sind) jenes Gegenseitigkeitsverhältnis zwischen Konkurrenten zu konstituieren, das man »fair play« bzw. – als Gesinnung – »fairness« nennt.

Die Bezugnahme auf die *Spielregeln* als Garanten der *Fairneß* im Sport bedarf freilich der Erläuterung und der Qualifikation, um keine Mißverständnisse aufkommen zu lassen. Inwiefern können *Spielregeln* bzw. ihre Befolgung überhaupt *moralisch relevant* sein?[6] Ist es z. B. moralisch relevant, die Schachregeln genau zu befolgen und nicht etwa mit dem Turm diagonal zu ziehen? Oder – analog zu diesem ersten Beispiel gedacht –: Ist es moralisch relevant, im Fußball nicht die Hand zu Hilfe zu nehmen?

Auf die erste Frage kann man normalerweise antworten: Nein; denn das richtige Ziehen mit dem Turm zeigt normalerweise nur, *daß man die für das Schachspiel konstitutiven Regeln kennt,* daß man *Schachspielen kann,* nicht aber daß man sich *fair* oder *unfair* verhält. Dies wäre nur dann der Fall, wenn man sich durch unbemerktes diagonales Ziehen mit dem Turm – durch *Nichteinhalten* also der Spielregeln – einen Vorteil gegenüber dem Gegner verschafft. Dies ist beim Schachspiel schwer vorstellbar; immerhin ist es nicht undenkbar: Nehmen wir z. B. an, ein älterer Spieler gerät im Spiel mit einem Anfänger – z. B. einem Kind, das die Schachregeln noch nicht sicher beherrscht – in Bedrängnis, möchte aber – aus Prestigegründen – unbedingt gewinnen und verschafft sich deshalb, ohne daß der Gegner es bemerkt, einen Spielvorteil durch Verwendung des Turms als Läufer oder als Dame. Dies wäre moralisch relevant, nämlich unfair; denn es würde nicht zeigen, daß der Spieler *nicht Schach spielen kann,* sondern daß er *sich, im Interesse des eigenen Vorteils, an die für ihn und seinen Gegner gleichermaßen gültigen Regeln nicht hält.* Eben diese Interpretation wäre im Falle der angeführten Regelverstöße im Fußball sogar näherliegend als die Annahme, es handle sich um ein Nichtbeherrschen der spielkonstitutiven Regeln. Dabei wäre von so etwas wie einem *Foul* noch gar nicht die Rede.

Doch hier könnte ein prinzipieller Einwand gegen die moralische Relevanz der *Spielregeln* als der *spielkonstitutiven (das Spiel definierenden) Regeln* ansetzen. Man könnte sagen: Die Spielregeln *als spielkonstitutive Regeln* sind moralisch irrelevant; moralisch relevant ist nur die *Anwendung dieser Regeln in einem Verhältnis menschlicher Gegenseitigkeit,* in dem es – ganz unabhängig von den jeweiligen, das Spiel definierenden Regeln – immer schon um die Sicherstellung der *Gleichberechtigung* –

6 Diese Fragestellung und ihre folgende Beantwortung versucht insbesondere auf die Diskussionsbeiträge von S. Kannengießer einzugehen.

und das heißt bei einem Spiel: der *Chancengleichheit* – geht. Eben deshalb – so könnte man dieses Argument noch verstärken – zeigt sich der Unterschied zwischen Fairneß und Unfairneß nicht so sehr darin, *ob* einer die Spielregeln befolgt, als vielmehr darin, *wie* er sie befolgt; beim Fußball z. B. darin, wie ein Verteidiger den Spielraum des »body checks« gegen einen körperlich unterlegenen Spieler ausnützt, ja, überspitzt formuliert, darin, wie weit er beim Foulen – das ohnehin üblich ist – geht. Nicht also die jeweils kodifizierten, *spielkonstitutiven* Regeln sind, wie es scheint, moralisch relevant, sondern die, bei jedem Kampfspiel schon implizit mitvorausgesetzten, *regulativen Regeln* der Fairneß als einer Norm zwischenmenschlichen Verhaltens, die ganz unabhängig von den jeweiligen Spielregeln als spielkonstitutive Regel besteht.

Dies scheint plausibel; doch, bevor man ihm zustimmt, sollte man zwei relevante Einwände anhören:

Zunächst einmal ist darauf hinzuweisen, daß doch auch schon das *bloße Einhalten* der – gewissermaßen vorher *als für alle gültig akzeptierten* – Spielregeln, im Unterschied zum Nichteinhalten, zum Ausdruck bringt, daß man eine grundlegende Fairneß-Norm – Respektierung einer für beide Seiten gleichmäßig verbindlichen Vereinbarung – beachtet. Dagegen könnte man freilich wiederum einwenden: dies zeige eben, daß es nicht auf die spezifischen spielkonstitutiven Regeln ankomme, sondern auf die Einhaltung einer auf alle Spielregeln a priori anwendbaren Vereinbarung hinsichtlich der Einhaltung einer die Chancengleichheit gewährleistenden Regel überhaupt. *Einhaltung oder Nichteinhaltung von Spielregeln* – so könnte man argumentieren – hätten eben nichts mit *spezifischen, spielkonstitutiven Regeln* zu tun, sie betreffen vielmehr ein, allen spezifischen Spielregeln vorausgehendes, *moralisch relevantes Verhältnis menschlicher Gegenseitigkeit.*

Doch dieses gewiß starke Argument berücksichtigt den folgenden, gerade für den Wettkampfsport charakteristischen Umstand nicht: Die spezifischen Spielregeln der einzelnen Sportarten – wie z. B. Fußball, Hockey, Eishockey, Ringen, Boxen und dergleichen – sind nicht nur ebensoviele inhaltlich beliebige Anwendungsfälle des unabhängig von ihnen schon bestehenden Prinzips der Vereinbarung von Chancengleichheit; sie stellen auch ebensoviele Versuche einer *inhaltlichen Realisierung bzw. Konkretisierung dieses Prinzips* dar. Das besagt: sie werden als spielkonstitutive Regeln – nicht nur, aber auch – unter dem Gesichtspunkt der Gewährleistung von Fairneß geschaffen und, erforderlichenfalls, immer wieder abgeändert. Und insofern geht es bei der Befolgung der Spielregeln der einzelnen Sportarten nicht nur um Einhaltung oder Nichteinhaltung einer beide Seiten bindenden Vereinbarung überhaupt, sondern auch zugleich um die Einhaltung oder Nichteinhaltung *bestimmter* – oft sehr einprägsamer – *Regeln konkreter Fairneß*, wie z. B. des Verbots von Tiefschlägen im Boxsport.

Mir scheint, daß unsere propädeutische Diskussion des Problems der moralischen Relevanz von Spielregeln damit den Punkt erreicht hat, wo sich der eingangs von mir eingeführte Vergleich der Spielregeln des Sports mit den *Normen des Rechts* rechtfertigen läßt: Zumindest in einem Teilaspekt ihrer Funktion können die Spielregeln des Sports ebenso wie die Rechtsnormen als *Konkretisierung einer allgemeinen Norm der Gegenseitigkeit* angesehen werden, und ebenso wie die Rechtsnormen fungieren sie als *einschränkende Rahmenbedingungen* für strategisches Konkurrenzverhalten der Menschen. Auch dem Einwand gegen die moralische Bedeutsamkeit der Spielregeln des Sports kann der Vergleich mit den Rechtsnormen zumindest zum Teil Rechnung tragen: Auch bei den Rechtsnormen nämlich zeigt sich das moralisch relevante Moment eher in der Art und Weise der Anwendung – der Ausnützung des Anwendungs-Spielraums – als in der Befolgung des Buchstabens der Norm. So kann etwa die brutale »Ausschöpfung« des Spielraums der Legalität durch den Rechtskundigen bzw. denjenigen, der einen guten Rechtsanwalt in seinen Dienst stellen kann, genauso unmoralisch sein wie die entsprechende Ausschöpfung des Spielraums möglicher – d. h. nicht sanktionsträchtiger – Fouls.

Stellen wir also – nach diesem Klärungsversuch – erneut die Frage, ob der Sport mit seiner an Spielregeln orientierten Verpflichtung zur *Fairneß* bereits das hinreichende Modell für die ethische Grundintuition der *Gerechtigkeit* darstellt. Es sollte jetzt – nach der vorausgegangenen Begriffserklärung – m. E. möglich sein, bei dem Versuch einer Beantwortung der gestellten Frage von vornherein solche traditionellen Konnotationen des Begriffs der sportlichen Fairneß auszuklammern, die eher auf einen historisch und soziokulturell bedingten Lebensstil zurückweisen als auf diejenige Haltung bzw. Gesinnung, die mit dem Wettkampfsport insofern intern zusammenhängt, als es darin um die Einhaltung bzw. Auslegung und Anwendung der Spielregeln als der Konkretisierung eines fairen Wettkampfs geht.

Das betrifft z. B. die in der sportphilosophischen Literatur von James W. Keating eingeführte Unterscheidung zwischen »sportsmanship« und »athletics«.[7] Wenn es zutrifft, daß – wie Keating unterstellt – im Ideal der »sportsmanship« ein aristokratisches Gentleman-Ethos mitbestimmend ist, ein Ideal des Lebensstils, für das zwar Freude am Wettkampf, zugleich aber »amusement«, »pleasant diversion«, »pastime«, vor allem aber vornehme Distanz und Gelassenheit gegenüber der agonalen Konkurrenz und dem Gegner verbindlich ist, dann möchte ich in der Orientierung des Begriffs Fairneß am Ideal der »sportsmanship« eher ein störendes Moment sehen. Für die Beantwortung unserer Frage nach dem Modell-Charakter der sportlichen Fairneß für eine allgemein verbindliche Gerechtigkeits-Ethik scheint mir dann schon eher die Orientierung am modernen Begriff der »athletics« – d. h. im Sinne Keatings: am ernsten, professionellen Wettkampfsport, in dem es schwer ist, eine Kavaliersattitüde zur Alternative von Sieg und Niederlage einzunehmen – fruchtbar zu sein. Es mag ja möglich sein, auch heute noch appellativ im Sinne eines humanistischen Ideals an das aristokratisch geprägte Ethos der »sportsmanship« – oder sogar an den Geist des olympischen Agon im Sinne des Pindar – anzuknüpfen. Doch solche festlichen Verklärungen des modernen Sports sind m. E. wenig geeignet, das universale Gültigkeitsmoment im Begriff der sportlichen Fairneß herauszuarbeiten. Tatsächlich haben sie es häufig eher ideologisch verschleiert. Dies hat insbesondere die langwierige – wenig aufrichtige und oft mit sozial unfairen Argumenten geführte – Diskussion um das Amateur-Statut gezeigt.

Worum es mir im folgenden geht, ist also die Funktion der

7 Vgl. J. Keating: »Sportsmanship as a Moral Category«, in: *Ethics*, LXXV (1964/65), 25-35; ders.: »The Ethics of Competition and its Relation to some Moral Problems in Athletics«, in: R. G. Ousterhoudt (Hrsg.): *The Philosophy of Sport*, Springfield 1973, 157-176.

Fairneß bei der normativen Bestimmung des Gegenseitigkeitsverhältnisses der Teilnehmer an ernsthaften – möglicherweise professionellen – Wettkämpfen, d. h. an Konkurrenzen um den Sieg bzw. um die Bestleistung. Es mag sein, ja kann unterstellt werden, daß auch hier der Geist der Fairneß sich nicht im Einhalten der jeweiligen Spielregeln erschöpft, sondern damit zugleich auf die Anerkennung des Gegners als eines gleichberechtigten Mitspielers, ja Schicksalsgenossen im Wettstreit um dasselbe Ziel, bezogen ist. Gleichwohl sollten wir methodisch davon ausgehen, daß die wechselseitige Anerkennung der Sportler normativ durch die *intersubjektive Verbindlichkeit der Spielregeln* für den Wettstreit um den Sieg bestimmt ist, und nicht etwa durch *externe Ethos-Traditionen,* die mit bestimmten Sportarten geschichtlich verbunden sein mögen: Nur unter diesen, abstraktiv geklärten Voraussetzungen kann m. E. unsere Frage in einem genauen Sinn gestellt werden: die Frage, ob die *Fairneß,* welche eine wesentliche Sinnbedingung des Wettkampf- und Leistungssports ist, zugleich ein anschauliches Modell für das Verständnis des Grundprinzips einer universalen, deontischen Ethik darstellt. Wie sollte ich nun – als Diskursethiker – bei der Beantwortung dieser Frage methodisch vorgehen? Läßt sich etwa zwischen den Spielregeln der Sportarten als Konkretisierungen der allgemeinen Norm der sportlichen Fairneß und den Regeln bzw. Normen des argumentativen Diskurses, aus denen ich eingangs die Grundnorm einer Diskursethik hergeleitet habe, eine Verbindung herstellen?

II.2 Lassen sich die faktischen Spielregeln der Sportarten als nichthintergehbare Regeln von »Sprachspielen« bzw. »Lebensformen« betrachten, aus denen sich moralische Normen herleiten lassen?

Versteht man die Diskursethik als *sprachpragmatisch* orientierte Version einer universalistisch-deontischen Ethik, so ist es verführerisch, zunächst einmal von der Wittgensteinschen Konzeption der *Sprachspiel-Regeln* auszugehen, d. h. von der hier einschlägigen Suggestion nichthintergehbarer Spiel-Regeln der Weltinterpretation und des Sichverhaltens im Sinne einer »Lebensform«. Man könnte dann die Spielregeln der Sportarten als solche Sprachspielregeln ansehen, d. h. – mit John Searle – als »konstitutive« Bedingungen »institutioneller Fakten«, aus denen sich – im Sinne der zugehörigen, explikativen Sprachregelung – normative Verpflichtungen für die Teilnehmer ergeben.[8] In diesem Sinne ergibt sich z. B. aus der institutionellen Regel-Tatsache, daß man Fußball spielt, die Verpflichtung, daß man bei der Ballannahme nicht die Hand zu Hilfe nimmt oder den Gegner wegstößt (bzw. daß man im Falle des Hand-Spiels oder der unerlaubten Behinderung des Gegners die entsprechenden Sanktionen des Schiedsrichters akzeptiert). Die *Verpflichtung*, sich an diese Regeln zu halten, wäre nach Searle so zu verstehen wie die, daß man ein Versprechen zu halten hat, weil dies nach den Sprachspielregeln der Institution des Versprechens aus der Tatsache folgt, daß man ein Versprechen gegeben und sich dadurch zur Realisierung des Versprochenen verpflichtet hat.

Nach Searle ist es nun naheliegend, in dieser Auffassung von Verpflichtungen bereits die *Sinnexplikation des Wesens ethischer Normen und ihrer Begründung* zu sehen. Man sagt einfach: Aus den jeweiligen *konstitutiven Regeln* und den durch sie konstituierten institutionellen Fakten ergeben sich *analytisch* die normativen Verpflichtungen; und genau so verhält es sich auch mit den ethischen Verpflichtungen; z. B. mit der berühmten Norm des Naturrechts: »pacta sunt servanda«. Sie ergäbe sich dann analytisch aus der Definition von »pactum«, d. h. im Einzelfall aufgrund der Regeln, welche die *institutionelle Tatsache* eines Vertrags konstituieren, und dem Eintreten dieser Tatsache selber. Auf diese Weise scheint es leicht möglich zu sein, die *interne Beziehung* zwischen den Regel-Tatsachen des Sports und den Normen der Moral aufzuweisen. Was ist dazu zu sagen?

Nachdem ich mich früher ausführlich mit der Searleschen Version der *Herleitung von normativen Verpflichtungen aus Regeltatsachen* auseinandergesetzt habe,[9] kann ich es hier kurz machen: So wie die Ableitung soeben skizziert wurde, handelt es sich m. E. um einen schlechten Suggestionstrick – und dies in zweifacher Hinsicht:

8 Vgl. J. Searle: *Sprechakte*, Frankfurt a. M. 1971, 2.5,2.7 und 8.

9 Vgl. K.-O. Apel: »Sprechakttheorie und transzendentale Sprachpragmatik zur Frage ethischer Normen«, a. a. O. (s. Anm. 1), bs. 53-115.

1. Zunächst einmal betrifft dies die angebliche *Herleitung von Normen aus Fakten*: Das zur Institution des Fußballs gehörige Sprachspiel impliziert zwar, daß man im Falle des Eintretens bestimmter institutioneller Tatsachen von bestimmten Verpflichtungen spricht, aber schon diese Verpflichtungen ergeben sich nicht *allein* aus den Regeln und dem Eintreten der durch die Regeln konstituierten Tatsachen, sondern aus diesen Prämissen *und* der stillschweigenden Voraussetzung, daß der Spieler die Regeln als normativ verbindlich anerkannt hat und daß außerdem immer schon die moralische Norm gilt, daß *pacta* bzw. *Versprechen* – in diesem Falle die *Anerkennung* der Regeln – zu halten sind. Auch hier wäre wieder – wie eingangs in bezug auf alle Regeln gezeigt – zwischen zwei verschiedenen Interpretationen zu unterscheiden: Die oben suggerierte analytische Herleitung der Verpflichtung aus dem Begriff des *Versprechen* bzw. *pactum* zeigt lediglich, daß man den Begriff bzw. die in ihm enthaltene Regel *verstanden* hat, ist aber *moralisch irrelevant*. Um den Satz des Naturrechts als moralische Verpflichtung zu *begründen*, müßte man zeigen, daß man als Vernunftwesen immer schon notwendigerweise die im Begriff *pactum* analytisch enthaltene Regel als moralisch verbindlich anerkannt hat. Dies läßt sich m. E. durch Reflexion auf die unbestreitbaren Präsuppositionen des ernsthaften Argumentierens tatsächlich zeigen.

2. Aber auch, wenn all diese Bedingungen bei der Anerkennung der Spielregeln durch den Spieler als erfüllt vorausgesetzt werden, folgt daraus keineswegs, daß die mit den Spielregeln der einzelnen Sportarten jeweils anerkannten *Regelbefolgungsverpflichtungen* eo ipso *als moralische Verpflichtungen* anerkannt wären. Dies wäre nur dann der Fall, wenn man zeigen könnte, daß die Einhaltung der Spielregeln für die Spieler eine *unbedingte Verpflichtung* darstellt, weil sie zumindest implizit ein diesbezügliches Versprechen gegeben hätten, das sie nicht brechen dürfen. Aber ein *solches* Versprechen hat kein Spieler gegeben, denn es wäre *moralisch unverantwortlich*; kann doch jederzeit ein Umstand eintreten, der es geradezu zur moralischen Pflicht macht, bestimmte sportliche Spielregeln zu verletzen, um anderen Pflichten zu genügen – etwa der, sich selbst oder andere vor ernsthafter Verletzung zu bewahren.

Als Grund für diese Möglichkeit und Notwendigkeit des moralischen Vorbehalts gegenüber der Einhaltung der Spielregeln des Sports legt sich die folgende Vermutung nahe: Die durch sportliche Spielregeln konstituierte Welt von institutionellen Tatsachen ist nicht identisch mit der *wirklichen Lebenswelt*, und die zugehörigen Sprachspielregeln sind schon deshalb *nicht unhintergehbar*. Sie konstituieren vielmehr eine *fiktive Spielwelt in der wirklichen Lebenswelt*, – eine Schein-Lebenswelt, in der rigoros vereinfachte und durchsichtige Verhältnisse herrschen. Der verführerische Reiz vieler Mannschaftsspiele – insbesondere solcher mit Nationalmannschaften – liegt allerdings darin, daß tendenziell die Spielwelt zeitweilig für Spieler und Publikum an die Stelle der wirklichen Lebenswelt tritt und auf diese Weise mit ihrer großen Vereinfachung aller Lebens-Probleme im Sinne der Kategorien von Sieg und Niederlage einen *Entlastungseffekt* herbeiführt. Das Phänomen des *Fanatismus* bei Spielern und noch mehr beim Publikum zeigt indessen, daß geradezu eine moralische Pflicht darin besteht, die *Spielwelt* – und d. h. sowohl die Spielregeln als auch die durch sie definierten Handlungsziele, wie eben das Ziel des Sieges im Wettkampf – nicht mit der wirklichen Lebenswelt zu verwechseln. Diese letztere wird etwa im Boxkampf durch den Ringarzt repräsentiert, der einem der beiden Kämpfer die Fortsetzung des Kampfes verbieten kann.
Deutlicher noch zeigt sich die *Hintergehbarkeit der Spielregeln des Sports* an dem Umstand, daß diese Regeln ja selbst Gegenstand von Diskussionen sind, in denen ihre Zweckmäßigkeit u. a. auch an ethischen Zielsetzungen – wie z. B. *Erziehung zur Fairneß* – gemessen wird. Dies zeigt – im Lichte der Diskursethik betrachtet –, daß die Spielregeln des Sports, auch gerade insofern als sie moralisch relevant sind, prinzipiell nur den Status von Regeln besitzen, die auf der zweiten Stufe der Diskursethik – derjenigen der »praktischen Diskurse« – allererst als konsensfähige Regeln zu begründen bzw. zu legitimieren sind. Aber selbst hier haben sie nicht denselben Status wie die konkreten, jeweils als konsensfähig begründeten moralischen Normen oder Rechtsnormen: vielmehr wird ihre Konsensfähigkeit von den Menschen normalerweise schon an den

jeweils geltenden moralischen Normen und Rechtsnormen gemessen.

II.3 Gehören Fairneß-Regeln als moralische Metaregeln aller konkreten Spielregeln zu den unbestreitbaren Regel-Präsuppositionen des transzendentalen Sprachspiels und insofern der menschlichen Lebensform überhaupt?

Durch die zuletzt vorgetragenen Argumente habe ich nun zwar die Gleichsetzung der konkreten sportlichen Spielregeln mit unbedingten moralischen Normen zurückgewiesen; doch dabei habe ich zugleich Bezug genommen auf *Fairneß* als ethischen Maßstab der Beurteilung von sportlichen Spielregeln. Somit scheint also der Gedanke, daß *Fairneß* (als *Sinnbedingung aller Sportarten*) ein fundamentales Prinzip der Ethik modellhaft veranschaulicht, noch keineswegs widerlegt zu sein. Und gehören nicht zur *Fairneß* bzw. zum »Fair-play« auch entsprechende Regeln bzw. Normen, die gewissermaßen als *Metaregeln aller speziellen sportlichen Spielregeln* in diesen lediglich mehr oder weniger glücklich repräsentiert sind – so ähnlich, wie die *universalpragmatischen* Regeln, welche die Tiefenstruktur aller Sprechakte bzw. aller Sprachspiele konstituieren, in den *konventionellen* Regeln institutionalisierter Sprachspiele (insofern auch der besonderen Sprachen) nur mehr oder weniger glücklich realisiert sind? Gehören nicht in diesem Sinn die *Fairneß-Regeln* als moralische Normen zu einem *Sprachspiel der Ethik*, das tatsächlich im Sport und auch im Leben für ethische Kritik nichthintergehbar ist?

Ich habe in der Tat *in dieser Richtung* immer die tiefere Pointe der Wittgensteinschen Suggestion der Nichthintergehbarkeit der Sprachspielregeln und der zugehörigen paradigmatischen Gewißheiten gesucht. Genauer: Es scheint mir zwar richtig zu sein, daß man – wegen der Angewiesenheit auf *sprachliche Weltinterpretation* – auch die *Nichthintergehbarkeit von sprachlichen Regeln überhaupt* anerkennen muß. Aber man muß sie insofern und insoweit anerkennen, als darin *transzendentale Bedingungen der Möglichkeit der Weltinterpretation überhaupt und insofern auch der Argumentation über die jeweils anstehen-*

de Streitfrage liegen. (Äußerungen, die in diese Richtung weisen, finden sich tatsächlich auch bei Wittgenstein.[10])

Doch darin ist m. E. keineswegs impliziert, daß die *konventionellen Regeln und paradigmatischen Gewißheiten besonderer Sprachspiele,* und die damit verwobenen »Gepflogenheiten« *besonderer Lebensformen,* für die philosophische Argumentation und insofern für ethische Kritik nichthintergehbar sein müßten – wenn dies auch von einer offenbar von Wittgenstein selber ausgehenden Richtung des Paradigmen-Relativismus, besonders in der Kulturanthropologie, suggeriert wird.[11] Es gibt ja eben – zumindest in *Post-Aufklärungsgesellschaften* – die Möglichkeit, in einem philosophischen Sprachspiel über die prinzipiell veränderbare Regel-Struktur aller konventionell konkretisierten Sprachspiele und Institutionen zu diskutieren.

(Freilich muß im philosophischen Metasprachspiel wiederum – auch noch – eine geschichtlich gewordene und konventionell-einzelsprachliche Regelstruktur vorausgesetzt werden. Aber nicht diese kontingente Regelstruktur ist jetzt interessant, sondern genau die Regelstruktur, die es möglich macht – und selbst für Wittgenstein möglich gemacht hat –, Aussagen über alle Sprachspiele bzw. über Sprachspiele überhaupt zu machen – z. B. Aussagen über ihre notwendige »Verwobenheit« mit bestimmten Formen leibhaften Ausdrucks, mit Weisen oder Formen der Weltinterpretation und mit Verhaltenskonventionen.)

Gelingt es uns nun, Regeln und paradigmatische Gewißheiten im Sinne der zuletzt genannten Tiefenstruktur des philo-

10 Vgl. z. B. L. Wittgenstein: *Über Gewißheit*, Frankfurt a. M. 1970, 36 u. 39. Dazu K.-O. Apel: »Das Problem der philosophischen Letztbegründung im Lichte einer transzendentalen Sprachpragmatik«, in: B. Kanitscheider (Hrsg.): *Sprache und Erkenntnis. Festschr. f. G. Frey*, Innsbruck 1976, 55-82.

11 Vgl. P. Winch: *Die Idee der Sozialwissenschaft und ihr Verhältnis zur Philosophie*, Frankfurt a. M. 1966, sowie ders.: »Understanding a Primitive Society«, in: *American Philosophical Quarterly*, 1 (1964), 307-324. Dazu kritisch K.-O. Apel: »Die Kommunikationsgemeinschaft als transzendentale Voraussetzung der Sozialwissenschaften«, in: ders.: *Transformation der Philosophie*, a. a. O. (s. Anm. 1); Bd. II, 220-63. Vgl. auch D. Böhler/T. Nordenstam/G. Skirbekk (Hrsg.): *Die pragmatische Wende. Sprachspielpragmatik oder Transzendentalpragmatik?*, Frankfurt a. M. 1986.

sophischen Sprachspiels der Argumentation zu identifizieren, so sind wir berechtigt, von ihrer »Nichthintergehbarkeit für Argumentation und Kritik und insofern von ihrer *unbedingten Gültigkeit* zu sprechen. Das gilt m. E. von notwendigen Präsuppositionen des argumentativen Diskurses wie der Voraussetzung prinzipieller Einlösbarkeit von universalen Geltungsansprüchen, z. B. des Anspruchs der Rede auf prinzipiell mögliche *intersubjektive Geltung von sprachlichem Sinn* und des Anspruchs auf prinzipielle *Konsensfähigkeit von Wahrheitsansprüchen.* Und es gilt darüber hinaus auch von der Präsupposition der *apriorischen Konsensfähigkeit genau der moralischen Normen, die als notwendige normative Bedingungen der Möglichkeit eines Konsensbildungsdiskurses über Wahrheitsansprüche* angesehen werden können – so z. B. von der Voraussetzung, daß prinzipiell alle Diskursteilnehmer *gleiche Verantwortung, gleiche Rechte und gleiche Pflichten bei der rein konsensual-kommunikativen Lösung aller überhaupt diskursfähigen Probleme* haben. (Etwaige kompetenzbedingte Differenzierungen der Rechte und Pflichten stehen nicht im Widerspruch zu dieser Voraussetzung, da sie ja selber als *konsensfähig* gelten müssen.)

Ich habe damit die für eine deontologische Ethik maßgebenden Regel-Präsuppositionen des *transzendentalen Sprachspiels des argumentativen Diskurses* angedeutet. Diese Regel-Präsuppositionen sind allerdings für Kritik nicht hintergehbar. Doch sie sind es nicht deshalb, weil etwa durch quasi-linguistische Tests nachgewiesen werden könnte, daß sie *faktisch* in allen Sprachspielen von allen kompetenten menschlichen Sprechern als Regel-Präsuppositionen verstanden und anerkannt werden, sondern deshalb, weil bei rechtem Verständnis eingesehen werden kann, daß sie auch in dem Sprachspiel, das zum Begriff »Test« gehört (und so auch z. B. das Verständnis des Begriffs Fallibilismus ermöglicht) schon vorausgesetzt werden müssen. Letztlich muß sich erweisen lassen, daß jeder Versuch einer Bestreitung der angedeuteten Regel-Präsuppositionen notwendigerweise in einen *performativen Selbstwiderspruch* des Bestreiters führt.[12]

12 Vgl. K.-O. Apel: »Das Problem der philosophischen Letztbegründung...«, a. a. O. (s. Anm. 10), sowie ders.: »Fallibilismus, Konsenstheorie der Wahrheit und Letztbegründung«, in: W. Kuhlmann (Hrsg.): *Philosophie und Begründung*, Frankfurt a. M. 1987, sowie W. Kuhl

An dieser Stelle müssen wir nun erneut die Frage stellen: Gehören die *Fairneß-Regeln* als moralische Metaregeln aller Spielregeln des Sports zu den unbestreitbaren Regel-Präsuppositionen des nichthintergehbaren transzendentalen Sprachspiels und insofern der menschlichen Lebensform überhaupt?
Die Antwort kann m. E. »ja« oder »nein« lauten, je nachdem, wie der Sinn von »Fairneß« aufgefaßt wird – anders gesagt: je nachdem, wie tief das Moment der *Gerechtigkeit,* das im Begriff »Fairneß« steckt, zur Geltung gebracht wird.

II.4 Sportliche Fairneß als Modell der Gerechtigkeit. Tragweite und Grenzen einer Gleichnisfunktion

Versteht man »Fairneß« in dem spezifischen Sinn einer *notwendigen Bedingung aller sportlichen Wettkämpfe* und geht über diesen Begriff nicht hinaus, so würde ich – mit Frans de Wachter[13] – verneinen, daß »Fairneß« bereits das *Wesen der Gerechtigkeit* ausdrückt: der Gerechtigkeit, die wir – wie ich behaupte – als kommunikative Vernunftwesen notwendigerweise als Grundprinzip der deontologischen Ethik anerkannt haben. Denn der faire sportliche Wettkämpfer will zwar, daß sein Gegner alle Chancen hat, die ihm aufgrund der Spielregeln zukommen, und *insofern* will er Gerechtigkeit; aber er setzt zugleich voraus, daß seine menschlichen Beziehungen zu dem Anderen auf die *Beziehungen fairer Gegnerschaft im Kampf um den Sieg* reduziert sind; und nur, um in einem solchen Kampf wirklich einen ehrlich verdienten Sieg erringen zu können, will er auch die *Chancengleichheit* und insofern die *Fairneß.* Würde er darüber hinaus – etwa in einem Boxkampf – auch noch eigens Rücksicht auf die Gesundheit des Gegners nehmen, oder einem schwächeren Gegner gegenüber auf das volle Ausspielen seiner Überlegenheit verzichten, so ginge solches Verhalten über die *sportliche Fairneß* hinaus.

mann: *Reflexive Letztbegründung. Untersuchungen zur Transzendentalpragmatik*, Freiburg/München 1985.

13 Frans de Wachter: »Spielregeln und ethische Problematik«, in: H. Lenk (Hrsg.): *Aktuelle Probleme der Sportphilosophie*, Schorndorf 1983, 278-94.

Es paßte nicht mehr in den Rahmen der *Spielwelt* des Wettkampfes und seiner Höchstwerte.
Gegen diese Argumentation könnte man einwenden: es sei zwar richtig, daß die Regeln des sportlichen Wettkampfs jeweils nur eine fiktive Spielwelt in der wirklichen Lebenswelt konstituieren; gleichzeitig müsse man aber bedenken, daß für die sportlichen Wettkämpfer und ihr Publikum diese *Spielwelt des fairen Kampfes um den Sieg* eine *Gleichnisfunktion* und deshalb auch eine *pädagogische Funktion* im Hinblick auf die einzuübende Fairneß qua Gerechtigkeit im wirklichen Leben besitzen.
Es ist m. E. nicht ganz leicht, auf dieses Argument in angemessener Weise zu antworten; und ich kann mich hier – bei dem Versuch, im Gedankenexperiment eine Lösung anzudeuten, die dem diskursethischen Prinzip der Konsensfähigkeit genügen würde – weder der negativen Beurteilung von Frans de Wachter noch der entgegengesetzten Ansicht derer, die das Prinzip der *sportlichen Fairneß* schlechthin zum Prinzip der Ethik verallgemeinern wollen, völlig anschließen.
Gemäß dem Diskursprinzip müssen wir zunächst einmal die Frage stellen: In welcher Hinsicht oder inwieweit können oder müssen wir wollen, daß das menschliche Zusammenleben überhaupt – zumindest die *Interaktion* zwischen Menschen – als *Wettkampf um den Sieg* oder als *Konkurrenz um die Bestleistung* verstanden wird?
Um diese Frage zu beantworten, wird der Transzendentalpragmatiker zunächst einmal auf diejenigen Interaktionsregeln reflektieren, die Menschen befolgen müssen, wenn sie die gestellte Frage im argumentativen Diskurs beantworten wollen. Können sie etwa den argumentativen Diskurs selber als fairen Wettkampf – als *Agon* – auffassen? Die Rede von »Argumentationsstrategien« und insbesondere Paul Lorenzens Rekonstruktion des argumentativen Diskurses als agonales *Dialogspiel*[14] scheinen die Frage affirmativ zu beantworten.
Doch dieser Schein trügt. Denn im argumentativen Diskurs kämpfen nicht die Menschen selber um den Sieg, sondern sie lassen – um mit Popper zu reden – an ihrer Statt Argumente um

14 Vgl. P. Lorenzen: »Logik und Agon«, in: *Atti del XII Congresso Internazionale di Filosofia*, Venedig 1958, IV, Florenz 1960, 187-94; ders. u. K. Lorenz: *Dialogische Logik*, Darmstadt 1978.

den Sieg kämpfen und sehen selber zu, welche sich als die stärkeren erweisen.[15] Das heißt: Die Argumentierenden sind nicht primär an ihrem persönlichen Sieg interessiert, sondern daran, mit Hilfe des inszenierten Kampfes der Argumente bzw. der Argumentationsstrategien die *für alle konsensfähige Wahrheit* herauszufinden bzw. ihr näher zu kommen. (So etwa sind wir hier bei der Diskussion über die ethische Bedeutung der sportlichen Fairneß nicht daran interessiert, den Sieger im Argumentieren zu ermitteln, sondern daran, nach Möglichkeit zu einem Konsens über die von allen gestellte – oder doch stellbare – Frage zu gelangen.) So jedenfalls sollte es sein, wenn ein Diskurs im Sinne der notwendigerweise anerkannten Regel-Präsuppositionen der Argumentation verstanden und durchgeführt wird. Es ist zwar an Fürstenhöfen in Indien und im mittelalterlichen Europa üblich gewesen, Philosophen gleichsam im Turnier gegeneinander auftreten zu lassen und dem Sieger Preise, dem Verlierer dagegen sehr nachteilige Folgen in Aussicht zu stellen. Aber diese – eristisch-agonale – Auffassung der *Disputation* hat die sokratische Idee der diskursiven Wahrheitssuche im Dialog – die auch Wissenschaft erst möglich macht – noch nicht verstanden. (Es ist bemerkenswert, daß hier die *Transzendentalpragmatik* mit Popper übereinstimmt – im Gegensatz zu den an Nietzsche und Foucault orientierten Postmodernisten, die Argumentation mit dem Sophisten Gorgias schlechthin als Selbstbehauptung, ja sogar als »Gewaltausübung« verstehen.) Im *argumentativen Diskurs* zumindest müssen wir also eine Form der menschlichen Interaktion unterstellen und bejahen, die nicht auf *Wettkampf um den Sieg* zu reduzieren ist. Der Wettkampf wird hier als Kampf der Argumente zugleich distanziert und gewissermaßen instrumentalisiert im Dienste einer Zielsetzung, die a priori *nicht* als Sieg eines einzelnen oder einer Gruppe verstanden werden kann, sondern allenfalls als Sieg der solidarischen Vernunftwesen im Ringen um die Wahrheit. Insofern ist zumindest auf der Ebene der a priori solidarischen Argumentationsgemeinschaft eine ethisch relevante Gegenseitigkeitsbeziehung anerkannt, die *nicht nur* die der *Fairneß im*

15 Vgl. K. R. Popper: »The Death of Theories and of Ideologies«, in: *ΜΕΛΕΤΗ ΘΑΝΑΤΟΥ. La réflexion sur la mort*, 2e Symposium International de Philosophie, Athen 1977, 296-329.

Wettkampf um den Sieg ist, sondern darüber hinausgeht im Sinne der *unbedingten*, d. h. *konkurrenzunabhängigen Anerkennung der gleichen Rechte und Ansprüche aller Menschen als möglicher Kommunikationspartner, d. h. als Vernunftwesen.*

Doch wir wollen hier nicht pathetisch werden. Wir wollen vielmehr sogleich nach den Konsequenzen des ethischen Diskursprinzips für die Einschätzung des Wettkampfprinzips *außerhalb des argumentativen Diskurses* fragen – und dies aus folgenden Gründen: In einem gewissen Sinne ist ja die von den Regeln des argumentativen Diskurses konstituierte Welt der rein diskursiven Einlösung von Geltungsansprüchen auch nur eine *fiktive Welt in der wirklichen Lebenswelt.* Genauer: der argumentative Diskurs, in dem sich unsere *Geltungs-Reflexion* institutionalisiert, muß Interaktionsverhältnisse einer *idealen Kommunikationsgemeinschaft* unterstellen bzw. kontrafaktisch antizipieren, in denen die Menschen von der strategischen Selbstbehauptung ihrer Lebensinteressen gewissermaßen entlastet sind. (Das ist z. B. unsere Situation hier und jetzt – wie ich hoffe!) Solche Verhältnisse können aber für die wirkliche Lebenswelt niemals unterstellt werden; denn da sind die Menschen gleichsam in die Situation der immer auch strategischen Selbstbehauptung geworfen.[16] Das gilt sogar in dem Sinne, daß sie im wirklichen Leben moralisch verpflichtet sind, die Interessen von Selbstbehauptungssystemen, für die sie einstehen, auch strategisch zu vertreten – so etwa Politiker die Interessen ihres Staates bei Abrüstungs- oder Wirtschafts-Verhandlungen, Unternehmer die Interessen ihrer Firma, Gewerkschaftsführer die Interessen der Arbeitnehmer, Eltern die Interessen ihrer Kinder, und schließlich jeder einzelne seine wohlverstandenen Selbstinteressen.

Zur strategischen Vertretung von Lebensinteressen gehört es nun, daß man sich in *wettkampfähnliche Konkurrenzen* mit anderen einlassen muß: so z. B. in solche der *Leistungsprüfung*, die den Zugang zur Ausbildung und später die Ausgangsposition der beruflichen Karriere eröffnen, oder – in marktwirt-

16 Vgl. K.-O. Apel: »Läßt sich ethische Vernunft von strategischer Zweckrationalität unterscheiden?«, in: *Archivio di filosofia*, LI (1983), 375-434; auch in: W. van Reijen/K.-O. Apel (Hrsg.): *Rationales Handeln und Gesellschaftstheorie*, Bochum 1984, 23-80.

schaftlich organisierten Gesellschaftsordnungen – in den *Konkurrenzkampf* um das preiswerteste Angebot von Waren und Dienstleistungen. Und diese Formen des Konkurrenzkampfes lassen sich keineswegs nur aus der Sicht der konkurrierenden einzelnen oder Gruppen als strategisch notwendig erweisen, sondern auch aus der Interessenperspektive der Gesellschaft im ganzen; denn sie mobilisieren ja die Kräfte im Dienste der *Maximierung des Gesamtnutzens*; und sie machen auf diese Weise zumindest direktere Formen der Erzwingung von Arbeitsleistung durch Machtausübung unnötig.

Angesichts dieser Situation müssen wir nun erneut fragen – und jetzt unter ständiger Reflexion auf die andersartigen Interaktionsbedingungen des *Diskurses,* in dem die Frage beantwortet werden soll –: Inwieweit können und müssen wir wollen, daß das menschliche Zusammenleben überhaupt als *Wettkampf um den Sieg* oder als *Konkurrenz um die Bestleistung* eingeschätzt und in diesem Sinne einer *Fairneß*-Ethik unterworfen wird?

Mir scheint, die Antwort auf diese Frage kann jetzt in der folgenden Weise formuliert werden:

1. Auf keinen Fall können wir wollen, daß das Zusammenleben *ohne Einschränkung* als *Wettkampf* bzw. als *Konkurrenz* aufgefaßt wird; denn damit würden wir in einen pragmatischen Widerspruch zu den im argumentativen Diskurs immer schon anerkannten Regeln der konsensualen Kommunikation geraten, und d. h.: wir würden dasjenige menschliche Verhältnis verleugnen, das uns überhaupt erst in den Stand setzt, unser Problem mit Argumenten zu diskutieren und sowohl über den akzeptierbaren Zweck von Bestleistungskonkurrenzen wie über die dabei gültigen *Fairneßregeln* eine vernünftige, d. h. konsensfähige Entscheidung herbeizuführen. Kurz: die *uneingeschränkte* Bejahung der Gleichnisfunktion des fairen sportlichen Wettkampfes für das Verständnis des menschlichen Lebens ist unvernünftig und unmenschlich; und sie stellt, wo sie etwa von Sportideologen vertreten wird, eine bedenkliche, romantisch-heroische Verklärung des agonalen Lebensstils dar.[17]

17 Vgl. hierzu etwa die folgenden Aussprüche des Basketball-Trainers Bill Musselman: »Defeat is worse than death, because you have to live with defeat«, und der Football-Coaches Allen and Brown: »Every time you lose, you die a little bit«, zitiert nach Hans Lenk: »Aspekte einer Prag

2. Auf der anderen Seite können wir aber – unter der fundamentalen Voraussetzung der *konkurrenzunabhängigen Gleichheit aller Menschen als möglicher Diskurspartner, d. h. Vernunftwesen* – als konsensfähig einsehen, daß wettkampfartige Konkurrenzen in der Lebenswelt notwendig und wünschenswert sind. Genauer: wir können diese Konkurrenzen, die von vornherein von der *natürlichen Ungleichheit der Menschen* ausgehen und die *weitere Leistungsdifferenzierung* zum Ziel haben, m. E. genau insoweit wollen, als sie voraussehbarerweise *für alle*, und besonders *für die von Natur und sozial Schwächsten*, eine Verbesserung der Lebensbedingungen zur Folge haben. (Ich folge hier dem bekannten zweiten Gerechtigkeitsgrundsatz von J. Rawls, dem sogenannten *Differenzprinzip*[18] – wobei ich allerdings anmerken möchte, daß Rawls' »Gerechtigkeitsgrundsätze« für mich nur Vorschläge auf der Ebene des praktischen Diskurses sind und nicht etwa zum transzendentalpragmatisch begründbaren Diskursprinzip selbst gehören.[19])
Nun kann man die einschränkende Bedingung des *Differenzprinzips* selbst noch – mit Rawls – als Forderung der »Fairneß« verstehen; und in diesem Sinn kann man *Fairneß* in der Tat mit dem Gegenseitigkeitsverhältnis der *Gerechtigkeit* gleichsetzen. In diesem Fall hat man jedoch keineswegs einfach den Fairneß-Begriff des sportlichen Wettkampfes als Modell verallgemeinert; man hat vielmehr das ethische Moment, das *schon* im sportlichen Fairneß-Begriff steckt, im Sinne des Begriffs der »Gerechtigkeit als Fairneß« zu Ende gedacht. Um den Unterschied versuchsweise zu veranschaulichen: Man behandelt nicht von vornherein und grundsätzlich jeden anderen Menschen nach dem Motto: »Kämpfen müssen wir ja, so ist nun mal das Leben; aber wir wollen wenigstens fair kämpfen«; sondern man sagt eher: »Es ist unfair, gegen jeden um den Sieg kämpfen zu wollen, fair dagegen ist es, auch noch die Schwächsten, die nicht kämpfen können, bei der Befriedigung der Grundbedürfnisse als gleichberechtigte Partner zu respektieren.«

matisierung der Ethik – auch für die Sportethik«, in: K. Cachay et alii (Hrsg.): *Sport und Ethik*, Clausthal-Zellerfeld: DVS 1985, 1-20, ebd. 16.

18 Vgl. J. Rawls: *Eine Theorie der Gerechtigkeit*, Frankfurt a. M. 1979, Kap. 2,12.

19 Vgl. oben S. 219ff.

Ich glaube, daß diejenigen, die von der ethischen Gleichnis-Bedeutung der sportlichen Fairneß reden, eher den radikalisierten Gedanken der menschlichen *Fairneß qua Gerechtigkeit* vor Augen haben. Er kommt m. E. dem recht nahe, was Lawrence Kohlberg als höchste Stufe der Entwicklung des moralischen Bewußtseins definiert hat: *Totale Reversibilität der Reziprozität des rôle-taking;* d. h., jeder soll sich in die Situation jedes anderen tunlichst hineinversetzen.[20] In der *Kommunikations-* bzw. *Diskursethik* soll eben dies durch das Verfahrensprinzip der Ermittlung der *Konsensfähigkeit von Problemlösungen für alle Betroffenen* gewährleistet werden.
In diesem Sinne dürfte eine mögliche Radikalisierung des Gedankens der sportlichen Fairneß auch genetisch immer schon in der Entwicklung des moralischen Bewußtseins der Menschen angelegt sein. Das erhellt m. E. selbst aus der folgenden, ebenso problematischen wie charakteristischen Äußerung eines englischen Fußball-Krawallmachers von der Fan-Organisation ICF (= »Inter City Firm«) von West Ham United. Laut »Sunday Express« soll er folgendes gesagt haben: »Wir von der ICF sind Fußballfans und wollen am Wochenende gegnerische Fans bekämpfen, ihr Terrain erobern. Wenn du in Ärger verwickelt bist, steigt dein Adrenalin und du fühlst dich total gut. Ich benutze keine Waffen; meine Fäuste reichen mir. Ich lege Wert darauf festzustellen, daß unser Zielobjekt die gegnerischen Fans mit der gleichen Gesinnung sind. Ich würde niemals Kinder oder ältere Leute attackieren. Ich bin der erste, der einer Oma über den Zebrastreifen hilft. Aber kämpfen gegen Gleichgesinnte ist phantastisch.« (FAZ vom 10. Okt. 1986, Nr. 235, S. 23)
Es mag sein, daß diese Äußerung nicht ganz aufrichtig ist, daß sie bereits eine sekundäre Rationalisierung darstellt. Doch selbst in diesem Fall scheint es mir heuristisch fruchtbar zu sein, sie als repräsentative Äußerung der Fan-Ideologie versuchsweise ernstzunehmen. Dann gibt sie zu folgenden Schlußfolgerungen Anlaß:

20 Vgl. Lawrence Kohlberg: *The Philosophy of Moral Development. Moral Stages and the Idea of Justice*, San Francisco 1981. Dazu K.-O. Apel: »Die transzendentalpragmatische Begründung der Kommunikationsethik und das Problem der höchsten Stufe einer Entwicklungslogik des moralischen Bewußtseins«, a. a. O. (s. Anm. 1) (in diesem Bd. S. 306-369).

Die positive Konsequenz aus einer solchen Äußerung müßte ja eigentlich die sein, daß man versucht, die Revierkämpfe der Fan-Gruppen selber gemäß sportlichen Regeln zu organisieren bzw. zu institutionalisieren, um auf diese Weise unkanalisierte Explosionen der Brutalität à la Brüssel zu verhindern. Mag dieser Gedanke nun realisierbar sein oder nicht, er verweist jedenfalls auf eine zweite Problemdimension des Verhältnisses von Ethik und Sport, die ich im folgenden noch kurz behandeln möchte.

III. Die Bedeutung des Sports für die Anwendung (bzw. Realisierung der Anwendungsbedingungen) einer universalistischen Diskursethik

Bisher versuchten wir die Frage zu beantworten, ob bzw. inwieweit die sportliche Fairneß als Verhaltensprinzip auch zugleich ein Modell für das Grundprinzip einer universalistischen Ethik der Gerechtigkeit darstellt. Wir haben dies zwar im strikten Sinne verneint, gleichwohl aber die Möglichkeit einer Radikalisierung des in der sportlichen Fairneß angelegten Gedankens der Gerechtigkeit bejaht. Deshalb möchte ich abschließend noch die folgende Frage stellen: Kann möglicherweise die sportliche Fairneß als anthropologisch tief verankerte und daher stets ansprechbare Disposition der Menschen bei der evolutionären Realisierung der Anwendungsbedingungen einer universalistischen Gegenseitigkeits- und Diskursethik eine positive Funktion übernehmen?
Ich gehe bei dieser Fragestellung von der folgenden, scheinbar paradoxen Anwendungssituation der postkonventionellen Prinzipienethik aus, die ich auch gerne als Thema des Teils B der Ethik auffasse:
Selbst wenn alle Menschen innerlich davon überzeugt wären, daß alle Meinungsverschiedenheiten oder Interessenkonflikte nur nach dem Grundprinzip einer universalistischen Diskursethik – d. h. konsensual-kommunikativ und nichtstrategisch – gelöst werden sollten, und selbst wenn alle dazu auch im Prinzip bereit wären, so könnten sie eben dies voneinander doch nicht mit Sicherheit wissen; und sie wären daher – auf der Ebe-

ne der politischen und quasi-politischen Verantwortung für anvertraute Sicherheitsinteressen – zum strategischen Vorbehalt verpflichtet – z. B. zu militärischer Rüstung und bei Verhandlungen unter Umständen zur defensiven oder präventiven Gewaltandrohung. Das heißt: selbst unter den angedeuteten optimalen Bedingungen der Evolution der moralischen *Gesinnung* könnte es so etwas wie den *ethisch-vernünftigen Neuanfang auf der politisch-gesellschaftlichen Ebene* nicht geben.[21]

In dieser Einsicht scheint mir die formale Pointe der Max Weberschen Unterscheidung zwischen der *Gesinnungsethik* und der *Verantwortungsethik* letztlich zu liegen: Der *Gesinnungsethiker* hält den vernünftigen Neuanfang als direkte Umsetzung seines guten Willens für möglich; der *Verantwortungsethiker* hält dies nicht für möglich und eine entsprechende »Vorleistung« seinerseits nicht für verantwortbar. Er unterstellt vielmehr, daß er an die geschichtlich gegebenen Bedingungen kalkulierbaren Handlungserfolgs anknüpfen muß. Das hiermit aufgeworfene Problem erfährt nun aber seine inhaltliche Konkretisierung natürlich nicht unter den, von mir im Gedankenexperiment unterstellten, *optimalen* Bedingungen der Evolution des moralischen Bewußtseins, sondern unter Bedingungen, unter denen moralisches Verhalten oft geradezu als *unzumutbar* erscheinen kann: Wie soll man *im Sinne eines universalistischen Gegenseitigkeitsprinzips der Moral und zugleich verantwortlich handeln* in einer Lebenswelt, in der noch nicht einmal *innerhalb* der Staaten, nicht zu reden von den zwischenstaatlichen Verhältnissen, so etwas wie *Rechtssicherheit* – also vor allem *Schutz vor Gewalt*, aber auch *korruptionsfreie Anwendung von Gesetzen* – durchweg garantiert werden kann?

(Vielleicht ist das mehr oder weniger deutliche Bewußtsein dieser Aporie der Grund dafür, daß heute in der Bundesrepublik Deutschland, in der die Rechtssicherheit einigermaßen gewährleistet ist, einige Philosophen den »Abschied vom Prinzipiellen« predigen und die Ethikdiskussion mit dem Hinweis auf die »Üblichkeiten« und ihre kluge Anwendung mit Hilfe der »phronesis« abspannen möchten[22] – und dies in einer weltge-

21 Vgl. die in Anm. 1 angeführten Arbeiten (3) bis (7).

22 Vgl. K.-O. Apel: »Der postkantische Universalismus in der Ethik im Lichte seiner aktuellen Mißverständnisse«, in: A. Schwan/K. W. Kemp-

schichtlichen Situation, in der es (wie Hans Jonas gezeigt hat) erstmals darauf ankommt, die kollektive Verantwortung der Menschheit für ihre kollektiven Aktivitäten in Wissenschaft und Technik unter den Regelbedingungen fairer Kooperation zu organisieren[23].)

Will man nun angesichts der von mir hier nur angedeuteten Grundsituation, von der die *Anwendung* jeder postkonventionellen universalistischen Ethik ausgehen muß, gleichwohl nicht kapitulieren, geht man vielmehr davon aus, daß gerade auch noch die langfristige Realisierung der politisch-gesellschaftlichen Anwendungsbedingungen postkonventioneller Moralprinzipien – letztlich des Prinzips der Diskursethik – ein prinzipiell aufgegebenes Problem der Ethik – des Teils B der Ethik – darstellt, dann wird man sich nach anthropologisch verankerten, und d. h. ontogenetisch und phylogenetisch wirksamen Entwicklungstendenzen umsehen – z. B. nach Mechanismen der Entwicklungsdynamik des Verhaltens –, die bei der Realisierung der Anwendungsbedingungen universalistischer Gegenseitigkeitsmoral behilflich sein könnten.

Aus dieser Perspektive gesehen, scheint mir nun die im Wettkampfsport einübbare *Fairneß* – auch noch vor ihrer ethischen Radikalisierung im Sinne von Rawls – einen verheißungsvollen Entwicklungspfad zu eröffnen: verheißungsvoll deshalb, weil hier m. E. der sowohl ethisch wie anthropologisch plausible Mittelweg zwischen zwei unplausiblen kultur- bzw. moralpädagogischen Strategien sichtbar wird. Unplausibel sind m. E. die beiden folgenden Perspektiven:

Einerseits die Perspektive der Gewaltbejahung, die sich aus der Theorie der einfachen, nichtsublimierten Abreaktion von Aggressionsinstinkten ergibt: z. B. die Argumentation, derzufolge Gewaltdarstellung im Film ganz einfach eine notwendige und

fer (Hrsg.): *Grundlagen der politischen Kultur des Westens*, Berlin 1987, 280-300 (in diesem Bd. S. 154 ff.).

23 Vgl. Hans Jonas: *Das Prinzip der Verantwortung. Versuch einer Ethik für die technologische Zivilisation*, Frankfurt a. M. 1979; dazu K.-O. Apel: »Verantwortung heute – nur noch Prinzip der Bewahrung und Selbstbeschränkung oder immer noch der Befreiung und Verwirklichung der Humanität«, in: T. Meyer/S. Miller (Hrsg.): *Zukunftsethik und Industriegesellschaft*, München 1986, 15-40 (in diesem Bd. S. 179 ff.).

insofern nützliche und auch moralisch akzeptierbare Funktion der Triebbefriedigung erfüllt – eine Funktion der Abreaktion, ohne die das entsprechende Triebpotential an anderer Stelle in unkontrollierbarer und deshalb gemeingefährlicher Form sich entladen würde. Gegen diese Argumentation scheint mir u. a. der Einwand stichhaltig zu sein, daß auf diese Weise das gewalttätige Verhalten erst recht zum Bedürfnis hochstilisiert wird.
Auf der anderen Seite scheint mir aber auch diejenige Strategie abwegig zu sein, derzufolge *Aggression* überhaupt und in jeder Form durch eine *antiagonale Erziehung* als entbehrlich erwiesen und an der Entstehung gehindert werden kann. Letzten Endes scheint mir diese Zielsetzung nicht nur unrealisierbar, sondern auch ethisch nicht wünschenswert zu sein. Man fühlt sich hier an Goethes »spechtische« Reaktion auf Herders Humanismus-Vision in den »Ideen zur Philosophie der Geschichte der Menschheit« erinnert, in der es heißt: »... Alles ein großes Sanatorium und einer des anderen Krankenwärter«.
Wenn es richtig ist, daß Menschen *nicht nur, aber stets auch* Selbstbehauptungssysteme im Sinne des »Willens zur Macht« sind, und wenn selbst ihre höchsten kreativen Leistungen auf ein gewisses aggressives Initiations- und Durchsetzungsvermögen angewiesen sind, dann kann man auch den Aggressionstrieb und sein Auftreten in der Form der *agonalen Rivalität* nicht schlechthin ausrotten wollen. Wünschenswert ist dann vielmehr eine sowohl ästhetische wie auch ethische *Sublimation* des Aggressionstriebs und der Rivalität in der Form des fairen Wettstreits um den Sieg bzw. um die Höchstleistung. Wünschenswert ist diese Kanalisierung und Sublimierung einmal deshalb, weil auf diese Weise die vitale Energie der Menschen im Sinne der Nutzenmaximierung für die Gesellschaft mobilisiert wird, zum anderen aber auch deshalb, weil dem agonalen Trieb eine lustvolle und zugleich ethisch akzeptable, ja sogar eine evolutionär-progressive Möglichkeit der Befriedigung eröffnet wird.
Ich erinnere mich bei dieser Gelegenheit an eine Geschichte, die der Ethnologe Hugo Bernatzik über das Verbot der Kopfjagd in Borneo durch die Briten berichtet: Das erste Verbot dieser Art soll bei den betroffenen Eingeborenen eine kollektive Depression hervorgerufen haben, die mit einem besorgniserregenden Geburtenrückgang verbunden war. Danach sollen die Briten

anderswo einen zweiten Versuch unternommen haben, die Kopfjagd zu verbieten, der tatsächlich ohne negative Folgen blieb. Der Grund für diesen Erfolg lag, wie es heißt, darin, daß sie zuerst das Fußballspiel einführten und erst danach die Kopfjagd verboten. Worin besteht die Moral von der Geschichte?
Ich möchte hier nicht den Eindruck erwecken, daß die großen Probleme einer heute erforderlichen planetaren Verantwortungsethik im wesentlichen durch Sportförderung zu lösen seien. Vor allem sollte man folgendes nicht übersehen: Der von gesellschaftlichen Systemzwängen gesteuerte, weithin kommerzialisierte und von szientifisch-technischer Rationalität mehr und mehr beherrschte Betrieb des modernen Leistungssports könnte auch eine Blockierung der moralischen Entwicklung, ja eine neue Form der menschlichen Selbstentfremdung zur Folge haben. (Habermas würde hier von einer möglichen Form der »Kolonialisierung der Lebenswelt« sprechen.[24])
Dennoch möchte ich in der internationalen Institutionalisierung eines fairen Wettkampf- und Höchstleistungssports auch die Chance einer massenwirksamen Propagierung und Durchsetzung von Anwendungsbedingungen einer universalistischen Moral erblicken: sozusagen ein interkulturelles Sprungbrett für die Radikalisierung der *sportlichen Fairneß* im Sinne der *Fairneß als Gerechtigkeit*. Und soweit die Ontogenese und Phylogenese der menschlichen Verhaltensdispositionen in Frage steht, sehe ich in der Kanalisierung und Sublimierung der agonalen Aggression durch den fairen Wettkampfsport geradezu eine notwendige Bedingung für die evolutionäre Überwindung des *Krieges* als einer Form agonaler Auseinandersetzung.
Die Realisierung dieser Möglichkeit hängt natürlich nicht primär am Sport selbst, sondern an der Institutionalisierung der Konfliktregelung durch *praktische Diskurse*, in denen die Menschen Argumente an ihrer Statt kämpfen lassen. Dafür kann jedoch die Einübung der Fairneß-Gesinnung im Sport eine Vorbedingung auf der Ebene der *Verhaltensdispositionen* schaffen. Ob der Sport in der heutigen Gesellschaft eine solche anthropologisch-evolutionäre Funktion erfüllen kann, das hängt freilich

24 Vgl. J. Habermas: *Theorie des kommunikativen Handelns*, Frankfurt a. M. 1981, Bd. II.

wieder von den jetzt schon möglichen *praktischen Diskursen* ab. Denn durch sie – z. B. in den einschlägigen Konferenzen der Sportler, der Sportfunktionäre und der Sport-Politiker im weitesten Sinn – sollten ja die *institutionellen Rahmenbedingungen* – darunter die *Spielregeln* – des Sportbetriebs im Sinne einer wünschenswerten anthropologisch-evolutionären Funktion des Leistungssports festgelegt werden.[25]

25 Ich kann hier auf den folgenden Umstand nur noch hinweisen: Ein wesentliches Anliegen der *Diskursethik* besteht gerade darin, die jede Individualethik transzendierende Problematik der *Moral der Institutionen bzw. der sozialen Systeme* auf der Ebene der *praktischen Diskurse* noch einmal der menschlichen Verantwortung – und insofern auch der Mit-Verantwortung der einzelnen als der Mitglieder der Kommunikationsgemeinschaft – zu unterwerfen. Jeder einzelne kommt in dieser Konzeption einer Verantwortungsethik sozusagen zweimal vor: einmal als quasi ohnmächtiges Individuum, das den Systemzwängen unterworfen ist, zum anderen als Mitglied der Kommunikationsgemeinschaft, das auch noch für die Institutionen und Systeme zumindest mit-verantwortlich ist. Dies scheint mir sozusagen die Alternative zur *strukturalistischen* und/oder *systemtheoretischen* Obsoletierung des Menschen (»finis hominis«) zu eröffnen.

Konfliktlösung im Atomzeitalter als Problem einer Verantwortungsethik

I. Problemstellung

Meine pedantisch-philosophische Themenstellung bedarf meinem eigenen Gefühl nach einer captatio benevolentiae. Ich meine damit, ihre rationale Relevanz ist alles andere als selbstverständlich; sie muß in den Augen der nüchternen Zeitgenossen eher zweifelhaft sein.

Das scheint im Widerspruch zu stehen zu der Häufigkeit und dem Pathos, mit denen heute in der Öffentlichkeit die *Ethik* berufen wird, wenn es um die Problematik der Friedenssicherung im Atomzeitalter geht. Sieht man aber genauer zu, so erhält man den Eindruck, daß die Berufung auf klassische Positionen der abendländischen Ethik für die konkrete Beantwortung der Frage »Was sollen wir tun?« angesichts der aktuellen Problematik des Ost-West-Konflikts völlig irrelevant zu sein scheint – wenn sie nicht sogar darauf hinausläuft, eine rationale Einschätzung der Lage zu beeinträchtigen und gefährliche Kurzschlußreaktionen zu begünstigen.

Das gilt, so scheint es, in gleicher Weise für die Berufung auf die Forderungen der christlichen Ethik wie für die Berufung auf die philosophische Ethik der Neuzeit.

Was die christliche Ethik anbetrifft, so braucht man nur an die gegensätzlichen Positionen der Friedensdenkschrift der Evangelischen Kirche in Deutschland und der Erklärung des Reformierten Bundes in Deutschland über »Das Bekenntnis zu Jesus Christus und die Friedensverantwortung der Kirche« zu denken; oder an die diametral entgegengesetzten Stellungnahmen der katholischen Bischöfe der USA und derjenigen Frankreichs zur Frage der moralischen Rechtfertigung der Anwendung bzw. Androhung der Anwendung atomarer Waffen.

Ich gestehe, daß ich angesichts solcher kirchlichen Stellungnahmen immer wieder zwischen zwei gefühlsmäßigen Reaktionen hin- und hergerissen bin, die – wie ich wohl weiß – rational miteinander unverträglich sind:

Einerseits neige ich dazu, mit tiefer Enttäuschung, ja mit sarkastischer Verachtung auf jene klugen Verlautbarungen zu reagieren, in denen Kirchenmänner – etwa mit Hilfe der Zwei-Reiche Lehre Augustins oder Luthers – zu zeigen versuchen, daß die Forderungen der Bergpredigt (natürlich) nicht auf die irdischen Händel angewendet werden können. Diese Forderungen sind – so heißt es dann etwa – für die innerliche Vorbereitung der Nachfolger Christi auf das Reich Gottes bestimmt, dürfen aber nicht eine Einmischung in die andersartige Kompetenz der Politik zur Folge haben.

Andererseits wiederum regt sich sofort der *rationale* Widerspruch in mir, wenn auch von kirchlicher Seite behauptet wird, die Androhung der Anwendung atomarer Waffen zum Zwecke der Abschreckung sei schlechthin unmoralisch, da sie ja als glaubwürdige Androhung die Bereitschaft voraussetze, solche Massenvernichtungswaffen auch wirklich anzuwenden.[1] Zwei Gegenargumente legen sich hier nahe, die allerdings wieder unter sich sehr verschieden sind.

Das eine Gegenargument lautet: Wie kann die Androhung der atomaren Vergeltung durch einen Politiker *unmoralisch* sein, wenn dieser damit rechnen muß, daß in der gegebenen Situation noch am ehesten die Androhung der Anwendung der Atomwaffen ihre wirkliche Anwendung – und darüber hinaus sogar den Ausbruch eines konventionellen Krieges zwischen den Großmächten – verhindern kann. Diese Antwort kann sich selbst als *verantwortungsethisch* im Sinne von Max Weber verstehen, und insofern kann sie die Forderung einer unmittelbaren Anwendung der Bergpredigt auf die Politik als gefährliche,

1 Entgegen der Unterstellung der amerikanischen Bischöfe und vieler anderer Zeitgenossen trifft es logisch nicht zu, daß die *glaubwürdige Androhung* einer atomaren Vergeltung die *ernste Absicht* der Anwendung derselben einschließt. *Strategische* Sprechakte wie *drohen* unterscheiden sich eben dadurch von primär *moralisch verbindlichen* Sprechakten, wie z. B. *versprechen*, daß sie auch dann als »gelungen« gelten können, wenn die – normalerweise vorausgesetzte – *Wahrhaftigkeitsbedingung* nur zum Schein (nämlich im Sinne der Glaubhaftigkeit für den Adressaten) erfüllt ist. Dies wird verständlich, wenn man sich klar macht, daß es in einer *idealen Kommunikationsgemeinschaft* keine *Drohungen* gäbe. Vgl. hierzu unten S. 255 ff.

weil unverantwortliche Forderung einer bloßen *»Gesinnungsethik«* ansehen.[2]
Eine im unmittelbaren Effekt ähnliche, in der Begründung jedoch sehr verschiedene Antwort auf die Zumutung einer Anwendung der Bergpredigt lautet jedoch: Diese Zumutung zeigt, daß eine Einmischung der *Moral* in die Politik überhaupt gefährlich, weil irrational ist. Rational und insofern intersubjektiv verbindlich ist dieser Antwort zufolge nur die folgende Behandlung des Problems der Konfliktregelung im Atomzeitalter: Man muß von einer Zielsetzung ausgehen, die trivialerweise im Interesse *beider* konfligierenden Parteien liegt. Das ist in der heutigen Situation etwa die folgende: Austragung einer politischen *Gegnerschaft* unter Vermeidung des atomaren Holocausts. Unterstellt man diese partielle Übereinstimmung der Interessen und Ziele im strategischen Spiel der konfligierenden Parteien, dann ergibt sich eine Aufgabe, die rein auf dem Wege wertfreier, wissenschaftlich-technischer bzw. strategischer Rationalität zu lösen ist: die Aufgabe nämlich einer optimalen *Stabilisierung des Gegnerschaftsverhältnisses* zwischen den Weltmächten.[3] Die Einmischung der Moral – so heißt es dann – kann bei der Lösung dieser Aufgabe nur hinderlich sein; denn sie muß darauf hinauslaufen, daß man schon die *rationale* Stellung der Aufgabe im Sinne der *Stabilisierung eines Gegnerschaftsverhältnisses* verfehlt: Statt dessen wird die Moral dahin tendieren, entweder den *Gegner* als *Feind*, d. h. als zu vernichtenden Vertreter des Bösen, aufzufassen; oder aber: ihn, unter Mißachtung der Realität, im Sinne der utopischen Antizipation des Gottesreichs, als *Freund und Bruder* zu behandeln. Ver-

2 Vgl. M. Weber, »Politik als Beruf«, in: *Gesammelte politische Schriften*, Tübingen 1958, 2. Aufl., S. 493 ff.; *Gesammelte Aufsätze zur Religionssoziologie*, Tübingen 1972, S. 554; W. Schluchter, *Rationalismus der Weltbeherrschung. Studien zu Max Weber*, Frankfurt a. M. 1980, S. 55 ff.

3 Aus W. Beckers (»Der Konflikt der Friedensbegriffe«, in: *Neue Rundschau*, 93. Jg. [1982], S. 154-164) Argumentation wird m. E. nicht klar, ob er das Konzept der »Gegnerschaftsstabilisierung« als das einer *wertneutralen*, rein *technisch-strategischen* Rationalität vertreten möchte oder ob er es in den Dienst einer *Verantwortungsethik* stellen möchte. Meine Argumentation im folgenden beruht darauf, diesen Unterschied ausdrücklich einzuführen und zu begründen.

ständlicherweise werden beide Einstellungen als irrational und gefährlich angesehen.

Obwohl nun die zuletzt skizzierte Antwort der Gegnerschaftsstabilisierung sich als wertfrei und insofern als *amoralisch* versteht, wird sie doch in der aktuellen Diskussion oft in einem Atemzug mit derjenigen einer *Verantwortungsethik* gegen die pazifistische *Gesinnungsethik* aufgeboten. Wie ist diese Konvergenz zu erklären? – Sie wird m. E. verständlich unter zwei Voraussetzungen, die für die in der Gegenwart vorherrschende Einschätzung des Verhältnisses von *Moral* und *Rationalität* charakteristisch sind:

1. Einmal gilt die *Moral* seit Max Weber – so im Neopositivismus, bei Popper und bei den meisten analytischen Philosophen – als letztlich nicht rational begründbare *Angelegenheit privater Glaubensentscheidungen.*[4] Das, was als rational begründbar und insofern als intersubjektiv gültig angesehen werden kann, sind die an sich wertfreien Überlegungen – Schlußfolgerungen – hinsichtlich möglicher bzw. wahrscheinlicher Konsequenzen von Handlungen.

Setzt man nun voraus, daß es gewisse Konsequenzen gibt, die von möglichen Konfliktpartnern trivialerweise als positiv bzw. negativ bewertet werden, so reduziert sich in bezug auf diese das verbleibende Problem einer Verantwortungsethik auf das einer wertfreien und insofern amoralischen Einschätzung von Handlungen als möglichen Mitteln zur Erreichung bzw. zur Vermeidung von bestimmten Endzuständen.

Genau diese Situation läßt sich nun, wie es scheint, im Falle der *Friedenssicherung* im Atomzeitalter unterstellen: Die Vermeidung des atomaren Holocaust muß trivialerweise von den Konfliktparteien als *Ziel Nr. 1* angesehen werden. Infolgedessen ergibt sich, wie es scheint, auch gerade für eine *Verantwortungsethik* die als solche *moralfrei* zu lösende Aufgabe der *Stabilisierung des Gegnerschaftsverhältnisses* im angedeuteten Sinn.

4 Vgl. M. Weber, »Politik als Beruf«, a. a. O.; ders., »Der Sinn der Wertfreiheit«, in: *Gesammelte Aufsätze zur Wissenschaftstheorie*, Tübingen 1968, 3. Auflage; ders., »Wissenschaft als Beruf«, in: *Gesammelte Aufsätze zur Wissenschaftstheorie*, Tübingen 1968, 3. Auflage; Popper, K. R., *Die offene Gesellschaft und ihre Feinde*, Bern 1957, S. 283 ff.

Insoweit kommt es hier, genau genommen, zwar nicht zur Ausscheidung ethischer Voraussetzungen, wohl aber zu ihrer Trivialisierung im Sinne ihrer Reduktion auf den Grenzfall des immer konsensfähigen Interesses aller möglichen Konfliktpartner am Überleben.

2. Hinzu kommt nun aber in der gegenwärtigen Diskussion noch die weitverbreitete Gleichsetzung von *Ethik* mit *Gesinnungsethik*, d.h. mit einer Einstellung, welche das zu befolgende ideale Prinzip der Ethik von der – zur Anwendung des Prinzips erforderlichen – (wissenschaftlich wertfreien) Ermittlung der Situations-Tatsachen und der wahrscheinlichen Konsequenzen von situationsbezogenen Handlungen *trennt*. Das ideale Prinzip der Ethik gilt dann als *unbedingt verbindliche Norm* in dem Sinne, daß der Handelnde die Konsequenzen seiner Handlungen Gott anheimstellen soll, wie Max Weber sagt. Unter der Voraussetzung einer solchen Form der Ethik ist es in der Tat verständlich, daß die Nüchternen unter den Zeitgenossen darauf mit der Forderung einer *Trennung von Moral und Politik* antworten. Freilich ist diese *Forderung* dann selber *nicht* wertungs- und moralfrei, sondern insgeheim verantwortungsethisch. Ich werde darauf noch zurückkommen.

Aus den bisherigen Andeutungen dürfte jedoch soviel ersichtlich geworden sein: Die rationale Relevanz der Ethik für die Lösung des Problems der Konfliktregelung im Atomzeitalter ist heute tatsächlich selber problematisch. Das gilt, wie eingangs schon angedeutet, nicht etwa nur für die christliche Ethik, sondern auch für die *philosophische* Ethik der Neuzeit.

Zur Verdeutlichung dieses Umstands möchte ich mich, auf dem Wege der Erinnerung, auf ein Referat beziehen, das Helmut Schmidt bei Gelegenheit des Kant-Jubiläums der Friedrich-Ebert-Stiftung 1981 gehalten hat. Nachdem der damalige deutsche Bundeskanzler dem großen Philosophen seine Reverenz erwiesen hatte, kam er zu dem für ihn selbst ausschlaggebenden Argument, das offenbar eher von Max Weber als von Kant inspiriert war. Es ging dahin, daß der Politiker auch seinen Gegnern jederzeit unterstellen müsse, daß sie, möglicherweise, den »kategorischen Imperativ« Kants befolgten. Damit aber sei über ihre und seine *Situationseinschätzung* und die daraus herzuleitende *politische Entscheidung* noch gar nichts gesagt. Diese

Entscheidung ergebe sich vielmehr aus dem »Augenmaß«, mit dem der Politiker die Konsequenzen seiner Entscheidungen abschätzen müsse. (Dabei müsse er wissen, daß er sogar für die nicht von ihm gewollten Folgen seiner Entscheidungen die Verantwortung trage.)

Man könnte dieses Argument, das zumindest implizit die Relevanz des *kategorischen Imperativs* für eine politische Entscheidungsfindung in Frage stellt, noch durch das folgende – nur scheinbar entgegengesetzte – Argument ergänzen: Während der Politiker einerseits auch seinem Gegner niemals bestreiten kann, daß er möglicherweise den kategorischen Imperativ befolgt, darf er andererseits dies auch niemals vertrauensvoll unterstellen, ja er muß sogar für möglich halten, daß sein Gegner deshalb nicht den grundsätzlich bejahten kategorischen Imperativ befolgt, weil auch *er* nicht damit rechnen *darf*, daß *sein* Gegner den kategorischen Imperativ befolgt.

Mit dieser Charakteristik der paradoxen Situation des Politikers habe ich indessen die Frage, ob der Politiker eine *Ethik* voraussetzen muß bzw. soll, doch schon *positiv* beantwortet. Denn, welchen Sinn sollte sonst die Redeweise haben, daß der Politiker nicht damit rechnen *darf*, daß dies oder jenes der Fall ist? Allein schon diese Redeweise verrät, daß die Entscheidungsfindung nicht einfach als Frage *moralfreier Realpolitik*, sondern vielmehr als Frage einer *Erfolgs-Verantwortungsethik* aufgefaßt wird. Dies war in der Tat die Auffassung Max Webers – im Unterschied zu der Machiavellis[5] –, und dies war offensichtlich auch die Meinung Helmut Schmidts in der angeführten Argumentation.

Wenn dies aber unterstellt werden soll, dann ergibt sich erneut die Frage: Worin liegt denn die *normative Relevanz* einer vom Politiker vorauszusetzenden *Verantwortungsethik?* Worin liegt ihre *regulative Funktion* für das Problem der Konfliktlösung im Atomzeitalter – eine regulative Funktion, die von derjenigen der rein *strategischen* und *technischen* Rationalität bloßer *Realpolitik* zu unterscheiden wäre? Damit habe ich, wie ich hoffe, die Fragestellung meines Vortrags hinreichend verdeutlicht. Zum Zwecke einer tentativen Beantwortung der gestellten

5 Vgl. W. Schluchter, *Rationalismus der Weltbeherrschung*, a. a. O., S. 38 ff.

Frage muß ich freilich etwas weiter ausholen: Ich hoffe, daß ich dabei nicht zu tief ins Dickicht der fachphilosophischen Esoterik gerate.

II. Rationale Begründung der Ethik überhaupt[6]

In der akademischen Philosophie der Gegenwart wird gewöhnlich schon die Frage, ob so etwas wie Ethik *rational begründbar* sei, negativ beantwortet. Die einschlägige *Letztbegründungsfrage* – so heißt es in diesem Zusammenhang gewöhnlich – laufe auf die Frage hinaus, *ob Vernunft überhaupt sein solle.* Diese Frage aber sei offensichtlich nicht ohne logischen Zirkel, durch Rekurs auf eben die Vernunft, und das heißt rational, zu beantworten; also müsse sie durch eine *irrationale Gewissensentscheidung,* einen »act of faith«, beantwortet werden.

Ich halte diese – wiederum von Max Weber, Popper, den meisten *analytischen* und den *existentialistischen* Philosophen suggerierte – Antwort für falsch. Sie übersieht m. E. die merkwürdige Tatsache, daß derjenige, der argumentiert – und das heißt: derjenige, der auch nur ernsthaft die Frage nach der Möglichkeit einer Begründung der Ethik stellt – notwendigerweise die Verbindlichkeit der Vernunft schon anerkannt hat. (In diesem Sinne kann man vielleicht auch das von Kant so genannte »Fak-

6 Vgl. zum folgenden K.-O. Apel, »Das Apriori der Kommunikationsgemeinschaft und die Grundlagen der Ethik«, in: K.-O. Apel, *Transformation der Philosophie,* Bd. II, Frankfurt a. M. 1973, S. 460ff.; ders., »Läßt sich ethische Vernunft von strategischer Zweckrationalität unterscheiden?«, in: W. van Reijen, K.-O. Apel (Hrsg.), *Rationales Handeln und Gesellschaftstheorie,* Bochum 1984, S. 23-80; ferner die Beiträge von Apel, Böhler und Kuhlmann, in: K.-O. Apel, D. Böhler, G. Kadelbach (Hrsg.), *Funkkolleg: Praktische Philosophie/Ethik, Dialoge,* 2 Bde., Frankfurt a. M. 1984, und K.-O. Apel, D. Böhler, K. Rebel (Hrsg.), *Funkkolleg: Praktische Philosophie/Ethik, Studientexte,* 3 Bde., Weinheim/Basel 1984. Inhaltlich stimmt die hier vertretene Position der transzendentalpragmatischen Letztbegründung der Ethik mit derjenigen von J. Habermas, *Moralbewußtsein und kommunikatives Handeln,* Frankfurt a. M. 1983, weitgehend überein, wenngleich Habermas seine Begründung der Ethik als bloß hypothetisch und insofern ihr Prinzip als *fallibel* auffassen möchte.

tum der Vernunft« auffassen: Es handelt sich hier dann nicht um ein *kontingentes Faktum*, aus dem man ja keine Norm herleiten könnte,[7] sondern um das *transzendental-notwendige Faktum, daß der Argumentierende die Vernunft immer schon als normative Bedingung der Gültigkeit seines Denkens anerkannt hat.*)

Die heute immer wieder vorausgesetzte Situation, daß jemand schon argumentieren kann und doch noch *vor der prinzipiellen Entscheidung* für oder gegen die Vernunft steht, kann einfach nicht vorkommen. (Das besagt natürlich nicht, daß sich jemand nicht trotz der Einsicht in die normative Verbindlichkeit der Vernunft gegen die *Befolgung* der Vernunftnorm entscheiden kann. Aber *diese* Entscheidung gegen die Vernunft hat ihrerseits gar nichts mit der Letztbegründungsfrage zu tun; sie zeigt lediglich einen Mangel an *gutem Willen;* und der gute Wille kann allerdings nicht durch rationale Argumente erzwungen werden.)

Doch, was ist mit dem Nachweis der transzendental notwendigen Anerkennung der normativen Verbindlichkeit der *Vernunft* für die Begründung der *Ethik* gewonnen? Könnte nicht die *Vernunftnorm,* die ich beim Argumentieren für mich als verbindlich muß anerkannt haben, die des (wertneutral-)*strategischen Denkens* im Dienste nur des Selbstinteresses sein – so wie dies z. B. von Thomas Hobbes unterstellt wurde? Dann wäre mit der notwendigen Anerkennung der Vernunftnorm für die Begründung der Ethik noch nichts erreicht; denn von der Hobbes'schen Vernunftnorm läßt sich zeigen, daß sie, entgegen der Unterstellung von Hobbes, die Moral *nicht* begründen kann. Denn aufgrund des strategisch durchkalkulierten Selbstinteresses mag zwar der Hobbes'sche Menschenwolf bereit sein, einen Gesellschaftsvertrag abzuschließen, d. h. den Rechtsstaat als für alle vorteilhaft dem Krieg aller gegen alle vorzuziehen, aber aufgrund dieser rein strategischen Überlegung kann er prinzipiell nicht zu einer Gesinnung gebracht werden, die beim Vertragsabschluß auch den *kriminellen Vorbehalt* aufgibt. Denn genau dies rät die rein *strategische Vernunft* dem intelligenten

7 Vgl. K.-H. Ilting, »Der naturalistische Fehlschluß bei Kant«, in: M. Riedel (Hrsg.), *Die Rehabilitierung der praktischen Vernunft,* Bd. I, Freiburg 1972.

Kriminellen: für den Rechtsstaat zu optieren, um bei passender Gelegenheit – wenn keine Sanktionen zu befürchten sind – durch Gesetzesübertretung den parasitären Surplus-Vorteil aus dem Rechtsstaat zu ziehen.
Soll diese rein strategische Einstellung durch eine *moralische Gesinnung* verhindert werden – wie Kant wollte –, dann muß offenbar die immer schon anzuerkennende *Vernunftnorm* von vornherein als solche einer *nicht rein strategischen Vernunft* anerkannt sein: d. h. als Norm einer moralisch gesetzgebenden Vernunft, die von vornherein ein nichtstrategisches Gegenseitigkeitsverhältnis zwischen Menschen verallgemeinern will, die also – um mit Kant zu reden – die anderen nicht als *Mittel* im Dienste der Realisierung des Selbstinteresses, sondern immer schon als *Selbstzweckwesen* im Sinne eines »Reichs der Zwekke« anerkennt. – Doch wie soll rational zwingend nachgewiesen werden, daß wir eine solche Grundnorm der Vernunft – und nicht bloß die einer strategischen Vernunft – immer schon anerkannt haben?
Ich meine, auch dieser Nachweis ist möglich, sobald man sich folgendes klar macht: Die *argumentative Vernunft des intersubjektiv gültigen Denkens* kann prinzipiell nicht Sache der *strategischen Zweckrationalität eines einzelnen Denksubjekts* sein; sie muß vielmehr prinzipiell die Möglichkeit der *Konsensbildung* unter gleichberechtigten Mitgliedern einer unbegrenzten Argumentationsgemeinschaft voraussetzen. Dies einzusehen, setzt freilich voraus, daß man die traditionelle Vorstellung überwindet, daß einer allein schon aufgrund seiner Bewußtseinsfunktionen, und das heißt ohne die Voraussetzung sprachlicher Bedeutungen, die er mit anderen muß teilen können – *denken* und *erkennen* könne. Sieht man dies aber ein, so kann man auch einsehen, daß jeder, der mit Gültigkeitsanspruch denkt, d. h. argumentiert, insoweit implizit auch schon die normative Verbindlichkeit einer *Ethik der idealen Kommunikationsgemeinschaft* anerkannt hat. Dies heißt: er hat notwendigerweise u. a. das Folgende implizit anerkannt: Konflikte zwischen Menschen sollten nicht durch Gewalt oder Gewaltandrohung, ja überhaupt nicht durch strategische Verhandlungen, die zur Unterdrückung berechtigter Interessen führen (also auch nicht etwa durch Agreements der Konfliktpartner auf Kosten dritter Be-

troffener) geregelt werden. Sie sollen vielmehr nur durch *argumentative Diskurse* geregelt werden, welche die berechtigten Interessen aller Betroffenen zur Geltung bringen – derart, *daß die zu erwartenden Folgen der Konfliktregelung für alle Betroffenen konsensfähig sind.*

Eine solche ethische *Grundnorm diskursiver Konsensbildung* wird m. E. selbst von demjenigen, der das Gegenteil behauptet, automatisch befolgt, sofern er nur *ernsthaft argumentiert;* und darin zeigt sich, daß diese Grundnorm nicht ohne *pragmatischen Selbstwiderspruch* bestritten werden kann. Und das genügt vollauf für ihre philosophische Letztbegründung. D. h., sie braucht nicht *aus etwas anderem abgeleitet* – z. B. *induziert* oder *deduziert* – zu werden.

Nehmen wir nun für das folgende einmal an, die soeben skizzierte *rationale Letztbegründung der Ethik überhaupt* sei für jeden, der sie verstanden hat, zwingend einsehbar. Was wäre damit für die Begründung einer *politischen Verantwortungsethik* gewonnen?

III. Das Problem einer politischen Verantwortungsethik

Auch und gerade derjenige, der einsieht, daß er im ernsthaften Denken die angedeutete Grundnorm diskursiver Konsensbildung notwendigerweise anerkannt hat, wird bei der Vorstellung der Befolgung dieser Norm in der Politik zugleich den Eindruck einer *ungeheuren Idealisierung* haben. Eben dies bringt die Rede von der *kontrafaktischen* Antizipation der idealen Kommunikationsgemeinschaft zum Ausdruck: das empirisch bedingte Wissen nämlich um die *Differenz* zwischen der im Denken vorausgesetzten idealen Kommunikationsgemeinschaft und der realen Kommunikations- und Interaktionsbeziehung, mit der man faktisch – zumal in Konfliktfällen – zu rechnen hat. Doch was folgt aus *dieser* Einsicht? Folgt daraus, daß die zunächst skizzierte (transzendentalpragmatische) Begründung der Ethik doch nicht *allgemeingültig* ist – vielleicht deshalb nicht, weil sie bloß eine *Spezialethik des von Interessenkonflikten entlasteten argumentativen Diskurses* begründet?

Diese Vermutung ist m. E. voreilig und letztlich falsch. Doch soviel möchte ich sogleich zugeben: die im Bisherigen von mir skizzierte Begründung der ethischen Grundnorm der Vernunft liefert allerdings noch keine *hinreichende* Begründung für eine politisch relevante (Erfolgs-)Verantwortungsethik. Sie liefert eine solche Begründung sowenig wie die Kantische Ethik des »Kategorischen Imperativs«. Inwiefern muß man dies zugeben? Man muß dies m. E. nicht deshalb zugeben, weil die skizzierte Grundnorm der Diskursethik (die Grundnorm der argumentativen Konsensbildung unter Bedingungen einer idealen Kommunikationsgemeinschaft) *ungültig* wäre. Im Gegenteil: Gerade wenn man ihre Gültigkeit einsieht, bemerkt man zugleich, daß in der Unterstellung einer idealen Kommunikationsgemeinschaft eine *kontrafaktische Antizipation* liegt. Dieser Vorgriff auf *ideale* Bedingungen ist im Diskurs – und das heißt: im Denken mit Gültigkeitsanspruch – unvermeidlich. Aber er enthält zugleich die Einsicht, daß in der *realen* Kommunikationsgemeinschaft der Menschen nicht damit *gerechnet* werden *darf*, daß alle die ethische Grundnorm der Vernunft befolgen.

Für das Denken scheint diese immer schon antizipierte Möglichkeit zum Greifen nahe zu liegen. Man bräuchte gewissermaßen nur ganz von vorne anzufangen, nachdem jeder im Diskurs zu der Einsicht gelangt ist, daß er eigentlich immer schon anerkannt hat, daß alle Konflikte durch Konsensbildungs-Diskurse, und nur so, zu lösen sind. Ein solcher *vernünftiger Neuanfang* scheint besonders dann plausibel zu sein, wenn als Alternative nur eine Katastrophe, die alle betrifft, wahrscheinlich zu sein scheint. Genau dies aber scheint heute bevorzustehen: als Wahrscheinlichkeit des atomaren Holocaust im Falle der Fortsetzung des Wettrüstens (oder auch als Wahrscheinlichkeit der Zerstörung der menschlichen Ökosphäre im Falle der Nichteinigung über geeignete langfristige Gegenmaßnahmen). Diese Situation macht es verständlich, daß sowohl Wissenschaftler, welche die menschliche Evolution aus der Ferndistanz rekonstruieren, als auch Massenbewegungen – wie die Ökopax-Bewegung – immer wieder fordern, *der* Mensch müsse sich besinnen und im Zeichen der Vernunft ganz neu anfangen.[8]

8 Charakteristisch für die *gutgemeinte*, aber naive und daher bedenkliche Argumentation für den *Neuanfang* im Geiste der »Bergpredigt« ist das in der Friedensbewegung einflußreiche Buch von Franz Alt (*Frieden ist*

Ich gestehe gerne, daß auch mir als Philosophen solche Forderungen, insbesondere die einschlägigen Rekonstruktionen der menschlichen Evolution aus der Ferndistanz, immer sehr einleuchten. Ich glaube auch, daß *ohne* solche Aufforderungen zur radikalen Besinnung und zum Neuanfang, ob sie nun mehr religiös oder philosophisch motiviert sind, überhaupt kein Fortschritt in der Geschichte möglich ist. Dennoch scheint es mir klar zu sein, daß ein *verantwortlicher Politiker* sich auf diese Forderungen – so wie sie bislang vorgetragen wurden und immer wieder vorgetragen werden – nicht einlassen *darf*. Sie sind *abstrakt* und insofern unzureichend, weil sie es versäumen zu zeigen, wie die *ideale Grundnorm* auf die *reale Situation* anzuwenden ist – ohne den Sprung in die Utopie, d. h. unter Berücksichtigung der aller Wahrscheinlichkeit nach zu erwartenden Konsequenzen von Handlungen. Diese Konsequenzen nämlich muß der verantwortliche Politiker deshalb berücksichtigen, weil er nicht nur der idealen Grundnorm der Ethik verpflichtet ist, sondern immer zugleich auch der ethischen Norm, die ihm anvertraute Realität – die Realität eines sozialen Selbstbehauptungssystems – zu bewahren und zu schützen. Er *darf* daher den *Imperativ der idealen* Grundnorm – z. B. *keine Androhung von Gewalt bei der konsensualen Konfliktregelung* – nur inso-

möglich. Die Politik der Bergpredigt, München 1983). Nicht dies macht m. E. die schlechte *Naivität* seiner Argumentation aus, daß er für »eine Umkehr der Herzen« plädiert. Eine solche Umkehr im Geiste der christlichen oder auch der Kantischen *Gesinnungs*-Ethik (im guten Sinne!) ist immer erneut zu fordern und vom einzelnen gegen das egoistische »Vernünfteln« (Kant) durchzusetzen. Die bedenkliche Naivität liegt darin, daß Alt das Problem des *für die Konsequenz verantwortlichen Handelns in dieser Welt,* das sich auch und gerade nach der »Umkehr der Herzen« für die *Vernunft* stellt, überhaupt nicht an sich herankommen läßt. So läßt sein Buch – wie die meisten gut gemeinten Moralpredigten – den *Politiker guten Willens* (und d. h. jeden Menschen, der sich *mitverantwortlich* weiß) völlig im Stich. Statt dessen predigt er, wie so viele, »gegen die Vergötzung von Vernunft und Wissenschaft« (a. a. O., S. 47) – wohlgemerkt: ohne dabei das Problem einer Differenzierung und Vermittlung zwischen *wissenschaftlicher, technischer, strategischer* und *ethischer* Rationalität überhaupt zu stellen. Diese Zuflucht beim *Irrationalismus* aber ist wahrscheinlich auch in verantwortungsethischer Hinsicht die gefährlichste Kurzschlußreaktion auf die Krise der Gegenwart.

weit befolgen, als dadurch die Befolgung des *Imperativs der Bewahrungs- und Schutznorm* nicht beeinträchtigt wird. Diese, zumindest paradoxieträchtige Situation konstituiert für ihn das *Anwendungsproblem der ethischen Grundnorm.* Und dieses Anwendungsproblem – und nicht die *Letztbegründung der idealen Grundnorm* der Ethik – scheint mir die eigentliche Schwierigkeit einer politischen *Verantwortungsethik* auszumachen. Ich habe mir angewöhnt, hier von *Teil B der Ethik* zu sprechen. Mit ihm haben wir es im Falle unseres Themas – Konfliktlösung im Atomzeitalter – zu tun.
Hier könnte man freilich folgendes einwenden: Wenn sich bei der Anwendung der idealen Grundnorm der Ethik auf die Realität das Problem einer zweiten, die Verbindlichkeit der Grundnorm einschränkenden Norm ergibt, dann liegt in der Herleitung der idealen Grundnorm überhaupt noch nicht die vollständige Begründung einer Verantwortungsethik. Diese liegt eher in dem dialektischen Verhältnis des ersten und des zweiten Schrittes. Dies scheint mir ganz richtig zu sein. Die Begründung der *Verantwortungsethik* – im Unterschied zur Begründung der bloßen *Gesinnungsethik* – ergibt sich m. E. aus dem folgenden – gewissermaßen dialektischen – Umstand:
Schon als Denkende – d. h. als Argumentierende – müssen wir jederzeit zweierlei zugleich voraussetzen: die Anerkennung der Verfahrensnorm einer idealen Kommunikationsgemeinschaft *und* die Anerkennung der Zugehörigkeit zur realen – geschichtlich gewordenen – Kommunikationsgemeinschaft. (Genauer besagt dies letztere: die Anerkennung der Zugehörigkeit zu einem politischen Selbstbehauptungssystem, das man allenfalls gegen ein anderes austauschen, nicht aber als Lebensbasis überhaupt entbehren kann.) Aus diesem dialektischen Miteinander zweier Voraussetzungen, von denen der *Idealismus* immer nur die eine, der *Realismus* bzw. *Materialismus* immer nur die andere berücksichtigt –, aus diesem Miteinander der letzten Voraussetzungen ergibt sich die angedeutete Spannung einander wechselseitig einschränkender Normen, auf die der verantwortliche Politiker immer schon verpflichtet ist.
Aus der dialektischen Spannung zwischen der idealen Grundnorm und der politischen Realität ergibt sich aber m. E. sogleich auch noch eine *dritte Norm;* und diese dritte Norm scheint mir

den Unterschied zwischen einer politischen *Verantwortungsethik* und bloßer *Realpolitik* im Sinne der *Verabschiedung der Moral zugunsten des rein strategischen Denkens* auszumachen: Indem der verantwortliche Politiker der Norm, die ihm anvertraute Realität zu bewahren und zu schützen, verpflichtet ist, ist er keineswegs von der Verpflichtung auf die ideale Grundnorm der Konfliktlösung durch argumentative Konsensbildung entbunden; vielmehr ergibt sich aus der Spannung zwischen den *beiden* zu befolgenden Normen die – *strategisch* anwendbare – *dritte Norm,* nach Möglichkeit mitzuwirken an einer – langfristigen – *Veränderung der Verhältnisse:* einer Veränderung mit dem Ziel, die Spannung zwischen der idealen Norm der Konfliktlösung und der politischen Realität zu verringern und so den idealen Bedingungen konsensualer Konfliktlösung näherzukommen.

Strategisch anwendbar ist diese dritte Norm ebenso wie die zweite, die Bewahrungs- und Schutznorm, aber sie schließt zugleich eine Vermittlung mit der nichtstrategischen Grundnorm der rein argumentativen Konsensbildung ein. Denn sie soll ja vom verantwortlichen Politiker insoweit, und nur insoweit, befolgt werden, als eine rein konsensuale Konfliktlösung noch nicht möglich ist. Für diesen Fall nämlich – und, streng genommen, nur für ihn – benötigt er in der Innenpolitik, und weit mehr noch in der Außenpolitik, eine moralisch normierte Langzeitstrategie, die ihm *zweckrationales* Handeln mit Bezug auf andere Menschen erlaubt, mit denen eine rein *konsensuale* »Handlungskoordination« (noch) nicht möglich ist. (An dieser Stelle wird deutlich, daß die hier in Aussicht genommene *Verantwortungsethik* sich einerseits von Kants *Gesinnungs*-Ethik, andererseits aber auch von Max Webers Konzeption einer *politischen Verantwortungsethik* – und von Werner Beckers Theorie der »Gegnerschaftsstabilisierung« – unterscheidet. Diese Unterscheidung wird ermöglicht durch die Reflexion auf die drei moralisch relevanten Implikationen der Idee des Argumentierens: 1. der kontrafaktischen Antizipation einer idealen Kommunikationsgemeinschaft; 2. der faktischen Voraussetzung der realen Kommunikationsverhältnisse und 3. der praktisch aufgegebenen Notwendigkeit, die Differenz zwischen 1. und 2. progressiv zu überwinden.)

Nach diesen – immer noch sehr philosophisch-esoterischen – Vorüberlegungen scheint es mir möglich zu sein, den konkreten Problemen der Konfliktregelung im Atomzeitalter – also z. B. den Problemen der Friedenssicherung im Ost-West-Konflikt – etwas näherzukommen.

IV. Die normativ-regulative Funktion der Verantwortungsethik bei der Konfliktregelung im Atomzeitalter

Zunächst einmal sind wir jetzt in der Lage, die *normative Regulationsfunktion* einer politischen *Verantwortungs-Ethik* in bezug auf die Konfliktlösungsprobleme genauer zu bestimmen – z. B. in Abhebung von einer *»Realpolitik«*, welche sich nur auf *technische* und *strategische Rationalität* stützen und die Moral dabei als schlechthin irrationale (bestenfalls religiös-weltanschauliche) Privatsache ausschalten möchte.
Eine harmlose, ja sogar begrenzt nützliche Spielart solcher moralfreien *Polit-Technik* stellt z. B. die eingangs von mir skizzierte Konzeption einer *Stabilisierung des Gegnerschaftsverhältnisses* zwischen den Weltmächten durch Aufrechterhaltung des strategischen Gleichgewichts dar. Begrenzt nützlich kann diese Konzeption aus folgendem Grunde sein: Sie kann dazu dienen, solche Rüstungs- oder auch Nachrüstungsbestrebungen beider Seiten kritisch zu analysieren, die möglicherweise zur *Destabilisierung* des Gleichgewichtsverhältnisses im Sinne der Ermöglichung eines offenen Feindschaftsverhältnisses führen können – also etwa: Einführung von atomaren Erstschlagwaffen, die einen begrenzten Krieg risikolos machen. Wenn aber die Konzeption der Stabilisierung des Gegnerschaftsverhältnisses in diesem Sinn zur kritischen Situationsanalyse verwendet wird, dann wird sie bereits nicht mehr *moralfrei*, sondern im Dienste einer *Friedens-Verantwortungsethik* verwendet.
Das wird sofort deutlich, wenn wir nun eine weniger harmlose Spielart der moralfreien *Polit-Technik* ins Auge fassen: die Verabsolutierung der *strategischen* Rationalität in dem Sinn, daß man nur mehr bestebt ist, sogenannte *zusätzliche Optionen* für die Durchsetzung der eigenen Machtinteressen zu gewinnen: Optionen, die eine sogenannte »strategische Handlungsfrei-

heit« – z. B. zur Führung begrenzter Kriege unabhängig vom strategischen Gleichgewichtssystem – möglich machen. Es versteht sich, daß solche Konzeptionen insbesondere von den Generalstäben ausgeheckt werden, die ja von Berufs wegen auf die *abstrakte Norm rein strategischer Vernunft* festglegt sind. Die Gefährlichkeit solcher an sich wertfreien Konzeptionen wird aber sofort sichtbar, wenn man erlebt, wie sie – auf der Ebene der Politik – mit *pseudo-ethischen* – nämlich manichäistisch-ideologischen – Vorstellungen eines notwendigen und möglichen Endkampfes zwischen dem Guten und dem Bösen verknüpft werden.

Warum aber sind eigentlich diese Vorstellungen vom möglichen siegreichen Endkampf, der alle weiteren Auseinandersetzungen erübrigt, *pseudo-ethisch?* Liegen sie nicht genau auf der Linie der zuvor von mir eingeführten moralisch-strategischen Norm einer Veränderung der Verhältnisse mit dem Ziel der Ermöglichung rein konsensualer Handlungskoordinationen? Oder, anders gefragt: Besteht nicht die einzige denkbare Alternative zu den manichäistischen Endkampf-Visionen in der zuerst genannten Spielart der moralfreien Polit-Technik: der illusionslosen Stabilisierung von bestehenden Gegnerschaftsverhältnissen?

Mit diesen Unterstellungen ist m. E. der delikate Punkt heutiger Diskussionen bezeichnet: der Punkt, an dem heute die berechtigte Angst vor dem idealistisch-moralisch motivierten Terror der Revolutionen und Konterrevolutionen den möglichen und notwendigen politisch-moralischen *Fortschritt* durch *Reform* der bestehenden Verhältnisse zu blockieren droht. Und mir scheint, daß damit auch – sogar – die notwendige Verhinderung eines sich automatisierenden Rückschritts – z. B. in Gestalt der Spirale des Wettrüstens – blockiert wird.

In einer abschließenden Argumentation möchte ich dies begründen. Ich möchte den beiden angedeuteten Unterstellungen – d. h. sowohl der Identifizierung der moralischen Fortschrittsstrategie mit dem Terror des ideologischen Manichäismus als auch der komplementären These von der Möglichkeit und Notwendigkeit moralfreier Gegnerschaftsstabilisierung – entgegentreten. Ich möchte versuchen, die Notwendigkeit eines *dritten Weges* jenseits von manichäistischem Moral-Terror und moralfreier Polit-Technik aufzuzeigen.

Beginnen wir mit der letzteren Konzeption: mit der These, es sei möglich und notwendig, das bestehende Gegnerschaftsverhältnis der Großmächte zu stabilisieren: dies stelle die einzig denkbare und hinreichende Alternative dar zum gefährlichen Utopismus der kontrafaktischen Antizipation eines Freundschaftsverhältnisses und zur ebenso gefährlichen Verteufelung des Gegners im Sinne der manichäistischen Endkampf-Vision. Ich habe im vorigen schon zugegeben, daß die Konzeption der Gegnerschaftsstabilisierung begrenzt nützlich sein kann: bei der kritischen Analyse von Destabilisierungstendenzen, und d.h. *im Rahmen einer politischen Verantwortungsethik*. Warum aber diese Einschränkung? Ist nicht jede Konzeption, die mehr will als Gegnerschaftsstabilisierung im Sinne des strategischen Gleichgewichts, schon von Übel und außerdem unnötig?

Mir scheint, der fundamentale Fehler, der dieser »illusionslos-nüchternen« Konzeption zugrunde liegt, ist der des *abstrakten Modell-Denkens*, genauer: der Trugschluß, solches Denken ließe sich unvermittelt auf die *Geschichte* anwenden. (Insofern entspricht das *strategisch-abstrakte* Konzept der *Gegnerschafts-Stabilisierung* dem *ethisch-abstrakten* Konzept der *Gesinnungsethik*: nämlich der strategisch *unvermittelten Anwendung der idealen Grundnorm der gewaltfreien Konsensbildung auf die Politik.*) Denn was bedeutet Gegnerschaftsstabilisierung durch strategisches Gleichgewicht im geschichtlichen Kontext? Es kann zweierlei bedeuten:

1. Aufrechterhaltung des strategischen Gleichgewichts durch ständiges Drehen an der Rüstungsspirale (»Nachrüstung«, Produktion von »Overkill« usw.). Das wäre die Aufrüstungsvariante der Gegnerschaftsstabilisierung.
2. Kontrollierte Abrüstung unter Aufrechterhaltung eines hinreichenden Abschreckungspotentials, um den Krieg nicht risikolos werden zu lassen. Das wäre die Abrüstungsvariante der Gegnerschaftsstabilisierung.

Der Unterschied zwischen der ersten und der zweiten Möglichkeit ergibt sich nun offenbar nicht aus dem abstrakten Modell der moralfreien Polit-Technik, sondern aus einer verantwortungsethischen Bewertung der jeweiligen Konsequenzen im Kontext der möglichen geschichtlichen Entwicklung – und zwar nicht nur der militärischen Entwicklung, sondern des möglichen bzw. wahrscheinlichen Ineinandergreifens von militärischen, ökonomischen, wissenschaftlich-technischen und auch kulturellen Entwicklungstendenzen im Gesamtkontext der menschlichen Geschichte. Aus dieser Gesamtperspektive aber ergibt sich ein gewaltiger Unterschied zwischen der ersten und der zweiten Entwicklungsmöglichkeit:

Auf der Linie der ersteren hat sich, aufs Ganze gesehen, das strategische Gleichgewichtssystem der Großmächte seit dem Zweiten Weltkrieg entwickelt. Nun mag es sehr wohl sein, daß sogar diese *Aufrüstungs*-Variante der Stabilisierung des Gleichgewichts *bis heute* eine kriegsverhindernde Wirkung gehabt hat – zumindest im Sinne der Verhinderung eines atomaren Krieges zwischen den Weltmächten und ihren Verbündeten. Daraus folgt aber keineswegs, daß dies in Zukunft so bleiben muß. Vielmehr gibt es viele Gründe für die Befürchtung, daß die Automatisierung des Wettrüstens im Gesamtzusammenhang ihrer Folgen und Nebenfolgen zu einem *qualitativen Umschlag* in dem Sinne führt, daß die Entwicklung außer Kontrolle gerät.

Am nächsten liegt diese Befürchtung in bezug auf das Zusammenspiel von *Strategie* und *technologischer Entwicklung:* Nicht nur in dem Sinne kann hier die Entwicklung außer Kontrolle geraten, daß es zur unbeabsichtigten *Auslösung* der Overkill-Kapazität kommt, sondern auch in dem Sinne, daß der technische Fortschritt jederzeit *neue strategische Optionen* eröffnen kann, die das strategische Gleichgewicht in unvorhersehbarer Weise destabilisieren: z. B. in der Weise, daß nicht mehr das Risiko eines Angriffskrieges erhöht wird, sondern möglicherweise das Risiko dessen, der nicht den Erstschlag führt; oder in der Weise, daß ein begrenzter Erstschlag – z. B. ein solcher der Sowjetunion auf Westeuropa – sogar als strategisch vorteilhaft erscheinen kann.

Darüber hinaus müßte aber eine automatisierte Fortsetzung des Wettrüstens im Zusammenhang der möglichen Gesamtentwicklung der menschlichen Zivilisation auch unabhängig von der jederzeit möglichen Destabilisierung des strategischen Gleichgewichts der Weltmächte höchst schädliche Folgen haben: so würde sie z. B. eine mögliche Liberalisierung im Bereich des Ostblocks verhindern, desgleichen eine effektive Entwicklungspolitik und damit die Beseitigung des sozialen Nord-Süd-

Gefälles; und schließlich wohl auch diejenige Umstellung des Industrialisierungsprozesses, die zur Rettung der menschlichen Ökosphäre nötig ist.
Aus alledem ergibt sich, daß eine *politische Verantwortungsethik* allen Grund hat, die bislang angedeutete *erste* Entwicklungsmöglichkeit der Gegnerschaftsstabilisierung im Kontext der Geschichte negativ zu bewerten und ihr entgegenzuwirken. Brauchbar ist von ihrem Standpunkt aus das *technisch-strategische Stabilisierungskonzept* nur im Sinne der *zweiten,* von uns angedeuteten Entwicklungsmöglichkeit. Das besagt aber: es geht ihr nicht primär um technisch-strategische Stabilisierung im Sinne des abstrakten Modells, sondern um Beförderung einer positiven Gesamtentwicklung des Verhältnisses zwischen den Staaten (wie der innerstaatlichen Verhältnisse) unter Aufrechterhaltung des strategischen Gleichgewichts der Weltmächte, das für die Abschreckung eines potentiellen Angreifers erforderlich ist. Genau darin liegt die *verantwortungsethische Vermittlung* zwischen dem Imperativ der idealen Grundnorm der Ethik der Konsensbildung und dem Imperativ einer strategischen Rationalität, die im Dienste der ethischen Bewahrungs- und Schutznorm steht.
Das besagt nun aber, daß die Norm dieser Vermittlung selber – die Norm einer moralischen Strategie der langfristigen Veränderung der politischen Verhältnisse – von jeder *utopischen* Strategie der moralischen Weltverbesserung in kriteriologisch signifikanter Weise unterschieden ist:
In bezug auf die pseudo-moralische, manichäistische Strategie des siegreichen Endkampfes ist es klar, daß ihr sowohl rein *ethische* als auch *strategische* Kriterien im Sinne der Gleichgewichtsstabilisierung entgegenstehen: Wie sollte wohl der ethisch gebotene Zielzustand der Konfliktlösung und darüber hinaus der Handlungskoordinierung überhaupt durch argumentative Konsensbildung auf dem Wege eines Endsiegs der einen Weltmacht über die andere erreicht werden?
In bezug auf die andere utopische Strategie: kontrafaktische Antizipation einer idealen Kommunikationsgemeinschaft nicht nur im argumentativen Diskurs, sondern auch in der politischen Praxis, – in bezug auf diese Strategie, die zuweilen von einer pazifistischen Gesinnungsethik empfohlen wird, ist es klar, daß

ihr die *strategischen* Kriterien der von uns ausgezeichneten moralischen Strategie entgegenstehen:

Der Sprung über die Realität hinweg in den Idealzustand ist dem Politiker nicht erlaubt, wohl aber die Bemühung um die langfristige Veränderung der Verhältnisse unter der »regulativen Idee« (Kant) der Approximation des Idealzustandes. Diese Bemühung ist ihm sogar als moralische Pflicht auferlegt: z. B. auf der Ebene der Konfliktlösung die Bemühung um kontrollierte Abrüstung, oder vielleicht besser – im Sinne des nächsten Zugs –: um kontrollierte Umrüstung auf Systeme der Angriffsverhinderung. Auch in diesem Zusammenhang ist zweifellos das *Mißtrauen eine Pflicht im Sinne der Bewahrungs- und Schutznorm einer politischen Verantwortungsethik.* Aber eben deshalb – d. h. weil man die Befolgung dieser Pflicht auch dem Gegner zubilligen muß –, eben deshalb besteht die *übergreifende Pflicht der moralischen Langzeitstrategie* darin, unablässig um »vertrauensbildende Maßnahmen« beider Seiten bemüht zu sein.

Würde der Mensch *nur* der *strategischen* Rationalität folgen, dann wären schon die einfachsten *Konventionen* eines *gegenseitig erwartbaren Verhaltens* unmöglich – nicht zu reden von *Verträgen;* denn prinzipiell besteht immer ein *Hiatus der Zeit zwischen Versprechen und Ausführung* und insofern ein *Vertragserfüllungsrisiko.* Aber ohne Konventionen gegenseitig erwartbaren Verhaltens wäre nicht einmal das kommunikative Teilen sprachlicher Bedeutung möglich, und insofern auch kein gültiges Denken der einzelnen – nicht einmal gültiges strategisches Denken. Insofern können die Menschen niemals in einem Hobbes'schen Naturzustand des *bellum omnium contra omnes* gelebt haben. Eben deshalb können wir auch heute in einem Diskurs – sogar in einem strategischen Verhandlungs-Diskurs – immer schon voraussetzen, daß die kontrafaktisch antizipierte ideale Kommunikationsgemeinschaft in einem gewissen Ausmaße schon verwirklicht ist. (Vielleicht darf man Hegels Rede, daß das »Vernünftige wirklich« ist und »das Wirkliche vernünftig«, in diesem Sinne verstehen.)

An diese *verwirklichte Vernunft* kann und soll auch die strategisch vermittelte Vernunft der politischen Verantwortungsethik anknüpfen. So z. B. an die bereits institutionalisierten Formen der politischen und wirtschaftlichen Kooperation und die darin liegenden Chancen »vertrauensbildender Maßnahmen«. Sogar an die heutzutage von der Weltöffentlichkeit erzwungenen Prätentionen aller Großmächte, sie seien im Prinzip ständig zu rationalen Diskursen über die Interessen aller Politikbetroffenen bereit – sogar an diese *humanistischen Fiktionen* heutiger Politik kann und soll der verantwortliche Politiker, trotz aller strategischen Vorbehalte und trotz des Wissens um die strategischen Vorbehalte der anderen Seite, immer wieder positiv anknüpfen. (Manchmal liegt auch darin schon der moralische Entschluß zu einer *Gesinnungsumkehr* und einem *Neuanfang*. Insofern gibt es wohl eine notwendige Verbindung zwischen dem Standpunkt der Verantwortungsethik und dem Rigorismus der utopischen *Gesinnungsethik*. Auch die *Verantwortungsethik* bleibt nämlich an die im *Denken* notwendige kontrafaktische Antizipation des Ideals gebunden, an die für den Menschen konstitutive Utopie der Vernunft.[9])

Doch versuchen wir zum Schluß, unsere Antwort auf die Frage nach der möglichen normativ-regulativen Funktion einer Verantwortungsethik im Hinblick auf das Problem der Konfliktregelung im Atomzeitalter zusammenzufassen:

Wir sind in einer dialektischen Schrittfolge der Begründung zu einem »System« von drei Normen gelangt:

1. In transzendentalpragmatischer Reflexion auf die notwendigerweise anerkannten normativen Bedingungen der Argumentation – und insofern des Denkens überhaupt – haben wir als *Grundnorm der Ethik überhaupt* die Forderung der *Konfliktregelung durch rein diskursive Konsensbildung der Betroffenen* hergeleitet.
2. Durch Reflexion auf das Problem der *Anwendung* dieser idealen Grundnorm auf die politische Realität der konfligierenden Selbstbehauptungssysteme haben wir sodann die für den verantwortlichen Politiker verbindliche *Schutz-* bzw. *Bewahrungsnorm* in bezug auf das von ihm vertretene Selbstbehauptungssystem hergeleitet. Aus dieser zweiten Norm ergibt sich im Sinne einer *Verantwortungsethik* für den Politiker die Pflicht des *auch strategischen* Denkens und damit die

9 Vgl. K.-O. Apel, »Ist die Ethik der idealen Kommunikationsgemeinschaft eine Utopie?«, in: W. Voßkamp (Hrsg.), *Utopieforschung*, Bd. I, Stuttgart 1983, S. 325-355.

Unmöglichkeit des von der Gesinnungsethik geforderten utopischen Sprunges in den Neuanfang im Sinne der Grundnorm. Daraus folgt zur Zeit in rational kaum bestreitbarer Weise die Notwendigkeit einer Strategie der effektiven Vergeltungsandrohung zur Verminderung des Sicherheitsrisikos.

3. Entgegen der hier ansetzenden Tendenz, an die Stelle der politischen Verantwortungsethik eine moralfreie, rein strategisch orientierte Polit-Technik (z. B. der »Gegnerschaftsstabilisierung«) zu setzen, haben wir sodann in einem dritten Schritt auf die dialektische Spannung zwischen der ersten und der zweiten Norm reflektiert. Daraus ergibt sich als *dritte, übergreifende Norm einer politischen Verantwortungsethik die Verpflichtung zu einer langfristig angelegten Strategie der (Mitarbeit an der) Veränderung der realen Verhältnisse mit dem Ziel, den idealen Bedingungen diskursiv-konsensualer Konfliktlösung näherzukommen.*

Ich glaube nicht, daß man – auf der Ebene rationaler Letztbegründung einer politischen Verantwortungsethik – über die dritte Norm hinausgehen kann. Aber es lassen sich in formaler Anzeige einige normative Konsequenzen aus der dritten Norm herleiten, die auch noch situationsunabhängig gültig sein dürften:

So läßt sich z. B. folgern, daß eine Vermittlung strategischer und ethischer Rationalität im Sinne des bloßen »Krisenmanagements« nicht ausreicht, um der Verpflichtung zur (Mitarbeit an der) langfristigen Verbesserung der politischen Verhältnisse im Sinne der dritten Norm Genüge zu tun. Soll der Politiker – je nach Maßgabe der Situation, aber über das bloße Krisenmanagement hinausgehend – im Sinne der von der dritten Norm geforderten moralischen Strategie zwischen der idealen Grundnorm und dem strategischen Denken im Sinne der zweiten Norm vermitteln, so kommt es offenbar darauf an, soviel *diskursive Konsensbildung* (im Sinne der ersten Norm) wie *möglich* und soviel *Selbstbehauptungsstrategie* (im Sinne der zweiten Norm) wie *nötig* zu realisieren. Denn es würde gegen die langfristig anzulegende Strategie im Sinne der dritten Norm verstoßen, wenn der Politiker durch Entscheidungen im Sinne der zweiten Norm zusätzliche Hindernisse für die Realisierung der ersten Norm schaffen würde.

Dies würde z. B. dann geschehen, wenn er in der Innenpolitik zugunsten kurzfristiger Erfolge seiner Partei (oder gar seiner Person) bereits funktionierende Mechanismen oder gar Institutionen approximativ diskursiver Konsensbildung (z. B. die parlamentarischen Spielregeln oder die Kommunikationsfreiheit der »räsonierenden Öffentlichkeit«) gefährden würde. Hier wird man freilich die Einsicht Kants berücksichtigen müssen, daß die Realisierung der republikanischen Freiheit innerhalb der einzelnen Staaten nicht unabhängig von der Realisierung einer weltbürgerlichen Rechtsgesellschaft auf internationaler Ebene gedacht werden kann.[10] Daraus ergibt sich auch heute noch immer die prinzipielle Möglichkeit, Einschränkungen der demokratischen Freiheit und Grundrechte durch außenpolitisch bedingte Notwendigkeiten der Staatsräson zu rechtfertigen. Um so wichtiger ist es, das angedeutete Prinzip der Verhältnismäßigkeit bei der Vermittlung der ethischen mit der strategischen Rationalität auf dem Gebiet der Außenpolitik zur Geltung zu bringen: Hier sollte z. B. die Befolgung der zweiten Norm im Sinne einer Erweiterung der »strategischen Handlungsfreiheit« des eigenen Selbstbehauptungssystems (durch Schaffung »zusätzlicher strategischer Optionen«) nicht zum Selbstzweck werden; sie sollte vielmehr jeweils da ihre Grenze finden, wo die bereits bestehenden Möglichkeiten konsensual-kommunikativer Konfliktregelung durch reine Machtpolitik beeinträchtigt werden.

Mir scheint, daß diese formal-abstrakte Maxime bereits hinreicht, um in der gegenwärtigen Situation – und hier setze ich freilich die Richtigkeit einer bestimmten Einschätzung der Fakten voraus – eine verantwortungsethische Stellungnahme zu ermöglichen: eine kritische Stellungnahme zur derzeitigen Strategie der »Nachrüstungspolitik«.[11]

10 Vgl. »Idee zu einer allgemeinen Geschichte in weltbürgerlicher Absicht« (1784), 7. Satz, in: I. Kant, *Werke*, Akademie-Textausgabe, Bd. VIII, Berlin 1968, S. 24 f.

11 Postscriptum: Diese *Einschätzung der Situation aus dem Jahr 1984* könnte natürlich, unbeschadet der Richtigkeit der vorgetragenen Ethikkonzeption, falsch gewesen sein. Diese Problematik – die Abhängigkeit der rechten *Anwendung* einer Verantwortungsethik von der angemessenen *Situationseinschätzung* – läßt sich inzwischen durch die Schwierig-

Diskursethik als Verantwortungsethik und das Problem der ökonomischen Rationalität

I. Exposition: Die Zwei-Stufen-Konzeption der Diskursethik und das Problem der Zusammenarbeit zwischen philosophischer Ethik und Wirtschaftswissenschaft

Als ich die Einladung zu meinem heutigen Vortrag annahm, hatte ich die Absicht, aus der Perspektive einer *transzendentalpragmatisch begründeten Diskursethik* vor allem die Schwierigkeiten zu behandeln, die sich bei der Anwendung dieses Konzepts der praktischen Vernunft auf den Bereich der Wirtschaft ergeben. Dabei dachte ich an Schwierigkeiten, die sich aus der Konfrontation – und der Notwendigkeit der selbst noch vernünftigen Vermittlung – zwischen verschiedenen *Rationalitätstypen* ergeben: genauer gesagt: zwischen verschiedenen Typen der *Handlungsrationalität* und auch zwischen allen Typen der Handlungsrationalität einerseits und der nicht auf Handlungsrationalität reduzierbaren *Systemrationalität* der Wirtschaft als eines komplexen Subsystems der Gesellschaft andererseits. Ich muß von vornherein gestehen, daß ich mit der Anwendung dieser Fragestellung auf den Bereich der Wirtschaft – von mir aus gesehen – Neuland betrete, in dem mir die Orientierung in dem Maße schwerer fällt, in dem die Probleme konkreter werden. So konnte ich nur hoffen, daß mir die Fachkollegen der Wirtschaftswissenschaft, die an der Veranstaltung dieser Ringvorlesung wesentlich beteiligt sind, auf halbem Wege entgegenkommen würden. Dies geschah nun tatsächlich. Gerade noch rechtzeitig wurde mir der von Bernd Biervert und Martin Held herausgegebene Band *Ökonomische Theorie und Ethik*[1] über-

keit der Beurteilung von SDI illustrieren: Handelt es sich hier um ein gefährliches Programm im Sinne der *Destabilisierung* des bestehenden Gleichgewichts oder handelt es sich – wie der US-Staatssekretär Iklé nahelegt – um die tendenzielle Ersetzung der kaum noch glaubwürdigen atomaren Abschreckungsstrategie durch die Ermöglichung einer *Umrüstung* auf bloße Verteidigungsfähigkeit?

1 Bernd Biervert/Martin Held (Hrsg.): *Ökonomische Theorie und Ethik*, Frankfurt a. M./New York: Campus, 1987.

sandt, in dem sich – zu meiner Überraschung – die Vertreter der Wirtschaftswissenschaft als auf dem Wege zur Ethik – ja zum Teil sogar auf dem Wege zur *Diskursethik* – darstellen.

Ich benutze natürlich gerne die Gelegenheit, in einen schon begonnenen Diskurs einzutreten, zumal dies geradezu einem grundlegenden methodischen Postulat der Diskursethik entspricht, das ich bei dieser Gelegenheit kurz darstellen möchte. Die Diskursethik versteht sich als *Zwei-Stufen-Ethik*[2]: Nur das formal-prozedurale Prinzip der argumentativen Konsensbildung in (theoretischen und praktischen Diskursen) kann m. E. philosophisch (letzt-)begründet werden. Alles weitere – und d. h. alle inhaltlich bezogenen Thesen zur Normenbegründung bzw. Normenlegitimation ebenso wie alle theoretischen Annahmen, die dabei vorausgesetzt werden – all dies sollte im Prinzip an eine zweite Diskursstufe delegiert werden: Im Falle der Ethik an eine Stufe praktischer Diskurse, auf der in situationsbezogener Diskussion zumindest advokatorisch die Interessen aller Betroffenen und das Wissen aller Experten – darunter natürlich auch das der Philosophen – in den Diskurs eingebracht werden können.

Für diese Grundforderung der Diskursethik gibt es m. E. zwei Hauptmotive: Das erste Motiv liegt in der transzendental-reflexiven Vergewisserung des formalen Grundprinzips der Ethik, des von Kant so genannten »Faktums der Vernunft«: Die Gleichberechtigung und die solidarische Mitverantwortung aller Vernunftwesen – konkreter: aller potentiellen Diskurspartner – für alle Problemlösungen – ist von uns in jedem ernsthaften Argument immer schon anerkannt: Sie kann ohne performativen Selbstwiderspruch nicht bestritten, ja nicht einmal in Frage gestellt werden.[3] Dieses transzendetalpragmatisch de-

2 Vgl. K.-O. Apel: »Ist die philosophische Letztbegründung moralischer Normen auf die reale Praxis anwendbar?, in K.-O. Apel/D. Böhler/G. Kadelbach (Hrsg.): *Funkkolleg Praktische Philosophie/Ethik: Dialoge*, Frankfurt a. M.: Fischer, 1984, Bd. II, 123-146; sowie in K.-O. Apel/D. Böhler/K. Rebel (Hrsg.): *Funkkolleg Praktische Philosophie/Ethik: Studientexte*, Weinheim/Basel: Beltz, 1984, Bd. II, 606-34.

3 Vgl. H. Albert/K.-O. Apel: »Ist eine philosophische Letztbegründung moralischer Normen möglich?«, in: a. a. O. *Dialoge*, 82-122. Dazu W. Kuhlmann: »Ist eine philosophische Letztbegründung moralischer

chifffrierte »Faktum der Vernunft« sollte aber nicht nur – wie bei Kant – als Universalisierungsprinzip der Maximenwahl für den einzelnen maßgebend sein – schon gar nicht für den einzelnen als Quasi-Vormund aller anderen; vielmehr sollte die Universalisierung der Gegenseitigkeit tunlichst im Wege der diskursiven Konsensbildung *kommunikativ realisiert* werden[4] – wobei freilich der Konsens der am Diskurs *Beteiligten* niemals mit dem Konsens aller *Betroffenen* gleichgesetzt werden kann bzw. darf; denn zumindest die Interessen der Kinder und der nächsten Generationen werden ja stets advokatorisch vertreten werden müssen. Faßt man das soeben angedeutete Konsensbildungspostulat als regulative Idee für die politische Institutionalisierung praktischer Diskurse auf, dann kann man es m. E. auch als formales Grundprinzip einer Ethik der Demokratie ansehen.[5]

Das zweite Motiv für die *Zwei-Stufen-Konzeption* der Diskursethik liegt darin, daß eine Diskursethik als Verantwortungs-

Normen möglich?«, a. a. O. *Studientexte*, 572-605. Ferner W. Kuhlmann: *Reflexive Letztbegründung. Untersuchungen zur Transzendentalpragmatik.* Freiburg/München, 1985, sowie K.-O. Apel: »Das Problem der Begründung einer Verantwortungsethik im Zeitalter der Wissenschaft«, in: E. Braun (Hrsg.): *Wissenschaft und Ethik*, Frankfurt a. M.: Lang, 1986, 11-52.

4 Vgl. vor allem J. Habermas: *Moralbewußtsein und kommunikatives Handeln*, Frankfurt a. M.: Suhrkamp, 1983.

5 Die »liberal-konservativen« Kritiker dieser These übersehen gewöhnlich, daß man die zahlreichen pragmatischen Einschränkungen des idealen Konsensbildungsprinzips – von denen man die parteienvermittelte *Repräsentation* der Betroffenen und die Beendigung der parlamentarischen Diskurse durch *Abstimmung* wohl als die wichtigsten ansehen kann – in einer »freiheitlichen Demokratie« als heute *konsensfähig* ansehen kann und muß. Dies aber macht den »Grundkonsens« aus, durch den sich eine Demokratie heute von totalitären oder theokratischen Regimes unterscheidet. Im übrigen scheinen mir die meisten Kritiker die Pointe des Zwei-Stufen-Prinzips zu verfehlen, wenn sie voller Ungeduld von der philosophischen Diskursethik die Begründung konkreter, substantieller Normen erwarten.

Zur Diskussion der politischen Dimension der Diskursethik vgl. jetzt H. Scheit: *Wahrheit, Diskurs, Demokratie*, Freiburg/München: Alber, 1987.

ethik (im Zeitalter der Wissenschaft)[6] die deontische *Sollensgewißheit*, die mit moralischen Normen verknüpft ist, nicht mehr in derselben Weise wie noch Kant von dem *theoretischen Wissen* der Menschen abkoppeln kann – insbesondere nicht von dem Wissen um Folgen und Nebenfolgen der Handlungen und der regelmäßigen Befolgung von Handlungsnormen. Die Diskursethik steht hier vor der Aufgabe, zumindest die Motive des klassischen Utilitarismus und des Regelutilitarismus zu berücksichtigen; dies jedoch ohne den Primat des deontischen Prinzips der Gerechtigkeit und Solidarität preiszugeben, d. h. ohne dem Prinzip der Nutzenmaximierung, und sei es der Maximierung des Gesamtnutzens, Priorität gegenüber der Gleichberechtigung aller Mitglieder der unbegrenzten Kommunikationsgemeinschaft einräumen zu dürfen.

Um diesem Motiv zu genügen, muß der Diskursethik daran gelegen sein, daß auf der Ebene der praktischen Diskurse nicht nur die *Interessen aller Betroffenen ermittelt* werden, sondern von diesen oder ihren Vertretern auch tunlichst *auf ein ständig zu verbesserndes Wissen um die erwartbaren Folgen und Nebenfolgen der zu begründenden Normen bezogen* werden können. Daraus folgt aber, daß das philosophisch durchaus *a priori* begründbare formale Prinzip der Diskursethik von sich aus fordern muß, daß die inhaltliche und situationsbezogene Normenbegründung, die ohnehin an vorgegebene Ethosformen und Institutionen anknüpfen muß, möglichst weitgehend als *fallibel* und *revidierbar* betrachtet wird. Denn nur so kann gewährleistet werden, daß der mögliche Wissensfortschritt der wissenschaftlichen Experten bei der Situationseinschätzung berücksichtigt wird und die Interessen aller Betroffenen nach Maßgabe der Situationseinschätzung – z. B. der Einschätzung der verfüg-

6 Vgl. K.-O. Apel: »Das Problem der Begründung einer Verantwortungsethik...«, a. a. O. (s. Anm. 3) sowie ders.: »Verantwortung heute – nur noch Prinzip der Bewahrung und Selbstbeschränkung oder immer noch der Befreiung und Verwirklichung von Humanität«, in: T. Meyer/S. Miller (Hrsg.): *Zukunftsethik und Industriegesellschaft*, München 1986, 15-40 (in diesem Bd. S. 179-216). Engl.: »The Problem of a Macroethic of Responsibility to the Future in the Crisis of Technological Civilisation: An Attempt to come to terms with Hans Jonas' ›Principle of Responsibility‹«, in: *Man and World* 20 (1987), 3-40.

baren Ressourcen – als berechtigte oder nicht berechtigte *Ansprüche* geltend gemacht werden können.
(Es zeigt sich hier – nebenbei gesagt –, daß das transzendentalpragmatisch begründete Diskursprinzip in der Ethik wie auch in der Wissenschaftstheorie geeignet ist, den m. E. irreführenden, weil a priori falsch angesetzten Streit zwischen Transzendentalphilosophie und kritischem Rationalismus um das »Fallibilismus«-Prinzip aufzulösen[7]: Das Fallibilismus-Prinzip setzt ja, um als solches verständlich zu sein, schon ein Diskursprinzip voraus: d. h. es setzt voraus, daß eine – im Prinzip unbegrenzte – Argumentationsgemeinschaft unter idealen Diskursbedingungen zur progressiven, aber niemals definitiv abschließbaren Konsensbildung über Geltungsansprüche befähigt ist. Insofern setzt das Fallibilismus-Prinzip – zusammen mit dem Diskursprinzip – auch ein ethisches Prinzip voraus, das durch keine denkbare Hypothesenfalsifikation widerlegt werden kann, weil es im Begriff der Widerlegung von Hypothesen durch Argumente mitvorausgesetzt ist. Vorausgesetzt ist m. E. nämlich im Diskursprinzip u. a. genau dies: daß eine maximale Berücksichtigung der Fallibilität der menschlichen Vernunft durch Einrichtung und Durchführung theoretischer und praktischer Problemlösungsdiskurse eine ethische Pflicht darstellt.)
Mit der soeben skizzierten Explikation der Zwei-Stufen-Konzeption der Diskursethik habe ich, wie ich hoffe, die Perspektive einigermaßen verdeutlicht, aus der heraus ich in den Diskurs mit den Wirtschaftswissenschaftlern über das Verhältnis von Ökonomie und Ethik eintreten möchte.
Ich darf an dieser Stelle wohl auch noch die folgende Bemerkung über das diskursbezogene Verhältnis der Philosophie und der Einzelwissenschaften vorausschicken: Es ist klar – als Implikation des Diskursprinzips –, daß die Vertreter der Einzelwissenschaften und die der Philosophie qua Diskurspartner völlig gleichberechtigt sind; d. h.: jeder ist berechtigt, alle ihm relevant erscheinenden Argumente zur Diskussion zu stellen, Fragen zu stellen, Kritik zu üben usw. Es gibt hier keine Bereichsabgrenzungen und Hierarchien in dem Sinn, daß ein Dis-

7 Vgl. K.-O. Apel: »Fallibilismus, Konsenstheorie der Wahrheit und Letztbegründung«, in: W. Kuhlmann (Hrsg.): *Philosophie und Begründung*, Frankfurt a. M.: Suhrkamp, 1987, 116-212.

kurspartner über das Spezialthema des anderen nichts sagen dürfte. Doch aus diesem Partnerschaftsverhältnis, das durch die Diskursregeln bedingt ist, folgt nicht – wie manchmal suggeriert wird –, daß es keine a priori bestimmbaren Voraussetzungsverhältnisse zwischen den möglichen, durch verschiedene Fragestellungen bedingten Erkenntnissen der verschiedenen Wissenschaften geben könnte. Es liegt vielmehr nahe, von wechselseitigen, aber verschiedenartigen Voraussetzungsverhältnissen auszugehen: So dürfte z. B. hinsichtlich der möglichen *Realisierung* moralischer Normen die philosophische Ethik die möglichen Erkenntnisse der empirischen Wissenschaften voraussetzen – so z. B. in den Fällen, wo die Beantwortung der Realisierbarkeitsfrage von Erwägungen über Kosten und Ressourcen abhängt, die der Wirtschaftswissenschaft. Daraus folgt aber nicht, daß die philosophische Ethik ihre Begründungsfunktion hinsichtlich des formalen Grundprinzips der Ethik – sozusagen des »moral point of view« – verlieren müßte. Es folgt nicht, daß es z. B. möglich sein müßte, dies Grundprinzip der Ethik auf die, von keinem *Universalisierungsprinzip* a priori eingeschränkten, Interessen der Individuen an Nutzenmaximierung und Kosten-Minimierung zurückzuführen und so schon die Begründung der philosophischen Ethik von den Erkenntnissen der Ökonomie abhängig zu machen. Dies kann m. E. schon deshalb kein mögliches Ergebnis des Diskurses zwischen Philosophie und Wirtschaftswissenschaft sein, weil es gegen die ethischen Bedingungen des Diskurses selbst verstoßen würde. Man sollte hier die unaufgebbare, sachbezogene Begründungsfunktion der philosophischen Ethik nicht mit hierarchischen Bevormundungsansprüchen verwechseln. Ich werde darauf noch zurückkommen.
Im folgenden möchte ich jedenfalls grundsätzlich von dem Versuch ausgehen, mein eigenes Vorverständnis der Probleme – selektiv und in heuristischer Absicht – mit demjenigen Vorverständnis zu konfrontieren, das ich dem Band *Ökonomische Theorie und Ethik* entnehmen kann. Dabei möchte ich im 1. Abschnitt meine eigene Position auf dem Wege einer kritischen Auseinandersetzung mit der tendenziell *utilitaristischen* und an der *strategischen Rationalität des Selbstinteresses* orientierten Konzeption der Wirtschaftsethik zu klären versuchen.

Im 2. Abschnitt möchte ich dann die Anwendungsproblematik meiner Position in bezug auf den Handlungsbereich der Wirtschaft komplementär zu denjenigen Entwürfen einer Wirtschaftsethik entfalten, die – von der Ökonomie ausgehend – bereits auf dem Wege zu einer Diskursethik sind. In beiden Durchgängen geht es mir vor allem um die Herausarbeitung von Schwierigkeiten bei der Konfrontation von philosophisch begründeter und ökonomisch orientierter Wirtschaftsethik.

II. Die Schwierigkeiten bei der Konfrontation zwischen philosophisch begründeter Diskursethik und ökonomisch orientierter Wirtschaftsethik

Das erste und Bemerkenswerteste, das der philosophische Leser dem Sammelband *Ökonomische Theorie und Ethik* entnehmen kann, ist m. E. die Konvergenz aller Beiträge hinsichtlich der aktuellen Tatsache einer Tendenzwende in der Geschichte der Ökonomie. Obwohl die einzelnen Beiträge verschiedene Positionen – und interessanterweise auch verschiedene Generationsperspektiven – repräsentieren, kommen sie doch darin überein, daß eine reine, d. h. szientistisch wertfreie Ökonomie, die von ethischen Normierungsgesichtspunkten völlig absieht, dem wissenschaftlichen Verständnis des ökonomischen Handelns nicht Genüge tun kann. Auch hinsichtlich der Rekonstruktion der Geschichte der Ökonomie scheint ein weitgehender Konsens zu bestehen: sc. ein Konsens im Sinne der Vorstellung einer abstraktiven Ausdifferenzierung wissenschaftlicher Paradigmata bzw. Kategorien, die gewissermaßen als Antwort des menschlichen Geistes auf die reale Herausdifferenzierung des *Subsystems der Wirtschaft* aus dem Gesamtbereich des sozialen Handelns der Menschen zu verstehen ist – etwa im Sinne der folgenden Verlaufsskizze:
Von Aristoteles bis ins 18. Jahrhundert wurde die Ökonomie neben der Politik und der Ethik als Teil der *praktischen Philosophie* behandelt, und noch bei der Begründung der klassischen Ökonomie durch Adam Smith spielten ethische Voraussetzungen – zumindest im Sinne der auch von Kant geforderten *Vertragsfreiheit* der Tauschsubjekte – eine wesentliche Rolle. Eine

Wende zur vollständigen »Emanzipation« der Wirtschaftswissenschaft von der Ethik trat erst in der zweiten Hälfte des 19. Jahrhunderts ein – mit der Herausbildung der sogenannten *Neoklassik*. Ihre abstraktive Herauspräparierung des *homo oeconomicus* und seines Nutzenmaximierungskalküls kann gewissermaßen als Antwort auf den Expansions-Boom der kapitalistischen Weltwirtschaft und insofern als Entsprechung zur – scheinbar erfolgreichen – Herausdifferenzierung eines Subsystems der Gesellschaft verstanden werden. Doch selbst noch bei dieser abstraktiven Ausdifferenzierung des Kategoriensystems der reinen Wirtschaftswissenschaft, die sich selbst nach dem Vorbild der mathematischen Naturwissenschaft verstehen wollte,[8] spielte eine moralphilosophische Hintergrundtheorie eine wichtige Rolle: nämlich die ethische Verabsolutierung des mit dem Guten gleichgesetzten Nutzens und damit auch die Gleichsetzung der auf Nutzenmaximierung bezogenen Mittel-Zweck-Rationalität mit der Handlungsrationalität überhaupt im britischen *Utilitarismus*.[9]

Eine effektive Emanzipation von der Ethik wird hier m. E. erst erreicht, wenn man die ökonomische Rationalität schlechterdings auf die formal-egoistisch orientierte Kalkülrationalität im Sinne der strategischen Spieltheorie reduziert[10] und wenn man

8 So zeitbedingt plausibel dieses Selbstverständnis zumal wegen der progressiven Mathematisierung auch war, so beruht es doch im Prinzip auf einem Kategorienfehler. Denn die Herauspräparierung der *Rationalität* des *homo oeconomicus* setzt ja einen *normativ* begründbaren Unterschied des *richtigen und falschen Handelns* voraus – etwas, das in der Natur allenfalls im Sinne einer heuristischen »als ob«-Fiktion (so z. B. in der – von der Ökonomie inspirierten – »soziobiologischen« Theorie der »strategischen Gen-Proliferation«) unterstellt werden kann. Vgl. hierzu W. Wickler/U. Seibt: *Das Prinzip Eigennutz*, Hamburg: Hoffmann u. Campe, 1977.

9 Hierzu vgl. B. Biervert/J. Wieland: »Der ethische Gehalt ökonomischer Kategorien – Beispiel: der Nutzen«, in: Biervert/Held (Hrsg.): *Ökonomische Theorie und Ethik.* a. a. O. (s. Anm. 1), 23-50.

10 Vgl. z. B. R. D. Luce/H. Raiffa: *Games and Decisions: Introduction and Critical Survey*, New York 1957; G. Gäfgen: *Theorie der wirtschaftlichen Entscheidung*, Tübingen ²1968. Dazu O. Höffe: *Strategien der Humanität. Zur Ethik öffentlicher Entscheidungsprozesse*, Freiburg/München: Alber, 1975.

die ethisch relevanten Implikationen einer solchen Reduktion wirklich durchschaut und in Kauf nimmt, d. h. wenn man nicht – wie es im Utilitarismus und in der spieltheoretischen Wohlfahrtsökonomie immer wieder geschieht – Prämissen einer deontischen Fairneß-Ethik unreflektiert einschmuggelt und als selbstverständlich mitvoraussetzt. Bleibt man dagegen konsequent in der Abstraktion von ethischen Prämissen, dann ergeben sich Konsequenzen, die ein Handeln *nur* nach der Rationalität des *homo oeconomicus* als menschlich und gesellschaftlich untragbar erscheinen lassen.

Es ergibt sich z. B. die Konsequenz, daß dann *Kooperation* mit anderen nur nach Maßgabe der kontingenten, faktischen Übereinstimmung der Interessen rational begründet werden kann, und nicht etwa formal-deontisch als prinzipielle Verpflichtung aller. Die Verpflichtung zur Kooperation kann dann auch nicht etwa durch *Vereinbarungen* oder *Verträge* begründet werden. Denn die, traditionellerweise mit der *Vertragsfreiheit* verknüpfte, moralische Pflicht des *Einhaltens von Verträgen* (»pacta sunt servanda«) muß dann, wenn man in der Spieltheorie von Voraussetzungen einer deontischen Prinzipienethik wirklich konsequent abstrahiert, natürlich *auch* auf die kontingenten strategischen Interessen der Individuen, die den Vertrag abschließen, zurückgeführt werden. Das aber bedeutet, daß die Individuen, wenn sie *nur* der *strategischen Rationalität* folgen, den Vertrag auch mit *kriminellem Vorbehalt* abschließen können. Das heißt: Sie können durchaus das langfristige, strategische Interesse aller Gesellschaftsmitglieder an der *Kooperation* und insofern auch an der *Einhaltung der Verträge* teilen und dennoch die Absicht verfolgen, bei der erstbesten Gelegenheit, wenn keine Sanktionen zu befürchten sind, den Gesellschaftsvertrag – oder auch einen speziellen Tauschvertrag – zu brechen, um für sich den *parasitären Surplus-Vorteil* daraus zu ziehen, daß die anderen den Vertrag einhalten. (Das wäre der Fall des »Free riders« in der Terminologie der strategischen Spieltheorie.)

2.1 An dieser Stelle habe ich nun zum erstenmal Gelegenheit zu einer Konfrontation meines Vorverständnisses des Verhältnisses von Ethik und Ökonomie mit dem andersartigen Vorverständnis eines der Beiträge in *Ökonomie und Ethik*. Mir scheint, daß der Beitrag von Karl Homann und Andreas Suchanek[11] bei der Kritik der zuvor verständnisvoll rekonstruierten Position der deontischen Prinzipienethik von Kant, Habermas und Rawls der von mir angedeuteten Illusion der rein strategisch begründeten Kooperations- bzw. Vertragstheorie erliegt – einer Konfusion, die m. E. auch die gesamte *utilitaristische* Tradition beherrscht, vor allem aber die heute so einflußreiche Position der *Wohlfahrtsökonomie*, die glaubt, eine quasi-philosophische Begründung der *Sozialethik* im Sinne des rationalen Kalküls der strategischen Spieltheorie allein auf das *wohlverstandene Selbstinteresse der Individuen* – möglicherweise der Individuen als Gruppenmitglieder – *gründen* zu können.

Ehe ich hier in eine Auseinandersetzung eintrete, möchte ich allerdings an die *Zwei-Stufen-Konzeption* der von mir vertretenen Diskursethik erinnern. Ihr zufolge kann die von Homann und Suchanek empfohlene Partnerschaft der Philosophie und der Ökonomik bei der Begründung der konkreten, situationsbezogenen Normen durchaus akzeptiert werden, aber – allerdings – nur als Begründungskooperation auf der *2. Stufe der Diskursethik*: d. h. auf der Stufe der selbst schon durch das formalprozedurale Diskursprinzip ethisch begründeten Konsensbildung über inhaltliche, revidierbare Normen in situationsbezogenen praktischen Diskursen. Die Kooperation kann aber m. E. nicht von der Art sein, daß das ethische Diskursprinzip, das Kants Universalisierungsprinzip einschließt, selbst noch durch Rekurs auf kontingente individuelle Interessen – und seien es selbst die gemeinsamen Interessen einer Gruppe – begründet werden müßte oder dürfte. Vielmehr ist das in praktischen Diskursen zu realisierende deontische Universalisierungsprinzip – das Diskursprinzip also – selbst immer schon als *a priori konsensfähig* vorauszusetzen, wenn es darum geht, das Wissen der Experten – und in diesem Sinne auch das Wissen der Ökonomen über die Beziehung von Ressourcen, Kosten und individuellen Interessen – in den Konsensbildungsprozeß einzubringen.

Dieses Insistieren auf dem methodischen Primat der deontischen Prinzipienethik ist nun aber im Rahmen der Diskursethik durchaus mit der von Homann/Suchanek intendierten Kritik

11 Karl Homann/Andreas Suchanek: »Wirtschaftsethik – Angewandte Ethik oder Beitrag zur Grundlagendiskussion?«, in: *Ökonomische Theorie und Ethik*, a. a. O. (s. Anm. 1), 101-121.

am dualistischen und gesinnungsethischen Rigorismus Kants vereinbar. Es ist ja in der Tat vom verantwortungsethischen Standpunkt aus *a priori* unzulässig, bei der Begründung situationsbezogener Normen von den zu erwartenden *Folgen für die Betroffenen* zu abstrahieren – so, wie Kant dies an mehreren Stellen seiner Schriften mit geradezu schrecklicher Konsequenz fordert. (Ich denke vor allem an die Bejahung des Prinzips »Fiat justitia, pereat mundus« in der Schrift über den »ewigen Frieden«[12] und an die Kontroverse mit Benjamin Constant über das Recht bzw. sogar die Pflicht zur Notlüge.[13])

Worum es hier m. E. bei einer Transformation der Kantschen Ethik geht, ist aber nicht die Relativierung der unbedingten Gültigkeit des Universalisierungsprinzips auf individuelle oder Gruppeninteressen. Deutsche Philosophen sollten wohl besser als manche angelsächsische Vertreter einer *institutionalistischen* oder *community*-Ethik wissen, daß selbst oder gerade Gruppeninteressen, wie sie – im Sinne der Parole »Gemeinnutz geht vor Eigennutz« – der »Binnenmoral« von Stämmen und Nationen zugrundegelegt werden können, unter Umständen kriminellen Charakter annehmen können. Dies kann auf der Ebene der Ethik nur dadurch ausgeschlossen werden, daß die durchaus zu fordernde Berücksichtigung der Interessen der Individuen – und der Gruppen als institutionalisierter Interessengemeinschaften – *a priori* durch ein *deontisches Universalisierungsprinzip* eingeschränkt wird. Dieses Prinzip kann und sollte zwar selbst schon auf menschliche Interessen Bezug nehmen – und insofern auf zu fordernde Konsensbildung –, aber nicht auf individuelle oder Gruppeninteressen als kontingente Gültigkeitsmaßstäbe der Moral, sondern auf die Interessen aller Betroffenen, sofern sie im Diskurs einer idealen Kommunikationsgemeinschaft als gleichberechtigte Instanzen für die Akzeptierbarkeit von Normen zu berücksichtigen wären.

Worum es hier geht, ist also nicht eine *utilitaristische Begründung der Moral durch Rekurs auf das strategisch durchkalkulierbare Selbstinteresse der Individuen*, sondern *Begründung durch Rekurs auf ein formal-prozedurales Universalisierungs-*

12 Vgl. I. Kant: *Werke*, Akad. Textaus. Bd. VIII, Berlin: de Gruyter, 1968, 378 f.

13 Ebd. 423-430.

prinzip, das als Gerechtigkeits- und Verantwortungsprinzip von vornherein die Interessen aller Betroffenen berücksichtigt und uns – die Ko-Subjekte der Normenbegründung – deshalb – allerdings – dazu verpflichtet, uns ein möglichst genaues Bild der strategisch durchkalkulierten Interessen aller Betroffenen zu machen – und dies natürlich unter Mithilfe der Ökonomie. Mir scheint, daß diese letzte Formulierung auch den eigentlichen Sinn der von John Rawls intendierten Begründung der *Gerechtigkeitsprinzipien* durch den Urvertrag der Subjekte einer »rationalen Wahl« in der »original position« zum Ausdruck bringt. Denn der Sinn dieser Fiktion soll ja nicht – wie man bei der ersten Lektüre der *Theory of Justice* meinen könnte – darin liegen, die Gerechtigkeitsprinzipien umstandslos auf die strategische Rationalität der vom Selbstinteresse geleiteten Urwähler zurückzuführen. Liest man den Rawlsschen Text so, dann verlagert sich nur das eigentliche Begründungsproblem seiner Theorie: Man muß dann nach der Begründung des *Fairneß*-Prinzips fragen, demzufolge Rawls selber der Situation des Urvertrags solche Bedingungen – »constraints« im Sinne des »Schleiers der Unwissenheit« – auferlegt, daß sie von vornherein gezwungen sind, die Interessen aller Betroffenen – vor allem die der schwächsten Mitglieder der Gesellschaft – zu berücksichtigen.

Rawls beantwortet diese Frage bekanntlich durch Hinweis auf Intuitionen des *common sense* und durch das methodische Prinzip des »reflective equilibrium« – also des herzustellenden Gleichgewichts zwischen den *common-sense*-Intuitionen des Philosophen und denen aller übrigen Mitglieder der Gesellschaft.[14] Doch selbst, wenn man diese Ergänzung der Rawlsschen Begründungsargumentation berücksichtigt, ergibt sich sofort noch eine weitere Aporie, wenn man von der Voraussetzung ausgeht, daß die Subjekte des Urvertrags tatsächlich nur der Rationalität des strategisch durchkalkulierten Selbstinteresses unter den von Rawls arrangierten Situationsbedingungen folgen. In diesem Falle nämlich tritt sofort die alte Aporie des Hobbesschen Gesellschaftsvertrags wieder auf: Die Verpflich-

14 Vgl. J. Rawls: *Eine Theorie der Gerechtigkeit*, Frankfurt a. M.: Suhrkamp, 1979, 141 ff.

tung, den Vertrag prinzipiell einzuhalten und auf den parasitären Surplus-Vorteil der kriminellen Durchbrechung des Vertrages prinzipiell zu verzichten, kann aus der Voraussetzung des strategisch durchkalkulierten Selbstinteresses *allein* nicht hergeleitet werden.[15] Wie ich schon angedeutet habe, wird diese entscheidende Aporie von den letztlich von Hobbes ausgehenden Vertretern einer Gleichsetzung von *ethischer* und *strategischer Rationalität* – gewöhnlich verschleiert – etwa dadurch, daß die Verpflichtungs-Funktion des *pacta sunt servanda* als selbstverständlich unterstellt wird oder – wie bei den modernen Utilitaristen seit Sidgwick – dadurch, daß ein *deontisches Universalisierungsprinzip* im Sinne der *Gerechtigkeit* oder *Fairneß* schon immer als quasiselbstverständliche Prämisse in der Argumentation vorausgesetzt wird[16] – oder auch dadurch, daß mitten in der versuchten normativen Begründung der Ethik durch Rekurs auf das wohlverstandene Selbstinteresse empirische Voraussetzungen wie »moral sentiments«, Sympathie oder dergleichen als zusätzliche Prämissen eingeführt werden. Diesen Vorwurf nun kann man Rawls nicht machen; denn er berücksichtigt die Hobbessche Aporie von Anfang an, indem er bei den Subjekten des fiktiven Urvertrags einen »Sinn für Gerechtigkeit« voraussetzt und in diesem Sinne auch ausdrücklich unterstellt, daß sie Verträge einhalten.[17]

Doch die Konstruktion der Rawlsschen Begründungsargumentation bleibt auch nach dieser *ad-hoc*-Ergänzung unbefriedigend – ganz einfach deshalb, weil sie nicht von vornherein auf eine »original position« oder »situation« zurückgeht, in der alle Menschen – also auch die Subjekte des fiktiven Urvertrags – von den gleichen Gerechtigkeitsintuitionen ausgehen, von denen Rawls selber ausgeht. Ich meine hier natürlich diejenige »original situation« philosophischer Letztbegründung, in der die transzendentalpragmatische Reflexion auf die allgemeinen

15 Vgl. hierzu auch K.-O. Apel im *Funkkolleg*..., a.a.O. (s. Anm. 2), *Dialoge*, 113ff.; *Studientexte*, 112ff.; ders.: »Normative Ethics and Strategical Rationality«, in: *New School for Social Research Graduate Faculty Philosophy Journal*, vol. 9 (1982), 81-108.

16 Vgl. die Einleitung von O. Höffe zu der Textsammlung *Einführung in die utilitaristische Ethik*, München: Beck, 1975.

17 J. Rawls, a.a.O. (s. Anm. 14), 169.

und notwendigen Präsuppositionen der Argumentation erfolgen kann.
Bei dieser Reflexion kann man auf eine Rationalität – die schlechterdings nicht hintergehbare *Diskursrationalität* – zurückgehen, deren Verschiedenheit von der *instrumentellen* und *strategischen Rationalität* jeder Argumentierende immer schon implizit einsieht und anerkennt. Er bringt ja durch sein Argumentieren immer schon performativ-implizit zum Ausdruck, daß er weiß, daß man *strategisch* – etwa durch *Verhandlungen* oder durch *suggestive Überredung* der andern – prinzipiell nicht herausbringen kann, wer recht hat; – d. h. ob irgendwelche *Geltungsansprüche* – seien es *Wahrheitsansprüche* oder seien es *normative Geltungsansprüche* im Sinne der Moral – als rational begründbar und insofern gültig einlösbar sind. Darüber hinaus zeigt der Argumentierende durch seine kontrafaktische Antizipation idealer Kommunikationsverhältnisse – im Sinne der Gleichberechtigung und Gleichverantwortlichkeit aller Diskurspartner – auch immer schon, daß er – wie eingangs schon angedeutet – im *Diskursprinzip* auch schon das Universalisierungsprinzip einer *Diskursethik* anerkannt hat – und zwar nicht etwa als Voraussetzung einer Spezialethik von Diskursen, an denen man teilnehmen oder nicht teilnehmen kann, sondern als Voraussetzung einer gewaltfreien Lösung von Interessenkonflikten der Lebenswelt: der einzigen gewaltfreien Lösung, die möglich ist. Er weiß immer schon, daß der Diskurs die einzige Möglichkeit ist, herauszufinden, wer in der Lebenswelt recht hat.[18]
Diese Möglichkeit einer transzendentalreflexiven Dechiffrierung des auch von Kant nur behaupteten »Faktums der Vernunft«[19] scheint freilich Rawls beinahe so fern zu liegen wie den angelsächsischen Vertretern der »institutional« oder »commu-

18 Vgl. K.-O. Apel: Läßt sich ethische Vernunft von strategischer Zweckrationalität unterscheiden?«, in: *Archivio di Filosofia*, LI (1983), 375-434; wieder abgedruckt in W. van Reijen/K.-O. Apel (Hrsg.): *Rationales Handeln und Gesellschaftstheorie*, Bochum: Germinal-Verlag, 1984, 23-80.

19 Vgl. K.-H. Ilting: »Der naturalistische Fehlschluß bei Kant«, in: M. Riedel (Hrsg.): *Rehabilitierung der praktischen Philosophie*, Freiburg: Rombach, 1972, Bd. I.

nitarian ethics«, die letztlich auf die »kontingente Konsensbasis« (so Richard Rorty) einer soziokulturellen Lebensform zurückgehen und insofern die Möglichkeit eines *universal gültigen* und insofern *unbedingt verbindlichen* Prinzips der Ethik schlechthin für unmöglich halten.

(Homann und Suchanek argumentieren in diesem Zusammenhang merkwürdigerweise dahin, daß nur heute eine unbedingte und universalgültige Ethik nicht mehr *begründbar* sei, und zwar deshalb, weil es heute, im Gegensatz zur Zeit Kants, »so etwas wie eine maßgebende Ethik« *faktisch nicht mehr gibt* (a. a. O. S. 112, vgl. auch S. 118.) Mir scheint dieses Argument aus zwei verschiedenen, aber sich ergänzenden Gründen unhaltbar zu sein: Zunächst einmal muß auf der Ebene der rationalen Begründung der Gültigkeit der Moral der Hinweis auf die empirisch-historisch nicht mehr gegebenen Chancen der Anerkennung von vornherein als Kategorienfehler erscheinen – nicht viel anders als die Verwechslung der Frage nach der rationalen Begründung der Moral mit der Frage der Befolgung der Moral in der Realität, die Homann/Suchanek selbst mit Recht als Kategorienfehler betrachten (a. a. O., S. 117). Davon abgesehen aber scheint mir auch die historische Einschätzung der Moralentwicklung bei Homann/Suchanek ganz unplausibel zu sein: Denn zu Kants Zeiten war keineswegs eine für alle Menschen maßgebende Ethik akzeptiert, sondern bestenfalls in Europa so etwas wie eine einheitliche Ethik christlich-humanistischer Provenienz; und diese traditionelle Ethik des Abendlandes darf doch keineswegs mit der von Kant erstmals durch ein – freilich nur als »evident« behauptetes – Universalisierungsprinzip rational begründeten deontischen Ethik gleichgesetzt werden. Eher könnte man sagen, daß Kants formales Universalisierungsprinzip des »kategorischen Imperativs« erstmals die Möglichkeit einer *für alle Menschen* und d. h. auch für die verschiedenen soziokulturellen Lebensformen *unbedingt verbindlichen* Ethik eröffnet hat – und zwar deshalb, weil hier erstmals – im Unterschied zur Aristotelischen und christlichen Ethik – die Möglichkeit einer pluralistischen Auflösung des früher maßgebenden Problems der Selbstverwirklichung im Sinne eines *guten Lebens* freigegeben ist. Insofern hat m. E. mit Kant die heute aktuelle Phase des Übergangs der Menschheit – d. h. der verschiedenen traditionellen Ethos- und Lebensformen – zu einer *postkonventionellen Moral* erst begonnen: zu einer postkonventionellen Moral in dem Sinne, daß das Zusammenleben und die verantwortliche Kooperation *verschiedener* Lebens- und insofern auch Ethos-Formen durch *ein* von allen anerkanntes Moralprinzip ermöglicht wird.[20])

Geht man nun im Sinne der Transzendentalpragmatik von der nichthintergehbaren »original situation« der reflexiven Begründung des Prinzips der Diskursethik aus, dann kann man der Rawlsschen Konstruktion des Urvertrags der Subjekte der rationalen Wahl einen anderen – den vielleicht auch von Rawls eigentlich gemeinten – Sinn geben: Es geht dann bei dieser Konstruktion nicht darum, die Gerechtigkeitsprinzipien auf die strategisch durchkalkulierte Rationalität der vom Selbstinteresse geleiteten Urwähler zurückzuführen, sondern darum, den genauen Sinn von Gerechtigkeitsprinzipien dadurch zu bestimmen, daß die Urwähler, die alle schon die Gerechtigkeit qua Fairneß im Sinne des Diskursprinzips anerkannt haben, sich diesem Prinzip gemäß ein genaues Bild vom strategisch durchkalkulierten Interesse aller Betroffenen ihrer Gesetzgebung machen. Die Inanspruchnahme der *strategischen Rationalität* und des *Selbstinteresses* der Wähler bezeichnet hier also nicht den möglichen *Ursprung* der Gültigkeit der Gerechtigkeitsprinzipien, sondern eine – allerdings notwendige – *Vermittlung* des Willens zur Gerechtigkeit durch das Kennenlernen der Interessen der Betroffenen.

Im Vollzug dieser – schon vom Diskursprinzip geforderten und angeleiteten – Ermittlung der strategisch durchkalkulierten Interessen der Betroffenen einer möglichen gerechten Gesetzgebung ergeben sich nun m. E. auch die Probleme der situationsbezogenen Normenbegründung, bei deren Lösung eine Zusammenarbeit zwischen Philosophie und Ökonomie im Sinne der Forderung von Homann und Suchanek in der Tat unentbehrlich ist. Ich meine hier z. B. die Probleme der *Kosten*-Ermittlung im weitesten Sinn, die angesichts der prinzipiellen Knapp-

20 Vgl. K.-O. Apel: »Der postkantische Universalismus in der Ethik im Lichte seiner aktuellen Mißverständnisse«, in: A. Schwan/K. W. Kempfer (Hrsg.): *Grundlagen der politischen Kultur des Westens*, Berlin: de Gruyter, 1987, 280-300 (in diesem Bd. S. 154-178).

heit aller Ressourcen über die Realisierbarkeit von Gesetzen und situationsbezogenen Normen der Moral mitentscheiden. An dieser Stelle kommen natürlich auch Klugheitsregeln im Sinne der »hypothetischen Imperative« Kants und der *strategischen Entscheidungstheorie* ins Spiel.

Die hier vorzunehmenden Ermittlungen und ihre möglichen Ergebnisse – und in diesem Sinne auch schon die von Rawls vorgeschlagenen »Gerechtigkeitsprinzipien« – gehören aber alle schon zu den *falliblen* und *revidierbaren* Beiträgen der *praktischen Diskurse* zur situationsbezogenen Rekonstruktion der Moral; und insofern setzen sie immer schon die Anerkennung – und im Diskurs selbst die Befolgung – des unbedingt und universalgültigen Prinzips der Moral voraus.

Diese These läßt sich nun m. E. am Text des Beitrages von Homann und Suchanek sehr gut erhärten. Denn alles, was sie in dem Abschnitt »Wirtschaftsethik als Beitrag zur Grundlegung der Ethik« (a. a. O. S. 112 ff.) vorschlagen, entspricht genau den Erwartungen, welche die Diskursethik in den vorgesehenen Dialog auf der Stufe der »praktischen Diskurse« setzt. Hier geht es in der Tat darum, daß die »Einzelwissenschaft Ökonomik« ihren Erkenntnisbeitrag zum *moralischen* Problem der »Abgrenzung konkurrierender Ansprüche auf Ressourcen unter verschiedenen Individuen« und damit zugleich »zur Lösung von ökonomischen Problemen, von Knappheitsproblemen« leisten kann (a. a. O. S. 113); und natürlich ist dabei ihr spezifischer Beitrag zur situationsbezogenen Begründung konkreter Normen – »die ökonomische Analyse der Folgen und Opportunitätskosten« – auf die »Ergänzung durch andere Fragestellungen«, »so z. B. technische, juristische, psychologische und theologische« angewiesen (ebd.).

Wenn aber, wie die Verfasser schreiben, »in einer Wirtschaftsethik als ökonomischer Theorie der Moral« die Begründung moralischer Normen davon abhängig zu machen ist, »ob sie denen nützen, denen sie nützen *sollen* (a. a. O. S. 113 f., Hervorhebung von K.-O. A.)«, dann zeigt sich eben in diesem Postulat, daß ein deontisches Universalisierungsprinzip, das z. B. die Nutzenmaximierung auf Kosten solcher Betroffener, die nicht gefragt werden oder nicht gefragt werden können, verbietet, immer schon vorausgesetzt wird. Eben dieses Prinzip ist, wie gesagt, im Diskursprinzip selbst impliziert und sozusagen als Prozeduralprinzip des zu führenden Dialogs operationalisiert. Im Sinne des *Zwei-Stufen-Konzepts der Diskurssethik* kann ich sogar zustimmen, wenn die Verfasser mit James M. Buchanan[21] gegen die individualistische Naturrechtslehre der Aufklärung dahin argumentieren, daß konkrete moralische Normen nicht »eine Beschränkung von *immer schon vorhandenen* Freiheitsrechten des Individuums sind«, sondern die konkrete »Freiheit des einzelnen, verstanden als Raum von Handlungsmöglichkeiten..., vielmehr zu begreifen ist als etwas, das es durch kollektive Selbstbindung in Form von Recht und Moral erst zu produzieren gilt« (a.a.O., S. 114). Doch auch die Akzeptierung dieses Grundgedankens eines »constitutional contractarianism« muß ich davon abhängig machen, daß auf der transzendentalen Ebene die gleichen Freiheitsrechte aller möglichen Kommunikationspartner *immer schon* im Prinzip anerkannt sein müssen; sonst könnte nämlich der »constitutional contractarianism« auf eine hinter die Aufklärung zurückfallende Regression auf die »Binnenmoral« einer Gruppe hinauslaufen.

Daß hier ein gewisses Reflexionsdefizit bei Buchanan und auch bei den Verfassern liegen könnte, zeigt sich sogleich an dem Argument der »Kollektivguteigenschaft der Moral«, an dem die ökonomische Plausibilität des »constitutional contractarianism« offenbar hängt: Es ist ja richtig, daß – *unter gewissen, selbst schon moralischen Voraussetzungen!* – auch eine hier und jetzt gegen die eigenen Interessen gerichtete und insofern *moralische* Handlungsweise der Individuen *zusätzlich* »mit langfristigen Klugheitserwägungen begründet werden kann«, weil »die Vorteile des moralischen Handelns indirekt anfallen«. Doch selbst die von Hobbes so eindrucksvoll formulierte Einsicht in den unermeßlichen Vorteil der verläßlichen kollektiven Kooperation im Vergleich zum »bellum omnium contra omnes« genügt allein keineswegs, um eine rationale Begründung für den Verzicht auf den parasitären Vorbehalt zu liefern, wie

21 Homann/Suchanek beziehen sich auf James M. Buchanan: *Freedom in Constitutional Contract. Perspectives of a Political Economist.* College Station/London 1977. (Dt.: *Die Grenzen der Freiheit*, Tübingen 1984).

ich oben schon bemerkt habe – und sie hat auch *de facto* in Voraufklärungsgesellschaften immer nur im Zusammenwirken mit einer mythisch-religiös fundierten archaischen Binnenmoral der Gruppe als Motiv funktioniert. Soll aber in einer Nachaufklärungsgesellschaft – einer heute tendenziell planetarischen Gesellschaft! – die – zweifellos auch strategisch-ökonomisch begründbare – Kollektivguteigenschaft der Moral ein rational zureichendes Motiv für das Moralischsein liefern, dann muß sie die *unbedingte* Anerkennung eines universalen deontischen Prinzips der Gerechtigkeit und solidarischen Mitverantwortung aller schon *voraussetzen* können.

Insofern hat Kant ein für allemal tiefer gesehen als alle die, welche die Moral auf »hypothetische Imperative« gründen wollen; und auch Rawls hat zu Recht erkannt, daß der »Sinn für Gerechtigkeit« qua »Fairneß« schon vorausgesetzt werden muß, wenn es darum geht, die Nutzenkalkulationen der strategisch-rationalen Subjekte des Gesellschaftsvertrags *in den Dienst einer Begründung der Moral* zu stellen. Daß dies aber – im Sinne einer Ergänzung und Konkretisierung von Kants Formulierung des deontischen Universalisierungsprinzips – angestrebt und kommunikativ realisiert werden muß bzw. soll: dies macht – wie oben angedeutet – die Pointe der Zwei-Stufen-Konzeption der Begründung moralischer Normen im Sinne der Diskursethik aus.

Soviel zur Auseinandersetzung mit denjenigen Ansätzen einer Wirtschaftsethik, die dem Ansatz der postkantischen – und d. h. der universalistischen und primär deontischen – Diskursethik von vornherein kritisch gegenüberstehen.

Ich könnte und sollte eigentlich diese Auseinandersetzung des ersten Teils meines Vortrags noch ergänzen durch eine kritische Auseinandersetzung mit den – im weitesten Sinn – *neoaristotelischen Positionen*: d. h. mit solchen Positionen, die aus der Aporetik der *wertfreien Ökonomie* – oder auch: aus der Aporetik der Begründung der Wirtschaftsethik durch *strategische Rationalität* – die Konsequenz einer Rückkehr zur Einbettung der Ökonomik in die praktische Philosophie qua Philosophie des »guten Lebens« ziehen möchten. Doch ich muß mich im gegenwärtigen Zusammenhang mit ein paar globalen Anmerkungen begnügen: Eine neoaristotelische Reintegration der Ökonomik in die praktische

Philosophie könnte m. E. den folgenden Erfordernissen nicht gerecht werden:

1. Wie schon angedeutet (vgl. oben S. 280f.), könnte sie – als vorkantische Ethik – das komplementäre Auseinandertreten des universalgültigen Maßstabs aller Moral (des deontischen Universalisierungsprinzips) und der durchaus pluralistisch aufzulösenden Problematik der Selbstverwirklichung im Sinne des »guten Lebens« der Individuen und der soziokulturellen Lebensformen nicht prinzipiell respektieren. Sie stünde daher stets vor der Gefahr, dem folgenden Dilemma zu erliegen:

– Entweder müßte sie in der modernen Welt, in der ein Zusammenleben und Kooperieren verschiedener Lebensformen unerläßlich ist, der Tendenz folgen, deshalb auch *eine für alle verbindliche Form des guten Lebens* zumindest empfehlen zu wollen.[22]

– Oder sie müßte das *universalistische* Anliegen eines für alle Menschen verbindlichen Maßstabs der Gerechtigkeit (z. B. der Menschenrechte) und der gleichen Mitverantwortung für die kollektiven Aktivitäten der industriellen Technik (z. B. im Sinne einer Ökoethik) ignorieren oder herunterspielen – zugunsten der *neokonservativen* Suggestion, es sei doch jederzeit hinreichend, mit Hilfe der »Phronesis« oder »Urteilskraft« im Sinne der »Üblichkeiten« – genauer: des jeweils eingelebten Ethos der Üblichkeiten – zu handeln. In diesem Fall kommt es, unter den Bedingungen der Gegenwart, zur Koalition des Neoaristotelismus mit

22 Dies wäre die Linie der holistischen Utopie der (rationalen Rekonstruktion der) Einheit von universaler Gerechtigkeit, individuellem Glück und Gemeinwohl durch den Philosophenkönig (von Platon bis Lenin). Vgl. hierzu K.-O. Apel: »Ist die Ethik der idealen Kommunikationsgemeinschaft eine Utopie?«, in: W. Voßkamp (Hrsg.): *Utopieforschung*, Stuttgart: Metzler, 1983, Bd. I, 325-55; sowie ders.: »Kann der postkantische Standpunkt der Moralität noch einmal in substantielle Sittlichkeit ›aufgehoben‹ werden? Das geschichtsbezogene Anwendungsproblem der Diskursethik zwischen Utopie und Regression«, in: W. Kuhlmann (Hrsg.): *Moralität und Sittlichkeit*, Frankfurt a. M.: Suhrkamp, 1986, 217-64 (in diesem Bd. S. 103-153).
Es ist das Verdienst der Arbeit von H. Scheit (s. Anm. 5), auch ohne die Kenntnis dieser jüngeren Arbeiten den Unterschied zwischen der – zweifellos gefährlichen – Tendenz der holistischen Utopie und der von Habermas und mir gemeinten kontrafaktischen Antizipation idealer Kommunikationsbedingungen herausgearbeitet zu haben.

der relativistischen Form des Neopragmatismus im Sinne einer zumindest resignativen, wenn nicht zynischen, Abwiegelung der Forderungen einer universalistischen Verantwortungsethik.[23]

2. Eine neoaristotelische *Reintegration* der Ökonomik in die *praktische Philosophie* ist aber m. E. auch aus methodologischen bzw. wissenschaftstheoretischen Gründen weder wirklich durchführbar noch wünschenswert. Sie könnte nämlich als *ganzheitliche* – und eben deshalb nicht *universalistische* – Konzeption weder die in der Moderne abstraktiv ausdifferenzierten Rationalitätsformen noch ihr spannungsreiches Komplementaritätsverhältnis zu den konkreten Lebensformen und – andererseits – zu den funktionalen Systemen und Subsystemen der Gesellschaft voll berücksichtigen. Kurz: Sie wäre mit ihren konkreten Tugendbegriffen den analytischen Trennungs- und den dialektischen Vermittlungsproblemen, die sich aus dem Rationalisierungsprozeß und dem entsprechenden funktionalen System-Ausdifferenzierungsprozeß der Moderne ergeben haben, nicht gewachsen.[24]

Mit diesen kritischen Bemerkungen zum Neoaristotelismus soll natürlich nicht gesagt sein, daß es im gegenwärtigen Zeitpunkt, in dem die neuzeitliche Auflösung der Einheit der »Praktischen Philosophie« auch im Falle der Ökonomie in eine Krise des *abstraktiven Rationalismus* geführt hat, nicht wünschenswert, ja notwendig wäre, den Prozeß der abstraktiven Ausdifferenzierung der ökonomischen Rationalität bis zu Aristoteles zurückzuverfolgen und ihn kritisch zu rekonstruieren.[25])

2.2 Doch wie steht es nun mit jenen Ansätzen einer *Wirtschaftsethik* (im weitesten Sinn dieses Wortes), die den Rationa-

23 Vgl. H. Schnädelbach: »Was ist Neoaristotelismus?«, in: W. Kuhlmann (Hrsg.): *Moralität und Sittlichkeit*, a. a. O. (s. Anm. 22) sowie K.-O. Apel: »Der postkantische Universalismus in der Ethik ...«, a. a. O. (s. Anm. 20).

24 Dies scheint mir J. Habermas sowohl im ersten wie im zweiten Band seiner *Theorie des kommunikativen Handelns* (Frankfurt a. M.: Suhrkamp, 1981) mit hinreichender Deutlichkeit gezeigt zu haben.

25 Vgl. hierzu Luis Baeck: »Political economy as a science«, in: *MCMLXXXVIII Alma Mater Studiorum Saecularia Nona*; Bologna, 16-21 Novembre 1987.

lisierungs- und Systemausdifferenzierungsprozeß der Moderne zwar berücksichtigen möchten, dabei aber nicht in der *instrumentellen* bzw. *strategischen Vernunft* ihr Heil suchen, sondern eher in einer Erweiterung des Begriffs der Handlungsrationalität im Sinne der *Kommunikations-* bzw. *Diskursethik*? Die Problematik solcher Ansätze wird in dem Sammelband *Ökonomische Theorie und Ethik* in dem Beitrag von Bernd Biervert und Josef Wieland kurz angedeutet,[26] sodann aber in dem Beitrag von Peter Ulrich als lösbar vorgestellt: und zwar im Sinne einer *Integration* der ökonomischen Rationalität in die diskursethische Rationalität.[27]

Ich muß gestehen, daß ich bei der Lektüre des Beitrags von Ulrich in eine zwiespältige Gefühlslage geriet, deren rationale Klärung mir einige Schwierigkeiten bereitet hat. Im folgenden möchte ich das zu explizieren versuchen:

Einerseits stehe ich dem Ansatz von Ulrich verständlicherweise mit größter Sympathie gegenüber. Da ich das Grundprinzip der Diskursethik für letztbegründet und insofern als für alle Menschen verbindlich halte, so gehe ich natürlich davon aus, daß die Diskursethik auch für einen Unternehmer – ebenso wie etwa für einen Politiker – heute die letzthin maßgebliche postkonventionelle Ethik darstellt. Darüber hinaus kann ich auch in dem folgenden Sinn den Vorschlägen Peter Ulrichs durchaus zustimmen: Das Prinzip der Diskursethik sollte nicht nur für einen Unternehmer als Menschen verbindlich sein; es sollte – unter der Voraussetzung einer *idealen Sozialökonomie!* – auch das *regulative Prinzip für eine Neubestimmung der ökonomischen Handlungsrationalität* liefern. Das besagt u. a.: Ein Unternehmer sollte nicht nur zu einem ständigen Kompromiß zwischen den Imperativen der strategischen Nutzenmaximierung im Sinne des Firmen-Interesses und dem Imperativ des ethischen Diskursprinzips verurteilt sein, sondern er sollte – wiederum

26 B. Biervert/J. Wieland: »Der ethische Gehalt ökonomischer Kategorien – Beispiel: Der Nutzen«, a. a. O. (s. Anm. 1).

27 Peter Ulrich: »Die Weiterentwicklung der ökonomischen Rationalität – zur Grundlegung der Ethik der Unternehmung«, ebd. 122-149; mit Bezug auf P. Ulrich: *Transformation der ökonomischen Vernunft. Fortschrittsperspektiven der modernen Industriegesellschaft*, Bern/Stuttgart 1986.

unter der Voraussetzung einer idealen Sozialökonomie – das regulative Prinzip seiner Handlungsrationalität als Unternehmer selbst noch aus dem Prinzip der Diskursrationalität herleiten können. Auch dieser zentralen These Ulrichs kann ich, wie gesagt, zustimmen; doch diese Zustimmung muß, wie ich in Parenthese anzudeuten versuchte, von einer vorausgehenden Reflexion auf die Problematik der von Ulrich unterstellten *idealen Sozialökonomie* abhängig gemacht werden: Da die faktische Erfüllung dieser Voraussetzungen prinzipiell niemals unterstellt werden kann, so ergeben sich hier m. E. zusätzliche Probleme einer heute relevanten *Verantwortungsethik*, die bei Ulrich zwar nicht völlig übersehen, aber doch m. E. nicht radikal genug reflektiert worden sind. (Es handelt sich hier m. E. um Probleme, die bisher in keiner universalistischen Ethikkonzeption – weder bei Kant noch bei Rawls noch in der von Habermas und mir vertretenen Diskursethik – hinreichend radikal reflektiert worden sind.) Im folgenden möchte ich dies genauer zu verdeutlichen versuchen:

Peter Ulrich erläutert seine Konzeption der »Kommunikativen Unternehmensethik« wie folgt: »Der springende Punkt ... ist der folgende: Die regulative Idee des unternehmenspolitischen Dialogs vertritt nicht einen vom ›realistischen‹ ökonomischen Denken abgehobenen ›reinen‹ Idealismus und auch keineswegs nur opportunistische Zugeständnisse an außerökonomische Ansprüche der Öffentlichkeit an die soziale Verantwortung der Unternehmung, sondern betrifft ganz im Gegenteil die ethisch-praktische Grundvoraussetzung der sozialökonomischen Rationalität der Unternehmensführung selbst. Sozialökonomisch ›effizientes‹ Wirtschaften setzt sinngemäß die Funktionalität dieses Wirtschaftens im Hinblick auf geklärte lebenspraktische Wertkriterien und Bedürfnisse voraus. Aus logischen Gründen der ökonomischen Vernünftigkeit selbst hat das Unternehmen als quasi-öffentliche Institution den ›Ansprüchen‹ der von seinen Aktivitäten Betroffenen ›Rechnung‹ zu tragen, soweit diese Ansprüche sozialverträglich sind, d. h. in einen vernunftorientierten unternehmungspolitischen Dialog mit guten Gründen akzeptiert werden können« (a. a. O. S. 139).

In der Tat: Genauso könnte und müßte es sein, wenn die gesellschaftlichen Rahmenbedingungen einer *idealen Sozialökonomie* als gegeben unterstellt werden könnten. Unter dieser idealen Voraussetzung könnte man mit Ulrich sagen: Es »geht also keineswegs um außerökonomische ›soziale Verantwortung‹ des Managements (›Social Responsibility‹), sondern um die ›Social Responsiveness‹ des Unternehmens, nämlich um seine Fähigkeit, für die sozialökonomischen Präferenzen der vom unternehmerischen Handeln Betroffenen empfänglich zu sein und ihnen zu ›entsprechen‹« (a. a. O. S. 139). Man könnte dann in der Tat im Sinne der Ulrichschen Konzeption der »Leitidee des konsensorientierten Managements« fordern, daß eine »dialogische Konzeption sozial verantwortlicher Unternehmensführung« an die Stelle einer »monologischen« Konzeption der Folgenverantwortung treten sollte (a. a. O. S. 141). Und man könnte im Sinne der Ulrichschen »Leitidee der offenen Unternehmungsverfassung« diese als »ein Gegenstück zum Modell des politisch-ökonomischen Gesellschaftsvertrags« auffassen (a. a. O. S. 142).

Unter dieser Voraussetzung müßte man fordern, daß die »externen Effekte« der unternehmenspolitischen Entscheidungen für die Betroffenen außerhalb des Betriebs nicht erst »*ex post* vom reagierenden Staat in die Rechnung der Verursacher internalisiert werden«, sondern daß sie durch die »offene Unternehmensverfassung« *ex ante* internalisiert werden – dadurch, daß die Unternehmensverfassung von vornherein alle von ihren Entscheidungen Betroffenen »mit wirksamen Anhörungs-, Informations-, Mitsprache-, Klage- und Entschädigungsrechten« ausstattet (a. a. O. S. 143). Es wäre dann in der Tat möglich, »der unbürokratischen, kommunikativen Konfliktlösung ›vor Ort‹ unter den Direktbetroffenen Chancen zu gewähren, also der koordinativen Verständigungslösung den Primat vor der subjektordinativen Intervention staatlicher Instanzen zu geben« (a. a. O. S. 143). Kurz: Es käme zu einer »Versöhnung von ökonomischer Rationalität und ethischer Vernunft« – derart, daß die kommunikative Wirtschafts- und Unternehmensethik »mit ihren ethischen Ansprüchen nicht mehr ohnmächtig *gegen* eine wirkungsmächtige, als unhinterfragter Sachzwang hingenommene betriebswirtschaftliche Rationalität anreden muß, sondern *für* wohlverstandene ökonomische Vernunft argumentieren kann« (a. a. O. S. 143).

Indes: Ulrich zeigt selber durch seine, offenbar grundlegende

»Drei-Ebenen-Konzeption sozialökonomischer Rationalität«, daß er als gesellschaftlichen Rahmen seiner »kommunikativen Unternehmensethik« das folgende *Schema einer spannungsfreien Voraussetzungsordnung* von »Rationalitätstypen«, »sozialökonomischen Grundfunktionen« und »institutionellen Ebenen« *unterstellen* muß:
Zunächst gilt: Das »personale Handeln« des Unternehmers im Sinne der »kalkulatorischen Rationalität« des »effizienten Ressourceneinsatzes« (3) setzt schon das »ökonomische System« (Markt- und Staatssteuerung) im Sinne der »sozialtechnologischen Rationalität« der »funktionalen System- und Verhaltenssteuerung« (2) voraus. *Diese* Feststellung scheint mir nicht nur als *normatives Postulat*, sondern auch als *empirisch-soziologische Feststellung* heute richtig zu sein.
Nach Ulrich muß aber nun außerdem das folgende Voraussetzungsverhältnis gelten: Das personale Handeln des Unternehmens und das ökonomische System in dem angedeuteten Sinn setzen ihrerseits noch eine »Verständigungsordnung« im Sinne des *idealen sozioökonomischen Gesellschaftsvertrags*, und d. h. im Sinne der »kommunikativ-ethischen Rationalität« der »normativen Sozialintegration (Konfliktbewältigung)« voraus: Der Status dieser entscheidenden Voraussetzung muß nun aber m. E. in zweifacher Form charakterisiert werden. Als *normatives Postulat* entspricht die Voraussetzung sehr genau dem *regulativen Grundprinzip der zweistufigen Kommunikations- bzw. Diskursethik*; als *soziologische Feststellung* dagegen entspricht die Voraussetzung natürlich nicht den heute gegebenen Tatsachen, und sie kann m. E. niemals völlig den Tatsachen entsprechen, wenn sie – im Sinne Kants – eine »regulative Idee« darstellt, »der nichts Empirisches jemals völlig korrespondieren kann«.
Nun könnte Ulrich an dieser Stelle erstaunt bemerken, daß er – genau wie ich selbst in meinen einschlägigen Schriften – stets betont hat, daß es sich bei den skizzierten Konzeptionen um »regulative Prinzipien« handelt, denen man nur so Folge leisten kann, daß die Befolgung »pragmatischen Einschränkungen« unterliegt. Man könnte diesen Hinweis noch dahin ergänzen, daß ja auch nach Kant die situationsbezogene Anwendung moralischer Maximen an die »Urteilskraft« gebunden ist und in diesem Sinne eben mit Ausnahmesituationen rechnen muß.

Dies scheint mir nach wie vor *richtig* zu sein, doch es erscheint mir heute nicht mehr als *hinreichend*, wenn es um die *Anwendung* der postkonventionellen Diskursethik auf die bestehenden Verhältnisse geht. Man muß in diesem Fall m. E. zwischen zwei Problemen unterscheiden: zwischen dem – auch schon unter den Bedingungen einer konventionellen, prä-universalistischen Moral bestehenden – Problem der klugen Anwendung von Normen auf komplexe Situationen und dem – für die geschichtliche Realisierung einer postkonventionellen Moral charakteristischen – Problem der *Herstellung der Anwendungsbedingungen*. Dieses letztere Problem kann leider nicht allein durch kontrafaktische Vorwegnahme der Bedingungen solidarischer Kooperation gelöst werden.

In *konventionellen* Moralen, die stets auch *Binnenmoralen sozialer Selbstbehauptungssysteme* sind, ist das Problem der Normenanwendung tatsächlich nur das einer klugen Situationseinschätzung im Sinne der »bestimmenden Urteilskraft« (Kant), weil die Anwendungsbedingungen der Moral gewissermaßen mit dieser zusammen im Rahmen einer soziokulturellen Lebensform entstanden sind. Ganz anders verhält es sich im Falle der politischen oder ökonomischen Anwendung des universalen Prinzips der Diskursethik. Denn diese muß sich in der Gegenwart auf Verhältnisse beziehen, in denen die sozialen Bedingungen ihrer Anwendung – trotz der universalistischen Ingredienzien unserer modernen Rechtssysteme – noch keineswegs realisiert sind.

Genau diese Schwierigkeit läßt sich m. E. an der »Drei-Ebenen-Konzeption« von Ulrich klarmachen: Reflektiert man nämlich auf den Kontrast zwischen den heute bestehenden Verhältnissen und den Verhältnissen, die mit der »Verständigungsordnung« (im Sinne des idealen Gesellschaftsvertrags) vorausgesetzt werden, so zeigt sich, daß alle charakteristischen Spannungen, welche die Sozialphilosophie heute zwischen den *verschiedenen Typen der Handlungsrationalität* und, darüber hinaus, zwischen der *Handlungsrationalität überhaupt* und der *Systemrationalität* voraussetzen muß, in der von Ulrich vorausgesetzten Ordnung *aufgehoben* wären. Das hätte vor allem zwei Konsequenzen:

1. Die *strategische Kalkülrationalität* des wirtschaftlichen Han-

delns, die heutzutage beinahe nur durch die Rahmenbedingungen des Privatrechts eingeschränkt und recht und schlecht mit den moralischen Forderungen der Lebenswelt vereinbar gemacht wird – diese interaktionsbezogene Form der *Mittel-Zweck-Rationalität* wäre in Ulrichs Modell bruchlos in das umfassendere Konzept der *ethisch-kommunikativen Rationalität* integriert. Schon dies ist eine Unterstellung, von der ein *ökonomisch* Handelnder nicht nur als »homo oeconomicus«, sondern auch als *verantwortlich* Handelnder angesichts der heute bestehenden Verhältnisse nicht ausgehen *darf*. Hier stellt sich erneut das von Max Weber für das politische Handeln analysierte Problem des Unterschieds zwischen einer *Verantwortungsethik* und einer bloßen *Gesinnungsethik*.

2. Fast noch tiefergreifend ist aber der Kontrast zur bestehenden Rationalität im Falle der zweiten Konsequenz der Ulrichschen »Drei-Ebenen-Konzeption«: Hier wäre zu unterstellen, daß die seit Mandeville und Adam Smith immer wieder erkannte Spannung zwischen der menschlichen *Handlungsrationalität insgesamt* und der *Systemrationalität des Wirtschaftssystems* prinzipiell zugunsten der *kommunikativen Handlungsrationalität* aufgehoben wäre. Die durch die Ausdifferenzierung des sozialen Subsystems der Wirtschaft in der Neuzeit eingetretene Problematik der »Realabstraktion«, der »Entfremdung« des Handelns und der »Verdinglichung« der menschlichen Beziehungen in einem Bereich, in dem die Sozialintegration nicht durch »kommunikatives Handeln«, sondern qua Integration der Effekte von Tauschhandlungen durch den Markt sich vollzieht – diese ganze Problematik, die zuletzt Jürgen Habermas in verallgemeinerter Form als Gefahr einer »Kolonialisierung der Lebenswelt« dargestellt hat,[28] wäre praktisch aufgelöst; und die Menschen hätten in der unterstellten »Verständigungsordnung« bereits die strukturellen Voraussetzungen für eine Kontrolle des »Eigensinns« der *Systemrationalität* durch die *Diskursrationalität* geschaffen. (Dabei ist zum besseren Verständnis hinzuzufügen, daß eine solche Kontrolle des Eigensinns der ökonomischen Systemrationalität durch die kommunikative

28 Vgl. J. Habermas: *Theorie des kommunikativen Handelns*, a.a.O. (s. Anm. 24), Bd. II.

Verständigungsordnung im Sinne Ulrichs offenbar keineswegs gleichzusetzen wäre mit einer *Ersetzung* des Marktsystems und seiner – durch den »Geld-Code« sprachunabhängig wirksamen – sozialen Handlungskoordination durch eine kommunikative Handlungskoordination im Sinne einer Befehls- und Planwirtschaft. Ich werde auf diesen neuralgischen Punkt noch zurückkommen.)

Diese kurzen Hinweise mögen hier genügen, um die geradezu ungeheuerlichen Idealisierungen vor Augen zu stellen, die in der »Drei-Ebenen-Konzeption« Ulrichs impliziert sind. Dennoch sage ich dies nicht, um diese Idealisierungen als falsch oder unsinnig zurückzuweisen. Sie liegen tatsächlich in der Konsequenz des Prinzips einer Kommunikationsethik, genauer: in der Konsequenz der *kontrafaktischen Antizipation einer idealen Kommunikationsgemeinschaft*, die wir in der Situation des argumentativen Diskurses allerdings notwendigerweise immer schon vollziehen. Deshalb bleibt es auch richtig, daß die progressive geschichtliche Realisierung der idealen Kommunikationsgemeinschaft eine moralisch verbindliche regulative Idee darstellt. Nur muß man sich über eines im klaren sein: Bei dem durchaus moralisch aufgegebenen und ständig zu erneuernden Versuch, an der Realisierung *der Anwendungsbedingungen einer Kommunikationsethik* mitzuarbeiten, kann und darf man keineswegs von der Unterstellung ausgehen, daß die Anwendungsbedingungen der Kommunikationsethik schon realisiert seien. Man darf deshalb auch nicht von der in den universalistischen *Urvertrags*-Theorien – zuletzt bei Rawls – stets vorausgesetzten *Nullpunktsituation* der Geschichte ausgehen.

Ich habe dem – wie ich meine – in meinem ersten Ethik-Essay dadurch Rechnung getragen, daß ich von einem *dialektischen Apriori* ausgegangen bin: sc. von der immer zugleich bestehenden Voraussetzung der kontrafaktisch antizipierten idealen Kommunikationsgemeinschaft (1), der geschichtlich gewordenen realen Kommunikationsgemeinschaft (2) und dem Kontrast zwischen Idealität und Realität, der selber der Ethik eine *geschichtsbezogene Aufgabe* stellt.[29] Seither ist mir nun mehr

29 Vgl. K.-O. Apel: *Transformation der Philosophie*, Frankfurt a. M.: Suhrkamp, 1973, Bd. II, bs. 429 ff.

und mehr klar geworden, daß die *geschichtsbezogene Aufgabe*, die sich der Ethik stellt, schlechterdings *nicht* in den Begriffen des formal-prozeduralen Idealprinzips der Kommunikations- bzw. Diskursethik expliziert werden kann, weil dieses Prinzip die Abstraktion von der Geschichtlichkeit unserer realen Situation voraussetzen *muß*.

Man sollte hier m. E. nicht der Illusion eines möglichen vernünftigen Neuanfangs in der Geschichte zum Opfer fallen. Eine solche Illusion *kann sich nur der Adept einer reinen Gesinnungsethik* leisten, weil er nicht die Verantwortung für die konkreten Folgen seines Handelns übernimmt. Im Sinne der *Verantwortungsethik* dagegen muß man an die *geschichtliche Situation* anknüpfen; d. h. einerseits an die schon bestehende »Vernünftigkeit des Wirklichen« (Hegel), andererseits aber auch an die bestehende »Unvernünftigkeit des Wirklichen«. Das aber besagt, daß man nicht darum herumkommt, die *ethisch-kommunikative Rationalität des Idealprinzips der Diskursethik* in all den realen Situationskontexten, in denen praktische Diskurse (noch) nicht möglich sind, mit der strategischen Rationalität der erfolgsorientierten Instrumentalisierung der anderen zu »vermitteln«. Und man muß sich dann darüber im klaren sein, daß die hier gemeinten realen Interaktionssituationen keineswegs nur die von Max Weber ausgesprochenen der *Politik* sind, sondern strukturell alle Situationen, in denen der *argumentative Diskurs* mehr oder weniger eindeutig durch *Verhandlungen* (die Angebote und Drohungen enthalten) ersetzt werden muß – und auch alle Situationen, in denen das *Überzeugenwollen* der *verständigungsorientierten* Kommunikation durch das *Überredenwollen* der *verdeckt strategischen* Kommunikation ersetzt wird.[30] Man braucht nicht auszumalen, was das in der Praxis für das Handeln z. B. eines – durchaus sozial verantwortlichen – Unternehmers bedeutet: Er kann eben, sofern er die bestehenden Verhältnisse voraussetzen muß, (noch) nicht die monologisch und quasi-utilitaristisch orientierte Verantwortlichkeit durch die dialogische Mitverantwortung im Sinne der Diskursrationalität ersetzen.

30 Vgl. K.-O. Apel: »Sprachliche Bedeutung, Wahrheit und normative Gültigkeit. Die soziale Bindekraft der Rede im Lichte einer transzendentalen Sprachpragmatik«, in: *Archivio di Filosofia* (1988).

Aus all dem folgt nun aber m. E. keineswegs, daß das formalprozedurale Prinzip der zweistufigen Diskursethik, aus dem Peter Ulrich bereits die idealen sozialökonomischen Konsequenzen gezogen hat, seine universale Gültigkeit verlöre. (Und es folgt auch nicht etwa, daß man mit Adam Smith der »invisible hand« oder mit Hegel der »List des Weltgeistes« die garantiert vernünftige Vermittlung der Handlungsrationalität und der – ökonomischen bzw. politischen und ökonomischen – Systemrationalität überlassen müßte oder dürfte.) M. E. folgt vielmehr, daß man das *formal-prozedurale Idealprinzip der Diskursethik* durch ein – selbst noch formalprozedurales – (*Ergänzungs-*) *Prinzip* für die dialektische Vermittlung der kommunikativethischen mit der strategischen Rationalität ergänzen muß: durch ein Prinzip, welches das *deontische Idealprinzip* als *Höchstwert* und *Telos* allen langfristigen Handelns betrachtet und auf diese Weise die derzeit noch unvermeidlichen *strategischen Instrumentalisierungen anderer Menschen* selbst noch dem regulativen Prinzip ihrer progressiven Erübrigung unterstellt.[31] Darin bestünde eben die aufgegebene Mitarbeit an der langfristigen *Herstellung der Anwendungsbedingungen* der Diskursethik.

In dieser Forderung eines Ergänzungsprinzips, für die *Vermittlung* des *kommunikativ-ethischen* und des *strategischen* Handelns besteht freilich – darüber möchte ich aus meiner Sicht keinen Zweifel aufkommen lassen – eine prinzipielle Abweichung von all jenen Typen deontisch-universalistischer Ethik, die auf der Begründungsebene der Ethik unter Abstraktion von der Geschichte *allein* von einem *formalen Idealprinzip* ausgehen – möglicherweise einem Prinzip, das die allgemeine Berücksichtigung der Folgen für die Betroffenen in sich enthält[32] – und alles weitere der klugen Anwendung des Idealprinzips mit Hilfe der Urteilskraft oder – im Falle der Diskursethik – der Praktizierung der – schon als möglich vorausgesetzten – *praktischen Diskurse* überlassen wollen.

31 K.-O. Apel: »Kann der postkantische Standpunkt...«, a. a. O. (s. Anm. 22).

32 Vgl. J. Habermas: »Über Moralität und Sittlichkeit – Was macht eine Lebensform ›rational‹?«, in: H. Schnädelbach (Hrsg.): *Rationalität*, Frankfurt a. M.: Suhrkamp, 1983, 75 f. u. 103 f.

M. E. repräsentiert der übliche Ansatz der deontischen Ethik nur den *Begründungsteil A* der Ethik. In ihm ist die *Zumutbarkeit* der Befolgung des Idealprinzips der Ethik – in unserem Fall der Praktizierung der Diskursethik – noch nicht als Problem reflektiert und die Realisierung der Zumutbarkeitsbedingungen noch nicht selber als moralisch aufgegebenes Ziel menschlicher Bemühungen verstanden. Dieser Reflexionsmangel macht m. E. das *abstraktionsbedingte Defizit einer rein deontischen Ethik* aus. Es muß m. E. im *Begründungsteil B* einer *Verantwortungsethik* durch das *teleologisch* orientierte Ergänzungsprinzip, das ich anzudeuten versuchte, kompensiert werden. Dieses teleologische Ergänzungsprinzip der im *Teil A* begründeten deontisch-universalistischen Diskursethik sollte freilich nicht mit der, auf das *gute Leben von Individuen oder Gruppen* bezogenen, Teleologie einer aristotelischen oder utilitaristischen Ethik verwechselt werden, die – wie früher angedeutet – mit dem Universalismus einer deontischen Gerechtigkeitsethik nicht vereinbar sind (vgl. oben S. 289). Und noch weniger sollte man die m. E. unvermeidliche Erneuerung einer *geschichtsteleologischen* Funktion der Ethik gleichsetzen mit der von Hegel bzw. von Marx konzipierten »Aufhebung« des moralischen Sollens durch eine Überwissenschaft vom »notwendigen Gang der Geschichte« – eine »Aufhebung«, die Karl Popper zu Recht als »ethischen Historizismus« kritisiert hat.[33] Voreilig und letztlich falsch scheint mir dagegen die heute von verschiedenster Seite – so von Lyotards »Postmodernismus«,[34] Hans Jonas' »Prinzip Verantwortung«[35] und von Friedrich von Hayeks Verabschiedung der »Überheblichkeit der Vernunft«[36] – nahegelegte Auffassung, auch die von Kant ethisch begründete »Pflicht«, den moralischen Fortschritt (insbesondere den Fortschritt im Sinne

33 Vgl. Karl R. Popper: *Das Elend des Historizismus*, Tübingen: Mohr, 1969.

34 J.-F. Lyotard: *La condition postmoderne*, Paris 1979, sowie ders.: »Histoire universelle et différences culturelles«, in: *Critique*, 456 (1985), 559-568.

35 Hans Jonas: *Das Prinzip Verantwortung*, Frankfurt a. M.: Suhrkamp, 1984.

36 Friedrich A. von Hayek: *Die Überheblichkeit der Vernunft*, Ms. Alpach 1985.

der Herstellung der institutionellen Bedingungen des moralischen Fortschritts) versuchsweise als möglich zu denken und frustrationsresistent anzustreben, müsse als Illusion angesehen und verabschiedet werden.

Ich kann hier die Konsequenzen des *Ergänzungsprinzips* der Diskursethik für das ökonomische *Handeln* nicht weiter entfalten. Ich möchte jedoch am Schluß meines Vortrags noch kurz auf ein methodologisches Problem der *kritisch-rekonstruktiven Sozialwissenschaften* – und insofern auch der *Wirtschaftstheorie* – eingehen: auf ein Problem, das m. E. dem des ethischen Ergänzungsprinzips der Vermittlung von kommunikativ-ethischem und strategischem *Handeln* genau entspricht, so daß seine angemessene Lösung die kritischen Sozialwissenschaften in den Dienst der Verantwortungsethik zu stellen vermöchte. Zur Verdeutlichung des jetzt gemeinten Problems will ich noch einmal an den Ansatz von Peter Ulrich anknüpfen.

Denkt man sich in die *Drei-Ebenen-Konzeption* von Ulrich hinein, betrachtet man insbesondere den Status und die Funktion des *Systems* der Wirtschaft – also mit Ulrichs Worten: des Systems der »Markt- und Staatssteuerung« – innerhalb der dreistufigen Voraussetzungsordnung, so stellt sich wissenschaftstheoretisch insbesondere der folgende Punkt als problematisch dar: Einerseits möchte Ulrich offenbar der evolutionären Ausdifferenzierung eines ökonomischen Systems im Sinne der »funktionalen System- und Verhaltenssteuerung (Komplexitäts-Ungewißheitsbewältigung)« gerecht werden, jedenfalls möchte er sie keineswegs rückgängig machen (also nicht etwa die soziale Handlungskoordination durch den Markt durch eine direkte kommunikative Handlungskoordination ersetzen, wie ich oben schon hervorgehoben habe). Andererseits scheint doch eine methodisch eigenständige *Systemtheorie*, die von dem Unterschied und der seit Mandeville bemerkten Spannung zwischen Handlungsrationalität und Systemrationalität ausgeht, bei Ulrich nicht vorgesehen zu sein. Genauer: Wenngleich Ulrich dem »ökonomischen System« einen speziellen Rationalitätstypus – den der »sozialtechnologischen Rationalität« – zuordnet, so scheint er doch nicht zu realisieren, daß damit zugestanden ist, daß wir unter den Bedingungen unserer gegenwärtigen Wirtschaftsordnung darauf angewiesen sind, den »Eigensinn« der

ökonomischen Systemrationalität und ihrer *Sozialintegration*, die nicht auf den *Handlungsintentionen* der Menschen, sondern auf den *Handlungseffekten* der durch den Markt aufeinander bezogenen menschlichen Handlungen beruht, aus einer Perspektive zu thematisieren, die sich methodologisch nicht der *handlungstheoretischen* – und insofern der *ethischen* – Perspektive einordnen läßt. Eine solche nicht handlungstheoretisch integrierbare Methodenperspektive scheint bei Ulrich genausowenig vorgesehen, wie eine Ethik des verantwortlichen wirtschaftlichen Handelns unter den – zumindest vorerst – *faktisch* bestehenden Verhältnissen. Der Grund dafür liegt offenbar wiederum darin, daß Ulrich eben in seinem Schema die durch die *regulative Idee* der Kommunikationsethik geforderte Voraussetzungsordnung fiktiv schon als gegeben unterstellt und deshalb das Moment des *Kontrafaktischen* an dieser Unterstellung nicht mehr systematisch reflektiert.
Aus methodologischer Perspektive gesehen, bedeutet dies nun aber, daß die Problematik einer *kritischen Wirtschaftswissenschaft* um eine zugehörige Dimension verkürzt wird: Die Problematik der »funktionalen System- und Verhaltenssteuerung« (mit der zugehörigen Problematik der »Komplexitäts-Ungewißheitsbewältigung«) (a. a. O. S. 132) wird von vornherein so vorgestellt, als sei sie bereits unter die Kontrolle der *kommunikativ-ethischen Rationalität* der Menschen gebracht. (Das entspricht jener Utopie des Marxismus, die unterstellt, daß die bislang bestehende *Heteronomie der faktisch erreichbaren Handlungszwecke* der Menschen im »Reich der Freiheit« dadurch aufgehoben sei, daß die Menschen erstmals ihre Geschichte nicht mehr *erleiden*, sondern *in solidarischer Aktion machen* würden.)
Das genaue Gegenteil dieser utopischen Prämisse ist m. E. die neokonservative Unterstellung der verabsolutierten, soziologischen Systemtheorie – etwa derjenigen Luhmanns –[37]: Hier wird unterstellt, daß die menschliche Handlungsrationalität – auch gerade die ethisch-kommunikative Handlungsrationalität – zumindest heute von den *funktionalen Systemrationalität* – merkwürdigerweise von der Systemrationalität mehrerer, qualitativ

37 Vgl. hierzu jetzt N. Luhmann: *Die Wirtschaft der Gesellschaft*, Frankfurt a. M.: Suhrkamp, 1988 sowie D. Baecker: *Information und Risiko in der Marktwirtschaft*, Frankfurt a. M.: Suhrkamp, 1988.

sehr verschiedener Subsysteme der Gesellschaft! – vollständig abhängig ist und deshalb überhaupt nicht *von innen*, aus der Perspektive der Handlungsrationalität, sondern nur *von außen* – eben systemtheoretisch – analysiert werden kann – wie sich versteht, nur unter völliger Enthaltung von allen *normativen* Gesichtspunkten einer zukunftsgerichteten ethischen Forderung. (Immerhin konzediert die Systemtheorie Luhmanns im Unterschied etwa zur ökonomisch-reduktionistischen Wirtschaftstheorie von Hayeks, daß die kommunikative Handlungskoordination der Wirtschaft, die durch den monetären Code vermittelt ist, zwar für das »autopoietische Wirtschaftssystem«, nicht aber für die Gesellschaft genügt, »daß in den Preisinformationen, mit denen sich die Wirtschaft versorgt, Informationen über die Auswirkungen der wirtschaftlichen Operationen in der gesellschaftlichen und natürlichen Umwelt der Wirtschaft systematisch zu wenig Berücksichtigung finden«, ja, »daß der Erfolg der Wirtschaft... Gesellschaft und Natur gefährdet«. Er möchte daher die Wirtschaft »weder als Sündenfall noch als Leitbild der Effizienz und Freiheit« interpretieren.[38] Letzteres versucht dagegen A. F. von Hayek. Er stützt sich dabei auf eine sozialdarwinistische Erklärung des Erfolgs der Marktwirtschaft und der westlichen Zivilisationen, die einerseits wertneutral-szientifisch sein will, andererseits aber doch die zum Marktsystem passende »Ordnung« (Verzicht auf jegliche Sozialpolitik im Sinne der distributiven Gerechtigkeit – und wohl auch der Umweltverantwortung? –) zum normativen Maßstab der Moral und der Politik erhebt.[39])

38 Luhmann, a. a. O.

39 Vgl. F. A. von Hayek: *New Studies in Philosophy, Politics and Economics*, London 1978; ders.: *The Fatal Conceit, Part One: Ethics:. The Taming of The Savage* (Collected Works of F. A. Hayek, London 1987). Dazu G. Radnitzky: »An Economic Theory of the Rise of Civilization and Its Policy Implications: Hayek's Account Generalized«, in: *Jahrbuch für die Ordnung von Wirtschaft und Gesellschaft*, Bd. 38 (1987), 47-85. Radnitzky scheint sich vom reduktionistischen Sozialdarwinismus von Hayek distanzieren zu wollen – zugunsten einer selbst noch normativ begründbaren »Ethics of Honesty«, wie sie ja in der Tat in der Vertragsfreiheit der Marktwirtschaft immer schon vorausgesetzt wird. Doch möchte er wohl konsequent im Sinne von Hayeks alle Probleme

Mir scheint der methodologische Orientierungspunkt für die *kritischen Sozialwissenschaften* – und in dem Sinne auch für *kritische Wirtschaftswissenschaft* – genau in der Mitte zwischen Ulrich und Luhmann liegen zu müssen; und d. h. in der Mitte zwischen einer bloß *internen, normativ-hermeneutischen und handlungstheoretischen* Perspektive, die es mit moralischen Postulaten und regulativen Ideen – und allenfalls »pragmatischen Einschränkungen« ihrer Anwendbarkeit – zu tun hat, und einer bloß *externen, funktionalistisch-systemtheoretischen* Perspektive, die das verantwortliche Selbstverständnis der miteinander handelnden Menschen überhaupt nicht ernstnehmen kann: An der »regulativen Idee« der Kommunikationsethik – und damit auch der Drei-Stufen-Konzeption Ulrichs – ist m. E. festzuhalten (weil das im Sinne Kants sozusagen »Pflicht« ist), doch diese normative Grundeinstellung muß die Bereitschaft zur radikalen Reflexion des *kontrafaktischen* Charakters der Fiktion des Ideals einschließen – und insofern auch die Bereitschaft zur *externen wertfreien Thematisierung* des »Eigensinns« der *funktionalen Systemrationalität der Wirtschaft* in unserer heutigen Gesellschaft. Und von dem zweiten Gesichtspunkt aus können und müssen m. E. auch die Ergebnisse der wertfreien Versionen moderner Wirtschaftswissenschaft – der strategisch-spieltheoretisch orientierten und der eher funktionalistisch-soziologisch orientierten Versionen – in das Gesamtkonzept kritischer Wirtschaftswissenschaft eingeordnet werden.
Diese wertfreien Versionen der Wirtschaftswissenschaft wären hier freilich nicht als autark zu verstehen – weder im Sinn einer *normativ-analytischen* Isolierung der *strategischen* Handlungsrationalität des »homo oeconomicus« noch im Sinne einer bloß *sozialtechnologisch-instrumentellen* Umsetzung der Einsichten in die *funktionale Systemrationalität* des Wirtschaftssystems. Die Formen der *externen* und *wertneutralen* Analyse des ökonomischen Handelns stünden vielmehr von vornherein im normativ orientierten Gesamtkontext einer *kritischen Sozialwissenschaft*, deren Perspektive letztlich von der *regulativen Idee* der

der »distributiven Gerechtigkeit« – nicht zu reden von solchen der *Verantwortung* im Sinne der *Lebensfürsorge* für andere oder wenigstens der *Rücksichtnahme* auf die Interessen anderer – auf den archaischen Solidaritätsbereich der Familie beschränken.

ethisch-kommunikativen Rationalität bestimmt ist. Sie stellten – prinzipiell ähnlich wie die Versionen einer *ideologiekritischen* Sozialwissenschaft – *Vermittlungsstationen* dar, auf denen sich das *normativ orientierte, interne Handlungsverstehen* der menschlichen Kommunikationsgemeinschaft durch das *quasi-nomologische Erklären* der geschichtlich sedimentierten und tendenziell reifizierten *Quasi-Natur* der menschlichen Handlungsweisen vermitteln muß.[40]

40 Vgl. K.-O. Apel: »Types of Social Science in Light of Human Cognitive Interests«, in: *Social Research*, 44/3 (1977), 425-70; repr. in St. Brown (ed.): *Philosophical Disputes in the Social Sciences*, Brighton: Harvester Press, 1979. Ders.: *Die Erklären-Verstehen-Kontroverse in transzendentalpragmatischer Sicht*, Frankfurt a. M.: Suhrkamp, 1979.

Die transzendentalpragmatische Begründung der Kommunikationsethik und das Problem der höchsten Stufe einer Entwicklungslogik des moralischen Bewußtseins

Inhaltsgliederung

I. Exposition des Themas

Das Thema meines Vortrags wurde mir von Professor Marco Olivetti vorgeschlagen, und ich habe es gerne akzeptiert, da ich mich in den letzten Jahren – so auch schon im Frühjahr 1983 an der Universität Rom – mit dem Verhältnis der Piaget/Kohlbergschen *Entwicklungslogik der moralischen Urteilskompetenz zur*

transzendentalpragmatischen Begründung der Moral befaßt habe – hauptsächlich im Interesse des Versuchs, die Kohlbergsche Rekonstruktion der *Ontogenese* der moralischen Urteilskompetenz im Sinne einer entsprechenden Rekonstruktion der *Phylogenese*, also der soziokulturellen Evolution des moralischen Bewußtseins, auszuwerten.[1]
Es fällt mir jedoch nicht leicht, das gestellte Thema im begrenzten Rahmen eines Vortrags zu behandeln, denn es stellt sich die Aufgabe, zunächst einmal die sehr komplizierte Problemsituation in Anknüpfung an eine seit Jahren andauernde, sehr detaillierte Diskussion zu rekonstruieren und sodann den transzendentalpragmatischen Ansatz zu den kontroversen Positionen, die sich gerade in bezug auf das Problem der höchsten Stufe der moralischen Urteilskompetenz herausgebildet haben, ins Verhältnis zu setzen.
Die zu rekonstruierende Problematik läßt sich, in grober Voranzeige, durch zwei Aspekte kennzeichnen:
1. Die allgemeinere und umfassendere Problematik ist die des Verhältnisses zwischen philosophischer *Begründung* bzw. *Rechtfertigung* des *normativen Prinzips* der Ethik einerseits und *empirischer*, entwicklungspsychologischer *Beschreibung* und *rekonstruktiv-verstehender Erklärung* der *Ontogenese* der moralischen Urteilskompetenz im Sinne der kognitiven Psychologie Piagets andererseits. (In diesem Zusammenhang stellt sich für mich – wie schon für Habermas[2] – noch das besondere Problem einer soziohistorisch orientierten Rekonstruktion der

1 Vgl. zu dieser Thematik vorläufig meine Beantwortung der Frage »Wozu benötigt der Mensch Ethik?« in K.-O. Apel/D. Böhler/G. Kadelbach (Hrsg.), *Funkkolleg: Praktische Philosophie/Ethik, Dialoge*, Fischer, Frankfurt a. M. 1984, S. 49-162, und in K.-O. Apel/D. Böhler/K.-H. Rebel (Hrsg.), *Funkkolleg: Praktische Philosophie/Ethik, Studientexte*, Beltz, Weinheim/Basel 1984, Bd. I, S. 13-153.

2 Vgl. J. Habermas, *Zur Rekonstruktion des Historischen Materialismus*, Suhrkamp, Frankfurt a. M. 1976, bes. Kap. II, und ders., *Moralbewußtsein und kommunikatives Handeln*, Frankfurt a. M. 1983, bes. Kap. 2 und 4. Zur konkreteren Ausarbeitung dieses Arbeitsprogramms vgl. auch K. Eder, *Die Entstehung staatlich organisierter Gesellschaften*, Suhrkamp, Frankfurt a. M. 1976, u. ders., *Geschichte als Lernprozeß*, Suhrkamp, Frankfurt a. M. 1985.

Phylogenese des moralischen Bewußtseins und ihres Verhältnisses zur *Ontogenese* einerseits und zur normativ-philosophischen Begründung der Ethik andererseits.)

2. Im Rahmen dieser umfassenderen Problematik hat sich aber nun in der Diskussion der letzten Jahre das besondere Problem meines Vortrags herauskristallisiert: *das Problem verschiedenartiger Konzeptionen der höchsten (6. oder 7.) Stufe der moralischen Urteilskompetenz und ihres Verhältnisses zur Stufenhierarchie einerseits, zur philosophischen Begründung des Moralprinzips andererseits*. Hier möchte ich einen weiteren Vorschlag im Sinne der *transzendentalpragmatischen* Begründung einer *diskursbezogenen Verantwortungsethik* zur Diskussion stellen. Zunächst also zum allgemeineren Problem des methodologischen Status der Kohlbergschen Entwicklungstheorie der moralischen Urteilskompetenz.

II. Das methodologische Rahmenproblem des Verhältnisses von philosophischer Begründung und entwicklungspsychologischer Erklärung der Stufen des moralischen Bewußtseins

Betrachten wir zunächst Kohlbergs Stellungnahme zur allgemeinen methodologischen Problematik in der, nun schon berühmten Abhandlung mit dem provozierenden Titel »From *Is* to *Ought*: How to Commit the Naturalistic Fallacy and Get Away with it in the Study of Moral Development« von 1971.[3] Mit dieser Abhandlung – insbesondere mit ihrem Titel – hat Kohlberg zunächst den Eindruck erweckt, er wolle tatsächlich die normative, philosophische *Begründung* der moralischen Urteilskompetenz durch eine entwicklungspsychologische *Erklärung* der Tatsachen ersetzen und insofern im Sinne der »naturalistic fallacy« moralische Normen aus Tatsachen ableiten. Eine solche Auffassung des Kohlbergschen Unternehmens legt sich ja in der Tat nahe, wenn man – im Sinne der neopositivistischen Metatheorie der Lernpsychologie oder auch im Sinne der

3 Jetzt in L. Kohlberg, *The Philosophy of Moral Development*, Harper & Row, San Francisco 1981, p. 101-189.

orthodox-naturalistischen Metatheorie der Psychoanalyse – davon ausgeht, daß die Entwicklungspsychologie eine *wertneutrale* Naturwissenschaft sein müsse, die als solche weder moralische Normen voraussetzt noch ihre Gültigkeit begründen kann. Von solchen epistemologischen Voraussetzungen geht aber Kohlberg in seiner Abhandlung gerade nicht aus, sondern bewußtermaßen von einer Konzeption des »Hand-in-Hand-Arbeitens« von Philosophie und Entwicklungspsychologie. Ähnlich wie schon Piaget bei seiner Konzeption einer »epistémologie génétique«, aber mit noch entschiedenerer Akzentuierung der philosophischen Voraussetzungen, geht Kohlberg von der Vorstellung einer einheitlichen, sowohl normativ-philosophisch als auch entwicklungspsychologisch begründeten Theorie aus. Deren Validierung soll allerdings durch empirisch-psychologische Tests erfolgen, und aufgrund der Ergebnisse dieser empirischen Validierung soll die Theorie insgesamt auch zu Rückschlüssen auf die normative Gültigkeit ihrer philosophischen Voraussetzungen berechtigen: zu Rückschlüssen im Sinne der möglichen Falsifikation oder der indirekten Stützung (»support«) der philosophischen Grundannahmen. Auf der Möglichkeit solcher Rückschlüsse beruht nach Kohlberg die positive Bedeutung der Formel »from is to ought«, und damit sozusagen einer gutartigen Version der »naturalistic fallacy«.
Kohlbergs entscheidendes Argument gegen die wertneutral-szientistische bzw. naturalistische Auffassung der entwicklungspsychologisch relevanten Lernprozesse geht dahin, *daß unter dieser Voraussetzung das Erlernen von Wahrheiten auf dasselbe hinauslaufen müßte wie das Erlernen von Lügen und Illusionen* (a. a. O., S. 102). Die sogenannten *Motive* des Lernens und der Entwicklung müßten sich ja in diesem Falle in der Tat als naturgesetzlich wirksame *Ursachen* – etwa im Sinne des *stimulus: response-Mechanismus* – auffassen lassen, und nicht etwa als *gute oder schlechte Gründe*, die als solche zu rekonstruieren, d. h. zu verstehen und zu werten sind.
Man erkennt schnell, daß hier die *Entwicklungspsychologie* aus ganz ähnlichen Gründen wie, zur gleichen Zeit, die *Wissenschafts-Historie* genötigt wurde, einen epistemologischen Rubikon zu überschreiten. Im Falle der Wissenschaftshistorie führte das sogar dahin, daß Philosophen, die jahrelang, mit Max We-

ber, die Wertneutralität auch der Sozialwissenschaft vertreten hatten, plötzlich – so z. B. Karl Popper und Imre Lakatos – sich genötigt sahen, im Kampf gegen den Relativismus-Historismus der Wissenschaftssoziologie die *Wissenschaftshistorie* als eine nicht wertneutrale, hermeneutisch-rekonstruktive Geisteswissenschaft zu entdecken. Deren Aufgabe wurde, ähnlich wie diejenige der *epistemologie génétique*, als die einer empirischen und normativen Rekonstruktion (primär der *internen* Fortschrittsgeschichte und, davon abhängig, sekundär auch der bloß *extern* erklärbaren Ereignisgeschichte) erkannt.[4]

Freilich ist nicht zu übersehen, daß es bei dem Kohlbergschen Programm einer Entwicklungstheorie der moralischen Urteilskompetenz nicht nur, wie im Falle der Wissenschaftstheorie, um eine verstehend-wertende Rekonstruktion von *Wahrheitsansprüchen*, sondern darüber hinaus um eine solche von moralisch relevanten *Richtigkeitsansprüchen* geht. Doch dieser Unterschied erweist sich als sekundär, wenn man zwei epistemologische Einsichten gewinnt:

Einmal geht es darum, im Sinne der *kognitiven* Psychologie Piagets und Kohlbergs einzusehen, daß *moralische Urteile* nicht nur – wie im Logischen Positivismus unterstellt – Ausdruck *subjektiver Gefühle* oder *Willensentscheidungen* sind, sondern – als Träger eines *Richtigkeitsanspruchs* – Ausdruck einer *erkenntnisanalogen Urteilskompetenz*. Darin, und in der Kohlbergschen Methode der Befragung von »Versuchspersonen« anhand von hypothetischen Dilemmata, liegt eine Bestätigung und Wiederaufnahme der *maieutischen Methode des Sokrates*. Zum anderen geht es darum, die – von Max Weber übersehene – Parallelität zwischen dem *Bewerten von Wahrheitsansprüchen* sogar der wertneutralen Naturwissenschaft und dem *Bewerten der normativen Richtigkeitsansprüche* der moralischen Urteile auf der Ebene der *verstehend-rekonstruktiven Geistes- bzw. Sozialwissenschaften* anzuerkennen. Das impliziert u. a. die Einsicht, daß

4 Vgl. bes. Karl R. Popper, *Objective Knowledge*, Oxford 1972, Ch. 3, und I. Lakatos, *History of Science and its Rational Reconstruction*, in: R. Buck u. R. S. Cohen (Hrsg.), *Boston Studies in the Philosophy of Science* 8, Reidel, Dordrecht-Holland 1971, 91-113. Dazu K.-O. Apel, *Wetenschapsgeschiedenis en het probleem van historisch begrijpen en verklaren*, in *Kennis en Methode*, Jg. VI, 1982, 4-37.

der gravierende epistemologische Unterschied nicht zwischen dem Bewerten von *Wahrheits*-Ansprüchen und dem Bewerten von *normativen Richtigkeits*-Ansprüchen besteht, sondern zwischen der *wertneutralen wahren Feststellung einer Naturtatsache* und der angemessenen *Bewertung eines Wahrheits- oder auch Richtigkeitsanspruchs*, der mit menschlichen Urteilsakten verknüpft ist.

Ein anderer Unterschied zwischen der normativ-rekonstruktiven Wissenschaftshistorie und dem Kohlbergschen Programm besteht allerdings in folgender Hinsicht: Nur das letztere Programm, nicht aber die Wissenschaftshistorie, geht bislang von einer hierarchischen *Stufentheorie* hinsichtlich der *Struktur-Genese* der zu bewertenden Urteilskompetenz aus. Freilich entspricht die Stufenkonzeption Kohlbergs, *mutatis mutandis*, der Stufenkonzeption Piagets in bezug auf die Entwicklung der *mathematisch-logischen Urteilskompetenz*, und insofern sollte man vielleicht auch in der rekonstruktiven Wissenschaftstheorie mit der Möglichkeit und Notwendigkeit einer hierarchischen Stufenkonzeption im Sinne des *genetischen Strukturalismus* rechnen.[5]

Die Signifikanz der *wertend-verstehbaren* und *hierarchisch differenzierenden* Rekonstruktion der Ontogenese des moralischen Bewußtseins besteht offensichtlich darin, daß sie eine Alternative und ein Gegenargument zum ethischen Relativismus der empiristischen Kultursoziologie darstellt; denn die von Kohlbergs Theorie unterstellte, irreversible Reihenfolge (Sequenz) und wertmäßige Differenz (Hierarchie) der Stufen ist von vornherein, gemäß ihrer ontogenetischen Bedingtheit, als *interkulturell invariant* gedacht.

Doch wenn man nun beides, die Berechtigung einer *verstehend-wertenden Rekonstruktionsmethode* und die Notwendigkeit einer *hierarchischen, also wertend differenzierenden Stufentheorie*, unterstellt, dann ergibt sich erneut und mit größerer Dringlichkeit das eingangs aufgeworfene Grundproblem: die

5 Es könnte ja sein, daß *einige* der von Thomas Kuhn herausgestellten Paradigmenwechsel in der Geschichte der Naturwissenschaften – z. B. der des 17. Jahrhunderts von der Aristotelischen zur Galilei-Newtonschen Physik – auf Stufen der Evolution des operationalen Denkens zurückgeführt werden könnten.

Frage nach dem Verhältnis zwischen der *empirisch-psychologischen Erklärung* der Stufensequenz in der Ontogenese der moralischen Urteilskompetenz einerseits und der *normativ-philosophischen Begründung* der Stufensequenz *als einer Werthierarchie* im Sinne der progressiven Annäherung an das normative Telos einer höchsten Stufe des moralischen Bewußtseins andererseits. Kohlberg beantwortet diese Frage in dem angeführten Aufsatz folgendermaßen:

»The scientific theory as to why people factually *do* move upward from stage to stage, and why they factually *do* prefer a higher stage to a lower, is broadly the same as a moral theory as to why people *should* prefer a higher stage to a lower.« (S. 179)

Kohlberg stellt damit, wie er selbst sagt, eine »Identitäts-« bzw. »Isomorphie«-These bezüglich des Verhältnisses von genetisch-psychologisch *erklärender* und normativ-philosophisch *begründender* Theorie auf; und er erläutert diese *Isomorphie*-These wie folgt:

»... although psychological theory and normative ethical theory are not reducible to each other, the two enterprises are isomorphic or *parallel*... In the context of our work, psychological description of moral stages corresponds to the "deep structure" of systems of normative ethics. The logical relation between stages represents indifferently the structure of an adequate theory as to why one system of moral judgment is better than another.« (S. 180)

Wie kann Kohlberg diese starke Hypothese einer *identischen Tiefenstruktur* der genetisch erklärbaren Reihenfolge und der normativ-philosophisch begründbaren Werthierarchie der Stufen des moralischen Bewußtseins ihrerseits begründen? Seine Antwort lautet:

»... I have argued for a parallelism between a theory of psychological development and a formalistic moral theory on the ground that the *formal psychological* development criteria of differentiation and integration, of structural equilibrium, map into the *formal moral* criteria of prescriptiveness and universality. If the parallelism were correct in detail, then formalist philosophers could incorporate an equilibrium concept as part of their normative ethical theory, and vice versa.« (S. 180)

Ich verstehe diese Antwort als *kontrafaktische Antizipation* einer möglichen (und heuristisch zu postulierenden) Konvergenz von

Theoriebildungen im Sinne des *genetischen Strukturalismus* der kognitiven Entwicklungspsychologie – wie auch anderer verstehender Sozialwissenschaften, die es mit einer *rationalen Nachkonstruktion menschlicher Kompetenzen*[6] zu tun haben – einerseits und einer philosophischen Begründung der Rationalität der mit den Kompetenzen notwendig verbundenen universalen Geltungsansprüche. In diesem Sinne – einer *kontrafaktischen Antizipation* – kann ich das Kohlbergsche *Einheitspostulat* akzeptieren; ja, ich möchte seine Notwendigkeit als heuristisches Konvergenz-Postulat schon jetzt durch ein transzendentalpragmatisches Argument verteidigen: Jede Wissenschaft, die es mit der verstehenden Rekonstruktion der Ontogenese oder Phylogenese der menschlichen Rationalität zu tun hat, muß in der Lage sein, die bei der Rekonstruktion notwendigerweise vorausgesetzten eigenen *Rationalitätsansprüche* als mögliches Ergebnis der Ontogenese bzw. Phylogenese der menschlichen Rationalität zu begreifen. Wenn sich nun nachweisen läßt, daß zu den Rationalitätsansprüchen der rekonstruierenden Wissenschaft außer dem Wahrheitsanspruch auch die Voraussetzung der notwendigen Anerkennung einer Ethik der Argumentation gehört, dann muß die verstehende Sozialwissenschaft sich methodologisch von vornherein als empirische und normative Rekonstruktion der Entwicklung des moralischen Bewußtseins im Sinne der Approximation der Normen einer Ethik der Argumentation verstehen. Ich habe dies das *Selbsteinholungsprinzip* der verstehend-rekonstruktiven Wissenschaften genannt und es als unmittelbare Konsequenz des *Prinzips vom zu vermeidenden transzendentalpragmatischen Selbstwiderspruch* begründet und gegen die zahlreichen Spielarten des anthropologisch-sozialwissenschaftlichen *Reduktionismus* (die menschliche Gültigkeitsansprüche auf *nichts als* Triebe, Interessen, Machtwillen usw. reduzieren möchten) ausgespielt.[7]

6 Vgl. zuletzt J. Habermas, *Rekonstruktive vs. verstehende Sozialwissenschaften*, in: *Moralbewußtsein* ..., a. a. O. (s. Anm. 2), 29-52.

7 Vgl. K.-O. Apel, *Die Situation des Menschen als ethisches Problem*, in G. Frey (Hrsg.), *Der Mensch und die Wissenschaften vom Menschen. Die Beiträge des XII. Deutschen Kongresses für Philosophie*, Solaris, Innsbruck 1983, 31-49 (in diesem Bd. S. 42-68), sowie ders., *La razionalità della communicazione umana nella prospettiva trascendentalpragmatica*,

Doch mit der Kennzeichnung der Kohlbergschen *Einheitsthese* als einer *kontrafaktischen* Antizipation ist auch bereits gesagt, daß damit keine hinreichende Antwort auf die Frage nach dem methodologisch relevanten Verhältnis von Philosophie und Entwicklungspsychologie gegeben ist. Solange die Richtigkeit (Korrektheit) der Kohlbergschen Theorie – oder besser: die Korrektheit einer Theoriebildung im Sinne Piagets und Kohlbergs – nicht in allen Teilen philosophisch *und* empirisch-psychologisch erwiesen ist, solange kann mit der faktischen Einheit der beiden Methoden gerade nicht gerechnet werden. Das besagt: Die psychologische Methode der empirisch überprüfbaren, explanativen Beantwortung der Frage, warum die Menschen bei der Entwicklung ihrer Urteilskompetenz *faktisch* eine Stufenfolge durchschreiten, und die philosophische Methode der Beantwortung der Frage, warum sie dies tun *sollten*, um eine höchste und beste Kompetenzstufe zu erreichen, können nicht identisch sein; ja sie *dürfen* nicht identisch sein, weil ja – im Interesse der approximativen Realisierung des *Konvergenz-Postulats* – offenbar die *Kriterien* der normativ-philosophischen Begründung und die empirischen Test-Kriterien der Psychologie sich wechselseitig *stützen* bzw. *korrigieren* sollen.
Im Sinne dieser Überlegungen, wie ich verstehe, hat Jürgen Habermas, bei dem Versuch sozusagen, Kohlberg besser zu verstehen als er sich selber versteht, vorgeschlagen, die *Isomorphie-* bzw. *Einheits*-These Kohlbergs durch eine *Komplementaritäts-* bzw. *Arbeitsteilungs*-These zu ersetzen. Unter Verwendung entsprechender Äußerungen Kohlbergs stellt Habermas fest:

» "Die Tatsache, daß unsere Konzeption der Moral empirisch 'funktioniert', ist wichtig für ihre philosophische Angemessenheit." In diesem Sinne lassen sich rationale Nachkonstruktionen überprüfen oder "testen", wenn "Test" hier den Versuch bedeutet, zu prüfen, ob verschiedene Theoriestücke komplementär in das gleiche Muster hineinpassen. Bei Kohlberg ist die klarste Formulierung die folgende: "Die Wissenschaft kann also testen, ob die Moralkonzeption eines Philosophen phänomenologisch mit den psychologischen Tatsachen zusammenpaßt. Die Wissenschaft kann jedoch nicht dar-

in: Umberto Curi (Hrsg.), *La communicazione umana*, Franco Angeli, Milano 1985, 158-176.

über hinausgehen und jene Moralkonzeption als das rechtfertigen, was Moral sein sollte." «[8]

Kohlberg hat diesen Korrekturvorschlag ebenso wie Habermas' epistemologische Deutung seiner Methode im Sinne der »rationalen Nachkonstruktion« von Urteilskompetenzen in seinem jüngsten Buch akzeptiert.[9]

Ich beziehe mich auf die Habermassche *Komplementaritäts*-These im gegenwärtigen Zusammenhang mit einer gewissen Genugtuung. M. E. ist nämlich darin implizit anerkannt, daß zumindest hinsichtlich der *empirisch-psychologischen Test-Kriterien* und der *philosophischen Begründungs-Kriterien* die auch von Habermas unterstellte methodologische Einheit der Philosophie und der rekonstruktiven Sozialwissenschaften *nicht* vorausgesetzt werden darf. Im Interesse der möglichen wechselseitigen Stützung oder Korrektur der Methoden ist vielmehr vorausgesetzt, daß einerseits die Psychologen bei der Erprobung der Theorie auf die Ergebnisse wiederholbarer und statistisch auswertbarer empirischer Tests rekurrieren können, daß aber andererseits auch die normativ-philosophische Begründung der Theorie auf ein *autonomes nicht-empirisches Begründungsverfahren* sich stützen kann. Genauer: Es *genügt* hier nicht, wie üblicherweise bei sogenannten »starken empirischen Theorien« der Wissenschaft (z. B. bei der »innateness«-Hypothese der Sprachtheorie Chomskys), die – wie immer zustandegekommenen – spekulativ-philosophischen Voraussetzungen als Hypothesen zu betrachten, deren *Begründung* eben durch die *empirische Bewährung* der auf sie gegründeten Theorie erfolgen muß. Es genügt also nicht ein *hypothetisch-deduktives* Denken, dessen Ergebnisse durch *empirische Evidenzen* bestätigt oder falsifiziert werden können; vielmehr muß man m. E. im Falle der *normativen Begründung* der wertmäßigen Hierarchie der Kohlbergschen Stufen (der moralischen Urteilskompetenz) und insbesondere bei der Begründung der *Telos*-Funktion der höchsten Stufe auf eine nichthypothetische, und d. h. nicht empirisch testbare, und das heißt *transzendental-apriorische Letztbegrün-*

8 J. Habermas, *Moralbewußtsein ...*, a. a. O. S. 48.

9 L. Kohlberg, *Moral Stages. A Current Formulation and a Response to Critics*, S. Karger, Basel 1983, p. 15 f.

dung zurückgehen können – wenn so etwas wie eine *rationale Begründung des moralischen Sollens* überhaupt möglich sein soll. Wenn diese aber nicht möglich sein sollte, dann würde automatisch die Kohlbergsche Theorie ihren *ethischen* – z.B. pädagogisch anwendbaren[10] – Sinn verlieren. Sie wäre dann bestenfalls eine Theorie, die einigermaßen zuverlässige Voraussagen über das Verhalten von heranwachsenden Menschen liefert – im Prinzip nicht anders als z.B. Theorien über das Konsumentenverhalten, die verstehbare Motive letztlich nicht als *gute oder schlechte Gründe bewerten*, sondern sie lediglich als relevante Verhaltensursachen in einem »Erklärungs«-Schema heuristisch berücksichtigen.[11]

Aus diesen methodologischen Überlegungen ergibt sich im Zusammenhang unseres Themas, daß wir versuchen müssen, Kohlbergs Stufentheorie zunächst einmal hinsichtlich ihrer *psychologisch-beschreibenden und erklärenden Dimension* und hinsichtlich ihrer *philosophischen Begründungsdimension* genauer zu analysieren. Insbesondere müssen wir nach den einerseits empirisch-psychologischen, andererseits philosophischen *Kriterien und Evidenzen* für die Annahme und für die Definition der sechs Stufen der moralischen Urteilskompetenz fragen. Ich beziehe mich zu diesem Zweck im folgenden zunächst noch einmal auf Kohlbergs Abhandlung »From Is to Ought«, sodann auf die ergänzende Abhandlung »Justice as Reversibility« von 1978. Beide Abhandlungen zusammen bilden das Kernstück seiner 1981 erschienenen »Philosophy of Moral Development«.

10 Vgl. hierzu L. Kohlberg, *The Philosophy of Moral Evolution*, a.a.O., part One: »Moral Stages and the Aims of Education.«

11 Vgl. hierzu K.-O. Apel, *Types of Social Science in the Light of Human Interests of Knowledge*, in: *Social Research*, 44/3, 1977, 425-70; repr. in: St. Brown (Hrsg.), *Philosophical Disputes in the Social Sciences*, Harvester, Brighton 1979, 3-50, u. ders., *Die Erklären-Verstehen-Kontroverse in transzendentalpragmatischer Sicht*, Suhrkamp, Frankfurt a.M. 1979.

III. Die Darstellung der sechs Stufen der moralischen Urteilskompetenz in L. Kohlbergs »Philosophy of Moral Development«

III.1 · In »From Is to Ought« versucht Kohlberg anhand des Stufenschemas zu zeigen, daß und wie sich der, von der »kognitiven Entwicklungstheorie« postulierte, progressive Äquilibrierungsprozeß der Ontogenese des moralischen Urteils als »Hierarchie von Formen der moralischen Integration« im Sinne der wachsenden Gerechtigkeit begreifen läßt. Er expliziert diesen Anspruch in den folgenden vier Thesen:

(1) Das moralische Urteilen beruht auf einem Prozeß des »role-taking« (etwa im Sinne von G. H. Mead);

(2) es weist auf jeder Stufe eine neue logische Struktur auf, entsprechend den logischen Stufen der Denkoperationen bei Piaget;

(3) die Struktur kann als Gerechtigkeits-Struktur aufgefaßt werden;

(4) sie ist als solche auf jeder folgenden Stufe umfassender und zugleich differenzierter und äquilibrierter als auf der vorausgehenden Stufe (S. 147).

Kohlberg erläutert und belegt diese vier Thesen im Durchgang durch die sechs Stufen seines Schemas wie folgt:

Kinder auf der *präkonventionellen Stufe 1* sind in der Regel noch nicht in der Lage, konkrete Denkoperationen im Sinne der *logischen Reziprozität* bzw. *Reversibilität* (im Sinne Piagets) auszuführen. Da dies eine notwendige, wenn schon nicht hinreichende Voraussetzung für die *Reziprozität des moralischen Urteils* ist, so sind sie auch noch nicht in der Lage, »Gerechtigkeit« als konkrete Reziprozität des Austauschs (von Gaben oder Leistungen) zwischen verschiedenen Individuen vorzustellen. Sie erwarten zwar, daß schlimme Taten schlimme Folgen haben, nämlich Bestrafung; aber sie definieren gewissermaßen diese »Gerechtigkeit« nicht als Austausch im Sinne der Gleichheit und Gegenseitigkeit, sondern im Sinne einer »Sozialordnung«, in der die Schwachen den Starken Gehorsam schulden und Taten des Ungehorsams dementsprechend Bestrafung durch die Starken zur Folge haben (S. 147 f.).

Auf der *präkonventionellen Stufe 2* sind die Kinder nach Kohlberg in der Lage, konkrete Denkoperationen im Sinne der *logi-*

schen Reziprozität bzw. *Reversibilität* auszuführen. Ein Kind weiß jetzt z. B., daß es der Bruder seines Bruders ist, oder daß sein Gegenüber eine rechte Hand hat, die der eigenen linken Hand entgegengesetzt ist. Dieser Denkvoraussetzung entsprechend (die freilich keine *zureichende* Bedingung ist!) sind Kinder auf der Stufe 2 auch in der Lage, Gerechtigkeit gewissermaßen als Fairneß im Sinne der *konkreten Reziprozität des Austauschs von Gaben oder Leistungen* zu »definieren«, also etwa im Sinne des Austauschs von Gefälligkeiten oder von Schlägen, nach der Devise: »Du solltest mich nicht behelligen, und ich sollte dich nicht behelligen.« Dementsprechend wird auch das sogenannte »Heinz-Dilemma«, das Kohlberg als Standard-Aufgabe der stufenrelativen Problemlösung verwendet, von Stufe-2-Kindern aufgefaßt bzw. beantwortet, nämlich folgendermaßen: Wenn es darum geht, ob Heinz ein Medikament, das er nicht bezahlen kann, stehlen soll, wenn er so – und nur so – das Leben seiner Frau oder das eines Freundes retten kann, so soll er's tun, denn er könnte die Frau oder den Freund eines Tages nötig haben, damit sie dasselbe für ihn tun (S. 148). Man könnte hier also von einer *naiv-instrumentellen* oder besser *naiv-strategischen* Auffassung des Wesens von Gerechtigkeit und Fairneß sprechen. Die »Goldene Regel« der Bibel wird dementsprechend im Sinne der Gegenseitigkeit aktuellen Austauschs von Gefälligkeiten oder aber der Vergeltung von Übeltaten aufgefaßt.
Auf der *konventionellen Stufe 3* sind die Kinder oder Jugendlichen erstmals zum reflektierten »role-taking« in der Lage; d. h. sie können sich jetzt *gleichzeitig in zwei verschiedene Rollen, die aufeinander bezogen sind, hineinversetzen.* Dementsprechend verstehen sie jetzt auch die »Goldene Regel« der Bibel angemessen, d. h. im Sinne der *idealen* Gegenseitigkeit der Formel »Behandle die anderen so, wie du von ihnen behandelt werden *möchtest*« (nicht so, wie du von ihnen tatsächlich behandelt wirst) (S. 149). Das zeigt sich in folgendem Test: Auf die Frage »Was sollst du nach der Goldenen Regel tun, wenn ein anderes Kind dich schlägt?«, antworten Stufe-2-Kinder in der Regel: »Zurückschlagen, denn ich soll anderen das antun, was sie mir antun.« Dagegen können Stufe-3-Kinder oder Jugendliche aus ihrem »role-taking« heraus antizipieren, daß das

Zurückschlagen dazu führen muß, daß der andere auch zurückschlägt und so fort, und daß dies nicht zu einem wünschenswerten Gegenseitigkeitsverhältnis führen würde. Daher sind Stufe-3-Kinder nach Kohlberg erstmals in der Lage, Vergebung über Rache zu setzen (S. 149). Allerdings ist das »role taking« auf Stufe 3 noch begrenzt im Sinne der stereotypen Rollen einer konkreten Bezugsgruppe, also etwa der Familie, der Freunde und Bekannten. Gut zu sein bzw. richtig zu handeln bedeutet jetzt, die Erwartungen dieser nahestehenden Rollenträger im Sinne eines einfachen konventionellen Systems von Tugenden zu erfüllen, etwa im Sinne der Forderung »to be a nice boy or, respectively, girl«. Ein Ansatz zur *Universalisierung* des »role taking« bzw. der »Goldenen Regel« ist auf der konventionellen Stufe 3 noch nicht möglich, aber auch noch nicht eine *Präzisierung der Rollenpflichten und Rechte im Sinne eines sozialen Funktionssystems: einer Gesellschaftsordnung*, welche die Rollen durch zugehörige Regeln oder Normen des richtigen Verhaltens festlegt.

Dies letztere wird nun möglich und maßgebend auf der *konventionellen Stufe 4*, der Stufe von »Law and Order«, die typischerweise auf eine staatliche Gesellschafts- und Rechtsordnung bezogen ist. (Auf dieser Stufe befindet sich, nach jüngeren Schätzungen Kohlbergs, in den modernen Industriestaaten der westlichen Zivilisation, so etwa in den USA, der weitaus überwiegende Teil der Erwachsenen.) Die Gegenseitigkeitsbeziehung der Rechte und Pflichten ist jetzt gewissermaßen durch das soziale System vermittelt und begrenzt. Dementsprechend besteht die positive Reziprozität der Gerechtigkeit jetzt nicht mehr im interpersonalen Austausch von Gütern und Leistungen, sondern im Austausch von Leistungen und Belohnungen zwischen den Einzelpersonen und dem System (S. 151). Die negative Reziprozität der Gerechtigkeit besteht dementsprechend nicht mehr in Rache und Vergeltung zwischen Personen (oder Familien), sondern darin, daß man – nach Maßgabe der Gleichheit vor dem Gesetz – der Gesellschaft seine Schuld bezahlt. Die »Schlüssel-Definition« der Stufe 4 beruht nach Kohlberg auf einer »law-(or rule-)and-order-maintaining perspective«.

Demgegenüber liegt nun die Schlüssel-Definition der *postkon-*

ventionellen Stufe 5 darin, daß hier erstmals die »lawmaker's perspective« eingenommen wird (S. 152). Im Sinne dieser postkonventionellen Perspektive rekurriert man auf das *natürliche Recht der Individuen, die Gesellschaftsordnung, in der sie leben wollen, durch Verträge nach dem Gesichtspunkt der Nützlichkeit zu begründen und sie nötigenfalls zu verändern*. Daher die von Kohlberg bevorzugte Kennzeichnung der Stufe 5 als solche der »legalistischen Vertragsorientierung« oder – zuletzt – »Stage of Prior Rights and Social Contract or Utility« (S. 411). Dabei muß nach Kohlberg der *Nützlichkeits*-Standpunkt, der gewissermaßen das rationale Legitimationsprinzip für das Recht und auch für die zugrundeliegenden Verträge darstellt, im Sinne des *Regel-Utilitarismus* und nicht etwa im Sinne des klassischen Utilitarismus oder Konsequentialismus der Handlungen verstanden werden. Und der Standpunkt des Regel-Utilitarismus muß dadurch qualifiziert sein, daß die gültigen Regeln bzw. Gesetze selbst nicht, wie auf Stufe 4, als sakrosankt vorausgesetzt, sondern im Vergleich zu anderen Regeln als nützlicher für die einzelnen begründet werden (S. 153).

Besonders wichtig erscheint mir der Umstand, daß die *postkonventionelle Stufe 5* nach Kohlberg einen »vorgesellschaftlichen« (»presocietal«) Standpunkt begründet. Diese Charakteristik könnte freilich mißverstanden werden – etwa in dem Sinn, daß hier alle gesellschaftlichen Verpflichtungen überhaupt zugunsten eines bindungslosen Individualismus abgestreift würden. Gemeint ist dagegen eher dies: Der gruppen- oder staatsbezogene Standpunkt der *Binnenmoral* wird durch den Gedanken der *Freiheitsrechte aller Menschen* und durch die Forderung der Begründung des Rechts durch *freie Verträge* überschritten. Auf *Stufe 4* (»law and order«) ist die Gerechtigkeit für den einzelnen eine Sache der Verteidigung der eigenen Gesellschaftsordnung (»law, nation, and God«) gegen ihre Feinde: Kriminelle, Dissidenten und äußere Feinde (S. 153). Auf *Stufe 5* dagegen »verlagert sich die Aufmerksamkeit von der Verteidigung von Gesetz und Ordnung auf das Problem der Gesetzgebung, die notwendig ist, um die Wohlfahrt der Individuen zu maximieren«. Darin ist »eine völlig verschiedene Einstellung der Gesetzesachtung involviert. Die Funktion der Gesetze wird dann darin gesehen, zwischen den Eigentumsrechten und (sonstigen) Interessen verschiedener und konfligierender Gruppen als Schiedsrichter zu vermitteln« (S. 154).

Ausdruck solcher Einstellung sind die prozeduralen Arrangements der *konstitutionellen Demokratie*, wie z.B. gleiche Repräsentation der Interessen aller einzelnen als Mittel der Konsensbildung und eine »Bill of Rights« zum Schutz der individuellen Freiheiten und der natürlichen Rechte, die den Gesetzen und der Gesellschaftsordnung *vorausliegen* (S. 154). (Früher bemerkte Kohlberg bei der Erläuterung seines Stufenschemas, die *Stufe 5* entspreche der »offiziellen« Moral der amerikanischen Regierung und Verfassung.[12] In der späteren Erweiterung seiner historischen Anmerkung heißt es, die postkonventionelle kritische Moralphilosophie und die konstitutionelle Demokratie seien »in der westlichen Welt zusammen entstanden..., so zuerst in Athen, dann in der Zeit der europäischen Reformation«) (S. 153).

Doch warum läßt sich nun die *Stufe 5* nicht schon als höchste bzw. Endstufe der möglichen Entwicklung der moralischen Urteilskompetenz betrachten? Welche Probleme im Sinne der vollständigen *Äquilibrierung* bzw. der vollständigen *Reversibilität* der Gerechtigkeitsoperationen des »role taking« bleiben auf Stufe 5 noch ungelöst? Kohlberg ist in der Tat der Meinung, daß auf der Stufe 5 (»Prior Rights and Social Contract or Utility«) der »moral point of view« und damit das moralische Prinzip, von dem aus der einzelne sich bei der Infragestellung von Gesetz und Recht in seinem Handeln orientieren kann, noch nicht zur Verfügung steht. Er erläutert diese These einerseits anhand seiner empirischen Test-Ergebnisse, zum anderen anhand einer kritisch-philosophischen Diskussion des *Regel-Utilitarismus* (vor dem Hintergrund eines an Kant bzw. genauer an Rawls orientierten philosophischen Standpunktes).

Als *empirisches* Testergebnis dient Kohlberg z.B. die Antwort eines Stufe-5-Studenten auf die Frage, ob es vor dem amerikanischen Bürgerkrieg richtig war, das Gesetz zu brechen und schwarzen Sklaven bei der Flucht zu helfen (S. 158). Der Student sieht – und das ist nach Kohlberg typisch für Stufe 5 –

12 Vgl. L. Kohlberg, *From Is to Ought*, in: T. Mischel [Hrsg.], *Cognitive Development and Epistemology, Academic Press*, New York 1971, S. 165.

einen Konflikt zwischen der *Legalität* im Sinne des geltenden Rechts und dem »moral point of view«; doch für den letzteren kann er kein *intersubjektiv gültiges Prinzip* als Begründung anführen, sondern nur das *Recht des subjektiven Gewissens.*[13] Zwar sagt er, daß seiner Meinung nach die Sklaverei ein Unrecht darstelle, weil sie Menschen wie Tiere behandle, und er verteidigt ausdrücklich das moralische Recht des Individuums zu einer solchen »Meinung« bzw. zu der entsprechenden Gewissens-»Entscheidung« des zivilen Ungehorsams. Doch es handelt sich dabei eben nur um eine subjektive Meinung bzw. Entscheidung. Ihr steht nach Aussage des Studenten das Recht des Staates als das damalige gültige Recht entgegen, so daß der einzelne, der sich zum zivilen Ungehorsam entschließt, wissen muß, daß er sich außerhalb der Gesellschaft befindet (S. 158).

Kohlberg interpretiert nun diesen Standpunkt der *Stufe 5* durch eine Auslegung entsprechender philosophischer Positionen der analytischen Ethik bzw. Metaethik. Entscheidend ist hier nach Kohlberg die Voraussetzung, daß die Moralphilosophie in einer Analyse der »ordinary moral language« bestehen könne. Darin macht sich nach Kohlberg die Philosophie selbst von einer bestimmten gesellschaftlichen Stufe des moralischen Bewußtseins abhängig; z. B. von der für *Stufe 5* charakteristischen Auffassung, der »moral point of view« könne bzw. müsse durch eine Ausdehnung der *legislativen* Perspektive über die Rechtssphäre hinaus gewonnen werden. Man unterstelle damit, daß die Moral, wie das Recht, aus einem System von spezifischen Regeln oder Normen bestehe, die je nach den gesellschaftlichen Bedingungen variieren, weil sie ein willkürliches Moment enthalten, das auf die Wohlfahrtsbedürfnisse der jeweiligen besonderen Gesellschaft zurückgeht« (S. 158 f.).

13 Man kann bemerken, daß diese Einschätzung der Stellung des Gewissens im Verhältnis zum staatlichen Recht im großen und ganzen dem Standpunkt Hegels entspricht, wenn man davon absieht, daß es für Hegel welthistorische Persönlichkeiten – wie Sokrates – gibt, die den subjektiven Gewissensstandpunkt sozusagen mit weltgeschichtlichem Recht gegen solche Formen der staatlichen Sittlichkeit zur Geltung bringen, die den Gewissensstandpunkt noch nicht »aufzuheben« vermögen.

In diesem Sinne können z. B. für Kurt Baier[14] viele inhaltlich verschiedenen Moralsysteme (»moralities«) gültig sein, wenn sie nur bestimmten *formalen*, metaethischen Maßstäben genügen, die auch für Rechtsgesetze maßgebend sind, wie z. B. *Universalität* und *Unparteilichkeit*. R. M. Hare hat nach Kohlberg diese formalen Kriterien, denen ein »Moralprinzip« Genüge tun muß, in seinem Buch *Freedom and Reason*[15] klar ausgearbeitet; und sogar das Prinzip des *Regelutilitarismus*, das R. B. Brandt 1968 mit seinem formalen Kriterium der »qualified attitude« verknüpft hat,[16] möchte Kohlberg seiner praktischen Funktion nach nicht als echtes substantielles Moralprinzip, sondern lediglich als formalprozedurale Argumentationsregel für die Begründung situations- bzw. kulturrelativer »quasi-legaler« Normen ansehen (S. 159).

Kohlberg exemplifiziert nun den Unterschied zwischen den philosophischen Positionen, die der *Stufe 5* entsprechen, und dem echten, autonomen Moralprinzip der *Stufe 6* wieder mit Hilfe des »Heinz-Dilemmas«. Dabei wendet er jedoch diesen Standardtest diesmal nicht empirisch auf reale Versuchspersonen, sondern im Gedankenexperiment auf drei fiktive Philosophen an. Wie immer in Kohlbergs (auf die Urteilskompetenz bezogenen) Tests, kommt es auch in diesem Fall nicht auf den handlungsbestimmenden *Inhalt* der drei Antworten auf das »Heinz-Dilemma« an – in dieser Hinsicht kommen alle drei Philosophen zu dem gleichen Ergebnis –, sondern auf die *strukturelle Form* der Antwort. Diese entspricht nach Kohlberg im Falle der ersten beiden Philosophen der *Stufe 5* und nur im Falle des dritten Philosophen der *Stufe 6* der moralischen Urteilskompetenz.

Philosoph 1 gibt die folgende Antwort: Was Heinz tat (sc. das Stehlen des Medikaments für seine todkranke Frau), *war nicht Unrecht*, aber es war *auch nicht seine Pflicht*, so zu handeln, sondern es war *ein gutes Werk, das über die Pflicht hinausgeht*

14 Vgl. K. Baier, *The Moral Point of View: A Rational Basis of Ethics*, rev. ed., Macmillan, New York 1965.

15 R. M. Hare, *Freedom and Reason*, Oxford University Press, New York 1963.

16 R. B. Brandt, *Toward a Credible Form of Utilitarianism*, in: M. D. Bayles (ed.), *Contemporary Utilitarianism*, Anchor Books, Garden City 1968.

(»a deed of supererogation«). Diese moralische Rechtfertigung des Diebstahls wird damit begründet, daß eigentlich bei der Gesetzgebung der Gesichtspunkt berücksichtigt werden sollte, daß die Verteilung knapper Heilmittel Prinzipien der Fairneß unterliegen sollte. Unter den bestehenden Rechtsverhältnissen aber hatte der Apotheker, der auf dem hohen Preis des Medikaments insistierte, das Recht für sich, und er blieb sogar im Rahmen seines moralischen Rechts; es sei denn, das Nichthergeben des Medikaments stellte in seiner Gesellschaft eine strikt mißbilligte Handlungsweise dar. Allerdings hatte er kein moralisches Recht, sich über den Diebstahl zu beklagen.

Was den Richter angeht, der Heinz' Tat zu beurteilen hat, so ist er nach der Meinung des *Philosophen 1* dazu da, *das Gesetz anzuwenden*, es sei denn, daß sehr starke Gründe für die Nichtanwendbarkeit des Gesetzes sprechen. Derartige Gründe aber, die es dem Richter erlauben würden, durch Nichtanwendung des Gesetzes einen Präzedenzfall im Sinne der Nichtbestrafung von Diebstahl zu schaffen, sind für den *Philosophen 1* durch die Beschreibung der Umstände nicht hinreichend bezeugt (S. 160).

Der *Philosoph 2* beurteilt den Fall schon etwas anders: Er sagt: Heinz *tat recht*, er *sollte* das Medikament stehlen. Seine Begründung lautet: Zwar ist es im allgemeinen schädlich, dem Gesetz nicht zu gehorchen, und deshalb Pflicht, ihm zu gehorchen; aber es gibt Ausnahmefälle, in denen man durch Brechen des Gesetzes von anderen Menschen Schaden abwenden kann, der größer ist als der Schaden, der aus dem Gesetzesbruch entsteht. Ein solcher Fall scheint dem Philosophen 2 vorzuliegen: Heinz hatte die *Pflicht*, das Medikament für seine Frau oder auch für einen engen Freund in gleicher Lage zu stehlen, *weil solche Handlungsweise im allgemeinen mehr Nutzen als Schaden stiftet*. Für einen Fremden allerdings hätte Heinz das Medikament nicht zu stehlen brauchen.

Nach demselben Maßstab beurteilt der *Philosoph 2* auch das Verhalten des Apothekers: Er war moralisch im Unrecht, weil er nicht nach dem Grundsatz handelte, andere vor schwerem Schaden zu bewahren, wenn man dies bei geringen eigenen Opfern ermöglichen kann.

Der Richter sollte nach der Meinung des 2. Philosophen den Angeklagten Heinz entweder freisprechen oder ihn mit einem bloß nominellen Urteil bestrafen, wenn das in seinem Ermessen steht. Denn ein Freispruch für moralisch motivierte Gesetzesbrecher, wie Heinz, würde wiederum mehr Nutzen als Schaden stiften; und die nominelle Verurteilung würde gleichwohl das Prinzip der Bestrafung von Rechtsbrechern formal aufrechterhalten (S. 160f.).

Für Kohlberg sind diese beiden philosophischen Beurteilungen des »Heinz-Dilemmas« dadurch gekennzeichnet, daß sie den »moral point of view« noch nicht durch ein konsistentes und autonomes Prinzip begründen können. Sie unterscheiden zwar klar zwischen dem *legalen Gesichtspunkt der Gesetzesverletzung* und dem *moralischen Gesichtspunkt der Beurteilung des Gesetzesbrechers*; aber ihre Begründungen bleiben mehr oder weniger abhängig von Vorstellungen der *Legalität* und des *Gesellschaftsvertrags*, wie sie auch für nichtphilosophische Urteilssubjekte der *Stufe 5* charakteristisch sind.

Für den *1. Philosophen* gibt es zwar schon klare Kriterien der Nützlichkeit und der Gerechtigkeit für die Beurteilung des Problems der *Gesetzesbegründung* (»law-making«), aber noch gar kein moralisches Prinzip, das im Falle der Abwägung von Eigentumsrecht gegen Recht auf Leben für alle beteiligten Akteure (Ehemann, Apotheker und Richter) klare moralische Pflichten festlegen könnte.

Für den *2. Philosophen* ist zwar durch das Prinzip des *Regelutilitarismus* ein Satz von Regeln festgelegt, »deren allgemeine Befolgung mehr Nutzen als Schaden stiftet«. Doch diese Regeln gelten nicht universell für alle möglichen Akteure. (»Sie diktieren, daß ein Ehemann verpflichtet ist, [für seine Frau] zu stehlen, doch nicht jeder Freund oder ein Fremder«.) Diese »Prinzipien« scheinen Kohlberg eher »Verhaltensvorschriften zu sein, die dem ähnlich sind, was die Soziologen »Rollenerwartungen« nennen. Nur »die Art und Weise ihrer Formulierung entspricht [irreführenderweise] der Art und Weise, in der Gesetze formuliert werden« (S. 161).

Kohlberg zieht aus dieser Diskussion den Schluß, daß die philosophischen Positionen, die auf einer Extension der *Stufe 5* der moralischen Urteilskompetenz beruhen, nicht eine *universale Moralität* begründen können, deren Prinzipien für alle Menschen als verbindlich akzeptierbar sind (S. 161). Eine solche

Moralität möchte nun Kohlberg durch den *Philosophen 3* exemplifizieren, dessen Beurteilung des »Heinz-Dilemmas« der *6. und höchsten Stufe* der moralischen Urteilskompetenz entspricht.

Philosoph 3 gibt folgende Antwort auf das »Heinz-Dilemma« (S. 162): Was Heinz tat, war im Sinne der Legalität Unrecht, aber im Sinne der Moralität richtig. Jeder hat mindestens *prima facie* die Pflicht, menschliches Leben zu retten (wenn er dazu in der Lage ist). Und diese Pflicht hat offenbar Vorrang im Falle des Konfliktes zwischen ihr und der Legalitätsnorm, nicht zu stehlen. Moralische Normen dieser Art müssen ihrerseits die Gültigkeit von Rechtssystemen begründen.

Wenn man nun weiter fragt, warum man denn das Gesetz gegen Diebstahl brechen soll, wenn es darum geht, menschliches Leben zu retten, dann führt der *Philosoph 3* folgenden rationalen Grund an: Nur die von Heinz getroffene Entscheidung ist *reversibel* und deshalb *universalisierbar*. D. h. sie beruht darauf, daß man sich sowohl in die Rolle der Person, deren Leben auf dem Spiel steht, als auch in die Rolle dessen, der ihr Leben retten kann, versetzt hat. Nicht nur Heinz, sondern auch der Apotheker müßte die moralische Pflicht zum Diebstahl erkennen, wenn er sich – angesichts der durch ihn selbst verursachten Zwangslage – in die Rolle der Frau und ihres Ehemanns versetzen würde. Damit aber wird zugleich klar, daß die Pflicht, das Leben der Frau zu retten, prinzipiell für jeden besteht und somit auch gegebenenfalls die Pflicht, das Medikament zu stehlen. Durch das »role taking« im Sinne der *Reversibilitäts*-Forderung wird eben klar, daß der Wert des Eigentums und dementsprechend die moralische Autorität des Gesetzes das Eigentum schützt, dem Wert des menschlichen Lebens bzw. der Pflicht, das Leben zu bewahren, untergeordnet sind.

Der letzte Grund für Heinz' Pflicht, das Medikament für seine Frau zu stehlen, besteht demnach *nicht* in einer *utilitaristischen Abwägung von Nutzen und Schaden der Handlungsweise* oder einem *impliziten Gesellschaftsvertrag*, der allen Menschen gebietet, sich gegenseitig in einer bestimmten Weise zu behandeln; vielmehr erhellt aus dem Gedankenexperiment des *reversiblen »role taking«*, daß jedem Vertrag und jeder Rechtsinstitution selbst noch das *Recht jeder Person auf gleichberechtigte Berück-*

sichtigung ihrer Ansprüche in jeder Situation – nicht nur in solchen, die zufällig im positiven Recht kodifiziert sind – zugrundeliegt. Dieses Prinzip der »personalen Gerechtigkeit«, das selber nicht mehr utilitaristisch begründet werden kann, sieht Kohlberg bzw. sein *Philosoph 3* in Kants »Autonomie-Formel«: »Behandle jeden Menschen als Selbstzweck, nicht als Mittel« formuliert (S. 163).

Von diesem Moralprinzip aus, das universal gültig ist, beurteilt der *3. Philosoph* schließlich auch die Pflicht des Richters: »Er ist in eine Lage versetzt, in der er sowohl die Gesetze des Staates zur Geltung zu bringen hat als auch bezeugen muß, daß die Gesetze des Staates unvollkommene Manifestationen eines höheren Gesetzes sind. In dieser Lage (bei der man von anderen, vielleicht entscheidend wichtigen Faktoren absieht) sollte der Richter Heinz aufgrund des Diebstahls verurteilen und anschließend das Urteil aufgrund expliziter öffentlicher Gründe suspendieren« (S. 163).

Kohlberg faßt seine exemplarische Argumentation für die höchste Stufe der moralischen Urteilskompetenz wie folgt zusammen:

Philosoph 3 vertritt eine Position der *Stufe 6*, indem er die Orientierung des *Stufe-5*-Denkens an den Prinzipien des *Regel-Utilitarismus* und des *Sozialvertrags* an ihrer Stelle akzeptiert, darüber hinaus aber zwei mehr oder weniger äquivalente moralische Prinzipien zur Geltung bringt, die ein »höheres moralisches Gesetz« definieren. Es handelt sich um das Kantsche Prinzip, *daß Personen als Selbstzweckwesen einen unbedingten moralischen Wert besitzen*, und das dem genau entsprechende *Prinzip der formalen Gleichberechtigung aller Ansprüche von Personen in allen Situationen*. Im Unterschied zu allen mehr oder weniger nützlichen Handlungsweisen und im Unterschied zu Rollenerwartungen, die aus impliziten Gesellschaftsverträgen ableitbar sind, sind die angeführten beiden logisch äquivalenten Moralprinzipien jederzeit für jedes »Vernunftwesen« als »idealen moralischen Akteur« verbindlich und insofern schlechthin universalisierbar. Sie stehen höher als jedes positive Rechtsgesetz, »weil die Geltungsansprüche der Rechtsgesetze und Verträge aus ihnen deduziert werden können« (S. 164).

Insofern sind die Moralprinzipien der *Stufe 6* für Kohlberg noch in einem anderen und radikaleren Sinn *unparteiisch* und *universal gültig*, als dies für alle *Rechtsnormen* schon aus der *Gesetzgebungsperspektive* der *Stufe 5* gefordert werden muß. Sie konstituieren nicht nur eine *formale* bzw. *prozedurale* Bedingung für das Generieren von Normen bzw. Gesetzen, die als solche situationsrelativ und daher material verschieden sein können – entsprechend der Forderung von Baier bzw. von Hare –, sondern sie stellen als formale, deontologische Prinzipien zugleich »substantielle Moralprinzipien« dar, weil sie als »voll universalisierbare Prinzipien jederzeit für jede Person gültige Pflichten begründen – wie z. B. die, menschliches Leben zu bewahren oder eine menschliche Person niemals nur als Mittel zu benutzen« (vgl. S. 166).

Kohlberg erläutert den Unterschied zwischen der universalen Gültigkeit der *Stufe-6*-Prinzipien und derjenigen relativierbarer Prinzipien tieferer Stufen an zwei Beispielen. In beiden Fällen wird die Operationalisierung der *Stufe-6*-Prinzipien durch die Forderung der vollständigen *Reversibilität* des »role taking« ermöglicht; denn daraus ergibt sich, *daß universal gültige Pflichten stets mit entsprechenden Rechtsansprüchen korreliert sein müssen*. Wird dies nicht beachtet, so kann sich eine Fehlinterpretation des *Universalisierungs*-Prinzips im Sinne des Rückfalls auf tiefere Stufen des moralischen Bewußtseins ergeben.

Das ist z. B. der Fall, wenn der alte Kant – trotz des Einspruchs von B. Constant, der bereits auf die prinzipielle Notwendigkeit der Entsprechung von Rechten und Pflichten hinwies – die Norm, *nicht zu lügen*, zur unbedingt gültigen Pflicht – selbst einem Mörder gegenüber – erheben wollte und insofern die Lüge, die dazu dient, ein Menschenleben zu retten, verbieten wollte.[17] Kohlberg weist m. E. zu Recht darauf hin, daß der Gebrauch, den Kant bei dieser Gelegenheit von seinem Universalisierungsprinzip macht, dieses der Tendenz nach auf den Typus eines *common-sense*-Prinzips der *Gesetzeskonservierung* der *Stufe 4* herabsetzt – nach dem Muster: Die Universalisierung des Lügens im Dienste guter Zwecke würde das Gesetz des

17 Vgl. I. Kant, *Über ein vermeintes Recht aus Menschenliebe zu lügen*, in: *Kants Werke*, Akademie-Textausgabe, Bd. VIII, 423-430.

Nicht-Lügens aufheben (S. 165). (Die Kohlbergsche Interpretation dieses Beispiels Kantscher Argumentation liefert m. E. einen Verständnisschlüssel für das bekannte Faktum, daß die Kantsche Pflichtethik im 19. Jahrhundert – zusammen mit dem Lutherischen Katechismus – die *Stufe-4*-Grundlage der »Law and Order«-Moral des preußischen Beamten bilden konnte. Bei der Durchsetzung des Rechtsstaats – z. B. gegen Korruption – war dies eine große Hilfe; doch die Grenze dieser Moralität erwies sich im Hitler-Staat, der den »Widerstand« vor die Aufgabe stellte, eine tief internalisierte Stufe-4-Pflicht-Moralität im Sinne der »Zivilcourage« [Bonhoeffer] zu transzendieren).[18]
Hier wäre m. E. freilich zu ergänzen, daß unter den von Kant im »Reich der Zwecke« vorausgesetzten Bedingungen einer idealen Kommunikationsgemeinschaft von Vernunftwesen die *strikte Entsprechung von Rechtsansprüchen und Pflichten* natürlich vorausgesetzt werden kann. Insofern ergibt sich unter diesem höchsten Gesichtspunkt der Kantschen Philosophie auch die strikte Universalisierbarkeit und »unbedingte Gültigkeit« (Kant) des Prinzips, *nicht zu lügen*, als eines *Stufe-6*-Prinzips, das in den beiden Kohlbergschen Prinzipien der *Stufe 6* impliziert ist.[19]
Interessant ist es, daß Kohlberg das *Prinzip, einen Menschen* (genauer: »die Menschheit in einer Person«) *niemals bloß als Mittel zu behandeln*, im Unterschied zu dem situationsrelativen Prinzip, *nicht zu lügen*, selbst auf den Mörder im Falle des Kantschen Beispiels angewandt wissen will und eben darin den Universalisierbarkeitsvorrang dieses Prinzips erkennen will (vgl. S. 166). Diese These, die von Kohlberg nicht weiter ausgearbeitet wird, scheint mir eine tiefe Pointe zu haben. Sie stößt nämlich scheinbar auf Schwierigkeiten, wenn man unterstellt, daß die angemessene Handlungsweise gegenüber dem Mörder –

18 Vgl. hierzu vor allem D. Bonhoeffer, *Widerstand und Ergebung. Briefe und Aufzeichnungen aus der Haft*, hrsg. von E. Bethge, München [11]1962. Dazu D. Böhler, *Kritische Moral oder pragmatische Sittlichkeit*, in: *Funkkolleg ... Studientexte*, a. a. O. (s. Anm. 1), Bd. II, S. 883 ff.

19 Vgl. hierzu K.-O. Apel, *Weshalb benötigt der Mensch Ethik*, a. a. O. (s. Anm. 1), *Funkkolleg ... Studientexte*, Bd. 1, S. 126 f. sowie ders.: *Ist die philosophische Letztbegründung der moralischen Normen auf die reale Praxis anwendbar?*, *Funkkolleg ... Studientexte*, a. a. O. Bd. 2, S. 613 ff.

oder gegenüber einer Organisation wie der »Gestapo« – doch wohl die der bewußten strategischen Täuschung sein müßte: Muß man insofern nicht versuchen, den anderen – d. h. seine Handlungen und deren Zweckintentionen – prinzipiell als Mittel zu behandeln, um die eigenen Zwecke zu realisieren? – Oder muß man genauer sagen: Selbst im Grenzfall des *strategischen Handelns* muß man, trotz aller Instrumentalisierung der Spielzüge des Gegners, diesen doch prinzipiell nicht als Sache, sondern als Gegenspieler, und d. h. als Ko-Subjekt, anerkennen und insofern die Menschheit in seiner Person nicht nur als Mittel benutzen? Ich werde auch auf diesen Punkt noch zurückkommen!

Das zweite Beispiel, an dem Kohlberg den Universalisierbarkeitsvorrang der *Stufe-6*-Prinzipien erläutert, betrifft die Anwendung der »Goldenen Regel«. Sie ist, wie bereits angedeutet, auf *Stufe 3* erstmals möglich; aber sie führt nach Kohlberg auf dieser Stufe noch nicht zu einer vollständig äquilibrierten Lösung möglicher Konflikte zwischen menschlichen Rechtsansprüchen. Der Grund dafür liegt darin, daß hier (wie auch noch in der sakrosankten und abgeschlossenen Gesellschaftsordnung der Stufe 4) das »role taking« noch allzusehr durch die konkreten Reziprozitätsverhältnisse der jeweiligen Bezugsgruppe oder durch eine vorgegebene Ordnung von Rollenpflichten präjudiziert ist. Es gelangt noch nicht dazu, die Forderung der Reversibilität im Sinne der prinzipiellen Gleichberechtigung aller menschlichen Rollen vollständig durchzuführen. Kohlberg exemplifiziert dies andeutungsweise an der neutestamentlichen Geschichte vom »reichen Jüngling«, dem Jesus empfiehlt, all seine Güter den Armen zu geben. Sehen wir einmal davon ab, daß diese Empfehlung Jesu – wegen der Aufforderung zur Nachfolge – noch eine andere Pointe hat, so kann man mit Kohlberg sagen: Durch die angedeutete Empfehlung wird in der Tat nicht das – von Aristoteles erstmals präzisierte – Problem der *Distributionsgerechtigkeit* in bezug auf die dyadische Reziprozitätsrelation zwischen dem Reichen und den Armen gelöst. Es fehlt in der Empfehlung an den reichen Jüngling die vollständige *Reversibilität* des »role taking« im Sinne der Gerechtigkeit (vgl. S. 167).

III.2 Man kann nun freilich bei der Behandlung dieses Problems in »From Is to Ought« den Eindruck gewinnen, daß Kohlberg hier noch nicht hinreichend deutlich gemacht hat, inwiefern das Prinzip der vollständigen *Reversibilität* des »role taking« nicht nur den möglichen Endpunkt einer Piagetschen Entwicklungstheorie der moralischen Urteilskompetenz bildet, sondern auch, philosophisch betrachtet, eine hinreichende normative Begründung einer Theorie der Gerechtigkeit liefert. Diesen Eindruck bestätigt Kohlberg selber durch den Aufsatz »Justice as Reversibility: The Claim to Moral Adequacy of a Highest Stage of Moral Judgment«. Er stellt hier eingangs fest, er habe in der vorausgehenden Abhandlung zwar seine *psychologische Entwicklungstheorie* zu den *formalistischen metaethischen Theorien der Philosophie* in Beziehung gesetzt, um den Anspruch zu rechtfertigen, daß eine höhere Stufe im Sinne der Entwicklungstheorie zugleich als bessere Stufe gelten kann. Er habe dabei aber die Beziehung zur *normativ-ethischen* Theorie der zeitgenössischen Philosophie nur berührt, nicht aber entwickelt. Um dies nachzuholen, wolle er jetzt seine Entwicklungspsychologie zu Rawls »Theory of Justice«[20] in Beziehung setzen (S. 191 f.).

Dabei sind nach Kohlberg zwei Aspekte zu unterscheiden: Der erste Aspekt entspricht dem Versuch Rawls, ein systematisches Strukturmodell zu konstruieren, aus dem sich die »in Betracht gezogenen« moralischen Urteile der Menschen »generieren« lassen – etwa so wie bei Chomsky die grammatischen Regeln der Sprachkompetenz. In bezug auf diesen Aspekt vertritt Kohlberg die These, daß Rawls' Theorie in der Tat als ein universal gültiges Modell für die Generierung moralischer Urteile anzusehen sei – mit einer Einschränkung bzw. Qualifikation: Das Modell generiert erfolgreich die – und nur die – moralischen Urteile all der Menschen, welche die sechs Stufen der (Kohlbergschen) Sequenz erfolgreich durchschritten haben und sich auf der höchsten Stufe befinden. Das aber sind nach Kohlbergs Einschätzung etwa 5 Prozent der erwachsenen Amerikaner.

Das Zustandekommen der Konvergenz zwischen Rawls' Mo-

20 J. Rawls, *A Theory of Justice*, Harvard University Press, Cambridge: Mass. 1971.

dell und der höchsten Stufe der eigenen Entwicklungstheorie führt Kohlberg auf den Umstand zurück, daß seine und Rawls' Theorie aus denselben Wurzeln erwachsen sind: »Kants formaler Theorie der Moralphilosophie und Piagets formaler Theorie der Psychologie« (S. 192). Dabei sieht Kohlberg – damals noch – seine empirischen Ergebnisse bezüglich der Stufe 6 als eine Stärkung für Rawls intuitiv bzw. introspektiv gewonnene Ergebnisse an. Später hat er diese These revoziert durch die Feststellung, daß die Stufe 6 seiner Entwicklungstheorie nur ein Postulat darstelle, das überhaupt noch nicht durch empirische Testergebnisse gestützt werden könne.[21]
Gerade wenn nun die höchste Stufe 6 der Entwicklungssequenz auch für Kohlberg nur ein theoretisches Postulat darstellt, erhält der zweite Aspekt der möglichen Beziehung zwischen Kohlbergs Theorie und derjenigen von Rawls' größtes Gewicht: Er ergibt sich nach Kohlberg aus dem Umstand, daß Rawls' Theorie eine *normative Funktion* erfüllt, die Kohlbergs Theorie nicht erfüllt: nämlich die, einer rationalen Person die Prinzipien ihrer moralischen Urteile *vorzuschreiben* und diese zu *rechtfertigen*. Insofern ist Rawls' Philosophie nach Kohlberg in der Lage, zu beweisen, daß die jeweils höheren Stufen in Kohlbergs Sequenz deshalb die *moralisch besseren* sind, weil sie eine weitergehende Approximation an die Stufe 6 darstellen, deren mögliche Urteile Rawls' Theorie aus einem Prinzip rechtfertigen kann.
Es ist in diesem Zusammenhang zu beachten, daß Kohlberg einen Unterschied macht zwischen der strukturanalytischen Bewertung der Urteile im Sinne des *formal* »mehr-moralisch«-Seins und der *substantiellen* Bewertung der Urteile im Sinne des »moralisch-besser«-Seins. Die erstere, rein strukturanalytische Bewertung leistet seine eigene Theorie, sozusagen im Sinne einer *Entwicklungslogik der Rationalität moralischen Urteilens*, die von der Rationalität des technischen, des strategischen oder auch des ästhetischen Urteilens verschieden ist. Genauer: Seine Theorie zeigt, daß die spezifische Rationalitätsform des moralischen Urteilens sich auf den höheren Stufen der Entwicklungssequenz mehr und mehr von den anderen Rationalitätsformen differen-

21 Vgl. L. Kohlberg, *Moral Stages* ..., a. a. O. (s. S. 9), Subject Index: »Stage six«.

ziert, daß sie z. B. Gesichtspunkte der Klugheit, des Gefallenwollens oder der Autoritätsrespektierung mehr und mehr hinter sich läßt.
Diese Rekonstruktionsleistung der Entwicklungstheorie erklärt aber nur die *stufenspezifische Form* der jeweils anzutreffenden Urteile. Sie ist durchaus damit kompatibel, daß die ihrer *Form* nach übereinstimmenden Urteile einer Stufe *inhaltlich* – z. B. hinsichtlich der Entscheidungen von Test-Dilemmata oder schließlich hinsichtlich der konkreten Handlungsentscheidungen – zu verschiedenen Ergebnissen gelangen. Diese *inhaltliche Zweideutigkeit* der strukturanalytisch erklärbaren Urteilsformen zeigt nun aber in aller Klarheit, daß die Frage nach dem *moralisch-besser-Sein* der Urteile höherer Stufe noch nicht hinreichend beantwortet ist. Dies Ergebnis aber ist zumindest für die postulierte höchste Stufe der Herausdifferenzierung der moralischen Urteils-*Form* unbefriedigend. Für sie zumindest müßte sich zeigen lassen, daß eine bestimmte Form des Urteilens auch inhaltlich eindeutige Ergebnisse liefert, nämlich solche Urteile, die als schlechthin universalisierbare für alle rationalen Personen akzeptierbar sind.
Genau diese Leistung der Rechtfertigung der Urteile der *6. Stufe* verspricht sich nun Kohlberg von Rawls' »Theorie der Gerechtigkeit«. (Kohlberg wird in dieser Erwartung – zumindest 1978 noch – bestärkt durch den Rekurs auf die folgende empirische Feststellung: »The people we have studied whose reasoning is at Stage 6 have agreed on the dilemmas we have presented them. In contrast, Stage 5 people all agree on certain dilemmas but not on others« [S. 193]. Falls diese empirische Feststellung nicht mehr haltbar ist, bleibt zumindest das Postulat bestehen, daß auf der formal höchsten Stufe der moralischen Urteilskompetenz auch inhaltlich *universal akzeptierbare* bzw. *konsensfähige* Urteile generiert werden.)
Den Konvergenzpunkt zwischen Piagets Entwicklungstheorie und Rawls' normativer Theorie findet Kohlberg in dem für beide Theorien zentralen Gedanken des »reflexiven Äquilibriums«. Dabei läßt sich eine *erkenntnis-methodologische* Bedeutung dieses Gedankens von einem anderen Bedeutungskomplex unterscheiden, der unmittelbar das *normative Kriterium der Gerechtigkeit* betrifft (vgl. S. 195 ff.).

Die *methodologische* Bedeutung des Gedankens liegt bei Rawls in dem Versuch, zwischen den unterstellten allgemeinen Prinzipien der Moral und den besonderen, situationsbezogenen moralischen Urteilen (gleichsam durch Hin- und Hergehen zwischen den beiden Polen) ein Gleichgewicht im Sinne der wechselseitigen Bestätigung zu finden. (Der kontinentale Philosoph findet sich hier wieder an den »hermeneutischen Zirkel« erinnert.) Bei Piaget nun bedeutet derselbe Gedanke, daß sowohl die Erkenntnis wie auch die Moral in einem stufenförmigen Entwicklungsprozeß zwischen dem Pol der Prinzipien und dem der konkreten Erfahrung ihr definitives Gleichgewicht finden müssen. Damit tritt eine Differenzierung der erkenntnistheoretischen Problematik im Sinne der »épistemologie génétique« ein. Denn die Stufen der Entwicklung stellen gleichsam Theorien oder Prinzipien dar, in deren Licht Tatsachen bzw. konkrete Erfahrungen solange interpretiert werden, als sie jeweils »assimiliert« werden können. Ist dies nicht mehr möglich, d. h. wird die Widerspruchs-Spannung zwischen den beiden Polen zu stark, so kommt es zu einem qualitativen Sprung auf eine höhere Stufe: Das Individuum generiert in Anpassung an die konkreten Erfahrungen ein neues Interpretations- bzw. Assimilations-Prinzip. Die einzelnen Entwicklungsstufen stellen also bei Piaget Punkte relativen (vorläufigen) Äquilibriums im zu rekonstruierenden Gesamtprozeß der Bewußtseinsbildung dar: Punkte relativen Äquilibriums im Gesamtprozeß der wechselseitigen Revision von Prinzipien und Erfahrungen im Sinne des »reflexiven Äquilibriums«.

(Man sieht hier, wie ich hervorheben möchte, daß die Piagetsche Konzeption der »épistemologie génétique« es möglich macht, von einer Hermeneutik des bloßen *Kontextualismus* und des historisch-relativistischen »immer nur anders Verstehens« – oder des Verstehens und zugleich Nichtverstehens – zu einem quasi-Hegelschen *Fortschrittskonzept* zurückzukehren,[22] zu einem Fortschrittskonzept, bei dem freilich jede Garantie faktischen Gelingens fehlt. Wenn es um die Interpretation der *Geschichte des*

22 Vgl. hierzu auch Th. Kesselring, *Entwicklung und Widerspruch. Ein Vergleich zwischen Piagets Entwicklungstheorie und Hegels Dialektik*, Suhrkamp, Frankfurt a. M. 1981, sowie ders.: *Die Produktivität der Antinomie. Hegels Dialektik im Lichte der genetischen Erkenntnistheorie und der formalen Logik*, Suhrkamp, Frankfurt a. M. 1984.

moralischen Bewußtseins geht – dies würde aus der Analogie zwischen Ontogenese und Phylogenese folgen –, hat man mit *irreversiblen Lernprozessen* zu rechnen, die eine wertend-differenzierende Rekonstruktion epochaler Fortschritte – oder der Verhinderung von Fortschritten – zumindest in der Entwicklung der Urteilskompetenz nahelegen. Dies scheint dem Geschäft des *historischen Verstehens* einen Maßstab der »Objektivität« – und zwar im Sinne nicht wertneutraler, sondern *normativer Gültigkeit* des Verstehens – zurückzugeben[22a], sofern nur die philosophische Rechtfertigung des Prinzips der höchsten Stufe gelingt.)
Wie steht es aber nun mit dem unmittelbar *normativ* relevanten Kriterium der Gerechtigkeit, das in Rawls' Gedanken des »reflexiven Äquilibriums« enthalten sein soll?
Kohlberg unterscheidet hier zwischen *zwei Bedeutungen des Rawlsschen Gedankens des »reflexiven Äquilibriums«*, die zusammen das Kriterium der Gerechtigkeit zu explizieren vermögen. Die *erste Bedeutung* liegt in der sogenannten »Maximin«-Konzeption der mathematisch-ökonomischen Spieltheorie. Hier geht es um den Punkt des Gleichgewichts zwischen den beiden entgegengesetzten Interessen der egoistisch-strategisch denkenden Spieler im Falle eines auszuhandelnden Vertrags über die Einkommensverteilung in einer Konkurrenzgesellschaft: nämlich 1. dem Interesse, möglichst viel zu verdienen, wenn man an der Spitze der Einkommensverteilung steht. und 2. dem Interesse, möglichst geringen Verlust zu erleiden, wenn man seinen Platz am unteren Ende der Verteilungsskala erhalten sollte. Aus diesem Interesse jedes Spielers am *Maximin-Gleichgewicht* läßt sich nun eine Regel ableiten, die ein Gleichgewicht zwischen den *Maximin*-Interessen aller Spieler und insofern eine faire oder gerechte Vertrags-Lösung gewährleistet, *wenn man davon ausgeht, daß kein Spieler seinen Platz in der Ordnung der Einkommensverteilung im voraus kennt.*
Die Regel der gerechten Lösung scheint in diesem Fall zunächst einfach auf das Prinzip der *gleichen* Verteilung der Einkommen hinauszulaufen. Doch dies ist nicht der Fall; denn es besteht die Möglichkeit einer für jeden Spieler günstigeren Lösung des *Maximin*-Problems, wenn eine *ungleiche* Verteilung das zu verteilende

22a Vgl. J. Habermas, *Moralbewußtsein* ..., a. a. O. (s. Anm. 2), Kap. 2.

Gesamteinkommen der Gesellschaft so zu steigern vermag, daß ein »Ungleichheits-Vorteil« (»inequality-surplus«) für alle, auch gerade für die Minimum-Verdiener sich ergibt. Dies mag z. B. dadurch erreicht werden, daß eine ungleiche Verteilung größere Leistungsanreize mit sich bringt. Das Prinzip der strategisch-rationalen Wahl für alle vom Selbstinteresse ausgehenden Spieler würde also nicht einfach im Prinzip der Gleichverteilung liegen, sondern in dem von Rawls sogenannten »Differenz-Prinzip«, welches besagt: »Ungleichheiten sind solange nicht akzeptierbar oder willkürlich, als sie nicht zu der Erwartung berechtigen, daß sie sich zum Vorteil jedes einzelnen auswirken werden« (S. 196). Es zeigt sich hier nun, daß der Gedanke des »reflexiven Äquilibriums« bei Rawls nicht nur dem *Maximin*-Prinzip der strategisch-rationalen Wahl jedes einzelnen entspricht, sondern die weitere Bedeutung der *gerechten Vermittlung* zwischen den konkurrierenden *Maximin*-Ansprüchen aller Gesellschaftsmitglieder annehmen kann. Die Voraussetzung dafür liegt allerdings in dem bereits angedeuteten Umstand, daß bei dem auszuhandelnden Gesellschaftsvertrag alle Spieler im Ungewissen darüber sind, welches ihr Platz in der zu wählenden Gesellschaftsordnung sein wird – und zwar nicht nur hinsichtlich der gesellschaftlichen Verteilung von Einkommen, sondern zuvor schon hinsichtlich der Verteilung natürlicher Talente und Fähigkeiten. Diese Grundbedingung einer *rationalen Wahl des gerechten Staates* stellt Rawls bekanntlich sicher durch die Annahme der sogenannten »original position«, d. h. insbesondere durch die mit dieser Situation verknüpften Bedingung des »veil of ignorance« bezüglich des Status' des Wählers in der Gesellschaftsordnung, die zu wählen ist.

Die Pointe dieses Ansatzes möchte ich – etwas abweichend von Kohlberg – etwa folgendermaßen verdeutlichen: Durch die einschränkenden Bedingungen der rationalen Wahl in der »original position« zwingt Rawls gewissermaßen jeden *egoistisch-strategisch* denkenden Wähler, *sich vor der Wahl im Sinne eines vollständig reversiblen »role taking« in alle möglichen Positionen von Gesellschaftsmitgliedern hineinzuversetzen*; denn diese könnten sich ja alle als seine Position herausstellen. Der *strategisch-egoistische* Wähler muß also so wählen, *als ob* er vom *Willen zur Gerechtigkeit* beseelt wäre. Es ist jedoch m. E. dar-

auf hinzuweisen, daß Rawls auf diese Weise nicht etwa eine *Begründung der Ethik durch das Prinzip der strategisch-rationalen Wahl* – gewissermaßen auf der Linie eines Neo-Hobbesianismus – liefert. Denn der strategisch-rationale Wähler, der durch die von Rawls auferlegten Bedingungen der »original position« zur Wahl im Sinne des völlig reversiblen »role taking« gezwungen ist, wird dadurch natürlich nicht zu einem Wähler, der vom moralischen Willen zur Gerechtigkeit *motiviert* ist. (Das zeigt sich z. B. darin, daß er – als rein strategisch denkender Mensch – möglicherweise einen *kriminellen Vorbehalt* in bezug auf die zu errichtende Rechtsordnung hat.)[23]
Die Frage nach der eigentlichen *Begründung* der Gerechtigkeitsethik verschiebt sich also von der Frage nach den Gründen der rationalen Wahl des strategischen Spielers zur Frage nach den Gründen, aus denen heraus Rawls selber die Wahl-Bedingungen der »original position« so arrangiert, wie er es tut. Ich werde darauf noch zurückkommen.
Diese Bedenken ändern aber nichts daran, daß es Rawls durch seine Fiktion der »original position« gelingt, das *Kriterium der Gerechtigkeit* in denkbar schärfster Form herauszuarbeiten: Gerade die heuristische Vermittlung der Suche nach diesem Kriterium über alle möglichen Positionsperspektiven der egoistisch-strategischen Rationalität wird bei Rawls – wie der Tendenz nach auch schon bei Kant[24] – zur Bedingung der Möglichkeit einer Überwindung der egozentrischen Perspektive bei der Bestimmung des Kriteriums der Gerechtigkeit.
In diesem Sinne verknüpft auch Kohlberg Rawls' Kriterium der Gerechtigkeit mit seinem eigenen Grundgedanken des vollständig reversiblen »role taking«: Er stellt fest, »daß ... ein Prozeß der äquilibrierten und vollständigen Befolgung des »role taking« im Sinne der Goldenen Regel dem Rawlsschen Gedanken der Entscheidung in einer "original position" *formal äquivalent* ist«. Er ergänzt diese Feststellung allerdings durch die folgende:

23 Vgl. hierzu K.-O. Apel zur kritischen Rekonstruktion der Hobbesschen Moral- und Staatsphilosophie in *Funkkolleg ...*, *Dialoge*, a. a. O. (s. Anm. 1), Bd. I, S. 121 ff., *Funkkolleg ... Studientexte*, Bd. 1, S. 112 ff.

24 Vgl. z. B. Kants Begründung der Pflicht, anderen in der Not zu helfen, in: *Grundlegung zur Metaphysik der Sitten*, Akad. Textausg., Bd. IV, S. 423.

Eine »intuitiv ansprechendere« Verdeutlichung der Reversibilität als Äquilibrium könne durch die altruistische Konzeption des »ideal role taking« im Sinne des Spiels »moral musical chairs« geliefert werden. Bei diesem Spiel geht es um zwei Operationen der Einbildungskraft:

1. Zunächst hat man »sich selbst nacheinander im Geiste auf den Platz jedes anderen Akteurs zu setzen und dessen Ansprüche aus seinem Gesichtspunkt zu betrachten«.

2. Wenn sich dabei herausstellt, daß verschiedene Ansprüche miteinander in Konflikt stehen, soll man sich vorstellen, »daß die Parteien ihre Plätze tauschen«. Dabei »sollte eine Partei *dann* ihren konfligierenden Anspruch aufgeben, wenn er auf der Nichtanerkennung des Gesichtspunkts der anderen Partei basiert« (S. 199).

Das hiermit gewonnene normative Kriterium der Gerechtigkeit gibt Kohlberg nun die Möglichkeit einer definitiv bewertenden Unterscheidung zwischen den ethischen Positionen bzw. Prinzipien, die sich in den postkonventionellen *Stufen 5* und *6* der moralischen Urteilskompetenz ausdrücken. Er exemplifiziert diese Unterscheidung an zwei Versionen des sogenannten »Captain's dilemma« (s. S. 205 ff):

In der 1. Version geht es um die Frage, was ein Flugkapitän tun soll, der sich – nach dem Absturz seiner Maschine – mit noch zwei überlebenden Passagieren auf ein Floß gerettet hat. Es besteht eine gute Chance, daß zwei der Überlebenden – der Kapitän, der navigieren kann, und der unverletzte, kräftigere und jüngere der beiden Passagiere – eine nahegelegene Insel erreichen; dagegen besteht – schon wegen der knappen Lebensmittelvorräte – kaum eine Chance, daß alle drei sich retten können. Es gibt nun drei ethisch relevante Entscheidungsmöglichkeiten für den Kapitän:

1. Er unternimmt den aussichtslosen Rettungsversuch mit allen drei Überlebenden an Bord.
2. Er befiehlt dem alten und verletzten Passagier, von Bord zu gehen.
3. Er läßt das Los entscheiden.

In der 2. Version des »Captain's dilemma« geht es um die Frage, wie sich ein Kompaniechef entscheiden soll, der sich in der folgenden Lage befindet: Er ist auf dem Rückzug und kann seine Kompanie nur retten, wenn er einem seiner Leute den Befehl erteilt, zurückzugehen und die Brücke zwischen der Kompanie und dem sie verfolgenden Feind zu sprengen. Der Zurückbefohlene könnte sich dann freilich nicht mehr selbst retten. Der Kompaniechef hat nun zwei ethisch relevante Entscheidungsmöglichkeiten:

1. Er kann dem Experten, dem gelernten Sprengmeister, das »Himmelfahrtskommando« auftragen; dann erhöht sich die Chance, daß der Auftrag erfolgreich ausgeführt und die Kompanie gerettet werden kann.
2. Er läßt das Los darüber entscheiden, wer den Auftrag übernehmen muß. Dann verringern sich die Rettungschancen für die Kompanie.

Kohlberg läßt nun zwei fiktive Philosophen auftreten, von denen der eine die Position des *Regel-Utilitarismus*, der andere die der *Gerechtigkeit* im Sinne Rawls' bzw. der *vollständigen Reversibilität des »role taking«* vertritt. Der erste Philosoph orientiert sich am Prinzip der »aggregativen Nützlichkeit«, welche die getroffene Entscheidung *in der Regel* haben würde. Er zeichnet in diesem Sinne denjenigen Befehl aus, der am ehesten die Rettung möglichst vieler Menschen verspricht. Das bedeutet, daß im ersten Fall der alte, verletzte Mann von Bord geschickt wird und im zweiten Fall dem gelernten Sprengmeister der Selbstmordbefehl erteilt wird. Der zweite Philosoph dagegen entscheidet in beiden Fällen zugunsten des Losverfahrens. Aus welchem Grunde?

Es geht ihm nicht etwa darum, Gerechtigkeit in dem Sinne zu realisieren, daß alle Betroffenen den Untergang hinnehmen müssen, weil es nicht möglich ist, alle zu retten. (Das wäre eine Version des Prinzips »Pereat mundus, fiat justitia«, das die Utilitaristen oft als abschreckendes Beispiel einer rigiden Gerechtigkeitsethik anführen.) Insofern scheidet auch für den zweiten Philosophen die Möglichkeit aus, niemandem den Selbstmordbefehl zu erteilen. Das Losverfahren verdient aber nach dem Urteil des zweiten Philosophen – trotz der mit ihm verknüpften Herabsetzung der Rettungschancen, und somit trotz seiner geringeren »aggregativen Nützlichkeit« – den Vorrang im Sinne der Gerechtigkeit; und dies aus folgendem Grund: *Dem Losverfahren, und nur ihm, könnten alle Betroffenen zustimmen,*

wenn sie sich in die Positionen aller anderen Betroffenen – und so auch in die des alten verletzten Mannes bzw. die des Sprengmeisters – *versetzen und sich vergegenwärtigen, welche Überlebenschancen sie selber dann haben würden.* (Genau zu dieser Betrachtungsweise aber werden auch die Wähler einer Gesellschaftsordnung durch Rawls' Arrangement des »Schleiers der Unwissenheit« in der »original position« gezwungen.)
Kohlberg zeigt nun anschließend, daß es möglich ist, auch Versuchspersonen, die zunächst geeignet sind, das Dilemma im Sinne der regelutilitaristischen Lösung zu entscheiden, zu einem – eventuell definitiven – Standpunktwechsel zu bewegen. Man muß sie nur dazu bringen, das Gedankenexperiment des vollständig reversiblen »role taking« wirklich durchzuführen (vgl. S. 211 ff.). Daraus zieht Kohlberg den Schluß, daß durch den Wechsel vom *regelutilitaristischen* zum *Gerechtigkeits*-Standpunkt im Sinne von Rawls tatsächlich der Übergang von der postkonventionellen *Stufe 5* zur postkonventionellen *Stufe 6* des moralischen Bewußtseins vollzogen wird.
An dieser Stelle kann ich nun zunächst einmal die Beziehung zwischen Kohlbergs Theorie und der von Habermas und auch von mir vertretenen *Kommunikations-* bzw. *Diskurs*-Ethik herstellen.

IV. Das Problem des Kriteriums der höchsten (6. oder 7.) Stufe des moralischen Bewußtseins im Lichte der Kommunikations- bzw. Diskursethik

Dem Kohlbergschen Entscheidungsprinzip der vollständigen Reversibilität des »role taking« entspricht in der Kommunikationsethik das Postulat, daß alle moralischen Normen bzw. normativ verbindlichen Handlungsmaximen in einem argumentativen Diskurs, in dem die Interessen aller Betroffenen unter idealen (symmetrischen) Gesprächsbedingungen ermittelt und miteinander vermittelt werden, konsensfähig sein sollten. Es liegt nahe, die hier verglichenen Prinzipien als zwei Seiten ein und derselben Einsicht in das Wesen der Gerechtigkeit zu verstehen. Dies leuchtet um so mehr ein, wenn man bedenkt, daß beide Konzeptionen sich geltungstheoretisch als Transformationen (d. h. Konkretisierungen und Präzisierungen) des Kant-

schen *Universalisierungsprinzips* verstehen lassen. Dem entspricht es, daß man auch in genetischer (ontogenetischer und phylogenetischer!) Hinsicht die Erfahrungsdimension der menschlichen Kommunikation bzw. Interaktion mit Piaget, Kohlberg, G. H. Mead und Habermas als Dimension der progressiven Entwicklung der Reziprozität des »role taking« bis hin zum Endpunkt des Gerechtigkeitskriteriums der vollständigen Reversibilität ansehen kann.
Freilich kann man die am »role taking« und die an der sprachlichen Verständigung orientierten Betrachtungsweisen auch als *komplementär* ansehen, sofern sie jeweils andere Aspekte ein und desselben Sachverhalts beleuchten. So muß man m. E. zugeben, daß der vom jeweils einzelnen Entscheidungssubjekt her gewonnene Gesichtspunkt des »role taking« und das Postulat seiner vollständigen Reversibilität dem einzelnen die in der sprachlichen Kommunikation implizierte *Reziprozitätsstruktur* des »moral point of view« allererst bewußt machen: Der einzelne wird z. B. in den Stand gesetzt, die in der *Reziprozitätsstruktur der menschlichen Interaktion* enthaltene Zweideutigkeit – die Alternative der egoistisch-strategischen und der Gerechtigkeits-Einstellung – als die grundlegende rationale Alternative eines *postkonventionellen Gewissens* zu verstehen. Dadurch vermag er den (heutzutage von der orthodoxen Psychoanalyse und von der Soziologie suggerierten) heteronomen Gewissensbegriff der *Stufe 4* rational zu überwinden. Es wird jetzt klar, warum Kants Postulat des »autonomen« Gewissens im Sinne des gesetzgebenden moralischen Vernunft-Willens letztlich doch Recht behält gegen die scheinbar wissenschaftliche These, das Gewissen sei einfach die Internalisierung der jeweiligen gesellschaftlich anerkannten Normen in Gestalt des heteronomen »Über-Ich«.
(Dies kann – wohlgemerkt: im heutigen Diskussionszusammenhang – nicht mehr dadurch rational plausibel gemacht werden, daß man – sozusagen auf das Sprachspiel des Deutschen Idealismus vertrauend – das Wort »Autonomie« durch die Rede von der »Begründung durch Freiheit« paraphrasiert. Denn unter »Freiheit« – wie unter »Autonomie« – verstehen heutzutage die »unbefangenen« – oder genauer: die von Hobbes her denkenden analytischen Philosophen – die Willkür dessen, der sich

bei seiner Entscheidung strategisch-rational nur vom *Selbstinteresse* leiten läßt. Ein rational-autonomer Wähler in diesem Sinn aber hat, im Unterschied zu dem, der sich heteronom vom »Über-Ich« leiten läßt, überhaupt kein »Gewissen« im moralischen Sinn; er verkörpert eher die *amoralistische Alternative* zum gelungenen Übergang vom *konventionellen* zum *postkonventionellen* moralischen Bewußtsein.)

Dagegen macht nun das Gerechtigkeitsprinzip der *vollständigen Reversibilität* des »role taking« folgendes klar: Es besteht dann und nur dann kein Widerspruch zwischen der *Vernunft-Autonomie* und der normativen »Internalisierung des Standpunkts der Gesellschaft«, wenn man unter dem letzteren Standpunkt nicht mehr – wie auf *Stufe 4* – die *normative Autorität eines partikulären sozialen Systems*, sondern die *völlig reversible Reziprozitäts*struktur *des »role taking« in einer unbegrenzten idealen Kommunikationsgemeinschaft versteht*. Demzufolge wird der einzelne dann *autonom* im Sinne der ethischen Rationalität entscheiden, wenn die Maxime seiner Willensbildung vom Standpunkt eines jeden möglichen Mitglieds der idealen Kommunikationsgemeinschaft aus akzeptierbar ist. Soweit der Kohlbergsche Beitrag zu einer postkantischen Ethik der idealen Kommunikationsgemeinschaft.

Man kann nun aber vom Gesichtspunkt der *sprachlichen*, genauer: der *diskursiv-argumentativen – Verständigung über Moralprobleme* aus immer noch einen *Abstraktheitseinwand* gegen das Gerechtigkeitskriterium von Rawls und Kohlberg vorbringen. Und J. Habermas hat das in seiner ersten Kohlberg-Rezeption sogar in der Form getan, daß er eine *Stufe 7* des moralischen Bewußtseins postuliert hat. Auf dieser Stufe ist als Ideal vorausgesetzt, daß die *Universalisierbarkeit* einer Handlungsmaxime als Norm nicht nur durch das Gedankenexperiment eines einzelnen unter Bedingungen der Gewissensautonomie, sondern durch konkrete Verständigung zwischen den Betroffenen unter Bedingungen der »moralischen und politischen Freiheit« aller Mitglieder einer »fiktiven Weltgesellschaft« festgestellt wird.[25]

25 J. Habermas, *Zur Rekonstruktion des Historischen Materialismus*, a. a. O. (s. Anm. 2), S. 83).

Die kritische Pointe dieses Arguments war freilich bei Habermas noch primär gegen Kant gerichtet; sie richtete sich gegen die, durch die Formulierung des »Kategorischen Imperativs« nicht auszuschaltende, und auch nachweislich bei Kant anzutreffende[26] Tendenz, die Akzeptierbarkeit eines für alle gültigen Gesetzes – z. B. der Respektierung des Privateigentums – im Sinne der *konventionellen Interpretation* der menschlichen Interessen zu unterstellen – so als ob die Interessen bzw. Ansprüche der Menschen deren natürliche Eigenschaften wären, die jeder jederzeit kennen kann. Gegen diese, gewissermaßen *methodisch solipsistische* Abstraktion Kants von der prinzipiellen Notwendigkeit einer *Verständigung* mit den anderen Menschen über ihre Interessen bzw. Rechtsansprüche richtete sich Habermas' Postulat einer *7. Stufe* der moralischen Urteilskompetenz. Diese war zugleich in genetischer Perspektive als Endstufe einer möglichen Entwicklung der »kommunikativen Kompetenz« im Rahmen der realen Kommunikation und Interaktion der Menschen vorgestellt; und die *Autonomie des Willens* im Sinne Kants ist sozusagen als *reflektierte Internalisierung der kommunikativen Kompetenz im Sinne ihrer kontrafaktisch antizipierten Idealstruktur* verstanden. Ist nun dieses, primär gegen Kant gerichtete, Argument ein möglicher Vorbehalt auch gegen Kohlbergs Konzeption der höchsten Stufe im Sinne der Reversibilität des »role taking«?
Kohlberg hat in seinem letzten Buch »Moral Stages: A Current Formulation and a Response to Critics« (1983) Habermas' Reinterpretation seiner Theorie durchweg akzeptiert; aber er hat in diesem Zusammenhang angedeutet, daß er sich mit Habermas darüber verständigt habe, daß angesichts der Konvergenz ihrer Konzeptionen das Postulat einer *7. Stufe* im Sinne des Endstadiums der kommunikativen Kompetenz überflüssig sei.[27] Diese Nachricht kann zunächst überraschend erscheinen; denn zwischen dem *monologischen* Prinzip des *reversible role taking* und dem *dialogischen* Prinzip der *konkreten Verständigung* im argumentativen Diskurs *über konsensfähige Interessen bzw. Rechtsansprüche* scheint doch noch immer eine Diffe-

26 Vgl. meine Interpretation der Hegelschen Kantkritik im Naturrechtsaufsatz in *Funkkolleg...*, *Studientexte*, Bd. II, a. a. O., S. 613 ff.

27 L. Kohlberg, *Moral Stages...*, a. a. O., p. 164.

renz zu bestehen: Es macht einen Unterschied, ob jeder einzelne verpflichtet ist, durch »role taking« die möglichen Interessen jedes anderen Betroffenen nach Möglichkeit zu *berücksichtigen*, oder ob in der Gesellschaft qua Kommunikationsgemeinschaft die Verpflichtung anerkannt ist, die Interessen aller Betroffenen gegebenenfalls durch *praktische Diskurse zu ermitteln* und zu *vermitteln*.

Freilich ist diese Differenz zwischen dem Idealprinzip einer *Diskursethik* und dem *Idealprinzip* Kohlbergs nicht ohne weiteres als relevant zu begreifen für die formale Struktur der höchsten ontogenetischen Stufe des moralischen Bewußtseins einzelner Menschen; denn der einzelne scheint doch, gerade aufgrund der reflektierten Internalisierung der kommunikativen Kompetenz, kein höheres *Prinzip der Gerechtigkeit* anerkennen zu können als das der vollständigen Reversibilität des »role taking« im Sinne von Kohlberg. So jedenfalls stellt sich die Sachlage dar unter einer *abstrakt-ontogenetischen Perspektive*. Die trotzdem bleibende Differenz zwischen der Habermasschen und der Kohlbergschen Konzeption der höchsten Stufe betrifft m. E. eher das Problem der Anwendung des vom einzelnen reflektierten formalen Prinzips der Gerechtigkeit in der Gesellschaft als einer immer noch erst zu realisierenden idealen Kommunikationsgemeinschaft.

In diesem Anwendungsproblem der Ethik ist freilich selbst noch ein prinzipielles Problem auch der moralischen Urteilskompetenz der einzelnen enthalten. Ich werde auf dieses Problem im Zusammenhang meiner eigenen Konzeption der höchsten Stufe im Sinne einer *Verantwortungsethik* noch zurückkommen. Zuvor möchte ich jedoch Kohlbergs Überlegungen hinsichtlich der Notwendigkeit einer *religiös-metaphysisch* orientierten *Stufe 7* des moralischen Bewußtseins erörtern.

V. Kohlbergs Erwägung einer religiös-metaphysisch orientierten Stufe 7 des moralischen Bewußtseins und die reflexive transzendental-pragmatische Letztbegründung des Moralischseins

Kohlberg hat zuerst 1973 Überlegungen über eine Ergänzung seiner 6 Stufen der moralischen Urteilskompetenz durch eine religiös-metaphysische *Stufe 7* veröffentlicht, und er hat dieses Problem im 9. Kapitel von »Philosophy of Moral Development« wieder aufgenommen (s. S. 311 ff.). Seine Motive für diese Überlegungen sind etwa die folgenden:

Einerseits stellt sich für einen *Entwicklungspsychologen* in der Nachfolge Piagets die kaum abweisbare Frage nach einer Stufenfolge der *Entwicklung des religiösen Bewußtseins* und insofern der *integrativen Ich-Entwicklung* überhaupt; andererseits ergab sich für den *Philosophen* Kohlberg, wie für andere zeitgenössische Philosophen, die gewissermaßen »metaethische« Frage: »Warum sollen wir überhaupt moralisch sein?« Dabei setzt diese Frage für Kohlberg das Verständnis von »moralisch sein« im Sinne der 6. Stufe des moralischen Bewußtseins schon voraus!

Zur *entwicklungspsychologischen* Problematik möchte ich hier nur bemerken, daß Kohlberg sich von Theorien distanziert, die in der moralischen Entwicklung nur eine Konsequenz der grundlegenderen religiösen Entwicklung sehen (vgl. S. 315, 321, 336 ff.). Er sieht, umgekehrt, in der Ausprägung der Stufen des moralischen Bewußtseins eine – notwendige, aber nicht hinreichende – Vorbedingung für die Ausprägung damit vereinbarer religiös-metaphysischer Weltanschauungen. Dabei entsprechen den *präkonventionellen* und *konventionellen* Stufen ebensolche Stufen einer naiv-autoritätsbezogenen, instrumentell-strategischen, loyalistischen oder schließlich ordnungspolitischen Vorstellung des Verhältnisses zwischen den Menschen und dem Göttlichen; die *postkonventionellen* Stufen dagegen sind nach Kohlbergs Befunden mit sehr verschiedenen (theistischen, pantheistischen und möglicherweise atheistischen) Weltanschauungen vereinbar (s. S. 339 ff.). Aus diesen Befunden zieht Kohlberg den Schluß, daß die Entwicklung der *religiös-metaphysischen* Weltanschauung ihrer formalen Struk-

tur nach die Entwicklung des moralischen Denkens ebenso als notwendige Bedingung voraussetzt wie dieses seinerseits schon die Entwicklung des *logischen* Denkens, daß aber umgekehrt die Entwicklung des moralischen Denkens, einschließlich seiner letzten Stufe, ebensowenig eine *zureichende* Bedingung des religiös-metaphysischen Denkens darstellt, wie zuvor schon die Entwicklung des logischen Denkens eine solche des moralischen Denkens. Das scheint mir aus vielen Gründen sehr plausibel zu sein.

Was nun die *philosophische* Frage »Warum überhaupt moralisch sein?« angeht, so ist es wichtig, den möglichen Sinn dieser »meta-ethischen« Frage für Kohlberg von vornherein von Konnotationen im Sinne der Alltagssprache zu unterscheiden: Es handelt sich für ihn nicht etwa um die Frage nach den möglichen vorteilhaften oder nachteiligen Folgen des Moralischseins oder Nicht-moralisch-Seins für das Leben des einzelnen. Er fragt überhaupt nicht nach einer externen Bedingung oder einem externen Zweck des Moralischseins. Derartige Bedeutungsintentionen kann man nach Kohlberg allenfalls auf dem präkonventionellen und konventionellen Entwicklungsniveau des moralischen Bewußtseins mit der »meta-ethischen« Warum-Frage verknüpfen; auf dem postkonventionellen Niveau dagegen ist immer schon soviel klar, daß das Moralischsein Selbstzweck sein muß, wenn es nicht in sein Gegenteil umschlagen soll (s. S. 322 mit Bezug auf F. H. Bradley). Im Lichte der Kohlbergschen Stufentheorie wird in der Tat sehr deutlich, inwiefern Kants prinzipielle Auszeichnung der *deontologischen* Frage nach dem universal gültigen Prinzip des *Sollens* gegenüber der traditionellen, philosophischen und religiösen Frage nach der individuellen *Eudaimonia*, dem *guten Leben* oder auch dem *Seelenheil* einen irreversiblen Fortschritt der *Ethik* darstellt.[28]

28 Der *normativ-deontologische Universalismus* einer post-Kantschen Ethik ist in der Moderne – anders als bei den Griechen oder im Ständesystem des Mittelalters – die Voraussetzung und einschränkende Bedingung dafür, daß verschiedene Individuen und soziale Lebensformen das Problem des *guten Lebens*, des *Glücks* bzw. des *Seelenheils in pluralistischer Freiheit* und – möglicherweise – im Sinne eines *authentischen Lebensstils* lösen können. Diesen zentralen Punkt nicht zu verstehen, ist für viele »progressive« Gegner »universaler Normen« charakteristisch:

Dennoch behält die Frage »Warum überhaupt moralisch sein?« für Kohlberg einen berechtigten, ja unabweisbaren Sinn, der gerade dann als solcher einer »meta-ethischen« Frage verständlich wird, wenn man den Unbedingtheitscharakter der moralischen Forderung im Sinne des Gerechtigkeitsprinzips der Stufe 6 eingesehen hat (und zwar nach Kohlberg, wie nach Kant, im Sinne einer Verpflichtung, die an sich gewisser ist als alle religiös-metaphysischen Glaubensannahmen [vgl. S. 337]. Hier wird die philosophische Entsprechung zur entwicklungstheoretischen These – daß das moralische Denken eine notwendige, doch nicht hinreichende Bedingung des religiös-metaphysischen Denkens ist – deutlich!).

Über den unabweisbaren »meta-ethischen« *Sinn* der Frage »Warum moralisch sein?«, finden sich nun bei Kohlberg mehrere, an sich plausible Andeutungen, die jedoch schon dem Autor zufolge eine *weitere Differenzierung* nahelegen (s. S. 322): Einerseits hat die zitierte Frage etwa denselben Sinn wie die »meta-logische« Frage »Warum überhaupt logisch sein?« – eine Frage, die sich jedenfalls durch die Wissenschaft der Logik nicht mehr beantworten läßt. Dies ist offenbar der Sinn, in dem heutzutage die meisten Philosophen davon sprechen, daß eine *rationale Letztbegründung* der Ethik – wie überhaupt der Philosophie – unmöglich sei. Andererseits gibt es eine »existentielle« Frage nach dem *Sinn des Moralischseins* – wie überhaupt nach

So insbesondere für den Neo-Nietzscheanismus von Michel Foucault, der aus der skizzierten Entwicklung der europäischen Moral den Schluß zieht: »la recherche d'une forme de morale qui serait acceptable par tout le monde – en ce sens que tout le monde devrait s'y soumettre –« sei »catastrophique«, weil »la recherche de styles d'existence aussi différents que possible les uns des autres« so verhindert würde (vgl. M. Foucault, *Entretien du 29 mai 1984*, Les Nouvelles littéraires).

Auch MacIntyres negative Einschätzung des Kantschen und postkantischen Universalismus normativer Prinzipien in *After Virtue* (Duckworth, London 1981) und noch in seiner Einleitung (»Moral Philosophy: What Next?«) zu St. Hauerwas/H. McIntyre, *Revisions: Changing Perspectives in Moral Philosophy* (Univ. of Notre Dame Press, London 1983) scheint mir durch das Nichtverstehen des Unterschiedes und der möglichen Komplementarität der Funktionen einer deontologischen Prinzipienethik und einer Ethik des guten Lebens bzw. individueller Tugenden bestimmt zu sein.

dem Sinn des menschlichen Lebens – in einer Welt, die voller Ungerechtigkeit ist, ja sinn-los zu sein scheint. In diesem letzteren Sinn ist die zitierte Frage typischerweise eine solche der existentiellen Verzweiflung – etwa im Sinne Hiobs –, und die großen Antworten der Weltreligionen bzw. der Metaphysik sind insofern für Kohlberg typische Antworten auf die Sinnverzweiflung: etwa als Antworten auf Entwicklungskrisen der möglichen Integration der Identität des Ich bzw. der Identifizierung des Ich mit dem Leben insgesamt oder dem Kosmos (vgl. S. 322 und S. 344 ff.).

Ich habe nun soeben die Unterscheidung zweier Bedeutungen der Frage »Warum moralisch sein?«, die Kohlberg selber nur beiläufig andeutet, ohne daraus Konsequenzen zu ziehen, in möglichst scharfer Form rekonstruiert. Ist diese analytische Trennung berechtigt, und wenn ja, worin liegt ihre Rechtfertigung? Meine Antwort auf diese Frage besteht, kurz gesagt, in der folgenden These: Im Gegensatz zu den meisten analytischen Philosophen und auch wohl zu Kohlberg bin ich der Meinung, daß nur die *existentielle* Frage auf eine im weitesten Sinne *religiöse* oder *metaphysische* Antwort angewiesen ist, nicht aber die zuvor explizierte »meta-logische« bzw. »metaethische« Frage nach einer (nichtlogischen und nichtmoralischen) *Letztbegründung des Logischseins* bzw. des *Moralischseins*. Diese These möchte ich genauer verdeutlichen:

Ich denke: Man muß zugeben, daß man durch rationale Argumentation einen *existentiellen* Skeptiker nicht »widerlegen« kann. Das besagt aber nur: Man kann ihn allein durch rationale Argumente nicht daran hindern, z. B. die rationale Diskussion zu verweigern und eventuell aus Sinnverzweiflung Selbstmord zu begehen. (Aus letztlich denselben Gründen ist es m. E. auch nicht möglich, einem Menschen durch rationale Argumente den »guten Willen« anzudemonstrieren, d. h. ihn gewissermaßen definitiv dazu zu zwingen, die *kognitive Einsicht* in die moralische Pflicht in einen entsprechenden *Willensentschluß* zum Handeln umzusetzen.) Indem man dies zugibt, hat man aber m. E. nicht zugleich schon die Unmöglichkeit einer rationalen Letztbegründung des Logischseins oder des Moralischseins zugegeben, wie oft suggeriert wird. Unser Zugeständnis enthält vielmehr die Einsicht, daß die angedeuteten *existentiellen* Probleme auch dann noch weiterbestehen können, wenn die gelungene Letztbegründung von Prinzipien und sogar die Einsicht in die Gültigkeit der Letztbegründung schon unterstellt wird. Mit anderen Worten: Die angedeuteten *existentiellen* Probleme sind gar keine solchen der *rationalen Letztbegründung*.

Dennoch scheinen sie – nach allem, was die Psychologie und die Geistesgeschichte uns lehren – einer religiösen oder religiös-metaphysischen Beantwortung zugänglich zu sein –, einer Beantwortung im Sinne einer Harmonie-Vision, die einerseits *existentiell befriedigend*, andererseits *mit der formal-strukturellen Entwicklung des logischen und des moralischen Denkens kompatibel* ist. Insofern scheint mir Kohlberg als Entwicklungspsychologe und als Philosoph die Aufgabe und den Möglichkeitshorizont einer *Stufentheorie des religiös-metaphysischen Denkens* richtig bestimmt zu haben; und insofern hat er m. E. auch das Problem einer Ergänzung der *Stufe 6* der Moralentwicklung durch eine *Stufe 7* – etwa im Sinne der Vollendung der von Erikson thematisierten integralen Ich-Entwicklung[29] – zu Recht aufgeworfen. Freilich macht Kohlberg selber klar, daß die *religiös-metaphysische Stufe 7* eigentlich einer anderen *formal-strukturellen Entwicklungsdimension* angehört als die vorausgesetzten 6 Stufen der Entwicklung der moralischen Urteilskompetenz: einer Stufenreihe, die man eher als parallele Ergänzung der Moralstufen begreifen sollte. Insofern ist die sogenannte Stufe 7 nach Kohlberg nur in einem »metaphorischen Sinn« eine höhere Entwicklungsstufe der Moral als die Stufe 6, in der die Entwicklung der Reversibilität des »role taking« im Sinne der universalen Akzeptierbarkeit oder Konsensfähigkeit gerechter Konfliktlösungen ihr formal unüberbietbares Ende erreicht (vgl. S. 344).

Doch wie steht es nun mit dem anderen Aspekt des Problems: der von mir behaupteten rein philosophischen Beantwortung der »meta-ethischen« Frage nach dem letzten rationalen Grund des »Moralischseins«?

Zunächst möchte ich die Notwendigkeit und die Wichtigkeit dieser Frage hervorheben, indem ich an einen schon erwähnten

29 Vgl. E. Erikson, *Identity and the Life Cycle*, International Univ. Press, New York 1959.

Umstand erinnere: J. Rawls hat durch seine Präzisierung des Kriteriums der Gerechtigkeit mit Hilfe der Fiktion einer rationalen Wahl unter den Bedingungen der »original position« nicht schon eine *rationale Begründung* dafür gegeben, warum denn Gerechtigkeit im Sinne des von ihm explizierten gerechten Vertrags überhaupt sein soll. Er hat nicht begründet, warum er, Rawls – im Geiste Kants, – die Bedingungen der »original position« so arrangiert hat, daß gerade der strategisch-egoistische Wähler gezwungen ist, sich so zu entscheiden, als ob er vom Willen zur Gerechtigkeit motiviert wäre. Genau diese letzte Begründung fehlt aber auch für Kohlbergs Akzeptierung einer *altruistisch* motivierten Entsprechung zu der rationalen Wahl unter dem »Schleier der Unwissenheit«: für das Prinzip der »moral musical chairs«.

In diesem Zusammenhang verrät m. E. die Bemerkung Kohlbergs, daß die *altruistische* Version »intuitiv ansprechender« sei als Rawls' Rekurs auf die strategische Spieltheorie, eine tiefe Zweideutigkeit auch noch in Kohlbergs Prinzip, sofern es mit dem von Rawls »formal äquivalent« ist. Zweideutig ist m. E. der Sinn der Hypothese, daß die formale Struktur der Entwicklung des moralischen Denkens mit der immer folgerichtigeren Realisierung der *Reversibilität des role taking* identisch sei. Denn in dieser Hypothese ist ja der *Wille zur Gerechtigkeit* schon als selbstverständlich vorausgesetzt. Läßt man diese stillschweigende Voraussetzung fallen, ersetzt man sie durch das individuelle Selbstinteresse als alleiniges Prinzip des rationalen Handelns, dann zeigt sich sofort, daß auch die Entwicklung des *strategisch-rationalen Denkens* – ganz genauso wie die des *moralischen Denkens* – an die progressive Realisierung der Reversibilität des »role taking« geknüpft ist. Darin liegt offenbar die ethische Ambiguität der Erfahrungsdimension der menschlichen Interaktion und Kommunikation: Die Entwicklung des verstehenden Sich-hinein-Versetzens in die anderen und der anderen in die eigene Position ist gleichermaßen die Bedingung der Möglichkeit des *ethischen* wie des *strategischen* Denkens, und in der Erkenntnis dieser Zweideutigkeit bzw. Alternative liegt m. E. – wie schon angedeutet – die Bedingung der Möglichkeit eines *postkonventionellen Gewissens*.

(Man kann freilich – mit Habermas – diese Dramatisierung der

Problematik einer prinzipiellen Gewissensentscheidung tendenziell entschärfen, indem man auf das folgende Grundphänomen der menschlichen Kommunikation hinweist: Verdeckt strategischer Sprachgebrauch, der dazu dient, andere im Sinne der eigenen Interessen zu beeinflussen oder sogar zu manipulieren, ist zwar in der Kommunikation allgegenwärtig; dennoch kann gezeigt werden, daß er im Prinzip *parasitär* ist in bezug auf den echten »verständigungsorientierten« Sprachgebrauch, in dem die Menschen die *Intention des vorbehaltlosen Teilens von Sinn, Wahrheit und anerkannter Richtigkeit von Handlungsnormen* haben müssen.[30] Insofern können die Menschen niemals Hobbessche Wölfe im Sinne einer rein strategischen Interaktion gewesen sein. Sie werden sozusagen nicht erst durch ein Rawlssches Arrangement der »original situation«, sondern immer schon durch die Bedingungen der sprachlichen Kommunikation – und damit sogar des *intersubjektiv gültigen* strategischen *Denkens* – zu einem gewissen Maß an *Moralität* gezwungen. Sie können sich bei Strafe der Selbstdestruktion als Vernunftwesen nicht als »prinzipielle Zyniker« von den moralischen Normen, die in die sprachliche Kommunikation eingebaut sind, völlig lossagen.)

Damit ist aber keineswegs die tiefe *moralisch-strategische Zweideutigkeit* aller Interaktion und auch Kommunikation in der menschlichen Lebenswelt aufgehoben – zumal deshalb nicht, weil auf den *konventionellen* Stufen des moralischen Bewußtseins eine klare analytische Trennung zwischen *strategischer* und *konsensual-kommunikativer Rationalität* noch gar nicht möglich ist. Dies drückt sich vor allem in dem Umstand aus, daß die »Binnenmoral« sozialer Systeme, die den konventionellen Stufen entspricht, selbst noch ein strategisches Verhältnis zu den *anderen* – den Nicht-Stammesgenossen, den »Barbaren«, den Staatsfeinden usw. – moralisch verbindlich macht. Das prinzipielle Problem der postkonventionellen Gewissensentscheidung angesichts der Alternative von strategischem und ethischem »role taking« wird also durch die lebensweltliche

30 Vgl. J. Habermas, *Theorie des kommunikativen Handelns*, Suhrkamp, Frankfurt a. M. 1981, Bd. I, Teil III. Ferner K.-O. Apel, *Läßt sich ethische Vernunft von strategischer Zweckrationalität unterscheiden?*, in: »Archivio di Filosofia«, LI (1983), 375-434, III. Abschnitt.

bzw. anthropologische Verbundenheit des kommunikativen und des moralischen Handelns nicht beseitigt, sondern eher spezifiziert. Es handelt sich m. E. um ein selbst noch moralisch relevantes Metaproblem des formalstrukturellen Übergangs von den konventionellen zu den postkonventionellen Stufen des moralischen Bewußtseins.

Nach diesem Exkurs über die Zweideutigkeit der formalen Struktur der Reziprozität des »role taking« läßt sich nun der *Sinn* der Frage »Warum überhaupt moralisch sein?« genauer verstehen. Er liegt offenbar in der folgenden Frage: Gibt es für das *postkonventionelle Gewissen* – angesichts der auf Stufe 6 möglichen Reversibilität des »role taking« – eine Begründung dafür, daß es von der Kompetenz des »role taking« einen *moralischen* und nicht etwa *egoistisch-strategischen* Gebrauch machen soll? Läßt sich auf diese Frage noch eine *philosophisch rationale* Antwort geben oder muß sie – wie es oft heißt – durch eine *prärationale* oder *irrationale* (Glaubens-)Entscheidung beantwortet werden?

Man sagt, die Frage »Warum moralisch sein?« lasse sich so wenig rational beantworten wie die Fragen »Warum logisch sein?« oder »Warum vernünftig sein?« – Was besagt dies?

Soviel ist m. E. seit Aristoteles – und nicht erst seit Popper und Albert – klar: Die Frage »Warum vernünftig sein?« kann nicht in dem Sinn *vernünftig begründet* werden, daß man dabei, mit Hilfe des schon vorausgesetzten Vernunftprinzips, eben dieses Vernunftprinzip aus etwas anderem herleitet. Im Sinne dieses *formallogischen Begründungskonzepts* kann man keine *Letztbegründung* unternehmen, ohne dabei in ein *Trilemma (infiniten Regreß, logischen Zirkel oder Dogmatisierung einer Prämisse)* zu geraten.[31] Aber eine *derartige* Begründung ist auch gar nicht nötig, ja sie verdient nicht den Namen einer *philosophischen Letztbegründung*!

Man geht m. E. von einer falschen Voraussetzung aus, wenn man meint, Fragen wie »Warum moralisch sein?«, »Warum logisch sein?«, »Warum vernünftig sein?« müßten entweder im Sinne einer *logischen Begründung* (d. h. Herleitung aus etwas

31 Vgl. Hans Albert, *Traktat über kritische Vernunft*, J. C. B. Mohr, Tübingen ²1969, S. 11 ff.

anderem) oder durch eine *irrationale Entscheidung* beantwortet werden. In Wahrheit gibt es die hier vorausgesetzte *Problemsituation* gar nicht: Die Situation, daß wir noch *vor* der Entscheidung zum Vernünftigsein, Logischsein, Moralischsein stünden und gleichwohl schon argumentieren – oder wenigstens die Warum-Frage aufwerfen – könnten!

Affirmativ ausgedrückt: Wer ernsthaft eine dieser Warum-Fragen aufwirft, der hat spätestens damit den Boden des argumentativen Diskurses betreten, und das besagt: er kann sich durch *Reflexion auf den Sinn seines Tuns* davon überzeugen, daß er die Regeln, d. h. die Normen, der rationalen, kooperativen Argumentation und damit zugleich auch die ethischen Normen einer Kommunikationsgemeinschaft notwendigerweise schon anerkannt hat.

Es kann z. B. nicht jemand diskutieren wollen und dabei zugleich seinen Partnern gegenüber eine *strategische* Einstellung einnehmen wollen; er weiß immer schon, daß man nicht durch *Verhandlungen* (z. B. durch Angebote und Drohungen) oder durch *suggestiv-manipulativen Sprachgebrauch* Probleme der intersubjektiven Gültigkeit von Wahrheitsansprüchen oder von moralischen Richtigkeitsansprüchen lösen kann.[32] Kurz: durch

32 In der abendländischen Tradition der *Rhetorik* steckt freilich von Beginn an eine Zweideutigkeit hinsichtlich des Unterschieds von »überreden« und »überzeugen« – eine Zweideutigkeit, die in den europäischen Sprachen, die Derivate des lateinischen Verbums »persuadere« verwenden, auch heute noch durch den Sprachgebrauch konserviert wird. In meinem Buch *»Die Idee der Sprache in der Tradition des Humanismus von Dante bis Vico«* (Bonn: Bouvier, 1963 u. ö.) habe ich diese Zweideutigkeit der Rhetorik-Tradition zwar bemerkt, aber nicht hinreichend beachtet und expliziert, da ich damals noch in erster Linie von der Tatsache fasziniert war, daß die Rhetorik-Tradition gegenüber der scholastischen Tradition der Logik (oder genauer: der logischen Semantik bis hin zu Frege und Tarski) überhaupt die *pragmatische* Dimension des Sprachlogos repräsentiert. Inzwischen ist der – damals auch von mir vertretene – »hermeneutic-rhetoric-pragmatic turn« der Philosophie in Europa und in den USA für meinen Geschmack allzu erfolgreich (ich denke vor allem an Hans-Georg Gadamer, Richard Rorty und Jacques Derrida) mit seiner Propagierung der Entdifferenzierung der Diskurstypen zugunsten der *Rhetorik* bzw. der »litterature«. Demgegenüber scheint es mir heute entscheidend wichtig, den Unterschied der *Diskurs-*

transzendentalpragmatische Reflexion auf die normativen Bedingungen der Möglichkeit des Denkens qua Argumentierens, das für den ernsthaft Fragenden nicht hintergehbar ist, kann man so etwas wie eine spezifisch *philosophische Letztbegründung* des Logischseins und des Moralischseins, ja des Vernünftigseins überhaupt sehr wohl bewerkstelligen. Die letzte »Begründung« besteht hier nicht in einer Herleitung des Vernünftigseins aus etwas anderem, sondern in dem reflexiven Nachweis, daß jede Bestreitung der Anerkennung der Vernunftnormen auf einen *performativen Selbstwiderspruch* hinausläuft.[33]

Man kann darin vielleicht eine Dechiffrierung der Rede Kants vom »Faktum der Vernunft« sehen – einer Rede, die bei Kant selbst eher den – »trotzigen« – Abbruch des zuvor eingeleiteten Unternehmens der »transzendentalen Deduktion« der Freiheit und insofern der Gültigkeit des Sittengesetzes zum Ausdruck bringt.[34] Bei der transzendentalpragmatischen Dechiffrierung

typen (und der darin jeweils maßgebenden *Rationalitätstypen*) herauszuarbeiten. Nichts gegen »rhetorical force«! Sie ist auch für die Philosophie unentbehrlich, wie schon Isokrates und Cicero wußten. Aber wenn die Philosophen den – von Sokrates und Platon entdeckten – Unterschied zwischen dem *argumentativen Diskurs* und, andererseits, dem »Diskurs« im Sinne von *Verhandlungen, Propaganda* oder auch von *poetischer Fiktion* nicht mehr zu erkennen bzw. anzuerkennen vermögen, dann ist dies das Ende von Philosophie – und damit zugleich der Wissenschaft und der Ethik. Dem kann man heute m. E. – ohne Preisgabe der Errungenschaften des »hermeneutic-pragmatic turn« – entgegentreten.

33 Vgl. K.-O. Apel, *Das Problem der philosophischen Letztbegründung im Lichte einer transzendentalen Sprachpragmatik: Versuch einer Metakritik des »Kritischen Rationalismis«*, in: B. Kanitscheider (Hrsg.), *Sprache und Erkenntnis*, Innsbruck 1976, 55-82 sowie – zuletzt – W. Kuhlmann, *Reflexive Letztbegründung. Untersuchungen zur Transzendentalpragmatik*, Alber, München 1985.

34 Vgl. K.-H. Ilting, *Der naturalistische Fehlschluß bei Kant*, in: M. Riedel (Hrsg.), *Rehabilitierung der praktischen Vernunft*, Rombach, Freiburg 1972, Bd. I, 113-132, und D. Henrich, *Der Begriff der sittlichen Einsicht und Kants Lehre vom Faktum der Vernunft*, in: *Festschrift H.-G. Gadamer*, Heidelberg 1960, 70-115, u. ders.: *Die Deduktion des Sittengesetzes*, in: *Denken im Schatten des Nihilismus. Festschrift für W. Weischedel*, Darmstadt 1975, 55-112.

müßte man das »Faktum der Vernunft« nicht im Sinne einer *kontingenten Tatsache*, sondern im Sinne eines *apriorischen Perfekts*, sc. des immer schon notwendigerweise Anerkannthabens der Vernunftnormen, interpretieren.[35]

Vom Standpunkt dieser transzendentalreflexiven Letztbegründung der Ethik aus können wir nun auch die definitive methodologische Begründung für die Richtigkeit des Kohlbergschen Grundansatzes der *rationalen Nachkonstruktion* der Ontogenese der moralischen Urteilskompetenz liefern. Die Notwendigkeit des Kohlbergschen Konvergenz-Postulats bezüglich der empirischen Erklärung und der normativen Begründung der Entwicklungstheorie habe ich eingangs (s. oben S. 113) vorgreifend aus dem *Selbsteinholungs-Postulat der verstehend-rekonstruktiven Wissenschaften* hergeleitet. Diesem Prinzip zufolge müssen diese Wissenschaften prinzipiell in der Lage sein, ihre eigenen Rationalitätsansprüche als mögliches Ergebnis der Ontogenese bzw. der Phylogenese der menschlichen Rationalität zu begreifen. Inzwischen wissen wir nun, daß der im »Faktum der Vernunft« implizierte Rationalitätsanspruch der Argumentation – also auch der Wissenschaft – nicht nur den *Wahrheits*-Anspruch, sondern damit zugleich auch die *Anerkennung der moralischen Normen einer idealen Kommunikationsgemeinschaft* umfaßt. Also folgt, daß Kohlberg – im Gegensatz zum wissenschaftstheoretischen Selbstverständnis der wertneutralen nomologischen Verhaltenswissenschaften – mit Recht vorausgesetzt hat, daß eine *rational verstehende Erklärung* der Entwicklung des moralischen Bewußtseins sich von vornherein als *empirische und normative* Nachkonstruktion jener Lernprozesse verstehen muß, die – wenn alles gut geht – zur Kompetenz des »reversible role taking« in einer idealen Kommunikationsgemeinschaft hinführen.

Doch, wenn die transzendentalreflexive Letztbegründung die Frage »Warum überhaupt moralisch sein?« beantwortet, inwiefern besteht dann überhaupt das zuvor herausgestellte Problem der radikalen *postkonventionellen Gewissensentscheidung* angesichts der Alternative von strategischer und moralischer Rezi-

35 Vgl. K.-O. Apel, *Das Apriori der Kommunikationsgemeinschaft und die Grundlagen der Ethik*, in ders.: *Transformation der Philosophie*, Suhrkamp, Frankfurt a. M. 1973, Bd. II, S. 418ff.

prozität des »role taking«? Haben wir nicht gezeigt, daß man notwendigerweise immer schon *fürs Moralischsein* entschieden ist? – Was wir gezeigt haben ist dies: *Als ernsthaft Argumentierender*, der aufrichtig die intersubjektiv gültige Wahrheit sucht – z. B. die Wahrheit über die Gültigkeit des Prinzips der Ethik – ist man notwendigerweise auch schon fürs Moralischsein entschieden: Man hat mit den Regeln der Argumentation zugleich auch die ethischen Normen einer idealen Argumentationsgemeinschaft, und damit zugleich das formalprozedurale Prinzip der Diskursethik, als letztverbindliches Prinzip für die Lösung aller Normenkonflikte in der Lebenswelt, anerkannt. Doch damit ist nicht gezeigt, daß ein Mensch sich nicht *gegen* das Moralischsein und insofern freilich auch *gegen das Vernünftigsein im Sinne des Willens zur Wahrheit, entscheiden* kann. Geschähe dies prinzipiell, so käme es freilich der Selbstzerstörung gleich (und dies mag ein kaum auszudenkender pathologischer Extremfall sein). Man kann auch darauf hinweisen, daß die amoralistischen und nihilistischen Denkexperimente von Intellektuellen in der sozialen Lebenswelt auf eine Grenze ihres möglichen Einflusses stoßen müssen, weil die gesellschaftliche Interaktion und Kommunikation nun einmal die Respektierung moralischer Normen voraussetzt, wenn sie nicht zusammenbrechen soll.[36]

Doch mit solchen Hinweisen ist nicht gezeigt, daß eine philosophisch letztbegründete und insofern wahrhaft postkonventionelle Gewissensentscheidung zugunsten des Moralischseins nicht notwendig oder ohne Lebensbedeutsamkeit ist. Eher gilt folgendes: Vor der Umsetzung der Einsichten der moralischen Urteilskompetenz in Handlungsentschlüsse bedarf es auf allen Stufen der Moral noch einer *willentlichen Bekräftigung* der Einsicht im Sinne einer *Entscheidung fürs Moralischsein*. Diese willentliche Bekräftigung kann niemals durch die Einsichten der Urteilskompetenz garantiert sein aber sie kann und muß doch auf den verschiedenen Stufen in verschiedener Form (auch) *kognitiv motiviert* sein; und in dem Maße als etwa die *konventionellen* Motive des Beifalls in der konkreten Bezugs-

36 Vgl. J. Habermas, *Moralbewußtsein...*, a. a. O. (s. Anm. 2), S. 108 s. S. 111 ff.

gruppe oder der Verpflichtung gegenüber der Autorität einer staatlichen Gesetzesordnung ihre *letztverbindliche* Kraft verlieren, in dem Maße muß die willentliche Bekräftigung des Moralischseins letztlich durch eine philosophisch begründete *postkonventionelle Gewissensentscheidung* angesichts der fundamentalen moralisch-strategischen Ambiguität der Rationalität menschlicher Interaktion getroffen werden. Genau dieses Problem scheint mir Kant mit seiner Rede von den Gefahren des »Vernünftelns« im Sinne einer »natürlichen Dialektik« der praktischen Vernunft angesprochen zu haben.[37]

Doch ich möchte auf dieses traditionelle Hauptthema der philosophisch-psychologischen und der religiös-psychologischen Moralistik hier nicht näher eingehen; ich möchte vielmehr auf einen *Komplikationspunkt bei der Gewissensentscheidung zwischen strategischer und ethischer Rationalität* hinweisen: auf ein Problem, das uns zwingt, die Frage nach der höchsten Stufe der moralischen Urteilskompetenz noch einmal von neuem aufzuwerfen – diesmal nicht mehr auf der Ebene einer bloßen *Gesinnungsethik*, sondern auf der einer *Verantwortungsethik*.

VI. Die Notwendigkeit einer Stufe 7 des moralischen Bewußtseins als solche einer Verantwortungsethik

Zuletzt sind wir davon ausgegangen, daß das postkonventionelle Gewissen vor der Aufgabe steht, sich prinzipiell und immer erneut gegen den stets möglichen egoistisch-strategischen Mißbrauch der Kompetenz des »role taking« zu entscheiden. Im Sinne der *Kommunikations-* bzw. *Diskursethik* kann man auch sagen: Das Gewissen muß sich (gegen den strategischen Mißbrauch des »role taking« und) für die *konsensual-kommunikative* Auswertung der Reversibilitätsprobe des »role taking« entscheiden; denn darin liegt ja – auch nach Kohlberg – das Kriterium der Gerechtigkeit, daß die aus dem Gedankenexperiment des »role taking« sich ergebende Handlungsentscheidung –

37 Vgl. I. Kant, *Grundlegung zur Metaphysik der Sitten*, a. a. O. (s. Anm. 24), S. 405.

oder auch schon die Maxime der Handlungsentscheidung – für alle Betroffenen, wenn diese dasselbe Gedankenexperiment durchführen, konsensfähig sein muß. Man könnte versucht sein, daraus folgende vereinfachte Formel als *Prinzip einer Kommunikationsethik* abzuleiten: »Handle so, als ob du Mitglied einer idealen Kommunikationsgemeinschaft wärst!«
Diese vereinfachte Formel[38] ist aber nun geeignet, bei jedem *realistischen Verantwortungsethiker* sofort Anstoß zu erregen. Sie zeigt schlagartig, daß es in der Lebenswelt mit dem Verhältnis von *strategischer* und *ethischer (konsensual-kommunikativer)* Rationalität nicht so einfach bestellt sein kann, wie uns dies aus der Perspektive der Selbstreflexion des handlungsentlasteten argumentativen Diskurses erscheinen kann.[39]
Genauer: Die vorgeschlagene Formel wäre tatsächlich uneingeschränkt gültig und d. h. fürs Handeln verbindlich, wenn wir sozusagen in dieser Welt einen *vernünftigen Neuanfang im Sinne der Diskursethik* machen könnten – derart, daß nach diesem Neuanfang alle Menschen im Sinne der Stufe 6 fähig und außerdem gewillt wären, alle moralisch relevanten Probleme – insbesondere Konflikte von Rechtsansprüchen – nur noch nach Maßgabe des regulativen Prinzips der diskursiven Konsensbildung zu lösen.[40] In einer solchen Welt aber leben wir nicht. Dies

38 Sie wurde von Annemarie Pieper (*Ethik und Moral. Eine Einführung in die praktische Philosophie*, Beck, München 1985, S. 171) zur Charakterisierung des Prinzips der *Kommunikationsethik* vorgeschlagen.

39 Vgl. hierzu K.-O. Apel, *Läßt sich ethische Vernunft von strategischer Zweckrationalität unterscheiden?*, a. a. O. (s. Anm. 30), V. Abschnitt.

40 Eilige Kritiker der Diskursethik pflegen darauf hinzuweisen, daß es in der Praxis ohnehin kaum jemals zu einem *Konsens über verallgemeinerungsfähige Interessen* kommt, weshalb ohnehin nur ein *Kompromiß* im Sinne der »phronesis« anzustreben sei. Eine solche Argumentation übersieht m. E. zwei komplementäre Einsichten einer an Idealtypen der Handlungsrationalität orientierten Analyse:
1) Die Notwendigkeit, sich mit einem *Kompromiß* zu begnügen, widerspricht nicht der Funktion und praktischen Verbindlichkeit von »regulativen Prinzipien« der approximativen Orientierung von Handlungen an idealen Zielen.
2) Aus der idealtypischen Verschiedenheit der *konsensual-kommunikativen* und der *strategischen* Handlungsrationalität folgt, daß es zwei ganz verschiedene Typen von Kompromissen bei der approximativen

gleichwohl zu unterstellen – außer in der unvermeidlichen kontrafaktischen Antizipation, die zum handlungsentlasteten argumentativen Diskurs gehört –, es also in einer realen Handlungssituation zu unterstellen, das wäre nicht nur naiv, sondern *moralisch unverantwortlich*.

In dieser Bemerkung steckt eigentlich schon ein Hinweis auf die Möglichkeit und Notwendigkeit einer neuen Stufe der moralischen Urteilskompetenz, die irgendwie reifer sein müßte als die bislang charakterisierte *Stufe 6*. Aber wie wäre dies vorzustellen? Die Stufe 6 stellt doch nach allem bislang Gesagten die allein denkbare Endstufe einer konsequenten Entwicklung der Reversibilität des »role taking« dar; und das in ihr ausgedrückte Prinzip der Kommunikationsethik ist doch im Argumentieren immer schon notwendigerweise als verbindlich anerkannt!

Es gilt jetzt m. E., auf ein methodologisch bedingtes *Konkretheitsdefizit* zu reflektieren, das die Kohlbergsche Theorie idealtypischer Stufen als solche kennzeichnet und das sie bezüglich der höchsten Stufe mit den Prinzipienethiken von Kant und Rawls teilt. Es geht hier nicht einfach um die bekannte Schwierigkeit, daß Normen oder gar Prinzipien nicht unmittelbar auf konkrete Situationen angewendet werden können und daß es für die *Anwendung* von Regeln bzw. Normen letztlich nicht wieder Regeln geben kann. Das Problem kann daher auch nicht einfach durch den Hinweis gelöst werden, daß ohnehin zur Anwendung ethischer Prinzipien bzw. moralischer Normen immer noch »Urteilskraft« (Kant) oder »phronesis« (Aristote-

Realisierung der jeweiligen regulativen Ideen geben kann: solche, in denen eine *optimale situationsbezogene Berücksichtigung der berechtigten Geltungsansprüche der Betroffenen* angestrebt wird (z. B. als Kompromiß des Gerechtigkeitsprinzips mit dem des »aggregativen Nutzens« für eine Volkswirtschaft) und andererseits rein *strategische Kompromisse*, die sich etwa als reflexives Gleichgewicht *zwischen Angeboten und Drohungen ergeben*.

Es wäre schon viel gewonnen, wenn nur noch Kompromisse im Sinne von (1) notwendig wären. Auf der Ebene einer »Verantwortungsethik« (im Sinne von Max Weber) geht es freilich um Kompromisse zwischen Strategien im Sinne von (1) und Strategien im Sinne von (2), und darüber hinaus geht es m. E. um eine moralische Langzeitstrategie im Sinne der Veränderung der politischen Verhältnisse zugunsten der möglichen Präferierung von Strategien im Sinne von (1).

les) erforderlich ist. Genauer: Dieser letztere Hinweis ist sogar geeignet, das *prinzipielle Problem einer postkonventionellen verantwortungsethischen Urteilskompetenz* von vornherein zu verdecken. Denn dieses Problem stellt sich allererst auf dem Niveau der Kohlbergschen Entwicklungstheorie, und d. h. als Problem der *Anwendung postkonventioneller Moralprinzipien* in bezug auf die Realität im Sinne der sozio-kulturellen Evolution der Moral.

Die traditionelle (Aristotelische und noch Kantische) Unterstellung sozusagen einer *normalen Anwendungskompetenz für moralische Normen* im Sinne der »phronesis« bzw. »Urteilskraft« geht sozusagen von *vor-Kohlbergschen Voraussetzungen* aus. Im Falle Kants geht sie ausdrücklich von der Voraussetzung aus, daß die moralische Urteilskompetenz bei allen Menschen die gleiche ist und daß auch die nötige Urteilskraft für die Anwendung der Moral bei allen Menschen gleichermaßen vorausgesetzt werden kann. Darin drückt sich eine unzulässige Abstraktion der universalistischen Philosophie der »Moralität« von der geschichtlichen Entwicklung der »Sittlichkeit« im Sinne des »subjektiven« und des »objektiven Geistes« aus, die schon von Hegel teilweise zu Recht kritisiert wurde. Anders gesagt: Kants Unterstellung läuft auf die Vermengung eines auf die höchste Stufe der Moral bezogenen *Postulats* mit einer Aussage über die anthropologische Realität hinaus. Für die letztere behält Kants Unterstellung lediglich – allerdings – als notwendige Unterstellung einer *sich entwickelnden moralischen Kompetenz aller Menschen überhaupt* ihre Gültigkeit.

Im Falle des Aristoteles andererseits ist eher die Ausprägung der postkonventionellen, universalistischen Prinzipienethik von vornherein durch die Bindung an eine konventionelle, geschichtlich kontingente »Sittlichkeit« eingeschränkt: Hinter Sokrates zurückgreifend, macht Aristoteles die Explikation und die Anwendung der Tugendlehre von der Voraussetzung abhängig, daß die Menschen ins gelebte Ethos einer guten Polis eingeübt worden sind. Im Lichte der Kohlbergschen Stufentheorie besagt dies: Die Zuversicht in bezug auf die der *Urteilskompetenz* entsprechende *Anwendungskompetenz* stützt sich bei Aristoteles auf die Unterstellung von Verhältnissen im Sinne der konventionellen Polis-Moral (mit Hegel zu reden: der »unbefangenen substantiellen Sittlichkeit« der Griechen, die von den Sophisten und vor allem von Sokrates erstmals zugunsten einer rationalen Begründung postkonventioneller Moralität in Frage gestellt wurde).

Es versteht sich nun, daß unter diesen konventionellen Bedingungen das Problem der Anwendungskompetenz der Moral sich erheblich vereinfacht: Man weiß, daß man nicht töten, lügen oder betrügen soll – außer, wenn es gegen den Feind geht; man weiß, daß man die Freiheit und Gleichheit vor dem Recht bei Polisgenossen – wenigstens bei Männern – zu respektieren hat, aber nicht, natürlich, gegenüber den Sklaven und den Nicht-Polisgenossen oder gar den Barbaren usw. Mit anderen Worten: Der Preis für die relative Vereinfachung des Problems der Anwendungskompetenz für moralische Normen liegt in der Anpassung an die »Gepflogenheiten« einer systemfunktionalen »Binnenmoral« von »Law and Order« im Sinne der konventionellen Stufe 4 Kohlbergs. (Ein solcher Begriff der Anwendungskompetenz für moralische Normen scheint mir notwendigerweise auch in der soziologischen *Systemtheorie* vorausgesetzt zu sein.)

Damit ist aber nun ein Paradigma der Anwendungskompetenz für moralische Normen gekennzeichnet, das de facto auch heute noch zumeist als selbstverständlich vorausgesetzt wird. Und es wird von den Soziologen offenbar mit einigem Recht vorausgesetzt. Denn nach Kohlberg ist ja auch z. B. in einer post-Aufklärungsgesellschaft wie der US-amerikanischen damit zu rechnen, daß nur ca. 5 Prozent der Erwachsenen die *postkonventionelle Stufe 6* der moralischen Urteilskompetenz erreichen. Für das Problem der *situationsbezogenen Anwendung der postkonventionellen Moralität* ergibt sich indessen aus diesen Überlegungen die Einsicht, daß es die *normalen* (die *stufenspezifischen) gesellschaftlichen Bedingungen einer Anwendung der postkonventionellen Stufe-6-Moralität* noch gar nicht gibt. Derartige normale, stufenspezifische Anwendungsbedingungen der Moral werden aber im Begriff der *idealtypischen Stufen des moralischen Bewußtseins* eigentlich immer schon mit vorausgesetzt – gerade dann, wenn in der kognitiv-psychologischen Theorie von diesen Voraussetzungen abstrahiert wird. Eben darin liegt m. E. das *methodologische Konkretheitsdefizit* einer solchen Theorie.

Wird dies nun durchschaut, dann ergibt sich bereits formal ein besonderes Problem der Anwendungskompetenz für die Moralität der postkonventionellen Stufen, insbesondere der Stufe 6: Es geht hier offenbar darum, das Prinzip einer Gerechtigkeitsmoral im Sinne des vollständig reversiblen *role taking* schon unter politisch-gesellschaftlichen Bedingungen anzuwenden, die nicht diejenigen einer *idealen Kommunikationsgemeinschaft* sind, sondern weitgehend (immer noch) solche der »Binnenmoral« *sozialer Selbstbehauptungssysteme* – z. B. von Staaten mit verschiedener Rechtsordnung, von sozialen Interessenverbänden unterhalb des Rechtsstaats und sogar von mafia-artigen Erneuerungen der Stufe-3-Moral primitiver Blutsverbandsordnungen.

Für die unter diesen Bedingungen zu fordernde *verantwortungsethische Anwendungskompetenz* wird an dieser Stelle schon soviel klar: *Diese* Kompetenz kann offenbar, im Unterschied zu der zugehörigen idealtypischen *Prinzipienkompetenz*, nicht allein auf der *analytischen Trennung von strategischer und konsensual-kommunikativ-ethischer Rationalität* beruhen – und auch nicht auf der entsprechenden *Trennung von kommunikativer Rationalität und Systemrationalität* im Sinne von Habermas.[41] Eher schon muß sie auf einer verantwortlichen *Vermittlung* der idealtypisch unterscheidbaren Rationalitätstypen beruhen; denn in einer Welt der immer auch *strategischen* Auseinandersetzung zwischen großen und kleinen *Selbstbehauptungssystemen* trägt man stets auch moralische Verantwortung für ein solches System; und man *kann*, nein *darf* nicht damit rechnen, daß die anderen nicht auch strategisch handeln; denn die anderen tragen ja auch stets die Verantwortung für das Sicherheitsrisiko eines Selbstbehauptungssystems. Und ein vernünftiger Neuanfang, bei dem alle zugleich die gesellschaftlichen Anwendungsbedingungen der Stufe-6-Moralität definitiv realisieren würden, ist – wie schon gesagt – nicht vorstellbar.
Die soeben angedeutete Situation ist natürlich nicht völlig uner-

41 Ich beziehe mich auf die idealtypische Unterscheidung zwischen der »Lebenswelt« – die bei Habermas der kommunikativen »Verständigungs«-Rationalität zugeordnet ist – und der »System«-Rationalität im 2. Band der Habermasschen *Theorie des kommunikativen Handelns* (s. Anm. 30).

kannt geblieben; und es gibt heutzutage sogar eine *pragmatisch-neoaristotelische* Tendenz in der Moralphilosophie, die aus all dem etwa den folgenden Schluß zieht: Die Stufentheorie der moralischen Entwicklung und das darin vorausgesetzte *universalistisch-deontologische Prinzip der höchsten Stufe der moralischen Urteilskompetenz* ist unbrauchbar. Man muß sich mit einer *common-sense*-Moral oder genauer mit der Orientierung an den »Üblichkeiten« der jeweiligen Lebensform (dem ὡς δεῖ des Aristoteles) und der besonnenen Anwendung dieser Moral im Sinne der »phronesis« begnügen. In der »phronesis« wäre dann auch jeweils schon die Vermittlung zwischen moralischer Verantwortung und strategischer Klugheit impliziert.

Diese Suggestion im Sinne einer Problem-Abspannung, die praktisch auf Regression im Sinne der konventionellen »Binnenmoral« eines partikularen sozialen, Selbstbehauptungssystems hinausläuft, halte ich für die große Versuchung unserer Zeit angesichts der freilich äußerst komplizierten Problematik einer sozusagen post-Kohlbergschen Verantwortungsethik. (Ich kann es nur bedauern, daß ich im gegenwärtigen Zusammenhang nicht genauer zeigen kann, wie kläglich sich die kriteriologische Kapazität der suggerierten *common-sense*-Ethik auch in moralpädagogischer Hinsicht neben Kohlbergs interdisziplinär erarbeiteten Erkenntnissen ausnimmt.) Doch wie könnte denn eine angemessene Antwort auf die Frage nach der verantwortungsethischen Anwendungskompetenz für das Prinzip der Stufe-6-Moralität aussehen? Und inwiefern könnte bzw. müßte man für die prinzipielle Bestimmung der geforderten Anwendungskompetenz eine *7. Stufe* der moralischen Urteilskompetenz in Anspruch nehmen?

Zunächst muß ich hier die gesellschaftlichen Anwendungsbedingungen postkonventioneller Moral in post-Aufklärungsgesellschaften etwas genauer charakterisieren. Zwar dürfte es zutreffen, daß der weitaus überwiegende Teil der Bevölkerung in den post-Aufklärungsgesellschaften die postkonventionellen Stufen der moralischen Urteilskompetenz im Sinne Kohlbergs nicht erreicht; doch es wäre völlig verfehlt, anzunehmen, daß deshalb die *universalistische* Moral der postkonventionellen Stufe auf die *substantielle Sittlichkeit* – und insofern auf die *Institutionen* – der modernen demokratischen Rechtsstaaten ohne Einfluß geblieben wäre. Die Erklärungen über *Grundwerte, Menschenwürde* und *Menschenrechte* in allen Verfassungen moderner Staaten bezeugen natürlich das Gegenteil. Darüber hinaus aber wird man m. E. sogar folgendes behaupten können: Die in modernen Rechtssystemen und in den Spielregeln der demokratischen Regierungsform implizierten Moralprinzipien – wie etwa die Voraussetzung eines *Grundkonsenses* und eines approximativ immer wieder zu erneuernden *Konsenses der Betroffenen* als Legitimationsbasis für die Gesetzgebung – diese Institutionsprinzipien repräsentieren sogar durchweg ein höheres, postkonventionelles Niveau des moralischen Bewußtseins als das von der Mehrzahl der Bürger erreichte.

(Daß es sich so verhält, ist z. B. deutlich geworden, als sich die Nationalsozialisten bei der Destruktion des Rechtsstaats in Deutschland auf das »gesunde Volksempfinden« beriefen. Man spielte damals im wesentlichen die *Loyalitäts*-Moral der Blutsverbandordnung *(Stufe 3)* und die auf das staatliche Selbstbehauptungssystem bezogene *nationalistische* Moral *(Stufe 4)* gegen die strikt *universalistisch-humanistischen* Elemente des liberalen und sozialdemokratischen Rechtsstaates aus. Es ist für mich immer wieder ein Anlaß zum Staunen, daß angelsächsische *common-sense*-Philosophen unserer Tage sich derartiges offenbar gar nicht vorstellen können; daß sie bei ihrer Vorstellung des *nationalen common sense* offenbar das Niveau John Deweys und, mit ihm, das der »Declaration of Independence« als selbstverständlich voraussetzen.)

Jedenfalls ist festzustellen – und dies auch gegenüber den Neoaristotelikern und *common-sense*-Philosophen –, daß es in den euroasiatischen Hochkulturen seit der »Achsenzeit« (K. Jaspers) und erneut seit der modernen Aufklärung eine *Umgestaltung* der »Üblichkeiten« des moralischen *common sense* und der *Institutionen* im Sinne der postkonventionellen Moral der Weltreligionen und auch der Philosophie – z. B. des Naturrechts – gegeben hat. Insofern sind natürlich auch die – nach wie vor notwendigen – *moralischen Konventionen*, die im Alltag das Verhalten reziprok erwartbar machen, in den Post-Aufklärungs-Gesellschaften durch die *postkonventionellen Prinzipien der Beurteilung von Konventionen überhaupt* transformiert worden. Und sie stehen, ebenso wie die Institutionen, seit dem

Aufkommen postkonventioneller Moral unter einem – langfristig wirksamen – Legitimationszwang, der ihre Veränderung im Sinne der Realisierung der gesellschaftlichen Anwendungsbedingungen postkonventioneller Moralprinzipien zur Folge haben kann.

Andererseits gibt es aber in der Gegenwart, soweit ich sehe, *zwei* moralisch relevante Problembereiche, in denen der Einfluß *universalistischer Moral* auf die Institutionen, und insoweit auch die Realisierung der gesellschaftlichen Anwendungsbedingungen des Prinzips der Stufe-6-Moralität, bislang auf Grenzen stößt: Problembereiche, in denen die einzelnen Personen mit postkonventioneller Urteilskompetenz – z. B. die Philosophen bzw. die Intellektuellen, aber auch z. B. die Politiker – vor der Aufgabe stehen, an der *Fortsetzung der Realisierung der gesellschaftlichen Anwendungsbedingungen der Stufe-6-Moralität* noch zu arbeiten und gerade für diese Aufgabe eine *spezifische Urteilskompetenz* zu entwickeln, die man als *verantwortungsethische Stufe 7* des moralischen Bewußtseins qualifizieren könnte:

Der erste dieser Bereiche ist derjenige der *internationalen Beziehungen*, sofern hier noch kein sanktionsbewehrtes Recht die Spielregeln und Grenzen der strategischen Interaktion von Selbstbehauptungssystemen bestimmt. Dieser Residualbereich des vorrechtlichen »Naturzustandes« (der nach Kant auch die moralisch geforderte Realisierung der republikanischen Rechtsstaaten nach innen letztlich verhindert)[42] stellt den »moralischen Politiker« vor die schwersten Aufgaben im Sinne der *verantwortungsethischen Vermittlung der konsensualkommunikativen (ethischen) Rationalität und der strategischen Rationalität im Dienste des jeweils vertretenen Selbstbehauptungssystems*. Soll hier angesichts der sogenannten »Sachzwänge« das opportunistische oder resignative Abgleiten in moralfreie »Polit«-Technik und bloß strategisches Krisenmanagement vermieden werden, so stellt sich etwa das folgende Problem: Es bedarf einer »regulativen Idee« für eine *langfristige moralische Strategie der (Mitarbeit an der) progressiven Realisierung solcher Ver-*

42 Vgl. I. Kant, *Idee zu einer allgemeinen Geschichte in weltbürgerlicher Absicht*, in: *Werke*, Akad. Textausg. Bd. VIII, 15-32.

hältnisse, die eine Ablösung der rein strategischen Konfliktregelung durch konsensualkommunikative Konfliktregelung erlauben. Kurz: Es geht um eine Politik der langfristigen Realisierung der politischen Anwendungsbedingungen der Stufe-6-Moralität; und dazu – so scheint es – bedarf der »moralische Politiker« einer *Stufe-7-Kompetenz der verantwortungsethischen Vermittlung von ethischer Rationalität.* Ich kann das hier leider nicht weiter ausführen.[43]

Der zweite Problembereich, in dem bislang die gesellschaftlichen Anwendungsbedingungen des Prinzips der Stufe-6-Moralität nicht realisiert werden konnten, ist m. E. als Problembereich noch erst in seinem ganzen Umfang und in seiner Eigenart sichtbar zu machen: Es handelt sich hier um die erst in der Gegenwart – durch die sogenannte »ökologische Krise« – ins Bewußtsein getretene Aufgabe, *die solidarische Verantwortung der Menschen für die Wirkungen und Nebenwirkungen der menschlichen Kollektivhandlungen* – z. B. für die Aktivitäten der Wissenschaft und der Technik – zu organisieren.[44] Die Eigenart dieser Aufgabe scheint mir vor allem darin zu liegen, daß hier die traditionelle Vorstellung der Anwendung moralischer Normen bzw. Prinzipien völlig versagt; denn der einzelne kann natürlich gar nicht die Verantwortung übernehmen für die unabsehbaren Wirkungen der kollektiven Handlungen der Menschen im Zeitalter der Wissenschaft und Technik. Aber er kann sehr wohl an der Organisation der kollektiven Verantwortung *mitarbeiten.* Dies geschieht auch längst schon in den institutionalisierten Diskursen der Gesetzgebung und in den informellen

43 Vgl. hierzu K.-O. Apel, *Konfliktlösung im Atomzeitalter als Problem einer Verantwortungsethik*, in: W. P. Pahr/V. Rittberger/H. Werbik (Hrsg.), *Kriegsverhütung im Atomzeitalter*, Braunmüller, Wien 1986 (in diesem Bd. S. 247-269).

44 Vgl. hierzu Hans Jonas, *Das Prinzip Verantwortung. Versuch einer Ethik für die technologische Zivilisation*, Insel, Frankfurt a. M. 1979, sowie ders., *Technik, Medizin und Ethik*, Insel, Frankfurt a. M. 1985. Dazu K.-O. Apel, *Verantwortung heute – nur noch ein Prinzip der Bewahrung und Selbstbeschränkung oder immer noch der Befreiung und Verwirklichung von Vernunft*, in: Thomas Meyer (Hrsg.), *Industriegesellschaft und Zukunftsethik*, BUND-Verlag, 1986 (in diesem Bd. S. 179-216).

Diskursen der »räsonierenden Öffentlichkeit« (Kant), in denen die einzelnen informative und evaluative Beiträge zur Konsensbildung über mögliche akzeptierbare Handlungsmaximen und öffentlich gültige Normen leisten. (Zwischen dem Bereich der Verrechtlichung der Verantwortung und dem Bereich der bloßen Meinungsbildung über die Verantwortung scheint sich jetzt ein neuer Bereich kollektiver Verantwortungsorganisation nach dem Muster der, Wissenschaft und Technik kritisch begleitenden, »Ethikkommissionen« herauszubilden.)
Der hier zuletzt skizzierte Problembereich erweist sich m. E. als das zentrale und exemplarische Aufgabengebiet einer *Diskursethik*. Und es zeigt sich jetzt auch sehr deutlich, daß in dem Begriff einer »kommunikativen Kompetenz« (im Sinne von Habermas) eine Dimension der *moralischen Kompetenz* enthalten ist, die über das abstrakte Prinzip des reversiblen »role taking« im Sinne der Kohlbergschen Stufe 6 noch hinausweist: Denn es geht in den praktischen Diskursen, in denen die kollektive Verantwortung für kollektive Handlungen organisiert und realisiert werden muß, um die Fähigkeit der einzelnen zur kommunikativen Vermittlung zwischen Diskurspartnern verschiedener Kompetenzstufen und – das muß gesagt werden – auch verschiedener Willensbereitschaft zur konsensualkommunikativen Konfliktlösung. Freilich muß der einzelne als Subjekt der zu postulierenden idealen *kommunikativen Kompetenz* im Sinne der Diskursethik die *formal-abstrakte Prinzipienkompetenz* im Sinne der *Stufe 6* immer schon voraussetzen – ganz ebenso wie der »moralische Politiker« bei der Vermittlung von konsensualkommunikativer und strategischer Rationalität. Denn nur die kognitive Voraussetzung der moralischen Urteilskompetenz im Sinne der Struktur der Kohlbergschen *Stufe 6* – oder zumindest der *Stufe 5* – schützt den einzelnen vor der möglichen Regression auf Konsensbildungen im Sinne des »gesunden Volksempfindens« oder ähnlicher – auch religiös-fanatischer – Suggestionen der »Binnenmoral« sozialer Selbstbehauptungssysteme. Und nur sie schützt den Politiker bzw. den politisch Handelnden vor der quasi-machiavellistischen Verführung einer bloßen »Realpolitik« im Sinne der Entlastung der strategischen von der moralischen Vernunft. Über diese Voraussetzungen im Sinne der Kohlbergschen Entwicklungslogik der moralischen Urteils-

kompetenz hinaus muß aber der einzelne, wie mir scheint, als moralisch-politischer Mensch, der sozusagen zwischen der ontogenetisch bestimmten und der phylogenetisch bestimmten Dimension der Moral zu vermitteln hat, noch eine weitere Urteilskompetenz entwickeln: eine spezifisch *verantwortungsethische Kompetenz*, die als Anwendungskompetenz der Stufe-6-Moral zugleich *kontext-sensitiv* und *nichtrelativistisch*, weil von einer *universalgültigen Zielidee* geleitet, sein müßte.

Zu den konstitutiven Bedingungen dieser *Stufe-7*-Kompetenz gehört einerseits die Fähigkeit zur Mitarbeit an der *progressiven Realisierung* der, im Diskurs immer schon kontrafaktisch antizipierten, *idealen Kommunikationsgemeinschaft* unter den jeweiligen soziokulturellen Bedingungen realer Kommunikation und Interaktion. Zum anderen gehört dazu aber, angesichts der die *conditio humana* in irreversibler Form verändernden Kollektivhandlungen der modernen Technik, auch die *Verantwortungsperspektive der Bewahrung der Lebensbedingungen für eine in künftigen Generationen sich fortsetzende Menschheit*. Hans Jonas hat in seinem Buch »Das Prinzip Verantwortung« klargemacht, daß diese *Verantwortungsperspektive, die auf das Konkretallgemeine der Menschheit gerichtet ist*, noch unterschieden werden muß von der Fähigkeit zu dem jederzeit möglichen *Gedankenexperiment der abstrakten Universalisierbarkeit der Maximenwahl* im Sinne Kants.[45] Mir scheint jedoch, daß die *diskursiv-kommunikative Bewährung der Reversibilitätsprobe des »role taking«* sehr wohl eine *Voraussetzung* auch noch der Forderung von Jonas – z. B. der angemessenen Vertretung der Interessen künftiger Generationen – darstellt.[46]

Als Ergebnis unserer Überlegungen zeigt sich also das folgende: Die Perspektive der *Verantwortungsethik*, die sich aus dem Problem der *realitäts- und geschichtsbezogenen Anwendung der universalistischen Prinzipienethik* ergibt, scheint einerseits eine *Stufe 7* der reifen, realitätsbezogenen moralischen Urteilskompetenz zu erfordern; sie setzt aber andererseits die Ergebnisse der Entwicklungslogik des moralischen Bewußtseins im Sinne Piagets und Kohlbergs keineswegs außer Kraft. Zu einem

45 Ebda., E. 35 f.

46 Vgl. hierzu meine Auseinandersetzung mit Jonas, in: *Verantwortung heute . . .*, a. a. O. (s. Anm. 44).

ähnlichen Ergebnis waren wir auch im Falle der religiös-metaphysischen Ergänzungsstufe und im Falle der *kommunikationsethischen Konzeption einer höchsten Stufe* der moralischen Urteilskompetenz gelangt. Alle drei Konzeptionen einer über die Kohlbergsche *Stufe 6* hinauszielenden höchsten Stufe des moralischen Bewußtseins betreffen offenbar nicht das *formal-strukturelle* Problem einer *auf die Äquilibrierung der Ontogenese eingeschränkten Entwicklungslogik der moralischen Urteilskompetenz*, sondern darüber hinausgehende Probleme der *Vermittlung der spezifisch moralischen Urteilskompetenz mit der – geschichtlich bedingten – conditio humana.*

Zurück zur Normalität? – Oder könnten wir aus der nationalen Katastrophe etwas Besonderes gelernt haben?

Das Problem des (welt-)geschichtlichen Übergangs zur post-konventionellen Moral in spezifisch deutscher Sicht

Inhaltsgliederung

o. Exposition

Als Angehöriger der Generation, welche die nationale Katastrophe der Hitlerzeit noch erlebt hat, gehöre ich auch zu denjenigen, die bei dieser Gelegenheit – d. h. beim Erwachen nach der Katastrophe – an sich selber die »Zerstörung des moralischen Selbstbewußtseins« erlebt haben und vielleicht auch aus diesem Grund Philosoph geworden sind. Als solcher – und d. h. vor allem als einer, der versucht hat, aus seinen persönlichen Erfahrungen Konsequenzen im Sinne des Nachdenkens über die Grundlagen der Ethik zu ziehen – möchte ich im folgenden die im Thema dieser Tagung exponierten Fragen zu beantworten versuchen. Dabei möchte ich auch von der – in den »Erläuterungen« zum Tagungsthema eingeräumten – Lizenz Gebrauch machen, meine »lebensgeschichtlich-existenzielle Perspektive« bei der Rekonstruktion der Problematik und bei dem Beantwortungsversuch zu berücksichtigen. Es versteht sich, daß dadurch eine sonst nicht übliche, subjektive Konfessionsdimension in den argumentativen Diskurs eingebracht wird. Die-

se *Perspektive* kann natürlich als individuelle und kontingente nicht ea ipsa intersubjektiv gültig sein, bestenfalls kann sie einen Beitrag leisten zur Formulierung einer repräsentativen Stellungnahme meiner Generation zur Problemsituation der »praktischen Philosophie in Deutschland nach dem Nationalsozialismus«. Doch eben dieses besondere Ziel unserer Tagung scheint mir die besondere Perspektive des Folgenden zu rechtfertigen.
Ich möchte – schon bei der Erläuterung des Vortragstitels – mit einer subjektiven, quasi-autobiographischen Feststellung beginnen: Die im ersten Teil des Titels formulierten Fragen gehen bei mir in einem bestimmten Sinn, der mir stets gegenwärtig blieb, bis auf die Zeit zurück, in der ich – im Herbst 1945 – nach fünfjährigem Kriegsdienst aus amerikanischer Gefangenschaft entlassen wurde und (in Bonn) zunächst Geschichte und dann (erst) Philosophie zu studieren begann. Freilich hat sich der genaue Sinn der beiden Fragen im Laufe der Jahrzehnte geändert und – wie ich hoffe – vertieft. Darauf werde ich noch zurückkommen. Im zweiten Teil des Titels habe ich versucht, die Antwort – oder einen wesentlichen Aspekt der Antwort – anzudeuten, die ich heute gewissermaßen mir selber glaube geben zu können. Und es versteht sich, daß diese Antwort vielfältigen Anregungen – auch gerade provokativen Herausforderungen durch den Zeitgeist – zu Dank verpflichtet ist.
Der Zweiteilung des Titels entsprechend möchte ich mein Thema *in zwei Abschnitten* zu behandeln versuchen:
1. *Im ersten Abschnitt* geht es um die geraffte Rekonstruktion meiner thematisch relevanten lebensgeschichtlichen Erfahrungen. Ich möchte zunächst versuchen, meine beiden Titel-Fragen genauer zu explizieren – und zwar dadurch, daß ich ihre *Präsuppositionen* aus meiner Perspektive quasi-narrativ darzulegen versuche. Hier vor allem muß ich die Lizenz in Anspruch nehmen, quasi-autobiographisch zu verfahren. Im weiteren werde ich dann explizit die Beziehung zwischen meiner subjektiven Fragestellung und den relevanten Anregungen und Herausforderungen des Zeitgeistes herzustellen versuchen. Genauer: Ich werde zumindest anzudeuten versuchen, welche einschlägigen Deutungsangebote – d. h. Vorschläge einer »Rehabilitierung der praktischen Vernunft« im Sinne der Rückkehr zur Normalität – m. E. für uns nicht mehr akzeptabel sein sollten. Dabei wird

sich, wie ich hoffe, schon genauer zeigen, was ich damit meine, wenn ich unterstelle, daß gerade wir Deutsche durch die Erfahrung unserer nationalen Katastrophe in ethischer Hinsicht *etwas Besonderes* gelernt haben könnten bzw. sollten.

2. *Im zweiten Abschnitt* möchte ich einen objektiven Problemhorizont einführen, vor dem sich m. E. die philosophische und geschichtliche Bedeutung des Besonderen, das gerade wir gelernt haben könnten, verständlich machen läßt. Wie im Titel angedeutet, handelt es sich um den Horizont einer Entwicklungslogik des moralischen Bewußtseins. Er ist in ontogenetischer Perspektive bekanntlich von Jean Piaget und, im Anschluß an ihn von Lawrence Kohlberg und anderen Entwicklungspsychologen entworfen worden. Ich werde versuchen, wenigstens in groben Zügen die philosophischen Voraussetzungen der Entwicklungslogik und die phylogenetische und weltgeschichtliche Perspektive anzudeuten, die sich von hier aus für eine kritische Rekonstruktion dessen, was sich in Deutschland eigentlich ereignet hat, ergibt. Aus dieser Rekonstruktion wiederum wird sich, wie ich hoffe, auch ergeben, inwiefern die wohlverstandenen Erfahrungen der nationalen Katastrophe Deutschlands ihrerseits ein Licht werfen können auf das zentrale strukturelle Problem des moralischen Fortschritts in Post-Aufklärungsgesellschaften: das im Titel angedeutete Problem des geschichtlichen Übergangs zur postkonventionellen Moral.

Zunächst also zurück zur Erläuterung und vorläufigen Beantwortung der beiden Titelfragen im 1. Abschnitt:

1. Erfahrung des Zeitgeistes zwischen 1945 und 1987: eine vorläufige, lebensgeschichtliche Erläuterung und Beantwortung der Titelfragen

Schon als Kriegsheimkehrer, der sich anschickte, Geschichte zu studieren, hatte ich das subjektive Bewußtsein, eine nationale Katastrophe erlebt zu haben, die etwas weltgeschichtlich Beispielloses an sich hatte. Das hört sich natürlich sehr naiv an – im Sinne der üblichen Überschätzung der Einmaligkeit des Selbsterlebten. Aber es gab doch von Anfang an einige Gründe und Kriterien für mein subjektives Bewußtsein – Kriterien, die sich später vermehren und präzisieren ließen.

Ich meine hier nicht *primär* dies: daß es sich immerhin um den »Zweiten Weltkrieg« gehandelt hat, um so etwas wie einen Kampf um die Weltherrschaft, dessen Ergebnis eine völlig neue Konstellation der Weltmächte war: eine Konstellation, in der Deutschland nurmehr durch die sich abzeichnende Demarkationslinie zwischen den Machtbereichen – also durch seine Teilung – eine Rolle spielte. Ich meine auch nicht primär das Gefühl, daß das, was im Europa des 19. und beginnenden 20. Jahrhunderts als Nationalgefühl bzw. als Patriotismus sich herausgebildet hatte, durch unsere Erfahrung radikal in Frage gestellt war. (Dieses Gefühl ging mir, der ich 1940 – mit 18 Jahren – mit meiner ganzen Abiturklasse Kriegsfreiwilliger wurde, schon sehr unter die Haut; aber es markiert noch nicht das eigentliche Kriterium für das Bewußtsein der Beispiellosigkeit des Erfahrenen, sondern weist nur in die relevante Richtung.) Vorherrschend war das zunächst noch dumpfe Gefühl, daß »alles falsch war«, für das wir uns eingesetzt hatten – vermeintlich so, wie alle guten Patrioten es tun und zu tun haben. Und damit ist wohl schon das Moment getroffen, das in der Formulierung unseres Tagungsthemas mit dem Stichwort »Zerstörung des moralischen Selbstbewußtseins« angezielt ist; doch hinzu trat von Anfang an – wenigstens bei mir – auch noch der quasi-spekulative Gedanke, daß wir damit eine Erfahrung gemacht haben dürften, die kaum jemals sonst eine Generation von Kriegsteilnehmern gemacht hat und daß darin ein besondere Einsicht beschlossen sein könnte – eine Einsicht, die es uns verwehren könnte oder sollte, in der Weise zur Normalität zurückzukehren wie das vielleicht die anderen – die Sieger – tun könnten und tun würden.

Es mag wohl sein, daß darin, psychologisch gesehen, auch ein geheimer Wunsch nach Kompensation für die Niederlage eine Rolle spielte. Ich möchte ja gar nicht den Eindruck erwecken, als habe sich die Einsicht, daß alles falsch war, für mich ohne inneres Widerstreben – und d. h. ohne verzögerndes »Vernünfteln« (im Sinne Kants) und ohne Trotzreaktionen – durchgesetzt. Damit läßt sich jedoch das potentiell rationale Moment in der angedeuteten Vermutung der Beispiellosigkeit nicht einfach wegerklären. Es wird vielmehr im folgenden zu entfalten und in seinem Geltungsanspruch zu überprüfen sein. Und ich möchte auch meinen, daß der rationale Geltungsanspruch in der Vermutung der Beispiellosigkeit der Erfahrung unserer Generation und der daraus zu entwickelnden Einsicht auch in meiner Verarbeitung der einschlägigen Nachkriegserfahrungen eine entscheidende Rolle gespielt hat. Es geht jetzt um eine geraffte Rekonstruktion gewissermaßen der Erfahrungen mit dem Zeitgeist, wie sie ein »Philosophiestudent auf Lebenszeit« im westlichen Teil Deutschlands zwischen 1945 und 1987 machen konnte. (Wie eingangs schon angedeutet, kann es sich nur um eine selektiv und perspektivisch akzentuierte Rekonstruktion handeln.)

Ich möchte in diesem Zusammenhang aus meiner Perspektive drei Phasen einschlägig relevanter Auseinandersetzungen unterscheiden: *1.* die Phase der damals sogenannten »re-education«, die für uns Kriegsheimkehrerstudenten mit der Einführung in die eher restaurative Welt des akademischen Studiums, aber auch mit der Rezeption der Existenzphilosophie zusammenfiel; *2.* die Phase der philosophischen Auseinandersetzungen mit ethisch-politisch und geschichtsphilosophisch relevanten Theorieangeboten; *3.* die der »re-education«-Phase gewissermaßen kontrapunktisch korrespondierende Phase pragmatischer Abwiegelung mit ihren diversen – in- und ausländischen – Suggestionen einer Rückkehr zur Normalität.

Zunächst also zur ersten Phase, die für mich mit der Studienzeit praktisch identisch war:

1.1 Die besondere Situation eines deutschen Studenten der Geschichte und der Philosophie in Westdeutschland nach 1945 kann ich restrospektiv – aus meiner Sicht – am ehesten durch den folgenden Versuch einer Reduktion der – von uns – erfahrenen Komplexität des Zeitgeistes beschreiben: Wir – d. h. besonders diejenigen nicht mehr ganz jungen Studenten, die noch einige Jahre (bis zur Währungsreform) Stiefel und Uniformhosen trugen –, wir wurden gewissermaßen gleichzeitig mit drei, sehr verschiedenen, aber für die Vergangenheitsbewältigung suggestiv relevanten Elementen des Zeitgeistes konfrontiert:

Einmal war da die Begegnung mit der Autorität der akademischen Lehrer, die mehr oder weniger selbstverständlich eine

Restauration der Vorkriegswissenschaft – ihres Niveaus, aber auch ihrer spezifisch deutschen Traditionen von Forschung und Lehre – in Angriff nahmen. In meinem Fall war dies z. B. die am Primat der Außenpolitik orientierte, narrative politische Geschichtswissenschaft Rankescher Provenienz und – für mich immer wichtiger werdend – die Geistes- und Philosophiegeschichte Diltheyscher bzw. Neukantischer Provenienz. Eine irgendwie normativ verbindliche Orientierung für die Rekonstruktion der eigenen geschichtlichen Situation konnte ich freilich diesem Bildungsangebot nicht entnehmen; statt dessen aber einen gewissen Enthusiasmus des Sich-Hineinversetzens in alle Perspektiven und des »alles Verstehens« im Sinne des Diltheyschen Hermeneutizismus-Historismus, bei meinem philosophischen Lehrer Erich Rothacker ergänzt durch Psychologie und philosophische Anthropologie.

Das zweite Elemnt war quasi-offiziell repräsentiert durch die von mir schon erwähnte »re-education«-Literatur, in der z. B. die geistigen Ursprünge der deutschen Fehlentwicklung bis auf Bismarck, Hegel oder Luther zurückverfolgt wurden. Die ständige Präsenz dieses Elements läßt sich jedoch nicht in seinen Konstituentien im einzelnen identifizieren; sie war auch ganz wesentlich durch das ihr entgegenkommende Mißtrauen des Studenten hinsichtlich der eigenen Tradition und Identität bedingt. Bei uns war ja eben das Vertrauen in die eigene Tradition in beispielloser Weise erschüttert worden. Hier muß ich freilich sogleich anmerken, daß das subjektive Bewußtsein der Beispiellosigkeit der eigenen Erfahrungen auch von vornherein ein Mißtrauen gegenüber der »re-education«-Literatur implizierte. Daß der normative Maßstab einer möglichen und nötigen Kritik der eigenen Tradition einfach aus dem Vergleich mit der sozusagen »normalen« Entwicklung der westlichen Demokratien gewonnen werden könnte – diese Zumutung erschien von vornherein als philosophisch unbefriedigend. Und insofern blieben auch später die historischen Theorien über den deutschen »Sonderweg« letztlich unbefriedigend.

Hier war sozusagen ein Problembewußtsein angelegt, das nach einer normativ-verbindlichen Rekonstruktion der menschlichen Geschichte überhaupt Ausschau hielt. Es sollte

freilich noch lange Zeit unstrukturiert und inhaltlich ohne Antwort bleiben.
Statt dessen trat sehr bald das *dritte* appellativ-suggestive Element des Zeitgeistes unserer Studienzeit in den Vordergrund: die damals so genannte *Existenzphilosophie*. Dazu gehörte nach dem damaligen Verständnis außer Kierkegaard und Karl Jaspers vor allem Heideggers »Sein und Zeit«; später traten auch Sartre, Camus und französische Dramatiker wie Anouilh, Giraudoux und Cocteau hinzu. Die Funktion dieses Elements in dem hier interessierenden Problemzusammenhang war nun eher eine retardierende, ja eine solche der Entpolitisierung des historischen und philosophischen Denkens. Sie bestand nämlich für mich und – wie ich meine – für viele meiner Generation darin, daß sie eine gewisse trotzige Indifferenz gegenüber den politisch-historischen *Inhalten* der jüngsten Vergangenheit nahelegte: Es kam ja – so schien es – gar nicht darauf an, für *was* man sich eingesetzt hatte, sondern *wie* man es getan hatte, ob man »eigentlich« oder »uneigentlich« war. Dies erschien als die Lehre der gesamten Existenzphilosophie. Mit Heidegger formuliert: Das »Gewissenhabenwollen« im Sinne des Hörens auf die »lautlose Stimme des Seins« im Vorlaufen zu den eigensten Möglichkeiten des Seinkönnens entzog sich ohnehin jeder objektiven Vergleichbarkeit im Sinne universalgültiger normativer Prinzipien. Diese Botschaft einer *existentialistischen Situationsethik* schien durch Jean Paul Sartre bestätigt zu werden; und sie schien letztlich sogar mit den ethischen Konsequenzen des *Hermeneutizismus-Historismus* zu konvergieren. (Ich fühlte mich lebhaft an diese Konstellation erinnert, als ich jüngst ein Wiener Interview von Jacques Derrida zu lesen bekam, in dem er – ganz im Geiste Heideggers – erklärte, so etwas wie eigentliche Verantwortung gebe es nur unter Bedingungen völliger normativer Ungewißheit.[1] Ich werde darauf noch zurückkommen.)
Soviel zur ersten Phase meiner Auseinandersetzung mit dem Zeitgeist nach 1945. Die angedeutete Auswahl und Einschätzung des Relevanten kann zweifellos aus heutiger Sicht als sehr

1 Siehe O. Pfersmann: »Podiumsdiskussion mit Jacques Derrida«, in: M. Benedikt/R. Burger (Hrsg.): *Die Krise der Phänomenologie und die Pragmatik des Wissenschaftsfortschritts*, Wien: Verlag der Österreichischen Staatsdruckerei, 1986, 169ff., bs. 174f.

einseitig erscheinen – insbesondere hinsichtlich der offenbar unzureichenden Wahrnehmung der politisch relevanten Ereignisse der Gründungsära der BRD. Doch eben darin drückt sich in meinem Fall eine mißtrauische Distanz zu allem Politischen aus, die ich damals als berechtigte Besinnungs-»Einkehr« (Toynbee) nach dem Scheitern – oder nach dem Mißbrauch – meines (bzw. unseres) militärisch-politischen Engagements glaubte rechtfertigen zu können.

1.2 Als *zweite Phase* habe ich im Vorausgehenden die der Auseinandersetzung mit ethisch-politisch und geschichtsphilosophisch relevanten Theorieangeboten markiert. Sie begann indessen in meinem Fall erst in den 60er Jahren, d. h. im Zusammenhang mit der Diskussion um den jungen Marx und den westlichen Neomarxismus, die Studentenbewegung und die sogenannte »Kritische Theorie«. (Denn die Zwischenzeit – zwischen 1950 und den 60er Jahren – war für mich die Zeit der methodologischen Orientierung und des Argumentierenlernens – bei dem Versuch, die hermeneutischen Haus- und Grundperspektiven in der Auseinandersetzung mit der sprachanalytischen Philosophie und der Wissenschaftstheorie Poppers und Peirces zur Geltung zu bringen – möglicherweise in geläuterter Form.)

Die Erweckung im Sinne einer Entdeckung der politischen Dimension der Philosophie selbst erfolgte in meinem Fall zweifellos durch Jürgen Habermas, genauer: durch seine Interpretation des *Neomarxismus*, die sich – in meiner Sicht – von vornherein durch hermeneutische Abweisung des *Szientismus-Reduktionismus* und – der Tendenz nach – durch Ersetzung der *eschatologisch-utopischen Geschichtsmetaphysik* durch *regulative Ideen* und *Postulate der praktischen Vernunft* im Sinne Kants auszeichnete.[2]

(Hinzu kamen Gesichtspunkte wie die von »Erkenntnis und Interesse«, die mir als eine ethisch-politische Aktualisierung von erkenntnisanthropologischen Einsichten erschienen, die uns beiden aus der Bonner Studienzeit vertraut waren.)

Man kann nun jene politisch-emanzipatorische Erweckungszeit

2 Wichtig war in diesem Zusammenhang insbesondere Habermas' Beitrag »Zur philosophischen Diskussion um Marx und den Marxismus«, in: *Philos. Rundschau*, 5. Jg. (1957), 165-235.

der späten 60er Jahre aus heutiger Sicht in sehr verschiedenartiger Beleuchtung rekonstruieren. Es gab da gewiß auch einen utopischen Überschwang, der bis zum Verlust des Realitätsbewußtseins führen konnte; und es gab auch bedenkliche Verkennungen des liberal-demokratischen und rechtsstaatlichen Erbes der westlichen Zivilisation. Es versteht sich auch, daß eine solche Erweckungszeit, die von einer Jugendbewegung getragen war, gewissen Errungenschaften und Sachzwängen, die mit der Ausdifferenzierung von Systemen und Subsystemen in der modernen Industriegesellschaft zusammenhängen, noch nicht gerecht werden konnte. Insofern setzte sie sich in ihrer radikalen Ideologiekritik am Establishment einer Reihe von mehr oder weniger geistreichen Gegen-Entlarvungen aus: so z. B. der Vermutung, es handle sich um eine chiliastisch-utopische Flucht aus den Komplexitäten und Sachzwängen des Industriezeitalters, oder – und damit nähern wir uns wieder unserem Tagungsthema – dem Vorwurf, man wolle gewissermaßen den im 3. Reich versäumten Widerstand am falschen Ort und zu verbilligtem Preis nachholen usw. usw.[3]

An alldem dürfte etwas dran sein. Wichtiger scheint mir jedoch, daß damals trotz allem ein notwendiger, d. h. ein für die Nachkriegsgeneration überfälliger Durchbruch zur öffentlichen Diskussion der politischen Situation unter nicht bloß pragmatisch-opportunistischen Gesichtspunkten erzwungen wurde. Seitdem gibt es in Westdeutschland ein politisch-philosophisches Bewußtsein im Sinne einer »räsonierenden Öffentlichkeit« (Kant). Und in der kontroversen Diskussion jener Tage wurden die entscheidenden Lernprozesse der heute in die Verantwortung einrückenden Generation in Gang gesetzt. Unter diesen Lernprozessen gibt es nun einerseits solche, in denen – wie unvermeidlich – die utopische Energie und Intuition sich an den Komplexitäten und Sachzwängen der Realität abgearbeitet und geläutert hat, zum anderen aber auch solche, die man eher pa-

3 Vgl. z. B. E. K. Scheuch (Hrsg.): *Die Wiedertäufer der Wohlstandsgesellschaft. Eine kritische Untersuchung der »Neuen Linken« und ihrer Dogmen«*, Köln 1968; sowie H. Lübbe: »Flucht in die Zukunft«, in: *Hochschulreform und Gegenaufklärung*, Freiburg i. B. 1972; ders.: *Fortschritt als Orientierungsproblem*, Freiburg 1975; ders.: *Unsere stille Kulturrevolution*, Zürich 1976.

thologische Lernprozesse nennen könnte: solche z. B., in denen die Aufklärer und Revolutionäre von einst zu »Zynikern« oder zumindest »Kynikern« geworden sind.
Dieser prekäre Umstand bringt mich zurück zu meiner subjektiv-autobiographischen Rekonstruktionsperspektive. Für mich nämlich – so scheint mir – hat die Auseinandersetzung mit der kontroversen Diskussion jener Tage, insbesondere aber die mit der »kritischen Theorie« in der Habermasschen Auslegung, zumindest in negativ-kritischer Hinsicht eine Klärung der Frage nach den Rahmenbedingungen einer für uns akzeptablen Rekonstruktion des politisch-moralischen Bewußtseins gebracht. Sie hat mir zumindest die Unterscheidung der Geister unter den derzeit relevanten Theorieangeboten erleichtert.
Damit komme ich zur *dritten Phase* der Zeitgeisterfahrung zwischen 1945 und 1987. Ich habe sie eingangs als die der »re-education«-Phase kontrapunktisch korrespondierende Phase pragmatischer Abwiegelung mit in- und ausländischen Suggestionen der Rückkehr zur Normalität charakterisiert. Das wird nun genauer zu bestimmen sein, und es wird erstmals zu zeigen sein, inwiefern der für unsere Generation naheliegende Gedanke, daß wir aus der nationalen Katastrophe etwas Besonderes gelernt haben könnten, bei der kritischen Sichtung und Beurteilung der Normalisierungstheorien bzw. Suggestionen die Funktion eines *Akzeptabilitätskriteriums* übernehmen kann.
1.3 Aus meiner Sicht lassen sich in der jüngsten Phase der Zeitgeisterfahrung etwa die folgenden Tendenzen bzw. Tendenzwenden markieren:
1. Die Konvergenz der früher getrennt verlaufenden philosophischen Bewegungen der hermeneutischen Wende der Phänomenologie und der pragmatischen Wende der sprachanalytischen Philosophie, also der kontinentalen und der angelsächsischen Philosophie, im Sinne eines »linguistic-hermeneutic-pragmatic turn«, einschließlich einer entsprechenden »new philosophy of science«. Diese Konvergenz scheint mir in unserem Problemzusammenhang durch den folgenden Umstand relevant zu werden: Der von Heidegger und in moderaterer Form von Gadamer suggerierte Superhistorismus der Abhängigkeit der Vernunft selbst vom temporalen Seinsgeschehen bzw. von der Seinsgeschichte: diese Übersteigerung des älteren deutschen

Historismus scheint heute alle Chancen einer weltweiten Akzeptanz zu besitzen. Damit komme ich gleich zum zweiten Trend:

2. Die besonders in Frankreich und in Italien entstandene, aber in jüngster Zeit auch in den USA und in Deutschland einflußreiche Bewegung des sogenannten *philosophischen Postmodernismus*. Dieser philosophische Postmodernismus ist, wenn ich es recht sehe, wesentlich aus einer paradoxen Synthese aus ästhetizistischer Nietzsche- und Heidegger-Rezeption, französischem Strukturalismus bzw. Poststrukturalismus und anarchistisch-individualistischer Marxismus-Auflösung hervorgegangen.[4]

3. Die mit der hermeneutisch-pragmatischen Wende teilweise parallel gehende Wende der vielversprechenden »Rehabilitierung der praktischen Vernunft« im Sinne einer *neo-aristotelisch – neokonservativen* Abwiegelung nach der Devise »Üblichkeiten plus Phronesis bzw. Urteilskraft = common-sense-Moral: das genügt; und was darüber hinausgeht, ist gefährlicher Moralismus-Utopismus«.

Was ist nun zu diesen »trends« bzw. »turns« zu sagen, wenn man sie als Theorieangebote im Sinne einer Rekonstruktion bzw. Neuformation des politisch-moralischen Bewußtseins betrachtet?

1.3.1 Es liegt für mich nahe, mit dem »linguistic-hermeneutic-pragmatic turn« der deutschen und angelsächsischen Philosophie zu beginnen – ganz einfach deshalb, weil ich in den 60er Jahren am Zustandekommen dieses »turns« selbst beteiligt war – etwa durch vergleichende Studien zu Heidegger und Gadamer einerseits, Wittgenstein und Peirce andererseits. Ich hätte also – so scheint es – allen Grund, mit dem Konvergenz-Resultat, das sich etwa bei Richard Rorty, aber auch bei anderen, weniger provokativen Autoren – z. B. in der Post-Kuhnschen »New Philosophy of Science« – abzeichnet, zufrieden zu sein. Das ist aber seit langem schon nicht mehr der Fall: genau genommen: schon nicht mehr seit der ersten Konfrontation mit Gadamers

4 Vgl. hierzu J. Habermas: *Der philosophische Diskurs der Moderne*, Frankfurt a. M. 1985, sowie K.-O. Apel: »Die Herausforderung der totalen Vernunftkritik und das Programm einer philosophischen Theorie der Rationalitätstypen«, in: *Concordia* 11 (1987), 2-23.

Konzeption einer »philosophischen Hermeneutik«, die – wie meine entsprechenden Versuche – wesentlich an Heidegger orientiert war.[5] Gadamers Buch *Wahrheit und Methode* wurde für mich eher zu einem Signal der Notwendigkeit einer kritischen Neuorientierung des Programms einer »philosophischen Hermeneutik« – für eine Neuorientierung, die Heidegger, Gadamer und auch Wittgenstein gegenüber die *transzendentalphilosophisch-universalistische* und zugleich *normative* Dimension des *historisch-rekonstruktiven Verstehens* und der dabei maßgebenden »praktischen Vernunft« erneut zur Geltung bringen sollte.[6]

Im Laufe der Jahre hat sich diese Einschätzung bei mir nur noch verstärkt; so insbesondere im Hinblick auf Gadamers internationale Wirkungsgeschichte – bis hin zu Rortys Neopragmatismus-Historismus und zu Vattimos Version des Postmodernismus.[7] Heute würde ich die Kritik an »Wahrheit und Methode« auf zwei Punkte konzentrieren: Hier ist einmal das reflexiv-überholende, *an regulativen Ideen* orientierte und somit potentiell kritische Moment allen Verstehens zugunsten der Autorität der kontingenten Tradition verkürzt; darüber hinaus wird – auf einer tieferen Ebene des Ansatzes – das im Verstehen zweifellos enthaltene Moment des *Geschehens* bzw. des *temporalen Seins* der Geschichte als Determinans des Vorverständnisses bzw. der Vorurteile und insofern als *Grund der Möglichkeit des Verstehens überhaupt* verstanden –, so, als ob nicht zumindest die Möglichkeit der reflexiven Kritik der Vorurteile im Lichte universal gültiger Kriterien auch zum Verstehen gehörte. Anders gesagt: der noch inkonsequente Historismus Diltheys wird dadurch »überwunden« – wie es heißt –, daß aus der Not eine Tugend gemacht und der Geltungsanspruch der Erkenntnis

5 Vgl. H.-G. Gadamer: *Wahrheit und Methode*, Tübingen 1960 u.ö. und K.-O. Apel: *Die Idee der Sprache in der Tradition des Humanismus von Dante bis Vico*, Bonn 1963 u.ö.

6 Vgl. K.-O. Apel: *Transformation der Philosophie*, 2 Bde., Frankfurt a.M. 1973, Einleitung.

7 Vgl. R. Rorty: *Philosophy and the Mirror of Nature*, Princeton Univ. Press 1979; ders.: *Consequences of Pragmatism*, Brighton: The Harvester Press, 1982; G. Vattimo: *La fine della modernita: nichilismo ed ermeneutica nella cultura postmoderna*, Milano 1985.

– und insofern auch der jedes möglichen kritischen Verstehens – auf einen selbst *geschichtlichen Ermöglichungsgrund* zurückgeführt wird.[8] Dies jedoch – diese Einsicht Gadamers – soll offenbar universal gültig sein. Die Vernunft soll gewissermaßen *ihr Anderes* – das temporale Geschehen des Seins – als Grund ihres Gültigkeitsanspruchs denken lernen. Das heißt: es soll möglich, ja angesichts unserer Endlichkeit evident sein, daß wir genau dies als gültig aussagen können, daß alle Gültigkeit – d. h. Wahrheit und auch ethisch normative Gültigkeit –, ja (nach Heidegger) sogar der Gedanke der Gültigkeit bzw. Wahrheit und damit der *Logos* überhaupt als *Funktion des temporalen Seins und seiner Geschichte* zu verstehen sind. Diese Vorstellung und das – schon von Heidegger und Gadamer selbst suggerierte – Ignorieren der Selbstaufhebung des eigenen Geltungsanspruchs, die im Gedanken der totalen Geschichtsabhängigkeit des Logos liegt, ist inzwischen zum selbstverständlichen Bestandteil der an Gadamer und Heidegger orientierten Philosophie der Postmodernisten und Neopragmatisten geworden.[9]

Gadamer selbst hat sich zwar solchen radikalen Interpretationen seines Ansatzes gegenüber eher abwiegelnd verhalten, und er hat – auf der Linie seines konservativen Hermeneutizismus der Traditionsautorität – sogar die Vereinbarkeit seines Denkens mit Kant und Platon suggeriert; aber seine radikalen Schüler, die ihn als Vordenker des Postmodernismus betrachten, haben sich dadurch nicht beirren lassen.[10] Sie haben durchweg die eigentliche Pointe dieser Position mit der Heideggerschen identifiziert; das heißt aber: mit der Suggestion einer Überwindung bzw. »Verwindung« des Logos bzw. der Ratio oder der Vernunft der abendländischen Metaphysik – und das besagt:

8 Gadamer selbst bestimmt diese Position im Sinne Heideggers wie folgt: »Es ist sozusagen ein Historismus zweiten Grades, der nicht nur die geschichtliche Relativität dem absoluten Wahrheitsanspruch entgegenstellt, sondern ihren Grund, die Geschichtlichkeit des erkennenden Subjekts, denkt und deshalb geschichtliche Relativität nicht mehr als Einschränkung der Wahrheit ansehen kann.« (*Wahrheit und Methode*, Tübingen [4]1975, 500).

9 Vgl. die unter Anm. 4 zitierten Arbeiten.

10 Vgl. die unter Anm. 7 zitierten Arbeiten.

des auf *Gründe* rekurrierenden und *Gültigkeit* in Anspruch nehmenden Denkens der Philosophie und der Wissenschaften insgesamt zugunsten eines anderen (nach Heidegger möglicherweise strengeren) Denkens, das sich aus der Zugehörigkeit zum geschichtlichen Seinsgeschick bzw. aus der »Hörigkeit« gegenüber dem Anspruch des temporalen Seins versteht. Das Denken wird damit nicht nur in seiner Angewiesenheit auf sprachlich erschlossenen und differentiell artikulierten *Sinn*, sondern auch in seinem Anspruch auf universale, intersubjektive *Gültigkeit* von dem geschichtlich-epochalen Geschehen der ontisch-ontologischen Differenz abhängig gemacht. Darin scheint – zumindest bei Vattimo und bei Derrida – der Übergang zum sogenannten »Postmodernismus« zu liegen.
Doch, was hat nun diese, so esoterisch erscheinende »Spekulation« mit den Problemen der *praktischen Vernunft*, insbesondere mit der Rekonstruktion des politisch-moralischen Bewußtseins in Deutschland zu tun?
Mir scheint, daß auch hier der Schlüssel zur Antwort bei Heidegger zu suchen ist. Ich zweifle heute nicht mehr daran, daß zwischen der Entwicklung der Heideggerschen Philosophie nach »Sein und Zeit« und seinem Verhalten im Jahre 1933 eine *interne* Beziehung besteht: eine Beziehung nämlich zwischen der *temporal-kairologischen* Interpretation des »geworfenen Entwurfs« des »Seinkönnens« und »Zu-sein-habens« und dem *Sich-ausliefern Heideggers an den politisch-weltgeschichtlichen Kairos*, als den er die Machtübernahme des Nationalsozialismus verstand. Anders gesagt: in Heideggers Philosophie gab es m. E. niemals eine Instanz der rationalen Begründung eines *universalgültigen normativen Prinzips*, das ihn von der totalen Auslieferung an den *Kairos* – und d.h. 1933 an den »Führer« – hätte bewahren können. (Dieses eigenartige Defizit zeigt sich sogar in seinem Kant-Buch, wo er konsequent den Primat der sinnstiftenden und zeitbezogenen Einbildungskraft in der 1. Auflage der »Kritik der reinen Vernunft« gegen Kants spätere Begründung des universalen Gültigkeitsanspruchs der Erkenntnis durch den Primat der Synthesis des Verstandes verteidigt.[11]

11 M. Heidegger: *Kant und das Problem der Metaphysik*, Frankfurt a.M. 1929, bs. § 31.

Deshalb konnte Heidegger 1943 die Ungeheuerlichkeit begehen, in Nietzsches »Willen zur Macht« die konsequente Weiterentwicklung der Kantschen Konzeption des *transzendentalen Subjekts* zu sehen,[12] in dem doch immerhin die universale, intersubjektive Konsensfähigkeit von Gültigkeitsansprüchen formal antizipiert ist.)

Direkt auf die Problematik der praktischen Vernunft bezogen, zeigt sich eine analoge Fixierung des Heideggerschen Denkens in der bedenkenlosen Substitution der konkreten Ansprüche des Führers bzw. des Volkes für die nach Heidegger verpflich-

12 M. Heidegger: *Holzwege*, Frankfurt a. M. 1950, 226 ff. Auf Seite 228 zitiert Heidegger Nietzsches Aphorismen 462 aus dem Jahre 1883 »Recht = Wille ein jeweiliges Machtverhältnis zu verewigen ...« und 181 aus dem Jahre 1884: »... Das erste und Mächtigste ist nämlich gerade der Wille und die Kraft zur Übermacht. Erst der Herrschende stellt nachher ›Gerechtigkeit‹ fest; d. h. er mißt die Dinge nach seinem Maße ...« und fährt dann fort: »Mag nun auch, was in der Ordnung ist, Nietzsches metaphysischer Begriff der Gerechtigkeit das geläufige Vorstellen noch befremden, *er trifft gleichwohl das Wesen der Gerechtigkeit, die im Beginn der Vollendung des neuzeitlichen Weltalters innerhalb des Kampfes um die Erdherrschaft bereits geschichtlich ist und darum alles Handeln des Menschen in diesem Weltalter ausdrücklich oder nicht, versteckt oder offen bestimmt.*« (Hervorhebung von K.-O.A.) Diese *seinsgeschichtliche* Bestimmung des »Wesens der Gerechtigkeit« ergibt sich für Heidegger aus dem zuvor in seiner inneren Notwendigkeit rekonstruierten Wesenswandel der »Subjektivität« und ihrer »Selbstrechtfertigung« in der Neuzeit: von Descartes Frage nach der »certitudo« über Leibnizens Bestimmung der »justitia« als »ordo seu perfectio circa mentes« über Kants »Selbstsicherung der transcendentalen Subjektivität als die quaestio juris der transcendentalen Deduktion« bis hin zu Nietzsches »Selbstgewißheit der Subjektivität als ... Rechtfertigung des Willens zur Macht gemäß der Gerechtigkeit, die im Sein des Seienden waltet«.

Auch für Heidegger ist Nietzsches Metaphysik die *Umkehrung* des in ihr zu Ende gehenden Platonismus, aber er suggeriert auch, daß diese Umkehrung seinsgeschichtlich notwendig und insofern »gültig« ist: »Die absolute Metaphysik gehört mit ihren Umkehrungen durch Marx und Nietzsche in die Geschichte der Wahrheit des Seins. Was aus ihr stammt, läßt sich nicht durch Widerlegungen treffen oder gar beseitigen.« (*Platons Lehre von der Wahrheit, mit einem Brief über den »Humanismus«*, Bern 1947, 82).

tungsohnmächtigen Ansprüche von *Ideen, Normen* oder *Werten*. (Sein ehemaliger Assistent Max Müller hat dies vor kurzem noch einmal bestätigt[13]). Die Moralorientierung an konkreten Vorbildern und Aufgaben, die für eine Vor-Aufklärungs-Sittlichkeit charakteristisch ist, verband sich bei Heidegger unmittelbar mit dem extrem formalen, nämlich »existentialen« Konzept des »Gewissenhabenwollens« der eigentlichen Verantwortung des Daseins, für das die konventionellen Normen des »Man« nicht mehr maßgebend sind. Daher kann für Heidegger – wie anscheinend noch für Derrida – nur noch der »Anruf« durch die »lautlose Stimme des Seins« im »normativ Ungewissen« maßgebend sein. Das heißt: es kann jenseits der radikalen Infragestellung des Konventionellen kein rationales, *universalgültiges und zugleich auf das Leben anwendbares Prinzip der praktischen Vernunft* geben: denn, was wir *Logos, Ratio, Vernunft, Gründe, Gültigkeit, Prinzipien* etc. genannt haben: all dies hat sich für Heidegger als ursprungsrelativ in bezug auf das *temporale Sein* erwiesen. Diesem als dem »Nichts alles Seienden« und insofern auch aller rationalen Prinzipien muß das moralische Gewissen in einen unmittelbaren, sozusagen kairologischen Situationsbezug zu entsprechen versuchen – auf die Gefahr hin, sich der »Beirrung« durch das Seinsgeschick total auszuliefern.

Damit habe ich – im Zuge meiner Rekonstruktion der dritten Phase meiner Zeitgeisterfahrungen – erstmals einen Punkt erreicht, an dem ich zu sagen wage: *dies ist nicht akzeptabel*, d. h. es ist als philosophische Globaldeutung mit dem, was wir Zeitgenossen der deutschen Katastrophe an Besonderem gelernt haben sollten, nicht vereinbar. Ich meine damit natürlich nicht, daß Heideggers Philosophie insgesamt, oder gar die *hermeneutische Wende* insgesamt, abzulehnen ist, sondern eher dies: Die Überwindung des *Historismus-Relativismus* des 19. Jahrhunderts, die von Heidegger und Gadamer suggeriert wird, ist in Wahrheit keine Überwindung, sondern eine Fortsetzung und Übersteigerung, die sich durch einen Gewaltstreich – nämlich durch die Verweigerung der Reflexion auf die eigenen universalen Geltungsansprüche – von allen Prinzipien-Skrupeln befreit

13 Vgl. *Information Philosophie* vom Mai 1987, 59 ff.

hat. Es handelt sich um den »Holzweg« der *Logos-Vergessenheit*. Dabei verstehe ich unter »Logos« gerade nicht den von Heidegger und Derrida mit einigem Recht in Frage gestellten Logos des »Gestells« bzw. der »instrumentellen Vernunft«, sondern den, *in der Sprache angelegten, Logos der diskursiven Verständigung*, den jede Selbstkritik der Vernunft – ebenso wie die argumentierende Skepsis – als Bedingung der Möglichkeit des eigenen Geltungsanspruchs stets voraussetzen und in Anspruch nehmen muß.[14]

Warum aber ist die *Übersteigerung des Historismus*, die sich auf Heidegger berufen kann, gerade als philosophische Voraussetzung einer Rekonstruktion der praktischen Vernunft in Deutschland inakzeptabel? Ich möchte kurz antworten: weil der *Historismus-Relativismus*, der in Deutschland zuerst entwickelt wurde, auch schon zu Beginn dieses Jahrhunderts in unserem Land einer der Hauptfaktoren bei der Paralysierung des möglichen postkonventionellen moralischen Prinzipien-Bewußtseins der Gebildeten war. Auch dies – so verstehe ich es heute – konnten wir Kriegsheimkehrer in der Zeit nach 1945 bei unseren akademischen Lehrern noch deutlich feststellen. Um es versuchsweise schon etwas theoretischer zu formulieren: Der *Historismus-Relativismus*, der bei uns in der Zeit Diltheys zusammen mit dem positiven »historischen Sinn« entwickelt wurde[15] und der sich bei Heidegger und im Postmodernismus in gesteigerter Form als *totale Vernunftkritik* fortsetzt – diese philosophische Grundstellung des Zeitgeistes läßt sich m. E. im Lichte einer Piaget-Kohlbergschen Entwicklungslogik des moralischen Bewußtseins als *eine* Version des Sich-Verirrens auf der *Krisenstufe 4½* des Übergangs von der *konventionellen* Moral zur *postkonventionellen* Prinzipien-Moralität verstehen.[16]

14 Vgl. K.-O. Apel: »Die Herausforderung der totalen Vernunftkritik ...« a. a. O. (s. Anm. 4); eine erweiterte Fassung »Face en défi que constitue la critique totale de la raison ...« in *Le débat* (1987).

15 Vgl. die Arbeiten von Dilthey, Troeltsch, Meinecke, Rothacker, Th. Litt u. a. Dazu H. Schnädelbach: *Geschichtsphilosophie nach Hegel: Die Probleme des Historismus*, Freiburg/München 1974.

16 Vgl. L. Kohlberg: *The Philosophy of Moral Development*, San Francisco: Harper & Row, 1984, 440ff.

Andere Versionen solchen Sich-Verirrens auf Stufe 4½ sind m. E. die mit dem Historismus gleichzeitigen, aber mit ihm konkurrierenden Ideologien des von Popper so genannten »Historizismus«, z. B. der Hegelsche und der orthodox marxistische Versuch, das moralische Sollen und seine formal-deontologischen Prinzipien in ein theoretisches Begreifen des notwendigen Ganges der Weltgeschichte »aufzuheben«.[17] Als klassische Positionen der Stufe 4½ können schließlich die verschiedenen Versionen des *naturalistischen Reduktionismus* gelten, die den Gültigkeitsanspruch der Moral, und im radikalen Fall sogar den Wahrheitsanspruch der theoretischen Vernunft, nicht *kritisch-rational rekonstruieren*, sondern *genealogisch* aus vernunftfremden Motiven *erklären*, d. h. *entlarven* wollen. Ich erwähne hier nur die einflußreichste und m. E. für die deutsche Entwicklung verhängnisvollste Version: diejenige Friedrich Nietzsches, in der das moralische Gewissen als Krankheit, als pathologische Inversion des »Willens zur Macht« *erklärt* werden sollte.[18]
Ironischerweise ist gerade dieser, durchaus als Produkt der Dialektik neuzeitlicher Aufklärung verständliche *Reduktionismus*, neben Heideggers *Seins-Historismus*, zu einem der Hauptingre-

17 Vgl. K. Popper: *Das Elend des Historizismus*, Tübingen 1969.

18 Vgl. F. Nietzsche: *Jenseits von Gut und Böse*, 199-203, sowie vor allem *Zur Genealogie der Moral*, 16ff. Es geht mir, wohlgemerkt, nicht etwa darum, die – wie stets bei Nietzsche – brillanten bio-psychologischen Einsichten in den Natur-Mechanismus zu bestreiten, an den die *Genese* des Gewissens (und des menschlichen Selbstbewußtseins überhaupt) qua Genese der Bedingungen für die moralische Verantwortung *und* ihre Pervertierbarkeit zweifellos geknüpft ist. Worum es heute geht ist m. E., diese Einsichten als solche der externen Erklärung von Naturbedingungen der praktischen Vernunft und Unvernunft von den damit bei Nietzsche verknüpften maßlosen Suggestionen im Sinne der *totalen Entlarvung* der Geltungsansprüche der Moral – vor allem der totalen Denunzierung aller universalistischen Gleichheitsansprüche im Sinne der Menschenrechte – analytisch zu trennen. Dazu bedürfte es freilich einer *pedantischen* Differenzierung der Fragestellungen und vor allem der möglichen Diskurstypen und ihrer Gültigkeitskriterien, kurz: einer Form des Philosophierens, der Nietzsche und die ihm heute wieder enthusiastisch folgenden Anhänger einer literarisch effektvollen, sozusagen postphilosophischen Philosophie von vornherein keine Chance geben.

dientien des französischen und italienischen *Postmodernismus* geworden, gewissermaßen als Angebot einer Alternativoption beim Begreifen des *Logos*: Entweder soll dieser insgesamt seinen Ursprung einer sich verbergenden Entbergung des *temporalen Seins* (bzw. dem Geschehen der »differance«) verdanken; oder er soll sich selbst auf eine sozialgeschichtliche Ausdifferenzierung des *Willens zur Macht* reduzieren und etwa das Argumentieren schlichtweg als Praktizierung von Gewalt einbekennen.[19] Aus meiner persönlichen Perspektive, und das heißt aus meiner Retrospektive auf die Zeit des dritten Reiches und der anschließenden Zeit der »re-education« kann ich nur sagen: Es ist schon eine bizarre Zumutung, wenn uns – nach einer Phase der Denunzierung schlechthin der gesamten deutschen Geistesgeschichte (d. h. Nietzsches und Hegels und Luthers) – jetzt eine – zumeist ästhetizistisch verharmloste – Rehabilitierung Nietzsches geradezu aufgedrängt wird – so als ob Hitler niemals – mit unverkennbarer und legitimer Berufung auf Nietzsche – in der Präambel zum Euthanasiegesetz erklärt hätte: »Ich habe mich entschlossen, das Schwache auszumerzen«, oder so, als ob »Jenseits von Gut und Böse« und »Zur Genealogie der Moral« von Nietzsches Schwester Elisabeth Förster-Nietzsche verfaßt worden wären.[20]

19 Vgl. die unter Anm. 4 zitierten Arbeiten von Habermas und Apel sowie A. Honneth: *Kritik der Macht*, Frankfurt a. M. 1985, und A. Wellmer: *Zur Dialektik von Moderne und Postmoderne*, Frankfurt a. M., 1985. Zur Nietzsche-Renaissance vgl. G. Deleuze: *Nietzsche und die Philosophie*, München 1976; ders.: *Nietzsche – ein Lesebuch*, Berlin 1965; M. Foucault: *Von der Subversion des Wissens*, München 1974; G. Vattimo: *Il sogetto e la aschere. Nietzsche e il problema della liberazione*, Milano 1974; ders.: *Al di la del sogetto: Nietzsche, Heidegger e l'ermeneutica*, Milano 1981; ders.: *la fine della modernità. Nichilismo ed ermeneutica nella cultura post-moderna*, Milano 1985.

20 Es geht hier sowenig wie im Falle Heideggers um moralistische Verurteilung. (Vielleicht – wahrscheinlich – ist Nietzsche selber ein Opfer seines logisch zügellosen, aber psychologistisch konsequenten Denkens geworden). Aber es geht darum, sich zu fragen – bzw. die Frage noch stellen zu dürfen! –, wie bestimmte Denkstile und Denkzwänge möglich wurden, z. B. der Stil und das zugehörige Pathos, mit dem Himmler bei der SS-Gruppenführer-Tagung in Posen am 4. Oktober 1943 sagen konnte (wohl mit innerster Überzeugung!): »Von Euch werden die mei-

An dieser Stelle möchte ich wiederum mit Entschiedenheit bekennen: diese Rehabilitierungssuggestion scheint mir mit dem, was wir gelernt haben sollten, unvereinbar und daher inakzeptabel zu sein; und das gilt m. E. auch dann, wenn diejenigen, die uns die Rehabilitierung suggerieren, mit Nietzsches Hilfe zu wertvollen und an sich akzeptablen Einsichten gelangt sein sollten (vgl. hierzu unten S. 435 ff.).

Die hier unterstellte positive Möglichkeit gibt mir Anlaß, einem heute beinahe voraussagbaren Mißverständnis meiner Zurückweisung des *Historismus, des Historizismus* und des *naturalistischen Reduktionismus – und in diesem Zusammenhang* auch Heideggers und Nietzsches – von vornherein entgegenzutreten. Ich möchte nicht im geringsten bestreiten, daß es sich hier um Denkansätze bzw. Denker handelt, die bestimmte, unumgängliche Fragestellungen einer selbstkritischen Fortsetzung der Aufklärung in radikaler, und darum lehrreicher, Form zu Ende gedacht haben. Insofern sind nicht nur Hegel und Marx, sondern auch Nietzsche und Heidegger »maîtres-penseurs«, an denen man nicht *vorbeikommt*. Aber das besagt keineswegs, daß man – wie so oft suggeriert wird – nicht *hinter sie zurückgehen* könnte. Vielmehr zeigt sich in dieser Suggestion selbst noch eine Form des *Krypto-Historismus bzw. Historizismus*, der zufolge es z. B. »im Felde des wesentlichen Denkens«, das jeweils seinen »Ort in der Seinsgeschichte« hat, keine ernsthaften, korrigierbaren Fehler und somit auch keine Widerlegungen geben könnte.

sten wissen, was es heißt, wenn hundert Leichen beisammen liegen, wenn 500 daliegen oder wenn tausend daliegen. Dies durchgehalten zu haben und dabei – abgesehen von Ausnahmen menschlicher Schwächen – anständig geblieben zu sein, das hat uns hart gemacht.« (in: W. Hofer (hrsg.): *Der Nationalsozialismus. Dokumente 1933-1945*, Frankfurt a. M. 1957, 114) – Es heißt m. E., die Nazis unterschätzen, ja ihnen Unrecht tun, wenn man hier die naheliegenden *internen* Beziehungen zu Nietzsches Denken mit dem Hinweis auf den Unterschied des intellektuellen Niveaus, auf Nietzsches Antinationalismus, sein gutes Europäertum, seine eigene Zartheit und *décadence* usw. a priori als Mißverständnisse hinstellt, so als ob eine Diskussion der internen Beziehungen zwischen Nietzsches Denken und dem Nationalsozialismus von vornherein gegen den guten Geschmack verstieße.

Ich bin im Gegenteil davon überzeugt, daß den angeführten Denkern bzw. Denkpositionen neben wertvollen Einsichten auch nachweisbare Irrtümer bzw. Irrwege zugeschrieben werden müssen. So ist ihnen z. B. mindestens *ein* klar einsehbarer Grundirrtum gemeinsam, der in seiner speziellen Ausformung jeweils den Ausgangspunkt eines charakteristischen Irrwegs bildet: Alle diese Denker bzw. Positionen versäumen es, *auf die Bedingungen der Möglichkeit des Sinns ihrer eigenen Geltungsansprüche zu reflektieren* und durch eine solche *transzendentalsinnkritische Reflexion* ihren Versuchen, die Geltungsansprüche der theoretischen und der praktischen Vernunft *extern* zu erklären, von vornherein Grenzen zu setzen. Das trifft auf den post-Heideggerschen *Super-Historismus* im Grunde ebenso zu wie auf die verschiedenen Versionen eines *naturalistischen Reduktionismus*: sie alle sind fasziniert von einem *Ursprungs-Motiv*, angesichts dessen sie die eigenen Sinnbedingungen – und damit den methodisch nichthintergehbaren Logos der Argumentation – aus dem Auge verlieren. Insofern sind sie recht eigentlich Beispiele des Typs *metaphysischer Ursprungsphilosophie* im dogmatischen – und d. h. vor-Kantischen Sinn. Dagegen ist eine auf strikter Reflexion der eigenen Sinn- bzw. Gültigkeitsbedingungen basierende *Transzendentalphilosophie* (die freilich auch Kants Ansatz noch erst kritisch transformieren muß) m. E. keine metaphysische Ursprungsphilosophie im dogmatischen Sinn.[21] Denn sie kann im Prinzip dem falliblen Erfahrungswissen der empirischen Wissenschaften und der Philosophie selber ebenso wie den Vermittlungen der Vernunft durch *externe* Motive, wie z. B. durch *Interessen* und den *Willen zur Macht*, Rechnung tragen, ohne dem *Reduktionismus* zu verfallen.[22] Und in diesem Sinn kann sie, wie zu zeigen wäre, auch die Abhängigkeit der *sprachlichen Welt-Sinnerschließung* vom temporalen Sein, also von der Geschichte, berücksichtigen, ohne

21 Ich möchte mit diesem Hinweis der Rede Adornos von der obsoleten »Ursprungsphilosophie« einen vom Sprachgebrauch der Frankfurter Schule abweichenden Sinn geben – einen Sinn, der es erlaubt, die Idee einer *transformierten Transzendentalphilosophie* von der heute als obsolet kritisierbaren Idee der *Metaphysik* zu unterscheiden.

22 Vgl. hierzu K.-O. Apel: *Die Erklären-Verstehen-Kontroverse in transzendentalpragmatischer Sicht*, Frankfurt a. M. 1979.

damit zugleich auch die *universalen Geltungsansprüche* des Logos zu relativieren.[23]
Daß in solcher Relativierung – wie im Reduktionismus überhaupt – auch für die *praktische Vernunft*, also für die Ethik und die ethisch verstandene Politik, ein Irrweg liegt, der zu einer Blockierung der Entwicklung des moralischen Bewußtseins auf der Übergangsstufe 4½ führen muß – das wird man freilich nur dann einsehen können, wenn man zuvor dies einsieht: Zu den Sinn-Bedingungen des Logos, d.h. des Argumentierens und seiner möglichen Gültigkeit, gehört notwendigerweise auch immer schon die Anerkennung eines *universalgültigen post-konventionellen Moralprinzips*: die Anerkennung desjenigen transsubjektiven Universalisierungsprinzips nämlich, das in der Reziprozität und Solidarität der Argumentationsgemeinschaft (genauer: der in der realen Argumentationsgemeinschaft notwendigerweise kontrafaktisch antizipierten idealen Argumentationsgemeinschaft) beschlossen ist. Wird diese Reflexions-Einsicht gewonnen, dann ist es nicht mehr unumgänglich, den Begriff des post-konventionellen Gewissens mit der Vorstellung der *totalen normativen Ungewißheit* zu verknüpfen: der Weg ist dann vielmehr frei für die *post-konventionelle* Einsicht, daß es, außer der – möglicherweise einzigartigen und unvergleichbaren – Herausforderung der geschichtlichen Situation, zumindest auch stets eine *prinzipiell einschränkende Bedingung für die zu treffende Entscheidung* gibt – eine Bedingung, die durch das *Universalisierungsprinzip* gesetzt ist.[24] (Darüber hin-

23 Vgl. meine Auseinandersetzung mit Heidegger in »Die Herausforderung der totalen Vernunftkritik ...! (s. Anm. 4).

24 Ebda.; J. Habermas: »Über Moralität und Sittlichkeit – Was macht eine Lebensform rational?«, in: H. Schnädelbach (Hrsg.): *Rationalität*, Frankfurt a.M. 1984, 218-35; ferner K.-O. Apel: »Der postkantische Universalismus in der Ethik im Lichte seiner aktuellen Mißverständnisse«, in: K.W. Kempfer/A. Schwan (Hrsg.): *Grundlagen der politischen Kultur des Westens*, Berlin 1987, 280-300. – Zur Problematik der transzendalpragmatischen Letztbegründung der Ethik vgl. W. Kuhlmann: *Reflexive Letztbegründung*, Freiburg/München 1985, Kap. 5; und D. Böhler: *Rekonstruktive Pragmatik*, Frankfurt a.M. 1985, VI. Kap., sowie meine, vorerst noch verstreuten, einschlägigen Arbeiten seit *Transformation der Philosophie*, Bd. II. Frankfurt a.M. 1973.

aus ist m. E. auch noch ein *Prinzip der Verantwortung* für die Mitarbeit an der geschichtlichen Herstellung der Anwendungsbedingungen für eine postkonventionelle Prinzipienethik immer schon implizit anerkannt; doch darauf kann ich im gegenwärtigen Zusammenhang noch nicht genauer eingehen.)[25]

Mit diesem ersten Durchgang durch die jüngste Phase der Zeitgeisterfahrung ist jedoch die für die Gegenwart charakteristische Zumutung der Rekonstruierung des moralisch-politischen Bewußtseins im Sinne einer *Rückkehr zur Normalität* noch nicht hinreichend getroffen, und infolgedessen auch noch nicht das politisch-moralisch relevante Moment der m. E. erforderlichen Zurückweisung dieser Zumutung. In einem gewissen – esoterischen – Sinn kann man zwar behaupten, daß auch die Versuchung, Nietzsche und Heidegger als Wegweiser in den *Postmodernismus* zu akzeptieren, für uns Deutsche auf eine *Rückkehr zur Normalität* hinauslaufen würde. Doch die exoterische und handfeste Zumutung einer Rückkehr zur Normalität kommt heute doch eher in anderen Konstellationen des Zeitgeistes zum Ausdruck. Betrachten wir als nächstes die *neopragmatische* Suggestion der *Auflösung* aller philosophischen Legitimationsprobleme in bezug auf moralisch-politische Orientierungssysteme.

1.3.2 Einige der schon im ersten Durchgang berührten Momente gehen freilich auch in die jetzt zu beschreibende Konstellation ein: so z. B. der als nichthintergehbar suggerierte *Historis-*

25 Vgl. unten S. 463 ff.; ferner K.-O. Apel: »Das Problem der Begründung einer Verantwortungsethik im Zeitalter der Wissenschaft«, in: E. Braun (Hrsg.): *Wissenschaft und Ethik*, Frankfurt a. M. 1986, 11-52; ders.: »Kann der postkantische Standpunkt der Moralität noch einmal in substantielle Sittlichkeit ›aufgehoben‹ werden? Das geschichtsbezogene Anwendungsproblem der Diskursethik zwischen Utopie und Regression‹«, in: W. Kuhlmann (Hrsg.): *Moralität und Sittlichkeit*, Frankfurt a. M. 1986, 217-64; ders.: »Grenzen der Diskursethik?«, in: *Ztschr. f. philos. Forschung*, Bd. 40 (1986), 3-31; ders.: »Verantwortung heute – nur noch Prinzip der Bewahrung und Selbstbeschränkung oder immer noch der Befreiung und Verwirklichung von Humanität«, in: T. Meyer/S. Miller (Hrsg.): *Zukunftsethik und Industriegesellschaft*, München 1986, 15-40; ders.: »Die transzendentalpragmatische Begründung der Kommunikationsethik und das Problem der höchsten Stufe einer Entwicklungslogik des moralischen Bewußtseins«, in: *Archivio di filosofia*, LIV (1986), 107-57.

mus-Relativismus in bezug auf alle *Prinzipien*, die mit *universalem Gültigkeitsanspruch* auftreten. Das Neue in dieser Hinsicht liegt eher darin, daß der am Ende des 19. Jahrhunderts in Deutschland aufkommende *Historismus-Relativismus* in der Gegenwart – wie es scheint – zur weltweit akzeptierten Voraussetzung der Philosophie und der verstehenden Kulturanthropologie und Sozialwissenschaft geworden ist. Nicht selten wird heute zwar auf der philosophischen Ebene behauptet, es gehe nicht mehr um die Anerkennung des Relativismus, sondern um eine neue Position jenseits oder diesseits der Alternative von Relativismus und Fundamentalismus bzw. Universalismus. Hier deutet sich m. E. eine *Problemvermeidungs- oder Auflösungsstrategie* an, die hauptsächlich vom späten Wittgenstein inspiriert ist; sie trifft sich jedoch mit Tendenzen des amerikanischen Pragmatismus auf der Linie eines *Neopragmatismus* und neuerdings auch mit Gadamers Suggestion einer »Überwindung« des älteren Historismus. So nimmt beispielsweise Richart Rorty für sich gleichzeitig eine von Heidegger, Gadamer und Derrida inspirierte Version des *Postmodernismus* und eine vom späten Wittgenstein und von John Dewey inspirierte Strategie der pragmatischen »Auflösung« metaphysischer Probleme in Anspruch.[26]

Bevor ich auf Rortys Neopragmatismus näher eingehe, möchte ich auch in diesem Fall betonen, daß ich keineswegs gegen das von Wittgenstein wie vom amerikanischen Pragmatismus ausgehende Motiv der philosophischen *Sinnkritik* pauschal polemisieren möchte. Ich bin im Gegenteil davon überzeugt, daß die Fähigkeit zur kritischen Auflösung »unsinniger« bzw. »sinnloser Fragestellungen« zu den konstitutiven Bedingungen einer transzendentalpragmatischen Transformation der klassischen Transzendentalphilosophie bzw. Vernunftkritik Kants gehören muß. In diesem Sinne lassen sich m. E. einige der Hauptprobleme der post-cartesischen Philosophie der Neuzeit in der Tat als Scheinprobleme auflösen: z. B. das Problem der *Existenz einer Außenwelt* (etwa das cartesische *Traumargument*), das Problem der »other minds«, das Berkeleysche Problem der *wahrnehmungsunabhängigen Existenz der Dinge* und sogar zwei Zentralprobleme Kants: nämlich das der prinzipiellen *Unerkennbarkeit der Dinge an*

26 Vgl. die unter Anm. 7 zitierten Bücher Rortys.

sich (im Unterschied zur Nichtabschließbarkeit der Erkenntnis verstanden) und das der *Unvereinbarkeit von Willensfreiheit und physikalischer Kausalgesetzlichkeit*.[27]

Doch selbst wenn man in der therapeutischen Sinnkritik an den eigenen Fragen eine ständige Aufgabe der Philosophie erkennt, so kann doch auch diese Aufgabe nicht ohne Rekurs auf spezifisch philosophische, und das heißt: universalgültige Kriterien – also Prinzipien – erfüllt werden. Man kann z. B. – mit Wittgenstein – zeigen, daß die cartesische Frage, ob nicht am Ende alles, was als real gilt, bloß mein Traum ist, den Sinn der Phrase »bloß mein Traum« zerstören muß, da dieser nur im Rahmen eines Sprachspiels, in dem Traum von Realität unterschieden werden kann, sich konstituieren kann. Aber mit diesem knappen Hinweis ist notwendigerweise schon ein kontext-transzendierendes universalgültiges Prinzip (einer zu entwickelnden Theorie der paradigmatischen Voraussetzungen sinnvoller Sprachverwendung) in Anspruch genommen.

Genau dies aber leugnet Rorty, indem er offenbar Wittgensteins Empfehlungen einer theoriefreien ad-hoc-Therapie der philosophischen »Krankheit« sowie ähnlichen Suggestionen John Deweys hinsichtlich kontextimmanenter, pragmatischer Problemlösungen folgen möchte. Und er versucht in diesem Sinne seine prinzipienfreie Strategie der »Auflösung« philosophischer Scheinprobleme auch an dem traditionellen Zentralproblem der politischen Ethik zu bewähren: dem der Rechtfertigung bzw. Legitimation einer Gesellschaftsordnung. Betrachten wir im folgenden seine diesbezügliche Auseinandersetzung mit dem französischen Postmodernismus, der zwar die ethisch-politischen Legitimationsphilosophien der Moderne für tot erklärt hat, das Problem der philosophischen Legitimation aber gleichwohl noch sehr ernst nimmt. Ich beziehe mich zunächst auf eine Debatte zwischen Rorty und dem Wortführer des französischen Postmodernismus, Jean-François Lyotard, in der Zeitschrift *Critique*:[28]

Die Debatte wird eröffnet und thematisch bestimmt durch eine

27 Vgl. K.-O. Apel: *Der Denkweg von Charles Peirce. Eine Einführung in den amerikanischen Pragmatismus*, Frankfurt a. M. 1975, und ders.: *Die Erklären-Verstehen-Kontroverse ..., a. a. O. (s. Anm. 21).*

28 Siehe *Critique* 456 (Mai 1985), 559-85.

Frage Lyotards, die sich aus dessen Zeitdiagnose in *La condition postmoderne* ergibt.[29] Sie lautet: »Können wir heute noch damit fortfahren, die Fülle der Ereignisse, mit denen wir in der menschlichen und der außermenschlichen Welt konfrontiert sind, in der Weise zu organisieren, daß wir sie der Idee einer Universalgeschichte der Menschheit subsumieren?« (a. a. O., p. 559) Lyotard erläutert die Idee der Universalgeschichte durch die Idee der Emanzipation im Sinne Kants, die für ihn die Quintessenz der abendländischen Geschichtsphilosophien darstellt – von der christlichen Erlösungsgeschichte über die Geschichte der Aufklärung qua Beseitigung der Unwissenheit und Knechtschaft, Hegels Geschichte der dialektischen Realisierung der universalen Idee und die Marxistische Geschichte der Befreiung von Ausbeutung und Entfremdung bis zur kapitalistischen Geschichte der Befreiung von der Armut durch die technisch-industrielle Entwicklung (a. a. O., p. 560).

Alle diese Versionen der großen Universalgeschichte der Emanzipation sind nach Lyotard gescheitert. Dies habe sich in den letzten 50 Jahren erwiesen: die spekulative Idee der von Hegel behaupteten Identität des Vernünftigen und des Wirklichen sei in Auschwitz definitiv widerlegt worden, die Marxistische Idee der Identität des Proletariats und der kommunistischen Partei in Berlin (1953), Budapest (1956), Prag (1968) und Polen (1980), die demokratische Idee der Einheit der Interessen des Volkes und des parlamentarischen Liberalismus im Mai 1968 in Paris, die kapitalistische Idee der Förderung der allgemeinen Wohlfahrt durch das freie Spiel von Angebot und Nachfrage durch die Wirtschaftskrisen von 1911 und 1929 und – in ihrer post-Keynesianischen Wiederherstellung – durch die Krise von 1974-79 (a. a. O., p. 563).

Mit diesem Scheitern der Idee der Universalgeschichte der menschlichen Emanzipation ist nach Lyotard auch die andere Zentral-Idee der Moderne gescheitert: die der Menschheit als des einen, in der Zukunft zu realisierenden Subjekts der Geschichte oder – mit anderen Worten: des »Wir«, das außer den jeweils Redenden und Angesprochenen auch alle anderen als potentielle Mitglieder der weltbürgerlichen Gesellschaft im

29 J.-F. Lyotard: *La condition postmoderne*, Paris 1979.

Sinne Kants umfaßt. Damit sei sogar die von Lyotard gestellte Frage »Können *wir* fortfahren ...« paradox geworden, da die sie stellenden Intellektuellen sich nach dem Scheitern der Idee der Universalgeschichte nicht mehr als die Avantgarde der freien Menschheit von morgen auffassen könnten (a. a. O., p. 560).

Schließlich erläutert Lyotard seine Frage »Können wir fortfahren ...« auch noch hinsichtlich des Ausdrucks »*können* wir«. Dieser soll »ihm zufolge auch den *deontologischen* Sinn« von »sind wir verpflichtet ...« bzw. »sollen wir ...« haben; d. h. das von ihm gestellte Problem der »Organisation der Geschichte« soll ein solches unserer möglichen *Identität* als »Wir« und der *Legitimation* unserer Unternehmungen im Sinne Kants sein (a. a. O., p. 562).

Lyotards eigene Perspektive ist die des *Postmodernismus*, die in eigentümlicher Weise zwischen Bejahung des Scheiterns der Moderne und tief pessimistischer Trauer über die notwendige Verabschiedung der Idee menschlicher Solidarität bzw. der möglichen »unanimité« oszilliert. Für Lyotard liegt die Ursache des Scheiterns der Idee der Universalgeschichte der Emanzipation letztlich in der Unmöglichkeit der Legitimation einer Solidarität bzw. »unanimité«, die über den Rahmen der »unüberwindbaren Verschiedenheit der Kulturen« hinausreichen könnte. Er illustriert dies einerseits an den »integrierten Kulturen« der »societées sauvages« und ihrem mythischen Legitimationssystem, andererseits an dem Scheitern der Idee kosmopolitischer Solidarität in der Moderne, vom Nationalismus der Französischen Revolution über den Stalinismus bis zu den Machtkämpfen innerhalb des kapitalistischen Weltwirtschaftssystems von heute (a. a. O., p. 567).

Nach diesen Erläuterungen überläßt es Lyotard dem Amerikaner Rorty, eine Antwort aus der transatlantischen Perspektive zu geben. Rorty ist auch bereit, eine solche Antwort zu geben, und zwar unter der Überschrift »Kosmopolitismus ohne Emanzipation« (a. a. O., p. 569). Dieser Titel signalisiert bereits eine Hauptpointe der von Rorty befolgten Strategie: Er bejaht – wie auch sonst (z. B. in seinem Buch »Consequences of Pragmatism«)[30] –

30 Siehe unter Anm. 7.

die postmodernistische Verabschiedung der großen Geschichtsphilosophien der Moderne. Doch er möchte gleichzeitig zeigen, daß auch noch die von Lyotard aufgeworfenen Probleme – insbesondere das aus Kantscher Perspektive aufgeworfene Problem der deontologischen Rechtfertigung bzw. Legitimation einer Gesellschaftsordnung – sich als metaphysische Scheinprobleme auflösen lassen. (Ich werde zur Verdeutlichung dieser Haupttendenz Rortys auch seinen späteren Aufsatz »The Priority of Democracy to Philosophy«[31] heranziehen, in dem die politisch-moralischen Konsequenzen seiner Antwort greifbarer werden.)

Rortys Lösung der von Lyotard aufgeworfenen Probleme besteht, kurz gesagt, in einem Gewaltstreich: Er kehrt die Frage, wie es heute möglich sein könnte, eine politisch relevante Moral – z. B. die der modernen westlichen Demokratie – philosophisch zu legitimieren und sie als kompatibel mit der Idee der Einheit der menschlichen Geschichte im Sinne der menschlichen Solidarität zu erweisen, einfach um, indem er erklärt, man könne ja nur von seiner Tradition als *historisch-faktischer Konsensbasis* ausgehen und versuchen, deren implizite Utopie *persuasiv* zur Geltung bringen. Alles andere sei obsolete Metaphysik. Insofern könne es nicht darum gehen, die politisch-moralische Gesellschaftsordnung der liberalen Demokratie philosophisch zu legitimieren – etwa durch Bezugnahme auf für alle Menschen gültige Maßstäbe –, sondern umgekehrt nur darum, religiöse und auch philosophische Moralprinzipien daraufhin zu überprüfen, ob bzw. inwieweit sie mit der faktischen, politischen Ordnung der liberalen Demokratie zu vereinbaren sind. (Rorty beruft sich an dieser Stelle auf Jefferson, der die Freiheitsbedingungen der liberalen Demokratie zum Maßstab der öffentlichen Geltung religiöser Prinzipien machte, und er empfiehlt eine Anwendung desselben Verfahrens auf die Legitimationsansprüche der Philosophie. Mit anderen Worten: so, wie die Religion in der liberalen Demokratie zur Privatsache werden mußte, so soll dies auch mit der Philosophie geschehen,

31 In: M. Peterson u. R. Vaughan (Hrsg.): The Virginia Statute of Religious Freedom, Cambridge 1987. Vgl. die deutsche Version des Rorty-Textes in Ztschr. f. philos. Forsch. 42 (1988), 4-17. Meine Zitate sind Übersetzungen aus dem englischen Text.

woraus nach Rorty folgt, daß das Legitimationsproblem sich als Scheinproblem auflöst.[32]

Spätestens an dieser Stelle wird deutlich, daß es nicht ganz einfach ist, Rorty gerecht zu werden und zugleich das eigentlich zur Diskussion stehende Problem im Auge zu behalten. Es leuchtet ja *philosophisch* ein – gerade auch unter Kantischen oder Rawlsschen Voraussetzungen einer philosophischen Legitimation der liberalen Demokratie –, daß der Staat als Angelegenheit aller zur gleichen Freiheit berechtigten Bürger metaphysischen Theorien bzw. Weltanschauungen gegenüber zur gleichen *Toleranz und Neutralität* verpflichtet ist wie gegenüber religiösen Bekenntnissen, und es leuchtet auch ein, daß der Staat infolgedessen auch die öffentlichen Geltungsansprüche von Philosophien in der gleichen Weise einschränken muß, wie die von religiösen Bekenntnissen. Doch daraus lassen sich zwei Folgerungen *nicht* ziehen, die oft – und so auch von Rorty – suggeriert werden:

1. Erstens folgt nicht, daß es *für die von der liberalen Demokratie eigens freigegebene theologische und philosophische Diskussion* nicht ein echtes und stets neu anstehendes Problem der Legitimation bzw. Kritik der Grundlagen der Moral und des Rechts einer politischen Gesellschaftsordnung gibt: – daß dieses – von Lyotard aufgeworfene – Problem also ein Scheinproblem wäre. Schon hier zeigt sich, daß vielmehr Rortys Antwort eine Scheinlösung darstellt, die – wie zu zeigen ist – auf einem sophistischen Trugschluß beruht. Wichtiger noch scheint mir ein zweites *non sequitur*, das dem ersten entspricht:

2. Daraus, daß eine liberale Demokratie – im Unterschied etwa zu einer Theokratie oder einem totalitären Staat – die öffentliche Geltung religiöser und philosophischer Doktrinen einschränken muß – daraus folgt keineswegs, daß *diese* politische Ordnung, die sich zu solcher Neutralität und Einschränkung berechtigt glaubt, nicht selber noch auf *nicht historisch-kontingenten*, sondern *philosophisch zu legitimierenden Voraussetzungen* beruht. Auch dies kann Rorty, wohlgemerkt, nicht zugestehen, da er ja von einer historisch-kontingenten Tradition als *faktischer Konsens-Basis* ausgehen will, um das – ihm zufolge –

32 Siehe Rorty: »The Priority of Democracy to Philosophy«, p. 2.

metaphysische Scheinproblem der universal gültigen Legitimation aufzulösen.

Es läßt sich indessen schnell zeigen, daß schon die Minimalbedingung jedes freiheitlichen Rechtsstaats und damit auch der liberalen Demokratie ein nicht historisch-kontingentes moralisches Prinzip impliziert: Ich meine die Bedingung der Möglichkeit des Schließens von Verträgen oder Übereinkommen aller Art, die im traditionellen Naturrecht durch den Satz »pacta sunt servanda« ausgedrückt wird. Dieses Prinzip kann ja selber nicht etwa durch ein historisch-faktisches Übereinkommen begründet werden. Und es steht hier natürlich nur als exemplarischer Hinweis auf – die von Rorty ignorierten – Bedingungen der Möglichkeit von praktisch relevanter Konsensbildung überhaupt. So gehört natürlich auch die grundsätzliche Anerkennung aller anderen Bürger, ja darüber hinaus aller Menschen als gleichberechtigter Personen und die daraus folgende Bereitschaft zur Lösung aller Konflikte durch gewaltfreie Konsensbildung zu den *unbedingt notwendigen Bedingungen der Möglichkeit* einer demokratischen und kosmopolitischen Konsensbildung. (Problematischer verhält sich dies allerdings schon bei den »Gerechtigkeitsprinzipien«, die etwa John Rawls in seiner monumentalen »Theory of Justice« glaubt ableiten zu können. Ich werde darauf noch zurückkommen.)

Wie verhält sich nun Rorty solchen Problemen gegenüber?

Die Schwierigkeit, Rorty gerecht zu werden , beruht m. E. darauf, daß eine von Wittgenstein und Dewey inspirierte Problemauflösungsstrategie leicht zu einer Strategie der Immunisierung gegen jede mögliche Kritik wird. Genau das scheint mir bei Rorty – und bei vielen anderen Vertretern der Devise »Pragmatismus ohne Begründung« – vorzuliegen. Im Grunde ist Rortys Argumentationsstrategie sehr einfach: Geht es um die Frage der normativen Maßstäbe oder Kriterien einer kritischen Beurteilung oder Legitimation moralisch-politischer Ordnungen, so wird diese Frage als metaphysisches Scheinproblem zurückgewiesen, da ein philosophisches Begründungsproblem zu entstehen droht, d. h. ein Problem, dessen Lösung auf kontexttranszendierende, letztlich universal gültige Kriterien, d. h. Prinzipien, zurückgreifen müßte. Droht dann, auf der anderen Seite, der Einwand aufzukommen, daß es doch immerhin historisch-kontingente politische Ordnungen ohne Freiheit, Gerechtigkeit, Toleranz usw. gegeben hat und noch gibt – Ordnungen, die, als faktische Konsensbasis betrachtet, weder für demokratische noch für kosmopolitische Konsensbildung noch für einen Fortschritt in dieser Richtung offen sind –, dann stellt sich heraus, daß Rorty alle diese Prinzipien – d. h. so gut wie alle zentralen Sinngehalte der zuvor mit Lyotard zurückgewiesenen »Emanzipations-Geschichte« im Sinne Kants – als selbstverständliche *common-sense*-Voraussetzungen der westlichen liberal-demokratischen Tradition in Anspruch nimmt. Ja, mehr noch: er setzt sie bei jedem geistig gesunden Menschen implizit voraus; und auf diese als selbstverständlich unterstellte Voraussetzung gründet sich die andere *common-sense*-Voraussetzung Rortys: daß man im Falle von Meinungsverschiedenheiten – oder auch im Falle der Beurteilung von alternativen Lösungsvorschlägen in praktischen Fragen – stets auf gewaltfreiem Wege zu einer konsensfähigen Antwort gelangen *kann*. (Ich hätte beinahe gesagt: *im Prinzip gelangen kann*; aber *das* dürfte Rorty natürlich nicht sagen, da es ja einen Rekurs aufs philosophisch Prinzipielle, universal Gültige implizieren würde.)

Sehen wir nun zu, wie die Strategie Rortys im einzelnen funktioniert. (Ich zitiere zuerst die provozierenden, scheinbar zynischen Belege für die Zurückweisung des Legitimationsproblems und im Anschluß daran die Stellen, an denen Rorty dem potentiellen Kritiker zu verstehen gibt, daß er selbstverständlich für Fortschritt, Freiheit und Gerechtigkeit ist.)

Zunächst einmal erklärt Rorty provozierend, daß der Pragmatist die von Lyotard in dramatischer Form dem verlorenen Solidaritätsprinzip der Menschheit entgegengestellte Alternative des »sekundären Narzißmus« der partikularen Traditionen bzw. Lebensformen ohne weiteres akzeptieren könne:[33] Akzeptiert er damit nicht auch die mögliche partikulare Konsensbasis eines faschistischen Systems, wie Lyotard zu bedenken gibt? Rorty verneint dies mit dem Argument, der Pragmatist als liberaler Reformist könne ja im Unterschied zu den Nazis sagen: »Wir sind gut, weil wir letztendlich – mehr durch *Per-*

33 *Critique* 456, p. 571.

suasion als durch Gewalt – in der Lage sein werden, die anderen dahin zu bringen zu glauben, daß wir gut sind.«[34]

Ich habe den von Rorty verwendeten notorisch zweideutigen und ambivalenten Zentralterminus der abendländischen Rhetorik – den der »Persuasion« – absichtlich nicht ins Deutsche übersetzt. In diesem Falle nämlich *müßte* man ihn desambiguieren – sei es im Sinne von »überreden« (was Betrug, Manipulation und latente Gewalt nicht ausschließt),[35] sei es im Sinne von »überzeugen«. Entscheidet man sich aber für »überzeugen«, so wird klar, daß *Argumente* und damit *rationale Kriterien* (letztlich *Prinzipien*) erforderlich sein würden, um die eigene Tradition den Außenstehenden gegenüber als die bessere zu erweisen. Das aber würde die von Rorty intendierte Problemauflösung offenbar verhindern.

Rorty bestätigt diese Problemvermeidungsstrategie durch seine Antwort auf die Frage, wie denn, in Ermangelung von philosophischen Kriterien, überhaupt die Beurteilung von alternativen politisch-moralischen Ordnungen erfolgen solle. Seine Antwort lautet: »Die Schüler Deweys, zu denen ich gehöre, loben gerne die Demokratie und den Versorgungs- (Wohlfahrts-)Staat, aber sie tun dies nur in der Weise des Vergleichs mit dem, was von anderen vorgeschlagen wird, und nicht etwa deshalb, weil wir glaubten, daß diese Institutionen besser als das Feudalsystem oder der Totalitarismus der menschlichen Natur oder dem Sittengesetz entsprächen.«[36] Muß dies Verfahren nicht einfach auf eine Begründungsverweigerung hinauslaufen?

Woran sollte die Empfehlung der Demokratie bzw. des Wohlfahrtsstaates beim Vergleich der Staatsformen denn appellieren, wenn alle übergreifenden philosophischen – z. B. ethischen – Kriterien ausgeschlossen werden? Übrig bliebe ja, streng genommen, nur der – »persuasive« – Appell an die egoistischen Interessen derer, die jeweils zu wählen haben! Und könnten die nicht unter Umständen eher an einer Staatsform mit erlaubter Sklavenhaltung interessiert sein – etwa derjenigen des US-Staates Virginia zur Zeit der Verkündung der Menschenrechte in der amerikanischen Verfassung? Anders gefragt: Haben denn

34 Ebda.

35 So mit Recht Lyotard in seiner Antwort an Rorty a. a. O. p. 582.

36 Ebda., p. 569 f.

die Argumente bei der Annahme der amerikanischen Verfassung und bei der sukzessiven Anpassung der politisch-sozialen Realität der USA an diese Verfassung bis hin zum civil rights movement Martin Luther Kings keine notwendige Rolle gespielt?

Deutlicher noch wird die Paradoxie der Position Rortys in dem Aufsatz über die Priorität der Demokratie über die Philosophie: Rorty sieht hier ein, daß er auch nicht mehr berechtigt ist, von universalgültigen »Menschenrechten« zu reden; denn das würde, wie er zu Recht feststellt, auf den Versuch hinauslaufen, »die Wohltaten der Metaphysik zu genießen, ohne die entsprechenden Verantwortlichkeiten [Rechtfertigungsverpflichtungen] anzunehmen«. Dennoch müsse man – meint Rorty – in der Lage sein, »zwischen der Art von individuellem Gewissen, das man respektiert und der Art, die man als »fanatisch« verurteilt, zu unterscheiden. Der Bezugspunkt dafür könne aber nur »etwas relativ Lokales und Ethnozentrisches – die Tradition einer partikularen Gemeinschaft, der Konsens einer partikularen Kultur« sein. »Die Kantsche Identifikation mit einem zentralen, transkulturellen und ahistorischen Selbst« werde »so ersetzt durch eine quasi-Hegelsche Identifikation mit unserer Gemeinschaft, die als ein geschichtliches Produkt gedacht wird.«[37]

Zwar kann man nach Rorty eine Theorie des menschlichen Selbst entwickeln, die mit den Institutionen, die man bewundert, im Einklang ist. In diesem Fall jedoch »rechtfertigt man nicht die Institutionen durch Bezug auf fundamentalere Voraussetzungen, sondern eher das Umgekehrte: man setzt die Politik an die erste Stelle und entwirft eine dazu passende Philosophie.«[38] Hier kann ich mir bereits kaum noch die Anmerkung versagen: So ungefähr haben es gewisse Philosophen im *Dritten Reich* tatsächlich gemacht.

Aber Rorty meint das natürlich alles ganz anders; man kann ihn eben nicht kritisieren. Das wird aus der folgenden, geradezu klassischen *petitio principii* klar: Auf die Frage, warum wir denn nicht mehr – wie vielleicht unsere Vorfahren – eine philosophische (= metaphysische) Antwort auf die Frage nach der

37 R. Rorty: »The Priority of Democracy to Philosophy«, p. 4f.
38 Ebda. p. 8.

»Natur des moralischen Subjekts« benötigen, antwortet Rorty: »Wir – wir Erben der Aufklärung, für die *Gerechtigkeit* zur ersten Tugend geworden ist, benötigen keine solche Antwort mehr. Als Bürger und als Sozialwissenschaftler können wir uns philosophischen Meinungsverschiedenheiten über die Natur des Selbst gegenüber so gleichgültig verhalten wie Jefferson gegenüber theologischen Meinungsverschiedenheiten über die Natur Gottes«.[39] Man fragt sich hier: Merkt Rorty wirklich nicht, daß er zugleich mit der als selbstverständlich vorausgesetzten *Natur der Gerechtigkeit* – ihrem hinreichend klaren Begriff im Sinne der maßgebenden Norm des menschlichen Zusammenlebens – auch schon eine philosophisch hinreichende Beantwortung der Frage nach der »Natur des moralischen Subjekts« voraussetzt? Oder, falls Rorty bloß die *metaphysisch* klingende Rede von der »Natur des moralischen Selbst« ablehnt, merkt er nicht, daß er jedenfalls mit der *Voraussetzung des Primats der Gerechtigkeit* in der liberal-demokratischen Tradition *die philosophische Legitimationsfrage als gelöst* unterstellt?

An dieser Stelle ist eine kurze Anmerkung angebracht zu Rortys Auseinandersetzung mit John Rawls' *Theorie der Gerechtigkeit*, in der ja – so könnte man meinen – die philosophische Legitimation einer gerechten politischen Ordnung in bislang nicht überbotener Ausführlichkeit in Angriff genommen wurde.[40] Rorty versucht nun zu zeigen, daß gerade Rawls nicht etwa durch die in der »originalposition« als rational gewählten Gerechtigkeitsprinzipien die liberale Demokratie philosophisch begründen will, sondern umgekehrt nur die historisch-kontingente Tradition der liberalen Demokratie philosophisch artikuliert. Nun ist diese Deutung m. E. zwar als solche des Hauptwerks unhaltbar,[41] sie scheint aber immerhin durch einige Passagen in Rawls' späterem Aufsatz »Justice as Fairness: Political not Metaphysical«[42] gestützt zu werden; so z. B. durch die folgende Stelle: »Der wesentliche Punkt ist dieser: Als praktisch-politische An-

39 Ebda. p. 15 (Hervorhebung von K.-O. A.).

40 J. Rawls: *Eine Theorie der Gerechtigkeit*, Frankfurt a. M. 1975.

41 Vgl. dazu auch R. Bernstein: »One step forward, two steps backward. Richard Rorty on liberal democracy and philosophy« Political Theory XV, N° 4 (Nov. 1987), 538-563.

42 In: *Philosophy and Public Affairs*, XIV (1985), 223-251.

gelegenheit kann keine allgemeine Moral-Konzeption die Basis für eine öffentliche Konzeption der Gerechtigkeit in einer modernen demokratischen Gesellschaft liefern. Die sozialen und historischen Bedingungen einer solchen Gesellschaft haben ihren Ursprung in den auf die Reformation folgenden Religionskriegen und in der Entwicklung des Prinzips der Toleranz, und im Anwachsen der konstitutionellen Regierung und der Marktwirtschaft. Diese Bedingungen bestimmten zutiefst die Anforderungen an eine funktionsfähige Konzeption der politischen Gerechtigkeit: eine derartige Konzeption muß Spielraum lassen für eine Mannigfaltigkeit von Lehren und für die Pluralität konfligierender, ja miteinander inkommensurabler Konzeptionen des Guten, die von den Mitgliedern der existierenden demokratischen Gesellschaften vertreten werden«.[43]

Eine solche Stelle scheint *prima facie* für Rorty zu sprechen. Doch sie läßt sich m. E. auch folgendermaßen interpretieren. (Ich lege jetzt heuristisch eine 2-Stufen-Konzeption transzendental-pragmatischer Normenbegründung zugrunde, wie ich sie selbst in der Studieneinheit 20 *des Funkkollegs Praktische Philosophie/Ethik* vorgeschlagen habe[44] und wie sie m. E. auch den Vorstellungen von Habermas entspricht.[45])

1. Nur beiläufig erinnere ich zunächst an den Umstand, daß natürlich – trivialerweise – auch alle uns bekannten Prinzipien der Ethik eine historische *Genesis* haben, ohne daß damit die Möglichkeit ihrer universalen *Geltung* ausgeschlossen wäre. (Diese Unterscheidung darf natürlich für Rorty keine Relevanz besitzen, da er sich selber zusammen mit Davidson, Quine und Dewey der auf Hegel zurückgehenden Position des *Holismus* zurechnet.[46] Sollte das nicht letztlich auch eine *metaphysische* Position sein?) Ich will jedoch auf diesen Punkt hier nicht primär abheben, sondern auf den folgenden:

43 Ebda. p. 225.

44 Vgl. K.-O. Apel u. a. (Hrsg.): *Funkkolleg Praktische Philosophie/Ethik: Dialoge*, 2 Bde., Frankfurt a. M. 1984, Bd. II, 123-146; *Studientexte*, 3 Bde., Weinheim/Basel 1944, Bd. II, 606-635. Vgl. auch die in Anm. 24 zitierten Aufsätze.

45 Vgl. J. Habermas: *Moralbewußtsein* ..., Frankfurt a. M. 1983.

46 R. Rorty: »The Priority of Democracy to Philosophy«; vgl. auch ders.: *Consequences of Pragmatism*, a. a. O. (s. Anm. 7).

2. Auch ein Transzendentalphilosoph, der mit Kant an der a priori allgemeinen Gültigkeit einer Version des *Universalisierungsprinzips* festhält und diese sogar für rational-letztbegründbar hält, kann ohne weiteres zugeben, daß damit nicht schon eine *konkrete Lebensform*, auch nicht die politische Ordnung einer solchen, a priori vorgeschrieben werden kann. Er kann vielmehr in der institutionellen Begründung einer politisch-gesellschaftlichen Lebensform – wie übrigens auch in der je individuellen Realisierung des guten Lebens – eine Aufgabe sehen, die zur philosophischen Letztbegründung des Prinzips der Ethik *komplementär* ist, d. h. eine Aufgabe, die jederzeit nur *in Anknüpfung an eine geschichtlich vorgegebene substantielle Sittlichkeit* gelöst werden *kann*, die allerdings – *nach* der Formulierung eines ethischen Universalisierungsprinzips durch Kant – auch nur noch *unter den einschränkenden Bedingungen dieses Prinzips* gelöst werden *darf* – z. B. unter der einschränkenden Bedingung der Berücksichtigung von allgemeinen Menschenrechten.[47] Rawls hat in seiner *Theorie der Gerechtigkeit* das hier so genannte Komplementaritätsprinzip dadurch berücksichtigt, daß er zwischen dem deontologischen Primat des *Rechten* im Sinne der Gerechtigkeit und der damit kompatiblen Pluralität des *Guten* im Aristotelischen Sinne des jeweils gewählten guten Lebens unterschied.[48] Insofern muß der Schluß der zitierten Stelle keineswegs, wie Rorty suggeriert, eine Zurückweisung der philosophisch-universalistischen Begründung der Moral insgesamt beinhalten.

3. Eine *transzendentalpragmatisch begründete Diskursethik* kann aber auch das *formal-prozedurale* Prinzip angeben, nach dem alle situationsbezogenen, historisch revidierbaren materialen Normen – z. B. Rechtsgesetze, aber auch internalisierbare Normen der Moralität – begründet werden sollten. Auch dieses Prinzip, welches seinerseits das Universalisierungsprinzip Kants als seinen formal-abstrakten Kern enthält,[49] ist auf die geschichtlich bedingten Vorgaben der substantiellen Sittlichkeit

47 Vgl. meinen Aufsatz: »Der postkantische Universalismus in der Ethik im Lichte seiner aktuellen Mißverständnisse«, a. a. O. (s. Anm. 23).

48 Vgl. J. Rawls: *Eine Theorie der Gerechtigkeit*, a. a. O. (s. Anm. 39), 486-92.

49 Siehe unten S. 448.

angewiesen, aber es enthält zugleich, als *regulative Idee*, den Maßstab, an dem die geschichtlichen Vorgaben – z. B. solche der euro-amerikanischen Aufklärungsepoche – im Falle der Problematisierung gemessen werden können: den idealen Maßstab nämlich der durch argumentative Diskurse (nicht irgendwie *persuasiv*!) herzustellenden Konsensfähigkeit für alle Betroffenen.

4. Schließlich würde ich die zweifellos irritierende und von Rorty als Bekenntnis zum Historismus ausgelegte Retrospektive des späteren Rawls auf sein *magnum opus* durch den folgenden Umstand erklären: In Rawls' Hauptwerk fehlt in der Tat so etwas wie die von Habermas und mir vorgeschlagene Unterscheidung zweier prinzipiell verschiedener Stufen der Normenbegründung: einerseits der *transzendentalen* Begründung des formal-prozeduralen Prinzips praktischer Diskurse und andererseits der geschichtsbezogenen Begründung materialer Normen in den situationsbezogenen *praktischen Diskursen*, die von dem formal-prozeduralen Prinzip gefordert werden. Rawls hat einerseits gar keine Vorstellung von einer möglichen *transzendentalen Letztbegründung* des »Fairness«-Prinzips, sondern entnimmt dieses Prinzip, wie er sagt, den Intuitionen des *common sense*.[50] (Hier käme natürlich alles darauf an zu klären, ob dieser *common sense*, wie Rorty versteht, restlos geschichtlich bedingt ist oder ob er einen *transzendentalen Kern* enthält, der sich durch Reflexion auf die nichthintergehbaren Voraussetzungen allen Argumentierens identifizieren läßt.) Andererseits suggeriert Rawls in seinem inhaltsreichen Werk eine rationale a-priori-Begründung von Institutions-Normen, die zweifellos über das a priori begründbare Prinzip der Begründung weit hinausgeht und Vorschläge enthält, die auch in ihrer möglichen *Gültigkeit* historisch relativ und daher auch revidierbar sind.[51]

50 J. Rawls, a. a. O., 38 f., 68-71 u. ö.
Zur Kritik der Rawlsschen Begründungsstrategie vgl. O. Höffe: »Kritische Einführung in Rawls' Theorie der Gerechtigkeit«. In: ders. (Hrsg.): *Über John Rawls' Theorie der Gerechtigkeit*, Frankfurt a. M. 1975, 11-42, und J. Habermas: »Gerechtigkeit und Solidarität. Eine Stellungnahme zu Stufe 6«. in: W. Edelstein/G. Nunner-Winkler (Hrsg.): *Zur Bestimmung der Moral*, Frankfurt a. M. 1986, 291-320.

51 Hier zeigt sich m. E. der Vorzug des Zwei-Stufen-Prinzips einer strikten

Es bleibt also dabei – das zeigt gerade der Hinweis auf Rawls –, daß Rorty mit der Unterstellung des Primats der *Gerechtigkeit* in der liberalen Demokratie die explizit abgelehnte philosophische Legitimation dieser historisch-kontingenten politischen Ordnung implizit schon als selbstverständlich voraussetzt. Dank dieser *petitio* kann er ohne alle Skrupel die eigene Tradition in ihrer historischen Kontingenz zum selbstverständlichen Maßstab aller Beurteilung erheben – etwa so:

»Zu sagen, daß [in unserer Konzeption] kein Platz ist für die Fragen, die Nietzsche oder Loyola aufwerfen würden, heißt nicht zu sagen, daß deren Ansichten unverständlich (im Sinne von ›logisch inkohärent‹ oder ›begrifflich unklar‹) sind. Es heißt auch nicht zu sagen, daß sie auf eine falsche Theorie des Selbst gegründet sind. Es heißt nicht einmal bloß zu sagen, daß unsere Präferenzen mit den ihrigen konfligieren. ... Eher [sollte man sagen]: wir Erben der Aufklärung denken über Feinde der liberalen Demokratie wie Nietzsche und Loyola wie über Wahnsinnige (mad) ... Sie sind nicht deshalb wahnsinnig (»crazy«), weil sie etwa die unhistorische Natur der Menschen falsch interpretiert haben. Sie sind deshalb wahnsinnig, weil die Grenzen der geistigen Gesundheit durch das bestimmt sind, was *wir* ernst nehmen können. Dies wiederum ist bestimmt durch unsere Erziehung, unsere geschichtliche Situation.«[52]

Man muß dem nichts hinzufügen. In einer Podiumsdiskussion zwischen – u. a. – Rorty, Putnam und mir in Wien, die meiner

analytischen Trennung zwischen dem Empirisch-Falliblen – bzw. in der praktischen Philosophie: dem möglicherweise historisch Bedingten aller Vorschläge auf der Ebene der *praktischen Diskurse* – und den *transzendentalen Präsuppositionen des argumentativen Diskurses*, die in der Rede vom *Empirisch-Falliblen* und vom möglicherweise *historisch Bedingten* als Sinnbedingungen vorausgesetzt sind. Es zeigt sich hier, daß – entgegen aller gängigen Meinung – *Fallibilismus* (und ebenso: *Historismus* qua Sinn für die *Geschichtlichkeit der Lebenswelt*) und transzendentale Letztbegründung sich nicht ausschließen, sondern wechselseitig voraussetzen bzw. fordern. – Vgl. hierzu K.-O. Apel: »Fallibilismus, Konsenstheorie der Wahrheit und Letztbegründung«, in: Forum für Philosophie Bad Homburg (Hrsg.): *Philosophie und Begründung*, Frankfurt 1987, S. 116-211.

52 R. Rorty, a. a. O. p. 26f.

Bekanntschaft mit den zitierten Aufsätzen Rortys vorausging,[53] lautete Rortys letzte Antwort auf die Frage nach den Grundlagen der Moral etwa so: »It's just common sense, I am just an American, we have just to persuade the others that our way is the right one.« Ich fragte ihn daraufhin etwas konsterniert: »Could I also simply say: I am just a German. It's just common sense.« Ich wollte sagen: Bei uns hieß der »common sense« in der Zeit des 3. Reiches »das gesunde Volksempfinden«. Und unter Berufung darauf wurde zum Beispiel das Prinzip des Rechtsstaats in Frage gestellt mit der für viele ganz einleuchtenden Parole: »Ist etwa das Volk für das Recht da und nicht vielmehr das Recht für das Volk?« usw. Ich will sagen: die universalen Prinzipien einer postkonventionellen Moral, die auch noch das positive Recht legitimieren sollten – z. B. durch Insistieren auf so etwas wie menschlichen Grundrechten – diese Prinzipien wurden damals recht erfolgreich durch Berufung auf eine partikulare Konsensbasis des »Wir« außer Kraft gesetzt. (Es versteht sich, daß man leicht zeigen kann, daß zwischen dem von Hitler berufenen »gesunden Volksempfinden« und dem »common sense« der angelsächsischen Tradition, an den Rorty denkt, ein gravierender Unterschied besteht. Aber dieses Argument würde natürlich unter den Rortyschen Prämissen wieder auf eine *petitio principii* hinauslaufen; denn Rorty gestattet ja eben nicht einen kritischen Vergleich des einen und des anderen anhand übergreifender philosophischer Kriterien, sondern möchte den common sense der eigenen Tradition als solchen, d. h. als historisch-faktische Konsensbasis, gegen alle universalen, philosophischen Kriterien ausspielen.)

Sollen wir uns nun in der Gegenwart – durch eine neopragmatische Neuauflage des *Historismus-Relativismus* unserer akademischen Lehrer – darüber belehren lassen, daß die Berufung der Nazis auf die partikulare Konsensbasis des gesunden Volksempfindens der Struktur nach schon ganz in Ordnung war; nur sei es eben nicht die richtige – sprich: persuasiv erfolgreiche – Konsensbasis gewesen?

An dieser Stelle komme ich, wie ich gern gestehe, wiederum zu

53 Im Rahmen der »Wiener Gespräche zur Philosophie« vom 10. bis 13. Mai 1985.

dem Urteil: *Das sollte für uns nicht mehr akzeptabel sein*: Die gutmütige Problemauflösungsstrategie des amerikanischen Neopragmatismus à la Rorty sollte uns so wenig wie die, an Nietzsche und Heidegger orientierte, postmodernistische Denunzierung und Obsoletierung der Vernunftprinzipien (angeblich nur der Metaphysik) darüber hinwegtäuschen, daß es gerade eine Paralysierung des ethischen Prinzipienbewußtseins war, die – zusammen mit einem kompensativen Nationalismus und dem überall und stets anzutreffenden Opportunismus – das Versagen der »intellektuellen Elite« im Dritten Reich zur Folge gehabt hat.

Freilich kann man zugeben, daß eine angemessene – der Metaphysikkritik Nietzsches, Diltheys und Heideggers und dem szientistischen Naturalismus gewachsene – Begründung der Prinzipien einer universalistischen Ethik in der Zeit des Dritten Reiches nicht verfügbar war – so wie sie ja auch heute noch den meisten kaum als denkbar erscheint. Die moralische Adoleszenzkrise der Menschheit, die durch die postkonventionelle Aufklärungsstufe 4½ gekennzeichnet ist, läßt sich eben nicht so leicht in verläßlicher Form überschreiten. Dennoch möchte ich behaupten, daß in den Glaubenslehren der Weltreligionen und in den vielgeschmähten Prinzipien der metaphysischen Tradition zumindest Antizipationen der postkonventionellen, universal gültigen Grundlagen der Ethik erreicht sind, an die eine kritisch-rationale Rekonstruktion immerhin anknüpfen kann.[54]

So ist m. E. leicht zu sehen, daß Lyotards Aussagen über den Tod der »grands méta-récits« (von der kosmopolitischen Solidarität des »Wir« und der Einheit der menschlichen Geschichte als einer Geschichte des aufgegebenen Fortschritts hin zur weltbürgerlichen Gesellschaft im Sinne Kants) maßlose Übertreibungen darstellen. Was mir tatsächlich überholt erscheint, ist das von Hegel, Comte und Marx suggerierte *Wissen* von einem *notwendigen Gang der Geschichte* als einem Fortschritt, in den sich die Sollensforderungen der Ethik ebenso wie das Prinzip Hoffnung der Utopie-Tradition wissenschaftlich »aufheben« ließen; keineswegs tot, sondern aktueller denn je sind dagegen die, von Kant ethisch begründeten, Postulate eines jederzeit

54 Hierzu vgl. unten S. 430ff. u. 472ff.

geforderten und frustrationsresistent als Ziel zu verfolgenden Fortschritts im Sinne der kosmopolitischen Einheit der menschlichen Geschichte. Es läßt sich sogar feststellen, daß diese Einheit der menschlichen Geschichte, die im 18. Jahrhundert noch eine geschichtsphilosophische Vision war, heute politisch, ökonomisch und technisch soweit real ist, daß das Scheitern ihrer politisch-rechtlichen Organisation, das Lyotard einfach unterstellt, auf eine kaum ausdenkbare Katastrophe hinauslaufen würde.

Auf eine vergleichbare Katastrophe würde es hinauslaufen, wenn die Menschen angesichts der Diversitäten und Heterogenitäten der Sprachspiele und der kulturellen Lebensformen die *Konsenbildung* aufgeben oder gar, nach Lyotards Rezept, den *Dissens* anstelle des *Konsenses* anstreben würden.[55] Und es würde ebenfalls einen gefährlichen Rückschritt darstellen, wenn die Vertreter verschiedener moralisch-politischer Ordnungskonzepte – etwa diejenigen westlich demokratischer, staatssozialistischer und theokratischer Konzeptionen – den zur Zeit wenigstens in der Medienöffentlichkeit *prätendierten, auf universalgültige Kriterien bezogenen, argumentativen Diskurs* aufgeben würden, wenn sie sich – mit Rorty – zum »sekundären Narzißmus« der eigenen Konsensbasis bekennen und im übrigen nur *persuasiv* ihre Lebensform propagieren würden (wobei die jeweils anderen ja wohl insgeheim als »mad« angesehen werden müßten?).

Doch mit den bislang diskutierten philosophischen Suggestionen einer zeitgemäßen Reorganisation des politisch-moralischen Bewußtseins ist immer noch nicht diejenige Konstellation des Zeitgeistes getroffen, die für die in Westdeutschland heute vorherrschende philosophische Suggestion einer *Rückkehr zur Normalität* recht eigentlich charakteristisch ist. Der spezifisch deutsche Hintergrund einer solchen Suggestion ist bisher nur im *Historismus-Hermeneutizismus* Heideggerscher und Gadamerscher Provenienz berührt worden. Noch fehlt aber der Hinweis auf das heute dazugehörige Element pragmatischer Abwie-

55 Vgl. J.-F. Lyotard: *La condition postmoderne*, Paris 1979. Dazu K.-O. Apel: »Der postkantische Universalismus ...«, a. a. O. (s. Anm. 23) und ders.: »Die Herausforderung der totalen Vernunftkritik ...« (s. Anm. 4 und 13).

gelung im Sinne der – wie es heißt – antimoralistischen und antiutopistischen Versöhnung mit der Tradition. Zwar repräsentiert auch der Wittgenstein-Rorty-Pragmatismus, verglichen mit dem französischen Postmodernismus, eine *philosophische* Strategie und Attitüde der Abwiegelung, doch hat er sich andererseits von Dewey und von der amerikanischen Verfassung her ein geradezu naiv-idealistisches Fortschrittspathos der Aufklärung bewahrt. So spricht etwa Rorty sogar affirmativ von der *Utopie*, die mit der Lebensform der westlichen Demokratie verbunden sei.[56] Ganz anders ist das neokonservativ-abwieglerische Klima beschaffen, das den bundesdeutschen *Neoaristotelismus* kennzeichnet, dem ich mich jetzt zuwende.

1.3.3 Auch für das Verständnis des jetzt zu beschreibenden Syndroms ist freilich das Ergebnis unserer kritischen Auseinandersetzung mit den Suggestionen der Nietzsche-Heidegger-Postmodernismus-Konstellation und der neopragmatistischen Wittgenstein-Rorty-Konstellation keineswegs irrelevant; doch wichtiger ist jetzt die Berücksichtigung der hinter dem *Hermeneutizismus* und *Historismus* stehenden Traditionen, die in Deutschland tief ins 19. Jahrhundert zurückreichen. Sie wurden mir selbst – wie eingangs angedeutet – schon in der Studienzeit nahegebracht, und sie wurden in der Folgezeit im Sinne der Rehabilitierung der praktischen Philosophie des Aristoteles erneuert. Dabei denke ich insbesondere an die zwar unterschiedlichen, aber in den praktischen Konsequenzen doch weitgehend konvergierenden Quasi-Schulbildungen, die von Gadamer und von Joachim Ritter ausgingen.[57] Die ethisch-politisch relevanten Suggestionen dieser Denkrichtungen traten freilich erst bei der »skeptischen Generation« der Jüngeren im Sinne einer spezifisch deutschen Suggestion der Rückkehr zur Normalität in Erscheinung.

Diese Generation teilt mit dem Neopragmatismus Rortys durchaus den Affekt gegen das Prinzipielle und Universale; doch der Unterschied zwischen dem bundesdeutschen Pragmatismus-Hermeneutizismus und dem amerikanischen Neopragmatismus Rortys kommt schon darin zum Ausdruck, daß als

56 Siehe Rorty in *Critique* 456, p. 570.

57 Vgl. hierzu H. Schnädelbach: »Was ist Neoaristotelismus«, in: W. Kuhlmann (Hrsg.): *Moralität und Sittlichkeit«*, Frankfurt a. M. 1986, 38-63.

Paradigma der ethisch-politischen Philosophie Aristoteles an die Stelle John Deweys tritt. Damit wird auch sogleich der charakteristische Unterschied in der Suggestion der *Normalität* markiert. Denn Dewey repräsentiert für Rorty immerhin schon den *common sense* der modernen westlichen Demokratie, und in diesen *common sense* sind – was Rorty freilich nicht bedenkt – auch schon die Denkergebnisse der modernen Aufklärungs-*Philosophie* eingegangen.[58] Doch welche *Normalität* soll für uns Aristoteles repräsentieren? Soll es sich etwa um die prinzipiellen Einsichten des großen Metaphysikers in die Wesensnatur des Menschen handeln? Das scheint sich mit dem bereits erwähnten Affekt gegen das *Prinzipielle* und *Universale* nicht zu vertragen. In der Tat: Unseren Neoaristotelikern geht es nicht mehr um den Aristoteles der *teleologischen Metaphysik* und des Naturrechts, in dem zwei Jahrtausende vor Kant einen oder sogar den Repräsentanten der philosophischen Prinzipien sahen; eher geht es ihnen um einen neuentdeckten Aristoteles der *Nikomachischen Ethik*, der *Politik* und der *Rhetorik*. Dieser Aristoteles liefert vor allem eine exemplarische Rekonstruktion des – im 4. Jahrhundert v. Chr. schon sich auflösenden – Ethos der klassischen Zeit Athens; und seine Botschaft an die Gegenwart besteht für die Neoaristoteliker offenbar darin, daß er durch seine exemplarische Ethos-Beschreibung eine Lehre suggeriert, die gleichsam immer gültig und zugleich mit dem Historismus-Relativismus vereinbar ist. Sie lautet: Um das *gute Leben* zu realisieren, kommt es heute, wie schon immer, darauf an, das jeweils *Übliche* – das ὧς δεῖ – unter Anleitung der φρόνησις zu tun. Alles andere ist *schlechter Moralismus*, oder – wie die Neoaristoteliker unermüdlich einschärfen – *gefährlicher Utopismus*.

Ich möchte nicht bestreiten, daß an dieser applikationsbezogenen Aristoteles-Interpretation »etwas dran« ist. Verglichen mit Platon, erscheint Aristoteles in seinen ethisch-politischen Prag-

58 Man stelle sich einmal vor, die Väter der amerikanischen Unabhängigkeitserklärung und Verfassung hätten sich auch schon – statt auf Naturrechtsprinzipien – auf die partikulare Konsensbasis eben derer berufen, die nicht länger gewillt waren, die britische Herrschaft zu respektieren. Selbst Rorty müßte zugeben, daß das der damaligen Weltöffentlichkeit gegenüber weniger »persuasiv« gewesen wäre.

matien in der Tat als ein Abwiegeler des normativ-utopischen Idealismus, und verglichen mit Sokrates kann er sogar als ein postkonventioneller Protagonist der konventionellen Polisethik gelten.[59] In diesem Zusammenhang scheint mir ein charakteristischer Umstand für die neoaristotelische Orientierung besonders folgenreich zu sein: Schon Aristoteles selbst stand, nach allem, was wir wissen, den zu seiner Zeit erstmals aktuell werdenden Bestrebungen einer kosmopolitischen Transzendierung der Polisethik eher ablehnend gegenüber. Das bezeugen allein schon seine Äußerungen über den Wesensunterschied zwischen Griechen und Barbaren, von denen sich sein Schüler Alexander distanziert haben soll. Insofern scheinen unsere bundesdeutschen Neoaristoteliker eine genuin aristotelische Tendenz fortzusetzen, wenn sie in der Gegenwart Probleme einer planetaren Makroethik mit einer Art allergischer Indifferenz ignorieren.

Dennoch war Aristoteles natürlich kein Neoaristoteliker. Dies zeigt sich schon allein an dem Umstand, daß auch der Aristoteles der teleologischen Metaphysik und der korrespondierenden Anthropologie der menschlichen Bestimmung zum Vernunftwesen eine bis heute höchst virulente ethisch-politische Wirkungsgeschichte aufweisen kann. Und wenn diese Wirkungsgeschichte auch primär von den theoretisch-metaphysischen Schriften des Aristoteles ausgeht, so hat sie doch zu allen Zeiten und auch in der Gegenwart eine äußerst wichtige Funktion bei der Grundlegung der Ethik ausgeübt. Ich möchte dies an zwei aktuellen Beispielen kurz belegen und dadurch zugleich deutlich machen, welche Züge des philosophischen Aristotelismus in meine kritische Charakteristik des bundesdeutschen *Neoaristotelismus nicht* eingehen sollen.

Das eine Beispiel einer teleologisch-metaphysisch an Aristoteles orientierten Ethik-Konzeption liefert in der Gegenwart das einflußreiche Buch des britischen Philosophen Alasdair MacIntyre, *After Virtue*. Hier geht es vor allem um den folgenden Gedanken, der meines Erachtens für eine postkantische Ethik eine notwendige und fruchtbare Herausforderung darstellt: Nach

59 Vgl. die Rekonstruktionsskizzen von K.-O. Apel und D. Böhler im *Funkkolleg Praktische Philosophie/Ethik*, a. a. O. (s. Anm. 43), *Dialoge*, Bd. I, 90-112 u. 301-330, und *Studientexte*, Bd. I, 66-99, Bd. II, 356-395.

MacIntyre mußte der Versuch der neuzeitlichen Aufklärung, insbesondere Kants, eine Begründung der Moralität zu liefern, aus dem folgenden Grund scheitern: Es ist nicht möglich, ein ethisches *Sollensprinzip* – so etwa den »kategorischen Imperativ« – für den Menschen verbindlich machen zu wollen, wenn zugleich das *Sein* oder die *Natur* des Menschen im Sinne einer teleologie- und wertfreien Naturwissenschaft verstanden wird.[60] In der Tat: Wie soll sich die Sollensforderung des kategorischen Imperativs an ein Wesen richten, von dem nicht mehr – wie bei Aristoteles – unterstellt werden kann, daß es von sich aus sein Telos anstreben kann, das vielmehr im Sinne der Newtonschen Physik kausal determiniert ist?

Nun hat Kant diese Schwierigkeit sehr wohl gesehen, und er hat sie dadurch aufzulösen versucht, daß er die Aristotelische Herleitung des *Sollens* aus einem teleologisch bestimmten *Sein* umkehrte – durch die These: »Du kannst, denn du sollst.« Das heißt: Kant hat aus der Gewißheit des moralischen *Sollens* gefolgert, daß der Mensch eben in seinem metaphysischen *Ansich-Sein* – qua Vernunft- und Freiheitswesen – *nicht* mit dem als »phaenomenon« erfahrbaren Gegenstand der Naturwissenschaft identisch sein *könne*. Ich denke nicht, daß diese Antwort im Sinne des mataphysischen Dualismus Kants (schon) befriedigend sein kann, doch ich glaube, daß auf der Linie einer *Transformation* der Kantschen Transzendentalphilosophie eine Antwort auf MacIntyres These gegeben werden kann.

Im gegenwärtigen Zusammenhang möchte ich dazu nur soviel bemerken: Die Antwort muß nicht – ja darf m. E. nicht – zu der Aristotelischen Herleitung des moralischen *Sollens* aus einem metaphysischen Konzept des menschlichen *Seins* zurückkehren. (Zwar liegt darin kein logischer Fehlschluß, wenn das Sein selbst schon von seiner Sollensbestimmung her teleologisch gedacht ist; doch eben in dieser Voraussetzung liegt eine metaphysische petitio principii, wenn die Frage nach dem, was sein soll, gestellt ist.) Noch weniger darf die Antwort vom Sein einer partikularen Lebensform als hinreichender Orientierungsbasis ausgehen; denn *sie* stellt in der Tat nur ein *kontingentes Faktum*

60 A. MacIntyre: *After Virtue. A Study in Moral Theory*, London 1981 u. ö., ch. 5: »Why the Enlightenment Project of Justifying Morality Had to Fail.«

dar, von dem die Gültigkeit der Antwort auf die Sollensfrage aus logischen Gründen nicht abgeleitet werden kann, wenngleich die Antwort, die der einzelne faktisch geben kann, stets durch seine soziokulturelle Lebensform mitgeprägt sein wird. (Hier wird der Fehler sichtbar, den Rorty mit dem Historismus-Relativismus teilt.) Doch die Antwort muß allerdings zeigen können, daß der philosophischen Begründung des *Sollens*-Prinzips ein *Sein*, d.h. ein empirisch nachweisbares *Können* des Menschen, ja eine Entwicklungsmöglichkeit dieses Könnens im Sinne der Kulturevolution *entgegenkommt*. Und wenn dies gezeigt werden soll, dann muß es – entgegen der Kantschen, an Newtons Physik orientierten Erfahrungstheorie – zumindest möglich sein, außer der kausalanalytisch erklärbaren Natur auch so etwas wie die *erscheinende Sittlichkeit* – das von Aristoteles beschriebene Ethos – der Menschen auf der Ebene der Kultur – oder, wie Hegel sagt, des »objektiven Geistes« – verstehend zu erkennen.[61]

Soviel zu dem ersten Beispiel, an dem ich meine prinzipielle Anerkennung der ethischen Relevanz des Aristotelismus überhaupt aktuell verdeutlichen wollte. Als zweites Beispiel in diesem Sinne kann das bedeutende Buch von Hans Jonas: *Das Prinzip Verantwortung*, dienen.

Dieses Buch läßt sich in unserem Zusammenhang als positive Ergänzung des kritischen Aristotelismus von MacIntyre betrachten. Denn Jonas möchte in der Tat gegen Kant zeigen, daß eine Verantwortungsethik in der gegenwärtigen Krise des menschlichen Verhältnisses zur Natur nur begründet werden kann, wenn man von einer teleologischen Metaphysik des Seins der Natur ausgeht und wenn man, in diesem Zusammenhang, das Sollen des Menschen aus dem Anspruch des Seins an das menschliche Können begründet – nach der Devise: »Du sollst, denn du kannst.«[62]

Ich habe mich an anderer Stelle mit Jonas' Buch kritisch ausein-

61 Vgl. K.-O. Apel: »Kant, Hegel und das Problem der Grundlagen von Moral und Recht«, in: D. Henrich (Hrsg.): *Kant oder Hegel? Akten des Hegelkongresses Stuttgart 1981*, Stuttgart 1983, 597-624.

62 Hans Jonas: *Das Prinzip Verantwortung. Versuch einer Ethik für die technologische Zivilisation*, Frankfurt a. M. 1979, S. 230.

andergesetzt.[63] An dieser Stelle möchte ich nur bemerken, daß auch in diesem Fall zumindest eine radikale Transformation der Kantschen Transzendentalphilosophie erforderlich ist, wenn das deontische Motiv einer bloßen Gerechtigkeitsethik in überzeugender Form durch das von Jonas akzentuierte Motiv der Verantwortungsübernahme ergänzt werden soll. Auch hier zeigt sich also wieder, daß der Aristotelismus als solcher und im ganzen von höchster ethischer Relevanz sein kann. Besonders bemerkenswert ist in diesem Zusammenhang der folgende Umstand: Das an sich (wert-)konservative Anliegen von Jonas – die Bewahrung der Existenz und der Würde des Menschen angesichts der Bedrohung durch die irreversiblen Folgen des technischen Machenkönnens – dieses Anliegen gewinnt als Forderung, die kollektive Verantwortung der Menschen für die unabsehbaren Folgen ihrer kollektiven Handlungen zu organisieren, in der gegenwärtigen Krisensituation eine geradezu revolutionäre ethische Bedeutung – und das im Sinne einer planetaren Makroethik, die in jeder Beziehung *postkonventionell* sein müßte.

Man wird bemerkt haben, daß dieser Aristotelismus mit dem zuvor skizzierten Neoaristotelismus kaum noch etwas zu tun hat. In der Tat: Nichts könnte vom Geist der (ontologischen) Verantwortungsethik von Hans Jonas weiter entfernt sein als jene restaurative Abwiegelung, die sich mit dem Hinweis begnügt, es gebe doch immer schon die *Üblichkeiten* und im übrigen eben nur die *phronesis*. Wodurch – so könnte man fragen – kommt dieser gewaltige Unterschied schon auf der Ebene des Problembewußtseins zustande?

Gewiß auch durch die selektive Anknüpfung an verschiedene Aspekte der Aristotelischen Philosophie; und dabei zeigt sich, daß die heute sogenannten *pragmatischen* Aspekte nicht in jeder Hinsicht einen Aktualitätsvorrang vor den sogenannten *metaphysischen* besitzen. (*Metaphysische* Theorien bedürfen nämlich zumindest einer Rekonstruktion, die ihren Wahrheitsgehalt »aufhebt«. Solange dies nicht gelungen ist, behalten sie m. E. auch in der Gegenwart zumindest die wichtige Funktion, ein

63 K.-O. Apel: »Verantwortung heute – nur noch Prinzip der Bewahrung oder immer noch der Befreiung und Verwirklichung von Humanität«, a. a.O. (s. Anm. 24).

schon etabliertes Problembewußtsein der Menschheit wachzuhalten.) Hinzu kommt aber noch ein anderer Grund für das Zustandekommen des Unterschieds: Jonas hat seine Anknüpfung an Aristoteles sorgfältig vermittelt durch eine kritische Rekonstruktion der Geschichte – insbesondere der Geschichte der technischen Zivilisation der Moderne und ihrer Ergebnisse, die eine Situation der Menschheit herbeigeführt haben, die von der Situation des Aristoteles – genauer noch: von der von Aristoteles schon etwas anachronistisch vorausgesetzten Situation der Polis – weltenweit entfernt ist – gerade auch hinsichtlich der *Üblichkeiten* und ihres Verhältnisses zur menschlichen *Reflexion* und *Verantwortung*. Verglichen damit hat man bei unseren Neoaristotelikern oft den Eindruck, sie unterließen es absichtlich, auf diesen Unterschied zu reflektieren, um ihre Abwiegelungspointe nicht zu gefährden.

Denn was sind *Üblichkeiten* in einer sozialen Lebensform, die den Zustand der »unbefangenen substantiellen Sittlichkeit« (Hegel) durch mehrere Aufklärungsperioden hinter sich gelassen hat? Gewiß wird es immer, im alltäglichen Zusammenleben und auf der Ebene der Institutionen, fraglos funktionierende Interaktionsformen geben müssen: konventionelle und daher reziprok erwartbare Verhaltensweisen, durch die der Mensch von rational begründeten Handlungsentscheidungen »entlastet« ist.[64] Aber gerade diese Post-Aufklärungs-Einsicht in die notwendige *Entlastungsfunktion von Üblichkeiten* zeigt auch schon an, daß Üblichkeiten und Konventionen jetzt nicht mehr die selbstverständliche Grundlage der Legitimation der moralisch relevanten Entscheidungen sein können – nicht einmal der

64 Vgl. A. Gehlen: *Der Mensch. Seine Natur und seine Stellung in der Welt*, Wiesbaden [12]1978; und ders.: *Urmensch und Spätkultur*, Wiesbaden [4]1977. Dazu kritisch K.-O. Apel: »A. Gehlens Philosophie der Institutionen und die Metainstitution der Sprache.« in: ders.: *Transformation der Philosophie*, a.a.O. (s. Anm. 6), Bd. I, 197-222, und ders.: »Die konventionelle Moral der Institutionen und die Entwicklungsstufen des moralischen Bewußtseins«, in: *Funkkolleg Praktische Philosophie/Ethik*, (s. Anm. 43), *Dialoge*, 70-89, *Studientexte*, 42-65. Ferner D. Böhler: »Arnold Gehlen. Die Handlung.« In J. Speck (Hrsg.): *Grundprobleme der großen Philosophen. Philosophie der Gegenwart* II, Göttingen 1973.

Entscheidungen, durch die institutionelle Regelungen des Üblichen eigens begründet werden. Das bloß *Konventionelle* kann jetzt im Prinzip auf *ausdrückliche Konventionen* – z. B. Verträge – gegründet werden, und die nicht in Frage zu stellenden Üblichkeiten sind letztlich – allerdings – nur dadurch gerechtfertigt, daß sie eine unerläßliche Bedingung selbst noch der Institutionalisierung der diskursiven Infragestellungen aller bloßen Üblichkeiten darstellen. Damit aber wird deutlich, daß die Existenz von Konventionen und Üblichkeiten in Nach-Aufklärungs-Gesellschaften durchaus damit vereinbar ist, daß Konventionen und Üblichkeiten auch in Frage gestellt und neu begründet werden und daß eben dies auf der Ebene der Institutionen – und sogar im Alltag – üblich wird. Zu den Üblichkeiten unserer Tage gehört es in diesem Sinne, daß Konventionen und Institutionen von der Metainstitution der Gespräche oder Diskurse her einer Dauerreflexion und dementsprechend einer permanenten Revision bzw. Reform unterworfen werden.
Insofern lag schon zur Zeit des Aristoteles etwas forciert Konservatives – etwa Antisokratisches – in dem Verweis auf die Üblichkeiten – das ὧς δεῖ –, wenn dieser Verweis als hinreichende Antwort auf die aufklärungsvermittelte Frage nach den Grundlagen der Verbindlichkeit von Handlungsnormen fungieren sollte. Tatsächlich steht auch dieser Verweis bei Aristoteles selbst – ähnlich wie später bei Hegel – noch im Zusammenhang einer Philosophie, die *auch* postkonventionelle Argumente für die Vernünftigkeit der Üblichkeiten einer »guten Polis« – bzw. eines fortschrittlichen Staates – enthielt. Erst im Neoaristotelismus unserer Tage ist mit der Metaphysik zugleich auch dieser *Kontext* des Hinweises auf die Üblichkeiten – bzw. der substantiellen Sittlichkeit – weggefallen. Entweder geschah dies im Stile des *Hermeneutizismus*, der immerhin noch suggeriert, daß die abendländische Tradition auch die *Autorität des Vernünftigen* für sich hat – so in der Schule Gadamers –; oder die Üblichkeiten erscheinen als das, was ohnehin als Hintergrund einer bestimmten Lebensform die *Funktion des Nichthintergehbaren* besitzt – hier wird der Einfluß des späten Wittgenstein bemerkbar; oder die Üblichkeiten werden zusammen mit den Konventionen und Institutionen einer bestimmten Gesellschaftsordnung ohne Rücksicht auf den besonderen Inhalt, rein von ihrer

Funktion der Verhaltensstabilisierung her gerechtfertigt – so unter dem Einfluß der Anthropobiologie Arnold Gehlens oder der Systemtheorie.

Es ist im einzelnen schwer zu sehen, welchen Anteil die rein funktionalistischen bzw. systemtheoretischen Begründungsargumente im Neoaristotelismus unserer Tage jeweils haben; doch die mehr oder weniger stillschweigende Eliminierung des metaphysischen Kontextes der Aristotelischen Ethos-Philosophie – und der sie fortsetzenden Philosophie der substantiellen Sittlichkeit Hegels – bringt es unvermeidlicherweise mit sich, daß die entstehende Rationalitätslücke durch rein funktionalistische Begründungsargumente geschlossen werden muß; denn als Alternative käme ja nur ein Begründungsrekurs auf *Prinzipien*, die den Kontext der partikularen Traditionen und Lebensformen transzendieren, in Betracht. Dieser Weg aber, der durch Kant und die universalistischen Ethiken Kantscher Provenienz bis hin zur Diskursethik markiert ist, liegt von vornherein außerhalb des neoaristotelischen Denkhorizonts; denn von diesem Paradigma aus läßt sich eine ethisch-politisch relevante Begründungs- oder Maßstabfunktion *formal-allgemeiner Prinzipien* für das *Konkret-Allgemeine* einer substantiellen Ordnung oder Lebensform schlechtweg nicht denken.[65]

Wenn nun aber *universalgültige Prinzipien* der Ethik wegen ihrer unvermeidlichen Formalität im Rahmen des neoaristotelischen Paradigmas keine Maßstabfunktion übernehmen können, dann verliert auch die vielberufene *Phronesis* – als situations- und erfahrungsbezogene Anwendungsfunktion der Üblichkeiten – jede Anleitung durch ein universal gültiges »regulatives Prinzip«, und sie unterscheidet sich dann durch diesen Umstand in gravierender Form von der »bestimmenden« und »re-

65 Lehrreich ist die Diskussion zwischen Rüdiger Bubner und Jürgen Habermas in H. Schnädelbach: *Rationalität*, a. a. O. (s. Anm. 23), Abschnitt IV. Vgl. auch die Beiträge von W. Kuhlmann (Hrsg.): *Moralität und Sittlichkeit*, Frankfurt a. M. 1986. Erstaunlich nahe – zumindest im gegenseitigen Verständnis – scheinen sich die Positionen in der Podiumsdiskussion zwischen G. Bien, R. Bubner und K.-O. Apel beim Hegelkongreß 1986 in Zürich über *Moralität und Sittlichkeit* gekommen zu sein. Vgl. R. W. Meyer/P. Günter (Hrsg.): *Hegel-Jahrbuch 1986* (in Vorbereitung).

flektierenden Urteilskraft« Kants, mit der sie oft suggestiv zusammengeworfen wird. Genauer gesagt: Im Kontext der Aristotelischen Philosophie mag die *phronesis* in der Tat ein Äquivalent zur Kantschen Urteilskraft darstellen – derart, daß die – ausdrücklich als *vernünftig* unterstellten – Üblichkeitsnormen einer »guten Polis« durch die mit dem Erwerb der Tugenden zugleich erworbene dianoetische Kompetenz der *phronesis* umsichtig und flexibel auf die exemplarischen Situationen angewandt werden können. Nach dem Wegfall der metaphysischen Voraussetzungen des Aristoteles jedoch ist die *phronesis* entweder eine Mystifikation – derart, daß sie gewissermaßen die fehlende normative Orientierung aus sich selbst heraus ersetzen soll – oder sie wird – wie das *selbst nicht mehr zu regelnde Vermögen der Regelanwendung* bei Wittgenstein – zur Funktion der jeweiligen partikularen »Gepflogenheiten«. (Auch unter dieser Bedingung kann man immer noch einräumen, daß der eine mehr *phronesis* – z. B. mehr Erfahrung, mehr Intelligenz, mehr Takt usw. – besitzen kann als der andere; aber man kann damit kaum noch die für den Neoaristotelismus charakteristische Prätention verbinden, daß die *phronesis* eo ipso die ethische Funktion der *praktischen Vernunft* repräsentiert; denn *phronesis* als mehr oder weniger große persönliche Kompetenz kann es natürlich in bezug auf jede partikulare Lebensform geben, ob diese nun auf der liberalen Demokratie beruht oder auf einer totalitären Ordnung oder auch auf einer theokratischen Priesterherrschaft.)

Unter den Bedingungen einer für die Bundesrepublik vorstellbaren *Rückkehr zur Normalität* könnte die *phronesis* als üblichkeitsbezogene moralische Urteilskraft wohl am ehesten die folgende Gestalt annehmen:

Ich möchte hier noch einmal – wie ich dies schon öfter getan habe – die Kernsätze einer Besprechung des Jonasschen Buches *Das Prinzip Verantwortung* in der *FAZ* vom 7. 10. 1980 durch Günther Maschke zitieren – sozusagen als aufschlußreiche Illustration des neokonservativen Verständnisses der situationsbezogenen Funktion moralischer Verantwortung im Sinne der *phronesis*. Dabei muß ich zum besseren Verständnis vorausschicken, daß bzw. wie Maschke zunächst einmal das postkonventionelle Hauptanliegen von Jonas mißversteht: die These nämlich, daß wir heute erstmals aufgefordert sind, die kollektive Verantwortung für die risikoreichen kollektiven Aktivitäten der technischen Zivilisation in solidarischer Kooperation zu übernehmen. Maschke versteht dies dahin, daß die einzelnen Privatpersonen die Verantwortung für die unabsehbaren Folgen und Nebenfolgen unserer kollektiven Aktivitäten übernehmen sollten, und er sieht darin verständlicherweise einen Verantwortungs-Utopismus. Dagegen setzt er dann im Sinne der neokonservativen Abwiegelung die Definition der Verantwortung, die Arnold Gehlen im Sinne seiner Philosophie der Institutionen gegeben hat:

»Das Wort Verantwortung hat nur da einen deutlichen Sinn, wo jemand die Folgen seines Handelns öffentlich abgerechnet bekommt, und das weiß; so der Politiker am Erfolg, der Fabrikant am Markt, der Beamte an der Kritik der Vorgesetzten, der Arbeiter an der Kontrolle der Leistung usw.«[66]

In dieser Suggestion einer Rückkehr zur Normalität könnte im Kontext des Zeitgeistes bundesdeutscher Gegenwart durchaus die handfeste Konsequenz der neoaristotelischen Verabschiedung des Prinzipiellen und Universalen sich darstellen – gewissermaßen die Suggestion der Rückkehr zur Binnenmoral der europäischen Nationalstaaten im Sinne von Arnold Gehlens letztem Buch *Moral und Hypermoral*.[67]

Damit aber wäre im Kontext meiner Retrospektive auf die jüngsten Zeitgeisterfahrungen zum vierten Mal der Punkt erreicht, wo ich erklären möchte: Dies sollte für uns nicht mehr akzeptabel sein, weil es nicht zu vereinbaren ist mit dem, was wir aus unserer nationalen Katastrophe gelernt haben sollten. Und dieses vierte Veto läßt sich m. E. noch weit besser und genauer begründen als die Zurückweisung der von Nietzsche und Heidegger bzw. von Rorty ausgehenden postmodernistischen oder neopragmatistischen Obsoletierung der Vernunftprinzipien.

Zunächst ist zuzugeben: Gehlens Definition der Verantwortung trifft sehr genau das Wesen der Verantwortung innerhalb der Grenzen von Sanktion und Kontrolle, d. h. auf der Ebene einer auf Berufsrollen und Institutionen einer arbeitsteiligen

66 A. Gehlen: *Moral und Hypermoral*, Frankfurt a. M. 1973, 151.
67 Ebda.

Gesellschaftsordnung bezogenen Moral. Aus der Perspektive einer soziokulturellen Evolutionstheorie der Moral, die von Lawrence Kohlberg inspiriert ist,[68] könnte man sagen: Es handelt sich hier um die höchste Stufe der *konventionellen* Moral: die auf die konkrete Gegenseitigkeits- und Loyalitätsmoral der *Blutsverbandsordnungen* (Familie, Sippe, Stamm) folgende *Stufe 4* (»Law and Order»), welche eine funktionierende Ordnung im Sinne des *Staates* voraussetzt. Diese Moral stellt gegenüber der vorausgehenden zweifellos einen Fortschritt im Sinne der Rationalisierung dar; denn sie macht er erstmals möglich, daß jeder Staatsbürger – insbesondere der Beamte oder Soldat – seine Pflichten nicht nur im Sinne konkreter Gegenseitigkeitsbindungen, sondern darüber hinaus im Sinne von Gesetzen und Vorschriften erfüllt. Wo diese Moral funktioniert, da hat das legale Strafrecht die Blutrache abgelöst, der Kapitän verläßt als letzter sein Schiff, und es ist weder nötig noch statthaft, persönliche Beziehungen mit der Familie eines Beamten anzuknüpfen, um ein Recht einzuklagen. Kein Zweifel auch, daß die von Gehlen angedeutete Rechenschaftsordnung in Politik, Wirtschaft und Industrie die gegenwärtig funktionierende Ausformung der »Law and Order«-Moral in der westlichen Industriegesellschaft richtig beschreibt. Nach Kohlbergs Schätzung stehen weitaus die meisten erwachsenen Bürger der USA auf einer Stufe der moralischen Urteilskompetenz, die sich an der angedeuteten Ordnung von »Law and Order« orientiert. Schließlich ist noch hervorzuheben, daß das Funktionieren einer Pflichtmoral im Sinne von »Law and Order« im In- und Ausland zu den besonderen Errungenschaften der preußisch-deutschen Tradition gezählt wurde; und man darf die positive Bedeutung dieser Tatsache auch heute noch durch den Hinweis illustrieren, daß es immerhin viele Staaten gibt, in denen – wie es heißt – »nur die Familie funktioniert« oder in denen Funktionen des Rechtsstaates und die zugehörige moralische Autorität an mafiaartige Gruppen zurückfallen. Dies alles sei ausdrücklich im Sinne einer positiven Einschätzung der Errungenschaften der »Law and Order«-Moral – und auch der zugehören »sekundären Tugenden« (wie Fleiß, Gehorsam, Ordnungsliebe, Sorgfalt, Tapferkeit usw.) – gesagt.

68 Siehe hierzu Anm. 72.

Dennoch ist im gegenwärtigen Problemkontext darauf hinzuweisen, daß die Moral von »Law and Order« auch diejenige ist, deren reibungsloses Funktionieren bis zuletzt – d. h. fast bis zum Mai 1945 – Hitlers unmoralische Herrschaft, und in diesem Zusammenhang Projekte, wie die sogenannte »Endlösung der Judenfrage«, ermöglicht hat. In einer sozialen Lebensform und Tradition mit geringerer Internalisierung der »Law and Order«-Moral wäre dies wohl kaum möglich gewesen.[69] Dies wird nicht nur durch Eichmanns Berufung auf die »Law and Order«-Moral in Jerusalem, sondern auch durch die entsprechenden moralischen Skrupel der Träger des Widerstandes bezeugt; und in diesem Zusammenhang ist besonders an Dietrich Bonhoeffer zu erinnern, der in seinen Aufzeichnungen aus der Haft die bezeichnenden Sätze niederschrieb:

»Wir Deutschen haben in einer langen Geschichte die Notwendigkeit und die Kraft des Gehorsams lernen müssen ...« [Aber] »... es mußte sich herausstellen, daß eine entscheidende Grunderkenntnis dem Deutschen noch fehlte: die von der Notwendigkeit der freien, verantwortlichen Tat auch gegen Beruf und Auftrag.«[70]

Diese Sätze verweisen m. E. auf das weltgeschichtliche Problem

69 Man darf in diesem Zusammenhang auch auf die Ergebnisse des berühmten Milgram-Experiments verweisen, bei dem Versuchspersonen zugemutet wurde, einem vermeintlichen Opfer, dessen Schreie zu hören waren, im Dienste eines wissenschaftlichen Experiments Elektroschocks zu verabreichen. Es zeigte sich hier in erschreckender Form, wie leicht gerade die sekundäre Tugend der Bereitschaft zum Gehorsam im Dienste einer Autorität im Sinne der Außerkraftsetzung autonomer moralischer Verantwortung mißbraucht werden kann. Vgl. S. Milgram: »Behavioral Study of Obedience.« In: *Journal of Abnormal and Social Psychology*, 67 (1963), 371-378. Und ders.: *Obedience to Authority: Experimental View*. New York: Harper & Row, 1974.

70 D. Bonhoeffer: *Widerstand und Ergebung*. Briefe und Aufzeichnungen aus der Haft, München [11]1962, 13 ff. Zur aktuellen Bedeutung der Gegensatzspannung zwischen konventioneller Binnenmoral von »Law and Order« und postkonventioneller Moral diskursbezogener Verantwortung vgl. inbesondere D. Böhler: »Kritische Moral oder pragmatische Sittlichkeit, ›weltbürgerliche Gesellschaft‹ oder ›unsere‹ Gesellschaft?«, in: *Funkkolleg Praktische Philosophie/Ethik*, a. a. O. (s. Anm. 43), *Studientexte*, Bd. III, 850-86.

des Übergangs von der *konventionellen* zur *postkonventionellen* Moral und auf die besondere Relevanz dieses Problems für das Verständnis gerade der jüngeren deutschen Geschichte. In der skizzierten Auseinandersetzung mit den gegenwärtig propagierten Suggestionen einer *Rückkehr zur Normalität* des politisch-moralischen Bewußtseins bin ich zu der Überzeugung gelangt, daß nur im Lichte dieser Problematik eine angemessene Rekonstruktion unserer nationalen Katastrophe im Kontext der abendländischen Geschichte und eine Explikation dessen, was wir aus dieser Katastrophe gelernt haben könnten, möglich ist. Ich komme damit zum zweiten Abschnitt meiner Ausführungen, in dem ich versuchen möchte, eine konstruktive Antwort auf die im Vortragstitel formulierten Fragen anzudeuten.

2. Das Problem des (welt-)geschichtlichen Überganges zur postkonventionellen Moral in spezifisch deutscher Sicht

2.1 Zunächst einige unsystematische Bemerkungen darüber, was im folgenden erwartet und was nicht erwartet werden kann. Im Rahmen der vorliegenden Studie, der durch die Fragestellung unserer Tagung absichtlich begrenzt wurde, kann ich natürlich das im Titel dieses Abschnitts gestellte hochkomplexe Problem nicht in der gebotenen Ausführlichkeit darstellen, d. h. argumentativ entfalten. Ich möchte aber erwähnen, daß ich dies immerhin seit Jahren versucht habe – z. B. in einer Vorlesungsreihe zur ontogenetischen und phylogenetischen »Entwicklungslogik des moralischen Bewußtseins«.[71] Ich bin dabei von der Voraussetzung ausgegangen, daß es darauf ankomme, *die Situation des Menschen* einerseits aus der *Verfremdungsperspektive der Menschwerdung überhaupt* – vor dem Hintergrund der Evolution des Lebens –, andererseits in ihrer *aktuellen Zuspitzung als unsere noch zu bewältigende Situation* als ethisches Problem zu verstehen. Zu diesem Zwecke habe ich versucht, die einschlägigen Theorien der Ethologie und Soziobiologie, der

71 Es handelt sich um Vorlesungen, die von 1983 bis 1985 an der Universität Frankfurt gehalten wurden. Einen Vorblick auf den Inhalt vermittelt meine Beantwortung der Frage »Weshalb benötigt der Mensch Ethik?«, in: *Funkkolleg Praktische Philosophie/Ethik*, a. a. O. *Dialoge*, 49-162, *Studientexte*, 13-156.

philosophischen Anthropologie und insbesondere die strukturgenetischen Theorien von Piaget und Kohlberg bzw. ihre Rezeption durch Habermas zu vermitteln.
Im folgenden kann ich auf diesen Hintergrund nur selektiv Bezug nehmen. Dabei werde ich vieles, was zum Piaget-Kohlberg-Thema einer »Entwicklungslogik des moralischen Bewußtseins« gehört, als bekannt voraussetzen müssen;[72] und vieles, was sich aus meiner Auseinandersetzung mit der ausgedehnten Diskussion dieses Themas ergeben hat, werde ich nur provokativ behaupten, nicht aber begründen können. Vor allem werde ich den *objektiven Problemhorizont des (welt-)geschichtlichen Übergangs von der konventionellen zur postkonventionellen Moral* hier nur in sehr verkürzter Form – eben aus *meiner* »spezifisch deutschen Sicht« – zur Geltung bringen können. Muß sich an dieser Stelle nicht notwendigerweise die nationale Besinnungsperspektive, um die es in unserer Tagung geht, als störendes, ja verzerrendes Element erweisen? Oder muß man sich in dieser Situation doch auf den von mir bereits abgewiesenen Standpunkt des trotzigen Historismus-Ethnozentrismus à la Rorty stellen – im Sinne der Devise: »I'm just a German«? Ich denke, daß weder das eine noch das andere unausweichlich ist. Denn soviel kann ich von vornherein zugeben: Selbst wenn das Ergebnis meiner Vorlesungsreihe zur Rekonstruktion der Entwicklung des moralischen Bewußtseins einmal in Buchform vorgelegt werden sollte, so würde man daran immer noch meine »spezifisch deutsche Perspektive« bemerken können. Doch dies habe ich im vorausgehenden – in der Auseinandersetzung mit

72 Vgl. hierzu L. Kohlberg: *The Philosophy of Moral Development*, San Francisco: Harper & Row; ders.: *The Psychology of Moral Development*, a. a. O. 1984. J. Habermas: »Moralentwicklung und Ich-Identität«, in ders.: *Zur Rekonstruktion des historischen Materialismus*, Frankfurt a. M. ²1976, 63-71; R. Döbert/J. Habermas/G. Nunner-Winkler (Hrsg.): *Entwicklung des Ich*, Köln 1977. W. Edelstein/G. Nunner-Winkler (Hrsg.): *Zur Bestimmung der Moral*, Frankfurt a. M. 1986; F. Oser/R. Fatke/O. Höffe (Hrsg.): *Transformation und Entwicklung*, Frankfurt a. M. 1986; K.-O. Apel: »Die transzendentalpragmatische Begründung der Kommunikationsethik und das Problem der höchsten Stufe einer Entwicklungslogik des moralischen Bewußtseins«, a. a. O. (s. Anm. 25), 107-158.

Rorty bzw. Rawls – bereits anerkannt und zugleich von der historistischen Kapitulation im Sinne des Verzichts auf die argumentative Berufung auf universal gültige Maßstäbe scharf unterschieden (vgl. oben S. 405 ff.). Tatsächlich sollte m. E. die heuristische Fruchtbarkeit der (im vorigen aus meiner Sicht skizzierten) spezifisch deutschen Besinnungsperspektive gerade darin liegen, daß sie bei der philosophischen Selektion und Anwendung solcher Theorieansätze behilflich ist, die geeignet sind, die Rekonstruktion und wertende Beurteilung der moralisch relevanten Aspekte der deutschen Katastrophe in den Zusammenhang einer *Menschheitsperspektive* zu stellen.
Genauer: Die Theoriekonzeptionen, um die es gerade uns gehen sollte, müßten in der Lage sein, einerseits die nationalen Fehlentwicklungen dadurch ins Licht zu rücken, daß sie die Vorurteile und Defizite unserer Tradition einer kritischen Rekonstruktion anhand universalgültiger Maßstäbe einer Entwicklungslogik des moralischen Bewußtseins überhaupt unterwerfen; andererseits sollten sie aber auch die Möglichkeit eröffnen, die spezifisch deutschen Erfahrungen – z. B. ihre besonderen Sensibilisierungen im Sinne des möglichen Durchschauens nationaler Alibis und Idolbildungen – ja allgemeiner: ethnozentrischer (auch eurozentrischer!) Ideologiebildungen überhaupt – in die philosophische und sozialwissenschaftlich historische Rekonstruktion der moralischen Menschheitsperspektive einzubringen – z. B. im Sinne der Korrektur solcher Theorieansätze, die geneigt sind, das Problem der *universalen* Gültigkeit der Moral – z. B. das Problem der Menschenrechte – im Vertrauen auf den »common sense« der eigenen Tradition abzuspannen. (Hierhin gehört auch der Widerstand gegen jenen modischen Pluralismus-Relativismus, der die notwendige Toleranz, ja Protektion der Vielfalt der *Lebensformen* mit der Anerkennung einer Pluralität der *Moralparadigmen* verwechselt.)
Diese erste Überlegung hinsichtlich der heuristischen Theorienselektion im Sinne des Einerseits und des Andererseits führt nun zunächst zu einer Reihe von Konsequenzen kritischer Art: Die von uns ins Auge zu fassende Rekonstruktion der Entwicklung des moralischen Bewußtseins muß sich m. E. gegen einen *Neokonservativismus* wenden, dessen – quietistische oder pragmatische – Plausibilität für die Alltagsperspektive etwa auf der

folgenden Suggestion beruht: Man unterstellt einen – vorwissenschaftlichen – Begriff der »Üblichkeiten« der *konventionellen* Moral, der von vornherein alle Errungenschaften der kulturellen Entwicklung des moralischen Bewußtseins – im Falle des Abendlandes z. B. die des Christentums und des philosophischen Humanismus – angeblich schon enthält und der daher leicht gegen scheinbar überspannte Forderungen einer erst noch zu realisierenden *postkonventionellen* Moral ausgespielt werden kann. Im Sinne dieser Strategie wird z. B. suggeriert, die Perversionen der Moral durch den Nationalsozialismus hätten ganz einfach darin bestanden, daß die Nazis – z. B. Hitler selber und die Rassisten – *postkonventionelle*, nämlich angeblich wissenschaftlich begründbare, Vorstellungen einer neuen, »völkischen« Moral gegen die *konventionelle* Moral zur Geltung gebracht hätten.[73] Aufgrund solcher Prämissen scheint es dann plausibel zu sein, einfach eine Rückkehr zur Normalität im Sinne der traditionellen Moral der – deutschen oder europäischen – *Üblichkeiten* zu fordern.

Einer solchen neokonservativen Problemabspannungsstrategie gegenüber sollte eine differenziertere, philosophisch und sozialwissenschaftlich vermittelte Rekonstruktion der Problemsituation zumindest soviel klarmachen können: Richtig ist, daß die »Üblichkeiten« der europäischen Kulturnationen auch schon mitgeprägt sind durch die ursprünglich durchaus postkonventionellen Errungenschaften der Lernprozesse, die mit der Einführung und konfliktreichen Verarbeitung des Christentums und der philosophisch-humanistischen Aufklärungsbewegungen verknüpft waren. Eben deshalb ist indessen mit dem Rekurs auf *die Üblichkeiten* im Sinne des Aristoteles beinahe nichts gesagt. Es käme vielmehr – wie früher schon angedeutet (vgl. oben S. 418 ff.) – darauf an, selbst auf der Ebene der moralischen Üblichkeiten – genauer: auf der Ebene der erworbenen moralischen Urteilsfähigkeit der Angehörigen verschiedener sozialer Schichten – zwischen verschiedenen Kompetenz-Stufen zu unterscheiden: etwa solchen, auf denen die ursprünglich *postkonventionellen* und *universalistisch* intendierten Moralprinzipien

73 Ich beziehe mich hier auf Diskussionsbemerkungen von Hermann Lübbe.

der Weltreligionen und der philosophisch-humanistischen Aufklärung lediglich in *reduzierter* Form internalisiert sind – etwa im Sinne der Anpassung an die Voraufklärungs-Üblichkeiten einer konventionellen »Binnenmoral« von Stämmen, Nationen oder auch militanten Glaubensgemeinschaften – und andererseits solchen Stufen, die – aufgrund gelungener Internalisierung der Prinzipien als solcher – die universalistische Transzendierung jeder bloßen »Binnenmoral« und in diesem Sinne die Distanzierung aller bloßen Moralkonventionen der jeweiligen Gesellschaft festgehalten und in eine *postkonventionelle moralische Urteilskompetenz* transformiert haben. Nur eine solche Differenzierung der Kategorien könnte m. E. die genauere Explikation und Begründung zu der folgenden Schlüsseleinsicht liefern: Im »Dritten Reich« wurde es möglich, daß eine Nation gerade auch aufgrund ihrer bewährten und international berühmten »sekundären Tugenden« – solchen der selbstlosen Pflichterfüllung im Dienste fraglos anerkannter Autoritäten des eigenen Staates – so lange und mit so furchtbaren Folgen einem zutiefst unmoralischen Regime gedient hat. Diese Einsicht ist offenbar geeignet, die neokonservative Verklärung der konventionellen Moral zunächst einmal zu problematisieren.
Eine entsprechende Differenzierung der Kategorien wäre auch angesichts der Simplifikationsstrategie des Neokonservatismus im Hinblick auf das Verständnis der noch erst zu realisierenden *postkonventionellen* Moral zu postulieren. Es versteht sich zunächst, daß auch die heute schon erreichte faktische Integration universalistischer – religiöser und philosophischer – Moralprinzipien in die Üblichkeiten der europäischen Postaufklärungsmoral nicht mit der gelungenen Transformation der *bloß konventionellen* Binnenmoral der Stämme, Nationen und der militanten Glaubensgemeinschaften in eine – bis in die Institutionen und Konventionen hinein wirksame – *postkonventionelle* Moral gleichgesetzt werden kann. Auch wer – wie der Verfasser dieser Zeilen – die langfristige Realisierung der in Frage stehenden Transformation aus ethisch-philosophischen und sozialhistorischen Gründen für unerläßlich hält, wird darin ein unabgeschlossenes Menschheitsprojekt sehen müssen: das der Bewältigung der kollektiven Adoleszenzkrise der Menschheit.
Es handelt sich hier m. E. um ein Projekt, das seit der Entste-

hung der Weltreligionen und der Philosophie in der »Achsenzeit« der antiken Hochkulturen[74] – also in China, Indien, Persien, Israel und Griechenland – die moralisch relevanten Lernprozesse der Menschheit inspiriert; – ein Projekt aber auch, das nicht nur wegen der Trägheitsresistenz der konventionellen Binnenmoral der noch nicht kultivierten Massen – der »Barbaren« innerhalb und außerhalb der »Hochkulturen« –, sondern auch wegen der zahllosen Verirrungen des religiösen Fanatismus und der philosophischen Sophistik auf der, mit Aufklärung notwendigerweise verbundenen, *Krisenstufe* des versuchten Übergangs zur postkonventionellen Moral immer wieder von furchtbaren Rückschlägen – kollektiven und vielleicht sogar individuellen Regressionen[75] – bedroht ist. Die bewegte abendländische Sozial- und Geistesgeschichte ist ein einziger Spiegel der hier gemeinten Dialektik der Krise: vom Untergang der antiken

74 Vgl. Karl Jaspers: *Vom Ursprung und Ziel der Geschichte*, Frankfurt a. M./Hamburg 1955.

75 Die Frage, ob *ontogenetische Regressionen* der moralischen Urteilskompetenz möglich sind, ist umstritten. Wenn man von einer strikt *kognitivistischen* Orientierung ausgeht, ist eine Regression hinter das einmal erreichte Urteilsniveau schwer denkbar. Geht man andererseits – mit dem späten Kohlberg – von der Annahme aus, daß eine, im akademischen Milieu durch künstlich konstruierte Dilemma-Fragen provozierte, Bezeugung intellektueller Kompetenz von Studenten noch keineswegs eine verläßliche moralische Urteilskompetenz in bezug auf wirkliche Lebensprobleme garantiert (von der *Performanz* des moralischen Handelns ist ohnehin nicht die Rede), dann läßt sich m. E. eine ontogenetische Regression schon eher denken.
Die Frage ist natürlich für die Rekonstruktion der Vorgänge, die sich zwischen 1933 und 1945 in Deutschland – inbesondere in der Bildungsschicht – abgespielt haben könnten, von entscheidender Bedeutung. Kohlbergs Antwort auf diese Frage wäre – wie im folgenden deutlicher werden dürfte – im wesentlichen in der Unterstellung von Übergangs- bzw. Krisenstufen zu suchen, inbesondere in der Annahme einer Krisenstufe 4½, auf der sich die Infragesteller der konventionellen Moral seit der griechischen »Sophistik« manchmal zeitlebens ansiedeln. Bedenkt man, daß die »Sophisten« (im platonischen Sinn) als naturalistisch-reduktionistische Aufklärer und Gegenaufklärer die Orientierung an präkonventioneller oder konventioneller (z. B. rassistischer oder nationalistischer) Moral bewußt progagieren können, so fällt es nicht allzu schwer, sich die Möglichkeit einer kollektiven Regression vorzustellen.

Hochkultur, der zugleich die Christianisierung und damit Kultivierung und Moralisierung der »Barbaren« einleitete, über die Dialektik der theologischen Glaubenskämpfe und der philosophisch-wissenschaftlichen Aufklärung bis hin zur nuklearen und ökologischen Krise der planetaren technischen Zivilisation, die auch als ethisch unbewältigte Folge der wissenschaftlichen Aufklärung verstanden werden kann.

Die zuletzt angedeutete Konzeption einer Menschheitskrise, die auch durch die Tatsache der unwiderrufbar eingeleiteten, aber keineswegs erfolgreich abgeschlossenen Transformation der Moral bedingt ist, – diese m. E. notwendige Rekonstruktionsperspektive macht es auch möglich, der Teilwahrheit gerecht zu werden, die in der schon erwähnten neokonservativen Denunzierung der Idee einer postkonventionellen Moral liegt. Es ist ja richtig, daß Hitler und die Nazis nicht etwa als Repräsentanten der konventionellen deutschen Moral gelten können, sondern – in einem gewissen Sinne – *postkonventionell* sein wollten und es auch waren. Doch das ist eine sehr ungenaue, ja irreführende Feststellung. Weit genauer scheint mir die folgende Einschätzung zu sein: Einerseits haben die Nazis sehr wohl die *konventionellen* moralischen Tugenden – etwa Pflichterfüllung, Vaterlandsliebe, »Einsatzbereitschaft«, »Gemeinnutz geht vor Eigennutz« usw. – respektiert, bzw. im Sinne ihrer »nationalsozialistischen« Erwekkungsbewegung mobilisiert, wobei sie gleichzeitig die auch in Deutschland vorhandenen und wirksamen Überzeugungen *universalistischer* – z. B. kosmopolitischer und humanitärer – Moral verhöhnten und unterdrückten. Andererseits haben sie freilich ihre spezifisch »weltanschaulichen« – z. B. rassistischen – Appelle an die Quasi-Instinkte einer archaischen Loyalitätsmoral der Blutsverbandsordnung im Namen einer pseudo-wissenschaftlichen – und insofern »postkonventionellen« – Quasi-Aufklärung vorgetragen. Und hinter dieser pseudo-wissenschaftlichen Quasi-Aufklärung standen auch viele zeittypische, philosophisch-»weltanschauliche« Extrapolationen spezifischer Einsichten der Wissenschaften: so etwa die verschiedenen Versionen des *Biologismus*- bzw. *Sozialdarwinismus* und die mit den echten Errungenschaften des »historischen Sinns« einhergehenden Paralysierungen des universalistischen Prinzipienbewußtseins durch den *Historismus-Relativismus*, ja *Nihilismus*.

Ich möchte diesen Punkt, der scheinbar den neokonservativen Vorbehalt gegen die postkonventionelle Moral stützt, besonders hervorheben, weil er m. E. eine sehr viel tiefer reichende Einsicht liefern kann, die das »geistesgeschichtlich« relevante Zentralproblem des *Übergangs* von der konventionellen zur postkonventionellen Moral betrifft: Wie schon Hegel in seiner dialektischen Rekonstruktion der griechischen Aufklärung und der Rolle des Sokrates in ihr klargemacht hat, war die intellektuelle Infragestellung der konventionellen Moral – der »unbefangenen substantiellen Sittlichkeit« eines »Volksgeistes« – der Beginn eines ebenso unausweichlichen wie riskanten Unternehmens. Hegel selbst, der zum ersten Mal so etwas wie eine »Entwicklungslogik des moralischen Bewußtseins« zu rekonstruieren versuchte, war noch der Meinung, daß sich die »Moralität« der formalabstrakten Prinzipien – und das heißt: die mögliche Antwort der philosophischen Reflexion des subjektiven Gewissens auf die Sollensfrage – noch einmal definitiv in das gelebte Ethos einer substantiellen Sittlichkeit müsse »aufheben« lassen. Wir Heutigen haben m. E. triftige, philosophische und sozialhistorische Gründe, diese *Aufhebung* der Spannung zwischen dem *Formal-Allgemeinen* und dem *Konkret-Allgemeinen* unter endlichen Bedingungen für unmöglich und ihre gesellschaftspolitische Projektierung für einen gefährlichen Utopismus zu halten.[76] Der von Popper analysierte »ethische Historizismus« bzw. »Futurismus« des Marxismus-Leninismus hat m. E. die ethische Aporie dieses Projekts hinreichend deutlich gemacht.[77]

Das ändert aber nichts daran, daß – seit der Begründung der Moralphilosophie durch Sokrates, und vollends seit dem Durchbruch Kants zum formal-abstrakten Universalisierungsprinzip der »Moralität« – die *Vermittlung* zwischen zwei *komplementären* Aufgaben der Moral immer erneut geleistet werden muß: die Vermittlung zwischen dem höchsten Prinzip, das

76 Vgl. K.-O. Apel: »Kant, Hegel und das aktuelle Problem der Grundlagen von Moral und Recht«, a. a. O. (s. Anm. 61), und ders.: »Kann der postkantische Standpunkt der Moralität noch einmal in substantielle Sittlichkeit ›aufgehoben‹ werden?«, a. a. O. (s. Anm. 25).

77 Vgl. K. Popper: *Das Elend des Historizismus*, Tübingen 1965, und ders.: *Die offene Gesellschaft und ihre Feinde*, 2 Bde., Bern/München 1957.

die philosophische Reflexion dem subjektiven Gewissen als Maßstab der Überprüfung von Handlungsmaximen zur Verfügung stellen kann, und der Aufgabe, je in der geschichtlichen Situation, und das heißt: in Anknüpfung an das gelebte Ethos und in verantwortlicher Berücksichtigung der Handlungsfolgen, das »gute Leben« im Sinne der individuellen Selbstverwirklichung und im Sinne der kollektiven Lebensform zu realisieren.
Bei dem Versuch nun, das soeben angedeutete Hauptproblem einer postkonventionellen Moral zu lösen – so könnte man in erster Annäherung eine Einsicht des *genetischen Strukturalismus* von Piaget bzw. Kohlberg zur Geltung bringen – haben sich *strukturelle Stufen der Problembewältigung* herausgebildet, die man als solche einer *postkonventionellen* Moral verstehen kann. Man hätte sie als Ergebnisse von Lernprozessen, und d. h. primär als Stufen der jederzeit möglichen *Ontogenese* der Individuen, zu begreifen; doch um sie zugleich als mögliche Ergebnisse von Sozialisationsprozessen zu verstehen, müßte man sie – bzw. ihre Entsprechung auf der Ebene der Institutionen und des öffentlichen Bewußtseins – auch zugleich der *Phylogenese* im Sinne der geschichtlich-einmaligen Kulturevolution zurechnen können. Im Sinne dieser sehr vagen und vorläufigen Annahme könnte man z. B. sagen, daß die Verfassungen der modernen *westlichen Demokratien* und das öffentliche Bewußtsein, das sich im Sinne der Menschen- und Bürgerrechte auf diese Verfassungen berief und sie – zum Teil erst nach ihrer Verabschiedung – durchsetzte, eine *Repräsentanz der postkonventionellen Moral auf der Ebene des Rechts und der Kulturevolution* darstellen.
Verglichen nun mit dieser versuchsweisen Rekonstruktion wenigstens *einer* unbestreitbaren Tatsache der *Realisierung postkonventioneller Moral* auf der Ebene sozusagen des »objektiven Geistes« (Hegel) kommt die *Rekonstruktion der geistesgeschichtlichen Dialektik*, die seit Sokrates das riskante Projekt des versuchten Übergangs zur postkonventionellen Moral reflektiert, zu weit komplizierteren Ergebnissen:
Einerseits hat sie bis heute für viele Philosophen – sogar für angelsächsische Denker wie John Rawls und Lawrence Kohlberg – zu dem Denkergebnis geführt, daß die Moralphiloso-

phie, die hinter den Institutionen der westlichen Demokratien steht – etwa die der *legalistischen Vertragstheorie* und des *Utilitarismus* von John Locke bis J. St. Mill – verglichen mit der Kants noch nicht die höchste strukturelle Stufe der *Gerechtigkeits-Moral* darstellt. (Dieses Denkergebnis bleibt freilich umstritten – zumal unter dem bei Kant nicht hinreichend reflektierten Gesichtspunkt der *Erfolgsverantwortung* –, und es ließ sich – zumal im Deutschland des 19. Jahrhunderts – nicht durch ein entsprechendes Faktum der gelungenen Institutionalisierung universalistischer Moral im Sinne Kants auf der Ebene des »objektiven Geistes« verifizieren. Diese Tatsache stellt einerseits der kritischen Rekonstruktion der deutschen Geschichte eine Aufgabe,[78] andererseits kann sie letztlich nicht überraschen, wenn meine – letztlich an Kant selbst orientierte – These zutrifft, daß unter endlichen Bedingungen die von Hegel postulierte »Aufhebung« der universalistischen Moralität ins konkret Allgemeine des gelebten Ethos gar nicht denkbar ist. Ich werde darauf noch zurückkommen.)

Andererseits muß eine kritische Rekonstruktion der Geistesgeschichte m. E. zu dem Ergebnis kommen, daß weitaus die meisten uns bekannten Denkergebnisse der Aufklärung – darunter gerade die raffiniertesten Überlegungen psychologischer und soziologischer Ideologiekritik, von den antiken Sophisten bis zu Nietzsche – überhaupt nicht einer stabilisierbaren Struktur postkonventioneller Moralkompetenz zugeordnet werden können, sondern eher der Krisenstufe der Infragestellung der konventionellen Moral selber – oft im Sinne eines reflektierten Rückgriffs auf die präkonventionelle Moral oder – bei Gegenaufklärern – auf die Funktionsnotwendigkeit der konventionellen Moral. (Im vorausgehenden – siehe oben S. 387 ff. – habe ich in diesem Zusammenhang schon auf die von Kohlberg eingeführte Krisenstufe 4½ hingewiesen.)

Tatsächlich scheint mir z. B. das von Nietzsche propagierte Programm einer »Genealogie der Moral« im Sinne der *externen* – kausalen oder funktionalen – *Erklärung* ihrer Motive, verglichen etwa mit dem von Kohlberg bzw. Habermas vertretenen

78 Hierzu jetzt K. Eder: *Geschichte als Lernprozeß? Zur Pathogenese politischer Modernität in Deutschland*, Frankfurt a. M. 1985.

Programm einer – *intern verstehenden* – »rationalen Nachkonstruktion« der an Geltungsgründen orientierten Motive moralischer Lernprozesse, geradezu auf die methodische Blockierung des möglichen Übergangs von der konventionellen zur postkonventionellen Moral hinauszulaufen – was natürlich gar nicht unvereinbar ist mit der These, daß für denjenigen, der nicht der Suggestion der *totalen Entlarvung* erliegt, sondern den Weg nach vorne findet, die psychologisch brillanten Einsichten Nietzsches in die Motive und Mechanismen der Pseudomoral – z. B. die des Lebensneides – den moralischen Lernprozeß entschieden fördern können. Dieser Chance eines moralischen Lernens mit Nietzsche steht jedoch in der Praxis allzuviel entgegen: So zunächst einmal die Faszination, die in der Adoleszenzkrise für den philosophisch nicht Geschulten (oder vielleicht besser: für den philosophisch Instinktlosen) gerade von der Tendenz der *totalen Entlarvung aller universalen Geltungsansprüche* ausgeht. Tatsächlich hat ja Nietzsche mit der ihm eigenen – selbstdestruktiven – Konsequenz auch den menschlichen *Wahrheitsanspruch* (also implizit auch den eigenen Wahrheitsanspruch) extern-funktional – als lebensnotwendigen Irrtum – zu »erklären« versucht; und Legionen von unkritischen Nachfolgern sind ihm auch hierin gefolgt – bis hinein in den *Poststrukturalismus* und *Postmodernismus*. Ironischerweise vollzieht sich in diesem Prozeß gerade nicht eine Dekonstruktion der abendländischen Metaphysik, sofern diese für das »Gestell« (Heidegger) der *erklärenden Wissenschaft* und *instrumentellen Technik* die Denkgrundlagen geliefert haben soll; es vollzieht sich vielmehr – wiederum bis in den »Postmodernismus« hinein – eine immer kritiklosere Auslieferung an die *szientistische Metaphysik* – oder Pseudometaphysik – des explanativen *Reduktionismus*.
In immer neuen Wellen hat dieser, besonders im 19. und 20. Jahrhundert, die *rationalen Geltungsansprüche*, die hinter der Philosophie und der erklärenden Wissenschaft selbst stehen und ihre unzerreißbare Zusammengehörigkeit begründen, auf *nichts als* verborgene Interessen, Willen zur Macht, unbewußte Triebmechanismen, bedingte Reflexe bzw. Konditionierungsmechanismen, soziale Systemfunktionen usw. reduziert. Und er hat sich – ebensowenig wie Nietzsche – in seinem »fröhlichen« Entlarvungsgeschäft durch die Tatsache des *performativen*

Selbstwiderspruchs stören lassen. Auch der Umstand, daß es im Grunde gar nicht so schwer ist, die *explanativen* Errungenschaften der Nietzsche, Marx, Freud, Pawlow, Skinner, Darwin, Bertalanffy, Luhmann, Foucault usw. als ebenso viele Einsichten in notwendige, externe *Vermittlungen* unserer – insoweit endlichen und leibgebundenen – Vernunft zu begreifen, scheint die Freunde der *totalen Entlarvung* nicht zu beeindrukken. Die Attraktion des Modells der *Reduktion auf nichts als...* scheint allemal größer zu sein als die des »vernünftigeren« Programms einer – die eigenen Geltungsansprüche reflexiv berücksichtigenden – Erforschung der *externen Vermittlungsmomente der Vernunft*, die in der Tat so etwas wie *inhaltliche Sinnkonstitution* immer schon mitbedingen.
Hinzu kommt, daß die Krisenstufe der modernen Aufklärung bzw. der – von Nietzsche, Pareto, Sorel und den Vertretern »neuer Mythen« – schon mitrepräsentierten »Gegenaufklärung« auch zugleich durch eine Krise im Verhältnis der einstmals als »Transzendentalien« verstandenen Wert- bzw. Gültigkeitsdimensionen des Wahren, des Guten und des Schönen geprägt ist. Kant hatte in seinen drei Kritiken einerseits die subjektive Emanzipation dieser Wertdimensionen aus der Einheit eines metaphysisch-religiösen Weltbildes auf den Begriff gebracht, andererseits aber den Parallelismus ihrer internen Beziehungen noch einmal *transzendental* begründet. Danach aber begann in der deutschen Romantik und im französischen Symbolismus die Emanzipation des Ästhetischen – so insbesondere der Ästhetik des Bösen und des »Genie«-Begriffs – auch von allen internen (transzendental-subjektiven) Bindungen an die Vernunftdimensionen des Wahren und des Guten. Diese Entwicklung hat – wiederum über Nietzsche vermittelt – in der Gegenwart zu einer Situation geführt, in der die Idee des ethisch Guten nicht nur durch den *Szientismus-Reduktionismus* der *totalen externen Erklärung*, sondern auch – zugleich – durch die *totale Ästhetisierung* der – auf der Krisenstufe des moralischen Bewußtseins erstmals problematisierten – Idee des Bösen in Frage gestellt wird. Diesen Punkt auch nur ernsthaft diskutieren zu wollen, gilt nachgerade als intellektuell ungehörig oder gar als moralistisch und insofern ungebildet.
Es mag nun sein, daß die soeben skizzierten Risiken der mit

dem Übergang zur postkonventionellen Moral verbundenen *Krisenstufe des Denkens* nur dann wirklich gefährliche Auswirkungen auf die kollektive Praxis haben, wenn sie mit einer entsprechenden politisch-gesellschaftlichen Krisensituation zusammentreffen. Genau dies war ja in Deutschland nach dem Ersten Weltkrieg der Fall. Eine Nation, die ohnehin – als »zu spät gekommene«, aber mit der Frustration der älteren »Reichsidee« beladene – nicht die als Kompromiß bewährte Balance der westlichen Demokratien zwischen postkonventionell-universalistischen und nationalistischen Elementen des bürgerlichen Bewußtseins erreicht hatte, geriet genau in dem Augenblick, wo ihre älteren – z. B. religiösen – Voraufklärungstraditionen zusammen mit den schwachen, universalistischen Aufklärungstraditionen von der ersten Welle des Szientismus-Relativismus-Nihilismus überspült wurden, in eine Krise nationaler Frustration und zugleich in eine soziale und ökonomische Krise; und sie hatte alldem keine gefestigten, auf breitem und bewährtem Konsens beruhenden politischen Institutionen entgegenzusetzen. Eine solche Konstellation wird nicht leicht in *derselben* Form noch einmal eintreten. Gleichwohl ist die Möglichkeit einer *analogen* Konstellation – Zusammentreffen der Krisenstufe des Übergangs zur postkonventionellen Moral mit sozialen und politischen Krisen überhaupt – keineswegs auszuschließen, ja in der Welt von heute und morgen nicht einmal unwahrscheinlich. Man denke in diesem Zusammenhang nur an die Tatsache, daß erst in der Zeit nach dem Zweiten Weltkrieg einerseits – wie schon erwähnt (vgl. oben S. 394) – die vornehmlich in Deutschland inaugurierte Phase der »Dialektik der Aufklärung« – Historismus-Relativismus bzw. Nihilismus-Romantizismus – weltweite Verbreitung erlangte, andererseits die außereuropäischen Kulturen bei dem Versuch, einen eigenen Weg ins Industriezeitalter zu finden, in ein kritisches Verhältnis zur euro-amerikanischen Zivilisation traten. So wird man m. E. zum Beispiel die fundamentalistisch-theokratischen Tendenzen in der Welt des Islam ebenso wie manche antidemokratisch-totalitären Tendenzen in den afrikanischen und lateinamerikanischen Ländern zumindest auch als Reaktion auf jene Aspekte der westlichen Zivilisation ansehen müssen, die den nicht bewältigten Übergang zur postkonventionellen Moral spiegeln.

Angesichts der hiermit angedeuteten Problemsituation möchte ich nun im folgenden die Konzeption einer entwicklungslogischen Rekonstruktion des – noch unbewältigten – Übergangs zur postkonventionellen Moral, die sich aus meiner bislang verdeutlichten, spezifisch deutschen Perspektive als Lernergebnis nahelegt, in einer systematischeren Form zu explizieren versuchen.

2.2 Um eine möglichst objektive gültige und gleichwohl nicht szientistisch-wertneutrale, sondern normativ-verbindliche Rekonstruktion der geschichtlichen Problemsituation der Moral zu ermöglichen, bedarf es m. E. einer Kooperation zwischen der Philosophie und den historischen Sozialwissenschaften. Genauer: Schon die Fragestellung, die der Idee einer *kritischen Rekonstruktion* zugrunde liegt, setzt offenbar zwei verschiedene Orientierungsmaßstäbe voraus: zwei selbständige Thematisierungen der Moral, deren Ergebnisse gleichwohl konvergieren – oder andernfalls einander zur Selbstkorrektur veranlassen – sollten: Einmal ist dies eine *philosophische Letztbegründung* des höchsten Gesichtspunktes der Moral (»moral point of view«), der zugleich als Postulat der höchsten zu erreichenden Stufe der moralischen Urteilskompetenz dienen kann; zum anderen eine *hypothetische Theorie* der ontogenetischen und phylogenetischen Stufen des moralischen Bewußtseins, die als solche strukturkohärenter Urteilsbildung und als solche einer nicht umkehrbaren Sequenz empirisch verifizierbar sein müßten. Ein solches Forschungsprogramm scheint sich nun in den letzten Jahrzehnten aufgrund des strukturgenetischen Ansatzes von Jean Piaget und seiner Weiterentwicklung durch Lawrence Kohlberg und seiner zahlreichen Mitarbeiter im Sinne einer internationalen Zusammenarbeit von Entwicklungspsychologen, Soziologen, Pädagogen und Philosophen ausgebildet zu haben.[79]

2.2.1 Mit dem Ausgangspostulat der bipolaren Kooperation zwischen Philosophie und empirischen Sozialwissenschaften habe ich bereits angedeutet, daß das hier gemeinte Forschungsprogramm sich von zwei traditionellen Konzeptionen der Philosophie in signifikanter Form unterscheidet: einmal von der

79 Vgl. die unter Anm. 71 zitierte Literatur.

spekulativen Geschichtsphilosophie und zum anderen von einer *rein universalistischen Prinzipienethik*, die – wie diejenige Kants – von der empirischen Erkenntnis der wirklichen Sittlichkeit und ihrer Genese in der Kulturevolution völlig abstrahiert.
Betrachten wir zunächst den Unterschied zur *spekulativen Geschichtsphilosophie* genauer, deren historizistische »Aufhebung« der Ethik wir im vorigen schon mehrfach zurückgewiesen haben (vgl. oben S. 388 und 410). Es geht in dem angedeuteten, bipolaren Programm offenbar nicht um eine *aprioristische Überwissenschaft vom notwendigen Gang der Geschichte*, sondern um eine empirische Theorie im Sinne strukturgenetischer Hypothesen. Diese als sozialwissenschaftliche Theorie setzt allerdings das normative Telos der möglichen Entwicklung als philosophisch begründbar voraus und kann gerade deshalb das Gesollte nicht – wie der »ethische Historizismus« – auf das jeweils geschichtlich Notwendige zurückführen; vielmehr muß sie selbst noch hinsichtlich der *Hierarchie* der Stufen außer dem genetisch erklärbaren *Nacheinander* ein normativ-deontologisch begründbares *Fortschrittsprinzip* – im Sinne des *Besserseins der späteren Stufen* – unterstellen. Andererseits kann sie hinsichtlich der *Dynamik* der geschichtlichen Lernprozesse außer formalen Aussagen über die Möglichkeit der Stufensequenz und, allenfalls, über die Krisenproblematik des Übergangs keine konkreten Voraussagen machen, sondern muß diese den historischen Untersuchungen überlassen.
Insofern setzt das in Frage stehende Forschungsprogramm offenbar die Humesche und Kantsche Unterscheidung zwischen der empirischen Feststellung von Tatsachen und der Rechtfertigung von Normen voraus. Gleichwohl ist dasselbe Programm geeignet, eine *rein philosophische Prinzipienethik* nicht nur zu ergänzen, sondern – wie noch zu zeigen ist – sogar zu korrigieren, oder genauer: zur Selbstkorrektur zu veranlassen (denn der Unterschied zwischen den empirischen und den philosophischen Methoden der Validierung sollte gerade im Interesse der möglichen Konvergenz der Resultate nicht verwischt werden).[80] Die Relevanz der möglichen Ergänzung bzw. Korrektur

80 Vgl. hierzu K.-O. Apel: »Die transzendentalpragmatische Begründung der Kommunikationsethik und das Problem der höchsten Stufe einer

abstrakter Prinzipienethiken sei in bezug auf Kants Position kurz erläutert.

Ich habe im vorausgehenden schon in Anknüpfung an MacIntyre angedeutet, daß es für eine universalistische Sollensethik des Kantschen Typs nicht gleichgültig sein kann, ob man aufgrund empirisch-sozialwissenschaftlicher Befunde zeigen kann, daß die Menschen offenbar nicht einfach kausalgesetzlich determiniert sind, sondern einer teleologisch verstehbaren Bewußtseinsentwicklung im Sinne der progressiven Internalisierung des deontischen Universalisierungsprinzips fähig sind. Genau dies nun verspricht die Kohlbergsche Stufentheorie zumindest für die *Ontogenese* der moralischen Urteilskompetenz zu zeigen – im krassen Unterschied etwa zu einer mechanistisch-naturalistischen Konditionierungstheorie der Bewußtseinsgenese à la Skinner.

Ich möchte freilich, im Unterschied zu der von Piaget ausgehenden Konzeptualisierung, schon in bezug auf die *Ontogenese* der Stufen des moralischen Bewußtseins nicht von einer »natürlichen« Entwicklung bzw. von »natürlichen Stufen« sprechen, sondern eher von »Äquilibrations«-Stufen, die sich im Sinne des *Ausgleichs* zwischen der natürlichen, ontogenetischen Entwicklungstendenz und der einmaligen faktischen Kulturevolution herausgebildet haben. Dieser Vorschlag hat einerseits den Vorteil, der Einsicht der philosophischen Anthropologie (Plessner, Gehlen, Rothacker u. a.), *daß der Mensch von Natur auf eine kontingent geschichtliche Kulturevolution angewiesen ist*, nicht zu widersprechen, andererseits entgeht man der Schwierigkeit, die konkrete Differenzierung der Kohlbergschen Stufen – insbesondere die über die triadische Unterscheidung der *präkonventionellen, konventionellen* und *postkonventionellen Ebene* (»level«) hinausgehende Differenzierung innerhalb der konventionellen und sogar der postkonventionellen Ebene – als »natürlich» bedingt verstehen zu müssen.[81]

Entwicklungslogik des moralischen Bewußtseins:, a. a. O. (s. Anm. 24), § II.

81 Vgl. hierzu J. Habermas: »Gerechtigkeit und Solidarität. Eine Stellungnahme zur Diskussion über ›Stufe 6‹«. In: W. Edelstein/G. Nunner-Winkler (Hrsg.): *Zur Bestimmung der Moral*, a. a. O. (s. Anm. 71), 291-320. Habermas möchte freilich nur den *postkonventionellen* Stufen die

Bei der soeben skizzierten Funktion des Piaget/Kohlberg-Programms handelt es sich offenbar im wesentlichen um eine willkommene empirisch-genetische Ergänzung einer universalistischen Prinzipienethik Kantschen Typs, im Falle der Kohlbergschen Unterscheidung zwischen Stufe 5 und 6 sogar um eine Bestätigung des Vorrangs des Kantschen *Autonomie-* und *Universalisierungsprinzips* vor der bloß *legalistischen Vertragstheorie* und dem *Utilitarismus*.[82] Dagegen sieht sich m. E. eine Erweiterung des Kohlberg-Programms im Sinne der *Rekonstruktion der Phylogenese der Moral* mit der Notwendigkeit konfrontiert, sowohl Kants Prinzipienethik wie auch Kohlbergs teleologisch an Kant orientierte 6-Stufen-Theorie auch in einem genauer bestimmten Sinne zu *korrigieren*. Es geht hier letztlich darum, eine *Abstraktion*, die sowohl der Kantschen Ethik als auch der Kohlbergschen Entwicklungslogik zugrunde liegt, rückgängig zu machen, ohne die abstraktiv gewonnenen Einsichten außer Kraft zu setzen.

Ergänzung und Korrektur, um die es jetzt geht, betreffen m. E.

Eigenschaft der »natürlichen« Stufen im Sinne Piagets absprechen, während ich dies zumindest auch für die von Kohlberg unterstellte Differenzierung der *konventionellen* Stufen tun würde. (Der Unterschied zwischen den Stufen 3 und 4 ist m. E. nur unter der Voraussetzung der geschichtlich einmaligen, soziokulturellen Evolution von der Stammesgesellschaft zur staatlich organisierten Gesellschaft zu verstehen.) Auch das – für Habermas maßgebende – Argument, daß man die auf *postkonventioneller* Stufe befindlichen Probanden als prinzipiell zur reflexiven – rationalen – Nachkonstruktion der eigenen Intuitionen befähigt und insofern als Diskurspartner des Psychologen ansehen müsse, gilt m. E. *mutatis mutandis* auch schon für die auf *konventioneller* Stufe befindlichen Probanden, da sie ja – wie alle Menschen – die Fähigkeit zum aufklärungsbedingten Übergang zur postkonventionellen Moral besitzen. Andererseits erscheint mir der Gedanke, daß man eine *natürliche Tendenz* im Sinne Piagets und Kohlbergs – d. h. im Sinne der konsequenten, reflexiv-abstraktiven Entfaltung der *Reversibilität des rôle-taking* bis hin zur Stufe 6 – unterstellen kann, nach wie vor plausibel.

82 Vgl. hierzu O. Höffe: »Autonomie und Verallgemeinerung als Moralprinzipien. Eine Auseinandersetzung mit Kohlberg, dem Utilitarismus und der Diskursethik«, in: *Transformation und Entwicklung*, a. a. O. (s. Anm. 71), 56-88.

primär die philosophische Letztbegründung des »moral point of view«, von dem her auch die höchste Stufe der moralischen Urteilskompetenz als Telos der zu verstehenden Bewußtseinsentwicklung zu bestimmen ist. Aus der Radikalisierung dieser Begründung ergibt sich einmal die Vertiefung der Einsicht in den inneren Zusammenhang zwischen der Kohlbergschen Theorie und der Kantschen Ethik, zum anderen aber auch eine Korrektur des *gesinnungsethischen* Defizits beider Theorien im Sinne eines *verantwortungsethischen* Standpunkts, der – als höchste Stufe der Reife der moralischen Urteilskompetenz – wichtige Motive der bekannten Kritik am *reinen Gerechtigkeits-Standpunkt* der Kohlbergschen und der Kantschen Ethik sollte aufnehmen können.
Streng genommen findet sich weder bei Kohlberg noch bei Kant eine *Letztbegründung* der Gültigkeit oder Verbindlichkeit der *Gewissensautonomie* bzw. des *Universalisierungsprinzips* der Maximenwahl, in dem beide Denker plausiblerweise den höchsten Gesichtspunkt der Moralität sehen. Kohlberg gesteht dies insofern zu, als er – wie die meisten Philosophen der Gegenwart – eine *rationale* Antwort auf die radikalste Frage der Adoleszenzkrise »Warum soll ich moralisch sein?« nicht für möglich hält.[83] Bei Kant ist die Abweisung der Letztbegründungsfrage insofern deutlich, als er in der *Kritik der praktischen Vernunft* einsieht, daß er – auf der Grundlage seines Systems – die zuvor, in der *Grundlegung der Metaphysik der Sitten*, noch in Aussicht gestellte »transzendentale Deduktion« der Gültigkeit des »kategorischen Imperativs« nicht leisten kann. Die Hauptschwierigkeit liegt für Kant in dem Umstand, daß die Realität der *Freiheit*, die für ihn als *Autonomie* der gesetzgebenden Vernunft in uns die »ratio essendi« des Sittengesetzes ist, selbst nur aufgrund der kategorischen Verbindlichkeit des Sittengesetzes als ihrer »ratio cognoscendi« begründet werden kann. Kant begnügt sich deshalb damit, auf das »apodiktisch gewisse« und insofern keiner Begründung bedürftige »Faktum der Vernunft«, d.h. des »kategorischen Imperativs« zu verwei-

83 Vgl. L. Kohlberg: *Philosophy of Moral Development*, a.a.O. (s. Anm. 78), 138ff.

sen.[84] Damit aber bleibt auch hier die Frage: »Warum vernünftig – d. h. im Sinne der praktischen Vernunft moralisch – sein?« unbeantwortet, wenn man bedenkt, daß Kants Rede vom »Faktum der reinen Vernunft« und die zugehörige Unterstellung der »intelligiblen« Seinsweise des Menschen eher eine *metaphysische Erklärung* – und d. h. eine Spielart der »naturalistic fallacy« – als eine *Geltungsbegründung* des Sittengesetzes darstellt.[85] Nun käme aber in einer Zeit, die, nach Nietzsche, als die des »Nihilismus« durch den Tod Gottes gekennzeichent ist, offenbar alles darauf an, gerade die radikale Frage der Adoleszenzkrise, die wir soeben herausgestellt haben, philosophisch zu beantworten. Anders gesagt: Der tiefe metaphysische Gedanke Kants, demzufolge unsere *eigentliche Freiheit* nicht im »liberum arbitrium indifferentiae« der nominalistischen Tradition der Willkürfreiheit (Ockham, Hobbes), sondern in der *Selbstbestimmung durch den Vernunftwillen zu einem für alle Vernunftwesen akzeptierbaren Gesetz* liegt – dieser Gedanke müßte mit einem rationalen Argument (und nicht nur mit dem bloßen Hinweis auf das »Prinzip Freiheit«) gegen die analytischen Philosophen verteidigt werden, die darin – ebenso wie Nietzsche – nur eine verkappte »Heteronomie«, nämlich die *Unterwerfung unter den insgeheim vorausgesetzten Willen Gottes*, sehen.[86] Die hier postulierte rationale Letztbegründungsargumentation

84 Siehe I. Kant: *Kritik der praktischen Vernunft*, Akad.-Textausgabe, Berlin 1968, 4 (Anm.), 29 (Anm.), 31 und vor allem 46 f.

85 Vgl. hierzu K.-H. Ilting: »Der naturalistische Fehlschluß bei Kant«, in: M. Riedel (Hrsg.): *Rehabilitierung der praktischen Philosophie*, Freiburg 1972, Bd. I, 113-132. – Könnte man freilich das »Faktum« Kants reflexiv im Sinne des *apriorischen Perfekts* des *schon notwendigerweise Anerkannthabens des Sittengesetzes* verstehen und dies Anerkannthaben als unbestreitbar erweisen, dann wäre Kants Rede vom »Faktum der reinen Vernunft« als praktisch verbindlicher Vernunft im Sinne einer zwingenden Letztbegründung *dechiffriert*. In diesem Sinne habe ich zuerst in *Transformation der Philosophie*, a. a. O. (s. Anm. 6), Bd. II, 417 ff., und seitdem in allen meinen einschlägigen Arbeiten die *transzendentalpragmatische* Letztbegründung als Radikalisierung und insofern Einlösung des Kantschen Begründungsanspruchs vorgetragen.

86 Vgl. z. B. A. MacIntyre: »Moral Philosophy: What Next?«, in: S. Hauerwas/A. MacIntyre (Hrsg.): *Revisions: Changing Perspectives in Moral Philosophy*, London: Univ. of Notre Dame Press, 1983, 7 f. mit Beru-

wird nun m. E. möglich, wenn man zwei Vorurteile der philosophischen Tradition als ungerechtfertigt durchschaut und überwindet: Einmal ist dies die mit der Logik-Tradition verknüpfte Vorstellung, *Begründung* müsse in der Philosophie stets im Sinne der *Ableitung aus etwas anderem* (z. B. als *Deduktion* oder allenfalls *Induktion* oder *Abduktion*) verstanden werden. Wird *dieser* Begründungsbegriff vorausgesetzt, so ist es klar, daß z. B. das *Vernünftigsein* – und in diesem Sinne das Moralischsein – nicht mehr *rational* begründet werden kann, da man ja dabei das zu Begründende in der Weise eines *logischen Zirkels* – einer *petitio principii* – schon voraussetzen müßte.[87] Nun findet man aber in der philosophischen Tradition (so etwa bei Augustinus, Descartes, Kant und Husserl) eine andere, radikalere Form der Letztbegründung, die man *transzendentalreflexive Besinnung auf das im Denken nicht Hintergehbare* nennen könnte,[88] z. B. darauf, daß man ja auch im radikalsten Zweifeln noch denkt und insofern existiert. Sollte man diese Form der Letztbegründung nicht auch für die Ethik nutzbar machen können? Und hätte dies nicht gerade für Kant naheliegen müssen?

fung auf G. E. M. Anscombe: »Modern Moral Philosophy«, *Philosophy* 1958, 1-19.

87 Sieht man von dieser *Zirkelaporie* jeder *rationalen* Ableitung des *Rationalseins* aus etwas anderem einmal ab, so bleiben – unter der Voraussetzung des Ableitungsbegriffs der Begründung – noch zwei andere Möglichkeiten, die ebenfalls Aporien darstellen: der *infinite Regreß* bei der weiteren Ableitung des jeweils vorausgesetzten Axioms und die Dogmatisierung eines Axioms durch die bloße Behauptung seiner Evidenz. Bekanntlich hat Hans Albert in Anknüpfung an K. Popper, Fries u. a. diese Aporetik des klassischen Begründungsbegriffs in seinem »Münchhausen-Trilemma« zusammengefaßt. Vgl. ders.: *Traktat über kritische Vernunft*, Tübingen 1968, 11 ff.

88 Vgl. hierzu W. Kuhlmann: *Reflexive Letztbegründung*, Freiburg/München 1985, Kap. 6 »Letztbegründungsargumente in der Geschichte der Philosophie«. Zur Rationalitätsstruktur der nichtdeduktiven Letztbegründung vgl. K.-O. Apel: »Das Problem der Begründung einer Verantwortungsethik im Zeitalter der Wissenschaft«, a. a. O. (s. Anm. 24); ders.: »Die Herausforderung der totalen Vernunftkritik ...«, a. a. O. (s. Anm. 4); ders.: »Fallibilismus, Konsenstheorie der Wahrheit und Letztbegründung«, in: Forum für Philosophie Bad Homburg (Hrsg.): *Philosophie und Begründung*, Frankfurt a. M. 1987.

An dieser Stelle erweist sich jedoch bis heute das zweite, tiefe Vorurteil der philosophischen Tradition – insbesondere der neuzeitlichen Bewußtseins- bzw. Subjekt-Philosophie – als Hindernis: das des *methodischen Solipsismus.*[89] Solange man – mit Descartes, Kant und Husserl – das methodisch nicht hintergehbare *Ich denke* als prinzipiell *einsame und autarke* (d. h. der Sprache und der Kommunikation nicht bedürftige) Subjekt-Instanz versteht, solange läßt sich durch *transzendentale Reflexion* auf dieses *Ich denke* das *Immer-schon-in Freiheit-Anerkannthaben einer moralischen Grundnorm* (eines »Sittengesetzes«) jedenfalls nicht nachweisen. Insofern hätte Kant tatsächlich keine *transzendentalreflexive* Letztbegründung der Gültigkeit des kategorischen Imperativs liefern können, selbst wenn er dies versucht hätte. Denn das auch für ihn in der Reflexion auf die Erkenntnisbedingungen nichthintergehbare »ich denke« enthält nach Kant keinen *internen (notwendigen)* Bezug zu *anderen Ichen* bzw. zu einer *Kommunikationsgemeinschaft.*[90] Ohne

89 Vgl. K.-O. Apel: *Transformation der Philosophie*, a. a. O. (s. Anm. 6), Bd. II; D. Böhler: *Rekonstruktive Pragmatik*, a. a. O. (s. Anm. 23), Sachregister.

90 Ob sich dies bei Fichte anders verhält, möchte ich hier dahingestellt sein lassen. Soweit ich sehen kann, liegt der Schritt Fichtes über Kant hinaus darin, daß er klar erkannt hat, daß im nichthintergehbaren Akt des *Ich denke* auch schon die *praktisch relevante Existenz der Freiheit* verbürgt ist. Moderner ausgedrückt: Man kann nicht *sinnvoll* gegen die Voraussetzung der Freiheit *argumentieren* wollen. Insofern bedarf es weder der Kantschen Unterscheidung zwischen »Phaenomena« und »Noumena« noch der Voraussetzung des »Du sollst« – also der Gültigkeit des kategorischen Imperativs –, um – lediglich – die *Möglichkeit* der Freiheit zu postulieren. Diese ist vielmehr durch das Argumentieren *performativ – d. h.: im Sinne des praktischen Vollzugs und seiner reflexiven Gewißheit* – bezeugt, was sich im *performativen Selbstwiderspruch* der Bestreitung eindrucksvoll bestätigt. Allein: ist *dadurch* bei Fichte auch schon das *Anerkannthaben des Sittengesetzes* erwiesen? Dies wäre unbestreitbarerweise auch der Fall, wenn das *Ich denke* nicht nur als Konstitution der *Ich-Nichtich-Dialektik* im Sinne der *Subjekt-Objekt-Relation*, sondern auch *zugleich* im Sinne der *dazu komplementären Subjekt-Kosubjekt-Relation der sprachlichen Kommunikation* gedacht wäre (wenn also erkannt wäre, daß wir weder uns selber als »Ich« noch das »Nicht-Ich« *als* »widerständiges« Objekt *denken* können, ohne eine intersubjektiv

gültige Verständigung in der Sprache schon vorauszusetzen). Neuerdings hat W. Lütterfelds in einem sehr interessanten Aufsatz, über »Die monologische Struktur des Kategorischen Imperativs und Fichtes Korrektur der Diskursethik« (in der *Ztschr. f. philos. Forschung*, 40, 1986, 90-103) Belege für eine »diskurs-ethische Konzeption des Kategorischen Imperativs« bei Fichte beigebracht. Diese Stellen scheinen allerdings anderen entgegenzustehen, an denen Fichte durchaus mit Kant das alte Paradigma der notwendigen Konstitution des Anderen *unter der Voraussetzung der schon* – methodisch-solipsistisch – *voraussetzbaren Konstitution des Ich* vertritt – so, wenn er fordert: »dasjenige was außer uns seyn soll, muß selbst erst erklärt werden, aus etwas in uns« (Fichtes Werke, hrsg. v. J. H. Fichte, Nachdruck Berlin 1971, Bd. IV, 22). Hier scheint doch jedenfalls eine sprachpragmatische Überwindung des »methodischen Solipsismus« nicht geleistet zu sein. Damit dürfte es auch zusammenhängen, daß Fichte – wie Lütterfelds m. E. an Hand einer Reihe von Dilemmata zeigt – die diskurstheoretische Forderung der Konsensbildung (und insofern der möglichen Korrektur eigener fallibler, moralischer Urteile) mit der dabei vorauszusetzenden a priori intersubjektiven (d. h. a priori konsensfähigen) Gültigkeit von Überprüfungskriterien nicht widerspruchsfrei zu vermitteln vermag. Er kann eben nicht davon ausgehen, daß wir nicht nur der Korrektur fallibler Urteile unter einer regulativen Idee der Konsensbildung bedürfen, sondern auch immer schon dessen gewiß sein können, *daß wir schon in der Wahrheit übereinstimmen* (nicht etwa nur in fallible Meinungen – das auch! –, sondern notwendigerweise in einer Wahrheit der realen Kommunikationsgemeinschaft, die den Diskurs überhaupt ermöglicht und die regulative Idee seiner Fortsetzung im Sinne der approximativen Realisierung des kontrafaktisch antizipierten Konsensus einer idealen Kommunikationsgemeinschaft begründet). Wenn wir die sinnvoll nicht bestreitbare *Übereinstimmung* hinsichtlich solcher Wahrheiten, welche die Bedingung der Möglichkeit des aktuellen Diskurses und auch des Begriffs *fallibler, korrigierbarer* Urteile darstellen, eingesehen haben, können wir uns den denkbar radikalsten *Fallibilismus* hinsichtlich unserer *bloß privaten* Urteile leisten. Wir können uns ohne Aufgabe unserer *Evidenz-* bzw. *Gewissens*-Autonomie damit abfinden, daß unsere bloß privaten Urteile im Diskurs korrigiert werden können, da wir ja voraussetzen, daß wir die Notwendigkeit der Korrektur im Prinzip müssen einsehen können.

Daher ist m. E. auch die von Lütterfeld vorsichtig nahegelegte »Korrektur der Diskursethik« im Sinne der Rückkehr zu einer »egologischen Basis«, qua Bedingung der Möglichkeit der Rollenübernahme bzw. des Sichhineinversetzens in alle Anderen, m. E. überflüssig. Man muß sich

diese transzendentalreflexiv ausgewiesene Beziehung der *Intersubjektivität* aber – d. h. als bloßer Nachweis der Subjekt-Objekt-Relation[91] – bleibt der Rekurs auf das *Ich denke* ethisch irrelevant. Tatsächlich wird bei Kant der ethisch relevante Bezug des kategorischen Imperativs auf alle anderen Personen qua Vernunftwesen, für die ein allgemeingültiges Sittengesetz verbindlich sein muß, entweder als vorphilosophische Selbstverständlichkeit oder in der Form einer metaphysische Hypostasierung – z. B. als »Reich der Zwecke« – vorausgesetzt. Es gibt für Kant kein *transzendentales* Apriori der Intersubjektivität, d. h. der realen und der darin kontrafaktisch antizipierten idealen Kommunikationsgemeinschaft.
Hier ergibt sich nun in der Gegenwart die Chance einer radikalisierten Form der transzendentalen Reflexionsbesinnung, sofern man sich klar macht, daß die – von Descartes bis Husserl

nur klarmachen, daß das Verständnis des *Ego* und seiner »Rollenübernahme« auch schon – gleichursprünglich – durch die Kommunikation mit den Anderen und das darin implizierte Verständnis des »me« (G. H. Mead) aus der Perspektive der Anderen ermöglicht wird. Daß ich mit den Anderen *übereinstimmen* kann bzw. immer auch schon übereinstimme, darf eben nicht – mit Kant und Fichte – als *nur* »in meiner eigenen Vernunft« begründet angesehen werden. Meine *Urteils-* und vor allem: *Gewissens-Autonomie* steht nicht im Widerspruch zur Möglichkeit und Notwendigkeit der Konsensbildung über fallible – und auch über nichtfallible (als a priori konsensfähig unterstellbare) – Urteile. Denn wir können als Argumentierende dessen a priori gewiß sein, daß nur unsere »privaten Idiosynkrasien« (Ch. Peirce) korrigierbar sind, nicht dagegen diejenigen Voraussetzungen des Diskurses (einschließlich der ethisch relevanten), welche notwendige Präsuppositionen des Begriffs der Korrektur fallibler Urteile und daher a priori konsensfähig sind. Vgl. hierzu K.-O. Apel: »Fallibilismus, Konsenstheorie der Wahrheit und Letztbegründung«, a. a. O. (s. Anm. 51).

91 Der »Satz des Bewußtseins«, wie ihn Reinhold im Anschluß an Kant formuliert hat, lautet: »Im Bewußtsein wird die Vorstellung vom Vorstellenden und Vorgestellten unterschieden und auf beides bezogen« (K. L. Reinhold: *Versuch einer neuen Theorie des menschlichen Vorstellungsvermögens«, 1789*, 235). Bei Hegel heißt es: »Das Bewußtsein überhaupt ist die Beziehung des Ich auf einen Gegenstand.« (Propädeutik § 2, zitiert nach A. Diemer: Art. »Bewußtsein« in *Histor. Wörterbuch der Philos.*, hrsg. v. J. Ritter, Basel/Stuttgart 1971, Bd. I, 892 f.) – Auf ein solches Apriori läßt sich keine Ethik gründen.

unterstellte – Form des *sich Herausreflektierens aus dem öffentlich-sprachlichen Diskurszusammenhang* (die Unterstellung, man könnte die Existenz der Sprache und der Kommunikation mit anderen, zusammen mit der Außenwelt, einklammern und sich danach immer noch *als denkendes Ich verstehen*) auf einer Illusion beruht. Bedenkt man, daß selbst die radikalste Form der reflexiven Weltdistanzierung, um als Argument Sinn und Gültigkeit zu haben, immer noch das *Apriori der Sprache und der Kommunikationsgemeinschaft* voraussetzt, so kann man erkennen, daß man schon mit einer ernst gemeinten *Frage*, sofern diese sich an alle virtuellen Adressaten einer unbegrenzten Kommunikationsgemeinschaft wendet, die – freilich noch zu explizierenden – normativ-ethischen Bedingungen einer – kontrafaktisch antizipierten – idealen Kommunikationsgemeinschaft anerkannt hat. Kurz: Es ergibt sich die Möglichkeit der *transzendentalpragmatischen Letztbegründung einer Diskursethik*.

Ich kann im gegenwärtigen Kontext die angedeutete Begründungsmöglichkeit nicht im einzelnen verdeutlichen und gegen Einwände verteidigen, sondern muß mich mit dem Hinweis auf das Ergebnis beschränken: Das ethische *Grundprinzip der Diskursethik*, das wir m. E. im ernsthaften Argumentieren notwendigerweise anerkannt haben, enthält in der Tat das von Kant und Kohlberg als höchsten Gesichtspunkt moralischen Urteilens unterstellte *Autonomie*- und *Universalisierungsprinzip*; es enthält diese beiden Aspekte des Kantschen Prinzips, die für Nietzsche und die Vertreter der nominalistischen Idee der Willkür-Freiheit als unvereinbar auseinanderfallen, weil der *nicht-hintergehbare Wille zur Argumentation* meine Freiheit als vernünftige Selbstbestimmung a priori auf die im Diskurs repräsentierte gemeinsame Vernunft aller Kommunikationspartner bezieht. (Wollte jemand die private Willkürfreiheit gegen diese Voraussetzung der a priori vernünftigen Autonomie ausspielen, so kann er das jedenfalls nicht durch Argumente tun.[92]) Das

92 Ich muß in diesem Zusammenhang immer wieder darauf hinweisen, daß eine Diskursverweigerung *nicht* als Gegenargument gegen die transzendentalpragmatische Letztbegründung zählen kann. Denn als *Argument* kann die Möglichkeit der Diskursverweigerung nur von jemandem vorgetragen werden, der den Diskurs nicht verweigert. Darin zeigt sich die

besagt aber in unserem Problemzusammenhang: Der Philosoph kann demjenigen – gegebenenfalls sich selbst –, der etwa die Frage »Warum soll ich moralisch sein, und was besagt dies?« ernsthaft stellt (dies muß und darf er natürlich voraussetzen!), zeigen, *daß er durch diesen Akt des Zur-Diskussion-Stellens einer Frage notwendigerweise in Freiheit* (d. h. ohne jede Heteronomie) *diejenigen moralischen Normen anerkannt hat, die es möglich machen, daß im argumentativen Diskurs eine für alle möglichen Diskursteilnehmer konsensfähige Antwort gefunden werden kann.* Dazu gehört natürlich das *Universalisierungsprinzip* der Maximenwahl im Sinne Kants und das entsprechende *Fairneß- bzw. Gerechtigkeitsprinzip* Rawls' bzw. Kohlbergs im Sinne der *vollständigen Reversibilität des role-taking*; denn

transzendentalpragmatische Nichthintergehbarkeit des argumentativen Diskurses. Über die Gründe andererseits, die zur Diskursverweigerung derer, die nicht argumentieren, führen mögen, können sich nur diejenigen, die den Diskurs nicht verweigern, diskursrelevante (d. h. überhaupt bemerkbare!) Gedanken machen; und sie sind *nicht* dazu verpflichtet! Wenn sie es aber tun, dann haben sie gute Gründe dafür, beim Verweigerer drei Möglichkeiten in Betracht zu ziehen: Entweder besteht sein Grund – als rein strategischer – darin, daß er die Widerlegung vermeiden möchte. In diesem Falle läuft die Diskursverweigerung eher auf stillschweigende Bestätigung des Letztbegründungsarguments hinaus. Oder man muß annehmen, daß der Verweigerer nicht weiß, worum es geht, sondern aus einem akzidentellen Grund nicht diskutieren will. Dieser Fall wäre völlig irrelevant. Oder man hat Grund zu der Annahme, daß der Verweigerer auch willens ist, sich selber (im empirisch einsamen Denken) dem Diskurs zu verweigern. Dann liegt ein sehr ernster existentiell-pathologischer Fall vor, bei dem vielleicht Therapie (auch therapeutischer Diskurs) noch helfen kann. Wie auch immer: auch dieser Fall kann jedenfalls die Methode und das Ergebnis der diskursreflexiven Letztbegründung nur – indirekt – bestätigen. – Soviel auch zur Widerlegung der pro-skeptizistischen Argumente (oder Skrupel?) von J. Habermas in *Moralbewußtsein und kommunikatives Handeln*, a. a. O. (s. Anm. 44), 109 ff.

Neuerdings wird übrigens das soeben vorgetragene Argument als gewaltsame »Ausschließung« der Diskursverweigerer – und damit des »Anderen der Vernunft« – durch die rationalistischen Vertreter der Diskursethik – und des von ihnen ausgeübten »Konsens-Terrors« – denunziert. Ein gewisser »postmodernistischer Charme« ist diesem Pseudo-Argument nicht abzusprechen.

ohne die Voraussetzung dieser Prinzipien läßt sich das Verfahren des Diskurses in einer idealen Diskursgemeinschaft nicht denken. Und *dieses Verfahren* ist durch das ernsthafte Fragen, das auf den Diskurs setzt, zugleich *als maßgebend* für die Lösung aller Lebenskonflikte über Geltungsansprüche *anerkannt.*[93]
Freilich ist das im Diskursprinzip implizierte Universalisierungsprinzip vom Argumentierenden immer schon in der Form anerkannt, daß er nicht nur – im Sinne Kants – ein für alle taugliches Gesetz – oder im Sinne Kohlbergs – eine für alle Rollenträger akzeptierbare Problemlösung – sich vorstellen soll, sondern darüber hinaus nach Möglichkeit einen *realen praktischen Diskurs mit den Betroffenen* – oder wenigstens ihren Vertretern – führen sollte, in dem das Grundprinzip der Diskursethik als regulatives Verfahrensprinzip einer kommunikativen Verständigung über die jeweils situationsbezogenen Problemlösungen – z. B. Normenvorschläge – anzuwenden wäre. Das immer schon von jedem einzelnen als virtuellem Mit-

93 An dieser Stelle wäre auch auf die von K.-H. Ilting und anderen erhobenen Einwände gegen die ethische *Relevanz* der prozeduralen Diskurs-Normen einzugehen. Da diese Normen a priori im Interesse aller Diskurswilligen liegen – so der Einwand –, sollen sie nicht zugleich als prozedural verbindliche Normen auch für die Lösung der realen Interessenkonflikte der eventuell nicht Diskurswilligen relevant sein.
Der erste Teil der hier fälligen Antwort ist bereits in der vorigen Anmerkung expliziert: Wer überhaupt eine philosophische Antwort auf die Frage nach Normen der Lösung von Interessenkonflikten verdienen soll, der muß sich schon ernsthaft am Diskurs beteiligen. Wer dies aber tut, der hat auch schon anerkannt – und hier folgt der zweite Teil der Antwort –, daß der ernsthafte Diskurs – und nur er – kraft seiner prozeduralen Normen diejenige Instanz ist, in der echte Lebenskonflikte als Konflikte über Geltungsansprüche in moralisch verbindlicher Form gelöst werden können.
Vgl. hierzu auch K.-O. Apel: »Warum transzendentale Sprachpragmatik?« In: H.-M. Baumgartner: *Prinzip Freiheit*, Freiburg/München 1979, 37 ff., ferner ders.: »Läßt sich ethische Vernunft von strategischer Zweckrationalität unterscheiden?« In: *Archivio di filosofia*, LI (1983), 375-434, 416 ff.; ferner ders.: »Faktische Anerkennung oder einsehbar notwendige Anerkennung?« In: K.-O. Apel (Hrsg.): *Zur Rekonstruktion der praktischen Vernunft. Gedenkschrift für Karl-Heinz Ilting* (in Vorbereitung).

glied einer Argumentationsgemeinschaft anerkannte Grundprinzip der Diskursethik (1. Stufe der Normenbegründung) verweist insofern auf eine mögliche und anzustrebende Konkretisierung des Universalisierungsprinzips, die den einzelnen im Idealfall der konkreten Verständigung von der ihn leicht überfordernden, alleinigen Verantwortung für die Begründung konkreter Normen entlastet. Der anzustrebende *reale praktische Diskurs* oder – nur ersatzweise – seine Simulation im Gedankenexperiment tritt sozusagen in der Diskursethik als *Vermittlungsmoment* der konkreten Normenbegründung (2. Stufe der Normenbegründung) an die Stelle der bei Kant noch vorgesehenen *Deduktion* konkreter Pflichten aus dem kategorischen Imperativ.[94] Dadurch – und d. h. insbesondere durch die im realen Diskurs festzustellende Akzeptabilität der erwartbaren Folgen und Nebenfolgen der zu befolgenden Normen durch die Betroffenen – wird bereits ein Hauptgrund für den vielbeklagten *Rigorismus* der Kantschen Ethik hinfällig. Im exemplarischen Falle der Notlüge gegenüber einem mutmaßlichen Mörder z. B. wäre es nicht – wie bei Kant – erlaubt bzw. sogar geboten, von der – von Benjamin Constant mit Recht gestellten – Frage nach der Reziprozität der Rechte und Pflichten zu abstrahieren.[95]

Darüber hinaus scheint mir in der Reflexion auf die ernsthaft gemeinte *Frage* »Warum soll ich moralisch sein, und was besagt dies?« auch noch dies impliziert zu sein: Der *Fragende* als solcher unterstellt immer schon bei sich und allen virtuellen Diskurspartnern eine *Mitverantwortung für die konsensfähige, rein argumentative Lösung der aufgeworfenen Frage* – und darüber hinaus für alle im Diskurs aufwerfbaren Fragen. Kurz: Wer mit einer ernsthaften *Frage* den Boden des Diskurses betritt, der unterstellt nicht nur automatisch die *Gleichberechtigung* aller virtuellen Diskurspartner, sondern auch so etwas wie eine *Solidarität der Problemlösungsverantwortung* in der kontrafaktisch antizipierten idealen Kommunikationsgemeinschaft.

Dieses nicht zu übersehende Moment der transzendentalreflexi-

94 Vgl. hierzu meine Explikation des *Zwei-Stufen-Modells* der Diskursethik in K.-O. Apel u. a. (Hrsg.): *Funkkolleg Praktische Philosophie/Ethik*, a. a. O., *Dialoge*, Bd. II, 126 ff.; *Studientexte*, Bd. II, 613 ff.

95 Ebd., *Studientexte*, Bd. I, 124 ff.

ven Letztbegründung der Moralität ist m. E. geeignet, viele Einwände a priori zu entkräften, die mit Recht gegen eine Version der *Gerechtigkeits*-Ethik erhoben werden, die nur von der *Verallgemeinerung der individuellen Rechte* ausgeht und somit *Pflichten* nur als *wechselseitige Begrenzung dieser Rechte* zu denken vermag. Unter dieser letzteren Voraussetzung vermöchte man in der Tat die Pflicht zur *aktiven Zuwendung und Fürsorge* (z. B. »care« im Sinne von Gilligan[96]) bzw. der *Verantwortungsübernahme für Schwache und Schutzlose* oder vollends die Pflicht zur *Mit-Verantwortung bei der Organisation der kollektiven Verantwortung für die Folgen der kollektiven Aktivitäten* (z. B. im Sinne von Hans Jonas für die Folgen der Wissenschaft und Technik) nicht recht zu begründen.[97] Es kommt dann zu unnötigen Infragestellungen der Einheit der Moral und der Eindeutigkeit einer entwicklungslogischen Stufenhierarchie – etwa im Sinne des Ausspielens einer weiblichen *»care«-Moral* gegen eine männliche *Gerechtigkeits-Moral* oder der Bevorzugung der – verständlicherweise sehr viel emotionsnäheren – *Loyalitätsmoral der konkreten Bezugsgruppe* (Stufe 3) gegen die *abstrakteren Normen bzw. Prinzipien* der folgenden Stufen oder im Sinne der Standardargumente des *Utilitarismus* gegen die *deontische Gerechtigkeitsethik*, die davon ausgehen, daß die letztere die *Folgenverantwortung* nicht zu berücksichtigen vermöge.

Wird dagegen das Prinzip der *verallgemeinerten Gegenseitigkeit* der Kohlbergschen Stufe 6 im Sinne der *Voraussetzung einer idealen Kommunikationsgemeinschaft* zugleich als Prinzip der *Verantwortungssolidarität* erkannt, so erweist sich die Stufenhierarchie der Entwicklungslogik tatsächlich als konsequente reflexive Vertiefung und Erweiterung des Geltungsbereichs einer Gegenseitigkeitsmoral, die als Möglichkeit der sozialkognitiven Kompetenz in der Dimension des kommunikativen Handelns in ähnlicher Weise angelegt ist wie die von Piaget

96 Vgl. C. Gilligan: *In a different voice*, Cambridge: Harvard Univ. Press 1982. Dazu die Stellungnahmen in den Beiträgen von R. Döbert, B. Puka, L. Kohlberg, D. R. Boyd, C. Levine und J. Habermas in W. Edelstein/G. Nunner-Winkler (Hrsg.): *Zur Bestimmung der Moral*, a. a. O. (s. Anm. 50).

97 Vgl. oben S. 416 ff., ferner Anm. 62 und 63.

zuerst postulierte Entwicklungslogik (der abstraktiven Reflexion) des technisch-operationalen Handelns in bezug auf die Natur. Eine Entwicklung der Gerechtigkeitskompetenz im Sinne des Prinzips »fiat justitia pereat mundus« muß dann genauso als einseitige Perversion erscheinen wie, andererseits, eine *Zuwendungs-* bzw. *care*-Moral, die von der Möglichkeit des Konflikts gleichberechtigte Ansprüche bei knappen Ressourcen völlig absehen wollte.

2.2.2 Die bislang im Namen der Diskursethik vorgenommenen Ergänzungen und Korrekturen der universalistischen Prinzipienethik und der in ihrem Sinne teleologisch begründeten Entwicklungslogik der Moral haben jedoch m. E. den wichtigsten möglichen Einwand gegen diesen Typ der Ethik noch nicht berücksichtigt. Bislang konnte die Vertiefung und Radikalisierung der Letztbegründung letztlich im Sinne einer vertieften Explikation und somit Bekräftigung der Grundintuition der traditionellen Prinzipienethik im Sinne von Kohlbergs 6. Stufe der möglichen Entwicklung der moralischen Urteilskompetenz gedeutet werden. Dies beruht aber m. E. letztlich nur darauf, daß die bislang entwickelte Letztbegründung der Diskursethik eine *abstraktive* Grundvoraussetzung aller bisherigen Prinzipienethik teilte: eine Voraussetzung des Absehens von den konkreten Folgen ihrer eigenen Anwendung, die sie letztlich als bloße »Gesinnungsethik« (im Sinne Max Webers) erscheinen läßt.

Man könnte zunächst meinen, dieser Einwand sei durch die prinzipielle Berücksichtigung der *durch die Betroffenen akzeptierbaren Folgen der Normenbefolgung* im Verfahrensprinzip einer Diskursethik doch bereits ausgeräumt. Doch dem ist leider nicht so; denn die bisher vorgetragenen Überlegungen – auch die Berücksichtigung der Akzeptierbarkeit der Folgen im Diskursprinzip – gingen immer noch von der Voraussetzung aus, bei der Letztbegründung des »moral point of view« ginge es sozusagen um ein *Prinzip für eine allererst zu begründende moralische Ordnung des menschlichen Zusammenlebens* – gewissermaßen um ein Prinzip zur Beantwortung der Frage, *wie sich alle verhalten sollten, wenn sie alle zugleich nach dem eingesehenen Prinzip zu handeln anfangen könnten.* Abstrahiert wurde also – wie in aller bisherigen Prinzipienethik – von dem

Umstand, daß die menschliche Geschichte – auch als solche der moralischen Regelungen des Zusammenlebens und ihres Scheiterns – immer schon angefangen hat und daß ein »vernünftiger Neuanfang«, der nicht an die vorgegebene geschichtliche Situation anknüpfen müßte, prinzipiell unmöglich ist.
Das besagt aber, provokativ formuliert: Wollte man etwa vorschreiben, das bislang explizierte Grundprinzip einer Diskursethik unvermittelt auf die gegenwärtige Situation anzuwenden (etwa im Sinne des kategorischen Imperativs »Handle so, als ob du Mitglied einer idealen Kommunikationsgemeinschaft wärst, die für die Folgen ihrer moralisch relevanten Problemlösungen solidarische Verantwortung übernommen hat!«), so wäre dies nicht nur *unzumutbar*, sondern moralisch *unverantwortlich*. Denn man kann, ja *darf* als Mitträger von Verantwortung für das Wohl (im Grenzfall für das Überleben) konkreter sozialer Gruppen oder »Systeme« (des eigenen Volkes, einer advokatorisch vertretenen Interessengemeinschaft, der eigenen Familie usw., ja letztlich auch der eigenen Person als eines »Selbstbehauptungssystems«) nicht unterstellen, daß die *Anwendungsbedingungen* des bislang explizierten Prinzips der Diskursethik (schon) erfüllt wären: daß z. B. alle bereit wären, im Sinne des Prinzips Verantwortung mitzutragen und alle Konflikte über Geltungsansprüche nicht strategisch – durch Gewalt oder mehr oder weniger strategische Verhandlungen –, sondern ausschließlich nach Maßgabe des Diskursverfahrens zu lösen.
Könnten die Anwendungsbedingungen des Diskursprinzips als erfüllt unterstellt werden, dann wäre m. E. allerdings die Anwendung des Prinzips unbedingt geboten; man dürfte dann z. B. Mitmenschen gegenüber überhaupt nicht *strategisch* handeln, es sei denn im abgesteckten Rahmen von akzeptierten »Spielregeln« – z. B. von rechtlichen »Spielregeln« des ökonomischen Wettbewerbs oder von Spielregeln des sportlichen Wettkampfs. (Hier wird auch deutlich, daß der Kantsche »Rigorismus« tatsächlich auf der *abstraktiven* Unterstellung *idealer Anwendungsbedingungen* des »kategorischen Imperativs« beruht; denn unter den Bedingungen einer *idealen Kommunikationsgemeinschaft* wäre ja jedes *strategische* Handeln in der Tat als versuchte *Instrumentalisierung* des anderen Menschen zu betrachten. Insofern wäre das Unterlassen des Täuschens –

Lügens, Betrügens usw. – in der Tat als »unerläßliche Pflicht« aus dem Prinzip zu deduzieren, wie Kant dies in bezug auf das Verbot des falschen Versprechens und des Selbstmordes unternimmt.[98])

An dieser Stelle unserer Überlegungen liegt es nun nahe, auf den folgenden, in der moralphilosophischen Tradition wohlbekannten Umstand hinzuweisen: Regeln, Normen, Maximen oder gar Prinzipien können niemals unvermittelt auf eine konkrete Situation angewandt werden; und es kann – wie besonders Wittgenstein gezeigt hat – auch keine Regeln für die Regelanwendung geben (dies würde ja in der Tat nur auf eine Verschiebung des Problems der unvermittelten Regelanwendung *ad infinitum* hinauslaufen). Letztlich muß hier stets ein Vermögen der klugen Regelanwendung – Phronesis, Urteilskraft, »Augenmaß« (Max Weber) – sozusagen in die Lücke springen und die Vermittlung des Allgemeinen mit dem Besonderen ermöglichen (vgl. oben S. 413 ff.). Sollte man nicht das von mir skizzierte Problem der *Verantwortungsethik* ganz einfach auf das altbekannte Problem der Regelanwendung durch *phronesis* oder *Urteilskraft* zurückführen?

Ich könnte zugeben, daß man das zur Diskussion stehende Problem in einem bestimmten Sinne als ein solches der »reflektierenden Urteilskraft« ansehen kann, sofern diese schon nach Kant auf ein »regulatives Prinzip« der Rekonstruktion der Geschichte als eines moralisch aufgegebenen Fortschritts bezogen werden kann. Doch ein solcher Versuch, das Problem zu explizieren, wäre – wie noch zu zeigen sein wird – gerade nicht mit der von Kant unterstellten *normalen* Anwendung des kategorischen Imperativs bzw. der mit ihm kompatiblen Handlungs-Maximen vergleichbar; er würde vielmehr eine vorausgehende *Ergänzung des kategorischen Imperativs selber durch ein regulatives Prinzip* voraussetzen. Daher wäre es irreführend, hier von dem altbekannten Problem der Regelanwendung durch *Phronesis* oder *praktische Urteilskraft* zu sprechen.

Tatsächlich setzt m. E. der traditionelle – auch von Kant unterstellte – Begriff der klugen, situationsbezogenen Anwendung

98 Vgl. I. Kant: *Grundlegung zur Metaphysik der Sitten*, Akad.-Textaus. Berlin 1968, IV, 421 ff.

moralischer Gebote, Normen, (moralisch normierter) Maximen usw. immer schon das Bestehen von *normalen* – zum Ethos einer sozialen Lebensform zugehörigen – *Anwendungsbedingungen* voraus.[99] Im Falle der *Phronesis* macht dieser Zusammenhang mit den *Üblichkeiten* gerade die im vorigen hervorgehobene Pointe der neoaristotelischen Wiederenteckung der *Nikomachischen Ethik* aus (s. oben S. 413), und noch deutlicher wird er im Falle des späten Wittgenstein, der sich eine sinnvolle Regelanwendung überhaupt nur im Kontext der »Gepflogenheiten« einer bestimmten »Lebensform« vorstellen kann.[100] Genau diese Voraussetzung der Existenz *normaler*, zu einer Lebensform gehöriger *Anwendungsbedingungen* kann aber im Falle der in Frage stehenden Anwendung des Grundprinzips einer *postkonventionellen* Moral – z. B. der Diskursethik als

99 Im Sinne Hegels sind diese normalen Anwendungsbedingungen von Normen im »Geist« der »unbefangenen substantiellen Sittlichkeit« mitenthalten und ermöglichen es dadurch, daß man auch immer schon weiß, in welchen (Ausnahme-)Situationen die gültigen Regeln nicht zu befolgen sind. Darauf beruht es, »daß der ungebildete Geist dem Inhalte seines Bewußtseins nicht so folgt, wie er ihm in seinem Bewußtsein erscheint, sondern daß er ihm, als Geist, zugleich ein aufgehobener ist – oder er, als Geist, das selbst korrigiert, was unrichtig in seinem Bewußtsein ist, ... z. B. im Bewußtsein gilt dies Gebot als Pflicht; ›Du sollst nicht töten‹; es ist allgemeines Gesetz; wenn es gefragt wird, spricht es dies als Gebot aus. Allein dasselbe Bewußtsein – wenn nämlich kein feiger Geist in ihm wohnt – wird im Kriege tapfer auf die Feinde losschlagen und sie totschlagen; hier, wenn es gefragt, ob es Gebot ist, seine Feinde zu töten, wird es dies bejahen. (Der Scharfrichter tötet auch.) Allein, wenn es in Privathändel mit Widersachern ... verwickelt ist, so wird ihm dies Gebot, seine Feinde zu töten, nicht einfallen. Wir können eben dies also den Geist nennen, der ihm zur rechten Zeit das eine und zur rechten Zeit das Entgegengesetzte einfallen läßt; es ist Geist, aber ungeistiges Bewußtsein« (Hegel: *Vorlesungen über die Geschichte der Philosophie*, Theorie-Werkausgabe Suhrkamp 1971, Bd. I, 486).

100 Vgl. *Philosophische Untersuchungen*, I, 199: »Es kann nicht ein einziges Mal nur ein Mensch einer Regel gefolgt sein. Es kann nicht ein einziges Mal nur eine Mitteilung gemacht, ein Befehl gegeben, oder verstanden worden sein, etc. – Einer Regel folgen, eine Mitteilung machen, einen Befehl geben, eine Schachpartie spielen sind *Gepflogenheiten* (Gebräuche, Institutionen).«

Makroethik menschheitsbezogener Verantwortung – *nicht* vorausgesetzt werden. Ich möchte dies unter Berücksichtigung der Einsichten, die man aus der entwicklungslogischen Perspektive gewinnen kann, im folgenden näher verdeutlichen.
Ich muß hier zunächst ein Problem der situationsbezogenen Anwendung moralischer Normen wenigstens erwähnen, das sich auf jeder Stufe der moralischen Urteilskompetenz stellt und das vielleicht aus diesem Grund von der kognitivistischen Theorie Kohlbergs gar nicht reflektiert wird.[101] Ich meine den – verantwortungsethisch höchst relevanten – Umstand, daß man grundsätzlich niemals mit Sicherheit wissen kann, ob sich ein Mensch – z. B. der Kontrahent, mit dem man es in einer Konfliktsituation zu tun hat – auf der Ebene der *Performanz* seiner moralisch relevanten Handlungen seiner moralischen Urteils-*Kompetenz* entsprechend verhalten wird. Im Prinzip ist es z. B. möglich, daß die rein kognitive Entfaltung der Urteilskompetenz im Sinne der *vollständigen Reversibilität des role-taking* auch in den Dienst der *Perfektionierung der strategischen Instrumentalisierung anderer Menschen* gestellt wird. Hier stellt sich auf jeder Stufe der Urteilskompetenz erneut das – *nicht-kognitive* – Problem der moralischen Gewissensentscheidung im Sinne des guten oder bösen Willens; und insofern gibt es natürlich auch auf jeder kognitiven Stufe gute und böse Menschen, und die Unterstellung des guten Willens beim Interaktionspartner schließt immer ein gewisses Risiko ein. Doch dieses Problem wird durch die Einsichten der *strukturgenetischen* Theorien im Sinne Piagets und Kohlbergs kaum berührt und kann daher im folgenden unberücksichtigt bleiben. Worin aber besteht in der Sicht einer an Kohlberg orientierten Rekonstruktion unserer geschichtlichen Situation die Relevanz des Um-

101 In einer gewissen Hinsicht hat Kohlberg neuerdings das im folgenden von mir angedeutete Problem durch die Unterscheidung zweier »substages« für jede Stufe der moralischen Urteilskompetenz berücksichtigt: eines *substage A* für »heteronomous respect for rules and authority«, *substage B* für »autonomy and fairness«. Wie die Auswertung der Milgram-Experimente zeigt, wird die Relevanz der *kognitiven Stufen* für das *Handeln* durch diese Neuerung erheblich vermindert. Vgl. L. Kohlberg: *The Psychology of Moral Development*, a. a. O. (s. Anm. 16), 534 ff.

standes, daß die *normalen Anwendungsbedingungen einer postkonventionellen Moral* (noch) nicht gegeben sind?
Hier wäre zunächst einmal zu bedenken, daß selbst in den fortgeschrittensten Post-Aufklärungs-Gesellschaften – d. h. selbst da, wo die Institutionen des Rechts *postkonventionelle* Moralprinzipien verkörpern – der überwiegende Teil der Bevölkerung auf der Stufe der *konventionellen* Moral, sei es der Stufe 3 (Loyalität im Sinne der konkreten Bezugsgruppe), sei es der Stufe 4 (»Law and Order« im Sinne der Rollenpflichten einer staatlich organisierten Gesellschaft) sich befindet. Dabei macht es einen signifikanten Unterschied für die *Anwendungssituation* der moralischen Kompetenz der einzelnen, ob sie damit rechnen dürfen, daß – im Sinne einer kollektiv realisierten *Stufe-4*-Moral – die Beamten im allgemeinen unbestechlich sind und die Mitbürger ihre Steuern bezahlen oder ob sie dies nicht als normal unterstellen dürfen. Im letzteren Falle – wenn etwa nur Familien-Beziehungen im Sinne der *Stufe-3*-Moral üblicherweise geeignet sind, moralische Verpflichtungen effektiv zu begründen – würde ein Familienvater, auch wenn er persönlich die moralische Urteilskompetenz der Stufe 4, 5 oder 6 erreicht hat, unter Umständen *unverantwortlich* handeln, wenn er immer seine Steuern bezahlte und jede Form von Bestechung von sich wiese.
Bei diesen, auf innerstaatliche Üblichkeiten bezogenen Überlegungen haben wir noch nicht den Umstand berücksichtigt, daß eine postkonventionelle Moral – zumindest eine universalistische Prinzipienethik der *Stufe 6* – in allen Problemsituationen, die internationale Konflikte oder auch nur Interessengegensätze implizieren, beim heutigen Stand der einschlägigen Gepflogenheiten (man muß nicht gleich an den Quasi-Naturzustand offener Kriege denken) sofort vor dem Dilemma steht, ob eine »Vorleistung« im Sinne der Überwindung der nationalen Binnenmoral angesichts der zu befürchtenden Risiken verantwortet werden kann oder nicht. Meines Erachtens muß dieser Hauptpunkt eines der Menschheit aufgegebenen Übergang zur postkonventionellen Moral für einen Deutschen, der das mitverschuldete Desaster einer forciert nationalistischen Rückkehr zur Binnenmoral erlebt hat, im Vordergrund der einschlägigen Überlegungen stehen – wobei auch er sich freilich keinen Illu-

sionen über die faktischen Anwendungsbedingungen einer kosmopolitischen Diskursethik hingeben *darf*.

Diese knappen Hinweise sollten dazu dienen, das *geschichtsbezogene Anwendungsproblem einer postkonventionellen Moral* – und insbesondere einer Diskursethik im Sinne der höchsten Stufe dieser Moral – zu illustrieren und das Neue dieses Problems im Vergleich zu der üblichen – selbst noch am Paradigma der konventionellen Moral orientierten! – Anwendungsproblematik der Moralphilosophie zu verdeutlichen. Das Neue im Sinne der Entwicklungslogik der Moral besteht m. E. darin, daß man gezwungen ist, die von der Entwicklungstheorie postulierten *ontogenetischen* Stufen der Urteilskompetenz in zweifacher Weise mit den *phylogenetisch* relevanten Verhältnissen in Beziehung zu setzen: einmal im Sinne des – schon von Kohlberg reflektierten – »Ausgleichs«, der ohnehin im *Sozialisationsprozeß* der einzelnen wirksam wird und normalerweise darüber entscheidet, bis zu welcher Stufe ein Individuum gelangen kann (z. B. in einer verstaatlichten Stammesgesellschaft bis zur Stufe 3, in einer Voraufklärungsgesellschaft bis zur Stufe 4; in einer Post-Aufklärungs-Gesellschaft bis zur Stufe 5 oder 6 – je nachdem, wie die sozialen Verkehrsformen, die erziehungswirksamen Institutionen und schließlich auch die kulturellen Diskurs-Medien die Entwicklung der Urteilskompetenz stimulieren); zum anderen aber auch in dem Sinne, *daß zu jeder als effektiv vorgestellten ontogenetischen Stufe der moralischen Urteilskompetenz, streng genommen, eine entsprechende Stufe der* – zumindest ansatzweise realisierten – *soziokulturellen Anwendungsbedingungen hinzugedacht werden muß*. Führt man auch diese zweite Überlegung konsequent durch, dann hat man m. E. die Chance, einen jetzt und hier maßgebenden Gesichtspunkt für die realistische Einschätzung der Menschheitsaufgabe des geschichtlichen Übergangs von der *konventionellen* zur *postkonventionellen* Moral zu gewinnen.

Nimmt man diese Aufgabe überhaupt ernst, so ist es, wie schon gesagt, irreführend, hier im Sinne der philosophischen Tradition von dem *immer bestehenden* Problem der *klugen Anwendung von Moralprinzipien mit Hilfe der phronesis oder der Urteilskraft* zu sprechen. Eine solche Vorstellung könnte heute eher zu der – vom späten Wittgenstein suggerierten – Vorstellung führen, daß der Sinn möglicher Moralprinzipien a priori durch die je schon den Sinn aller denkbaren Regeln bestimmende *faktische Praxis« der Anwendungs-»Gepflogenheiten« bestimmt werde.*[102] *In diesem Falle aber müßte das hier gestellte Problem eines prinzipiengeleiteten geschichtlichen Übergangs zu einer neuen, postkonventionellen Form der Moralanwendungspraxis* sogleich seinen Sinn verlieren. Man steht hier m. E. an dem Punkt, wo sich heute die Geister scheiden müssen: Unter *neoaristotelischen* wie unter Wittgensteinschen Prämissen nämlich scheint man zu dem Ergebnis kommen zu müssen, daß die *jeweils schon bestehenden* Üblichkeiten der Praxis einer Lebensform (eines gelebten Ethos) von vornherein über den möglichen Sinn moralischer Normen und Prinzipien entscheiden. Diese Unterstellung läuft in der Praxis auf eine relativistische Kapitulation der Idee eines möglichen moralischen *Fortschritts* hinaus – einer Idee, die von Kant als Pflichtannahme im Sinne eines notwendigen Postulats der praktischen Vernunft begründet wurde.[103]

Dieser Einschätzung pflegt indessen der Neokonservatismus (der sich auch der Wittgensteinschen Argumente bedienen kann) den Einwand des gefährlichen *Utopismus* der Idee eines postulierten *moralischen Fortschritts* der Gesellschaft entgegenzuhalten. Ein solches Postulat – und damit die Vorstellung einer uns aufgegebenen Realisierung der sozialen Anwendungsbedingungen postkonventioneller Moralprinzipien – kann aus dieser Sicht nur als entweder *inhaltslos* oder als anmaßend und terrori-

102 Dies suggeriert z. B. Viggo Rossvaer, indem er als möglich unterstellt, daß die Nazis in Auschwitz auch den *kategorischen Imperativ* – nur eben im Sinne ihrer zugehörigen Praxis, d. h. der Regelanwendungs-»Gepflogenheiten« ihrer »Lebensform« – befolgt hätten (in: »Transzendentalpragmatik, transzendentale Hermeneutik und die Möglichkeit, Auschwitz zu verstehen«, in: D. Böhler/T. Nordenstam/G. Skirbekk (Hrsg.): *Die pragmatische Wende. Sprachspielpragmatik oder Transzendentalpragmatik?*, Frankfurt a. M. 1987, 187-201).

103 Vgl. I. Kant: »Welches sind die wirklichen Fortschritte, die die Metaphysik seit Leibnitzens und Wolfs' Zeiten in Deutschland gemacht hat?« Hg. D. F. T. Rink. Königsberg 1804 (= Ausg. A), 139 ff., und ders.: »Das mag in der Theorie richtig sein, taugt aber nicht für die Praxis«, Akad.-Textausg. VIII, 308 ff.

stisch im Sinne der Bedrohung der gewachsenen Pluralität der Lebensformen durch den Oktroy einer *idealen Lebensform* erscheinen. Denn – und dies scheint die gemeinsame Voraussetzung des Neoaristotelismus und des Wittgensteinianismus zu sein – moralische Normen können nur im Kontext der »Gepflogenheiten« (des »Ethos«) einer konkreten Lebensform einen anwendbaren Sinn haben, also entweder in einer schon bestehenden Lebensform oder in einer an deren Stelle zu setzenden *utopisch-idealen Lebensform*. Im ersteren Falle könnte es keinen moralischen Fortschritt geben, im letzteren Falle keine Pluralität der Lebensformen. Also entweder Resignation oder Terror des Ideals?

Diese Sicht der Dinge (die, wenn ich recht sehe, heutzutage als noch verhülltes Paradigma die Diskussion zu beherrschen beginnt) würde nun tatsächlich eine ausweglose Alternative bilden, wenn die angedeuteten Voraussetzungen hinsichtlich des Verhältnisses von Prinzipien, Normen, Regeln und Lebensformen zutreffend wären. Wie steht es damit im Falle unseres Problems?

Wenn die erst noch zu realisierenden Anwendungsbedingungen des Diskursprinzips der Ethik *das Ganze einer konkreten Lebensform* präjudizierten, dann müßte die Forderung einer progressiven Realisierung der noch fehlenden (bzw. unzureichend realisierten) Anwendungsbedingungen in der Tat auf die Forderung hinauslaufen, alle bestehenden Lebensformen durch *eine ideale Lebensform* zu ersetzen. Unsere Forderung wäre dann in der Tat ebenso »überschwenglich« und zugleich bedrohlich, wie es die Vorstellung der Realisierung der idealen Lebensform in der Tradition der Gesellschafts- bzw. Staatsutopie von Platon bis zur »wissenschaftlichen Aufhebung« der Utopie im Staatssozialismus tatsächlich war.[104] Die an *formalprozeduralen* Prinzipien orientierte universalistische Ethik der 6. Stufe Kohlbergs

104 Das hier sich stellende Problem einer, an Kant orientierten, »Kritik der utopischen Vernunft« habe ich im Rahmen des Bielefelder interdisziplinären Forschungsprojekts Utopieforschung (1980/81) in Angriff genommen. Vgl. vorläufig meinen Aufsatz »Ist die Ethik der idealen Kommunikationsgemeinschaft eine Utopie? Zum Verhältnis von Ethik, Utopie und Utopiekritik.« In: W. Voßkamp (Hrsg.): *Utopieforschung*, Stuttgart 1982, 325-355.

– genauer: sowohl ihre Kantsche wie vollends ihre diskursethische Interpretation – erfordert jedoch gerade nicht eine *moralistische Programmierung des Ganzen einer Lebensform* (im Sinne etwa der von Platon wie noch von Lenin vorgesehenen *institutionellen Gewährleistung des guten Lebens im Sinne der individuellen und kollektiven Tugend und Glückseligkeit*). Wenngleich das Grundprinzip der Diskursethik nicht nur *individuelle Rechte*, sondern auch *solidarische Verantwortung* für diskursive Problemlösung impliziert, so ist doch eben dadurch das gleiche Recht aller Individuen auf individuelle Realisierung des guten Lebens (Selbstverwirklichung) in dem Maße a priori anerkannt, als die Realisierung mit der Universalisierung der Gegenseitigkeitsansprüche und Pflichten vereinbar ist. Die individuelle Selbstverwirklichung im Sinne des »guten Lebens« ist also nicht *durch das Prinzip vorprogrammiert*, sondern als *komplementäre Aufgabe der einzelnen* (in einem gewissen Sinne auch der kollektiven Lebensformen) *freigegeben*.

(Dies gilt für die diskursethische Interpretation des Prinzips der Stufe 6 in noch weit entscheidenderer Form als für den Utilitarismus der Stufe 5 und selbst noch für die Rawlssche Interpretation einer Gerechtigkeitsethik. Denn im Vergleich zum Utilitarismus stellt das diskursethische Universalisierungsprinzip a priori sicher, daß das Prinzip der Maximierung des kollektiven Gesamtnutzens nicht auf Kosten der gleichen Rechte der einzelnen bzw. einer Minorität realisiert werden darf – es sei denn, die einzelnen oder die Minorität hätten in einem gewaltfreien Diskurs ihre Einwilligung dazu gegeben. Im Vergleich zu Rawls müßte die a priori begründbare Universalität und Formalität des Diskursprinzips – und insofern der Stufe-6-Moralität – dadurch sichergestellt werden, daß die von Rawls abgeleiteten »Gerechtigkeitsprinzipien« – darunter gerade auch das ingeniöse »Differenzprinzip«, das die universalistische Gerechtigkeitsforderung mit dem utilitaristischen Motiv der Maximierung des Gesamtnutzens vermitteln soll[105] – nur als *Diskussionsvorschläge* auf der Ebene des realen praktischen Diskurses (2. Stufe der Normenbegründung), nicht aber als a

105 Siehe J. Rawls: *Eine Theorie der Gerechtigkeit*, a. a. O. (s. Anm. 40), 95-104.

priori aus dem höchsten Moralprinzip deduzierbar betrachtet werden dürfen.)

Wenn aber, wie hier angedeutet, die stets noch aufgegebene *Realisierung der Anwendungsbedingungen der postkonventionellen Moralstufen* – insbesondere der Stufe 6 – nicht die *utopische Programmierung einer idealen Lebensform im ganzen* impliziert: worin besteht dann das Besondere und Schwierige dieser Aufgabe im Vergleich zu der traditionellen Vorstellung einer stets notwendigen situationsbezogenen Anwendung moralischer Normen mit Hilfe der Urteilskraft?

Die Antwort auf diese Frage läßt sich zunächst einmal durch die folgende, *scheinbare Selbstaufhebung des Diskursprinzips* (wie auch schon des traditionellen Universalisierungsprinzips) auf der Ebene einer *Verantwortungsethik* verdeutlichen: Sofern die sozialen Anwendungsbedingungen der Diskursethik nicht als hinreichend realisiert vorausgesetzt werden können, ist ein *verantwortlich* Handelnder nicht nur ausnahmsweise, sondern im Prinzip zu einer Einstellung verpflichtet, die im Verkehr mit anderen Menschen nicht nur *diskursiv-kommunikative Methoden der Konfliktregelung* vorsieht, sondern auch die – schon von Kant explizit verbotenen – *Methoden der strategischen Instrumentalisierung der anderen Menschen* (ihrer Handlungen und schon ihrer mutmaßlichen Intentionen und Motive) *im Dienste des eigenen Interesses* (nicht unbedingt im Sinne des *inhaltlichen Egoismus*, wohl aber des *formalen Egoismus* der Selbstbehauptung eines durch mich vertretenen Interesses). Die strategische Instrumentalisierung der Mitmenschen muß nicht immer in offener Gewaltausübung oder in massiven Betrugsoperationen bestehen (obwohl auch dies in Grenzfällen Pflicht sein kann), sondern sie kann das ganze Spektrum der Beeinflussung durch Angebote und Drohungen – so in offen strategischen Verhandlungen – oder der Beeinflussung durch Suggestionen, Manipulationen, kurz durch verdeckt strategischen Sprachgebrauch, in Anspruch nehmen. Und in den meisten der hier ins Auge gefaßten Fälle (von denen ja unterstellt wird, daß es sich um verantwortungsethisch gebotenes oder zumindest zulässiges Verhalten handelt) wird der Handelnde nicht sein unmittelbares Eigeninteresse wahrnehmen, sondern das eines repräsentierten *funktionalen Sozialsystems*. So kann etwa sein verdeckt strategischer Sprachgebrauch (gezielte Information, Verschweigung, Herunterspielen, Nahelegen von Konsequenzen, Gebrauch eines bestimmten Vokabulars usw.) je nachdem, welche Rolle verantwortlich ausgefüllt wird, vom Interesse der Familie, der Firma, der Gewerkschaft, der Behörde, des Ministeriums, der Kirche usw. gesteuert sein.

Gibt man zu, daß jeder von uns tagtäglich genötigt ist, in diesem Sinne in mehr oder weniger krasser Form gegen das Prinzip einer universalistischen Diskursethik zu verstoßen, um nicht unverantwortlich zu handeln, so kann man sich m. E. nicht verhehlen, daß hier ein prinzipielles Problem der Moral sichtbar wird – ein Problem der *Verantwortungsethik*, das über das Prinzip der höchsten Stufe der Kohlbergschen Entwicklungslogik der moralischen Urteilskompetenz in einem noch zu klärenden Sinn hinausweist. Freilich: Wer in der Wirklichkeit so *handeln* wollte, als ob die angedeutete Differenz nicht bestünde, dem würde man die moralische Urteilskompetenz überhaupt absprechen; und dies scheint dafür zu sprechen, daß es sich einfach um das immer bestehende Problem der situationsbezogenen Anwendung von Normen mit Hilfe der Urteilskraft handelt. Aber der wesentliche Punkt ist ein anderer: Man kann m. E. von demjenigen, der sich die skizzierte Schwierigkeit nicht als ein *prinzipielles Problem der Anwendung gerade einer postkonventionellen Prinzipienethik* klar gemacht hat, nicht sagen, daß er die höchste Stufe der vom reifen Menschen zu entwickelnden moralischen Urteilskompetenz verkörpert. Dies kann man m. E. zum Beispiel von dem Vertreter einer *rigoristischen Gesinnungsethik* nicht behaupten; denn ein solcher Mensch – oft ein Theologe oder auch Philosoph – erweckt den Eindruck, als ob er die Verantwortung für die Folgen seiner Handlungen prinzipiell von sich abwälzt, sie – wie Max Weber es formuliert hat – »Gott anheimstellt«.[106]

Diese Überlegung spricht m. E. dafür, hier eine über die *Stufe 6* hinausgehende *7. Stufe* der moralischen Urteilskompetenz zu postulieren – eine Kompetenzstufe, auf der der Mensch sozusagen die *Verantwortung für die Anwendung der Ethik* im Prin-

106 Vgl. M. Weber: »Politik als Beruf«, in: J. Winckelmann (Hrsg.): *Max Weber: Soziologie, Weltgeschichtliche Analysen, Politik*, Stuttgart 1956, 175.

zip übernommen hat. Er vermag dann nicht nur von Fall zu Fall mit dem Problem fertig zu werden, moralische Normen (in der Regel solche der konventionellen Moral) auf die jeweiligen Situationen »mit Augenmaß« anzuwenden, sondern er sieht sich gezwungen, *die Ethik überhaupt als postkonventionelle Einsicht in Moralprinzipien zur geschichtlich gewordenen Situation ihrer Anwendungsbedingungen und Anwendungsfolgen in Beziehung zu setzen.* Ich habe seit längerem versucht, die hierdurch gegebene Problematik als *Teil B der Ethik* von einem *Teil A* zu unterscheiden, in dem die *Prinzipien dessen, was eigentlich sein sollte*, unter radikaler Abstraktion von der Geschichte ermittelt werden.[107]

Freilich kann die zu postulierende 7. Stufe einer moralischen Urteilskompetenz in dem soeben angedeuteten Sinn nicht als 7. Stufe im Sinne der von Kohlberg konzipierten Entwicklungslogik der konsequenten Entfaltung der *Reversibilität des rôle-taking* verstanden werden. Denn in diesem Sinne kann die 6. Stufe nicht überholt werden. In der Tat wird ja auch die Gültigkeit des Universalisierungsprinzips – insbesondere die seiner Explikation durch das Diskursprinzip – durch unsere Überlegungen zum *Teil B* der Ethik überhaupt nicht außer Kraft gesetzt. Eher geht es darum, ein *Ergänzungsprinzip* aufzustellen, das dem Umstand der *conditio humana* Rechnung trägt, *daß unter endlichen Bedingungen das höchste teleologische Prinzip der Entwicklungslogik der Moral niemals als Prinzip einer verantwortlichen geschichtsbezogenen Anwendung der Ethik auf die moralische Wirklichkeit ausreichen kann, weil es den vernünftigen Neuanfang aller Menschen auf der Basis der durchaus einsehbaren idealen Gültigkeit des Diskursprinzips nicht geben kann.*

Worin aber könnte das postulierte *Ergänzungsprinzip* bestehen, wenn es mehr sein soll als nur der Hinweis des *common sense* auf die Notwendigkeit der klugen, situationsbezogenen Anwendung aller normativen Prinzipien (nicht zu reden von der Suggestion, man solle am besten alle Prinzipien durch kontextbezogene Urteilskraft ersetzen)?

Hier kann ich nun einerseits an Kant anknüpfen: an das schon

107 Vgl. die unter Anm. 25 zitierten Arbeiten.

erwähnte Postulat der *Pflichtannahme eines möglichen moralischen Fortschritts der Geschichte* und eines entsprechenden *regulativen Prinzips der reflektierenden Urteilskraft* für den – wie ich interpretieren möchte – immer erneut in der Situation anzustellenden – Versuch einer hypothetisch teleologischen Geschichtsrekonstruktion in praktischer Absicht. Andererseits kann ich das im vorausgehenden eingeführte transzendentalpragmatische Letztbegründungsargument durch eine erneute Reflexion auf das, was wir im ernsthaften Argumentieren immer schon als moralisch-normative Bedingung der Möglichkeit der Realisierung einer idealen Argumentationsgemeinschaft anerkannt haben, ergänzen – und zwar in dem Sinne, daß einerseits das Kantsche Fortschrittspostulat *als letztbegründete moralische Pflicht* erkannt werden kann, andererseits eben dadurch eine *Ergänzung des idealen Diskursprinzips durch das regulative Prinzip einer moralischen Strategie der langfristigen, progressiven Realisierung der Anwendungsbedingungen des Diskursprinzips* möglich wird.

Die hier angedeutete Ergänzung der Letztbegründung des Diskursprinzips beruht m. E. darauf, daß wir im ernsthaften Argumentieren das nichthintergehbare *Apriori der Kommunikationsgemeinschaft* in zweifacher Form voraussetzen:[108] einmal als

108 Vgl. hierzu K.-O. Apel: »Das Apriori der Kommunikationsgemeinschaft und die Grundlagen der Ethik«, in ders.: *Transformation der Philosophie*, a. a. O. (s. Anm. 6), Bd. II, 429 ff.
Das hier skizzierte *dialektische Apriori* im Sinne der dreifach differenzierten *Voraussetzung* einer »Vorstruktur« des Weltverstehens bildet sozusagen die »original situation« für eine transzendentalpragmatisch-reflexive Begründung der Philosophie, einschließlich der Ethik. Man wird bemerken, daß hier alle jene Abstraktionen rückgängig gemacht sind, die in der traditionellen Transzendentalphilosophie und Prinzipienethik – auch z. B. bei Rawls – im Sinne einer künstlichen Konstruktion oder Fiktion des *Nullpunkts* oder des *vernünftigen Neuanfangs* eingeführt werden. Das Apriori der »Faktizität« (und d. h. der »Geworfenheit« und »Geschichtlichkeit«) des In-der-Welt-Seins im Sinne Heideggers (und Gadamers) wird voll berücksichtigt, ohne dabei das im Logos der Argumentation auch »immer schon« vorausgesetzte und kontrafaktisch antizipierte Apriori der idealen Normen der Intersubjektivität zu übersehen bzw. praktisch zu ignorieren. Dieser Ansatz wäre zu vergleichen mit der heute, nahezu von allen tonangebenden

Apriori einer notwendigerweise kontrafaktisch antizipierten *idealen* Kommunikationsgemeinschaft, deren normative Bedingungen der Möglichkeit den Sinngehalt des idealen Diskursprinzips ausmachen, zum anderen als Apriori im Sinne der notwendigen Faktizitätsvoraussetzung einer *realen* Kommunikationsgemeinschaft, der wir durch den Sozialisationsprozeß angehören und an deren faktische Kommunikationsbedingungen – etwa die lebensweltlichen Hintergrundvoraussetzungen des Sprachgebrauchs, der Normen- oder Maximenvorschläge und der Normen- bzw. Maximenanwendung – wir auch dann anknüpfen müssen, wenn wir dem Maßstab des idealen Diskursprinzips gerecht werden wollen. Angesichts dieser Doppelvoraussetzung von Idealität und Realität, deren polare Gegensatzspannung wir in jedem Diskurs erfahren, haben wir nun notwendigerweise – wegen der unvermeidlichen *Antizipation* der idealen Bedingungen, die zugleich als *kontrafaktisch* bewußt ist – auch schon die moralische Pflicht zur Mitarbeit an der progressiven Reduzierung der Differenz zwischen der antizipierten Idealität und der vorgegebenen Realität anerkannt: die Pflicht also, den moralischen Fortschritt praktisch anzustreben und seine geschichtliche Realisierung in Anknüpfung an die geschichtlichen Vorbedingungen für denkbar zu halten und – in immer erneuter hypothetischer Rekonstruktion der Geschichte – als denkbar zu erweisen.

Aus dieser Ergänzung der transzendentalpragmatischen Letztbegründung der Diskursethik ergibt sich einerseits ein *Ergänzungsprinzip der Diskursethik* in Gestalt einer *moralischen Strategie*, andererseits ein *methodisches Prinzip* der – ebenfalls ethisch aufgegebenen – *kritischen Rekonstruktion der Geschichte*:

Das unmittelbar moralisch anwendbare *Ergänzungsprinzip* trägt der quasi-paradoxen Herausforderung des *Teils B* der Ethik Rechnung, und zwar dadurch, daß es den Charakter einer moralischen *Strategie* hat: Es schließt also – im Unterschied zum idealen Diskursprinzip – zweckrational-strategisches Han-

Positionen suggerierten einseitigen Voraussetzung der »Lebenswelt« im Sinne eines *Kontingenz-Aprioris*. Vgl. hierzu die Übersicht in K. Baynes/J. Bohman/Th. McCarthy (eds.): *After Philosophy – End or Transformation?*, Cambridge: The MIT Press 1987.

deln in bezug auf Menschen nicht aus, sondern unterstellt es dem Maßstab einer übergeordneten regulativen Strategie, die a priori auf ein moralisches Ziel bezogen ist: nämlich auf das Ziel der langfristigen Selbstaufhebung der Notwendigkeit strategischen Handelns im Sinne der nicht-diskursiven Interessendurchsetzung zugunsten der alleinigen Befolgung des idealen Diskursprinzips der Konfliktregelung.

Natürlich eröffnet das so definierte Ergänzungsprinzip der reflektierenden Urteilskraft einen Spielraum für delikate Entscheidungen, die – wegen ihrer zweckrationalen Struktur – dem *strikten Deontologen* – auch dem *strikt deontologischen Diskursethiker* – suspekt sein müssen. Man denke hier nur an die ideologischen Anwendungsmöglichkeiten der berüchtigten Formel »Der Zweck heiligt die Mittel«. Doch man darf sich einerseits nicht verhehlen, daß auch schon die übliche Vorstellung von der *klugen, situationsbezogenen Normenanwendung* unter normalen, konventionell zugehörigen Anwendungsbedingungen das *zweckrational-strategische Strukturmoment* stets enthält (etwa als Bereitschaft und Fähigkeit, sich gegen Vertragsbruch oder offene Gewalt zu schützen). Andererseits gilt es zu bedenken, daß das übergeordnete regulative Prinzip der *moralischen Strategie* auch geeignet ist, den Spielraum der Mittelwahl zu begrenzen:

Einmal wird dies schon dadurch gewährleistet, daß die Zielsetzung der moralischen Strategie nicht die *holistisch-utopische* der Herbeiführung einer *idealen Lebensform* ist, sondern nur die der *approximativen Realisierung der idealen Kommunikationsbedingungen für die Verständigung über Ansprüche, die sich aus dem gleichen Recht aller auf individuelle Realisierung des guten Lebens ergeben.* Zum anderen begrenzt die Zielsetzung der moralischen Langzeitstrategie auch insofern die Mittelwahl, als sie es verbietet, die natürlichen und die schon realisierten kulturellen – z. B. institutionellen – Bedingungen der Realisierung der idealen Diskursbedingungen – z. B. die in der demokratischen Staatsform enthaltenen – zu gefährden. Die Beweislast für riskante Reformen oder gar intentionale Revolutionen würde hier in der Tat auf seiten der Neuerer liegen. Gleichwohl ginge es niemals *nur* um die *Aufrechterhaltung* des *status quo.* In der Gegenwart ginge es eher darum, die langfristige Gewährleistung

der menschlichen Lebensbedingungen und die zugleich geforderte Realisierung der idealen Diskursbedingungen (samt den dafür unerläßlichen sozialen Voraussetzungen) gegeneinander abzuwägen.
(Als illustratives Beispiel könnte hier die Behauptung des postmodernistischen Marxisten Wolfgang Harich dienen, das bloße Überleben der Menschheit angesichts der ökologischen Krise könne nicht durch liberale Demokratien, sondern nur durch eine sozialistische Gerechtigkeitsdespotie à la Babeuf – und in diesem Sinne faktisch durch die Sowjetunion – gewährleistet werden.[109] Harich dachte an Trendextrapolationen wie z. B. diejenigen, die sich aus der Exponentialkurve des Anwachsens der Erdbevölkerung und die damit verknüpften Umwelt- und Ressourcenbelastungen ergeben, und an die unpopulären Maßnahmen einer Weltregierung, die dadurch erforderlich würden. Ich möchte die Argumente Harichs gar nicht trivialisieren, sondern nur darauf hinweisen, daß hier der typische Fall einer Preisgabe der schon realisierten Bedingungen freier Diskurse zugunsten der Bedingungen des Überlebens vorliegt. Entsprechend groß ist die Beweislast Harichs. Gleichwohl ist sein Gedanke, unter der Voraussetzung einer extremen Notlage, nicht irrational; und vermutlich wird er in den nächsten Jahrzehnten für das Verständnis des Wettbewerbs der großen Systeme in West und Ost eine Schlüsselbedeutung behalten. Insofern kann und sollte er auch öffentlich diskutiert werden und kann nicht etwa als mit der westlichen Tradition unvereinbar und deshalb »mad« abgetan werden, wie das ja wohl unter Rortyschen Prämissen geschehen müßte.)
Die zuletzt angedeuteten Überlegungen weisen schon darauf hin, daß für uns Heutige das *Ergänzungsprinzip* der Diskursethik im Sinne einer Verantwortungethik seine inhaltliche Bedeutung nur gewinnen kann, wenn zugleich die im Vorausgehenden postulierte *kritische Rekonstruktion der Geschichte* in praktischer Absicht in Angriff genommen wird. Auch für diese permanente Aufgabe der rekonstruktiven Sozialwissenschaften läßt sich, wie schon angedeutet, noch ein grundlegendes metho-

109 Siehe W. Harich: *Kommunismus ohne Wachstum. Babeuf und der ›Club of Rome‹*, Reinbek 1975.

disches Prinzip aus der transzendentalpragmatischen Begründung der Diskursethik herleiten:

2.2.3 Wenn die angegebenen Voraussetzungen jedes ernsthaften Argumentierens (verkürzt ausgedrückt: das dialektische Spannungsverhältnis zwischen dem Apriori der antizipierten idealen und der realen, geschichtlich gewordenen Kommunikationsgemeinschaft) zur nichthintergehbaren *Vorstruktur des argumentativen Diskurses* gehören, dann gehören sie auch zu den *Voraussetzungen der postulierten sozialwissenschaftlichen Rekonstruktion der Geschichte*. Damit ist aber für das methodische Verfahren dieser Rekonstruktion ein regulatives Prinzip gewonnen, das schon einige bedeutsame Konsequenzen zuläßt: z. B. solche für das methodologisch angemessene Verhältnis der bekannten, konkurrierenden Ansätze einer *kritisch-hermeneutischen* – insofern *interne Rationalität* voraussetzenden – *Nachkonstruktion* geschichtlicher Lernprozesse einerseits und der *externen – kausalen oder funktionalen – Erklärung* derselben Prozesse oder ihrer Pathologien andererseits.[110]

Zunächst einmal läßt sich postulieren, daß die rekonstruktiven Wissenschaften in der Lage sein müssen, ihre eigenen notwendigen Präsuppositionen (im Sinne der *Vorstruktur* des argumentativen Diskurses) als mögliches und faktisches Ergebnis der Geschichte zu verstehen. Ich habe dies das *Selbsteinholungsprinzip* der rekonstruktiven Wissenschaften genannt,[111] und ich möchte dieses Prinzip sozusagen als *transzendentalpragmatisches Postulat einer Minimalteleologie der wissenschaftlichen Historie* dem spekulativ-metaphysischen Teleologieprinzip der traditionellen Geschichtsphilosophie substitutiv entgegenstellen. An die Stelle der *Zukunftsvoraussage* im Sinne des kausal und teleologisch notwendigen Ganges der Geschichte tritt hier

110 Vgl. hierzu J. Habermas: *Zur Logik der Sozialwissenschaften*, Frankfurt a. M. 1982; ders.: »Rekonstruktive vs. verstehende Sozialwissenschaften«, in ders.: *Moralbewußtsein und kommunikatives Handeln*, Frankfurt a. M. 1983, 29-52; K.-O. Apel: *Die Erklären-Verstehen-Kontroverse in transzendentalpragmatischer Sicht*, Frankfurt a. M. 1979.

111 Vgl. K.-O. Apel: »Die Situation des Menschen als ethisches Problem«, in: *Ztschr. f. Pädagogik* 5/82, 678-693, 681 ff.; ders.: »Die Herausforderung der totalen Vernunftkritik ...«, a. a. O (s. Anm. 13).

die *transzendentalnotwendige, kontrafaktische Antizipation der idealen Diskursbedingungen als eines Telos der Geschichte*, dessen approximative Erreichung moralisch postuliert und kognitiv für möglich, nicht aber für kausal und/oder teleologisch notwendig gehalten wird.

Da das *Selbsteinholungsprinzip* der rekonstruktiven Wissenschaften unmittelbar aus dem transzendentalpragmatischen Prinzip des zu vermeidenden *performativen Selbstwiderspruchs* der Argumentation folgt, so ist damit ein letztbegründbares Gegenargument gegen die *reduktionistische* Tendenz beinahe aller *extern erklärenden* Theorien der neuzeitlichen Sozialwissenschaften an die Hand gegeben (vgl. oben S. 435 f.). Diese Theorien werden durch das Selbsteinholungsprinzip im Interesse ihrer eigenen Ergebnisse und der damit verknüpften Geltungsansprüche in die Schranken gewiesen, die jeder *externen Erklärung* durch die Notwendigkeit einer *verstehenden Nachkonstruktion* ihrer eigenen *internen Rationalität* als eines Lernprozesses gesetzt ist. Es ist eben nicht möglich, die eigene Rationalität als Ergebnis eines geschichtlichen Lernprozesses zu verstehen, wenn man – wie oft suggeriert wird – *Rationalität überhaupt* als *empirisches Objekt* – etwa als *operationalisierbare Verhaltensdisposition* – begreifen will.[112] Man muß Rationalität in den rekonstruktiven Sozialwissenschaften notwendigerweise als etwas für Subjekt und Objekt (qua Ko-Subjekt) Gemeinsames unterstellen. (Beispiele der methodologischen Einschränkung sinnvoller externer *Erklärungs*-Ansprüche finden sich etwa in der post-Kuhnschen Debatte um das Verhältnis von Wissenschaftslogik und Wissenschaftssoziologie, so z. B. in Lakatos' These vom methodologischen Primat der *internen* vor der *externen Wissenschaftsgeschichte*.[113] In der Debatte um den möglichen Status der *Psychoanalyse* und ihrer Geltungsansprüche scheinen die kontinentalen Ansätze einer nicht-naturalistisch-reduktionistischen Interpretation durch die Rezeption von Lacan eher wieder in den Hintergrund gedrängt zu werden.

112 Zur Aporetik dieser Unterstellung vgl. K.-O. Apel: *Die Erklären-Verstehen-Kontroverse ...«*, a. a. O. (s. Anm. 22), bs. 239 f.

113 Siehe I. Lakatos: »Die Geschichte der Wissenschaft und ihre rationalen Nachkonstruktionen«, in: W. Diederich (Hrsg.): *Theorien der Wissenschaftsgeschichte*, Frankfurt a. M. 1974, 55-119.

Dafür scheint das Piaget-Programm einer *strukturgenetischen Rekonstruktion* menschlicher Lernprozesse in den USA das *behavioristische* Forschungsprogramm erfolgreich eingeschränkt zu haben. Wesentlich in unserem Problemzusammenhang ist hier vor allem die durch Kohlbergs Stufentheorie des moralischen Bewußtseins exemplifizierte Möglichkeit einer rationalen Nachkonstruktion der kognitiven Seite der Moralentwicklung, die als Einschränkung der relativistisch-ethnologischen und der im Stil Nietzsches genealogischen »Erklärungen« der Moral fungieren kann.)

Mit den zuletzt angedeuteten Implikationen des Selbsteinholungsprinzips der rekonstruktiven Wissenschaften habe ich versuchsweise den objektiven Horizont skizziert, der – als solcher einer mögichen Kooperation von philosophischer Ethik und kritischen Sozialwissenschaften – ein angemessenes Verständnis des uns aufgegebenen Problems des Übergangs zur postkonventionellen Moral ermöglichen kann. Vor diesem Horizont könnten zumindest die Fragen gestellt werden, die sich ergeben, wenn man die etwa seit der »Achsenzeit« der antiken Hochkulturen nachweisbaren Fortschritte und Rückschritte beim Versuch dieses Übergangs im Rahmen der Kulturevolution zu rekonstruieren versucht.

Solche Fragen stellen sich z. B. im Rahmen der europäischen Geschichte in bezug auf die griechische Aufklärung des 5. Jahrhunderts v. Chr. sowie beim Übergang der klassischen griechischen Konzeption der Polis-Ethik zur kosmopolitischen Konzeption der hellenistischen Reiche, später des römischen Weltreichs. Immerhin haben ja die stoischen Philosophen und ihre römisch-humanistischen Nachfolger bis hin zu dem Kaiser Mark Aurel[114] im Rahmen dieser kosmopolitischen Konzeption zuerst eine universalistische Überwindung der »Binnenmoral« und in diesem Zusammenhang die Idee des Naturrechts und der Menschenrechte vertreten; und dank dieser philosophischen Konzeptionen konnten die postkonventionellen Elemente des Evangeliums von den Kirchenvätern in die Dogmatik der christ-

114 Der römische Kaiser Marcus Aurelius Antoninus (121-189 n. Chr.) sagte von sich selbst: »Als Antoninus habe ich Rom zum Staat und Vaterland, als Mensch den Kosmos.« Vgl. M. Plenz: *Die Stoa. Geschichte einer geistigen Bewegung*, Göttingen ³1964, Bd. I, 351.

lichen Weltreligion eingebaut werden. Bei Gelegenheit des politischen und kulturellen Zusammenbruchs des römischen Weltreichs, der mit dem Triumph der christlichen Weltkirche verschränkt war, stellt sich die Frage, ob bzw. inwiefern hier eine Regression der säkularen Kultur und Moral der antiken Welt mit der Christianisierung und Kultivierung der eindringenden »Barbaren« intern verknüpft war. Zumindest so viel scheint klar, daß die auf Stufe 3 einer Stammesgesellschaft befindlichen Germanen und Slaven damals zuerst – ansatzweise – auf die Stufe 4 einer staatlich und kirchlich organisierten Gesellschaft gehoben wurden – nicht zu reden von den durch die Kirche – vor allem die Mönchsorden, später auch durch die scholastische Theologie und Philosophie – konservierten und immer wieder neu belebten Elementen postkonventioneller Moral. Dies ändert freilich vorerst nicht viel an dem Umstand, daß die herrschende Moral des Volkes und des Feudaladels – z. B. die des Heliand, die des Nibelungenliedes und noch die der höfischen Epen – durch die charakteristischen Züge einer Loyalitätsmoral der Stufe 3 geprägt blieb.

Die gesamte Geistesgeschichte des Mittelalters – z. B. der Ordensgründungen – und die sie fortsetzende der Reformationsbewegungen stellt sich jedoch als fortwährender Versuch der spirituell-progressiven Überwindung einzelner restriktiver Züge der konventionellen Moral dar, wobei die Voraufklärungs-Grenze freilich in der immer wieder eintretenden Ersetzung der konventionellen Binnenmoral durch eine solche im Sinne der Scheidung zwischen Gläubigen und Ungläubigen oder Andersgläubigen markiert bleibt. Zu fragen wäre hier insbesondere, wie solche Phänomene wie Kreuzzüge, Ketzerverfolgungen (z. B. Albigenserkrieg) und schließlich die Hexenverfolgungen[115] aus der Perspektive der Unterscheidung gelungener und pathologischer moralischer Lernprozesse zu rekonstruieren sind.

In der Neuzeit wäre dann – außer der von Max Weber studierten Problematik der Säkularisierung der »protestantischen

115 Dazu die Studien von R. Döbert: »The role of stage models within a theory of social evolution, illustrated by the European witch craze.« In: U. J. Jensen (Hrsg.): *The Philosophy of Evolution*, Brighton: Harvester Press: 1981, 71-119.

Ethik« (und einer sie ergänzenden Säkularisierung etwa der jesuitischen Moral der Gegenreformation in den romanischen Ländern?) – zunächst die Ausbildung der Staatsräson im Absolutismus und einer darauf bezogenen Beamtenmoral der Stufe 4 interessant (wobei die lutherischen, kalvinistischen, katholischen und andererseits humanistisch-protoaufklärerischen Obertöne relevante Unterschiede markieren dürften). Schließlich wäre die – in der Geschichte der Theologie, der Philosophie, des Humanismus und des Naturrechts präformierte – Antizipation postkonventioneller Moral in der Aufklärung des 18. und 19. Jahrhunderts zu rekonstruieren; dabei müßte – wie im vorigen schon angedeutet (vgl. oben S. 432 ff.) – die Frage nach dem Gelingen und Mißlingen der Verwirklichung postkonventioneller Moral auf der Ebene des »objektiven Geistes« – d. h. der Institutionen (einschließlich der Organisation der Arbeit) und der öffentlichen Verkehrsformen – neben der Rekonstruktion der Theoriebildungen im Vordergrund stehen. Hier würde dann (wieder) die Frage nach den Unterschieden zwischen der – trotz Nationalismus und Imperialismus – »progressiven« Entwicklung der westlichen Demokratien und der retardierten Entwicklung in den Nachfolgestaaten des ehemaligen »Heiligen Römischen Reiches Deutscher Nation« relevant.
Vor dem Hintergrund einer solchen Rekonstruktion – wie sie hier nur selektiv anhand von möglichen Fragestellungen skizziert wurde – ließe sich dann die aus spezifisch deutscher Perspektive interessierende Frage nach den Gründen bzw. Ursachen der moralischen Regression im Zusammenhang mit der Herrschaft des Nationalsozialismus stellen. Das für Deutschland charakteristische Zusammentreffen einer – *nihilistisch-relativistischen* und *szientistisch-reduktionistischen* – Krise der Aufklärung im Sinne der *Stufe 4½* der Moral mit einer sozialen, politischen und ökonomischen Krise in der Zeit nach dem Ersten Weltkrieg könnte dann vielleicht als paradigmatischer Fall im Rahmen der andauernden Adoleszenzkrise der Menschheit verstanden werden.

Nachweise

»Die Konflikte unserer Zeit und das Erfordernis einer ethisch-politischen Grundorientierung«, in: *Der Mensch in den Konfliktfeldern der Gegenwart*, Köln: Verlag Wissenschaft und Politik 1975, S. 41-64 (wieder in: Apel u. a. (Hrsg.): *Reader zum Funkkolleg: Praktische Philosophie/Ethik*, Bd. 1, Frankfurt a. M.: Fischer 1980, S. 267-291.

»Die Situation des Menschen als ethisches Problem«, in: G. Frey (Hrsg.): *Der Mensch und die Wissenschaften vom Menschen. Beiträge des XII. Deutschen Kongresses für Philosophie*, Innsbruck: Solaris-Verlag 1983, S. 19-31.

»Kann der postkantische Standpunkt der Moralität noch einmal in substantielle Sittlichkeit ›aufgehoben‹ werden?«, in: W. Kuhlmann (Hrsg.): *Moralität und Sittlichkeit*, Frankfurt a. M.: Suhrkamp 1986, S. 217-264.

»Der postkantische Universalismus in der Ethik im Lichte seiner aktuellen Mißverständnisse«, in: A. Schwan/K. W. Kempfer (Hrsg.): *Grundlagen der politischen Kultur des Westens*, Berlin: de Gruyter 1987, S. 280-300.

»Verantwortung heute – nur noch Prinzip der Bewahrung und Selbstbeschränkung oder immer noch der Befreiung und Verwirklichung von Humanität?«, in: T. Meyer/S. Miller (Hrsg.): *Zukunftsethik und Industriegesellschaft*, München: J. Schweitzer 1986, S. 15-40.

»Die ethische Bedeutung des Sports in der Sicht einer universalistischen Diskursethik«, Vortrag anläßlich der Tagung *Ethische Aspekte des Leistungssports*, Osnabrück, 27. 11.-29. 11. 1986.

»Konfliktlösung im Atomzeitalter als Problem einer Verantwortungsethik«, in: W. P. Pahr, V. Rittberger, H. Werbik (Hrsg.): *Europäische Sicherheit. Prinzipien, Perspektiven, Konzepte*, Wien: Braumüller 1987, S. 245-263.

»Diskursethik als Verantwortungsethik und das Problem der ökonomischen Rationalität«, Vortrag am 15. 12. 1987 im Rahmen der Ringvorlesung *Sozialphilosophische Grundlagen ökonomischen Handelns* an der Universität Wuppertal.

»Die transzendentalpragmatische Begründung der Kommunikationsethik und das Problem der höchsten Stufe einer Entwicklungslogik des moralischen Bewußtseins«, in: *Archivio di filosofia* 54 (1986), S. 107-157.

»Zurück zur Normalität? – Oder könnten wir aus der nationalen Katastrophe etwas Besonderes gelernt haben? Das Problem des (welt-)geschichtlichen Übergangs zur postkonventionellen Moral aus spezifisch deutscher Sicht«; in gekürzter Fassung auch in: Forum für Philosophie Bad Homburg (Hrsg.): *Zerstörung des moralischen Selbstbewußtseins: Chance oder Gefahr*, Frankfurt a. M.: Suhrkamp 1988.

Namenregister

Sachregister